图书在版编目（CIP）数据

康熙五十年永平府志 / 燕山大学中国长城文化研究
与传播中心主编． -- 秦皇岛 ： 燕山大学出版社，2025.
1. --（秦皇岛长城地域明清方志丛书）. -- ISBN 978-7-
5761-0751-7

Ⅰ．K928.6

中国国家版本馆 CIP 数据核字第 202468GV22 号

康熙五十年永平府志

燕山大学中国长城文化研究与传播中心　　主编

出 版 人：陈　玉	责任编辑：宋梦潇　刘馨泽
封面设计：方志强	责任印制：吴　波
出版发行： 燕山大学出版社 YANSHAN UNIVERSITY PRESS	地　　址：河北省秦皇岛市河北大街西段 438 号
邮政编码：066004	电　　话：0335-8387555
印　　刷：涿州市殷润文化传播有限公司	经　　销：全国新华书店

开　本：710mm×1000mm　1/16	印　张：51.5　　字　数：741 千字
版　次：2025 年 1 月第 1 版	印　次：2025 年 1 月第 1 次印刷
书　号：ISBN 978-7-5761-0751-7	定　价：258.00 元

秦皇岛长城地域明清方志丛书

燕山大学中国长城文化研究与传播中心◎主编

康熙五十年永平府志

燕山大学出版社
·秦皇岛·

出版说明

　　长城是中华民族的代表性符号和中华文明的重要象征。秦皇岛域内的长城最早可以追溯至北齐时期，如今保存最为完好的是明长城，东起山海关老龙头，西到青龙满族自治县城子岭口，秦皇岛域内汇集了明长城精华的地段。典籍文献中保存了很多有关长城的记述，其中的重要文献就是明清地方志。秦皇岛地区的明清方志中，记载了长城地区的攻防战略、驻守长城将士的丰功伟绩、长城居民的生活状态、长城主题的文学作品等内容，有些内容与正史的记载不尽相同，这为我们了解、研究长城史和中华民族共同体形成史提供了不一样的视野和角度。

　　本丛书名为"秦皇岛长城地域明清方志丛书"，收录整理明清时期永平府、山海关、卢龙县、抚宁县和临榆县等今秦皇岛长城地域的地方志共 13 种。本丛书为燕山大学中国长城文化研究与传播中心主编，在征得整理者同意的前提下，采用了已有的点校本。分别是：2001 年中国审计出版社出版的董耀会主编、康占忠和阎醒之副主编的《秦皇岛历代志书校注》，1999 年天津人民出版社出版的山海关旧志校注委员会编的《山海关历代旧志校注》，2007 年中国文史出版社出版的李利峰编注的《抚宁县志校注》。以上校注本都由秦皇岛本地作者点校，且都成于 20 世纪末 21 世纪初，在当时资源不丰富，经费紧张，技术不发达的情况下，古籍的搜求、整理和出版极为不易，因此甫一出版便成为格外珍贵的研究资料。相比之下，在今天的信息化时代，古籍资源大量数字化，为古籍的获取和整理出版提供了很大的便捷性，但考虑到一般读者的阅读需求和推动古籍普及的需要，我们认为仍有必要修订这些旧志。

为尊重整理者的成果，现将本丛书原点校者姓名列之如下：

弘治十四年《永平府志》，原点校者：齐家璐、李岚；

万历二十七年《永平府志》，原点校者：李岚；

嘉靖十四年《山海关志》、康熙九年《山海关志》，原点校者：张椿林、司凤岐、刘金玉、何福成、高颖；

万历三十八年《卢龙塞略》，原点校者：齐庆昌；

康熙十八年《永平府志》（附康熙十二年《续补永平志》），原点校者：王继汾；

康熙五十年《永平府志》，原点校者：王凤华；

乾隆三十九年《永平府志》，原点校者：齐庆昌；

光绪五年《永平府志》，原点校者：康群、谢煜；

康熙二十一年《抚宁县志》、光绪三年《抚宁县志》，原点校者：李利峰；

乾隆二十一年《临榆县志》、光绪四年《临榆县志》，原点校者：张椿林、司凤岐、刘金玉、何福成、高颖。

本次修订，改正了原点校本的若干错误，统一删除了注释，并将旧志的插图影印后放在正文相应位置。限于编者水平，书中难免仍有舛讹之处，欢迎读者批评指正。

燕山大学出版社

2024 年 12 月

‖ 目 录 ‖

重修永平府志序

　　经不欲详，史不欲简，兼之者志也。《夏书》所载，禹八年治水九州作《贡》之文不满百行。夫子修《春秋》皆经国大训，人有微而不名，事有小而不纪，以是知经之不欲详也。且夫子叙《书》断自尧舜，而太史公作《史记》则远述轩皇。欧阳文忠尚论五代之际，虽滑稽小说有所不遗，以是知史之不欲简也。然则志何以兼之？昔明人作《一统志》详书风俗、政事，而略于文章，意者其有得于此乎？《永平志》自莱阳宋观察刊订以来，终今五十余年未经修缉，采风者忧之。方今主上励精图治，省耕省敛之使不绝于路，悯蝗悯雨之诏频下于庭。又尝命馆阁之臣，录子史之精华，辑皇舆之表鉴，以备乙夜之览观。恭惟天子大圣，一日万几（机），且犹孜孜汲汲考镜古今，以求通天下之情，如此其至也。然则有天下者忧天下，有官守者忧官守，亦固其所。予承乏永平五年于此矣，上之不能修明教化，襄赞太平之治；次之不能亲历田间问民疾苦，宣上德意；下之有司，一掌故之书，亦复残缺不举，庸非官守之戾欤？缘积退食余工，考前事之得失，刺民间之利弊，稽于官，谋于野，谘诹于士大夫家。凡所谓五十年来，未经补缀者，悉书于策。苟完一郡之章程，留俟后贤之鉴定，内备职方之采取，外资通志之集成。盖放乎史之意，而不欲简也。然不敢夸多而斗靡也，有若孟姜哭城、湘子遗影、飞将军射石之类，事涉不经，无关吏治，或存而弗辩，或削而不书。夫亦遵乎经之旨，而不欲详也。其节孝之事迹独加详者，以为意在励民，可垂世范也。吾因之且有感矣，士生斯世，狃于科举之习，争为无用之文，一切经世之学废而不讲。一旦得志于有司，见用于皇家，寄之一官而授之以政，匪执滞而不达，则迂阔而难行。夫士不通经，固无足取，第徒守空言而不审实用，岂不可惜？王荆公有言："经术所以经世务。"予尝推其意而广之曰："经世之道存乎经，用世之鉴存乎史，通世之情存乎志。志也者，为政之先资也盖可以忽乎哉？"明初有岢岚学正、山阴教谕二人给由至京师，孝陵召问民间事，皆对不知。孝陵怒曰："宋儒胡瑗为湖州教授，其训诸生兼以时务，圣贤之道所以济世也。民情不知，则所教何事？"由此观之，古之为人臣者，虽居清闲冷落，如广文之官，犹以民事为己任。否则人主亦将加之以罪，史臣书之以为后戒，而况其号为长民者哉。是志之成也，学博徐香、胡仁济，实相与讨论之。宜著其勤，为来者劝。

时康熙五十年辛卯九月之吉。特擢大中大夫、直隶永平府知府加一级、前署理通永道事、两任顺天府蓟州知州、三河、文安二县知县加六级　东越张朝琮撰。

永平府旧志序

古者列国必有史，今之列郡即古之列国。一郡之志，即一国之史。永平为墨台氏故封，昌黎先世、横渠、后昆，咸在封内，是古圣贤之邦也。自辽、金、元先后争据，载籍泯缺。明兴定都于燕，永为东辅郡，遂尔文献斌斌焉。予来守永，欲明习一方事，因取郡志披阅之，弘治十四年，郡张行人纂者简而核，万历十九年闽郭文学修者博而赅，删繁补缺可为全书。遂集郡贡士及博士弟子员为之。适豫章涂印玄来登碣石，谒孤竹，有子长风。予爱其手注会旨刻之，因确郡志。涂子曰："《春秋》详内而略外，义精而体当，若后世之书有简有博，简者缺，博者繁，缺则失义，繁则伤体。义失鲜史学，体伤乏史才，此《春秋》之为绝笔也。"予嘉其议而嘱之志。涂子笔则直，心则虚，出入张、郭二书，参取州县诸乘而编摩笔削之。及传、政迹、行谊，必于郡缙绅先生是征。自己亥闰四月迄秋八月而稿脱。首图者七、为卷者十、为纲者八、为目者五十有七。编年以著沿革，列传以叙事实，备述以广记睹。不缺而核，不繁而赅，于义无失，于体无伤。此志既成，永平之疆域、创置、政事、文章、风俗、人物，可以传世不泯。而后之称信史者，必曰《永志》云。

万历己亥河南按察司副使、管永平府事　东齐徐准撰。

又

　　《周官》诏观事则有志，诏地事则有图，厥典重哉！北平负山带河，雄称四塞，屹然京陵左冯翊，其地觭重，地重而典滋重矣。郡弘治辛酉有《张志》什一仅存。越八十四祀为万历辛卯，有《郭志》，苞举容盖之繁，抉阐今昔之奥，胪陈畛列若开玉府，而璜琥琼璋烂焉毕具。第连类洸洋，远者叹浩瀚而难收，近者苦极目而难竟。俾畿左外史，识者莫睹大全，虽玄圃积玉无所用之。嗟嗟，载籍挂漏而不广掑，穷搜则疏，疏则前守责也；载籍博括而不约，取中繁则赘，赘则今守责也。新城徐公忧之曰："守责弗修是蘧庐守也。"某曷敢，乃憵神揉思，损旧益新。且求海内多闻有道术者，得江右隐君涂公国柱，振缨高谈，卒卒语合，遂董其事。志为十卷，图七、纲八、目五十七。天时地利并大故首象方、建置；政教肇自官师，故政事、职官次之；地因人灵，文章蔚焉，故选举、人物、艺苑又次之。至备述祥异、时务，亦旁综者所不废也。志成，命不佞瑜叙端简。读之，体裁合椠，冠冕词家，或直书以申规，或微词以见讽，津津一方文献云。徐公奋迹邹鲁，以经术经世务，章缝斐然向风，且也四三年来，海氛震邻，天灾虐野，苦兵、苦运、苦赈，公膏雨吾土酌泉不愧二清，以故刑平政和，六属赤子依之，身为志也；凡诸废置沿革不及行，载笔而存之，言为志也。身志、言志且不烦雕章缛采，岂好为更张已耶。不则龙门待嗣续而卒业，眉山以雁行而成书。是役也，搦札未逾岁，含毫不数人，骤而托于不朽者之林，则志非难，志志者之难也。观者因文识意，并察志之所以不朽者何在？即由兹而睹大全可也。

　　万历己亥兵科给事中，前翰林院庶吉士　郡人白瑜撰。

又

　　《永平府志》张创之，郭续之，涂君笔削之，稿脱，且刻以传矣，乃郡守徐公之美政也。始末载在白吉士前序。余按志而书其后曰：夫志，事之纪也，而经世之道寓焉，感化之理昭焉。是故上之人，观于象方也，则知辨；于建置也，则忧废；于政事也，则欲因其利而利之；于职官也，则惧旷；于选举也，则尚贤；于人物、艺苑也，则图令名；于备述也，则务达权。夫知辨则不惑，忧废则不堕，因其利而利则惠溥，惧旷则奋，尚贤则几于道，图令名则罔忿，务达权则通，经世之道，备于斯矣。《易》曰："通其变，使民不倦，神而化之使民宜之。"是故夷齐以清化，则顽者懦者变；召公以德爱化，则荫棠阴者变；昌黎氏以文教化，则士风之衰者变。上者化之，下者变之，天下万世皆然。孰谓人心之不古也，顾在上者之感化何如耳。世有作者，不骋文词以为高，则炫物象以自侈。其于官箴民隐，乃或若罔攸闻者，其亦弗思焉耳矣。庚自按历、青、齐后，告归钓台十有四年，不谙当世之务，而窃有望于经世者慎感化焉。

　　巡按陕西、山东、福建道监察御史　郡人韩应庚撰。

又

郡有乘，其昉于国史之遗乎。永平偏壤，属孤竹故封，古文物衣冠地也。嗣以金、元窃据几百季，所迨我明混一寰宇，置关设卫，爰称雄镇，为神京左协。然障塞一垣，濒海百里许，尤东北要剧之区。不佞承乏于兹，去城陷时未久，眷其民生凋瘵，里户单虚，赋役繁苛，风俗偷薄，窃有慨焉。更以羽檄交驰，即荒垣三百余里，尽费拮据，日奔走于疏烟断草之中，犹不暇给，无问劳劳郡治矣。夫去故者新难图，凭虚者实愈远，天下事不可以臆任昭昭也。是故考时者证变，度地者览胜，观风者验治，论世者定宗。凡所辖之山川、井邑、户口、土田、人物、食货、建置、兴除，暨于城郭、沟途、邮传、甲兵、民风、吏治咸笔之书者，所以述往古诏来兹，得失之林，鉴戒系焉，勿可后也宜直指。韩公甫入境，亟以郡志下询也。郡故有志，已巳之变火为梨灾，搜之耆旧，仅得原本。乃知经剞劂者三，而前刘公谋以缮之，为郡侯擢去不果。兹者关中李侯雅有同心，博咨广采，补其缺遗。分纲析目，于疆域、物力、屯社、戎政，则加详焉。累月告成，嘱余为序。夫徐公、熊公再序。原本亦既该矣，余复何言？惟是披览之余，由今思昔，不能无感于斯志也。嗟嗟，户口昔登今耗，赋役昔简今繁，风俗昔厚今偷，人才昔隆今替。郡固偏壤乎，然而天下之盛衰，一隅之积也。一隅之盛衰，天下之渐也。盛衰之数在天，而致之诚在人，考之则在书也。书也者，政之所自出也。后之君子莅斯土，读斯志，睹边疆则思握险控御、巡鬐壶柝之事。征人用则思爱养制节，盈缩损益之宜。未病而调算，无逸策，庶寒谷春生涸辙波，有望乎。不然，徒曰纪故实备采风也，殆非为志者之志矣。

崇祯壬午，整饬永平等处监军兵备道　陆安姚恭撰。志修成兵乱，失未刊。

又

燕京之郡有八，而永平在蓟之东北，古云辽西，即其地也。负山带河，险固四塞。昔曹公北伐乌桓，出卢龙塞，经白檀，登白狼，望柳城，殆所谓踞上游者欤。其间分野、灾祥、山川、土田、官师、人物，固彬彬乎，三才具备也。历宋、元、明皆详于所志矣。至我清定鼎以来，兵火既更，旧籍残落。余于康熙二年，过故里有韩生者，以修志请余曰："永平虽处偏隅，亦一代文宪事也。"遂捐资助之，并命大参宋君竣其事。无何，工未成，而宋君擢浙臬矣，并携板而南。无何，工未竟而宋君又以坐事罢矣。余曰："事岂可以已哉。"复遣人往浙取板来京师，仍发永平，冀续纂其集。迄数年，竟无有起而参考者。余每为之三叹，曰："永平虽蕞尔郡，而置险设兵，控扼西北，屹然一巨镇矣。地灵起而人杰辈出，冠带舄履之盛盖殷殷焉。岂千百年以来至今日，而可失其传乎！"庚戌冬，适有杨生来谒，因道前修志事。余曰："是予之初志也。"乃思永平郡丞罗君者，余门人也，即邮札致之，命董理其工。谓斯集之成，藉以不朽者，君之力也。而罗君果踊跃从事，不数月，而厥功告成矣。夫古者千乘之国与附庸之邦，皆有史官以掌记时事，第不过君卿大夫言动之一端。而所谓分野、灾祥、山川、土田、官师、人物之类，意别有图籍以主之。今志则无不灿列矣。是故古史之失在略，而今志之得在详也。后之采风者览其遗文，而一代典章、名物之盛，不既犁然具备也哉。余故喜而为之序。

康熙庚戌总督淮扬等处地方，提督漕运海防军务兼理事粮饷，兵部尚书兼理都察院左副都御史　蔡士英撰。

又

古郡国皆有风采之轺轩以征土俗，皆有乘纪之太史以传人物。班孟坚易八书为十志，志之名肇此焉。刘子荟述书十品，而郡书、地理居二。郡书详于人，地理详于境，后世兼而载之。善哉！丘文庄之有言也："世有千载不刊之书，无百年不葺之志。"盖志兼史以行者也。大则疆域、建置、赋役、风谣，小则灾祥、品秩、往迹、遗徽，非旁综广捃，则湮佚靡该；非慎核精搜，则名实易谬。江文通所谓修史之难，无过于志。况官师之增改，户口之繁减，令甲政教之损益，月易而岁不同，不及时补缀，曷诏后来钦。北平冯翊重镇，清圣故封之地，将军桃李之蹊，为神京左辅。郡乘罹乱久失。前守彭公求观察宋公修辑原稿，爰以寿锓，迄今又十钻新火矣。其间銮舆云罕之朝陵、搜猎、驻跸，岩疆龙骧分守之建置、营房、徼巡、固圉，皆未记于前册，犹为急务。不佞自丙辰之冬，来守此土，瞻谒宫墙展禋朕腊，而楹宇颓残蜡祭无所。慨然叹云："圣宫弗葺，何以振文教而扬武功；庙祀乏祠，何以销螟螣而丰嘉谷。又轸龙郡多年，名甲寥落，非创立书院，无以教养生儒，弘敷德造也。"于是捐俸倡募，先修文武二学，次及蜡庙书院。阅岁鸠工始竣焉。政通人和，年无祲败，簿书稍暇，复思郡志存往以遗今，岂重望于后起者乎！于是，咨询绅掖，改稽邑乘，博不厌精，约不伤刻，数月而告成帙，以副文宗允托之盛心，俾后衮披览此志，景慕胜举，因之兴缮备败，课士育材用继，不佞尊圣嬉神，崇文毓秀之苦心，阳山滦水其式凭之。

康熙己未中宪大夫、直隶永平府知府加七级三韩常文魁撰。

历考修志姓氏

[明]

弘治辛酉，郡守江都吴公杰访构旧志残缺舛讹，乃嘱致仕行人张公廷纲、广文吴公祺率诸生修辑府志。

万历辛卯，副使归善叶公梦熊聘旧门下生闽人郭造卿修府志。时郡守山左陈公维城与郡司理乌城沈公之吟同为修辑。

万历己亥，郡守新城徐公准嘱豫章隐君涂公国柱修辑府志。

崇祯壬午，郡守三原李公在公因郡志遭己巳火灾，复广采补辑。志成，又值乱，失稿未刊。

[国朝]

顺治戊戌，观察副使莱阳宋公琬撰辑府志二十三卷。郡守宜兴路公遴参校，后辽阳彭公士圣订梓。

康熙戊申，郡丞寿州梁公泰来留心郡乘，嘱山海卫教授钱公裕国修补。

康熙庚戌，漕运总督郡人蔡公士英，嘱郡丞会稽罗公京董理刊刻府志。

康熙己未，郡守三韩常公文魁，嘱郡绅汪公淑问、管公声扬、孙公如林、贡士韩公鼎业、翟公凤翥及杨生新鼎修补府志。

康熙庚寅，郡守萧山张公朝琮委府学训导徐公香、卢龙县学教谕胡公仁济续修府志。

‖卷之首‖

莱　阳　　宋　琬撰次

府学训导　徐　香参订

萧　山　　张朝琮续纂

卢龙教谕　胡仁济校辑

图

北平系墨台故封，拱神京而扼边塞，屹然一重镇也。分野定于宿度，沿革垂乎古今。语井疆则绣壤星罗，览山川则巨观屏列。首阳孤竹，仰止非遥；滦水漆河，溯洄伊迩。可谓天挺其异，地效其灵者矣。且慷慨悲歌，士气之奋扬不减于昔；敦庞愿悫，直道之未泯犹见于今。此固采风之所急书，抑亦临民之所必悉。爰列疆域，得按幅员。东西朔南，披图而收一郡之胜；土田井里，寓目而知七属之形。庶创建之规模，千年如昨；而守牧之境界，百世为昭云。

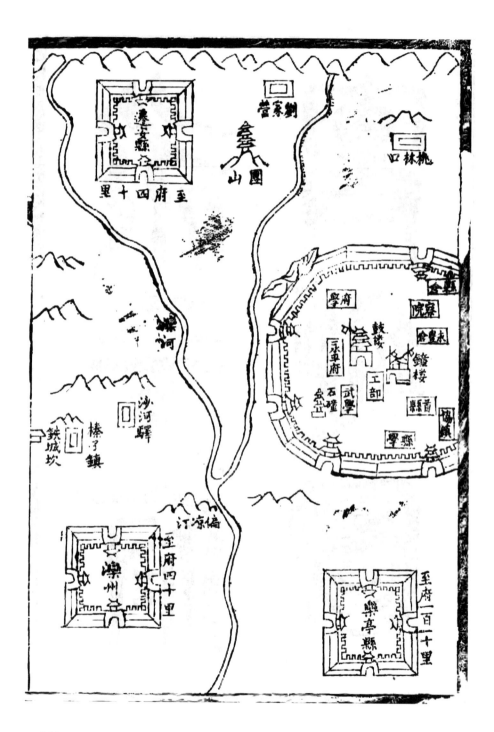

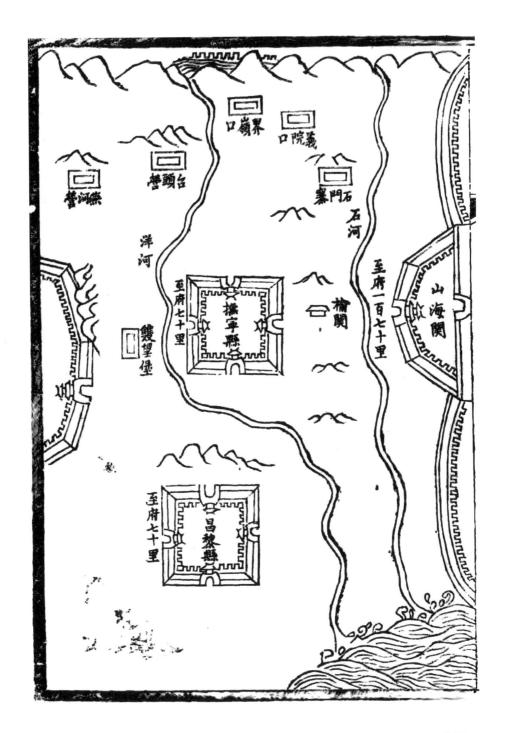

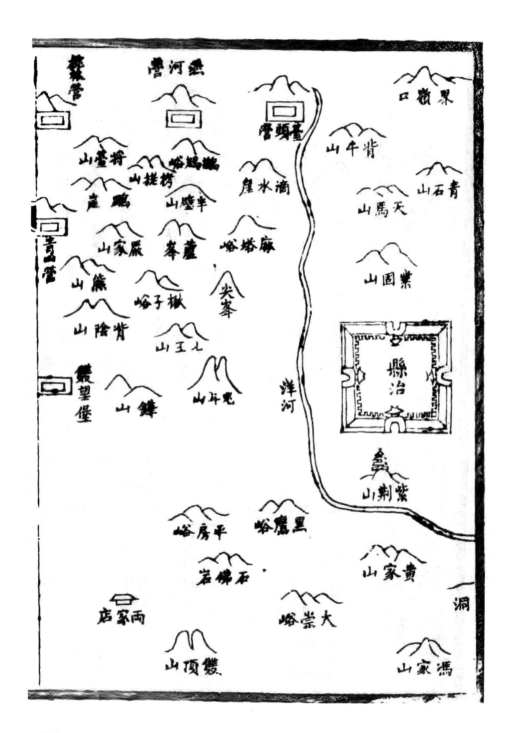

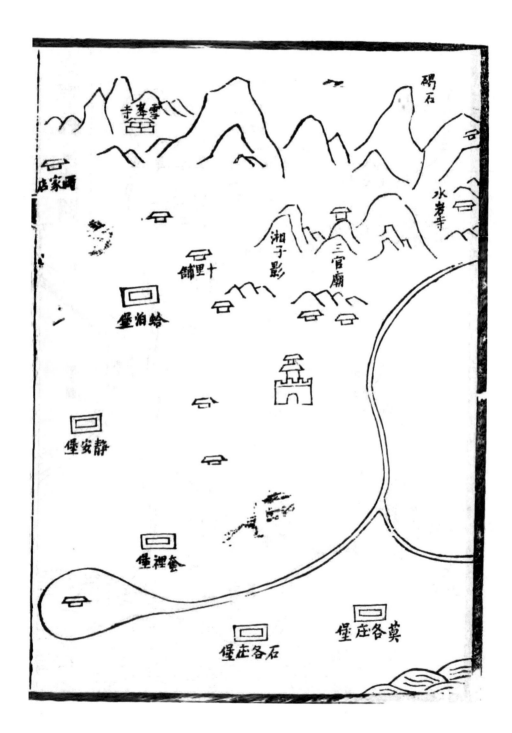

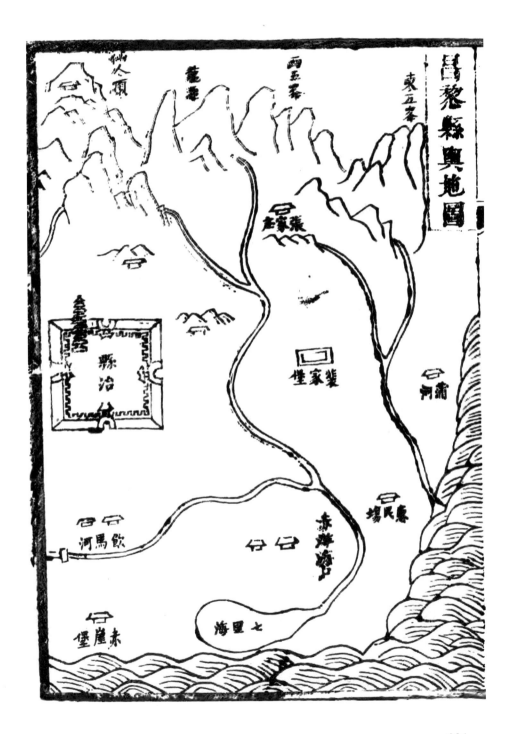

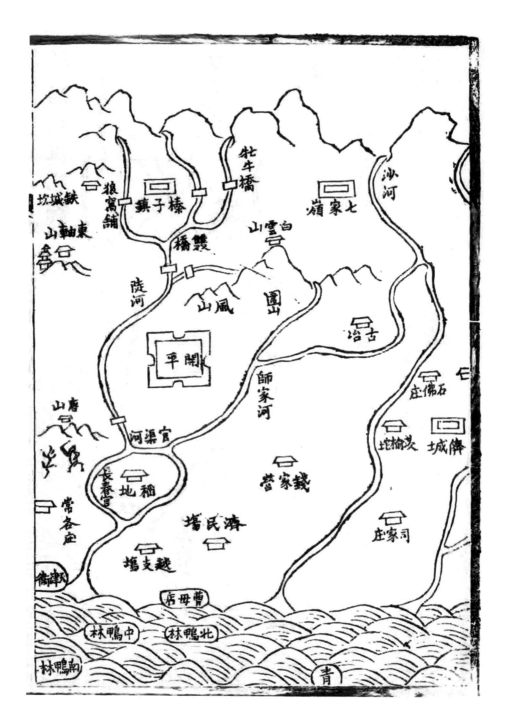

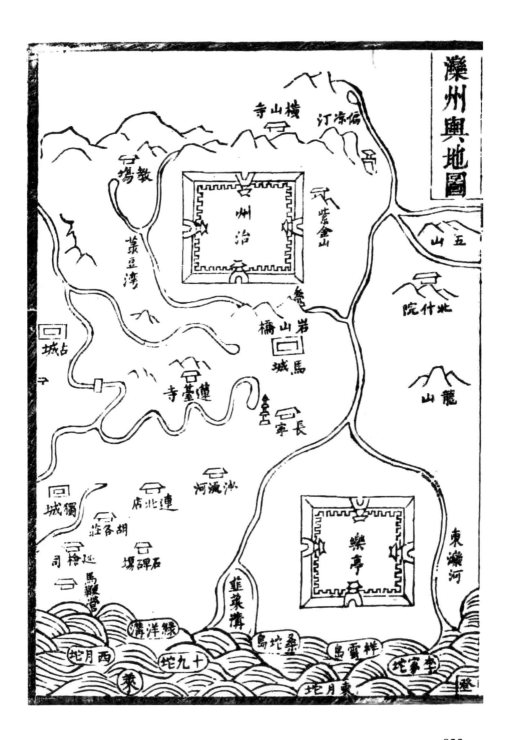

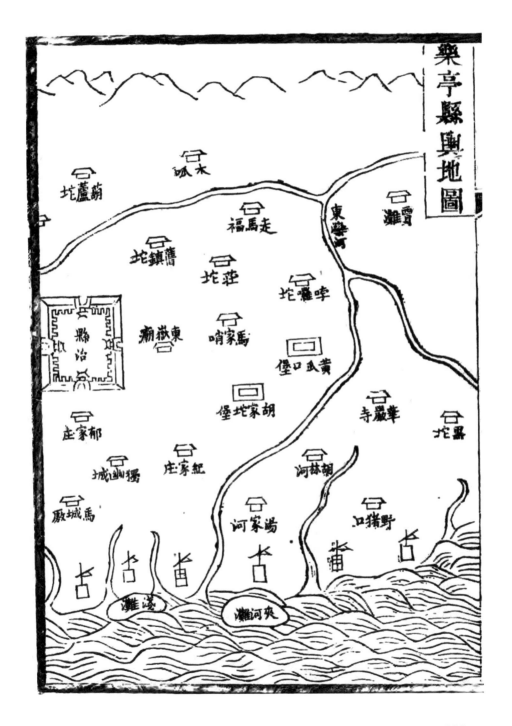

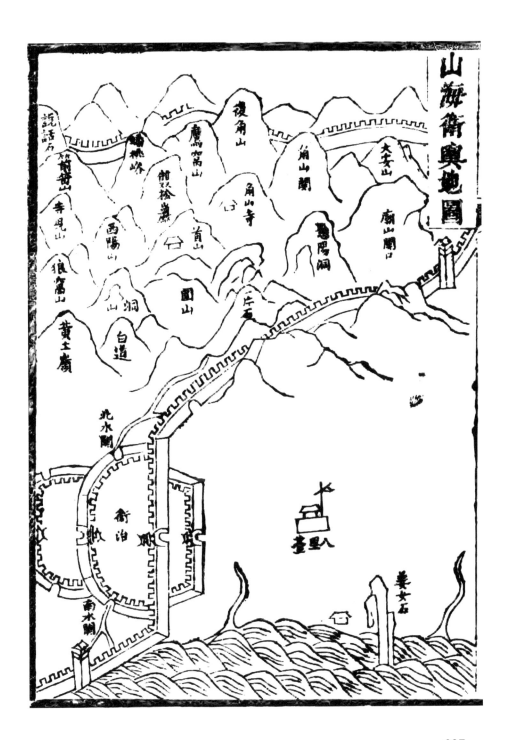

‖ 卷之一 ‖

莱　阳　　宋　琬撰次

府学训导　徐　香参订

萧　山　　张朝琮续纂

卢龙教谕　胡仁济校辑

世　纪

　　夫志，一方之史也，不论世其何征焉。曩郭建初为戚少保作《燕史》，十年而成，其书不传，而略见于府志。然且西包蓟北，东跨辽水，北举大宁，事该文奥，读者不能尽究。兹为一郡之书，不得不以今日之疆理为断，故于古之所谓昌黎、柳城、和龙之事皆不录，此亦寓内方志义例之所同。而往迹之存，多于塞外，后之君子欲知之者，自能观全史而得之也。

　　尧都冀州，命禹治水，任土作贡。夹右碣石入于河。

　　舜肇十有二州。舜分冀州，自卫水以北为并州，医无闾之地为幽州，碣石以东接青州之北为营州。

　　汤十有八祀。三月，王至东郊，立圣贤、古有功者之后，封孤竹等国各有差。详见古迹。

　　殷之末年，孤竹君之二子伯夷、叔齐，让国而逃。详见先圣艺文。

　　周武王克殷，伯夷、叔齐饿于首阳之下。

　　惠王十有三年冬，齐桓公伐山戎。《史记》山戎伐燕，燕告急于齐，齐桓公北伐山戎，山戎走。《国语》载桓公之言曰："寡人北伐山戎，刺令支，斩孤竹，而南归渤海滨，诸侯莫不来服。"

七国时，燕北有东胡山戎。《通鉴》注：自汉北平、无终、白狼以北，皆大山重谷，诸戎居之，春秋谓之山戎。各分散居溪谷，自有君长。燕筑长城，自造阳至襄平，置上谷、渔阳、右北平、辽西、辽东郡，以拒胡。详见沿革。

秦始皇三十二年，始皇之碣石。使燕人卢生求羡门高誓。坏城郭，决通堤防。

三十三年，使蒙恬筑长城，起临洮至辽东万余里。详见古迹。

二世元年，东行郡县，到碣石并海。尽刻始皇所立刻石，石旁著大臣从者名。

汉武帝元朔元年秋，匈奴二万骑入汉，杀辽西太守，略二千余人，围材官将军韩安国于渔阳。会燕救至，匈奴乃去。安国益东徙，屯右北平，数月病死。天子乃复召李广，拜为右北平太守。匈奴畏之，数岁不敢入右北平。

五年春，以大行李息、岸头侯张次公为将军，出右北平击匈奴。

元狩三年夏，卫尉张骞、郎中令李广，出右北平击匈奴。

三年，匈奴数万骑入右北平，杀略千余人。

四年夏，骠骑将军霍去病，出伐右北平二千余里，击匈奴，掳获多。天子封其所部右北平太守路博德等四人为列侯。

元封元年夏，上东巡海上，至碣石。

光武帝建武元年夏，遣吴汉率耿弇、景丹等十三将军，追贼至潞东及平谷，斩首万三千余级。遂穷追于右北平无终、土垠之间，至浚靡而还。

二年春，渔阳太守彭宠反，攻拔右北平数县。

二十五年春正月，辽东徼外貊入寇右北平。辽东太守祭肜招降之。

和帝永元九年秋八月，鲜卑寇肥如。

十三年冬十一月，鲜卑寇右北平，遂入渔阳。渔阳太守击破之。

安帝元初四年夏四月，辽西鲜卑连休等入寇。郡兵与乌桓大人于秩居等共击，大破之，斩首千三百级。

永宁元年冬十二月，辽西鲜卑大人乌伦其至鞬，率众诣度辽，将军祭遵降。

桓帝延熹九年夏六月，南匈奴及乌桓鲜卑寇缘边九郡。

灵帝熹平六年冬，鲜卑寇辽西，太守赵苞击破之。详见名宦。

中平四年，前中山相张纯、前泰山太守张举反，与乌桓大人丘力居等连盟，杀护乌桓校尉公綦稠、右北平太守刘政等众至十余万，屯肥如。

五年，诏骑都尉公孙瓒讨之，瓒与战于属国石门，纯等大败，逾塞走。瓒深入无继，反为丘力居等所围于辽西管子城二百余日。粮尽众溃，士卒死者什五六。

六年春三月，幽州牧刘虞购斩张纯。

献帝兴平二年，右北平杀公孙瓒所置长吏，以郡归刘虞子和。

建安十年春，袁熙与其弟尚，奔辽西乌桓。

十二年，曹操击乌桓单于蹋顿上徐无山。堑山堙谷五百余里，经白擅，历平冈，涉鲜卑庭，至白狼山与战，大破之。斩蹋顿及各王以下，胡汉降者二十余万口。详见《田畴传》。

魏明帝景初二年，遣太尉司马懿，伐公孙渊。经孤竹，越碣石，次于辽水。

晋武帝泰始十年春，分幽州，置平州。治昌黎，然非今之昌黎也。详见古迹。

太康六年，鲜卑慕容廆寇辽西，遣幽州军讨之，战于肥如，廆众大败。自是每岁犯边。

惠帝时，鲜卑段务勿尘据有辽西之地，所统三万余家，控弦四五万骑。安北将军都督幽州诸军事王浚以世乱，欲结援夷狄，表以辽西郡封务勿尘为辽西公。

愍帝建兴元年，慕容廆攻段氏，取徒河、新城至阳乐，时中国流民归廆者数万家。廆以冀州人为冀阳郡。据《魏书》，冀阳郡当置于汉北平平刚县界。豫州人为成周郡，青州人为营丘郡。《水经注》：渝水南流，迳营丘城西南入于海。并州人为唐国郡。成周、唐国二郡地阙。

元帝永昌元年，慕容廆遣其世子皝袭段末杯，入令支，掠其居民千余家而还。

成帝咸康四年春，赵王虎自将伐段辽，辽弃令支，帅妻子、宗族、豪大千余家奔密云山。赵人徙段国民二万余户于司、雍、兖、豫四州。

五年夏四月，燕前军师慕容评袭赵将石成等于辽西，俘获千余家而去。赵王虎乃尽徙辽西民于冀州之南。

六年秋，赵王虎命司、冀、青、徐、幽、并、雍七州之民，五丁取三，四丁取二，合邺城旧兵满五十万。具船万艘，自河通海，运谷千一百万斛于乐安城。即今乐亭县。自幽州以东至白狼、大兴屯田，悉括取民马得四万余匹，大阅于宛阳，欲以击燕。

康帝建元元年秋，赵王虎命段兰，帅所从鲜卑五千人屯令支。

穆帝永和元年，赵王虎使征东将军邓恒将兵数万屯乐安。是年燕始不用晋年号，自称十二年。自此以下并用燕年纪之。其下则称燕王称名，并依司马温公《通鉴》目录书法。

燕烈祖隽二年，燕王隽使慕容霸将兵二万自东道出徒河，慕舆于自西道出蠮螉塞，隽自中道出卢龙塞以伐赵。霸军至三陉，《魏书》海阳县有横山，盖即三陉之地。邓恒焚仓库，弃乐安，遁徒河南。部都尉孙泳入城，扑灭余火。霸收乐安北平兵粮，与隽会临渠。今三河县。

元玺二年，命将军步浑治卢龙道。焚山刊石，令通方轨。

世祖垂二年秋，建节将军余岩叛，据令支。遣慕容农击斩之。

建兴五年秋九月，北平人吴柱聚众千余，立沙门法长为天子，破北平郡。高阳王隆遣安昌侯进捕斩之。

十一年春，征东将军平规反于鲁口。其弟海阳令翰亦起兵于辽西以应之。清河公会遣东阳公根等击破之。

烈宗宝永康三年夏四月，兰汗弑燕主宝，遣其子和屯令支。长乐王盛遣兵袭诛之。秋九月乙未，以慕容豪为幽州刺史，镇肥如。

中宗盛长乐元年夏，魏前河间太守卢溥聚众海滨，攻掠郡县。秋八月，辽西太守李朗叛，附于魏，留其子养守令支，自迎魏师于北平。遣辅国将军李旱讨斩之。

二年春正月，魏材官将军和突袭卢溥于辽西，擒之。燕主盛遣孟广平救之不及，斩魏辽西守宰而还。二月，袭高句丽，拔新城、南苏二城，徙其民五千余户于辽西。

三年冬十二月，魏虎威将军宿沓干伐燕，拔令支而成之。

昭文帝熙光始二年春正月，慕容拔攻魏令支，戍克之，执魏辽西太守那颉。以拔为幽州刺史，镇令支。

四年冬十一月，燕王熙与苻后游畋，南临沧海而还。

六年，大城肥如以上庸公懿为镇西将军、幽州刺史，镇令支。尚书刘木为镇南大将军、冀州刺史，镇肥如。

建始元年秋七月丙寅，夕阳公云弑其主熙自立，幽州刺史上庸公懿，以令支降魏。

惠懿帝云正始二年夏五月，以尚书令冯万泥为幽、冀二州牧，镇肥如。

北燕太祖跋太平二年，广川公万泥叛。遣汲郡公弘讨斩之。

六年，燕王跋从兄买、从弟贿，自长乐帅五千余户，浮海入辽西临渝，至和龙。

八年，燕将库傉官斌降魏，已而复归燕。冬十月，魏主嗣遣骁骑将军延普渡濡水，濡古滦字，击斌，斩之。

十年夏五月，魏主嗣袭燕，命骁骑将军延普、幽州刺史尉诺自幽州引兵趋辽西。

十七年春二月，魏慕容渴悉邻反于北平，攻破郡治。太守开皆置兵守险。

二年秋九月，就德兴陷平州，杀刺史王买奴。

齐显祖天保四年秋九月，齐主北巡，遂伐契丹。冬十月丁酉，至平州，从西道趋长堑，曹操征乌桓，出卢龙塞，堑山堙谷五百余里，后人因谓之长堑，使司徒潘相乐帅精骑五千，自东道趋青山。丁未，旋师。丁巳，登碣石山，临沧海。

幼主承光元年，周师至邺，营州刺史高宝宁率骁骑及契丹靺鞨万余人赴救至北平。闻邺城不守乃还据营州。

隋文帝开皇二年夏五月，高宝宁寇平州。

三年春三月癸亥，城渝关。夏四月，幽州总管阴寿帅步骑十万出卢龙塞击高宝宁，平之。

四年夏四月，以上大将军贺娄子干为渝关总管。

十八年春二月，高丽王元帅靺鞨众万余寇辽西。以汉王谅、王世积为行军元帅，将兵三十万伐高丽。夏六月，汉王谅军出临渝关，值水潦，军中乏食，秋九月引兵还。

炀帝大业八年春正月，帝亲征高丽。遣二十四军分道并出。右武侯将军赵孝才出碣石道，右骁卫将军史祥出蹋顿道。秋八月，敕运黎阳、洛口、太原等仓谷向望海顿。《通鉴》注，望海顿当在辽西界。

十年春三月，帝征高丽。癸亥，次临渝宫，祃祭黄帝，斩叛军者以衅鼓。夏四月甲午，车驾次北平。秋八月己巳班师。

十一年春二月，幽州贼帅杨仲绪攻北平，滑国公李景击破之。

十二年秋，渤海贼帅高开道陷临渝，围李景于北平。

唐高祖武德元年，营州总管邓皓将兵救之。景帅其众迁于柳城，开道遂取北平。

五年冬十月，契丹寇北平。

太宗贞观十九年春二月，上亲征高丽。夏四月丁巳，车驾至北平，秋九月癸未班师。冬十月丙辰，皇太子迎谒于临渝关。戊午，次汉武台，刻石纪功。

武后万岁通天元年夏五月，契丹李尽忠、孙万荣反。秋八月丁酉，左鹰扬卫将军曹仁师、右金吾卫大将军张玄遇、司农少卿麻仁节等，与契丹战于硖石谷（《唐书》平州有西硖石、东硖石二戍）。唐兵大败，契丹飞索以縲玄遇、仁节，生获之。进攻平州，刺史邹保英、妻奚氏率家僮女丁，乘城不下。

神功元年春三月，清边道总管王孝杰、苏宏晖等将兵十七万，与孙万荣战于东硖石谷，唐兵大败，孝杰死之。

睿宗景云元年冬十二月，奚霫犯塞，掠渔阳、雍奴出卢龙塞而去。幽州都督薛讷追击之，弗克。

玄宗开元二年春正月，命薛讷率兵六万讨契丹。行至滦水山峡中，契丹伏兵击之，唐兵大败。

八年，营州都督许钦澹遣兵击契丹可突于，战败，移军入榆关。隋唐史文多作榆。

天宝元年春正月，分平、卢别为节度，统平卢、卢龙二军。以安禄山为节度使。

十五载夏四月，平卢先锋使董秦袭榆关、北平，杀贼将申子贡、荣先钦。

代宗广德元年春正月，史朝义北奔奚契丹，至温泉栅。《唐书》温泉栅在平州界石城县东北。其将李怀仙遣兵追及之。朝义穷蹙，缢于林中。

德宗贞元十一年夏四月，幽州卢龙节度使刘济奏：奚王啜剌等寇平州，击走之。

昭宗乾宁二年，契丹王阿保机，遣其妻兄阿钵将万骑寇榆关。幽州卢龙节度使刘仁恭遣子守光诱而执之。

昭宣帝天祐四年夏四月，刘守光囚其父仁恭。秋七月，其兄平州刺史守奇率其众数千人奔契丹。

后梁太祖乾化二年秋七月，契丹王遣其弟剌葛攻平州，破之。《通鉴》系在上年，今从《辽史》。

均王乾化三年夏四月己亥，晋刘光浚拔燕平州，执刺史张在吉。冬十二月，晋王以周德威为幽州卢龙节度使。德威恃勇不修边备，契丹每刍牧于营平之间。详见古迹。

辽太祖天赞二年春正月丙辰，大元帅尧骨克平州。获刺史赵思温、裨将张崇。二月，如平州。甲子，以平州为卢龙军，置节度使。

天显元年秋七月，卢龙行军司马张崇奔唐。《通鉴》作张希崇。冬十月，卢龙军节度使卢国用奔唐《通鉴》作卢文进，又文进之奔，在后唐明宗天成元年，而希崇之奔乃在三年。《辽史》同系一年，而崇奔在七月。国用奔在十月，今从《辽史》。

圣宗统和元年秋九月，以平州旱蝗，赈之。

四年春二月，诏林牙勤德率兵守平州之海岸，以备宋。

十五年春三月，募民耕滦州荒地，免其租赋十年。夏四月，诏平州决滞狱。

十九年冬十二月，免平州租税。

二十八年秋八月，赈平州饥民。

二十九年春三月，平州水，赈之。

道宗清宁十年春二月，蠲平州复业民租赋。

太康元年夏四月，赈平州饥。闰月赈平、滦二州饥。

五年冬十月，赈平州贫民。

六年夏五月，免平州复业民租赋一年。

寿隆六年冬十月，以平州饥，复其租赋一年。

大安四年春三月，赈平州饥。

天祚帝保大二年春正月，金人克中京，平州军乱，杀节度使萧谛里。州人推张珏领州事。

三年春正月丁巳，奚王回离保据卢龙岭，自称大奚皇帝。二月，金升平州为南京，加张珏试中书门下平章事，判留守事。夏四月，金人徙辽降臣，故同平章事左企弓、虞仲文、曹勇义参知政事。康公弼等于广宁至平州。张珏执企弓等，数其罪而杀之。五月甲寅，珏仍称保大三年，以平州附宋。宋郭药师追击回离保至卢龙岭，回离保遁去，寻为其下所杀。冬十月己亥，张珏以精兵万骑，击金将阇毋于兔耳山，败之。宋以平州为泰宁军，以珏为节度使。十一月，金主命宗望击珏。庚午，战于平州东，大败之。珏奔宋。金人围平州，州人立张敦固为都统，乘城拒守。《辽史》并误，系在四年。

四年夏五月乙巳，阇毋克平州，执敦固杀之。

五年秋九月，宋兵自海道破金九寨，杀马城县戍将节度使度卢斡。

金太宗天辅三年冬十月丁巳，以阇母为南京路都统，埽喝副之，知枢密院事。刘彦宗兼领汉军都统。自南京入燕山伐宋。

天会四年秋九月，改南京为平州，辽兴军为兴平军节度使。

世宗大定元年冬十月丙午，即位于辽阳。甲子，兴平军节度使张玄素上谒。己丑幸中都。贞元元年改燕京为中都。十二月甲辰，次海滨县。在今山海关东百二十步。丁巳，至中都。

二年夏六月己卯，遣温迪罕阿鲁带以兵四千屯古北口、蓟州、石门关等处，各以五百人守之。时契丹窝斡叛。

三年春二月庚午，徙滦州饥民于山西就食。

四年秋九月己丑，以平蓟二州蝗旱，民多鬻为奴者，出内库物赎之。

十八年春正月壬戌，如春水。

十九年春正月丁卯，如春水。

二十年春正月己巳，如春水。丙子，幸石城县行宫。丁丑，以玉田县行宫之地偏林为御林大淀，涨为长春淀。

二十一年春正月甲子，如春水。以蓟平滦等州民乏食，命有司发粟赈贷。二月戊子，元妃李氏薨。己丑，皇太子及扈从臣僚，奉慰于芳明殿。辛卯，还殡京师。庚子，上还都。《金史》世宗即位，感念昭德皇后，不复立后。元妃下皇后一等，在诸妃上。冬十二月，罢平州椿配盐课。

二十二年冬十月辛丑，徙河间宗室于平州。

二十三年春正月壬午，如春水。

二十四年春正月戊戌，如长春宫春水。

二十五年春二月丁丑，自上京如春水。

二十六年春正月甲辰，如长春宫春水。

二十七年春正月庚戌，如长春宫春水。

二十八年春正月甲辰，如春水。

章宗明昌元年春正月己卯，如春水。

三年春正月壬戌，如春水。

四年春二月戊戌朔，如春水。癸丑猎于姚村淀。

六年春正月壬辰，如春水，乙卯次御林。

承安五年春正月丙申，如春水。

泰和元年春正月庚午，如长春宫春水。

卫绍王至宁元年，蒙古兵分三道南侵，以合撒儿等为左军，循海而东，掠平滦诸郡。秋八月壬辰，右副元帅纥石烈执中反，弑上于卫邸，尽撤沿边诸军赴中都。平州骑兵屯蓟州。

宣宗贞祐二年夏四月，侨置临潢府于平州。六月，蒙古兵南下，追金将招灯必舍及于平滦，降之。

三年夏五月，以乌林答乞住为兴平军东西经略使，完颜合达为临潢府推官，权元帅右监军。会燕南兵复中都，行至迁安，军变，杀乞住，拥合达还平州，推为帅。秋八月，蒙古兵攻平州，完颜合达以城降，权领永安军事。鲜卑仲吉以滦州降蒙古。改兴平军为府。

四年冬十月，完颜合达自平州浮海归金。

元太宗六年，兴平豪李仙、赵小哥等作乱，塔本讨平之。

世祖中统元年，升兴平府为平滦路。置总管府（时西域人塔本世袭行省总管于平州。）

三年春二月，李璮反于山东。辛亥，敕元帅阿海分兵戍平滦海口。癸丑，诏籍民兵守城。

至元三年夏五月，蠲平滦质子户赋税之半。

十三年，平滦饥，发粟赈之。

二十年夏六月，免平滦路今岁丝料。秋七月，免平滦路今岁俸钞。

二十四年夏四月，诸王乃颜反。五月，帝亲征，诏范文虎将卫军五百人镇平滦。六月，括平滦路马。

二十六年秋七月，发至元钞，市平滦马。冬十一月，发米千石，赈平滦饥民。

二十七年夏四月，免平滦路今岁俸钞。

二十八年秋九月辛酉，以平滦大水，诏今岁田租被灾者全免，收成者半之。冬十二月，赈平滦饥民。

二十九年三月丙午，免平滦今岁公赋。九月丁丑，以平滦路大水且霜，免田租二万四千四十一石。

成宗大德六年春三月丁酉，免平滦差税三年。

七年冬十月，改平滦路为永平路。

十一年，武宗即位。秋七月乙亥，以永平路为皇妹鲁国长公主分地，租赋及土产悉赐之。

武宗至大元年夏四月，诏以永平路盐课赐祥哥剌吉公主，中书省臣执不可，乃止。

三年春三月辛卯，发康里军屯田永平。

仁宗至大四年秋九月丁巳，以永平路岁入，除经费外，悉赐鲁国大长公主。

英宗至治二年夏五月，置营于永平，收养蒙古子女。

泰定帝泰定三年春三月，赈永平饥民，免其田租之半。

秋七月，赈永平饥民。冬十一月，弛永平路山泽之禁，免永平田租。

四年春二月，赈永平饥民。夏四月，赈永平饥民，免今年田租。冬十一月，蠲永平田赋三年。

致和元年秋七月庚午，上崩于上都。八月甲午，留守大都金枢密院事燕铁木儿迎怀王于江陵。《元史》至元九年二月，改中都为大都。丁酉，发兵守迁民镇。庚戌，发平滦民堑迁安镇以御辽东军。九月甲子，上都诸王也先帖木儿、平章秃满迭儿，以辽东兵入迁民镇。丙戌，战于蓟州之东。

文宗天历二年春二月，赈永平饥民粮五万石。

顺帝元统二年春二月，赈永平水灾民钞五千锭。

至正四年春闰二月辛酉朔，赈永平饥民。

五年春三月，赈永平饥民。

十三年春正月辛未，命悟良哈台乌古、孙良桢兼大司农卿，给分司农司印。西自西山，南至保定、河间，北至檀、顺州，东至迁民镇，凡系官地及元管各处屯田，悉从分司农司立法佃种，合用工价、牛具、农器、谷种，召募农夫诸费。给钞五百万锭，以供其用。

二十年秋七月乙未，平章程思忠叛，陷永平路，昌黎县尹周宏死之。诏也速讨之，复滦州及迁安、昌黎、抚宁三县。

二十一年春正月，思忠弃城走，追至瑞州，杀获万计，复永平路。

二十二年秋八月，以也速为辽阳省左丞相、知行枢密院事，开省永平。

明洪武元年秋九月戊申，大将军徐达遣都督同知孙兴祖等徇永平。元分省参政崔文耀以州县来降。兴祖留平章俞通源等，以元五省八翼兵守之。

二年春，元行省丞相也速寇永平。

六年冬十二月，元兵寇抚宁县及瑞州。诏罢瑞州，迁其民于滦州。徙抚宁县治于洋河西。

十三年冬十一月，元平章完者不花与乃儿不花，率骑数千入桃林口，寇永平，指挥刘广战死。千户王辂追击至迁民镇败之，擒完者不花。

十四年春正月辛亥，大将军徐达，发燕山等卫屯兵万五千一百人修永平界岭等三十二关。

十七年，北平留守付友德奏通漕运。（详见《漕运》）

二十年春三月，征虏大将军冯胜等率师出松亭关。六月，至金山，降元将纳哈出。

建文元年春三月，敕都督耿瓛将兵屯山海关。秋七月丙戌，靖难兵至永平，指挥赵彝、千户郭亮、百户吴买驴等，以城降。买驴后改名成，封清平伯。庚寅，大宁兵出松亭关，攻遵化。壬辰，燕王来援，兵退守关。癸巳，百户鲁敬败大宁兵于迁安之钓鱼山。丙申，燕王回北平。九月，江阴侯吴高、都督耿瓛、杨文帅辽东兵围永平，焚西门。燕王自将救之，营于永平城东，追奔百余里，斩首千余级。高等退保山海关，王遂引兵出刘家口。冬十月，燕兵袭破大宁。

二年夏四月，辽东兵下昌黎。五月，指挥金事谷祥败辽东兵于定流河。秋七月，又败之于部落岭，克兔耳山寨。八月，辽东兵围永平，不克。

三年春正月，辽东兵围遵化，败之于清水寺桥。夏五月，辽东兵围永平，指挥吴兴旺、谷祥昼夜对敌，凡八十日。燕王遣指挥刘江救之，大破辽东兵于昌黎，斩首数千级。

冬十一月，燕府论守永平功，军士普升一级为小旗，小旗升总旗，总旗升试百户。以上普升一级。

四年夏五月，辽东兵至永平，都指挥金事谷祥引军过小河，至十八里铺拒却之，论功普升一级。卫卒前普小旗，无卒故普为总旗。

洪武三十五年秋九月，封郭亮为成安侯，赵彝为忻城伯。

永乐元年迁南民来屯。

二年春二月，命成安侯郭亮镇永平，都指挥同知费瓛镇山海。

洪熙元年，命襄城伯李隆镇山海。

宣德三年秋九月，上出喜峰口击兀良哈，大破之，班师自喜峰口入还京师。冬十月，命遂安伯陈瑛镇永平，武进伯朱冕镇山海。

四年，命给山海至蓟州军士附近荒田屯守。

正统五年夏六月，遣吏部侍郎魏骥抚安永平等府蝗灾。

六年春三月，遣大理寺右少卿李奎，抚恤永平州县流移饥民。

九年春二月，兀良哈三卫寇边。发兵二十万讨之，分四军：成国公朱勇出喜峰口，由中路左都督马谅出界岭口，由北路兴安伯徐亨出刘家口，由南路左都督陈怀出古北口。由西北路逾滦河，渡柳河，经大小兴州，过神树至全宁。遇福余，逆战走之。次虎头山及流沙河，遇泰宁朵颜，又败。掳男妇以千计，马牛羊以万计。是年，以应城伯孙杰镇三屯。

十二年秋七月，永平等府蝗灾。遣右金都御史张楷捕之。

景泰元年，提督京东军务、右金都御史邹来学，修喜峰迤东至一片石各关城池。

天顺元年，滦州人唐兴以妖术聚众作乱，伏诛。

成化二年，命东宁伯焦寿镇三屯。

三年，发军屯田。

六年夏四月，遣吏部右侍郎叶盛，安抚永平等府流移饥民。

七年夏六月，遣户部侍郎原杰，赈恤永平等府水灾。

弘治五年，命宁晋伯刘福镇三屯。

九年，命定西侯蒋骥镇三屯。

正德八年，命遂安伯陈鏻镇三屯。

十三年夏四月，上东巡，五月辛亥，观渔于偏凉汀，驻跸滦州。癸丑，观渔于沂河。

嘉靖二十九年秋，蒙古入犯至滦河东岸。初设蓟辽提督。

三十年，改提督为总督。

三十六年春三月辛巳，蒙古犯冷口。壬午，攻刘家口关，副总兵蒋承勋死之。遂陷桃林营，掠迁安县及永平至双望堡。夏四月甲申朔，陷河流口，及暮引去。

三十八年春三月，把都儿辛爱十万骑人潘家口，由三屯而西。乙亥，入遵化城。丙子，陷大安口营。丁丑，引去。总督王忬论死。

隆庆元年秋九月，己巳，蒙古土蛮十万入沙岭罗汉洞，掠永平抚宁、乐亭各县卫屯社。丙子，掠昌黎引去。

三年二月，命建昌、遵化车骑合营从总理戚继光之议也。

万历元年，命山海附石门为十路，每路各立车营，每营驻骑步兵各一枝。密云、遵化、三屯三辐重营，每营亦驻步、骑兵各一枝。

三年春正月，长昂犯董家口。总理戚继光遣兵御之，获其叔长秃。

十七年，设管关通判。

二十七年，潞王发粟赈饥。

四十四年，大饥，诏发通仓粟赈之。

天启元年初，设山海经略山石道。山海户部分司设海运通判，通海运。

二年，设山海理刑推官。

三年，设巡抚，驻山海。

五年，命太监监视各边。

崇祯元年，撤监视太监。

二年冬十月，大清兵入龙井关，破遵化。十二月庚寅，至永平。

三年春正月甲午，入永平。右布政兵备道郑国昌、知府张凤奇、推官罗成功等死之。卢龙知县张养初、郡人原任山东参政白养粹、行人崔及第、贡士杨熠等以城降。丁酉，攻昌黎。知县左应选固守七昼夜不下，焚其郭而还　详见官迹。丁未，下滦州，知州杨燫死之。迁安知县朱运泰以城降　后养粹、及第为大清兵所杀，获运泰、熠等送京师诛之。夏四月，诏起原任按察使永平道张春为监军兵备道，驻乐亭。五月辛丑，复滦州。壬寅，大清兵自冷口东还。诏免永平、滦州、迁安租。

四年，开河运。

五年，复命太监监视关、永、蓟、辽军务，驻山海。

九年，移清军同知兼海防，驻昌黎。秋七月，大清兵入墙子岭。九月，出冷口。

十年，大饥，发内帑赈之。

十一年，大清兵入曹家寨。

十二年春三月，出青山口。

十四年，添设屯田道，驻滦州。

十五年冬十一月，大清兵入界岭口，息马汀流河　在乐亭西北二十五里。

十七年春三月，贼李自成犯京师。封总兵吴三桂为平西伯，诏入援。尽撤辽民入关，分驻昌黎、乐亭、滦州、开平等处。丁巳，京师陷。壬戌，平西伯兵至永平。四月，平西伯还驻山海，遣将出关乞师。甲申，李自成至永平。丙戌，至山海，大战于城西石河。我大清顺治元年（即崇祯十七年。）夏四月，摄政王帅师抵山海，平西伯出迎于欢喜岭。庚寅，师入关，分三路。平西为前锋，力战，连破七营。师乘之歼贼于红花店。辛卯，贼回永平，杀明总兵都督吴襄于范家店。五月，摄政王入京师。秋九月，皇上入关，经永平，驻跸城外。文武官朝见如仪，赏赉有差。

三年，命兵科郝璧来永平，圈民田给旗下，以各卫屯田补民。

四年春，再圈民田。

七年，诏释英王。投充人户，归籍为民。

十一年饥，遣吏部左侍郎佟代、大理寺卿郝杰，赍银布，赈永平贫民。

十五年夏五月，遣刑部尚书白引谦、启心郎巴格赈永平贫民。设工部分司。

十七年，撤工部分司。

康熙六年秋九月丁巳，皇上幸迁安，驻跸城南谢留庄。戊午，由清节祠驻跸滦河西。己未，驻跸滦州南岩山。庚申，驻跸钱家营。辛酉回銮。

七年，诏发帑金，遣官修边城。

八年春，复圈民田。夏六月，诏追本年所圈民房、民地，永行停止。秋七月，永平道移驻通州，更为通永道。九年冬十月，皇上幸三屯，驻跸东寨，文武官朝见。命武臣自副将以下较射，赐宴。赐题"知之为知之，不知为不知，是知也。"面试知府蔡兴周，命大学士哲那库评阅其文。次日，幸永平。皇上由北门入，自西门出，至御营，驻跸于滦河之西。

十年秋九月，皇上东幸，谒陵。驻跸于滦河之西，登舟观渔。召见卢龙知县魏师段，面询以爱民之实及其乡贯。奏对称旨。冬十月乙巳，皇上谒陵回，由北门入，自西门出，仍驻跸于滦河之西。次日回銮。冬十一月，诏免滦、卢、迁、抚地丁钱粮。

十三年夏六月，滦州添设满洲驻防，建营于城内西北隅。

十八年，复设工部分司。

二十一年，奉恩诏蠲免地丁钱粮。

二十四年，乐亭县水灾，诏免未完民欠银米草束。

二十五年，诏免未完民欠钱粮。

二十六年，诏免地丁钱粮。

二十七年，诏赏八十、九十、百岁老人银、米、绢、肉有差。

二十八年冬十月，皇上送皇后梓宫至陵，幸米峪口，狩于九山。

二十九年，诏免钱粮之半。

三十年冬十二月，皇上驾幸米峪口，狩于九山。驻跸七日，获虎五只。诏改九山为五虎山。

三十二年冬十一月，皇上谒陵，幸米峪口，狩于五虎山。

三十三年，诏免地丁钱粮，复设山海关户部抽分。先是原设抽分于关，因榷关者苛征虐民，浙人倪宝鼎叩阍鸣状，遂裁。冬十一月，皇上驾幸米峪口，狩于五虎山。

三十四年，滦州驻防满州奉文移驻郡城，建营房于城内东南隅。

三十五年，诏免地丁钱粮。

三十六年冬十月，皇上驾幸米峪口，狩于五虎山。

三十七年冬十一月，皇上东幸，谒陵回，进山海关，道经永平北门，驻跸于滦河之西。次日幸米峪口，狩于五虎山。

三十八年冬十一月，皇上谒陵。幸米峪口，狩于五虎山。皇太子奉天谒陵回，进山海关，道经永平，观渔于偏凉汀。

三十九年冬十一月，皇上驾幸米峪口，狩于五虎山。

四十二年，诏赏八十、九十、百岁老人银、米、绢、肉有差。

四十三年春二月，皇上驾幸米峪口，狩于五虎山。

四十四年冬十一月，皇上驾幸米峪口，狩于五虎山。

四十五年冬十一月，皇上驾幸米峪口，狩于五虎山，出喜峰口。

四十八年，诏赏八十、九十、百岁老人银、米、绢、肉有差。冬十一月，皇上驾幸米峪口，狩于五虎山。

四十九年冬十月甲子，奉上谕：全免康熙五十年地丁钱粮，并历年民间旧欠。皇上欲将天下钱粮一概蠲免，因众大臣以岁帑支给甚繁，奏请匀计三年，通免一周。故于明年先免直隶、奉天、浙江、福建、广东、广西、四川、云南、贵州九省地亩银共七百二十二万六千一百两有奇，人丁银共一百一十五万一千两有奇，并历年民间旧欠共一百一十八万五千四百两有奇，通计蠲银九百五十六万二千五百两有奇。其余六省于后两年候旨全蠲。王言颁布，寰宇欢腾，真千古未有之皇恩也。十一月大雪严寒，皇上驾幸米峪口，出董家口。

康熙五十年十一月，上东巡。二十四日，永平府知府张朝琮、迁安县知县乔于瀛，在三屯营西接驾。上问是何人？知府张朝琮回奏："臣永平府知府张朝琮。"上霁容勒马笑云："阿，那是何人？"知府张朝琮回奏："是迁安县知县乔于瀛。"上问："是何出身？"知县乔于瀛回奏："是进士出身。"上问："有保举么？"知县乔于瀛回奏："未有保举。"上问云："朕记得巡抚题调密云县，本内有永平府的知县。"知府张朝琮回奏："永平没有调密云的，调的是永年县知县于有庆、藁城县知县朱英，还有一钜鹿县知县，臣不记得姓名。"上点首。是日驻跸三屯营。二十五日，次滦阳城。二十六日，知府张朝琮等在滦阳城北送驾。上问云："张朝琮你今年多大年纪了？"知府张朝琮回奏："臣五十八岁。"上问："李副将，你嗓子好了么？"副将李正春回奏："好了。"上又问云："说得出话了？"副将李正春回奏："说得出了。"是日驾出喜峰口，驻跸梦子岭。

‖ 卷之二 ‖

莱　阳　　宋　琬撰次

府学训导　徐　香参订

萧　山　　张朝琮续纂

卢龙教谕　胡仁济校辑

沿　革

自有郡国以来，其分合更变之故，千载后不能详也。况北平山川纠错，多在塞外，自唐末入于契丹，遗封故迹暗汹不章，欲总一而条贯之，不尤难乎。故取各史地志具而书之，其有犬牙于境外者，亦不得而删焉。燕辽立国最久，燕无史，辽有史而不足观。刘昭之志道元之注，并略于东陲，盖亦古今之所同叹矣。

《汉书》

右北平郡　秦置，莽曰：北顺属幽州县十六：**平刚、无终**　故无终子国，浭水西至雍奴入海。**石城、廷陵**　莽曰：铺武。**俊靡**　漯水南至无终，东入庚。莽曰：俊麻。**赘**　都尉治莽曰：袤睦。**徐无**莽曰：北顺亭。**字**　榆水出东。**土垠、白狼**　莽曰：伏狄，师古曰有白狼山，故以名县。**夕阳**　有铁官，莽曰夕阴。**昌城**　莽曰：淑武。**骊成**　大揭石山在县西南，莽曰：揭石。**广成**　莽曰：平虏。**聚阳**　莽曰：笃睦。**平明**　莽曰：平阳。

辽西郡　秦置，属幽州，县十四：**且虑**　有高庙，莽曰鉏虑。**海阳**　龙鲜水东入封大水，封大水缓，虚水皆南入海，有盐官。**新安平**夷水东入塞外。**柳城**　马首山在西南，参柳水北入海。西部都尉治。

令支 有孤竹城，莽曰：令氏亭。**肥如** 玄水东入濡水，濡水南入海阳，又有卢水南人玄，莽曰肥，而应劭曰肥子奔燕封于此。**宾徒** 莽曰：勉武。**交黎** 渝水首受塞外，南人海，东部都尉治，莽曰：禽虏。应劭曰：今昌黎。**阳乐、狐苏** 唐就水至徒河入海。**徒河** 莽曰：河福。**文成** 莽曰：言虏。**临渝** 渝水首受白狼东入塞外，又有侯水北入渝，莽曰冯德。**絫** 下官水南入海，又在揭石水、宾水，皆南入官。莽曰：选武。

《后汉书》

右北平郡 四城：土垠、徐无、俊靡、无终。

辽西郡 五城：阳乐、海阳、令支 有孤竹城伯夷叔齐本国。肥如、临渝 《山海经》曰：碣石之山绳水出焉，其上有玉，其下有青碧。《水经》曰：在县南。郭璞曰：或曰在右北平骊城县。海边山也。

辽东属国 故邯乡西部都尉，安帝时以为属国，都尉别领六城。昌辽 故天辽，属辽西。 何法盛《晋书》有青城山。宾徒 故属辽西。徒河 故属辽西。无虑 有医无虑山。险渎 《史记》曰：王险卫满所都。房。

《晋书》

幽州

北平郡 县四：徐无、土垠、俊靡、无终。

辽西郡 县三：阳乐、肥如、海阳。案此郡当有令支，史阙文也。

平州

昌黎郡 汉属辽东属国，都尉魏置郡。县二：昌黎、宾徒。

平 州 初置以慕容廆为刺史。永嘉之乱，廆为众所推及，其孙隽移都于蓟。其后，慕容垂子宝，又迁于和龙。自幽州至于卢溥镇以南地入于魏。慕容熙以幽州刺史镇令支，青州刺史镇新城，并州刺史镇凡城，营州刺史镇宿军，冀州刺史镇肥如。高云以幽、冀二州牧镇肥如，并州刺史镇白狼。后为冯跋所篡，跋僭号于和龙，是为后燕，卒于魏。

《魏书》

营　州　治和龙城。太延二年为镇。真君五年改置。永安末陷。天平初复。

昌黎郡　晋分辽东置。真君八年，并冀阳属焉。县三：龙城　真君八年，并柳城、昌黎、棘城属焉。有尧祠、榆顿城、狼水。广兴　真君八年，并徒河，永乐燕昌属焉。有鸡鸣山、石城、大柳城。定荒　正光末置。有鹿头山、松山。

建德郡　真君八年置，治白狼城。县三：石城　前汉属右北平，后属。真君八年，并辽阳路，大乐属焉。有白鹿山祠。广都　真君八年并白狼、建德，望平属焉。有金紫城。阳武　正光末置，有三合城。

冀阳郡　真君八年并昌黎，武定五年复。县二：平刚、柳城。

营丘郡　正光末置。县二：富平　正光末置。永安　正光末置。

平　州　晋置，治肥如城。

辽西郡　县三：肥如　二汉晋属。有孤竹山祠，揭石武王祠、令支城、黄山、濡河。阳乐　二汉晋属。真君七年并令支，合资属焉。有武历山、覆舟山、林榆山、太真山。案资当作赍。海阳　二汉晋属。有横山、新妇山、清水。

北平郡　县二：朝鲜　二汉晋属，乐浪后罢。延和元年，徙朝鲜民于肥如，复置属焉。新昌　前汉属涿，后汉晋属，辽东后属，有卢龙山。案：前汉当涿郡有新昌，去辽东绝远，《后汉志》辽东郡新昌下，亦不言故属涿，盖名同而地异，魏史误也。

《隋书》

北平郡　旧置平州县一：卢龙　旧置北平郡，领新昌、朝鲜二县。后齐省朝鲜，入新昌，又省辽西郡，并所领海阳县入肥如。开皇六年，又省肥如，入新昌。十八年，改名卢龙。大业初，置北平郡，有长城，有关官，有临渝宫，有覆舟山、有碣石、有玄水，卢水、涅水、闰水、龙鲜水，臣梁水，有海。

辽西郡 旧置营州。开皇初置总管府。大业初，府废。县一：柳城后魏置营州于和龙城，领建德、冀阳、昌黎、辽东、乐浪、营丘等郡。龙城、大兴、永乐、带方、定荒、石城、广都、阳武、襄平、新昌、平刚、柳城、富平等县。后齐唯留建德、冀阳二郡，永乐、带方、龙城、大兴等县，其余并废。开皇元年，唯留建德一郡，龙城一县，其余并废。寻又废郡改县，为龙山。十八年，改为柳城。大业初，置辽西郡，有带方山、秃黎山、鸡鸣山、松山，有渝水、白狼水。

《唐书》

平 州 北平郡下，初治临渝。武德元年徙治卢龙。土贡熊鞹、蔓荆实、人参。县三。有府，一曰卢龙，有卢龙军，天宝二载置。又有柳城军，永泰元年置。有温沟、白望、西狭石、东狭石、缘畴、米砖、长杨、黄花、紫蒙、白狼、昌黎、辽西等十二戍，爱川、周爱二镇。东北有明垤关、鹘湖城、牛毛城。案二载，载当作二年，狭石当作硖石。**卢龙** 中本肥如。武德二年更名。又置抚宁县，七年省。**石城** 中本临渝，武德七年省。贞观十五年复置。万岁通天二年更名。有临渝关，一名临间关。有大海关，有碣石山，有温昌镇。**马城** 中古海阳城也。开元二十八年置。以通水运，东有千金冶，城东有茂乡镇城。

营州柳城郡上都督府 本辽西郡，万岁通天元年，为契丹所陷。圣历二年侨治渔阳。开元五年，又还治柳城。天宝元年，更名。土贡人参、麝香、豹尾、皮骨骶。县一：有平卢军，开元初置。东有镇安军，本燕郡守捉城。贞元二年为军城。西四百八十里，有渝关守捉城，又有汝罗、怀远、巫间、襄平四守捉城。**柳城** 中西北接奚，北接契丹，有东北镇医巫间山祠，又东有碣石山。

安东上都护府 总章元年，李勣平高丽，得城百七十六，分其地为都督，府九、州四十二、县一百。置安东都护府于平壤城以统之，用其酋渠为都督刺史、县令。上元三年，徙辽东郡故城。仪凤二年，又徙新城。圣历元年，更名安东都督府。神龙元年复故名，开元二年，徙于平州。天宝二年，又徙于辽西故郡城。至德后废。土贡人参。有安东守捉，有怀远军。天宝二载置，又有保定军。

《宋史》

平　州　隋置。后唐时为契丹所陷，改辽兴府，以营、滦二州隶之。宣和四年，赐郡名渔阳，升抚宁军节度。五年，辽将张觉《辽史》作珏据州来降，寻为金所破。县三：**卢龙**　赐名卢城，**石城**　赐名临间，疑当作临关。**马城**　赐名安城。

营　州　隋置。后唐时为契丹所陷。宣和四年，赐郡名曰平，防御，县一：**都城**赐名镇山。

《辽史》

榆　州　高平军下刺史，本汉临渝县地，后隶右北平骊城县。唐载初二年，析镇州，置黎州，处鞨鞨部落。后为奚人所据。太宗南征，横帐解里，以所俘镇州民置州。开泰中，没入属中京。县二：**和众**　本新黎县地、**永和**　本汉昌城县地，统和二十二年置。

隰　州　平海军下刺史，慕容皝置集宁县。圣宗括帐户，迁信州，大雪不能进，建城于此置焉。隶兴圣宫来属。县一：**海阳**　本汉县，濒海，地多咸卤，置盐场于此。

迁　州　兴善军下刺史，本汉阳乐县地。圣宗平大延琳迁归州民置来属。有箭苛山。县一：**迁民**。

润　州　海阳军下刺史，圣宗平大延琳迁宁州民置。县一：**海滨**　本汉阳乐县地，迁润州。本东京城内渤海民户，因散移于此。

平　州　辽兴军上节度。商为孤竹国，春秋山戎国，秦为辽西、右北平二郡地，汉因之。隋开皇中改平州。大业初，复为郡。唐武德初改州。天宝元年，仍北平郡。后唐复为平州。太祖天赞二年取之，以定州俘户错置其地。州二、县三：**卢龙**　本肥如国，春秋晋灭肥，肥子奔燕，受封于此。汉晋属辽西郡，元魏为郡治，兼立平州，北齐属北平郡。隋开皇中省肥如，入新昌。十八年，改新昌曰卢龙。唐为平州，后因之。**安喜**　本汉令支县地，久废。太祖以定州、安喜县俘户置，在平州东北六十里。**望都**　本汉海阳县，久废。太祖以定州、望都县俘户置，有海阳山，县在州南三十里。

滦　州　永安军中刺史，本古黄洛城，滦河环绕在卢龙山南，齐桓公伐山戎，见山神俞儿即此。秦为右北平，汉为石城县，后名海阳县。晋以后属辽西。石晋割地在平州之境。太祖以俘户置滦州，负山带河，为形胜之地，有扶苏泉甚甘美。秦太子扶苏，北筑长城，尝驻此。临榆山峰峦崛起，高千余仞，下临榆河。县三：**义丰**　本黄洛故城，黄洛水北出卢龙，由南流入于濡水。汉属辽西郡，久废。唐季入契丹，世宗置县。**马城**　本卢龙县地。唐开元二十八年祈置县，以通水运。东北有千金冶，东有茂乡镇。辽则隶滦州。在州西南四十里。**石城**　汉置，属右北平郡，久废。唐贞观中于此置临榆县。万岁通天元年改石城县，在滦州南三十里，唐仪凤石刻在焉。今县又在其南五十里。辽徙置以就盐官。尚有营州属本军，以境外不录。

《金史》

平　州　中兴军节度使。辽为辽兴军，天辅七年以燕西地与宋，遂以平州为南京，以钱帛司为三司。天会四年，复为平州，尝置军帅司。天会十年，徙军帅司治辽阳府，后置转运司。贞元元年，以转运司并隶中都路。贞祐二年四月，置东面经略司，八月罢贡樱桃、绫。县五、镇一：**卢龙倚抚宁**　本新安镇，大定二十九年置。**海山**　本汉海阳故城，辽以所俘望都县民置，故名望都，大定七年更名。**迁安**　本汉令支县故城。辽以所俘安喜县民置，因名安喜。大定七年更今名。镇一建昌。**昌黎**　辽营州邻海军，以所俘定州民置广宁县。皇统二年，降州来属。大定二十九年，以与广宁府重，故更今名。

滦　州　中　刺史。本黄洛故城，辽为永安军。天辅七年，因置节度使。县四：松亭关国名斜烈只。镇二**义丰倚　石城**　有长春行宫、长春淀，旧名大定淀，大定二十年更。镇一，**榛子镇**。**马城、乐亭**　镇一**新桥**。

《元史》

永平路　下唐平州。辽为卢龙军，金为兴平军。元太祖十年改兴平府。中统元年，升平滦路，置总管府，设录事司。大德四年，以水患改永平路，领司一、县四、州一。领县二。录事司 县四：**卢龙**下，倚郭。**迁安**下，至元二年省入卢龙县，后复置。**抚宁**下，至元二年，与海山俱省入昌黎。三年复置。四年又与海山俱入昌黎。七年复置，仍省昌黎、海山入焉。十一年，复置昌黎，以属滦州。今昌黎属本路。**昌黎**下，至元十二年复置，仍并海山入焉。详见抚宁县。**滦州**下，在卢龙塞南，金领义丰、马城、石城、乐亭四县，元至元二年省义丰入州，三年复置，先以石城省入乐亭，其年改入义丰。四年马城亦省，领二县，**义丰**下倚郭，至元二年省入州三年复置。**乐亭**下，元初尝于县置漠州，寻废，复为乐亭县隶滦州。

‖ 卷之三 ‖

菜 阳　宋 琬撰次

府学训导　徐 香参订

萧 山　张朝琮续纂

卢龙教谕　胡仁济校辑

星　野

昔天文家言尾箕属燕，尚矣，乃《汉书·五行志》。高帝三年十月甲戌，晦日食斗二十度，而以为燕地，后二年臧荼之反当之。昭帝始元三年十一月壬辰朔，日食斗九度，而亦以为燕地，后四年刺王旦之反当之。文帝后七年九月，有星孛于西方，其本直尾箕，末指虚危，而刘向以尾为宋，箕为吴越，后三年七国之反当之。或以斗系之燕，或以箕系之他国，无惑乎占事之说，终古不得其原也。况永平一郡之地，而曰配某宿入某度，孰从而正之。姑存旧史之文，以俟知星者择焉。其序于沿革后者，方域定而后可占天度也。

《淮南子》：尾十八，箕十一四，分属燕。

《汉书·律历志》：析木初尾十度，立冬中箕七度，小雪终于斗十一度。

《地理志·燕地》：尾箕分野，东有渔阳、右北平、辽西、辽东，西有上谷，代郡、雁门，南得涿郡之易、容城、范阳，北新城，故安、涿县、良乡、新昌及渤海之安次，皆燕分也。乐浪、玄菟亦宜属焉。自危四度至斗六度，谓之析木之次，燕之分也。危当作尾，字形相近而误。

《晋书·天文志》：自尾十度至南斗十一度，为析木。于辰在寅，燕之分野，属幽州。费直起尾九度，蔡邕起尾四度。凉州入箕中十度。上谷入尾一度。渔阳入尾三度。右北平入尾七度。西河上郡，北地辽西、东入尾十度。涿郡入尾十六度。渤海入箕一度。乐浪入箕三度。玄菟入箕六度。广阳入箕九度。郭造卿曰：《晋志》李淳风所撰，其谬妄至此，即在幽境论之，自尾十度，至南斗十一为析木，则上谷入尾之一、渔阳三、右北平七，当属宋之豫矣，南斗有十度属燕，九江入其一，庐江入其六，豫章入其十乎。毋论凉州、西河、上郡，北地，谬也。渤海入箕一、乐浪二、玄菟六、辽西、东当入其九矣，广阳在渔、涿间，岂可越居辽位，而辽亦越乐浪、玄菟而代之乎？甚哉，其谬也！

皇甫谧《帝王世纪》：自尾十度至斗十度百三十五分而终，曰析木。之次于辰、在寅，谓之摄提格，于律为应钟，斗建在寅，今燕分野。

《唐书·天文志》：尾箕析木之次也。寅初起尾七度二千七百五十秒二十一少，中箕五度三百七十六秒六十七终，斗入度。自渤海九河之北，得汉河间、涿郡、广阳及上谷、渔阳、右北平、辽西、辽东、乐浪、玄菟，古北燕孤竹、无终、九夷之国。尾得云汉之末，派龟鱼丽焉。当九河之下流，滨于渤碣，皆北纪之所穷也。箕与南斗相近，为辽水之阳，尽朝鲜三韩之地，在吴越东南。初贞观中，李淳风撰《法象志》，因汉书十二次度数，始以唐之州县配焉。而僧一行，以为天下山河之象，存乎两戒。北戒自三危、积石，负终南地络之阴，东北抵常山之右，乃东循塞垣至濊貊、朝鲜是谓北纪，所以限戎狄也；南戒自岷山嶓冢，负地络之阳，东南至于衡阳，乃东循岭徼，达东瓯闽中，是谓南纪，所以限蛮夷也。故《星传》谓北戒为胡门，南戒为越门。河源自北纪之首行，而东分为北河；江源自南纪之首行，而东分为南河。自北河下流，南距岱山，为三齐，夹右碣石为北燕。自南河下流，北距岱山为邹鲁，南涉江淮为吴越。皆负海之国，货殖之所阜也。自河源循塞垣北东及海，为戎狄；自江源循岭徼南东及海，为蛮越。观两河之象，与云汉之所始终，而分野可知矣。

《汉书·天文志》：壬癸常山以北一曰壬燕赵，癸北夷。

《晋书·天文志》：渤碣海岱之间，气皆正黑。

灾　祥

《春秋》纪日食、星陨之异，与水旱、螽蝝之类，比而书之，所以敬天渝，重民事也。后之儒者，言天而必以人事验之，其说荒矣。然历代之书有之，而志不之载，是谓天变不足畏也，兹故具述于篇。《春秋》，天子之事也，故内灾书鸲鹆来巢是也，外灾亦书陨石于宋、六鹢，退飞是也。志则一方之事耳，慕容氏之黑白二龙，冯氏之狼嗥鼠集，魏氏之异风羊角，在营州者不得而纪焉。夫勤民而畏天，则存乎其人矣。

汉文帝后七年秋九月，有星孛于西方，其本直尾箕，末指虚危，长丈余，及天汉，十六日不见。

景帝中元年夏六月壬戌，蓬星见西南，甲子在尾北，可长六丈。丁卯在箕，北去近汉，稍小如桃。

三年秋九月戊戌，晦，日食几尽，在尾九度。

武帝建元三年秋九月丙子，晦，日食，在尾二度。

成帝时，荧惑角怒明，大逆行守尾。见《谷永传》，旧志作太白，误。又云绥和间，案此谷永说王音之语，音薨后八年，始改元绥和，今阙其年。

哀帝时，荧惑往来无常，入天门，上明堂，贯尾乱宫见《李寻传》。

光武帝建武六年秋九月丙寅，晦，日食，在尾八度。

明帝永平九年春正月，戊申，客星出牵牛，长八尺，历建星至房南中历尾宿灭。

十三年冬十月甲辰，晦，日食，在尾十七度。

和帝永元十二年冬十一月癸酉，夜有苍白气长三丈，起天园东北，指军市，见积十日。占曰：兵起十日。期岁明年冬十一月，辽东鲜卑二千余骑寇右北平。天园毕宿非燕，以史事，应记之。

元兴元年秋七月己巳，有流星起天市，五丈所，光色赤。闰月辛亥，水金俱在氐，流星起斗东北。行至须女，须女燕地。

天市为外军，水金会为兵诛。其年，辽东貊人反钞六县，发上谷渔阳、右北平、辽西乌桓讨之。

安帝元初元年冬十月戊子朔，日食，在尾十度。

顺帝永和六年秋九月辛亥晦，日食，在尾十一度。

灵帝中平五年夏六月丁卯，客星如三升椀，历贯索西南，行入天市，至尾而消。

献帝初平元年冬十一月庚戌，镇星、荧惑、太白合于尾。

建安十三年冬十月癸未，朔，日食，在尾十二度。

魏明帝青龙三年冬十月壬申，太白昼见在尾，历二百余日，恒昼见。占：尾为燕有兵。

少帝正始元年冬十月乙酉，彗星见西方在尾，长二丈，拂牵牛，犯太白。

晋惠帝永兴元年秋七月庚申，太白犯角亢，经房心，历尾箕。

光熙元年夏四月，太白失行，自翼入尾箕。

憨帝建兴三年秋八月己未，甘露降新昌县。新昌后入肥如。

成帝咸和八年夏五月己巳，白虎见新昌。

燕烈祖元玺四年秋八月己未，太白犯天江。

五年冬十月癸巳朔，日食在尾。

光寿元年秋七月辛巳，荧惑犯天江。

三年秋七月乙酉，荧惑犯天江。

秦世祖建元九年夏四月，彗出于尾，长十余丈，经太微，扫东井

燕世祖建兴八年春二月，有客星在尾中，至九月乃灭。

九年夏四月己巳，月掩岁星在尾。

烈宗永康二年，景星见于箕尾。

昭文帝光始六年夏四月乙丑，岁星犯天江。旧志误，书上年十二月己卯，岁星犯天江。又书惠懿帝正始二年正月庚子，荧惑犯天江。考之晋书皆天关，非天江也。

魏世祖大延五年春二月，辽西上言木连理。

太平真君八年，秋七月，平州大水。

高宗太安五年春二月，肥如大火，焚官司庐舍略尽，惟东西二寺不及。

高祖承明元年夏四月甲戌，月食尾。

太和元年春三月戊辰，月食尾下，入浊气不见。《通鉴》目录云，案戊辰四月望。史误。

三年春三月戊辰，平州地震，有声如雷，野雉皆雏。

六年秋八月，平州大水。冬十一月辛亥朔，月寅见于东方，京师不见，平州以闻。

七年秋八月乙丑，荧惑犯天江。

九年夏六月癸亥，荧惑犯天江南头第二星。

十二年冬十一月戊午，太白岁星合于尾，丙寅荧惑岁星合于尾。

世宗永平四年秋八月，平州献白鹿。

延昌三年夏四月癸巳，月在尾，从地下食出，食十五分之十四。其年填星守天江。见隋志。

肃宗神龟二年夏四月甲戌，大星起天市垣西，东南流轹尾烛地。

齐后主武平四年冬十一月壬子，太白掩填星在尾。

唐高宗永徽六年秋七月乙亥，岁星守尾。

咸亨三年冬十一月戊子朔，日食，在尾十度。

永隆元年冬十一月壬申朔，日食，在尾十六度。

开耀元年冬十月丙寅，朔，日食，在尾四度。

武后神功元年春三月戊申，清边道总管王孝杰讨契丹孙万荣，初进军平州，白鼠昼入营顿伏，及战兵败，孝杰死焉。

久视元年秋八月壬子，平州火，燔千余家。

中宗神龙二年冬十二月丁酉，荧惑犯天江。

玄宗开元二十二年秋八月，榆关蚄蚄虫害稼，入平州界，有群雀来食之，一日而尽。

二十六年，榆关蚄蚄虫害稼，群雀来食之。

天宝九载秋八月，五星聚于尾箕，荧惑先至先去。

代宗大历二年秋九月戊午夜，白雾起尾西北，弥漫亘天。

德宗贞元八年秋八月，大雨，平州地水深丈五尺。冬十一月壬子朔，日食，在尾六度。

穆宗长庆元年春二月丁亥，月犯岁星在尾。

文宗开成三年冬十一月乙卯，有彗星见于东方，在尾箕东西亘天，十二月壬辰不见。

僖宗光启二年夏五月丙戌，有星孛于箕尾，历北斗、摄提。

辽太宗天显五年冬十二月丙辰，荧惑犯天江。

穆宗应历元年冬十一月，辰星、岁星合于尾。

保宁二年夏四月乙酉，月食尾。

圣宗统和元年秋，平州旱蝗。

七年秋八月丙寅，荧惑犯天江。自此以下，天文并采《宋史》录之。

九年夏四月丁亥，荧惑犯天江。六月淫雨伤稼。秋九月地震。

二十年，平州麦秀两岐。

二十四年秋七月丁酉，荧惑犯天江。

二十五年夏六月己未，有星出天市，分为三星至尾没。

二十七年秋九月戊辰，太白犯天江。

二十八年秋，平州饥。

二十九年春，平州水。夏六月己巳，岁星犯天江。

开泰五年夏四月己丑，太阴掩天江第二星。冬十一月丁卯，太阴犯天江。

六年夏四月壬午，月食尾。

九年夏四月丙申，太阴犯天江。

太平元年秋七月庚子，荧惑犯天江。

四年夏六月丁卯，太阴犯天江。

兴宗重熙三年秋八月甲申，荧惑犯天江。旧志误作金。

七年夏四月壬申，有星出天江，如太白有尾，迹西南，速行至房没。秋七月癸卯，荧惑犯天江。

十六年夏六月戊辰，有星出尾西南，速行入浊。

二十年秋八月辛丑，荧惑犯天江。

二十一年秋九月乙卯，平州进白兔。

二十二年秋闰七月壬午，荧惑犯天江。

道宗清宁二年春三月辛酉，有星出库楼，没于尾。

四年冬十一月丁未，荧惑犯天江。

六年秋九月乙巳，太白犯天江。

七年夏六月己巳，有星出天市垣车肆侧西南，行至尾没。秋七月辛卯，太阴犯天江。

十年夏四月庚辰，月食尾。冬十一月庚午，辰星犯太白，在尾十六度。

咸雍二年春三月己未，彗出营室。辛巳，夕见西南别有白气一，阔三尺许，贯紫微极星并房宿，益东行，历文昌北斗贯尾。

三年春闰三月辛巳，夜有苍黑云起南方，两首至浊，阔尺贯尾、箕、斗、牛、库楼、骑官。夏四月壬戌，太阴犯天江。冬十一月丁酉，太白犯天江。

四年夏六月甲子，星出尾北如杯口，西缓行至平星没。赤黄有尾迹。秋八月丙寅，荧惑犯天江南第二星。

五年夏六月甲子，有星出尾北，如太白南急行入浊没青白。秋九月戊辰，太白犯天江。

六年夏五月癸巳，荧惑退犯天江。今本《宋史》无此，据旧志存之。

七年夏四月庚午，太阴犯天江。

八年春正月己丑，荧惑犯天江东第一星。秋闰七月甲寅，太阴犯天江东第三星。

九年春正月乙丑，太阴犯天江西南第二星。秋九月甲辰，太阴犯天江南第二星。史云："月掩太白"，又云太白犯天江南第二星。

十年春正月丁未，填星犯天江东北第一星。三月乙卯，太阴犯天江南第一星。夏六月辛未，夜有苍黑云起天河中，长五丈，南北两首，至浊贯尾箕。

太康元年夏，平州饥。五月壬戌，有星出尾东如太白，西南速行至浊没，赤黄有尾迹。

二年夏四月辛亥，夜有苍黑云起南方，长二丈，贯库楼骑官积卒心尾。五月丁丑，有星出尾北，如太白东南急行入浊没，赤黄有尾迹。壬午，有星出天津北，如太白西南急行，至天江没，赤黄有尾迹。

三年夏六月癸未，夜有苍黑云起南方，长三丈，阔尺，贯龟鳖、天渊。秋七月庚戌，有星出天市垣，内宗人东如太白南，急流至尾没，赤黄有尾迹。

五年夏四月戊申，夜有白云起南方，长三丈，贯库楼、积卒、龙尾。六月戊戌，有星出尾东如杯，南速行至浊没，青白照地明。秋九月庚午，太阴犯天江。冬十二月丙午，彗星犯尾。

六年夏五月，庚午，有星出尾南如太白，南速行至浊没，青白有尾迹。辛未，有星出中台北，如太白东南缓行，至天江没，赤黄。冬十二月辛巳，太阴犯天江。

七年夏四月辛未，月食既在尾。秋八月庚申，太阴犯天江西第三星旧志误作金。冬十一月己酉，太阴犯天江东北第二星。

八年秋九月癸未，岁星犯天江北第一星。

九年秋八月癸未，荧惑犯天江南第二星。

大安元年秋七月己未，荧惑犯天江。

二年夏六月甲辰，有星出天津西如太白西南，急流至尾北没，赤黄有尾迹，明烛地。

四年冬十二月甲辰，荧惑犯天江。

五年春三月丁亥，太阴犯天江。夏五月癸巳，有星出天弁南如太白，速行至尾北没，赤黄有尾迹，明烛地。

六年春正月丁亥，太阴犯天江。

七年春三月丁丑，太白犯天江。

八年春二月癸未，有星出心，东如太白，急流至尾南没，青白有尾迹，明烛地。夏六月壬戌，太阴犯天江。秋九月甲申，太阴犯天江。

九年春三月乙未，太阴犯天江。冬十二月丁卯，岁星犯天江。

寿隆三年秋八月己酉，太白犯天江南第一星。冬十二月癸卯，太阴犯天江南第一星。

四年春二月戊申，有星出宗正东，如太白，急流至天江南没，赤黄有尾迹，明烛地。夏五月庚申，太阴犯天江。六月辛丑，有星出箕如太白，急流至尾没，赤黄有尾迹，明烛地。秋八月壬午，太阴犯天江。冬十二月戊戌，太阴犯天江。

五年春二月癸巳，太阴犯天江西南第二星。三月庚申，太阴犯天江西南第一星。秋七月庚戌，太阴犯天江西南第四星。

天祚帝乾统元年春正月癸亥，有星出西南，如孟东北，急流入尾距星没，青黑无尾迹，明烛地。

二年夏五月丁卯，有星出尾如杯西南，慢流入浊没，青白有尾迹，明烛地。

三年夏五月戊子，夜有苍白气起东南方，长三丈，贯尾箕斗。

七年夏六月乙亥，有星出尾西南，如杯，西南慢流入浊没，青白有尾迹，明烛地。

十年夏四月甲申，月食既在尾，秋八月甲戌，太阴犯天江。冬十一月庚寅，太白犯天江。

天庆元年冬十一月甲戌，太白犯天江。

三年秋九月庚辰，荧惑犯天江。

五年秋八月乙丑，荧惑犯天江。

七年秋七月乙未，荧惑犯天江。

八年冬十一月壬申，太白犯天江。

金太宗天会四年夏四月辛亥，太阴犯天江。

八年秋八月乙未，荧惑犯天江。

十年秋七月乙丑，荧惑犯天江。九月庚申，太白犯天江。

熙宗天会十三年冬十二月乙卯，荧惑犯天江。

十五年冬十一月癸巳，太白荧惑合于尾。

皇统二年秋，平州大熟。

三年秋九月辛未，荧惑太白合于尾。

五年秋九月辛酉，荧惑犯天江南第一星。

六年夏四月丙寅，月食尾。

七年秋八月戊申，荧惑顺行犯天江。

废帝亮天德四年冬十二月乙丑，岁星荧惑合于尾。癸酉，荧惑顺行犯天江。

贞元元年秋九月癸卯，太白岁星合于尾。

三年冬十一月壬申，太白辰星合于尾。

正隆元年秋九月乙丑，太白顺行犯天江。

五年冬十一月甲午，西南方有白气自尾历壁娄昴宿。

十二月戊申，夜有白气出尾，历心、房、氐、亢、角，入天市，贯太微至郎位止，有类天汉。

六年秋九月庚寅，荧惑犯天江。冬十二月甲辰，太白填星合于尾。其年十月，世宗大定元年。

世宗大定二年秋八月辛未，荧惑填星合于尾。平州饥。

三年夏六月丁丑，有星出尾，青白色向东南慢流没。

四年秋七月壬子荧惑犯天江。平州旱蝗。

五年夏四月甲午，月食尾。五月辛酉，太阴掩天江。秋九月戊申，有星出王良，慢流至尾宿没。

六年春正月乙卯，荧惑顺行犯天江。

七年冬十二月己亥，荧惑犯天江。

九年冬十一月辛巳，荧惑辰星合于尾。戊子，荧惑犯天江。十二月癸巳，太白荧惑合于尾。

十二年秋九月戊子，太白犯天江。

十四年冬十一月甲申朔，日食在尾。

十五年秋闰九月甲寅，太白荧惑合于尾。

十七年秋九月己亥，荧惑岁星合于尾。壬子，荧惑岁星太白合于尾。

十九年秋八月己丑，荧惑犯天江。

二十八年冬十二月壬戌，辰星岁星合于尾。

二十九年夏六月乙未，岁星留守天江。

章宗明昌三年春二月辛丑，填星留守天江。秋七月己卯，太白犯天江。九月乙亥，荧惑填星合于尾。旧志添一金星，误。

承安元年春三月癸卯，荧惑退犯天江。

泰和三年夏六月乙卯，客星出东南尾宿间，色青白，大如填星，甲子守之。

四年冬十月癸丑，太阴犯天江。

卫绍王大安元年夏六月己丑，荧惑顺行犯天江。

宣宗兴定元年夏五月壬申，有星出尾宿距星西北慢流，向牛宿距星东南没。

二年秋八月壬戌，有流星大如杯，长丈余，其光烛地起，建星没尾中。

哀宗正大元年夏六月己丑，客星守犯尾。

八年夏四月庚午，月食尾。

元太宗八年秋九月庚申，太白岁星合于尾。

十二年秋七月庚寅，客星出尾。

甲辰年皇后乃马真氏称制，故史以干支纪年。夏四月丁丑，有星出尾宿距星下，大如太白。

世祖中统元年春正月庚辰，岁星与荧惑行入尾。

三年秋八月，陨霜害稼。

至元三年，夏蝗。

六年秋九月，大雨，滦河溢。

八年夏四月壬寅，昌黎县民生子，夜有光，诏加鞠养。

九年秋九月，大雨，滦河溢。

十年，饥。

十二年夏四月乙丑，荧惑犯天江。

十六年夏，蝗。

二十四年秋九月庚子，太白犯天江，饥。

二十五年秋九月癸未朔，荧惑犯天江。

二十六年冬十月，水坏田稼一千一百顷。

二十七年秋七月辛酉，荧惑犯天江。

二十八年春三月，饥。秋九月，大水。

二十九年秋，大水。

三十年冬十月，水。

三十一年秋，水。

成宗元贞元年秋，滦州水。冬十二月甲子，太阴犯天江。

二年夏，滦州旱。秋八月癸卯，太阴犯天江。冬十一月壬辰，太阴犯天江，旧志误作金，又误作壬戌。

大德元年夏虫食桑。秋八月，陨霜害稼。

二年，夏旱，六月水。（史文两书或先旱而后水也。）

三年夏四月，霖雨，滦河溢。秋八月乙巳，雨雹。

四年夏五月，雨雹。

五年秋八月，霖雨，滦河溢入城，漂没官民庐舍殆尽，溺死人畜甚众。

七年春，饥。夏六月，水。秋八月辛亥，荧惑犯天江。冬十二月丁未，太阴犯天江

九年秋八月乙未，荧惑犯天江。（旧志误作月。）

十一年冬十一月，卢龙、滦河（州）、迁安、昌黎、抚宁等县水。

武宗至大二年秋八月丁丑，陨霜杀禾。

四年夏六月，永平丰盈，屯雨水害稼。

仁宗延祐元年冬十二月甲辰，太阴犯天江。

二年夏五月辛酉，太阴犯天江。

六年夏六月，水。

七年秋八月乙丑，荧惑犯天江。

英宗至治元年夏六月，大雨雹，深一尺，害稼。秋七月，石城县大水。

二年春二月己未，太阴犯天江南第一星。秋七月己亥，荧惑犯天江南第一星。冬十一月庚申，太阴犯天江上第二星。

泰定帝泰定元年夏，雨水溢。

二年冬十二月乙酉，荧惑犯天江。

三年春三月，饥。秋七月，大风雨雹，折水伤稼。八月，蝗。冬十一月，饥。

四年冬十一月乙亥，荧惑犯天江，饥。

致和元年夏四月，石城县蝗。六月，水，雨雹。

文宗天历二年夏六月，永平昌国诸屯水。秋七月，蝗，雨雹。

顺帝元统元年春二月丙辰，太阴犯天江下星。秋九月乙未，太阴犯天江下星。

二年春二月，滦河、漆河溢。

至元三年夏五月丁卯，彗星见。自昴至房。凡历一十五宿，至秋八月庚午灭。中历尾宿。

五年春正月乙亥，荧惑犯天江上星。旧志误作木。

六年冬十一月戊寅，辰星犯天江北第一星。旧志误作月。

至正元年春正月甲寅，荧惑犯天江上星。冬十一月庚子，太阴犯天江北第二星。

二年冬十一月辛卯，岁星荧惑太白合于尾。

三年秋八月，滦河溢。

四年秋七月，滦河溢出平地丈余，漂没田庐甚众。

五年春，饥。

十年秋九月壬戌，荧惑犯天江南第二星。

十一年春三月戊辰，太阴犯天江西第一星。秋八月乙酉，太阴犯天江南第二星。冬十二月庚子，辰星犯天江西第二星。

十七年冬十二月庚午朔，荧惑犯天江北第一星。

十九年夏五月丙午，太阴犯天江南第一星。秋九月甲寅，太白犯天江南第一星。

二十年秋八月辛卯，太阴犯天江北第二星。

二十一年春二月壬寅，太阴犯天江北第一星。

二十五年冬十月辛卯，荧惑犯天江东第二星。

二十六年秋九月庚子，孛星见于紫微垣北斗权星之侧。色如粉絮，约斗大，往东南行，过犯天桴星。辛丑，孛星测在尾十八度五十分。乙巳，至虚宿，垒壁阵西方而灭。冬十月，大水。十一月丙申，太白岁星、辰星合于尾。

二十七年秋九月丁丑，荧惑犯天江南第二星。

明洪武三年夏，滦州大水。

四年，秋旱。

七年夏，乐亭、昌黎蝗。

九年，秋旱。

十年夏六月丙寅，滦、漆二水溢，坏城垣。秋九月丙辰，大火。

正统五年，夏蝗。

十二年，秋蝗。

景泰元年，大水入城，与东南城几平。

三年，迁安大水。

六年，刘家营大水。

天顺元年冬，妖星在天风。

成化元年，水。

三年，雷震死刘家营官马八匹。

十七年夏，迁安等县大水，饥。

弘治元年夏六月，滦州城西金泉池产并蒂莲一本，泉左流半亩地内，并蒂者数本。

二年夏，滦州大水。

四年夏四月辛酉，月食尾。五月蝗。

十四年夏，大水，饥。

十七年秋七月，大水。

正德五年春二月，迁安风霾昼晦。

六年春，迁安旱。秋七月癸亥，开平卫观音阁诸兽口现五色光，自卯至巳散。

七年，黑眚出。迁安大旱，饥。

八年夏四月，蝗。开平城观音阁西墙上，龙起寺中、大兽带落于老龙坡。大饥。

十二年夏，滦州、昌黎大水。

十三年夏，滦州水。六月，刘家口关暴雨，城坏楼倾，铁叶门流至乐亭。

十四年夏六月，滦州蝗。秋大水。

十五年夏六月丁巳，雹。

十六春二月，辰星留守尾，夏旱。

嘉靖元年秋七月，螟。大旱，地震。

二年夏五月，滦州野蚕成茧。六月，蝗。秋七月，滦州、昌黎地震有声。

五年秋七月，滦州、昌黎地震有声。

六年春三月，乐亭境内起黑风，火飞如斗，焚及木杪，禽鸟多死，流炎海面，竟宿乃止。

七年春二月，滦州、昌黎地震。夏四月，大风昼晦。大饥。

八年夏五月，蝗。

十年夏四月，大风。

十二年春，旱蝗。夏六月，雹。

十四年春三月辛酉，迁安雹大如卵。夏，霖雨，滦河溢。

十五年夏四月，昌黎大水，滦州蝗。

十六年夏，滦州蝗。六月丙辰，迁安大风，雷雨击县新堂脊，玲珑花草如刻画状，有龙戏其上。秋，昌黎饥。

十七年夏四月，滦州、昌黎蝗。

十八年，迁安饥。

十九年夏，滦州旱。

二十年春，滦州旱。秋七月辛丑，滦州、昌黎大风霖雨。癸卯，震电雨雹。甲辰，滦河溢。

二十二年夏六月，雹。

二十三年，滦河溢。

二十五年夏六月，滦州大水，坏开平中屯卫北城七十丈。昌黎县城西南二里，并头莲生。秋七月，滦州、昌黎大风。昌黎麦二岐，谷双穗。

二十六年夏，滦州水。

二十七年秋七月，大雨，有龙斗于石门子沟。八月，昌黎地震。

二十八年春三月丁酉，大风、昼晦。

三十年秋七月，大水。迁安地震有声如雷。

三十二年秋七月，大水。

三十三年春三月，大风昼晦，地震。

三十四年春正月戊申，大雷雨。二月己巳，大雪。夏，燕河教场旗竿自折，饥

三十五年春三月戊辰，大风昼晦，旱。

三十六年春二月，燕河营地震有声。三月，府城地震。秋八月，滦州蝗。

三十七年秋七月，蝗、水，饥。

三十八年夏六月，霖雨，滦河、漆河溢，城内行舟。秋八月，蝗。

三十九年，春饥秋蝗，地震。

四十年，春饥、夏蝗。

四十一年夏五月，滦州地震有声如雷，州南孙家坨地裂，涌黑水。秋，昌黎生雄鸡四足。迁安大有年。

四十二年春三月，昌黎闻天鼓鸣。夏四月甲子，三屯营地震，日

数次，至秋九月。昌黎旱。秋八月，大水。冬十月朔，太白经天。

四十三年秋，昌黎螟。

四十四年春，昌黎大疫。

四十五年夏六月，府廨后产芝五本五色，献之朝。

隆庆元年春三月癸未，地震。秋九月，抚宁毛家营大柳树鸣三日，甚悲。不一二日，土蛮自界岭入，杀抚宁、昌黎二县人民十余万。

二年春三月戊子，地震有声，经旬乃止。乐亭刘忤庄地裂三丈余，涌沙水。郭志作三年三月壬子，今从《滦州志》。迁安县滦河滨岸裂，得龙蜕长二十五丈余，大二十余围。

三年夏五月，昌黎雹。

四年夏六月，燕河营城北真武庙钟鸣，自落地者三。

五年春夏，大疫。

六年秋七月，地震。山海关外带家河有海牛死，浮沙岸，高数丈，长十余丈。阳河溢，有大树数百成筏，由义院口入，过汤河至刘家寨入海。

万历元年秋，关城北火神庙自焚。雨雹大如拳。

二年春二月，建昌马营千总周尚春率兵过卧龙岗，雷火燃其兵马器械。秋七月壬辰暮，三屯暴风起，教场西南飘战车空中，碎之如纸叶。昌黎大有年。

三年秋，昌黎大有年。九月甲辰，三屯营地震有声如雷。

四年春正月辛酉，太平寨滦河断流数里，二时而续。壬戌，营东城河乾百步。癸亥，西河亦干并逾时。二月庚辰辛巳，太平路地连震。

五年秋，雹。乐亭大水。

六年春，饥。秋，大有年。

七年夏五月乙巳朔，雹大如拳。六月辛丑，三屯营地震，有声如雷。

八年春、夏，疫。五月地连震，自壬午至戊子。六月辛丑，三屯地震有声如雷。

九年春二月乙卯，三屯地震。夏，甘露降理刑公署。

十年春，迁安风霾。旱、疫。

十一年夏四月，大水。六月蝗。

十二年春正月，雷雨，滦河溢。

十三年夏六月戊辰，雹。

十四年，春饥。夏四月癸酉，三屯地震，旱、疫。秋七月，大水，冷口关涨没城数丈。关北水中有影，似形非形，初长二丈余，大如瓦甓，后短小如杆棒而无首尾。击之分而复合，晶白蜿蜒，雨霁水落而消。

十五年秋七月庚子，霖雨。滦河溢，城不浸者三版。冬饥。

十六年夏闰六月丁未，大风损稼，水。

十七年，春饥。夏黍穗两岐府北郊韩知县应奎庄。秋，大有年。

十八年秋，大有年。

二十年秋七月，大风雨害稼。

二十一年春，饥。

二十三年夏五月，山海关地震有声。

二十五年春，正月不雨至于夏四月。秋七月，大水。冬饥。

二十六年春，不雨。秋螟。冬大饥。

二十七年，春夏疫。地震有声。

三十二年夏，淫雨四十余日。六月癸卯，滦河溢。丁未，复溢。

三十三年春大饥。夏六月，大雨，滦河溢。冬饥。

三十六年冬十月戊辰，大雷雨。

三十七年春三月丁未，大风昼晦。

四十三年春正月，不雨至于秋七月。

四十四年，春饥。秋七月，蝗。

四十六年夏闰四月甲申，大风霾。冬，蚩尤旗见东方。

天启二年秋，滦河溢。

三年秋八月，大雨雹，寒，有冻死者。

四年春二月，地震。乐亭地裂涌黑水。

崇祯二年冬十二月甲子，滦州地震有声。

八年冬十二月辛卯，白虹贯日。

九年春三月丙午朔，白虹贯日。夏旱。秋蝗。

十年春，大饥，疫。

十三年，春旱。夏蝗。

十五年夏五月，大风，雨雹，城颓四十余丈，卢龙学宫尽圮，大树皆拔，惟先师神位不动。

十七年夏，抚宁栖霞寺龙潭，水变成血。数日李贼至。

大清顺治九年秋九月，大雪。府城民家生鸡四足。

十年夏四月，淫雨四十余日。滦州、昌黎、乐亭大饥。冬大雪，冻死人畜甚众。

十三年夏四月，滦河溢。冬大雪五十余日，行人有陷雪死者。

十五年秋九月，雷震清凉山，削山如沟者数处，水立丈余，击死大蟆，如斗无皮。滦州兰圮庄大雨雹。九月大雪。

康熙元年春正月丁亥，日生双珥，上有反晕。

二年夏六月望日，雷火焚郡东南角楼。

三年夏闰六月，滦河溢，飘集柴木无算。时修清节祠，适供其用有如夙构，亦属神异。冬十二月庚戌，夜有星入月。

四年夏六月甲子，东南五色云现。

五年夏六月辛未，星流如织。

六年正月戊寅，大星如月，坠西方有声。夏，郡钟楼灾。

九年春三月乙丑，白气见西方，有年。

十年春二月辛卯，大星如斗，小星随之，缕缕如灯，自兑趋巽，飞流有声。秋七月炎暑。冬十一月严寒。有年。

十一年春三月丙戌，乐亭大风昼晦，是夕月上有二星。

十二年夏五月辛卯，大风霾，碣石黄岭雨雹大如斗。

十四年，乐亭麦三岐。

十七年夏六月炎暑，自京师至关内外，热伤人畜甚众。秋九月癸卯，三环套日，复生三珥。

十八年秋七月庚申，地震有声甚烈。

十九年冬十一月朔，夜西南白气如帚，芒长卧向东北，直贯天河，数夕渐淡，其下有星。

二十四年夏，迁安大水，乐亭水灾。

三十年夏，蝗。

三十四年，山海卫大水，冲南北水关边城百余丈。

三十五年，迁安、山海卫大水。

三十六年，山海卫大水，冲边城百余丈。

三十八年，夏蝗。

三十九年，秋蝗。

四十四年，夏蝗。

四十五年春三月，郡东城楼雷火灾，焚三昼夜。夏，山海卫大水，冲南水关百余丈。

四十七年，有年。

四十八年夏六月，大水，滦河溢，泊郡西墙九尺。卢龙儒学、驻防营房俱坍塌。迁安、乐亭城不浸者三板，凡三日水退，不成灾。飞蝗自丰润来，蔓延滦州、迁安、卢龙三州县，官民捕尽，不为灾。

四十九年夏四月乙巳，郡新城市廛灾。五月旱。秋大有年，谷一茎二穗三穗至四五穗者甚多。卢、迁、抚、昌、乐俱有年。

五十年夏六月，炎暑。秋有年。

‖ 卷之四 ‖

莱　阳　宋　琬撰次
府学训导　徐　香参订
萧　山　张朝琮续纂
卢龙教谕　胡仁济校辑

疆　域

汉郡右北平、辽西，统县三十，幅员及卢龙斗陉之外。今并二为一，犹不足当汉之一郡。故左辅之地，恒苦单瘠，而其人民财用，较畿南诸郡不能半之。北垣何蹙，此孙樵之所以致叹于中唐也。兹据版章，详其里至，盖不待亲履其疆，已知是邦之狭于古矣。

永平府　东西广三百里，南北袤二百五十里。东至山海关外辽东界一百八十里，西至铁城坎蓟州丰润县界一百三十里，南至乐亭县绿沟海一百八十里，北至卢龙桃林口六十里，东南至昌黎县赤洋海一百里，东北至抚宁县石门寨关一百六十里，西南至丰润县越支场二百里，西北至迁安县喜峰口关二百三十里。东至辽东广宁镇七百五十里，西至蓟州三百二十里，至京师五百五十里。

　　卢龙县附郭　东西广七十里，南北袤八十里。东至双望堡抚宁县界三十五里，至县七十里。西至安河堡迁安县界三十里，至丰润县一百六十里。南至刘各庄滦州界三十里，至州四十里。北至刘家营迁安县界五十里。东南至黑石里庄昌黎县界二十里，至县七十里。东北至燕河营抚宁县界五十里。西南至康家庄滦州界二十五里。西北至分水岭迁安县界二十里，至建昌营七十里。

迁安县　在府西北四十五里，东西广二百里，南北袤七十五里。东至孤庄卢龙县界三十里，至刘家营五十五里。西至吕家庄丰润县界一百里，至遵化县一百八十里。南至赤峰铺卢龙县界四十里，至滦州七十里。北至白羊关三十五里，至建昌营四十里。东南至分水岭卢龙县界二十五里，至县四十五里。东北至刘家口五十里。西南至甸子铺滦州界六十里，至丰润县一百四十里。西北至喜峰口一百八十里。

抚宁县　在府城东八十里，东西广九十五里，南北袤九十里。东至山海关九十七里，至广宁中前所一百三十二里。西至双望堡卢龙界三十五里，至县八十里。南至张各庄昌黎县界二十五里，至县四十里。北至界岭口关七十里。东南至戴家河大海四十里，至秦皇岛七十里。东北至黄土岭关一百二十里。西南至两家店昌黎界五十里。西北至燕河营卢龙县界五十里，至迁安县一百二十里。

昌黎县　在府城东南八十里，东西广九十里，南北袤一百二十里。东至裴家堡抚宁县界三十里，至大海七十里。西至滦河岸滦州界七十里。南至沙乜庄乐亭县界六十里，至大海八十里。北至山西社抚宁县界三十里，至县四十里。东南至七里海七十五里。东北至张家庄抚宁县界二十里，至山海卫一百二十里。西南至会里庄乐亭县界六十里，至县九十里，西北至黑石庄卢龙县界五十里，至县七十里。

滦　州　在府城南四十里，东西广一百二十四里，南北袤一百七十里。东至北释院昌黎县界四十里，至县七十里。西至板桥铺丰润县界一百里，至县一百四十里。南至马头营海一百一十里。北至杨家庄卢龙县界十五里，至迁安县七十里。东南至定流河乐亭县界六十里，至祥云岛一百六十里。东北至郭家庄卢龙县界十里，至县四十里。西南至越支场丰润县界一百五十里。西北至党峪里丰润县界一百三十里。

乐亭县　在州东南九十里，东西广五十五里，南北袤七十五里。东至黄瓜堡昌黎县界三十五里。西至庄坨庄滦州界四十里。南至海六十里。北至胡芦河昌黎县界主十里，至卢龙县一百二十里。东南至沙崖庄昌黎县界四十里，至汤家河集三十五里。东北至博落庄昌黎县界三十里，至县九十里。西南至李各庄滦州界四十里，西北至茨榆庄滦州界四十三里，至滦州七十里。

山海卫 在府城东一百七十里。东至辽前屯卫中前所三十里，至奉天府八百里。西至抚宁县一百里，至京师七百里。南至海十里。北至义院口关八十里。

山　川

《禹贡》言："太行、恒山至于碣石。"而《汉志》言："蓟，南通齐、赵，勃、碣之间一都会也。"今永平之域，正当碣石入海之处，后背群山，前阻大海，可谓冀北之神皋，燕东之天府矣。旧志谓，自塞北界，以都山东南入海，为凌河；西南入海，为滦河。凌朝于辽东，滦朝于辽西，而郡介其中，左洋右漆，判于其前，依龙庭而酌溟渤。故昔人以为四塞之区，形胜之地。今之邑里虽多残敝，而山川如故也。是以仍其文而润色之，以补《水经》之未备。若夫山不在高，水不在深，或有人以兴，或无人以废。考慕容、石氏攻守之遗迹，访辽、金之旧事，览徐中山、戚少保之所经营，亦可以愀然矣。

平　山 在城中，以其与南台山平，故名。或曰平州之名取此，非也。案平州始因辽东之襄平名，后乃移之于此。自东北迤南为府卫堂治，府治内有黑水井，有长石，端刻牛首形镇之。为其怪，久掩之。或曰燕谓水曰龙，黑曰卢，县名取此，非也卢龙古塞名，自隋移此以名县。治南又有井，在谯楼前，将雨则气出，岁旱以此占之，颇验。旧志称"谯楼飞雨"是也，今埋。南台山在城南三里，左为首阳山，右为孤竹山。南台中峙，形如印，亦名印山。上有开元寺，为郡人游赏之所。有井，下通滦江。右为龙王坡，以祠名。滦水先经其下，今改而西矣。又南山腰有白石，曰虎头，俗以为汉李将军射虎处。其下滦、漆交焉。台北为凤头山社以之名，迤东为试剑石，南为烟墩岭。又二里，为神堂峪。又三里，为鹰窝峪，有古洞。自峪而青沙岭，折西，山半有井，为井里峪。其厓反峒为孤孤岭。岭南为范家峪，为大王山，有虎洞，深丈余。东为大小岭，为昌黎界，有河产金，曰淘金河。今名沙金厂。沿而西南，为笔架山，以形名。西为常福山，又西为涧子山，有三跳涧。二山之阴金流入滦。自孤孤岭之北，曰孤峰，在县东五里。又东三里，为东岭烟墩山。又十里，为部落岭，唐时居黑水部于此，为大牛山，为黑崖峪。东南四里，为近阳山，为芝麻山。又三里，为阳山，首山之阳也，山中有大兖寺，多溪谷，古阳乐县在焉。有狮子岭，迤东为黑石坻、茄子山与昌黎界。城东北里许，为千松岭，为马兰坡，为桃花峪岭。东抵分山，为青石峪，为韩庄坨。又东为双望堡，孤峰之一舍也。迤北十里，为红山，则抚宁界矣。阳山之阴河源出焉，入洹达滦为白沟。由孤峰东渡沟五里，为铜矿山。俗云掘之得铜鼓。城北二十里曰牛尾岭，上为阿罗卜，山前十里有烟墩。东北为石虎山，其状怪。西为四家庄，不产蝎，有取至者辄死，或曰石镇之也，故又曰蝎虎山。又十里为北安山，形如鞍，下有河焉，起白云，日出方散，故寺曰白云。有堡曰松崖。又北陇端为鹰嘴山，西北为茶叶山、箭杆头、架炮山。又西三里，厓反北接黑铁林、义都岭。有岨临青龙河，人首山魂礌万片，远视之若乱，近视之纵横有章，如人累而成，理柔可凿。先修郡城取之，后修桃林关桥，取石二岁，而罄如崩矣。其北为龙王岩，多林。山正北为亭子岭、狼望山。又北十里，为三角山。迤西为梦山。一名墓山，云高丽王所葬。下为井里兖，后为黑崖子，有河焉流入漆，有石花岭、晒甲峪。又东为杏儿山、梯子山、盘龙山，折而东为神树岭，为兵马峪。北极塞为桃林山旧志云：昔人于此种桃百株成林，故名。非也，盖境外山势参差重叠，有鉴，遍产箭杆桃林，故以名关。关西境外半里，为了望山，嶕峣峞嵂。下有洞，深二十丈，广五六丈，高杀于广，四壁五采如绘。前有水颇艰涉，刻曰"普陀真境"。关西里许，有甑山，颠有孔，周七丈余，深可四十丈，直洞悬峡，下视青龙河如镜，以其象名之。关下城东百步许，高三里余，嵌岩青龙，旁日照之，其色黄，映水如金，产黄羵及金疮草。迤东斥堠相次。逾河为梧桐峪。其南十里为燕河营。营东二里，蟠而为卧龙山。西五里许，山畔远望如仙人形，旁有盘石梳印迹。城北八里有石门，两山如壁，有龙潭万历初，戍卒修边楼，陶覕赤祈青许为立庙，其帅未许，及视上倏云而電，帅惧许之，覕乃青。立祠其颠，南为羁徨岭羁旅至此，彷徨焉，因名。逾青龙而西，为峰山，正水谷南为鹿尾山高峰，四围悬绝，谷城西有试剑石，二道东有鸽子崖泉及孤窑寨泉，西入于青龙。有鱼井，在刘家营北一里，满而不溢，鱼常出没。有风洞，在佛儿峪境外十三山，每秋，辄昼夜狂号损稼。成化三年内官守备塞之而息。正德三年立祠，今祀之名风王庙，是外草地矣。谷沟前有泉三涌出，如瀑布，并流为暖泉河，至徐流营西南入青龙，为水田。自南台之龙王坡西渡漆，里许，为南丘。凉水河自八里坨下过之，坨西北为罗家山、景峰坨、白虻山，前为枣坯，又北为双子山南崖下其石黝，刻曰仰止。孤竹长君墓在焉，一名长君山。又北为料马台。以昔征辽兵过此料马故名。有饮马河。其西为石矸山、铁石坨。又北为分水岭，水之从西北来者，其左由挝角山、盘头山入于漆，右由塔盘山、马鞭山入于滦。马鞭山一名少君山，孤竹少君墓在焉。渡漆西十里，曰石梯子，是为滦河渡，中流有龙王岛，上祠龙王，今废。西为行虎山、刨钱山、狤狗峪、沙井坡。又北为洞山，古孤竹山也，距城西十五里，其椒产金沙，半产银矿，底产铁冶。其嵺有洞，麓有青莲寺，孤竹国城在其阴，而滦汇之，或曰即古卑耳溪，其阳曰俞儿山。传称齐桓公伐山戎，过卑耳之溪，见神人，管仲对以为俞儿者，或即此。南为周王山，距县二十里，滦水绕之为雪峰岛，前对钓鱼台为邑人韩御史应庚别墅。五里为灰山，下有龙潭，上有庙。又五里，为佛洞山，一名窟隆山，为昌黎、滦州界。洞山西北有白莲寺一曰尼姑山，又西曰赤峰山社以之名。前为鹓鹰崖，西南为四挖山一名狼窝，有寺，圣水源焉。有烽火山一名西安，安河之源也。又为石崖儿，连峰数十里，北向为瓦砻山，雄峙之，有门楼。山有裂坡，山下有龙潭旱岁祷雨有应。有独子山，距县二十五里，会圣安之流，及清凉山泉，为横河，入于滦。

水入境，滦最大古作濡，濡乃官反，详《水经注》。发源于云州北二舍炭山，鬐沸喷涌。四舍至宣府东北，又四舍至云州堡，又十舍至桓州道口北，而南入上都开平界，土人谓之商都水即上都水，盖上音讹耳。东流七百里为九流河，其西北道也，自东口外都山以西，有青龙河，又西有宽河即豹河，产金沙，流百里入滦。其铁门关外分水岭东者入长河，西者汇大池，入关，出喜峰口而会之。过潘家口，入团亭，下与漆河之源正一旁二：一曰黑水，自龙井口外七十里乔家岭，河多石，溢涸有常，发于半岭，由三台关南入；一曰横水，南自洪山旧关岭西，从三道岭，雨溢则深二丈，广倍之，晴则广不过丈深尺。合关北，出口外孤石，西入漆，其正源自黄崖阴过大安山后黄门子二百余里，会横水而入龙井关，合黑水，过汉儿庄，绕钓台北，至桃源庄入滦。寿星山阴阳诸水亦入之，其流汹涌，名为强河。东麋石有铁椿《水经注》逆流水乱，东北注濡，又东南迳卢龙塞是矣，此亦郡境之上游也。其次曰恒河，源出三屯城西北景山之阴王四家峪，流达城北。而东三里，会山麓诸流广二丈，深数尺。至迁安中峰西与滦合。过唐山，合长河。长河自口外聂门，龙须三盆入董家口，会游乡而东下，及青山关营，合驻操营，南太平寨西二十里，而下稔子口此《水经注》之黄雒水也。又口外水湖洞，大岭寨西二里温泉山，会入关者为清河，《水经注》云：敖水。及口外乾河川，入城子关，名蛤螺河。夹过太平寨前长岭峰，合长河，东出龟口，至官寨，下入滦《水经注》：东得润水，又会敖水，迳令支故城东。此亦郡境之源也。其次，漆水源从境外十八盘北旱落兀素百五十里，阿老各泉至蔡家谷合。下二百三十里，为三垒口，洋河源自此隔矣。又二十里，土人呼乌填河，入桃林关、鹿尾山，诸流会之。南行至峰山，西至于燕河，谓凉河者，乃青龙也。《水经注》云："玄水迳肥如县故城南，而西南右会卢水者洫洫也。《水经注》洫有二渠，曰大洫、小洫。洫水源从境外都山东南龙王庙豹崖之三岔，而清河源自此隔矣。又二十里，合寺儿崖三温泉，十里，入冷口关，冬暖夏凉，谓之冷池。刘家关西之暖河，过徐流营北，温泉长流，可稻。白羊河从境外入关下，泉涌不竭，南绕及石门、白道诸流，至建昌营南而乾。若溢，则并通青龙，是小沮也。又六里为峰山，青龙过而下，至孤竹故城之阴，中流有石为砥柱焉。其大沮自古阳乐县东北阳山出泉，曰白沟，过大石如槽，俗谓之驴槽，其西南为阳口。城北十二里温泉，为肥如水，曰温溪，今淤。《水经注》：西入玄，玄又迳孤竹城北西入濡。肥如县南十二里，为水之会也。初由上水关入城中，行绕出下水关注漆，数经水患乃塞。上关堰水由北城外西行，南流入漆。卢龙境内诸水，有名四绝者：一石龟峪泉，西流至莲花池而绝；一五里塔泉，自狼家谷西流，至道东而绝；一白望泉，自双子山流至白砂崖青石头而绝；一社台西峪泉，自部落馆阳岛谷合出，与肥如水至坛西而绝。惟漆为经流近城西，南行三十里有石矶，为钓台，澈及长清二河合。过迁安县西黄台山之箕石，东会要孤分水，四十五里入滦，在州东五里。其北七里曰横河，源出卢龙县独子山，及合安河东西山流，南入横山营后北沙岸下，东至泡石淀，经榆山后刘家庄，至偏凉汀而合。州西一里为玉带河，其源自绿豆湾，转尹家坟至府君庙，沿沙堤十里至岩山之岬，折过岩山，而下玉带西二里，为金鱼泉。在演武亭东北，南流入莲花池，达别故河。别故河在金鱼泉西，源自州西北二里庙儿山，东经柏树庄、高家庄、演武亭西堰，合玉带及州南五里河。五里河源自刘官营，而东并经岩山石桥入滦，委蛇而南如龙翔，五十里达岳婆港乐亭界，东岐为二；左曰胡卢河，右曰定流河，夹县而南六十里，至马头营。又二十里为绿洋沟，入海。见《乐亭志》。

迁 安 黄台山在县西南三里，其状其色如之。滦经其下，春可杠其背侧有箕石，名之曰"聚米"，水涨不没，验岁丰凶。岳孤山在县东北三里，独峙。下为三里河，源自城北小寨平原，而经其麓新寨庄南，而西至卢沟洑，合滦。盛夏愈冷，严冬不冰。有石桥，东北抵建昌诸边，南达十里桥，通府。又南为次君山，一名团子山，距县十八里，远望团如釜而秀，孤竹次君墓焉。二十里为分水岭，又十里为卢龙界，左漆而右滦，盖左环分水，右据尖山，滦经西南，团峙其东南，迤北之山川四固，邑为攸聚矣。自黄台南十余里，入爪村社，为龙泉山，其半有泉，清洌，曰圣泉，以祷雨有应。寺以之名。亦有蟒洞遗迹。其南为岚山，其椒有洞，虽晴如蒸。南为秦王顶，为羊角双山，沙河经之。浒有石矶，曰钓台。至野鸡坨，与卢龙马鞭山界，乃滦之阴，沙之阳也。自黄台渡滦而西，为五里山，高十余丈，有石高广三丈，就石为壁凿佛，十里为佛儿峪。山西为栖峰，北为芝麻岭，有寺。西南二十五里为松汀山，高六十余丈，巉岩壁立。沙河中深广难度。腰有三洞，土人结筏缚梯而上避兵，每洞可容二百人。涉河而西，自安口而麦荞。又西为香山，其南为沙河驿路，香山而西为岳野山，秀伟，有胜水寺。古井一，新井二。前有龙虎二峰，后有虫蛇诸峪。西过七家岭、狑狗峪，连峰二十里，为福山。距县六十余里，为滦州界。自黄台渡滦，至横山西，沙石合流之阳，距县三十五里，为贯头山，连属如珠，巉岩苍翠，常蒙云雾，其腰多窦，黑鹰巢之，有灵泉寺、香炉崖。又西为平顶山，上有地一顷余，可容万人。南为四角山、佛院山、牛心山、孤山。又西为挟车、石鼓诸岭，其西亘十里巍然名。黄山在县西五十里，昔人于此避兵。灰窑峪，旧关寨遗址也，其石黄而理密，灰白如粉，采色炫目。一为糕干峪，其色片如之前，为从照峪，左为长峰莲池山，有正觉院，泉洌，冬温夏凉。出而西行，经崖儿口，为还乡河源。黄山之右为三茅山，迤西为双顶山，有无梁殿。下为鸣盆涧，盆乃石凹，上泉滴之如磬。隔马蹄诸峪迤西，为鸡冠岩、龙堂、鹰嘴诸峪，及大小岭，还乡河经其北焉。黄山之南，自三垄山鸽子口，驹驴岭至甘家峪为城山，距县西南五十里。介群山中，有古刹，层峦耸翠，郁然森秀，林多花果。山西为罗家岭大岭，一名馆山，有寺，其泉为庞牛河源。自黄台渡滦，西北三十里贯头之阴平南社，为妙峰，北洼有唐大云寺，有松生于石井，有山高十丈，周五里，俗呼羊栏山。其前为横山，右为尖山。在县西北五十里，群峰攒立，顶有石寨，环以二泉，其下寺曰龙崖，又曰赤崖。泉突出而南，为沙河，前为血石岭，石色如之，有泉清洌，冬草青花白，虽严栗不槁，为石河之源。二河会流，不入滦。岳孤山西北二十里，为于家坎。左为降龙山，一名堡子。中峰拔竖，左右如伏。迤北为长山、塔子山。临边迤南为蟒山，古传有蟒，昔人于东穴射之，且产铁冶。西南三里许，有陂陀，迤里自蟒山来，其上则有兰若院，山下村遂因以名。又南为牛山，在岳孤东半舍，有石状之，南为野狐峪，有水东入漆。北逾横岭十里，为晒甲山，或云汉李广晒甲于此，或云唐王，无征焉。迤东为青山岩，北为河架山。其北白羊口河，流入漆。涉东为了蟒山，有红白二坡，红在冷口关西南，灰窑坡下，白在口外三里坞，人取之。坡间有温泉寺，有池三，建昌内官缮以石柱、木栏，居人常浴之。嘉靖末，以边警，戒民出境，荒废。其在冷口河东岸者，冬暖夏凉。又东为鸡林山，在徐流口关，无蝎。其营西为烽口山。山外水流入达薄过庄，入青龙河，戚总理开水田处也。过此为万军山。在县东三十里，顶有土城三百余步，下有三跳涧，又为帐房岭或曰安喜废城，辽所置者。自辽置，金因之。史未尝纪其迁，但以《辽志》云：在平州西北六十里。今县去府四十里，遂以旧城在此。其麓有玩清寺，桃林口、冷口流合焉，此白羊之南也。涉北为莲塔山，在县北三十里。高三十丈，周三之，以状名。又北为平林镇，志言辽萧后命杨买驴所筑，而金以为建昌镇。离今营西南八里，有独石高丈四尺，周丈一尺，顶上浮石似磨，名磨兔崖。又十里为大小荆子峪，山以所产名。又六里，为东鳌山，北为石门子关，其门天成，山高七十五丈，半坡有风洞，周五丈，深丈一，历年风损稼，用石塞之不足二丈，每年夏季望日，赛之乃止。右三里为白道子洼，其巅石壁下有泉三眼，河水源焉。关外东山下有石崖，二洞泉涌达河，如双练，平石为台，可以流觞南半里，河中珠山独立如砥柱。又里许，为宝宁寺，有古松荫亩许，为松棚寺。关西八里，为白羊口。关外百里，为都山，高三十里，周倍之，积雪其巅，盛夏不消。直北如屏，其水中分，东归渝，西归滦而入海，乃卢龙之镇也。关内半舍，东至五重安，北至新开岭。西有三角山，亦名佛面山，在县北七十里，高峻，人迹罕至。其峰多圆，有巨石，远望如之，又名达摩谷。其北为槽子岭，石垣中平七尺，如槽。西十二里，为拷栳山，高接洪谷关，城上有大洞，深二十余丈，面尖山有云岩寺。关东二里为马城山，百余丈如墙，迤北多青白石，可碑。西三里为韭叶山，亦崎峭。又西五里为擦崖子关，有琵琶洞，为狐穴。西南半舍为金山，上有寺以金山名，下临滦，晚霞映之如浮丹。其东凿山为路以通，为蛇山。其北为了高山，南十里为三岭，岭北为五重安。其东北为蛤螺河，下入于滦。自金山涉南为藏龙山，距县五十里，在尖山北，其后为偏崖，渡滦经之，土人呼采树岭。迤北为龟口山，在罗家屯南八里，滦自西绕东，两阜雄峙而当之，参差怪石夹为深潭，水中石上有龟龙影，谓之龟龙津。

自龟龙津北行，偏崖之东北，为太平社，三里为林头，上有擂鼓台，昔人聚兵于此。又二里，为梁家山、玉泉山，为太平山。在县西北六十里，为太平营，南北两山去营二里许。左川右河，凭高可眺。北五里，峭壁，清河绕之，有清泉寺，崖下二矶高迥河中，可榭可桥，鱼所聚也。西五里，为银矿山，与鹞鹰崖对，高峻，谷口仅容两马。北为华岩寺山。西北十里为小黑山，为水谷寺山。又五里，为大黑山，其石色黑，层嶂参差，大黑方石，心空，上有手印，传为攻书台。营北白云山，有寺。在城子岭关东西，为伏虎山。迤北环以湖。又西二十里，峭壁，为寺儿谷。山东二里，为榆木岭关，关南二里为爪山，曲盘而入，四壁皆山，崎岖旋转，凡二舍余，总名之曰十八盘，行人稀得见日，盘南为芹菜岭。

自龟龙津北行，偏崖之西北，为长岭社，距县五十里，南北有二：南为清泉寺，下有清水峪，清河源于口北城子岭，经峰东入滦；又西北十里，为九山，下有九泉，汇而入于滦，或曰以山有九叠名之，其旁有袁达洞，如团盖，可容数百人。又半舍，亦名之层洞，有古刹在万松中，长河合于前。北为米峪口。范山南为稔子口。渡口西三里，为障楼，昔人避兵处。迤东为长河，源自口北董家口，入滦为亭林。又西五里，为玃口峪，黄家山，其怪石危立，为唐山西南连嶂。十里为望龙冈，为老君禅山，有寺临滦渡，有黄崖，产银砂，为矿洞。石盆山距滦阳营、三屯城东北各二十五里，在芹菜南盘三十余里，多怪石，临滦，顶有大石盆，泉涌上出，夏凉冬不冰，旁有石

洞，曰胜水。其对有鹦鹉岩，其阴为青山关营。青山在县北三舍。又
二舍，至喜峰，环滦而北，别一洞天也。北为小岭卧龙冈，有寺，有
泉，西入滦，又西为大虫长河诸峪，滦经之。逾河而西，为大小水
峪，尖山横岭为太子岭，俗云：秦扶苏所登也。又西为三十二窟矣。
大青山关营在太平寨西六十里，距县西北九十里。迆西有横山，北为
董家口关。逾河西转，有石坎，可梁。北三里许，两山奇嶒，夹溪如
锦步障，为游乡山，又西五里，为胜岭，其水东西分，至龟口始合。
岭西为女儿山，峻拔。又西为铁门关，外有大潭，喜峰水之源也。铁
门关距关二里，在李家谷左，其南半舍为窟隆山，顶明如月，其高与
铁门山齐，洞高十丈，大小二孔，广如高之半，奇石万状，内周十余
里，小洞十数，极巅大洞，红嘴鸦之巢也。转而东，其悬石皆五色。
又东崖向北前坡，鼓以八音，莫不应焉。出洞口西十里，为西山岭，
即喜峰古松亭山也，其峰削，下腰有洞，高二丈余，深倍之，有坟在
冈上，临关口，乃古夷王墓。元许有壬《纪事》，为父子久离相逢喜
极而死，葬焉。曾掘之，风雨大作而止。今戍者岁祀之，其称喜峰
者，盖自永乐之后矣。南行二十里，为小喜峰，亦巇巀，两石并立，
土人谓公婆儿，今公折半矣。西南三里，为老子谷，下为团亭寨。其
东三里横截如劈不可越，下片石长十丈，出于滦而山，因以片石名。
隔滦而西为楼子山，其巅石，远观如之，又名猴儿山。其南十里，为
屏山。

泽高山在县西北百八十里，袤五十里，高七八里，盘折而上，土
名三十二窟道。郭造卿曰：余更名之泽高山，辽之泽州有神山，九
宫石子岭在滦漈间，今不可知，而此适其位且最高云。其阴为松茅
峪、珠山，有圆觉寺。临滦西崖，为朝宗岩桃园，适滦阳营者，渡
此。其阳为大小尖山，并如兜鍪，大者尊严，小者崎曲相次，小之支
为钓台，漈河至此十一曲而汇焉。大之支为松台莲心馆，其旁为龙井
山，漈石崖绝顶为烽火台，左有矶，瞰中流，有石堀黄龙宫，之其出
如虾，而波独高几寸以起，土人候为福德。嘉靖戍成去其后，边数有
警，万历壬午，复见两崖如门，其故关也。今关移出十里许，在鸡冠

之麓，有垂纶台。出关十里，为柞子庵，其西观音岩大小二洞，上有戍楼。寿星山在县西北百七十里，为澈之阴。去汉庄五里许，旧名勒马巅，石高二丈，屹立，名将军，戚总理改之。东为五老台莲花峰，西有石壁，诸窟中嵌，其团独屼，曰平台，昔人避兵寨也。其南半舍，为六宝山，以产名之，居人皆矿徒也。乃太平、三屯二营适中焉。峪西为凤翅山、中峰山，恒河经其西二十里合滦。

景山旧有二名，南为明，北为阴，在县西北百二十里，高八里许，矗立云表。将雨，其巅先云。其阴为鹿儿岭，岭东为三屯镇城，嘉靖之元，总兵马永建祠其巅，以奉诸葛忠武、岳武穆、文信国为三忠祠，取景行之义，而更名焉，亦曰景忠山。又立碧霞元君祠。东自山海，西至京师，进香者如市，后乃委官收税，以充抚赏云。恒河在鹿儿岭东三里，合城北狮子峪诸流，至四家峪入滦，北有叠翠峰、唐王台、塔儿山、月城山，接界于洪山口，其外为长城岭，诸山近川，自鹿儿岭西流入遵化。自龟龙津南行，采树岭西五里，为将军山，有二将军墓，有洞。又西为柳河、石塘诸峪。亘十里，为钓台，临滦可容百人，祀龙其上，中有孤石，高三五丈，极深，渔人集之。山下为滴水崖，无泉而涓不绝。崖西十五里，危峰顶为烽堠。山迤北有石，插滦为刀儿崖。崖后十里为牵马岭，陡峻必步。自边用车改大道，而人迹稀矣。岭隅为荆子山，有涓流西北，合滦。又西十里，逾松崖，为宁山，北为白龙山，临滦，有浮图。其西为井山，有井下通滦，南为三棱山、玉带山，又南为救驾岭、骆驼峪、二郎坨，为观音岩。其北高峰二十里为三带山、杨老山，为柏山，以产名，有寺。为香罗山，恒水经其北，环景山东南麓焉。其西南二十里，为五峰，高里余，群山环接，左右龙虎二峰，下有唐寺，前有天桥，川涨常高数尺，至桥必流。其下，南为丰润腰带山，其流入还乡河。自太平社而西，为临河社，凡三区，自北而南为遵化、丰润界。

滦河入自团亭，诸川会之，南流至县城下，转而东至卢龙县南，合于漆。见《卢龙志》。境内出者曰沙河，在县西北四十里，源出赤岭赤崖寺。经好树屯，东流至松谷庄。石河在县西三十里，源出血石岭，以多沙石而名，合沙河过七家岭，至院头，与王家河合，至新庄草束子屯，下合众潦，经沙河驿，至滦州西四十里海子崖庄，长湾入之。大水泊在州西南七十里，发源于土山任郎庄，经赤塚社汉王渠南，播小水泊，经孙家沟永登屯入之，经柳林庄，自宜安社迤逦而南，至北柳河社，经丰润越支社界，转东南达于海。凡沙所经，民患之，昔之通漕者，因为沙壅而废矣。还乡河在县西北七十里，发源蚕庄南一里，西由吊水院崖儿口，达丰润城北松林庄，至城西塔儿湾，迤逦向西南入海。馆水出县西南三十里之馆山，由滦州入丰润陡河。见《滦州志》。

抚　宁　兔耳山在县西七里，双尖似之。绝顶有潭，云常罩之，微径而登，可容数万人。南为黑鹰、平房二峪，耸秀深茂，多果实。为石佛峪。又南为双顶山银铜峪，以产名。距县四十里，其阴为松流河源，石佛峪之东南，为大崇峪。一名大虫峪。其石自片，或厚数寸，或盈尺，可碾可磨，可条可版，利于用。八里为双龙池，旁祀龙王。十里为对嘴崖，山寨险峻，二崖相对，或曰碓，以其形似云。又有鹊峙两峰者，为冯家山，近大海为昌黎界。紫荆山在县南二里，临洋河，有立石如妇人望夫状，今称紫荆石婆，魏书之新妇山也。涉洋而南为黄家山。兔耳之北为尖峰，峻拔有洞，昔有修炼者居之。其后为庐峰，其东为铧山，一名滑子山，为邮舍。松流河逆而环之，至曹西庄入洋，故曰绿湾，湾中蛙不鸣。自尖峰逾河而南，为七王山。相传辽七王驻兵此山，唐太宗围剿之，谬也。太宗征辽过之，奚王迎服而从征焉。今云雾恒罩之，隐隐见旌旗。盖山之灵则然，昔帅或有称王者耳。其北十里，为背阴山，接卢龙界。背阴而北岐为熊山，先年尝产熊。其阳白塔庄产金。北为严家山，有水入松流河。迤西为卢龙之红山。熊山东为楸子峪铁佛顶。岩口山北为雕崖，距县西北三十里，怪石直立，旁峰平漫，其东北面若刀削，因筑寨以避兵。周里余在台头驻操营北，营南刀崖顶，平可容千余人，惟北一微径，匹夫荷戈，守而莫能攻矣。天马山东北十里流壕峪，有青石佛三尊，名青石山。其北为台头营，西五里为滴水崖，高千丈，为麻塔谷，山腰有石洞，南向深二丈余，广半之。其中东北泉不盈瓢，久雨，盛暑如常。崖西五里，为半壁山，如刀削，有避兵寨。迤北为鹬鹕峪，拷栳山距县西北五十里。东胜寨旁又二十里为将台山，连界岭关，亦高峻，并在青山河西为避兵处。天马之东为八角山，为九花崖，桃儿峪顶有洞如盘，泉不盈瓢，十人饮之不竭，百人亦然，名圣水，一名茶芽山。又有羊角山在县东北三十里，亦高峻有避兵城，可容三四百人，土名南寨。又五里为塔子山，平市庄顶有瓴甋浮图，高二丈余，名女儿塔。隆庆之元，贼人罗汉洞，杀掠万计，此千余人独全，故因垒周里，以扼庄衢。西南五里，为偏顶山，高插云霄，腰平漫半顷，可耕，号平台，避者二千余人，亦免，并东方保障也。北为青阳山，上有塔，后有寺，其下洞水清涟。晴明至绝顶，南海东关如在足下。东过拽角山，峰尖秀出者为孤石峪，有温泉可愈疾，南流为河，一名和尚山，有窟，名风洞，岁为灾，居民时祭焉。又东高广倍出群山，而尖顶分三四，为前裂头山，其间为水峪。迤东十余里，七峰相连，极东而尖，为后裂头山，居边外其前裂之，前东为平山。南十里为营，西为石门山，横山，逾师子河而东二十五里，为临渝山，汉县以名。峰峦崛起千余仞，旧为关隘，崖高百丈，一名马头坡。东北三十里，至峰山岭张果老河，源也出于温泉堡。东南三十里，至深河，为蓟山，东西峙。又东为望海冈，迤西为牛头崖营，营西北有满井，百余家共之，随汲而满，大旱亦然。营西南为连峰山，一名莲蓬山，渝水自其西入海。东有双峰如对话者，曰话石。又十五里半入海，为金山嘴。又东为牛头崖，其形似之，先年有倭浮海至此，设官军戍焉。逾汤河而东为秦皇岛，入海一里，传为始皇驻跸处，上有寺。迤北为孤山，去海四里，屹然面海，如砥柱然。石河自东入海，东北六里达山海西关矣。角山在山海关北六里。有二山，后角山去前二十里而相等，其山自居庸、古北、喜峰诸山而东延亘千余里，至是耸峙面海而长城枕之，为蓟辽二镇界。其北为三峦山，多猿猴，物产若之。下有寺，北为蟠桃峪。在两角之冲为玄阳洞，孤峰峭拔，悬崖空洞，倒蘸深潭，樵径纡引，下有寺。其间为双松岩，石河径其下，东五里为围春山若环堵，萧佥事筑别墅其中，有囿春庄、墨香亭、阴秀亭，今废。其西为拦马山，壁立，马不能行，戍辽者多鼠窜此。关西八里，为尖山，下有龙潭，深洌。北五里为五泉山，有泉五，北入石河，为鸭子河。又东北为玉王山，产银冶。下突泉为沙河源。又为寺儿山，其北为石门寨。

石门山 凡鸭子河西水峪东皆是也。在蟠桃峪东北，自平林山而东，为黄土岭，为六罗山，上庄坨产煤。西为椒果山，有长城，寺前为傍水崖，内平外险，贼尝陷焉。隆庆元年，黄台吉众由此出，戚南塘设伏歼敌于此，我兵于云雾中见关帝像。事平，建祠祀之，立石纪其事。又西为石岭，产煤佳。于上庄岭北为房山，高峻可避兵。为溥塘，山内空洞，深十余丈，水渟为渊。南为团云山，亦曰云蒙山。又南为黑山，产煤。又南为平山，环石门山，皆峡。旧志云：汉公孙瓒败乌桓处，汤、石二河上游，中间厄塞之区也。寨至山海关四十里，关南十里，为瀰儿海口。东六里为欢喜岭，又曰栖惶岭，志言：戍辽者去而悲，还而喜也。关东八里，海中特出为孟姜女坟，其旁有望夫石。关西南二十五里，海中有秦皇岛。盖自榆关及山海环石门，为平营一奥区矣。凡边内盘薄于外，黄崖山为大。自台头营东一舍，为星星峪。又北二十里，为是山。在县东北五十里，高可十里，崎岖，其半有舍身崖，深三四十丈，崖旁石壁上凿佛像三尊，其石径仅容足，为望海寺。寺东半里有二石穴，冬夏不涸，名双龙眼泉。又东半里，崖半有洞，有人栖玄其中。凡去三里，连有三洞，高二寻，广仞余，昔有马和尚居之，洞以名。下而东有池不竭，名卧龙滩。西寺曰金峰，南寺曰云崖，下为鹁鸽堂。山之阴有寨，西半舍为中桑堡，其云蒙山及花坡在口外。县东北六十里有牡丹坡，因以名。三石洞在坡西，洞高二仞，广半之，深二寻，小者在其椒，高仞广寻，峻不能登。二洞东旁有水帘，泉倾于石龟背，下汇为河，将入关有沟石下故为蛟窟，云有黄青、白黄者，岁后不见，惟青白常出绕水门柱，居人狎之。万历初，蛟徙其窟，沙壅之。或云沙下深不测，与龟背洞通也。又西为青山关，外为香炉山，巅有大石状之，在台头双岭西界岭将台之北。凡边外盘薄于内，茶盆山为大，在县东北百里外，石门之阴也。其峰万仞也，窅深环碧，林壑幽靓，昔为胜游。今在苇子峪外半舍，上有无梁殿佛舍，东北有岩，人至半，常闻下流水声，至其下无之，用竹子罐引而出，名曰胜水，必攀缘乃登。迤西其巅尤狭，则置木梯五架。其开山僧乃辽天庆间，俗呼背牛顶，以山后有石如牛故名。凿石为洞，高寻广丈；为井，深广以丈。僧佛海诛茅其上，聚徒居焉。复凿井四，其泉入夏愈清而旨。正德己卯，贼入东境，惟此山称难犯，可以了远，徒众昼夜侦贼。闻之，巡抚都御史乃给以札，命居人护山场，而盖殿加修饰焉。佛海化众立浮屠，高广二丈五尺，八角方圆系铃，名德胜望海庵。其下有虎穴龙潭，戚总理廓边，虎徙去，潭深黝不可测，参将林桐镌石志云："背牛顶"。山后有莺窝洞，内有泉，羽人居之。自星星峪西北，至中桑堡之黑石里，天庆寺碑称茶盆。迤西则皆马司岭脉，乃《辽志》箭笴山也。黄崖其肩臂，今边关岭名，此第其一足焉耳。

大青山 水自关外入一片石河，自小河口关外入，西行于堡西而黄土岭河东南会之庙山口河，堡北合之。各川自一片石门，出辽东铁厂堡，南五里由老君屯东芝麻湾入海。此水经注之。高平川水自西北而东注之也。石河在石门之东，源出口外龙潭城子谷，过大小毛山及柳河诸堡。而西为石门，下山海南关外，由八里铺俗作铺而西，入关城右三里许红花店间，自南关入者会之。其石丛积，褰裳可涉，秋潦涨急，险不可厉矣。柳罐西有温泉，东南而苇子、而花场，与东拿子谷合，其源出黑崖子，入由捧槌崖东下，为鸭子河，凡四道会于石河，此《水经注》：清水入九过口而注海也。渝河源出古瑞州，自平台桃儿谷及驸马寨，前水为狮子河，此《汉书》：渝水，首受白狼，东入塞水，又有侯水北入渝，其概矣。《水经注》：巡山径之是也。温河即张果老河，上游源出孤石峪。温泉堡，裂头之派也，有二，西为汤河，东为张果老河，下而总入于海，此《水经注》之方城川及木完水也。洋河源出星星峪，自东北口外一舍，马司岭泉西南二十里，至龙潭，周二十丈，其深不测，入四十里张家庄，夹山而西，入之中桑水，亦自马司岭西入口十里，至王家庄三十里，入之箭杆水，自口外花果山水帘洞入关，西夹山四里至杨家庄南三十里入之，此皆汉《地理志》龙鲜水也。界岭河源出口外别陀山十八盘，下而西，至红草沟，东长流入团山五里，又三十五里，入西合绕台头营南，青山关内黑谷岭水，合关泉，至周各庄，入而东胜寨北诸水，至秋潦为河，绕乾涧东，由鹿角峪二十里入松流河，北合于绿湾。此皆《水经注》封大川水也。海自直沽、新桥、赤洋而东势渐北，如人身之支转折，抵辽境。今复南岸即登、莱二府界，环抱其中，亦海窟之一域也。据《水经注》，诸水入新河，新河带至濡水，入鲍丘，今滦西尚有遗迹，而滦东则无迹可求矣。岂其苞沦乎海者，此数百里而然哉。昔时海运尚通，山东钱钞花布，由海道给辽，今运废，关城南十里店舍及泊舟遗迹尚存。自乐亭东滨海泉咸，关城中凡井七十余泉，惟卫学府射圃前二井甘滑，号曰双文井。城东一里大道旁，出石间仅勺脉长而甘，关内汲焉。

昌　黎　碣石自《禹贡》《山海经》及汉魏《地理志》《水经注》皆称骊城，而郭璞谓骊城海边山，《汉·地理志》注为大碣石在县东南，《水经注》以碣石在累县，王莽之选武，累县并属临渝。王莽为凭德大碣石山在骊城县西南，王莽改为碣石，则跨二郡三邑，今昌黎乃古三邑地，其为碣石自昌黎北抚宁南皆是矣。而兹为大碣石，今人第因天桥拄指之云。

仙人台　碣石之顶也，在县治北十里。自太行分派东来，惟此与裂头、景山、角山、兔耳，为平营五顶，其台崇广，一巨石形如瓮鼓，绝壁万仞，上凌霄汉，巉岩累石，莫可名诘。回视群峰，如儿孙列侍。台前为步栏，祀玉皇、天妃，黄冠居之。关垣如带，大海为沼，县城弹丸耳。顶后孤耸可栖，曰韩仙洞。前台有奕石，足迹皆天成。北台石龛前亦有之，乃后人模仿而为者。由西北而下直台之北，为观音山，有前后二峰，其岩有矿洞，人莫能知。语云："前观音后，后观音前，苇草茂处是也。"然竟不知所在。山西为果老院，有石槽、石碾遗址及古井，传为遗迹。西北为上水岩、休粮寺天池，冬夏不涸。前为井儿峪仙化寺，松柏若海涛万顷，其突如盘谷，群峰环之。顶石为天桥柱，人罕能至。史言秦始皇、汉武帝、魏文成、齐文宣、唐太宗并登此山，今无可见，惟石壁镌文五十四，为石花所封，仅存"明昌几年"五字，乃金章宗年号耳。西为道者山，以有道者寺故名，其下有云峰寺，寺西为凤凰山，距县十八里，修如凤首，而翼翥上多奇花，名穿花凤。有堡，险可避兵，为虎皮山，亦名虎牢关。东为观音洞中峰，山有寺。迤西北十里许为冠带顶，中峰孤秀，其顶有净影池，池中见异人幻影，为孤山。并自东徂西，为仙台顶派也。台前拱向，峰峦叠出。迤右为崖，秀石林立长列，尖削如锯齿。迤东有岭，前为群峰蔽亏，登者至此，出中霤，稍可四望，名欢喜岭。直南而下，乱石交牙，为阎王鼻，两山夹峡，翳不见日，长溪滑路，漫湛阴阴。前为黑莺峪，有洗心泉，飞千尺，冬夏不竭。稍下为龙潭，凿石为灯凡百一级，隆庆三年为龙所毁，仅存其半。以达于洞。洞在绝壁，高可丈，深三丈许。潭宽丈许，两壁石立，深丈许，有龙头喷水，外券门，瀑布飞空如练，四时出云，旱祷有应。下二丈许，上有悬石如心，曰山心洞。西为浩然台，东为望海亭。又东有瀑布数处，稍下为龙潭寺。又东为西五峰，峰如笔架、秀丽迥出，为圆通寺，有韩文公祠。祠后有泉三。右前为刘九洞。又东为东五峰，悬岩有洞，深广数丈，中有清泉外流，味甚甘冽，上有古柏如虬，环列十峰，峭如玉笋。又有一峰，宛如浮图，名药师塔。有观澜石，旁若树屏，可望大海。仙人台之麓为宝峰寺，昔井七十有二，今存十数，花木森然，寺前为宝峰台，台左为香山峰，峰后有庵，果木繁嘉。潭水直喷，其左一里，入地五里至龟石桥复出，为地桥，乃县北八里矣，盖碣石环县为宬，观音锯齿其左右肩，五峰笔峰其左右臂也。五峰后为达摩峰，左有石乳，旱不涸，冬不冰。其前为三角山，有城最平漫，一名平顶峪。为罗汉山，上有石如僧首包亦名飞盖。为桃花山，上有洞，有慰心台，其下石壁有泉涌出，曰桃源。为馒头山，东畔有千佛影，西对板石山。元人张翥题，"蓬莱第一关"。往来诸山必由焉。南为白石山，并在香山前，药局山连之，传有异人采药于此。秀石错峙，东有山如螺者三，土人建山神庙于上。锯齿之右为驾鳌山，又西为笔峰山，直插云端，亦名尖山。下有玉砚池，芰荷幽茂。有二洞，上名拴马洞，下名水洞。锯齿之前为扳石山，石如板，利用为龟盖。山壁上有仙影，为卧牛山、骆驼山。以石名，为衡山、石门山。笔峰之前，曰牛山、白庙山、楸皮山。柳峪其后，下为紫草峪、散坡峪、长峪。石窟中有罗汉像，一名石佛洞，深二丈，元时有僧修炼者居之。历㲀儿、牛儿诸峪凡一舍余，抵抚宁界，为昌黎西北境。登者之涂，由药局、白石、桃花，经石窟、牛儿遵，宿莽而至宝峰，乃蹑百一级，径仅容足，扪萝面岩，不敢下视，稍翻则坠矣。既陟龙潭，转而东五峰，下地井，而至欢喜岭，乃蹑而上，行者喘汗，观者怖恐，复前级，下益难，多由西北从顶后历观诸胜，绕笔峰前而归，此为旧路。今则自宝峰而上，从中庵之西，历十八盘，自吊砂口，路最险窄，三里许为南天门，又上里许稍转而西，至仙人台。大抵若化人域，踪多倬诡，路多岐阻，自一灵窟也。县东二里曰东山，亦名围山，畔有危石，如房如盘，一人及千人摇之，动而不可移。南向有石佛影，县东四里曰野湖山，北八里曰两山，在诸垭前，以路旁二石名。迤北二里，为行虎山，状如之。又十里为樵夫山，孤立其畔，二石窟容数百人，可避兵。又十里为海眼山，石洞澄澈，湖汐应候。左右峻十余里，曰连峰山。抚宁表也。县西三十里曰安山，有避兵堡，饮马河经其下，东入于海。又西十里过杨文坨，为团山。又西十里许为龙山，上有塔，下有莲池百余亩，今改为静安社。去山十数里，旧志误以此为昌黎柳城山。又二十五里，为五山，绝顶四顾，边海在目，有遗垒雄峙滦江，县志以为唐太宗驻跸山，非也。郭云：案史，帝自命名者在辽东安市城，著作佐郎敬播谓銮舆不复东是矣。帝征高丽，至孟冬班师，闻太子奉迎，从飞骑驰入渝关，太子迎于道左相见为欢，故因在道左登纪功德耳，未尝游幸至海隅，兹驻跸之名，或魏文成改乐游山，筑坛记行于海滨，而误以为唐太宗乎。阇黎洞，一名临河崖，壁立千仞，巅分八字，洞在其腰，而逼深潭，由小径匍匐入，昏黑，穿而直上丈余，四壁如牅，如楼阁爽垲可容二百人，其深不测，小者十余穴，有以金鳌名，有以水洞名。旧志，自辽金来居民避兵于此，业纺绩，名织罗洞者，皆音之讹也。又南为磨山，其石可材，如人、如兽，如碾、如砲之类。为白石店，下临滦河。团山北五里许，为书院山，两冈合抱，传为夷齐读书处，腰有洞、有寺，后有石岩滴水，名洗心泉。有井，口窄腹侈，触处为泉，名龙泉院。东为长山、骆驼山、坟山、茶叶山，院北为荆山、拉虎山，东南二峰下侧，滦河其后，孤石直秀，雄峙于浒，曰钓鱼台。面水环山如堵，曰安乐峪，北接卢龙，西近滦州，为昌黎西境。

其水　《山海经》：绳水出碣石，《汉书·志》作编水，水经在临渝县南，与郭璞海边山符矣。《汉志》累下有水，南入海。又有揭石水、宾水，皆南入官。揭石水即县西急流河，为绳、为编者。宾水乃饮马河。官水乃潮河七里海也。蒲泊在县东南二十五里，源出海眼，夹莲峰、樵夫诸川而下惠民场东南入海。潮河在县南二十五里，源出仙顶后，二支由达摩峰下张各庄，而下入海，一名马家河。县南五里为饮马河，源自卢龙境，现河由黑石里、田各庄与深江河合，中流为沙河，下流合潮河。县西门外为急流河，又名西沙河，源自龙潭水岩，至县西南里许，入饮马河。温泉自城西平地突出，夏冬不变。两河在县西南八里，其上各川归为两而名，其近二里，为泉河，在兴宁屯为土桥河，源由青沟营、古蛤泊、念坨。又南二里，为绕湾河，源自西北五十里茶芽山贯各庄，由黄土营、垫子里、安山、崔刘庄，一名安山河。深江河在县西十八里，源出净影池，长峪石窟诸川。梭头河在县西北三十里，源自道者、凤凰诸川，与深江合而为柳河，合于两河，达虹桥，合饮马河。溟海在县东南三十里，潴水成泽，一曰七里滩，言其广也。沿三十里，若浅若深，有菱可渔，尝于黎明现城市楼台状。甜水河北入之。套里河源出龙山，过静安堡，而下入乐亭。其潮期，凡日旬上中下寅申二、卯酉三、辰戌四、己亥五、子午六、丑未七，如一八、如二九、如三十，如四以期至，乃县之赞水所具，山海至滦可知矣。

滦　州　州北四里为横山，其半有寺，前有石井，旦则烟雾出焉。首蟠于河，巨石峙湍之，折为砥，后乃凿崖取径，达卢龙横山，后为榆山，宛如重屏，出诸山上。前二里为紫金山，以产赤石脂名，亦名文笔山，削峰危壁，背横面岩，襟滦带沂，一方奇观也。上有玉皇阁、药王庙，东为偏凉汀，旧漕运泊舟处，县崖有径，正德间所凿，上有寺有楼。为郡人高尚书别墅。下有关，陟瞰滦江，为北郊保障，前有深潭，鱼鳖攸聚。西北为抱花崖，东北为郭家庄，后坐横山营社，临滦浒，绝壁有洞如庭，崖孔若月，自石龛左折半里，转龛右而出，冬暖夏凉。有石门，名佛洞山，旧志更名空珑山。南五里曰岩山，若屏障，状如蹲虎，曳尾昂头，亦如天马，或曰虎头垂，狮头昂，此山盖如狮云。其东绝壁百仞，有洞，凡十有八，大小深浅有可入不可入，上三洞最大而深，在绝壁非梯云步空不能入。下有金大定间石桥，一郡水口也，其石多红。西麓为蚕箔峪。又西二里为卸甲峪、送甲峪，耕者常拾铁甲焉。又为杜家山，又三里为马鞍山、许家山、张目山，又西南七里，为胡家山、柴家山、林家山。为芹菜山，辽进士冯唐卿于山前临塘结庐，种芹自给故名。又南二里，山下莲池十亩，大沂河源出焉。又三里为法宝山、为媳妇山，唐时有妇李氏随姑拾柴于此，遇雨雹，以身翼姑而死，因名焉。又为磨笄山，为小摆头山，又三里为小峰，为披甲山。又东三里为木兰坨。又三里为双雁坨。折而西十里，为长沙坨。又南五里为古坨，又十里为望马坨、龙堂坨，清水河出焉。又二十里为三角坨，又曰谎粮坨，又西南为土坨，西二十里为王家坨、周家坨、白沙坨。又南五里岭头坨，又西南为宋家山，其家三世，皆出牛种济邻里贫者。又为孙家坨、刘家坨、灰坨、纪坨，又南为项家坨。又西南二十里为唐王坨。岭头南十五里为大沙坨，其右为草坨。又西二十里，为兔儿坨，南为环坨岭。西十五里曰双山，其下小沂入于大沂。北为拐头山，正德中驾幸其巅。下为小龙，南为五子洞，一名墓子，有四垅五峰，其巅有石家，龙溪源出而伏复出，昔人投糠验之良然，又为馒头山。双山西北七里为佛住山。又西八里为贾家山、刘家山。又南十里为土山，土山西五里有洞山，深黝莫测，大雨迅聚，能容数里，湍名曰吞流山、受虚洞。或言洞与道平，长数十里，直抵迁安者，妄也。洞北五里，为尖山。尖山西七里，为巍峰山，如展屏，有寺。为毛家山，二峰对峙。毛家南十里为万石山，多灵迹，其南麓有鲜卑元帅墓。又东南二十里为麦家坨。又西二十里，为光水坨，常家坨、茨榆坨。又西十里为唐子坨。又西南十里为冯家坨，为沙塘坨。万石山西北十五里为亭子山，石可碾砻碓硙。为塔儿山，其石青韧，凡碑碣表柱皆取此。为北长山，为小山，为大扒头山，其石可用，如亭子，而快利胜之。又西十里为白道子山，自麓至巅，有斜白路一道。又西十里为围山，上有瀑布四五，会流入于泉河南麓。为香花峪，为九里长山，有石佛寺，林果茂密。为天井峪，有寺，天险可避兵，其巅有井，北连马家峪，一名七哥，上有圣泉不竭，麓居多产七男。东连刀楞山，又东为逗遛山。又东为白云山，一名自来峰，其巅有大湫，曰湫岭，有寺，有长松恒带，云气经时不散。其南为水峪，为王子峪。北为秫轴峪，白云东为凤凰山，凤凰北为佛座山，佛座西为大崖山。围山之西南为大风山，其巅有洞，内铁梯三折而八百步，水如河流，深六尺，潜通陡河，风波不停，渊黑莫测，有时夜见紫气烛天，达旦如虹，居人疑为宝物。其年无秋则飐害稼，洞口湮者数年，万历戊子春，自开小孔，山前二秀才举俗以为其应，洞南有顽铁如牛，半入土，愈掘愈深，太深则风沙顿起。南五里为树儿岭。又南十五里，为骆驼岭。又南三十里为贾家山。贾家西为唐山，孤高秀丽，上有姜将军庙，详见祀典，有暖泉数十。唐山南十里为长春坨、杨家坨、大夫坨，大河绕之。唐山西北三十五里，为西沙坨。州西北十里为皂突山，其南为马鞍山。又西三里为石门山，又西三里为庙山。其南三里为止马山。又西北为老坡山，其西连锥子山。又西北八里为烽火山，小朔之源出焉，其巅有寺，下有公孙神康墓。又西南五里为三垒院山，又西二十里为宜安峪，群峰崒崒。又西十里为赵官营，又二里为分水岭，其顶平分，其嶂三分焉，为卢龙、迁安界。其山曰清凉，人迹罕至，翠微万叠中，有黄土山院寺，形如围屏，泉带廊厨，清泚可爱。岭北为抽分峪，又西北十里为成山、为城子山、为白塔山，又西五里为司家山，有临水院寺。又西北五里为偏山，逶迤丛茂，土厚居蕃，多巨室。山南五里曰下五岭，北五里曰上五岭。又北三里为荆山，又北三里为小白峪、折腰峪，又北连横山峪、泉子峪，诸峰环耸，午乃见日，有龙泉寺及瀑布。又北为梯子、罗家二岭，中夹绳索峪。又北连铜盆峪，为迁安界。罗家岭南三里为天渠，有槽、有瓮、有盆，注于槽，入于瓮，滴于盆。槽有南北，午前南，午后北，其阳下曰皂筒湾，西南山下为小龙湾。荆山南三里为桃山，又三里为罗山、桃山。西为一斗泉。荆山西为王家岭，有洞，中有石刻，篆不可识。南连苦地岭，又南连索树儿山。又南八里为万子山，又折而西为杏山，又东南八里为孝家岭。

川之大者滦。见《卢龙志》。州南二里曰清河，源自五子山。东五里沸为八里河，经料马台，至丘官营而伏。又东南二里，经阎家庄而泩出，一在南闸头，乱泉突起；一在龙堂桥，可鉴为清水。河西南五里，经破桥。又六里，经三垒口，即成子庄，在州西十八里，会沂河。沂河源出卢龙马家庄，经栗园，折而南，经三垒院，折而西，至佛住山，小沂河在州西十二里合之。源自烽火山，东港经拐头山，过双山，又六里，入大沂河。南至杨家院，合董家湾。在州西南三十里，又东南经芹菜山波落桥，又南合莲台港。其源西滦漫漶而入清河，折而西南下沙沟六里，至泽头。又西古憧河在州城南四十里，源自俫城，南经石桥而入，又南经歇家桥、高家桥，而合大田泊。泊在独莫城南，枯旱不竭，众潦既会，其流浩瀚。南十里达公安桥。又十八里，经石角坨。又东五里，至马头营，又南二十里，达绿洋入海。州南五十里为陷河，源自俫城北于家泊，至泊扈港，一名韩家泊，会破心风港于俫城西。其北十里为龙堂河，源自李家庄，有七里港。又北十里有吴家河，源自清河，并经丰腴屯，入俫城，而会有绳家河。源自榆子林社游观庄，亦会于屯西南，下经曲王店、孙家坨，至于王冢港，弥漫于白沙坨南，又经胡家庄至印步甸，别为周家河。又西梁鱼沟南经天井，达蚕丛口，入于海，漕河之故道也。州西南八十里为靳家河，一名小青龙，源自游观庄五十里，西经司一、司二社，又南二十里至黄坨河，又二十里经柏家庄宽头河，散流于潮河。潮河在州南百三十里，海水荡潏，流延百余里，乃黑洋海口东流，北连曾家湾，源自狗儿庄社鸿鸭林港，迅流至济民场，达潮河。东距蚕丛口二十里，名林里河、交流河，渔人张网者皆聚而避风焉。盖靳之亦为绳，绳之亦为陷，陷之亦为青也。或归异而同出游观庄，或出异而同归丰腴屯。有疏有窒，一东一西，乃滦溢入青，青溢入陷，陷溢入潮，而为氿、为坨、为荣、为盂矣。其为经流者州西百二十里，曰陡河，源自迁安县馆山南至罗家岭小龙、皂筒二湾，经梯子岭至偏山临水院，又合黄花港，而会唐家河，在榛子镇西狼窝铺东，经冷家湾而南。黄崖河源自镇东五里桥，合陈官营暖泉而东，并红顶寺，会于牤牛桥河西五里，西至双桥河，在州西八十五里，复会丰润板桥水。自松梁社围山瀑布入泉河。又三十五里，源任家庄，为白寺口，双沟入之南经峰山，入陡河，其源于水谷，过孩儿屯、官套，至石城东五里，为帅家河。整石城西，为石溜河。又南经唐山桥为大河。又东十里至套里庄，汀泂靓碧，为狮子湾。南经聂家庄、王盼庄，又西南合金沟马家港、康家庄，经大夫坨，而入官渠，曰小河。又王家河在州西七十里，源自曹家口社南，经郑家庄、水湾寺、将军坨，至丰润胥家庄，漫入白场，总达建河，入于海。水之以湾名者，州北三里曰翟家湾，西十五里曰小龙湾，在小龙湾山下南二十五里曰老龙湾，三十里曰沙角湾，五十里曰龙落湾，自大港流出八十里曰刘家湾，西南三里曰泉水湾，出冯家坎下，冬夏不竭，后为流沙所壅。八里曰七姐湾，西七十里曰杏树湾，皆潴而不流。其以港名者，曰破风港，在州南四十里连韩家泊曰大港，在花港社曰任家港，在州西南司家庄曰于家港，在松梁庄曰聂家港，曰齐家港，并在康家庄社曰七里港，在李家庄曰黄花港，在州西北八十里曰麻湾，在州南九十里独莫城一里曰唐王港。在州西南百里，所产茅蒲凫鸭菱藕之属，鳞介不计也，齐家李家资畜牧。莲池，一在州西三里金泉亭下，广三亩，引金泉注之，有断碑存焉；一在州西南芹菜山下，广十亩；一在州西南唐山之阳，广七亩；一在州东南于宁社薛家庄，广二亩；一在州南崇本屯青河西，广三亩；一在州西南姚家庄社曾家湾西，广五亩，而金泉之流达于别故河。甘泉在州西北十五里，传为秦太子扶苏筑长城饮于此，又名扶苏泉。暖泉五，一在州南八里龙溪；一在州西八十里围山下；一在州西北九十里，即北甸河；一在州西南百里龙湾，过唐山入陡河；一在唐山下，传为姜将军斩蛟处，俱沍寒不冰。长春淀在州西南百二十里长春社。详见古迹。

乐　亭　无山，其水承滦下流东北三十里曰胡卢河。西北三十里曰定流河，夹县而下。胡卢河今淤，惟定流河为经流至县南四十里刘家墩入海。往年海运天津粮，至此易河船，自滦达府，其环县曰贾家河、董家河、杜家河、宋家河、戴家河，俱滦之支流也，夏秋雨涨始通。湾有二，曰萧家，在县西三里；曰翟家，在县东北二里，皆潴而不流。甘泉一，在县西七里松林庄，一名孝子泉。以孝子刘文焕名。外左右二裔，而为灉、为沔。县东二十里沙城社河及丰登屯南去县三十五里高家庄，又五里时登屯西南，曰干滦河。西去县十五里白沙峰社，有韭菜河通之，皆干河也。县西二十里次榆坨社曰清河。又十里大家坨，曰新寨河。火烧佛社曰郎河。又西十五里吴家林社，曰介马河，皆清河也。坨三：西南三十里曰茅坨；其在海中者曰石臼坨。旧志作十九坨，滦沙所积也；西曰月坨，其形半之。又西二十五里，为曹北甸，海水咸苦，店在海中，泉独甘冽，渔舟舣炊焉。海水青黑，独绿洋沟澄绿，拖十里而绵亘之，宛如长带，其中牡蛎房积如山。滦河水色清碧，入海五十里不溷，若跨长桥，渔人深入取饮。又有曹母店，在济民场西南，入海八十里，有昔时居民碾磨犹存，城中海阁朝晖尤丽，以瞰岛上章采错绣，而以为祥云岛。又有桑坨岛、李家岛，大抵乐亭虽无山，而地势原衍胎甲，隐窿过卸，委折二河夹送，俯临绿洋绝岛，恺州平畴沃野，邻邑称羡焉。州县志，例有八景十景，今删。

山海卫山川形胜附载抚宁。

‖ 卷之五 ‖

莱　阳　　宋　琬撰次
府学训导　徐　香参订
萧　山　　张朝琮续纂
卢龙教谕　胡仁济校辑

里　市

十户为甲，十甲为里，天下之通制也。京东州县则有社、有屯。土著曰社，迁发曰屯。起于永乐之初，因地多荒蘐，召南方殷实户与土人相错而居，遂以名焉。屯社有多寡，州县之大小，赋役之繁简因之。自圈拨之后，而法又一变。今存旧志，以见经野之制，至日中为市，各郡所同。而永平则百家之聚，今不盈十，垣甓倾颓，鸡犬寥落。视囊时海陆交输，百货骈集，邈若黄虞矣。十年生聚，还定劳来，能无望司土之君子哉。

卢龙县　民社七：曰城社，其南二里曰凤头乡，西南十五里曰南堂，北五里曰台上，十五里曰大河南，东北三十里曰周王庄，西北二十里曰北赤峰。屯四：西北十五里曰丰隆，东北二十里曰丰润，东南二十里曰丰稔，东十五里曰丰成。

迁安县　民社十四：曰城社，其北十五里曰黄北，东北四十里曰望都，西北二十里曰北平，南六十里曰长岭，七十里曰太平，东南十五里曰陶村，西南二十里曰爪村，西二十里曰岚山，五十里曰贯头山，七十五里曰夹河，百二十里曰林河一，百八十里曰林河二，百六十里曰林河三。屯三：东三十里曰嘉祥，南八十里曰丰膳，西北九十里曰丰廪。

抚宁县 民社十二：曰城社，其南十五里亦曰城社，二十五里曰洋河，二十里曰张家庄，北七十里曰宣北一，二十五里曰宣北二，东十五里曰万家庄，百里曰回安，东北二十里曰宣南，六十里曰海洋，西北四十里曰良仁，五十里曰山西。屯五：北十二里曰富实，二十里曰富饶，三十里曰兴福，西北十五里曰歌欢，西五十里曰庆福。

昌黎县 民社十六：曰城社，其东二十里曰两山，西二十里曰葛家一，曰葛家二，三十里曰安峰，三十五里曰刘平，五十里曰静安，六十里曰石门，曰顺德，南三十里曰团林一，二十里曰团林二，五十里槐套，六十里曰赤崖，八十里曰沙程，西南三十里曰洋山，六十里曰会东。屯十一：西十里曰兴宁，二十里曰嘉颖，二十里曰永受，三十里曰正业，四十里曰延昌，五十里曰安和，六十里曰归厚，西南三十里曰禧福，六十里曰兴善，西北四十里曰宜春，南四十里曰康乐。

滦　州 民社四十一：曰城社，其东三十里曰长港，西二十五里曰何家寨，四十里曰黄家疃，六十里曰孩古，九十里曰义丰，百二十里曰松梁，南五里曰周南，十里曰法宝，二十五里曰于宁，三十五里曰李家庄，五十里曰土屋儿，六十里曰连清，曰俫城，百二十里曰柏家一、曰柏家二、曰柏家三，北十五里曰横山营，东南二十里曰催官一，曰催官二，西南二十里曰古马，六十里曰榆子林，七十里曰赤埭、曰花港、曰王冢坨一、曰王冢坨二，八十里曰北柳河、曰狗儿庄、曰司家一、曰司家二，九十里曰独莫一、曰独莫二，百里曰康家庄，百十里曰姚家庄，百二十里曰桥头、曰长春、曰曹家口，西北五十里曰宜安，八十里曰偏山，九十里曰梅相一、曰梅相二。屯二十六：南九里曰兴利，十八里曰长乐二，十里曰普利，四十里曰富聚，五十里曰风淳，六十里曰崇本，西二十里曰高平，二十五里曰丰野，三十里曰长庆，四十里曰平原，五十里曰广布，曰广益，七十里曰嘉祐，东南二十五里曰务本，西南三十里曰惇本，三十五里曰富庄，三十五里曰嘉真，四十里曰丰腴，五十里曰永登，八十里曰崇道，百里曰乃积，百二十里曰余庄，西北十五里曰兴庆，九十里曰康庄，其新编屯一二里乃散处其地，不一也。

乐亭县 民社十八：曰城社，其西二十里亦曰城社，东十里曰冯家稍，二十里曰沙城，三十里曰黄瓜口，西北六里曰商家堰，二十里曰茨榆坨，三十里曰大家坨，曰火烧佛，南十五里曰千金，二十里曰称坨，三十里曰黑崖子，三十五里曰高家庄，西南十五里曰白沙峰，三十里曰吴家林，西北十里曰嵩林儿，二十五里曰酱家河，北三十里曰胡东。屯九：北二里曰富饶，西北十二里曰富有，三十里曰九有，东二十里曰禾登，西三十里曰美化，南二十五里曰庆宁，三十里曰力本，四十里曰时登，西南二十五里曰致顺。

凡民社百有八，屯五十有八。

山海卫 营屯八十五：曰临城，曰石门寨，曰陷各寨，曰偏坡，曰古成，曰黄土营，曰孟家营，曰白庙，曰木榆寨，曰北大家河，曰牛头崖，曰柳会，曰白塔岭，曰乐安寨，曰尚家铺，曰马房，曰萧家铺，曰丘家营，曰西河南，曰中寺，曰南大家河，曰蒋家营，曰王家营，曰杜寨，曰盛铁营，曰三里庄，曰薄河寨，曰单家营，曰七里，曰燕沟，曰官庄，曰七家营，曰同野，曰皮各庄，曰沙坡，曰归提寨，曰见驾坡，曰圈子营，曰白塔岭，曰永安堡。顺治九年，以抚宁卫营屯并入山海卫，曰马家坨，曰豪子水，曰范家坨，曰黄土岭，曰牛头庄，曰何朝营，曰孟家营，曰侯总旗营，曰丁村，曰荣家庄，曰西丘家营，曰巢家庄，曰刘守营，曰西桃园，曰牛官营，曰套里堡，曰赤洋海口，曰尹官营，曰第九营，曰曾家营，曰谈家营，曰魏家营，曰哈吗营，曰张百户营，曰葛条港，曰钟家庄，曰宋家庄，曰白草洼，曰桃园，曰枣城院，曰李家庄，曰陈官营，曰康官营，曰石桥营，曰后马家坨，曰沟栏庄，曰东园，曰萧家坟，曰下庄营，曰大河家营，曰三里庄，曰东丘家营，曰薛家庄，曰解官营，曰罗家营。所十六：曰镇抚司，曰中左，曰中右，曰中前，曰中后，曰右，曰前，曰后，曰山海，曰递运。归并抚宁卫所，曰右，曰中，曰前，曰后，曰堂舍，曰八百户。

计营屯八十有五，所十有六。

府城市集日：一日南关厢，二日南门里，三日西街，四日城隍庙，五日钟楼下新城街，六日砖桥，七日鼓楼街，八日上街，九日东街，十日西柴市。

卢龙县乡集：双望堡一、六大集，四九小集；燕河营二、七大集，五、十小集；刘家营三、八大集，一、六小集；九百户堡二、七集；横河五、十集。

迁安县城集日：以一、三、五、七、九，轮集于四关厢。乡集二、七日太平寨，三、八日罗家屯，四、九日杨家店，五、十日沙河驿。若建昌营四、九大集，一、六小集；三屯营五、十大集，一、六小集。

抚宁县城集日：旬之上下。一日南街小集，三日东街大集，六日北街小集，八日西街大集。中旬一日南关，三日东关，六日北关，八日西关，集之在小如之。乡集：二、七日官庄、日榆关；三、八日牛头崖；四九日留守营、日深河；五、十日都寨。若台头营四、九大集，二、七小集；海阳五、十大集，二、七小集；石门寨以一、三、六、八日于阎各庄乱石、茶城内、大街、小南门、斜街、大南门六处轮次集焉。

昌黎县城集日：五、十大集，二、四、七、九小集，轮集于四关厢。

乡集一、六日静安、日赤崖，二、七日套里、日木井，三、八日团林庄、日裴家堡、日姜各庄，四、九日施各庄，五、十日石门店、日安山店，若蛤泊三、八大集，一、六小集。

滦州城集日：一南关，三北关，六东关，八西关，皆小集。四东关，九南北关，轮次大集。乡集一、六日茨榆坨、日饮牛店、日石佛口，二、七日马城、日高各庄、日古冶、日邢各庄，三、八日柏各庄、日石佛庄、日曾家湾、日王家店、日俫城、日稻地，四、九日张各庄、日连北店、日胡各庄、日开平窑、日常家庄，五、十日长岭、日司家庄，若榛子镇，一、六大集，四九小集。开平五、十大集，三、八小集。

乐亭县城集日：以一、三、五、七、九轮集于四关厢。乡集；胡家坨二、八大集，四小集；阎各庄二、八大集，五小集；淀流河一、六集，马坨营四、九集；新寨堡、汤家河六、十集。

山海卫城集日：一、六东罗城，二、七南街，三、八西街，四、九北街，五、十西罗城。乡集：驻草营于二、七小集。

风　俗

凡郡邑之志风俗者，率用前人通叙之语。而于风会之趋，变更之故，置不详焉。若永平，则《一统志》所引《隋志》之："人性劲悍，习于戎马"；《元志》之："人尚义勇，节俭务农。"盖亦得其大概。至于靖难之攻守，永乐之徙民，而为之一变。至于庚午之破城，丙戌之圈地，而又为之一变矣。始则一郡之人，半遭屠戮，盗贼起，城邑萧条，既则屯兵输饷，苦无宁岁。今则圈占之后，富者半属投充，贫者去之它境，而民俗之趋于巧伪，更有甚于往日者矣。子不云乎，如有王者必世后仁。昔人之书，所惓惓于风之自者，不可得而删也。从源而镜流，循叶而归本，是在贤者之移风易俗而已。

旧志凡十有六章，今节录之。

其四区自北而东西为边，自南而东西为海。散于幅员为乡，聚于幅辏为城。

城　国黄籍制：中曰坊，外曰厢。今郡不然，概曰在城。社民城六，附卫五。凡军民错，初军户多而戍边，今民户多而著土。初武顽乎文，今文颉于武。外卫在三隅，军主而什民寓。而一山海当重关，视二卫为饶，而制驭牵于多牧。开平中屯鸢远，而孤虚隔属，艰于州县，大概军民城居者多萧条，独滦稍幅辏焉。盖市廛皆出租庸，且复应差曰："门面。"旧有火甲防火盗，有地方备侦逻。且昼而拨工，亦曰"地方"供衙门修理及盘仓扫除之役，夜则拨宿于衙门直更，及街市击柝巡警，遇有边息复乘城守望。后行保甲法，十家一排，五排一保，有长有正，比屋轮为之。始而相觉防奸盗，寻乃尽属官差。地方火甲、工役守城，加以保甲，不堪其扰矣。而官家器用，又于保甲索之，无论佣佥茕老，即壮，稍有生业，一身不能办者，犹转雇以应之，况其户丁差徭乎，则何乐而居城市哉。夫因卫伍在边空虚，保甲为城池，设若不可无矣。工役虽徒夫不给，而不可以别佥乎，直宿则卫有操军，县有民壮。器用则有里甲或公费置买，使居者乐业，则民愿受廛矣。

乡 黄籍制：都乡曰里，而立里长甲首及畸零户法。编排里长，务不出本都，畸零剩户，派本都里长带管，不许将别都人户凑补。今郡诸乡，自经寇患及水旱，离散渐不如制矣。亦行保甲法，环城厢者，有供役之扰；近通途者，有坐铺之劳。二者深妨农事，农之避差者多徙之远乡矣。卢龙冲而小，附府城，差烦。滦广而渐远府城，差易。故其远者，富家立堡，起楼台，迁、昌、抚、乐间有之，而卢龙则无矣。境多山阪，利车乘，然多出于乡村。昔者辚辚在道，自嘉靖御楼灾，金运木以助大工，车主受累，列县无只轮矣。若里胥下乡固天下通弊，而郡之穷乡，其不堪特甚，至称部道橄，则狼虎难状矣。万历初，卢龙知县武成，凡有赋役，家给小帖子，户至期，令保甲鸣金于衢，以促。里胥犯而下乡，食民一盂粥者，觉则械于市，自是无敢犯者，乡民迄今念之。凡有司能体此，贤于今木铎警化矣。

海 在元时，滦、乐、昌、抚利漕而富，盛于北土。至明初，防倭设巡检司及三营一卫，其时巡检能行其法。自通戍私盐外，缉捕严而民无外寇，渔七里之海、石臼之坨者，未尝有严禁而乐其生矣。自巡检移，不特三堡废，开平中屯之伍，亦为边戍而空。山海以关藉口，内官渔猎，卫豪恣睢，而网禁严。四场远于转运，商贾惮中纳而盐为屑越，官皆赘疣矣。关去海十里无举网者，白塔岭去卫一舍，则举矣。然仅数家共事结网，帆橹相连，常二三十里。每于立夏后，不过三次而止，鱼出海甚贱，至城邑则贵。海错之鲜者，惟乐城有之，而他处不至，遗其利于海多矣。其私盐之弊，别具于盐政。夫三营堡既废，尚有一坐营官未除，徒役数卒以供鱼米，视场官巡检，尤为虚器也。且场司并属于转运，而苦此微官何为哉。况海氓之顽悍，乐亭尤健讼，刁风之嚆矢，滦州其尤乎！

边 自山海口而上，至松棚之龙井，弦之则三百里，关之将五百矣。近边堡寨之设，乃徙民以实。塞下迩年，罗、汉、潘家失守，属国挟赏作衅，鼠窃鸥张，钞略小堡。而路提诸官，弗归咎于侦哨不明，守御不设，辄唱归并之议，以免罪而偷安。驱军民弃业远移，使近塞如无人境。耕夫眠食无所，野宿风餐，疾疫荐婴，多死亡流散。即境内七路，废者三十余堡矣。其就边居者，一身征戍，不及治生，法极虐而令最烦，衣不蔽体，居无完庐，母为赍装，妻为牧马，竭其筋骨，与死为邻。有削发截趾，系累而不应者矣。其稍有家者，百无一二，已仅有身供戍矣。或子弟余丁，亦役于坐营，为地方军伴，不使孑遗为生。而为将领占役者，终岁仡仡，为之养廉。或地土之税，令赏而入囊。若兵道营田，百户为田畯者，每营十军，供役男女，世其臧获，冒破官饷，什其子粒欠者九，此不在边关之数，尤覆盆向隅之夫也。出境而西则少，独境内最多耳。凡为边戍者，不特属卫户丁，杂以班兵南兵，俗为坏乱极矣。无警随补随逃，而救死之不赡，则礼义乎何知，将望固志而死守哉。此前朝弊政也，近日边峰无警，兵丁裁供侦援，守官坐镇优游。土著虽稀，新民渐集，招来垦辟在上者，加之意而已。

其四籍：著本土谓之社，召它方谓之屯。有居屯而谓之民，有居社而谓之军。

军 初廪于官，而免乎民役。故律禁民诈称，防其役之避也。兹在城，通谓之社，则附府县，军民而杂处。民抵庸而有差银，军余止采办柴炭上供，后改折银亦便。然为三等九则者，酌其贫富而均也。每则二钱，极富至一两八钱止。嘉靖初，永平卫经历某，编审憾富家不贿，而坐以上则，且巧立名曰："门头银"，加于差银外，坐房产多者，一人二三两，一卫一二家止，及于闲丁耳，惟是名立则害。贻至万历甲戌，通判某编审，大坐门银，一人十两者为少，有至六十两。及于士夫军职，令许报随口而坐，骚然告缗之续矣。自是城中室圮不敢葺，市井为不聊生，由多派溢于额，适充卫司篆之囊耳。丁丑，迁安知县冯露编审，核出额之弊，为减免者多，而未尽去门银，恐其徭银不敷也。若官多于军，则沿边皆然。世之有名无实者，莫如边卫为甚。

民 制居里屯谓之军。而民居屯者，其名同之耳。古之为民者四，今则十有七八。初止有里甲役使，则吏皂、胥卒、总甲，以次民壮、老人、巡捕、示役之类，近年增设无度，冗滥难分。有快手、有机兵、有箭手、有子弟兵、有听差、阴阳医生，有集头地方、看城三老人，及各色种种。于事无益，而民有害，是谓糜费冗役，所当亟节减者。又驿路之费日增而就多，驿夫之直日裁而就少，夫之逃者比比矣。嗣是，无敢应募，势极必复旧法，不据地而佥头乎？若夫马之佥，不过囊十一耳。既条鞭征银在官，仍坐旧头名领银而市买，头者之所坐，地多转货。而偏累独难攀者，谓之帮地，无置锥而仍旧责助。事体舛戾，概县焚然，此又非前者四户买马之渐乎。故户以民为累，民以地为累矣。今于驿夫加值，一亩不过丝忽耳，则佥马价若不敷，阖县计增，官为市解而去，旧头之籍，庶根拔而害不滋也。

屯 之名自永乐，因靖难，为东兵残伤，而四郊半墟，召南方殷实户，就荒地而栖止，谓之屯，如古移之宽乡意也。其田地有税粮，而无草束。薄荒田之征，宽新陇之力。其无军匠者，原籍已定也。社民户若干，其军户若干，本处递年清理者；屯民户若干，其军户若干，原籍州不清理者。所以别之，其制异也。凡社之名因旧，而屯加以美名。社无新编，而屯有之。乃辏拨人户散处四方，其里远近，其界阔狭，难以为限，而田土畸零不等，但谓新编而已。亦有不分屯社，而为民社之屯，乃卫军余土，每名一顷，俾之屯种。自后遂以为民屯，或有因弯远不能耕者，或有无地而虚包子粒者，或有沙薄而不堪种者，或有压冲沙水而通无可耕者，赔纳之无欣，盖百有余年矣。民军操练并同，军有粮花布，而民既无粮赏，乃概征其子粒，则劳苦倍蓰，况死亡逃绝，又累里甲包赔，是代军顶田而坐困。近日归农，乃息矣。

社 之名亦自永乐，盖东兵之荡析，自山后逃回者为社，在城而各乡有分一二里者。而屯新编为二里，惟滦州为然矣。社为主，屯为客，屯多边方，社多近地。递年田地，则有税粮，且有草束，且有军匠，皆与屯别耳。其名虽别，而婚姻通主客，年久无相尤也。至隆庆间，社民告屯民均草，而社草如故，屯则加焉，民甚苦之。盖祖制已定，岂宜纷更。若孝民蠲粮，其地在社，屯可违制而令均其赋乎？徒悖和睦之训，而失忠信之风矣！国法民之贤者，举乡而饮于学，其庶人皆得祭社而读法，今农丰稔，必赛于秋杪，商旅获利，亦赛于岁终。此报本之良心，与古蜡腊意同。然农赛于近村神祠，未必合祀典，而未尝读法于社，或设斋醮于寺观，使终岁不耕者，得糜勤动之食由，有司未尝晓喻之也。不知上以生财载物，故名之社。古人居满百家，必为之立社，今当使民立之，祈于斯，报于斯，立乡约以遵圣训于斯，设里塾以教子弟于斯，则祭义明而风俗善矣。

其四业，就燕间而明伦，谓之士。就田野而力食，谓之农。就官府而成事，谓之工。就市井而通财，谓之商。

士 在前辈虽习记诵，博功名，而心理道者少。然多醇谨经书，务在讲贯，子史亦多涉猎。自嘉靖中，岂惟理学，率记诵时文，置子史不问，而邀荣施足矣。今南宫正文体，求实学，进取者稍异。其归充囊橐，厚营产业，则师方伯而嗤太仆有矣。居学校者好尚亦异，间有淳谨重名节，群咻使无所容，乃一二乱苗者，然而稚不为之害乎。

农 北平延袤逼仄，山水纠纷。其中田无几可耕，且多沙碛。滦乐独称平沃，民亦明农。旧赋役简，生计易为。无论巨商，即小贸贩，亦可坐致菽粟，终岁惮于勤动，率鄙农而不为。后俗渐狡猾，负债者不尝，货殖者寡利，乃知任地务农。第驿站之夫头在地，种马之孳养在地，大马之解俵在地，将有事而力不暇矣。坐是数者终岁在官，故其语云：田家无论厚与薄，不见县门心自乐。自一应是役，即鬻地不足供举，以地为害，远而弃之它矣。至条鞭法行，地有利无累，一时比屋皆趋农。力之勤惰不同，而耕治之法亦异，抚邑以西耕尚小垅，以东尚大垅，大垅植苗恒于脊，不至埋没耳。凡地附郭价高，为人竞置之耳；远者价甚薄，率弃而荒芜。卫屯荒芜尤甚，则其差役重也。以工商较之，农远城市，务本力作，不习奸伪，古心尚未凿然。不知习水利，旱潦悉听之天，平岁惟为下农，丰稔不知积蓄，故贵贱不得其平，稍饥馑则流亡，至岁平招之复业。其俗之不改如故，如南方巨富，鲜矣。

工 在籍谓之匠。考额府属役，曰银、曰铁、曰铸铁、曰锡、曰钉铰、曰穿甲、曰木、曰桶、曰砖、曰石、曰黑窑、曰毡、曰熟皮、曰染、曰乌墨、曰搭采、曰絮、曰双线、曰箈、曰冠带、曰旋、曰秤。有在京住座，有遵化铁厂之轮班之长工，今罢。凡逃移者，多亦有种地户代当者。有为商贾者。《会典》府匠三百四十名，征银百五十两，及工部四司料银，则实居肆者寡矣。盖地鲜物产，而工艺寡，即以工名，亦不称精巧。其器制，昔坚而今纤脆，昔闳巨而今狡小，昔密致而今苦恶。岂惟观工，亦可观世，然无淫巧犹昔，又可以观俗矣。

商 郡非四通而习质朴，不尚奇货，惟布帛裘楮常用物耳。弘正前，有大贾贩吴绮中，淮盐起家，至巨万，后则亡。今行货仅自临清转至，尚不能尽售。古称贾廉为上，兹竞秋毫，欺以滥恶，动则指天誓日，而与狙侩伍，实下盗一等耳。又其货有税，其铺有行，行者应官取用，曷尝不给，其价而苦之甚，怨置如仇，畏避如劫。行何尝不应官，官则有烦言。为以赝物而索高价，深恶切忌之。上下情背，何以故，则牙役为之嫁耳。至屠沽饼师辈，皆苦行与贾等。而贾富者出资谓财主，能者出力谓伙计，未有财主完出而完归，伙计善始而善终者也。有司之征，法纪尚存，故山海关不甚低昂焉。

其四礼：备三加而责成，人谓之冠；合两姓而传宗嗣，谓之婚；制五服而慎殡葬，谓之丧；享四时而报本始，谓之祭。

冠 古二十而冠。童鬌惟束发总角耳。今俗，童辄戴帽，或谓北土御寒而然，至暑则可去矣，仍步摇为容好。世爵巨室且以金梁及唐晋诸巾，是童而冠，又何加焉。自此礼不明，即士夫亦然。若庶人，而三加则僭而不行可也。其贫贱，身无完衣，冠履极弊，不肯露跣，此有古风焉。

婚 古六礼不备，则贞女不行。今郡巨室虽不能尽合，而亦不至于甚戾。他则未免于论财，女于男家纳征时讲压盘，请期时索聘礼，男于女家责备奁物，往往因之失好。若废纳吉而合婚，废亲迎而下亲，此尤惑于艺术，即士夫亦多蹈焉者。至于指腹割襟，固为非礼，而乘重丧以嫁娶，实为败伦伤化之尤也。《滦志》云：男家初托请达者，通媒女家，即盛设桌面酒馔，三汤五割，连翁邀请赴席，歌妓舞唱，尽日欢娱。男家回席亦然，争相奢侈为荣，又不在问名征币之限。及亲成，生子女，甫一二岁间，信巫觋、尼媪之徒，具斋供酒果，送寺拜僧为师，复请亲识同往，男女溷杂，尽日作乐。有即此而议亲，僧媪为之媒妁，俱宜痛禁，今亦稍变。但下户贫贱女尚祝发，聘财既领，即妇于夫家，谓之童养。则不待父母之命，未笄冠而野合矣。此则干茅就火，不蒸而燃，习俗久矣，男女彼恶知哉。

丧 礼 士夫通行家礼者仅有，然而杂以佛事者多焉。若齐民，则一以佛为泊矣。其作乐宴宾，缙绅家亦有之，不然人以为薄亲简宾，俗见之讹也久矣。在礼成服殡殓，俱以日之三数计，而今每言七日在礼，初终而复不过。家庭今三日则赍楮镪于城隍神庙，五七日于东岳神庙日资冥费，亲属偕往，渐于佛说深矣。五服亲属，俱责丧主以备服，谓之"成服"。此于各服其服，以人之礼不讲也。若赗所以助，今受必计多寡，裂缟素以报之，倘不称，而赗客有形于争者矣。当亲卧病，士大夫家延医服药，乡邑小民，惟用师巫邪术，以听命于天。待葬，不求风水，不尚封树，反纛里而掩之，惟一抔而事襄矣。有一二故家，虽不酷信风水，而尚惑阴阳，以岁月不利，姑殡于寺庙，以待吉，久则多不能葬焉。又虽世禄家，而树封碑者寡。其士夫，非膴仕而有志铭者，乃百之一二。此过于朴略也。

祭 礼 按士庶之祭，内之重于先，外之重于社。若品官家庙，今制未定，尝仿家礼为祠堂。如今制，祭四代，庶人当从制及祖，依古荐于寝可也。北方世爵及缙绅崛起，家构第，以居有堂室，有房寝壮丽，独未见立家庙，其荐之仪亦简。士夫之裔，犹知作主，而贫者多共一扁书。始祖不论应祀者几，以神像置中，而家神则配之。贫甚，则以楮书讳，甚至讳亦无矣。举祭在礼，上香者热萧之义，求神于阳也。酹酒者，灌地之义，求神于阴也。乃奠酒以致享礼毕，而焚帛，无帛则以楮代之，非祭义所当知乎！今大都上香后即焚楮，焚楮后方酹酒，不奠即拜，而礼毕矣。然俗重墓祭，每清明于冢上增土，备牲楮为奠。七月中元，惟奠牲楮。十月朔，则益以冥衣，邀亲众享奠品于墦间。其新冢遇三祭时，每具服哭临，三日服除乃已。士夫及齐民皆然，虽不合礼，亦报本孝敬之厚道也。祭社具于左，但家祭除夕、元旦，祀天地、日月。而商旅之赛于家，亦曰焚天地、日月楮，不知庶人不敢渎，而赛用羊冢其分乎！

立春之仪 先日卢龙县戒东门外，官亭以各色器物，选集优人、媚子、小伎，装剧戏教习，谓之"演春"。届期，阖城文武官往迎，前列戏队，殿以春牛，商工百艺持器奔趋，老稚胥观，士女填市，谓之"走春"。鼓乐交作，优长假冠带过官府豪门，各有赞称韵语博笺取利，谓之"闹春。"牛至府堂，次日至时，鞭而碎之，随以鼓乐，将别塑小芒神、土牛，分献上官乡宦，谓之"送春"。其占土牛与它方，同所鞭土，市民争取涂灶或涂壁，云"去臭虫"。或以书门曰"百事大吉"。而荐柏酒、白匐、茹饼以乐之。如在正朔前后旬，则惟豪门者举焉，谓之"庆春"。州及支县外卫亦如之。

孟月朔日，谓之"端月"。元日，官府望阙遥贺，礼毕，盛服诣公署，往来交庆。士民家昧爽设庭燎，爇燕香烛，奠祀真宰及祖祢，仍设于堂供献。家人拜家长，举觞称寿。贵家爇丹药户内，谓之"辟瘟"，喧鼓吹于庭院，谓之"闹厅"。炽栗炭于堂中，以迎旺气。旦，日出占色，红晴及西南风收蜀秫，霞红主丝贵，霜重有雪主夏秋大旱，云雾兵动人灾。取除夕所置百种而量较之，出息者丰获。启视秸豆，而次数之，以粒卜月，润者其月雨，干者其月旱。人饮水，主五谷，丹黄忌之。户前置水，则主消灾。所插芝麻秸，主门户清吉，诸福咸臻。所夙具肴馔，可供三日用，戚里闭门罢市，盛服交贺，甥婿来谒，留饮。猪日祭墓，遍礼群神，交宴亲友。少年自鸡至马，随意闲游，或演习弦歌，或番弄博戏，或听说偈唱词，或看踢球舞棒，谷日稍止。句浹，炊面为茧，以祈蚕功。越二日，而浹辰矣，并晴明无风，则以日卜月，而岁大吉。又二日，女辍针，名"忌讳"，是日或先试灯设席望日。上元，官举乡饮，通衢张灯谓之"正灯"。官举火树，民放烟火，观或达曙，男女群游，谓"走百病"。是节本汉家祀太乙，昏时祀到明。又西域摩瑞陁国僧徒俗众，集观佛舍，利放光雨花也，故或赛寺观及诸神庙焉。亦有俗子谓上元天官赐福之辰，持斋诵经，闭户不出者。至次日为"残灯"，倾城士女出，病妇亦群聚窑下，曰"陶灸"。儿女交错度桥，谓"度百厄"。或有以绳跳跃，谓之"跳百索"。或蒸纸裁剪为九条，信手结，曰"结羊肠"，占休咎。又有"邀厕姑"，厕姑者紫姑也，《异苑》记之矣，兹不如其说，但问吉凶焉。又有苕帚姑、箕姑、针姑、苇姑者，皆女巫，因走病而诳诞其俗也。或用膏油贮之面盏十二，蒸于釜，依月而验，有积水者主多雨，微湿及干者雨多少如之。或蒸于除夕，亦验。过此，童入塾，贾于市，商于途，为墟为集，州县屯社各如常业。廿四日，以鼠会亲，是宵燃灯一岁作耗，故禁火五日，曰"填仓"，农家蒸饭炊糕。五更用灶灰，于前院画地成窖，为梯囤形，或撒五谷，以砖石压之，为岁丰盈兆，而农出郊矣。雨水节后，占天阴宜农。

仲月朔初吉，为中和令节，官民久不举。次日，以"龙抬头"，农家用糠自户引至井，用灰自井引至瓮，谓之"引龙入宅"，主有财。用香油煎糕熏虫，则物不蛀，且以辟厨灶苍蝇。妇举针，逆女归宁，上丁祭文庙，上戊祭武庙、社稷、风云、雷雨、山川，民间社不必。戊而或祭马神、八蜡庙。惊蛰、春分志风雨，以卜丰欠。自雷起至百日，河涨。分日，占东风收麦。有雷在分前后日，岁稔。是日作酒及醮，时冰泮草生，农事婚姻之期，家嫁娶，农举趾。十五为花朝节，今不甚举行。

季月朔占值清明，草木荣茂。值谷雨，黍稷丰盛。是日及次日雨，主旱。三日，屋地不平，取土垫之吉，种宜葫芦，多且大也。上巳，不修禊，城北有曲水流觞，今废。或有病者涤于长流。十四日，俗称城隍神生日，竞设赛焉。或有夜祭三皇，享胙，瞽者唱饮达旦。

冬至后百五日，为寒食，清明节也。俗多以前两日为寒食，前一日为蛆日，造醯酱忌节日，造生蛆。当清明，官祭历。家展墓挂纸钱，增新土，作面燕及蛇，插柳枝，标于户，以迎玄鸟，男女并出祭扫。次日，妇告归宁而展墓。连日倾城踏青，看花挑菜，簪柳斗百草，谚云："清明不戴柳，红颜成白首。"家家树秋千为戏，闺人挒子儿赌胜负，童子团纸为风鸢，引绳而放之山原。车马尊罍相接道隅，馂余而多醉歌矣。下旬八日，祀东岳庙，俗为大帝诞辰也。男妇有为父母兄弟赛愿，顶纸马，敛衣束身出户，且行且拜，亲众鼓吹随，及庙乃止，并曰"拜庙"。山海则拜于天妃庙。谷雨，书朱符禁蝎。

立夏日 占日晕则水多。是日入海捕鱼，视西南风则多获，东北风不利。若值朔，主地动。小满，主凶灾。大风雨，主大水。小则小水，晴则旱。

孟月朔雨占麦丰欠，俗云："一二麦脚黄，三四落把穰，五六泥中割，七八麦上场。"以七八日雨为上也。八日为浮屠生日，浴佛，僧尼各建道场宣经偈，男妇结会持斋诣佛寺礼拜，或以黄豆置盘盂，而念佛悉如豆数，且分众食，谓之"结缘"。十八日祀天仙，亦谓之"拜庙"，视季春尤盛，盖妇人求嗣者，本古高禖遗风，流而为赛祷。又童男女多病者，以小纸秸为枷锁荷之，诣庙祈祷，三年为满，焚神前，谓"枷愿"。其祠在迁安景忠山巅者，俗称顶上娘娘。昌黎仙人顶，亦称顶上，境数百里内外男女，或负病匍匐上，献钱于祠官，立收头而坐享其利。进香者往返交错于途，旅店咸获利，山下纸币之肆，亦二三日大市也。

仲月端午，置葵榴堂中，悬艾虎辟瘟，贴纸画虎蝎或天师像，谓之"五毒符"。捉虾蟆，取蟾酥，朱书"五月五日天中节，赤口白舌尽消灭"，揭之楹户。僧道以辟恶灵符分送檀越、医家，以香囊雄黄、乌发、香油，送所往来家，而揭符于门。采百草，制药汤沐。泛菖蒲、朱砂酒，云饮之恶物不入口。儿童颈臂胫足系彩缯，云"辟毒"，名"百岁索"。俗不竞渡，或斗百草赌饮而已。戚里以角黍饷男女，姻家互馈，为"追节"。是日雨，主蛀。至日占伏，有风大热；占麦，谓麦信，东南风麦稔，西北风熟亦瘠，西南风甚，旬中必槁。十三日俗为关帝诞，百戏角抵，集倡优乐之，是日必有微雨，谓之"洗刀水"。

季月六日热，五谷收；冷，多雨。清晨，汲井水贮之，经年不坏，可以造面渍醢，又以水煎盐擦牙洗目。日午曝衣帛裘褐。夏至后第三庚为初伏，第四庚为中伏，伏日宜窨曲酱，曲有粗细，而酱以生熟占，初伏雨，主秋旱。锄茄十次，每秧结十茄。人洗头去风。以杏仁炒麦子，食数粒，一年头不痛，心无呕。凡伏寒为灾，与唐《五行志》占，同时黍将登。大暑忌朔，小暑忌雨。社旬有三日祭龙王庙。至望，祭风王庙。

立 秋 户挂蒵藜，云蚊不入户，或曰中元将至，而鬼畏之。是日占，晴主万物少成熟，雷多尤忌之。初庚为后伏十八日，寸草实，如夏至之麦，刻期不爽焉。

孟月朔忌立秋。六日挂地头纸。七日曝洗作曲合药，其夕少女或盆种五生，或案陈瓜果于庭院中谈银河会，乞巧结采，或对月穿针，或以水注磁碗，撒绣针于中、照影以试巧拙。童男有置蜘蛛小盒内，次日视丝稀密为乞文多少，亦开元遗风。今男女乞者少矣。惟为牛生命日，挂花枝于角，可无灾。以面饼赏牧童，及次早视鸦鹊顶毨，为取填河之验焉。中元为地官赦罪辰，僧家建盂兰会，人家有持斋诵经，谓之"大斋日"。前一日，采麻谷归置门左右，或置奠芯祀祖考，复墓祭或负麻谷往，谓之"麻谷节"。官祭厉里，社亦行之，谷始登。处暑亦忌朔，人不安。

仲月朔日雨，谓之"苦雨"，占菜味不嘉。丁戊，祭坛庙。白露既零，里中各祭土神，不必用分前后。戊日，为坛为社也，分日喜阴及西方微云起，忌热主旱。中秋，戚里制月饼，杂以肴糕及瓜果酒醴，祭月而赏之，比邻群饮街衢，夜分乃已。豪门相馈遗、宴会，笙歌彻旦。下户瓜菜，少坐而已。占，月为云蔽，来年灯节必雪。

季月朔日占，值寒露，主寒温不时；值霜降，主多雨及来年饥；有风雨，主来年春旱，夏水，麻贵，若东风半日不止，则米麦皆贵。

重阳日晴，则冬至、元日、上元、清明皆晴，雨则皆雨。又占是日晴，则一冬凝；雨则一冬晴。占风色为来年丰欠，喜东北忌西北。其为节稍如《荆楚岁时记》，家制枣糕侑果肴，馈遗姻家。簪菊佩萸登高，多酩酊而归。酿菊酒，醃瓜菜。霜降，官祭旗纛。月内忌雷，主谷贵。虹，主人灾。霜不下，来年二月多阴寒。

立冬日　谓之阳月，值朔有灾异，晴雪则一冬为然。晴，虽过寒而有鱼，占来年前霜多，主旱；黍善后霜多，主晚禾善；惟西北风，主来年大熟。

孟月朔，乡饮举于学宫，无祀祭于历坛。至下元节，传水官解厄之辰，亦相效持斋诵经，质明祀先祭墓，剪色楮为冥衣，焚之曰："送寒衣"。是日，南风则冬暖，北风寒。又占十六日谓"寒婆"，晴，主冬暖。竟月毕场功劳农，遣工人归，设醮，燕享至醉，如古蜡祭之风焉。虹，主麻谷贵；月食，鱼盐贵；雷，人多死。雷而雾，离水面，则二百五日水至。

仲月大雪节。朔日大雪，主凶灾，不利农。至日亦然。日至谓之"亚岁"，官府五鼓望阙拜贺毕，彼此拜贺，如正旦。民间祭先祖，多逆女妇，女妇有献履尊长者。其往来拜贺，惟山海为然。至后九日，为一节，语云："一九二九冰上走，三九四九不舒手，五九六九沿河寻柳，七九八九赏花饮酒。"伏讫而寒生，九讫而暖至。北方节气虽同，而东北视西北正矣。

季月朔日，忌大寒，有虎灾；喜小寒，为瑞。是日，以井水洗蚕子曰"饮蚕"。通称是月为腊月。腊月前雨雪，宜菜麦，且卜来岁稔。初八日为腊日，以米豆果肉杂为腊八粥，或遍置花木，卜云次年无虫且茂。童女黬耳，童男剃发。下旬四日名"交年"，或曰"小年"，扫室宇，暮设糖饼果菜祀灶，俗以糖丸粘灶门云："毋得言家长短，以祈福庇乡人。"秉高炬照田间，修整门户，更造服饰，整办酒肴，备具符帖。僧道作疏，送檀越、医士，作辟瘟丹、屠苏袋，送往来者。除日，官家易门神桃符，下家亦易联帖，悬麻线、匙筋、葫芦、新帚于户，插芝麻秸于壁。夕，辞岁，陈仪祀真宰及土神祢。设庭燎，照星斗，放爆竹，驱鬼，焚苍术，辟疫，或树将军炭，或击千金木。取百谷种，量较钧壹，置之地面，取秸茎一，析之纳豆十二，闰加一束，置之水中，乃称寿。家宴，少长咸集，儿女终夜博戏，谓之"守岁"。官家用鼓吹及民间炮喧，聒耳达旦。亦有夜深祷灶，请方抱镜出门，潜听市人偶然言语，以卜新岁休咎云。卜灶，自祀灶后，男女婚嫁不择日，至除夕止，谓之"乱婺"，成亲无忌矣。

凡岁虽士大夫家，不知占星象。民间但见日月外有晕影。或占之。日岚多雨，月岚多风。而占月为多春季、夏仲初三四，见新月语曰："月儿张弓，少雨多风。""月儿仰瓦，不求自下。"为甚验焉。其四甲子雨，如唐《朝野金》载俚谚，而倒其语云，某甲子雨，不叶下韵，且阙末二句。今述唐谚正之："春雨甲子，赤地千里。夏雨甲子，乘船入市。秋雨甲子，禾头生耳。冬雨甲子，牛羊冻死。鹊巢下地，其年大水。"它有一二占互异不验也。大概居近风洞，屯社祭风。凡旱，官祷于坛庙，民多祷于龙王焉。

补　续　《周礼》：同姓不婚，所以严渎伦也。永平相习联姻，动以疆域远近为辞，不知支流既长，则居迁自远。朔厥渊源，实同厥始。彼齐民无知，犹将训之以礼，而士夫服古之家，恬不为怪，抑独何哉。

父母无不爱儿女，从未有爱其生而仇其死者。永平风俗，遇婴儿夭殇，不思积德以俟再育，往往折手足而暴弃之，虑其复投母胎，以绝异日累，灭性寡恩，甚于豹虎。郡守张公朝琮，出示严禁，此风稍息。有保赤之责者，能踵而永绝之，亦泽及枯骨之意。

酿秫作酒，北方风俗类然，而莫盛于畿东。故京师口号，以东路乡贩者为佳。暴殄民食，率致米价腾涌。康熙己巳岁饥，奉旨严禁，未尝少弛。乃永平烧锅之家，半属旗人，动藉口以供应内府。而民则又以沙碛地硗，谓欲取糟豢豕以粪其田，争图射利。每盛于秋成之后，而不绝于春夏之时。屈指阖境烧锅一日可糜千百余石之粮，积而计之，将亿算，民有不艰于食者乎。

丧葬之礼，称家有无。永俗独山海有杠夫名色，横霸一方，丧家无不受其揞勒苛索。甚且父母高年无恙，指为奇货，预支工值，本家不敢不应，虑其挟愤，而将来莫谁也。苦贫不能应其欲，竟致停柩不葬者有之。婚娶之轿亦然，若辈骄悍横肆，卫人吞声饮恨者，已四十余年。郡守张公朝琮严拿重处，永远禁革。今山海卫特设义杠，镇城及东西罗城，俱镌石以志不朽。碑记载入艺文。

物　产

凡物之生于天地间者，土各不同，而亦有古今之异。然而百里之域，荒逖之区，未尝无特产也。若《滦志》所列，通于天下，而郭建初又遍搜三代以来之书以示博，则固所不必矣。《昌黎志》乃云：倘按籍而索民，何以应，故尽删之。是岂《禹贡》厥篚、《周书》王会之意哉！夫永州之畜蛇者，或反以宽其地之征；而下坊州取杜若者，又未必出于图经也。仁人君子以之察土宜而重天物，亦乌可少乎！旧志太繁，择其切于今者存之。

《禹贡》：岛夷皮服，夹右碣石入于河。

《山海经》：碣石之山上有玉，下多青碧。绳水出焉，多蒲夷之鱼。

《商书·献令》其一：东胡请令以白玉橐驼、野马、駒騟、駃騠、良弓为献。

《尔雅》：北方之美者，有幽都之筋角焉。

《周礼》：大司乐有孤竹之管，奏于圜丘。注云：孤竹竹特生者不指所出地，后人因孤竹国名而指有是竹焉。

《周礼》职方氏：幽州其利鱼盐，其畜宜四扰，其谷宜三种。

《周书》：王会孤竹、距虚不令支、玄貘不屠，何青熊。释云，不令支，令支也。不屠，何屠，何也，皆东北夷名，至北魏称徒河矣。

《周书》：海阳之蟹。

《诗》：王锡韩侯其追其貊奄，受北国。因以其伯献其貔皮、赤豹、黄罴。

《春秋》：齐侯来献戎捷。《谷梁传》戎伯菽也。郭璞注《尔雅》，以为胡豆。

《史记》：苏秦说燕文侯曰：北有枣栗之利，民虽不佃作，而足于枣栗矣，此所谓天府者也。

《史记》：燕秦千树栗，与千户侯等。

《唐书》：平州土贡熊鞹、蔓荆实、人参。

《辽史》：马城县东北有千金冶。

《一统志》：金，迁安县宽河川出。丹锡，滦州及迁安县出，今不产。铁，迁安、卢龙二县出。盐，滦州及乐亭县俱出，有场今抚宁、昌黎二县俱出。人参、麝香、豹尾俱废，柳城县出。纸，滦州及迁安县出今俱出迁安县。鹰鹘，昌黎县道者山出。（今少）。石灰，抚宁县有场（今场废）。蔓荆子，迁安、卢龙二县出。甘棠梨，迁安县出。香白芷，乐亭县出。按今抚宁县台头营口外有金，然淘者得不尝工。

右并见于经史之文。

今志，各府所通有者不具，其尤异者。

卢　龙　虽郡治邑小而产少。黄金产阳山溪中，色虽艳而小，如粟粒，淘之得不偿工。其河名淘金。又云孤竹山金顶、银腰、铁脚，言所产也。而白沟河东北五里，有铜矿山。食品酱豉，制得法。红萝卜，城西独大而脆，称特产。桃林口关面黄崖山，襟青龙河，产鱼鳖，鲫、鳜、鲇、鲈最肥美，异他产，口外人每春缚苇作筏，冬穿冰，飞义掷取之，叩关贸易，人亦利其价廉，间产灵龟，不常有。口外山深险峻，松椴蔽空，虎豹豺狼之所窟也，虎或入城捕犬羊。其产黄羊，常来关外，人莫能捕之。境外有山，遍产桃树，枝干劲直，色斑脂腻，皮可裹镞，关人及口外人并取之，故关营以名。桃林口外三十里，有芍药川，花多白，开时弥漫十余里。黄崖草，出燕河营，叶园根皮紫，肉微红，状如羊尾，不知名，为金刃伤者，取根焙干去皮，刮肉末，传速效。

迁　安　地广山深，近边多异产。黄金产宽河（在口外）。六宝峪以产金银铜铁铅锡名。银矿山在太平寨西及黄崖山，沿边多有之，铁亦在岳孤山。红白土，可圬，出冷口关及白道子，白可浆衣拌糖。石灰，出黄山灰窑峪。黑鹰多巢贯头山。红嘴鸦自松亭至石门皆有，铁门洞诸山尤多。蟒有遗迹。猴，大尖山团亭有之。蟹，三里河者肥美，土人探穴竞取之，澈河者亦佳于滦。鲫，滦河佳美，莲池山产亦佳，凡鱼自口外由滦入团亭者，潘家口立槽其湾所聚也，官坐享而渔之。黄麻，长岭社屯多产，为楮以贩线麻，亦所特出。桑皮纸，出黄北社，多红花白蜡蓝淀。木称奇章柏，口内柏少松多，奇游乡、汉儿庄、三屯馆，类多异，不能枚举，而口外尤多，盖出松亭关，乃古千里松林界矣。边内木大称银杏，七家岭下二株，大于它产，实佳而价甚贵。梨锦唐，出在城社及陶村社，小而皮薄，甘脆，藏至正月，味愈佳。榛栗，帐房山产，岁进贡，松汀山及城山多。药有天花粉、黄精、人参、五味、细辛、桔梗、茵陈、半夏、兔丝、豨莶、蔓荆、茯苓、赤芍药、白芨、苦参之属，各邑山中多有之。花椒，城山寺为盛。血石岭产冬青草，乃款冬花之类也。煤粪草，出县西二十里贤姑庙旁，其水浸十数顷，草木蕃盛，产荷菱及螺虾，一旦忽涸，掘数尺皆粪草，干可烘爨，土人利之。徐少卿因而开水田数顷。

抚　宁　兼山海，产宜饶而若诎。银矿，嘉靖乙卯开矿于王旺峪，官督军防，供应不赀，煎炼不满千金，而耗民膏什八九矣。矿脉既啬，人力亦疲，乃奏罢，立庙于洞上。石佛峪南亦有银铜峪，其绝久矣。石炭谓之煤，详见山川，今供给有司，产石门寨。大崇峪多青石利用。详见山川。猴猿，三峦山最多，每至八月，义院口、温泉堡外辄有数万，至弥月乃去，田家苦之。熊，出口外，口内有熊山，盖旧产也。鳝，似蛇长尺余，有青黄二色，多居泥中，出温泉堡、苇子堡、香山沟者佳。白牡丹，出青山黑峪头西及罗汉洞外。藁本香，产苇子峪。水红消梨，产台头之东山，熟于诸梨后，皮中皆水，香闻数步，独为奇品，他郡所无。秋桃，出石门寨，其大过拳，甚甘美，蓄者用草围树，以避霜雪，因熟晚故名，初每颗价不过一分，至十月取出，其色莹然，货之，颗五六分矣。其李与苹果亦称佳，非特产。药有草乌、远志，海阳出。商陆，山海出。麻黄佳。山海花有匾竹，货有线麻、椴麻。鱼则石首、鲞鱼、石鱼、镜鱼、青乌贼、鲙、白条、对虾、海馒头、海鹌鹑。酒次于滦。关志云：土瘠狭多寒，无丰产。古称鱼盐，自海禁严，而渔商并绝，故获寡而售艰矣。

昌 黎 自为一域，山不逼边，海不逼关。风气繁丽。山产类抚宁、卢龙。海产同滦州、乐亭，故无异产而载其多者。石乳，在达磨峰之左，凡岩穴阴处溜山液而成，空中相逼，长者六七寸，如爪甲，中无雁齿，光明者佳。焰硝，出套槐社。丝盐，出永受屯。黑磁器、瓦器及淀，出石门社。薏苡，出会东社。莲子、菱米、黄菜，出静安社。红花，出赤崖社。棉花，出沙程社。平机布，出会东社。豆，有刀有玉环。瓜有化，即胡瓜也，亦呼为黄瓜。菜，有菠有荼。花，有斑竹，出在城社，又以名寺。果有无花、有文官、有互斯，赖有柿子、白檎出洋山社。葡萄、接桃，出顺德社。樱桃、核桃，出嘉颖屯。石榴、沙果，出延昌屯。兔出正乐屯。团林社七里海多鱼，有角有带。海错车螯同滦州。

滦 州 沃衍产多，货殖聚焉。花椒，种二，有水有火，香花峪颇多。蒜，紫皮出松梁社、康家庄，及梅一、梅二社。莲，州及乐亭地二里最多，故曰龙湾瑞莲。芹，以名山。俗名芹菜山，在古马社。龙须米，出法宝社。果品李，产偏山最佳。无花果，乐亭有之。赤石脂，出紫金山，未闻入药，用各色石脂，境内亦有之。黄芩、柴胡，出横山营，有名入贡。芎穷叶，名蘼芜，州产，不堪入药，惟可入茶。秸楼，州北土墙甚多。薏苡仁，下社多，可作粥。辛夷花，不多产，惟州治后一株甚茂。酸枣、野葡萄，产项家坨。松，荐福寺者大十围，知州潘龄书"秦封第一"，今无。狼兔，多藏于大田泊。猪，州产颇多，乐亭民间有以此致富者。雉、兔、獐等物，产于龙堂望、马兔耳、大夫杨家、冯家诸坨。六畜则冯家长坨，草木蕃也。狐、出止马山者，毛深色赤，俗传岩山有狐妖。鸟属有铁脚，至冬人捕充馔，甚肥美。又有秃鹜、兔鹘、鸭鹘、训鹘、经雀、沙鸡及柳叶儿、雕鱼，即驴粪球。黑马杓、胡叭喇、胭脂、辫笼兜子、红蓼儿、金雀、蜡嘴之类。鱼类鲤最佳出偏凉汀，大者一二十斤，鳞甲金色夺目，肥鲜尾长，曰重鲩。及鳜、鳢、鲇、鲦、青、白，出滦河并佳。淮鱼似鲇，而大海多，滦少。鲫，偏凉汀最佳，多重斤许，有至三四斤者，湖湘不及也。海鲐，近府有之，丸子身黄头大，有翅无鳞，出清河。秤杆，小而长似之，鳞细，出清河。鲛如梭，身长而青，滦海并出，腌者海佳，鲜者滦佳。白眼，海出，类鲹而肥，身鳞金色，眼如玉环，重三四斤。滦河亦出，乐亭沙城社多。鲈，四月后海及滦俱有，巨口细鳞，身负黑点，大者十余斤。面条鱼，一名银鱼，出蚕沙口，乐亭之千金社。鳗，海出，立夏方有，大者数十斤。鳖，腹中有鳔，但不及南产耳，至小者重三四斤，四五月多。同罗，细鳞，有黑点，形类大鳘，味亦如之，但土人不能作耳。巨罗，多刺，味微类鲋，小直沽呼为腾香鱼。蜡头，类河豚，味甚美，肝血有大毒，去之方可食。八带，海出。带鱼，狭而长如带，出乐亭。鳓，腹下有骨如锯。鲻，似鲤，生浅海中，专食泥，身园小，骨软肉细。扳鱼，身多鲠，长五六寸，味肥似糟，泡之可作汤。羊鱼，味膻形圆，尾如羊尾，端有骨如剑，触之伤人，土人取其油。镜鱼，形如镜。房鱼，其大如房，或随潮陷沙上，土人割脂熬油，燃灯，腥臭不可食。黄谷、桎条出滦河。鳖，俗名团鱼，滦河产佳。蛏，壳薄而狭长，正二月出泥中，味佳。蛤蜊，似蛏而壳园肉厚。蚶，似蛤而圆小，壳如瓦楞，雷动而开，人不食矣。螺，极大，小者为嬴蛳。螃蟹，出白沙峰社，西滦河多。蟳蟹，随潮退，壳一退一长，潮大则膏不实矣。虾，大小不一，近海产，有金钩、玉钩之名，出蚕丛口，取肉干之，为虾米，滦河亦多。棉花，凡平原皆有，为布有杂有细，乐亭机杼为盛，土人呼为家机布。红花，多种之场圃，承露采，干以染红，及作胭脂。靛，出于蓝，以水出色者为定，土人总呼为靛。桑皮楮，出何家庄。席，长春诸社织芦苇为之，且编为箔，大水泊多蒲蒿，人就而利之。油，有苏有麻。硝，有朴有焰。煤炭，水和始燃，俗名水和炭，出开平卫何各庄及峰山口。生者有焰，宜煅灰及炒铁，尤宜大块火炼过者为焦子炭。陡坡、古冶有之。碱，出海滨姚家柏家庄。盐，出海滨、味甘色白，出柏一二三里及石碑场者最佳，长芦不及也。

乐　亭　陆产比滦，而海饶之，其见于州者不具。鲈鱼，出白沙峰社。七星鱼，出黑崖子社。绢可作帷。丝绵，出力本屯。褡连褥里，出嵩林儿社。绵布，境内俱织，多于他处。

山海卫　物产，抚宁已兼及之。其最佳者鱼之海胎，鸟之铁脚，较他产肥大而鲜美。

‖ 卷之六 ‖

莱　阳　　宋　琬撰次

府学训导　徐　香参订

萧　山　　张朝琮续纂

卢龙教谕　胡仁济校辑

城　　池

昔夫子之答言游，以城郭沟池为小安之事。而王公设险之用，于大易系之。下阳、虎牢，《春秋》特书以示守邦之训，圣人之情见乎辞矣。兹郡自慕容氏大城肥如，魏熙平城肥如之后，于史更无可征。迹其历代攻守之故，亦得失之林也。兵革初定，垣堞荒圮，府城西偪漆河，屡遭冲啮，岸复善崩，时勤筑塞。司土之君子岂得曰：守在四邻，而不讲乎。

府　城　高三丈有奇，厚二丈，周九里十三步。前代修建年月无考，明洪武四年指挥费愚等，拓其东而筑之，砌以砖石。门四：东曰镇东，南曰德胜，西曰望京，北曰拱辰。其西北别有一门，曰小水西门。门各有台、有楼、有重门，曲而尽制。其南门之东二百步当学宫，前有奎星阁，又东数十步，下水关上有凭虚阁。东门之北有台最高，上有望高阁，又北上水关上有玄览楼，西北隅有武备楼。其历年增修者，景泰中参将胡镛、知府张茂，弘治中知府吴杰，嘉靖中兵备副使温景葵，隆庆中知府刘庠，万历中任铠、张世烈、马崇谦、徐准，推官沈之吟，天启中兵备副使张春。国朝康熙十二年，城西北倾塌六丈余，郡守唐公敬一捐俸补筑。三十六年被水复倾，郡守梁公世勋、郡丞彭公尔年修筑。按今城上楼阁尽颓，惟下水关上即奎星阁，亦久损坏，康熙四十四年郡守华公黄重修。

池　深二丈，广五丈。东北而南阻山为堑，北凭肥水入漆，漆为西堑。其北隅有文会亭临之，迤南而东，皆莲池深广，其西城下有砖石泊岸，以防漆啮，泄水有渠，汲水有级，其制颇备。

卢龙县　民堡　北三十里安山月曰松崖，西三十里赤峰曰安河，东三十里新罗寨日双望。

迁安县城　高三丈，厚二尺，周五里。旧土垣。明景泰中，巡抚邹来学，檄县甃以砖，门四上各有楼。其历年增修者：天顺中知县江徵，弘治中张济，正德中罗玉，嘉靖中许樯卿、韦文英、罗凤翔，隆庆中隋府，万历中申安、钱吾德、张九三，崇祯中高承埏，国朝顺治五年张玉，康熙九年王永命，十七年张一谔。

池　深二丈，广三丈。万历中知县申安，引河绕之。

民　堡　南四十里曰沙河驿，西六十里曰新店，西北六十里曰罗家屯。

抚宁县城　高二丈九尺，厚丈余，周千一百六十四丈。旧土城一座，在阳河东二里。明洪武十三年，徙河西兔耳山东。永乐三年，于旧县址置抚宁卫。成化三年，府同知刘遂、指挥陈恺，复建县于旧治，乃于卫东立县，合为一城。今卫裁，卫务归并山海。其历年增修者：弘治中知县李海、指挥陈勋，嘉靖中通判李世相、知县段廷宴、指挥林云汉、知县姜密，隆庆中张彝训，万历中管县事通判雷应时、指挥张耀先，国朝康熙六年知县王文衡，十二年谭琳，十六年刘馨，二十年赵端。

池　深二丈，广二丈。

民　堡　山寨　北二十里曰马头巇，三十里曰羊角山。西四十里曰鹁鸽堂。西北三十里曰鹏（雕）岩。东三十里曰塔子山。南三十里曰兔嘴山岩。

昌黎县城　高三丈，厚丈余，周四里。旧土垣。明弘治八年，知县殷玘、甃以砖。门四，上各有楼。其历年增修者：弘治中知县陈纲，嘉靖中秦志仁、李希洛、胡溪、楚孔生，隆庆中张存智，万历中孟秋、吴应选、胡科、石之峰、冯恩、洪霖、吴望岱、王汉杰、杨于陛，天启中尚镰，国朝顺治中程量、刘彦明，康熙十一年王日翼，十八年陈邦齐。

池 深三丈五尺，广四丈。东西门栈板，南北门有吊桥。

民堡 东二十里曰裴家庄，西三十里曰蛤泊，五十里曰静安，六十里曰莫各庄，南五十里曰套里，六十里曰石各庄。

滦州城 高二丈九尺，厚二丈，周四里二百余步。辽时筑，见沿革。明景泰二年，巡抚邹来学檄州同杨雄甃以砖。门四，上各有重楼，有四角楼。其历年增修者：弘治中知州孔经，嘉靖中张国维、陈士元，隆庆中署州事府同知贺溱、知州崔炳、刘欲仁，万历中郑珫、白应乾、张元庆、何士伟、周宇。

池 深二丈，广三丈。

民堡 东南二十里曰马城，六十里曰俸，西四十里曰石佛庄，九十里曰榛子镇，西南八十里曰司家庄。

乐亭县城 高二丈八尺，厚一丈五尺，周三里。旧土垣，明成化元年巡抚闫本檄知县元弘甃以砖。门四，上各有楼，有四角楼。其历年增修者：成化中知县李瀚，弘治中田登，正德中县丞孙鸿，嘉靖中知县相文祥，隆庆中李邦佐，万历中于永清，国朝康熙二十四年金星瑞。

池 深一丈四尺，广三丈五尺。

民堡 东二十里曰胡家坨，三十里曰黄瓜口，西北六里曰连北店，西三十里曰新寨，西南三十五里曰马城，南三十里曰阎各庄。

山海卫城 高四丈一尺，厚二丈，周八里一百三十七步四尺。明初，中山王徐达创卫立关，始建此城，土筑砖包。其外门四，上各有楼，水门三，居东西南三隅，以泄城中积水。其历年增修者：嘉靖中管关兵部主事吕荫、陈绾、孙应元，万历中王邦俊、杨植、员外郎邵可立、副将刘孔尹。

池　深二丈五尺，广倍之。外有夹池，广深半之，门各有桥，以通往来。

南北翼城　在南北水关边城上。明巡抚杨嗣昌建，各周三百七十七丈有奇。

东罗城　在东关外接连大城，高二丈三尺，厚一丈，周五百四十七丈四尺。东通盛京孔道。万历中管关兵部主事王邦俊、永平兵备副使成逊请建。国朝康熙四年移关时，通判陈天植、都司孙枝茂、守备王御春同修。

西罗城　明崇祯十六年巡抚朱国栋请建，工未毕。

公　廨

永平介在东陲，非若中原上国，富州雄郡，有美之堂，凝香之阁，可以形之文墨，侈为风流。而自监司守令之居，与台部驻节之所，不过以时墍馆，蔽风雨、辟燥湿而已。且以岁凶民贫，多废不治。而边亭镇遏之处，昔人创为廨署，无虑数十百区，今并委之榛莽。邑似穷边，官如传舍，此亦郡事之一变，可为增慨者矣。旧贯虽存，荒基难构，故但录其见存者于书，以告后之人，时勤涂墍焉。

府　治　在城中平山上。明洪武二年建，其历年增修者：正统中知府李文定、张茂，成化中周晟，嘉靖中曹怀，万历中刘泽深。国朝康熙四十九年郡守张公朝琮修葺堂治。堂东经历司今在经历宅办事。次库西照磨所今裁。次架阁库废。两翼东署门，次八房、次銮架库，西署门，次八房，次大润库，中甬道戒石碑亭前，仪门外东土地祠、寅宾馆今废。西司狱司堂后为穿堂，康熙三十一年郡守梁公世勋改为宅门。入为后堂，左为花厅郡守梁公世勋建。北为知府衙，东为理刑厅，今裁废。马政厅，今裁废。又前为检校宅，今裁废。衙西为清军厅、粮捕厅，今裁。归并清军厅，又前为知事，今裁废。照磨，今裁废。经历宅，次列吏舍废。大门前治东申明亭，废。西旌善亭，废。中有坊曰保禧，郡守张公朝琮重修，东为文官厅久废，康熙四十七年郡守张公朝琮重建，颜曰聚星堂。西为武官厅，废，前有坊曰古北平。郡守张公朝琮重修临衢。

卢龙县治 在府治东南。旧在府治后，明隆庆二年知县赵敬简移于此，其历年增修者：国朝康熙十年知县魏师段，十七年吕宪武。堂东库，仪门外，左寅宾馆（废），后土地祠，右狱堂，后为后堂，东为知县衙及堂后西为书房，又西为典史衙，吏舍列各衙前。

迁安县治 在城内西北，明洪武初建。其历年增修者：弘治中知县张济，嘉靖中徐州，万历中王淑民、白夏，国初顺治十一年张自涵，康熙九年王永命，十七年张一谔。堂东西二库，仪门外，东寅宾馆前土地祠，西仓狱后堂，后为知县衙，东主簿衙（今裁废）。东南典史衙，西吏舍。

抚宁县治 在城内东北，明洪武七年建。其历年增修者：成化中知县姜镐，弘治中刘玉，国朝顺治中王全忠、康熙七年王文衡。堂东西二库，仪门外，东土地祠，西寅宾馆，后堂为知县衙，东主簿衙（今裁废）。前典史衙，西吏廨，前近仪门为狱。

昌黎县治 在城内东南，明正统中知县王玺重建。其历年增修者：弘治中白纯道，嘉靖中文世英、楚孔生，隆庆中孟秋，万历中胡科、石之峰、王汉杰、杨于陛，国朝康熙十八年陈邦齐。堂东西二库，东幕厅，西军储厅。仪门外，东土地祠、寅宾馆，西狱，后堂，后为知县衙，堂西县丞衙，（今裁废）。前典史衙，吏廨列堂左。

滦州治 在城内东街，明洪武初建。其历年增修者：正统中知州刘弁，成化中李端，弘治中吕鉴，正德中高堂，嘉靖中赵叶、陈士元，万历中张元庆，国朝康熙四十二年张勿执。堂东幕西库，仪门外，东寅宾馆、土地祠，祠东北为仪仗库，西为狱大门，为谯楼，堂后为知州衙，后圃有山麓，有池，有轩有亭。堂东同知衙（今裁废）。前吏目衙，今移西。西判官衙，今裁为吏目宅。前列吏舍。

乐亭县治 在城内东南，明洪武三年知县王文贵建。其历年增修者：洪武中章似兰、刘晟，永乐中于继贤，成化中李瀚，隆庆中李邦佐，万历中于永清。堂东幕西库，仪门外，东土地祠、寅宾馆，西狱，后堂，后为知县衙，东县丞衙（今裁废）。前典史衙，堂西南吏舍。

　　山海卫治　在镇城西门内，前代建修年月无考。

　　州县戒石、仪门、大门方位，六房、旌善、申明二亭，视府而制有差。其堂坊各有名，名更不常，并非定制不具。

　　永平监军兵备道　在府治东南二百步。旧为南察院，嘉靖四十年兵备温景葵拓而改之。其历年增修者：隆庆中杨兆，万历中孙应元、叶梦熊、成逊。国朝康熙八年为通永道移驻通州，今为工部分司署。堂西茶厅，前为书吏舍，堂后为后堂（废）。西为住宅，有花亭，西有射圃亭，今为工部笔帖式宅。仪门外，东土地祠，西宾馆（废）。大门外东中军厅，南府厅、西州县厅（俱废）。东西有鼓角楼，有坊各二。废。

　　户部分司　在府治东北二百步，永丰山西麓。嘉靖四十五年建，今废。

　　兵部分司　在山海关，今裁。

　　察　院　府城三：一督学察院在永丰山巅，岁久坏甚，康熙四十七年郡守张公朝琮重修，记载艺文。一大察院在督学东，今废为草场。一小察院在府治东南，废。滦州在治东。迁安二：一在治北，一在治东南。抚宁在治西。昌黎在治东北。乐亭在治西。山海卫在文昌祠右。

　　巡抚公馆　在城外东南二里，今废，出巡居察院。

　　太仆公馆　在城外东南二里，今废。州县称分寺，迁安废为南察院，抚宁在治东北，昌黎在治西，滦州在察院东，乐亭在治西百步。名虽存，而皆为上司公馆。

　　府　馆　在卢龙县左，为通判马厅，今馆移驻山海关。

　　府通判公署　在山海分司北。

　　属　司　司狱司在府内。税课司在府前街左谯楼前，今裁，税务归并经历司。巡检司旧在乐亭西南三十里新桥海口，万历四十三年移榛子镇。阴阳正术在府治东南，医正科在府治东。卢龙县附。滦州阴阳典术、医典科，并在治西。迁安阴阳训术在治南，医训科在治西。抚宁并在治东。昌黎并在治北。乐亭阴阳在治南，医在治北。僧纲司在府城南隆教寺。道纪司缺。滦州僧正司在城南广福寺，道正司缺。迁安僧会司在城东宣觉寺，道会司在城东南昊天观。抚宁僧会司在治南。昌黎僧会司在治北崇兴寺。乐亭僧会司在治南，其道会司俱缺。山海僧正司在西罗城地藏庵，道正司缺。

各卫公署多废不具，旧山海卫改为制府，今为满洲驻防署。

武职公署 旧志所载甚多，各边营路无处不有察院公馆，今并废，录其见存者。

满洲驻防固山大章京带子笔帖式公署 在城东南隅，康熙三十四年自滦州移驻，因地促分宅于永丰山下。

协镇署 在城东南隅。明系永镇中营，设副将一员，旧无公署。国初照旧设副将，改立公署，即白氏花园旧址。顺治六年定经制永平，设立统辖副将一员，标下改设左右两营守备二员。九年裁去山海副将，其所辖东协四路营卫地方归并本协统理。

协标左营署 本营前朝原系永镇中营，旧无公署。国朝顺治六年定经制，永平设立统辖副将一员。标下改设左右两营，守备二员，永镇中营改为协标左营守备。

协标右营署 本营前朝设永左营游击一员，驻札永平府城，原无额设公署。顺治元年将永左营改为永平城守营游击，六年改为山海永协标右营守备。

山海路 原设经理镇总兵官一员，顺治七年裁。后改设副将一员，十年归并永平副将管理。本路原设参将一员，顺治六年改为都司。

总兵署 今城守满州大人居住。

副将署 因副将归并永平，改为察院，今颓坏。

都司署 原系公署后察院，往来官员住歇，今本路都司见住。

石门路 原设参将一员，今改都司。

都司署 原系参将署。察院二所。

义院口关　原设守备一员，今照旧。添设石义中营副将一员，驻札本关河口。添设花场峪营守备一员，驻札花场峪，正关河口并，顺治六年裁。

守备署、察院　一所，**花场峪守备署**。

大毛山关　原设提调一员，今改为操守。添设城子峪营游击一员，驻札正关河口，顺治六年裁。

操守署

黄土岭关　原设守备一员，今改为操守。添设一片石营参将一员，添设黄土岭营游击一员，并顺治六年裁。

燕河路　原设参将一员，中军一员，顺治六年改守备。

守备署　原系参将署。

台头营　原设副总兵一员，中军一员，把总一员，顺治元年照旧，六年改都司一员，十三年改操守一员，余并裁。

操守署　原系副总兵署。

把总署

界岭口　原系守备一员，顺治六年改操守。

操守署　原系守备署。

副将署　前朝原设。燕界中协副将一员，顺治元年裁。

青山口　原设守备一员，顺治六年改操守。

操守署　原系守备署。

建昌路　原设参将一员，顺治六年改都司。

都司署　原系参将署。

察院二所

车营都司署　原设都司，裁。

千总署

桃林口　原设守备一员，顺治六年改操守。

操守署　原系守备署。

刘家口　新设守备一员，顺治六年改操守。

操守署　原系守备署。

冷口关 原设守备一员，顺治六年改操守。

操守署 原系守备署。

副将署 原设建冷中营副将一员，顺治六年裁。

蒲河营 顺治十三年新设都司一员，无署。

南海口 顺治十三年新设守备一员，无署。

刘家墩营 顺治十三年新设守备一员，无署。

参将署 原系参将一员，裁。

马头营坐营官署 今并颓坏。

教 场 府城在漆河西里许。迁安在西门外。抚宁在西门外。昌黎在城西南二里许。滦州在城西三里。乐亭在城北。山海在南门外。

仓 场 永丰仓在府治东里许大察院前，草场在东北城下。山海仓在营西南，草场在东南。石门仓在营西北，草场在东南。黄土岭仓 在营东北，草场在西南。义院口仓并输石门、黄土岭。台头仓在营西北，草场在左。界岭仓在营南，草场在前。燕河仓在营内道西，草场在城外西北。刘家营在营南，草场在右。建昌仓在营东北，草场在东南。太平仓在营内山上，草场在北。五重安仓在营西北，草场在城外东北，汉儿庄仓在营西南，草场在城外东南。洪山口仓在营内西南，草场在东南。喜峰口仓在营东南，草场在西。青山仓在营东南，草场在正北。三屯仓在营城西北角，草场在大东门外迤北。抚宁县仓在县西，草场在卫署东。燕河、太平、汉儿、界岭、刘家、山海、石门仓属府，三屯属迁安，抚宁仓属县，喜峰属遵化州。预备仓卢龙在望高楼下即东盈仓基。迁安在治内。抚宁在治西。昌黎在治南。滦州在治西北。乐亭在治东南。山海在治西北。其际留儒学，驿递养马，诸仓俱久废，济军仓在各营不具。海运仓在府城察院后。社仓二：一在府治东北，一在城隍庙西。废。义仓抚宁在儒学东。昌黎在治东北。山海在治西北隅。

谯 楼 府城鸣远楼在治东。康熙六年郡守李公兴元修，岁久坏甚。四十九年郡守张公朝琮重修，记载艺文。钟楼在旧道署左即旧东门基。洪武初建。国朝康熙六年灾，七年副使钱公世清重修。抚宁在县前（废）。昌黎鼓楼在治东北，钟楼在东城上。滦州在治大门上。山海在城中心。

驿　递　属府者，城南二里曰滦河马驿，东二里曰东关递运所，今并于驿。又东六十里曰芦峰口驿。迁安县西六十里曰新店递运所，今并七家岭驿。迁安县七家岭驿旧在县南五十里，今移沙河。滦阳马驿旧在县西北百六十里，今移三屯营。抚宁县治东南为西关递运所，今并芦峰口驿。东四十里为榆关马驿，有察院公馆。山海城西门外曰迁安马驿，属永平府，卫治东北曰东门递运所。

公　馆　卢龙二：一在三十五里双望堡，一在二十里安河堡。迁安六：一在滦阳驿，一在七家岭，有察院，一在东北四十里孤庄，一在东北七十里长岭峰，一在东北九十里河南大寨。昌黎四：一在城东百步曰昌黎馆，一在东二十里张各庄，一在西三十里两家店，一在西五十里静安堡。滦州二：俱在西九十里榛子镇。乐亭在城北团店铺。

卢龙县　自府治南四十步为总铺，东十里国家铺，又八里第二铺，又十里双望铺，又十二里至抚宁背阴铺。自总铺而西十里石梯子铺，又十里白佛店，又十二里安河赤峰铺，又十里至迁安色山铺。自总铺而南二十里周王铺，又十里至滦州刘各庄铺。自总铺而西北十五里分水岭黑石铺，又十五里至迁安沙河铺。

迁安县　自治南十五步为总铺，南十五里沙河铺，又十里卢龙黑石铺。自总铺而西南十八里有西径可达七家岭，又二十里黑崖子铺。而分东西，自东十里沙窝铺，又十里色山铺，又十里至卢龙赤峰铺，自西十里马波铺，又十里岳榆铺，又十里至滦州甸子铺。自总铺而西北十五里龙起铺，又十五里金山院铺，又二十里罗家屯铺，又三十里大寨铺，又十五里旧城铺，又十五里白庙铺，又十里至滦阳驿，为遵化界。自总铺而西北百里迁阳铺，又十里灰岭铺，又十里孩儿铺，凡一百二十里达古城驿出口外。

抚宁县　自治东二十步为总铺，东五里横山铺，又十里白石铺，又十里马坡铺，又十五里深河铺，又十里团山铺，又十里张果老铺，又十里丰台铺，又十里红花店铺，又十里迁安驿出关。自总铺而西五里绿湾铺，又十里芦峰口铺，又十里义院岭背阴铺，又十里至卢龙双望铺。

昌黎县　自治东十步为总铺。西十里石埫子铺，又十里柳河铺，又十里梭头湾铺，又十里营城铺，又十里訾家铺，通卢龙八里铺。自总铺而东北张各庄有铺废，外距抚宁红花店铺一百二十里。

滦　州　自治东二十五步为总铺。南十里大柳铺，又十里马城铺，又十里长宁铺，过此为乐亭界。自总铺而北十里刘家庄铺，过为卢龙界。自总铺而西北七十里甸子铺，又十里牮牛桥铺，又十里榛子镇铺，又十里狼窝铺，又十里铁城坎铺，凡一百十里为丰润界，有公馆与县共之，外距抚宁地马坡、深河二铺百三四十里。

乐亭县　自治西十步为总铺。西北十里曹家庄铺，又二十里淀流河铺。过县界凡六十里至滦州东北，距抚宁地团山铺百里。

学　宫

夫鲁用泮宫，诗人致颂。王泽衰缺，子衿刺焉，是治乱之本。关于庠序者非浅鲜也。自道隆之世，虽偏方下邑，五乘之都，百家之社，莫不有学。而末乃陵夷不振，弦诵声微，戈鋋运棘，曷怪乎。髦士之难成，而上理之未臻也。永平地属京畿，学兼府卫右文之意，特重于外郡。而历久倾颓，半嗟茂草。余承乏是邦，亟率郡邑，毕力修整，宫墙庙貌，次第焕新。至于旧日学田，久遭圈占，祭器书籍，传守无多。迩来礼容乐舞，颇亦稍稍肄习，所望后之君子述子游之盛心，追文翁之雅化，使黄山濡水之间，复见科名文物之盛，岂非是邦之幸也夫。

府儒学　在治北一百五十步。旧志云：创建年月莫考。其历年增修者：元延祐中总管府达鲁花赤也、孙秃，至正中总管贾惟贞，明正统中知府李文定，天顺中周晟，成化中王玺、王问，弘治中吴杰，正德中何诏、唐夔，嘉靖中李逊，隆庆中兵备沈应乾、知府刘库，万历中兵备宋守约、知府辛应乾、张世烈、徐准，国朝顺治中副使宋公琬、郡守杨公呈彩，康熙六年李公兴元，十六年，常公文魁，三十六年梁公世勋、郡丞彭公尔年，四十八年郡守张公朝琮。明伦堂两序东西斋、前仪门、大门外东西二坊、后堂两楹为号舍（废）。又后教授宅（废）。康熙三十二年教授孙麟详请借居北平书院。堂左三训导宅废。今训导居武学右舍。康熙三十七年训导徐香修建。

先师庙 在明伦堂西。两庑前露台，戟门左右为名宦乡贤祠，前泮桥，左右碑亭。前棂星门，庙西敬一亭（废）。射圃（废）。启圣祠在庙左。

卢龙县儒学 在县治南。明洪武二年知县胡炳建。其历年增修者：景泰中胡琮，天顺中教谕李伦，成化中徐润、训导王论、郭淳，弘治中知县李景华、吴杲、知府吴杰，嘉靖中同知张守、知县王大猷、吴道南、杨保庆、兵备沈应乾，万历中知县潘愚、兵备叶梦熊、知府孙维、城推官沈之吟、知县王衮、王象恒，天启中孙止孝，崇祯中张煊，国朝顺治中梁应元、赵汲，康熙中闵峻、魏师段、吕宪武，教谕朱持正、知县卫立鼎、陈梦熊。四十八年滦河溢，城中大水，祠庑门垣尽皆坍塌。四十九年知县晏宾、教谕胡仁济竭力修葺。明伦堂左馔厅（废）。右学仓（废），堂后教谕宅，右训导宅。（废）。康熙四十三年，训导王拱宸修建。先师庙在明伦堂东，两庑戟门左右祀名宦乡贤，庙后敬一亭（废）。启圣祠在亭西，康熙五十年教谕胡仁济改建东北隅。

迁安县儒学 在治东。明洪武二年，知县萧颐建。其历年增修者：永乐中知县刑冕，宣德中巡按御史余思宽，正统中知县商辂，景泰中费永宁，成化中教谕胡宪，嘉靖中都御史孟春、知县温志敏、陈策、王锡、韦文英、罗凤翔，万历中王淑民、冯露、申安、张鉴、张廷拱，崇祯中任明道，国朝顺治中教谕蒋文灿，康熙中知县武纮周、王永命、张一谔、屈明基、教谕杜维桢。明伦堂后为敬一亭（废）。号房左右列堂（废）。西南教谕宅，后训导宅，前左为学门。

先师庙 在明伦堂前。两庑戟门左右祀名宦乡贤。启圣祠在堂东。

抚宁县儒学 在治东南。明洪武十一年建。其历年增修者：成化中知县姜镐，弘治中刘玉，嘉靖中叶宗荫、通判李世相，万历中知县张彝训、徐汝孝，国朝康熙中王文衡、谭林、刘馨、教谕辛进修、知县赵端。明伦堂后敬一亭（废）。东北为教谕宅，西训导宅（废），今训导居学前东山书院。

先师庙 在明伦堂东。两庑戟门，左右祀名宦乡贤。启圣祠在庙左。

昌黎县儒学 在治西南。创建年月无考。元大德四年，县尹刘懋修。明永乐十五年知县杨禧重建。其历年增修者：弘治中殷玘、张云凤，嘉靖中阎凤、胡溪、楚孔生，隆庆中孟秋，万历中吴应选、石之峰、吴望岱、杨于陛、抚宁知县署县事徐汝孝，崇祯中秦士英，国朝顺治中推官刘增、知县宋荐、教谕吴凤起、孙兆祯、训导王渠，康熙中知县王日翼、训导李维楫。明伦堂两斋后号房（废）。堂后为敬一亭，后教谕宅，左训导宅（废）。今训导赁居民房。

先师庙 在明伦堂东，两庑，戟门左右祀名宦乡贤。启圣祠在庙左。

滦州儒学 在治西北。辽清宁五年建。元至正四年，知州孙明撤而新之。至明洪武四年，李益谦重建。其历年增修者：洪武中刘政，永乐中谈辉、陶安，正统中刘弁，大顺中郑鼐，成化中杨鼐，弘治中吕谧、汪晓，正德中陈溥、高堂，嘉靖中刘体元、张士俨、陈士元，隆庆中推官陈训，万历中知州郑琇、张元庆、刘从仁、林养栋、李乔岳、周宇，国朝顺治中朱伸府、同知署州事刘日、永州同史在德，康熙中知州张勿执、学正白学曾、王子梃，训导韩文煌。明伦堂两斋废。东出为居仁门，西出为由义门。又前东西儒学二门，东学门，左魁星楼，堂后敬一亭废。东学正宅今废。学正居魁星楼北聚奎堂。西训导宅废，今训导赁居民房。

先师庙 在明伦堂前。两庑戟门东西名宦乡贤祠。启圣祠在庙东南隅，聚奎堂北。

乐亭县儒学 在治西。金天会中邑人进士李杭建。其历年增修者：县令韩昶、邑人进士鲜于仲权，元至元中县尹柴立本，明洪武中知县王文贵，正统中吕渊，天顺中董昱、县丞狄春，成化中知县王弼、李瀚，弘治中郝本、田登，嘉靖中杨凤阳，万历中林景桂、于永清、杜和春，天启中刘橄，国朝康熙中于成龙、金星瑞、训导柴育德。明伦堂后为敬一亭。左教谕宅，右训导宅（废）。今训导柴育德修建。仪门内号舍废。

先师庙 在明伦堂右。两庑戟门东西名宦乡贤祠。启圣祠在庙左。

山海卫儒学 在卫治东。明正统元年建。其历年增修者：正统中守备王整、都授张恭，天顺中指挥刘刚，成化中主事尚絅、胡赞、吴志、苏章、熊禄、尚缙，嘉靖中黄景夔、邹阅，隆庆中任天祚，万历中孟秋、王邦俊、张时显、遵化巡抚李颐、主事李本纬、员外邵可立，崇祯中山永巡抚杨嗣昌、朱国栋、关内道范志完，国朝顺治中关内道杨茂魁、通判杨生辉，康熙中教授韩国龙、通判陈天植、周延润、教授张璞、训导梁薛一。明伦堂东斋曰文成（废），西斋曰武备（废）。堂后敬一亭废。西教授宅，东训导宅，前为学门，门内道左为号舍（废）。

先师庙 在明伦堂东南。两庑戟门东西祀名宦乡贤。左为更衣亭（废），右神厨（废）。启圣祠在堂东北。

凡明伦堂有两斋，名有同异，非通制。山海以文武独异，具之堂直为仪门，大门制同滦州、迁安。前庙后堂异，其门不同。庙、台、戟门、前泮桥、棂星门，并如府制有差，不具。若神库、神厨、宰牲房、馔堂、号房、耳房、射圃，旧志无方位，今亦多废矣。

府武学 在府治南，旧守备厅地，隆庆六年，知府辛应乾改建。其历年增修者：国朝康熙十六年郡守常公文魁、三十六年梁公世勋、郡丞彭公尔年、四十八年郡守张公朝琮、训导徐香。前露台，两庑、戟门外左右表忠祠，前棂星门外，东西二坊庙右明伦堂、斋房、号舍、射圃俱废，今改训导宅。

抚宁县武学　在文庙西。康熙十六年，知县刘馨，协同教谕聂应闻捐资创建。

辽　学　顺治二年，因辽生流散关内，题设至十二年，裁官，归并府学代理。

三屯营文庙　在城内西北隅。

学　田　**卢龙**一段一顷九十九亩，知府高邦佐捐俸置。一段一顷六十亩郡人御史韩应庚置。一段六十一亩。**迁安**五段共二顷零六亩。**抚宁**共四顷三十一亩一分二厘。**昌黎**拨补无存。**滦州**圈地占后，退出三十五亩。**乐亭**圈占拨补无存。**山海**《旧志》嘉靖元年，山海主事黄景夔，给学田四千九百五亩。五年，主事马扬，增山海学田。嘉靖十三年，主事葛守礼给助乡饮公费田一千二百二十四亩七分三厘。二十六年，滦州知州陈士元给州学三顷六十亩。《山石道志》本学廪田初为关东了望地，居民私垦为业，不知有赋役，及后中官守关括租入私橐，民弗堪命，主事黄景夔至，验卫学乏廪，稽地归官为生廪饩，后主事马扬续垦，得地六千二百八二九亩二分，征米一百五石三斗，廪生月增八斗矣。嘉靖十三年，主事葛守礼复藉垦近郭闲田，征其租，而廪生直增一石，然时列优等者，仅十二人耳。万历三年，主事裴赐悉加丈量，共计地一万六千九百一十四亩四分三厘一毫五丝，共征米一百一十一石九斗六升五合九勺七抄八撮。自后续垦者，不无告增，而荒塌者，时复告减。前丈之数，渐不免参差作弊。万历二十四年，主事张时显各将任内旧管新收，开除实在米数，清算造册，以便察核征收。现新旧各册总封贮笥中。倘去此籍，则委官得以上下其手，奸佃得以乾没其额，如近日欺隐之弊至三年莫觉者，又当不旋踵矣。故识于此，以告来者。此系关部支给廪生学院。按院不入察盘。详见碑记。

社　学　府社学在府治后。旧在城隍庙西，明成化九年，知府王玺建。弘治中，吴杰修，久废。崇祯中，推官韩公国植移建于此。以东郊外营房隙地九十三亩为学俸。国朝康熙四十三年，郡守蔡公维寅复置义学膳田共中下地一顷二十二亩。**卢龙**在县治南关厢街西。隆庆二年，知府刘庠建。万历十二年，知县杨时誉修，久废。国朝康熙四十年，知县倪奭棠，立于府武学南，置有房地，岁租以供修膳。四十五年，晏宾继之。**迁安**在治西二十步。弘治十一年，知县张济建。**抚宁**在治南，**昌黎**在治北，**滦州**在养正巷，**乐亭**缺，**山海**在城东南隅。弘治十四年，主事徐朴建。

　　书　院　**孤竹书院**在府城东北隅，望高楼下（今废）。**北平书院**在府学南卢龙县旧基，隆庆六年，知府辛应乾建（废）。国朝康熙十六年，郡守常公文魁复建。**横渠书院**在滦州西关。嘉靖八年，知州赵叶建。**育贤书院**在榛子镇，隆庆四年，推官辛如金建。**云从书院**万历乙卯知县王台建，**东山书院**国朝康熙二十一年知县赵端建，并在抚宁儒学南。

祀　典

　　善乎！郭建初之言曰："今之吏治，以文无害为贤。赋税无甚缺，典户者可矣。学校无它议，典礼者可矣。盗贼无横发，典兵者可矣。讼狱无积比，典刑者可矣。至祭祀之敬息，祠司未尝诘，太常不敢问，岂神孔惠而享者乎。凡坛壝旧制，十必颓六七，庙宇在祀典者，官为之修举。民多求福而助，非求福者否矣。"以今观之，殆有甚焉。郡邑之志，多以淫祀与明神并列，而郭志独为之疏别。其义正而考博，可以示世，故节其文而存之。

　　郭造卿曰：自《舜典》望山川则有祀，《周礼》有风师、雨师，则风雨有祭矣。汉以为丙戌日祀风师于戊地，以己丑日祀雨师于丑地，而失云、雷。《唐诏》祀雷同坛，则固有雷之祀。宋兆风师于西郊，祀以立春后丑日，兆雨师于南郊，祀以立夏后申日。又以雷师从雨师之神位，而无云。皆各坛为祀，而未尝合一。夫云行而雨施，可祀雨而遗云乎？且人其形宇其地则祀，山川又失矣。祭法山林、川谷，能出云为风雨，曰：神是合山、川、云、风、雨为一，山、川乃体，云风雨其用也。前代或祀甲于春秋，乙于冬夏，今日拜丙于西郊，明日拜丁于北鄙，此皆不能调和阴阳知形气合一之道也。惟国初太岁，风云、雷雨，及岳渎、山川、城隍诸神，止合祭于城南，未有坛墠专祀。二年正月戊申，命礼官议以风、云、雷、雨师诸天神为一坛，山川、城隍诸地祇为一坛。三年二月甲子，命仍合祀之，不用石主，如祭社稷，祭器牲币，加社稷一坛改望瘗为望燎，示尊于社稷也。且虑幽明路异，而神鬼难合，故又以城隍合祭之。风云雷雨中，山川左城隍右，时定仲春上巳，坛则定于南郊，是谓神祇之坛，而尊于诸神祇也。今以戊日祭。

风云雷雨山川坛 府在城南三里南山之麓。卢龙附府。迁安在城西南一里。抚宁在城南门外。昌黎在城南一里。滦州在城南六里。乐亭在城南八十步。山海卫在城南一里。府坛基址废坏。康熙四十八年郡守张公朝琮甃砖辟治。

郭造卿曰：社土神稷谷神，自三代礼不同，汉唐则益异矣。诸儒以勾龙后稷为配，而又以为非配即祀，相承不知其失礼。圣祖特主孝经说，以社五土，主稷五谷，主皆自然之气，而非人为也。然广土诸谷不能遍祀，故合土以为社，推长以尊稷，祭以春秋上戊日，戊主土坛于西郊，以取西成，稷左社右。元年十二月己丑，令府州县各设坛墠，制坛定式。而庶人亦祭里社、土谷，此谓天下之达义。

社稷坛 府在城南二里。卢龙附府。迁安在城西北一里。抚宁在西门外。昌黎在城西一里。滦州在城西一里。乐亭在城西。山海在城西二里。

郭造卿曰：厉鬼灾也。《春秋》传鬼有所归，乃不为厉。《祭法》王有泰厉，诸侯有公厉，大夫有族厉。今府州职大夫康成云："族众也，大夫众多，其鬼无后者众。"故曰："族厉"。自三代后或弃不用，用亦不详。洪武三年十二月戊辰，命京都，王国府州县，于城北郊各立厉坛，颁厉祭文及告城隍文与坛式于天下。每岁三祭，春清明、秋孟望、冬孟朔。主祭内京尹，外守令，先期牒城隍神，祀日以为主祭，余羹饭则散诸民之无告者，其哀死亡恤无后至矣。又令乡村间百户内立一坛，祀土谷神，岁一户为会首，春秋二社率钱备少牢，祭毕行会饮礼，会中一人读抑强扶弱之誓。又立一坛祭无祀鬼神，岁亦三祭，祭用牲、酒，会饮读誓，如祭社。自古祭礼之下及于民，孰有明备于今日哉！

厉　坛　府在城北半里。卢龙附府。迁安在城北百步。抚宁在城北。昌黎在城北百步。滦州在城北一里。乐亭在城北百步。山海在城西北。

坛自初设后，正统十二年，卢龙知县胡琼重建。成化六年知府王玺，弘治十四年知府吴杰修之。神祇横五十四步，直三十三步。社稷横五十五步。直步如神祇。郡厉横四十步，直三十六步。其斋宿、神库、神厨，宰牲房各三间，洗牲池一所，此十四年志也。滦州神祇、社稷各直八十步，横六十四步。厉直如南坛，横五十五步，墙三坛各高八尺，栅门厉南面一门楼二座。其二坛四方栅各四，其厨宰斋房各三间。乐亭神祇周七亩二分，直十九步，横三十七步。社稷周八亩，直三十五步，横十五步。厉周三亩四分，直横各三十步。神祇斋房、牲房各三间，存其二。厉惟省牲房并废，此嘉靖八年志也。至二十五年志，则尽废矣。各县步不具其房库，或有或无，而废者多矣。

隆庆五年，知府辛应乾改移社稷郡厉坛，神祇仍旧。以社稷在城西三里，阻河，命知县杨舜臣改城南二里。以郡厉在城北四里，滨河，命知县潘愚改北门外半里。万历元年，抚宁知县张彝训，昌黎知县孟秋，各筑三坛墙，其厨宰、斋房久废矣。十年迁安知县白夏，志神祇社稷坛、厨宰斋宿房各三间，仅门一座，厉惟厨三间及厅一座，胥废。今府社稷坛仍在城西二里及厉坛基址俱坏，并系郡守张公朝琼甃砖辟治。

郭造卿曰：乡社、乡厉各县废之久矣。嘉靖二十八年，迁安知县韦文英，令各社里老为坛，给以祭文，授以圣训。祭毕，宣谕遵行数年，寻迁，而礼废矣。邑人训导王衡，谓近日乡人有为社会者，春秋社日，会众为坛，祭之，有合古礼，且遵时制，惜乎莫之行也。

郭造卿曰：圣朝祀典城隍，视前代独隆，专祀以庙宇，陪祀于山川，主祀乎厉祭。设神与设官等。洪武三年六月戊寅，诏天下府州县立庙，民俗修祀，毋敢驰焉。为其能祸福也。

城隍庙 府在治东南。康熙戊子，郡守张公朝琮重修。卢龙附府。迁安在治西。抚宁在治东南。卫城隍庙在县治西。昌黎在治北。滦州在治西。乐亭在治西南。山海在城西北隅。三屯营在镇府西街北。

郭造卿曰：旗纛庙，古类祃之遗也。祭始造兵法者，不必指为蚩尤矣，本黄帝军诀。牙旗者，将军之精，一军之形。侯凡始竖牙必祭以刚日纛旗头。《太白阴经》大将军中营建纛，天子六军，故六以牦牛尾为之，在左骖马首。自秦汉至宋元皆祭。洪武元年十二月己丑，命卫所立旗纛庙于公署。后制与社稷同班重之也。其祭祠取坤方，其人军旅，其品同社稷，其时用霜降。而以皂纛称首，北方肃杀之色也。

旗纛庙 各卫所皆有之，今多废。于演武场祭。惟昌黎有庙，在治西北。山海在卫治东。三屯营在演武场后。

海神庙 在山海关南海口。

郭造卿曰：按元前之鬼神皆有封爵、赠谥，至圣祖诏革，一洗千古谬戾，可为万世法矣。今孤竹庙额，从维新之典，而其谥号仍宋元之封，岂所以崇祖诏而重清风也哉。夷齐既为百世师，则祠视先师孔子等矣。古事先师不追谥，不赠爵，不设像，敬之至也。诸侯薨，天子论行以易名。孔子卒，鲁哀诔之，子贡以为非礼，而追谥其可哉。王公太师皆汉后所赠，前此未之有，其易赠于失。国祭有主有尸释莫先师，有主而无尸，况像以夷俗，谓其如在，是耶非耶。嘉靖釐祀典于孔庙，正位号革爵谥，塑像而别祠启圣。今孤竹君有别祠矣，但夷齐庙位号未正爵谥，塑像未除，是前守知重先正，而尚未达于礼也。当大礼既议后，永平守臣宜请从孔庙例，木主称逸民，先圣伯子逸民、先贤叔子，而孤竹君庙当称曰"启仁"。不然，何以祀焉。乃复仍固陋，有司之责也。倘请于礼官，何执而不从乎。余未谢博士业，至祠而拜二子矣。拟草正祀疏，倘一命即上之。今隐而言知者，以为为礼，不知者之谓何然。往返孤竹屡拜，徘徊而不安，若有负于二子焉。兹秉志笔亦簿正也。

清节庙 旧址无考。明洪武九年，同知梅圭移建于府城内东北隅。景泰五年，知府张茂，复建于孤竹故城，在府城西北二十里。国朝康熙四年，知府彭士圣修建，四十年蔡维寅重修。昌黎别有庙，在北城上。

孤竹君祠 在庙北隔河之浒。嘉靖四十二年，兵备温景葵建。按夷齐旧志载：明成化九年，知府王玺修庙落成，奏请赐额清节，并降祝册，命守臣春秋行事如仪。庙有余地数百亩，给居民侯玉等种之，岁入租以供祭祀。嘉靖二十六年，知府张批修庙，为录引云：匝树松楸，广购祠田，计地一顷五十六亩，坐洞山东，命侯、李、何、岳四姓守之，岁输柴价银三两一钱二分。于卢龙县供岁祭。入谷二十一石贮预备仓，为修理费。此旧志断简存者。迨入国朝，有劣衿石谟等藉以圈补，一朝夺之，无敢问者。顺治三年，兵备石镇国与知府李中梧既定光复之议，顾侵地已编入民粮，乃别拨中下地二顷，抵还此一顷五十六亩。石谟等悔罪不遑，自具退状，得反故物。然庙基与各地实无细数。康熙四年，知府彭士圣见庙宇尽圮，重为修建。随行卢龙县清丈，逐段详开四至，造册报府。庙城内东地二十二亩，西地六亩五分，城外地二十四段，共地七十七亩五分六厘。又地十五段，共地三十二亩七分三厘七毫。又庙西南地六段，共地一顷二十亩四分四厘，即石谟所退出者。又庙西南地二段，共地一顷一十二亩七厘。以上地俱砂薄。又离庙八里，坐落何家庄地六段，共地一顷五十六亩，惟此地膏腴。除城内地外。腴薄通共地四顷九十八亩八分七毫。其薄地向皆守庙人承种，未经取租。唯腴地岁征柴价银三两一钱二分，岁征谷二十一石，有司积贮多别用支销，竟无补于修理。洵名美而实不可循者也。乃改择僧居守，前地尽归住僧承种，薄者不计其租，腴者倍益其获，住持可以守此弗去，且为经理修葺，不至风雨飘摇，较于空存修费者胜矣。春秋两祭牲醴，每祭需用一豕一羊，粢盛肴核数器，并香烛、焚帛等物，即令僧依期出备，请官往祀，永著为例。其柴价租谷，不必征于有司，又有经承一番除扣虚糜也。地数有籍，可杜侵占，庙宇百年兴废，则俟后之君子留意焉。今定于春秋二仲丁后二日致祭。

以上俱在祀典，其土神，附府州县狱。神附狱仓神，附仓不具。

郭造卿曰：边方用马，其神亦正典也。洪武二年正月癸丑，命祀马祖之神，筑坛于后湖。今不但边卫营寨，而府州县皆有之。典命太仆寺祭，故有分司则有之。今寺废而司存，有司多不举，民间犹未尝废焉。古四时祭，今惟春秋。古神曰马祖、曰先牧、曰马社、曰马步，而司马其总也。今制称司马，马祖先牧神庙，境内只土木偶，概曰马神而已。其称皆不合典。

马神庙 府在城南二里隆教寺西。迁安在城东南隅。抚宁在治东。昌黎在治西。滦州在治东。乐亭在城北。山海在演武场左。三屯营在旗纛庙西。

郭造卿曰：古禁原蚕说者，以先蚕即辰宫天驷之神也。辰宫既为马为蚕，同宫莫能两大，故禁。其原而蚕马，则皆有祠焉。或谓非天驷之神，乃始养蚕之主，则何所姓名以安神位？今俗称蚕姑者，即古礼之先蚕也。祀典自嘉靖九年祭先蚕，未尝令天下通祀。今有举而莫废者，在郡南州县多务桑，而有蚕姑祠，犹北边关尚马，而多马神庙也。诸县亦有之，各志不为具。

蚕姑庙 迁安在治西十五里。滦州二：一在城南十五里麻北庄，一在城西七十里赤埝社。

郭造卿曰：龙兴云致雨，山川居之，神化无方，易位九五，非民间所当祭，故历代不详其典。今惟京都命祭，乃天下在在有之，因潭祷雨而灵之也。在典不禁，境内尤多焉。

龙神庙 府在城南十里，滦河中流（万历十五年圮于水，今在阳山西麓）。迁安在黄台山。抚宁在西郭外。昌黎二：一在龙潭，一在莲池。滦州在城西。山海在城内。它县多有之，而各志不详，其有灵胜者列之山川。

郭造卿曰：元通海运，祀天妃。今永乐五年，特建宫于龙江关。元海滨所祀，未尝禁之也，郡滦滨海，当通海运尤多。旧志具之，俗称圣母庙。

天妃宫 滦州在治西门外。迁安在治北。山海二：一在南海口关。一在城西北。

郭造卿曰：北极佑圣宫，即南京真武庙也。每岁元旦、三月三日、九月九日，遣太常卿行礼。开国靖难神多效灵，故祀。永平在靖难，先诸郡效顺，其时封拜尤多，故奉其祠者众。本道家之说，于位在北，于卦为坎，故为玄武。配在翼轸，奠于武当。郡虽不可以旅久矣。本载祀典，在今所未尝禁者。

真武庙 府城在钟楼上。迁安三：一在东门内，一在北关外。抚宁在治西北。昌黎二：一在治北，一在北城上。滦州在治北。乐亭在玉皇阁下。山海在北关外。

郭造卿日：泰山庙，洪武三年春秋合祀于山川坛。二十一年后，春附祭于郊，秋祭仍旧，今罢。每岁三月二十八日，遣太常寺祭。本道家言，泰山群山之祖，五岳之宗，天帝之孙，神灵之府。神奠泰安，岂得而旅。自历代封禅渎封，民之谄亵尤甚，止之不能，诛之不胜，况在令典，不禁而边尤资香钱，故四方皆若狂，有司从之矣。

东岳庙 府在东郭外。迁安在城北。抚宁在东郭外。昌黎在城西北。滦州四：一在城西北二里冈上，一在城西关半里，一在偏山，一在开平城东关。乐亭在东关。山海在东门外。

碧霞元君庙 府在城东南二里。迁安二：一在北斜关外，一在景忠山。抚宁在西郭外。滦州在城西。乐亭在城西。

《元史》：元贞元年，初命郡县通祀三皇。如宣圣释奠礼：大皞伏羲氏，以勾芒氏之神配；炎帝神农氏，以祝融氏之神配；轩辕黄帝氏，以风后氏、力牧氏之神配。黄帝臣俞跗以下十人，姓名载于医书者，从祀两庑。有司岁春秋二季行事，而以医师主之。

许庄议曰：巫医兼称，圣教所不废，况医切民命。在中原南上，业之者多。郡仍北俗，虽近医院，而名圣最少。民疾不知服药，但信巫觋及祷淫神，而至伤生者多。此学所当兴，使民知医而安全之，皆王政也。今民所祀药王即先医，或有三皇祠而称之为医王。此皆未示以礼，小民不知冒禁耳。按洪武元年，令郡县访应祀神祇，凡有功于国，惠爱及民者，奏著祀典。二年，令有司祠祀典神祇，有不在祀典，而尝有功德于民者，即不祭存其祠。则凡以医称祀者，非有功德于民乎。国令既存其祠，则非淫祀者比矣。四年，令天下罢三皇，以名分非民所得祀。且因民渎以药王，非所以尊敬之也。今宜明正其庙，而名之曰先医，愈于諂无征之鬼神矣。

三皇庙 府在治北（俗讹为药王庙）。迁安在西瓮城。昌黎二：一在城东，一在仙台山。滦州在城北二里。乐亭在东关。山海在月城。抚宁在北关。

郭造卿曰：汉前将军汉寿亭侯关公庙，洪武二十七年祀于鸡鸣山。每岁四孟及岁暮，遣府官祭。五月十三日，以侯生辰，又遣太常寺祭。初虽革义勇武，安王封而称寿亭侯。嘉靖十年，南京太常卿黄芳改今称，自京师达四方祀之，盖亦太渎矣，而边方尤甚。万历中敕封三界伏魔大帝、神威远镇大尊关圣帝君。

关帝庙 府二：一在县治东，一在南瓮城。迁安三：一在南门外，一在北瓮城，一在三屯营（其它在边关者不列）。抚宁二：一在治西，一在石门路。昌黎二：一在治西，一在城东。滦州在南街。乐亭在北门外，其在关厢屯社者，各州县多有不列。山海在城东二里。

郭造卿曰：蜡祭虽为民而报神，亦因神以乐人也。其典历代相承不废，我朝何独阙此哉。是神与社稷相终始，春秋里社皆得祭土谷，而复此则疑乎渎矣。然有大社大稷，耕籍复祭先农，则俗有蜡法所不禁也。又曰：古民饮于乡而又于蜡，虽一国皆若狂，而孔子不以为非，民竭三时力而尽一日欢也。自汉唐后则禁酒赐铺，乃品节而锡赉之耳。今令甲乡饮礼举于有司，民非有德不与，亦有良善不得举者，多聚于神坛社庙为会，会醵金为修理社庙及桥道，需持斋者多聚饮者少，盖生民之乐，乐不如太古远。有司且因聚众，恐如黄巾白莲而禁之。禁之诚是也，当察其实否耳。然每会之醵金几何，既非祭典，有司不为，兴而富厚者多啬，孰为社田举哉。嘉靖二十年，山海关主事王应期，行之有司，能仿其意，度荒田而付之垦，蠲其赋役之征，以备蜡会之泽，则地既不弃，而人神胥悦也。

八蜡庙　府在东南一里。迁安在北门外一里。抚宁在县北。昌黎在城西南。滦州在治东。乐亭在西关。山海在城外，康熙四十八年，奉文塑立扬威侯刘猛将像于庙中，以禳蝗灾。

郭造卿曰：荧惑火星也。其祥异有赋，荧惑主罚，于时为夏，色青而变者，暴风损禾；色白而昧者，苦雨伤稼；黑则雹冻变生，赤则曦晖施化。盖不但司火，民社所以有庙也。《尔雅》曰：法祭曰幽禜，发星注禜者，星坛也。以昏见夜出，故曰幽星祠，历代有之，与群星共祀。独郊祀六典，唐太宗夏祀赤帝荧惑星于南方，三辰七宿从祀，则今境内之庙自唐末有之矣。盖青龙、天妃以水而镇以玄武，东岳以木德王，旗纛为金德主，城隍及土地祠以土皆佐社稷、山川之祭。民非火不飨，改火之政不行，及其为灾尤烈。至旱魃为虐，民祭之，详岂可缺此，但庙而不坛，其俗久矣。

火星庙　府二：一在治北，一在教场左。迁安在南门内。抚宁在治西南。昌黎在治东北。滦州在治南。乐亭在治北。山海在治北。

郭造卿曰：文昌星出于《搜神记》则不经，且其踪在梓潼。唐玄僖播迁时，封顺济王，历代累加圣号为帝君。我朝亦弗禁，士子多祠之学宫。其所传书数种，有《运玄书》、有《敕劫章》、有《大洞箓》。嘉靖中，督学以其经有地狱轮回之说为妖惑，有金丹烧炼之法为邪术，有统仙班证佛果之圣号为异端，多欲毁其庙者，或移其像于学外。议者以蕊宫金莲未必真要之，亦可使人为善；泥犁丰都未必真要之，亦可使人去恶。况统仙证佛之说，出自后人，观其自言吾十七世为士夫，未尝虐民酷吏，周急济危，容过悯孤，一心如此，听命于天。虽未必真闻其言，亦可以感矣，竟未毁。近督学又崇祀之，士论益不可破矣。但宜移之外，使帝君之自尊不可以恩学宫，而使怪异之不别也。

文昌祠　府在东门内。迁安在治东。抚宁在学东。昌黎在治北。滦州在月城内。乐亭在学前。山海在文庙右。

玉皇庙 府城南一里。抚宁在治西南。昌黎二：一在仙台顶，一在西关。滦州在城东。乐亭在城正中。山海在西关。

奎星阁 府在南城上。抚宁在文庙前。诸县皆然，不具载。

增福庙 府在城西北隅。抚宁在治西南。昌黎在城南。乐亭在东关。

三官庙 府在北郭外。抚宁在治东南。昌黎在城西山上。乐亭二：一在城南，一在城东北。山海在城南。

天仙庙 昌黎二：一在仙台山，一在城东北。

二郎庙 迁安在东瓮城。昌黎在治北。滦州在城北。

十王庙 府在城东门内迤北。乐亭在城西北二里。

玄坛庙 府在城东门内迤北。

二圣庙 迁安在县北二里。

小圣庙 府在南郭外。

三义庙 府在城北一里。迁安在城北四里。

李将军庙 在府南八里。祀汉太守李广。

三忠祠 在迁安县景忠山。祀汉诸葛忠武侯、宋岳武穆王文信国公。

李临淮祠 在昌黎县西城，上祀唐司徒李光弼。

韩文公祠 在昌黎治北，祀唐吏部侍郎韩愈。

八仙庙 在昌黎仙台山。

张仙庙 在乐亭东月城内。

韩湘子祠 在昌黎西山下。

姜将军庙 在滦州西唐山麓。碑云："将军仕后唐清泰间，镇碣石之石城。时有蛟为民害，将军斩之。人怀其惠，立庙祀焉。"此地自后唐天成初，已属契丹，安得清泰间，乃属于唐乎。此碑记之不可信者也。

精忠庙 在府治北门瓮城内。祀岳武穆王（康熙庚辰浙人翁赞育新建）。

显功庙 在山海城内西北，祀中山武宁王徐达。

崇报祠　在三屯营新钟楼东，祀总理戚继光。

马公祠　在景忠山下，祀总兵马永。

表忠祠　在府武学戟门左，祀明崇祯己巳被执不屈死兵备道张春、庚午死难兵备道郑国昌、知府张凤奇、推官罗成功及中书舍人廖汝钦、汝宁、通判杨尔俊、东胜卫指挥张国翰、陈靖华，城守中军房应祥忠，武营千总牛星耀、仇耀先、城守千总卜小峰、梁壮威、胡承祚、张学闵、石可玩，庠生韩原洞、冯继京弟联京、周祚新、罗世杰，并弟峻采圻、胡登龙子光奎、田种玉子福元、侄士隽、李光春、丁应抡、李文灿、胡启鸿、刘可廷、武生张鸿鸾、医官陆桔，郡民李应阳、张俊、郭重光、张宗仁、张礼、李大敬、张尚义、傅守望。

忠烈祠　在府武学戟门右，祀崇祯庚午死难武学科正唐之靖、道标中军程应琦，营路参军焦庆延（祠旁勒碑）。

忠烈祠　在建昌营西北，祀阵亡副总兵蒋承勋。

贞女祠　在山海东关外十三里望夫石之巅。

劝义祠　在山海西关外，祀阵亡参将张世忠。

褒忠祠　在山海西关石河西（今废）。

二李公祠　在乐亭北月城内，祀知县李瀚、李邦佐（今废）。

陈公祠　在昌黎城外，祀知县陈良辅。

孟公祠　在陈公祠左，祀知县孟秋。

吴公祠　在昌黎县东北，祀知县吴应选。

杨公祠　在昌黎县东，祀知县杨于陛。

李布政祠　在府东北，祀李公充浊。

韩御史祠　在府东郭外，祀韩公应庚。

忠义祠　在昌黎县北郭，祀守城死难者四十八人。明崇祯中，巡抚杨嗣昌疏建。

拽梯郎君祠　在昌黎县东月城，以拽梯全城。明崇祯中，巡抚杨嗣昌疏建。

惠　政

　　昔三王之治天下也，先成民而后致力于神。有城以保民，有廨以居官，有学以造士。于是，则神可得而歆矣。犹未也，念民之病涉也，为之桥为之渡以济之；其生而无食，死而无葬也，为之院以居之，园以葬之；其疾病而无医也，为之局以施之，仁哉。

　　圣王之制乎，虽天下之所同，而永平居畿甸之东，其首被者矣。列之以终建置之事。

　　桥　府城三：一在北门大街，一在新城街，一在下水关（今废）。南关一，曰永济石桥。城西一里曰漆河，十里曰滦河，夏秋以舟渡，冬作桥。旧志：漆河在府城西一里，俗呼小河桥，春夏济以舟楫，秋冬架木，上实土可通舆马。滦河桥在西十里，俗呼大河桥，奔湍漫汇，比小河不啻十七八。旧二河与滦澈河共船二十，每船夫十二名，名银十二两。及岁造两河梁费不赀，多侵牟科扰，州县病之。弘治十年，知府吴杰革半，推官周瑄督之，夏初防潦，撤之桩储于官，秌秸散旧易新备用，民不扰而事集。乃日久弊生，历年搭桥，奸胥任意号民墓木，必饱欲而后已。其秌秸旧者尽归乌有，复以半值派之里社，至交纳时又百计指索，乡民莫可如何。康熙四十九年，郡守张公朝琮，访知积弊，严惩禁革，复循旧法，歌声振焉。按《一统志》，滦阳桥在府城西南十七里，即大河桥也，《府志》滦阳桥即澈河桥，互异。

　　迁安县西南三里黄台山下，曰黄台，东三里曰三里，东南十里曰十里，百七十里曰青河，东北七十里曰青龙，西北九十里曰大寨，百五十里曰滦阳，西百二十里曰旧城。

　　浮　桥　抚宁阳河上有桥七，水至则撤。县东三里曰钟家庄，二十里曰渝河，六十里曰海阳，北三里曰李官营石桥，七里曰程家庄，旧县北二里曰栖霞。昌黎南八里曰虹桥，西八里曰石桥，二十里曰柳河，三十里曰梭湾，西南五十里曰槐家店曰狮子。滦州南门外曰石桥，五里曰岩山，八里曰八里，二十五里曰御驾，二十七里曰龙塘，三十里曰波落，三十五里曰清水河，五十里曰榆关、曰歇驾，六十里曰通津，九十里曰公安、曰砖窑店。西南八里曰八里，二十五里曰沂河，九十里曰大海，一百里曰龙堂。西六十五里曰石牛，八十里曰蔡家、曰双桥、曰牤牛，八十五里曰马家，一百里曰唐山。西北九十里曰榛子镇，镇东西曰东五里、曰西五里。乐亭北门外曰迎恩，六里曰商家社，西三十里曰清河，南三十五里曰解家。山海儒学前曰文明，钟鼓楼北曰大明，西关曰卧牛，西二里曰石河，南门外曰探海，罗城曰咽喉，东门外曰登仙。

渡 府西门外曰漆河，十里曰石梯子，南十里曰虎头石，二十里曰于家河，东北三十里曰念经河。迁安县南十五里曰爪村，西北七十里曰稔子口。昌黎西七十里曰滦河。滦州东四里曰白石店，北五里曰偏凉汀，七里曰横河，夏渡。东南二十八里曰宁家庄，南二十里曰马城，九十里曰边落湾。乐亭南十八里曰李家庄，三十里曰陈家渡，西南十二里曰马家庄，西北十五里曰杨家庄，二十里曰淀流河，北十里曰明佛陀。

堤 在府城西门外。元史大德五年，平滦路言，六月九日霖雨至十五日夜，滦河与肥如三河并溢，冲圮城东西二处旧护城堤，东西南三面城墙，横流入城，漂郭外三关，濒河及在城官民、屋庐、粮物，没田苗，溺人畜，死者甚众，而雨犹不止。至二十四日夜，滦、漆、肥如诸河水复涨入城，余屋漂荡殆尽，乃委吏部马员外，同都水监官修之东西二堤，计用工三十一万一千五十，以后累代修筑，弘治中知府吴杰，万历中副使叶梦熊重修。国朝顺治中副使宋琬重修。

养济院 卢龙在城南二里。迁安在城东南一里。抚宁、昌黎、滦州并在东南隅。乐亭、山海并在北门外。

惠民药局 州县并称无址可考，惟乐亭在治西北。

漏泽园 卢龙在县东五里，周三里。迁安在县东南一里，周十亩。抚宁在县北一里，周四亩。昌黎在县西一里，周三亩。滦州在城东北一里。乐亭在县西北。山海在城西北一里，周四亩。

育婴堂 康熙四十五年奉文设立。卢龙在城隍庙东。

‖ 卷之七 ‖

莱 阳　　宋　琬撰次
府学训导　徐　香参订
萧　山　　张朝琮续纂
卢龙教谕　胡仁济校辑

户　口

天子曰兆民，诸侯曰万民。《周礼》献民数于王，而王拜受，诚重之也。故萧何入秦，先收户口、图籍。古之帝王皆以此为先务，今则具文而已。然览其版籍，可以知登耗之由，苟能弘卫文大帛之风，用勾践生聚之政，则此土之蕃息可计日而俟也。若唐、辽、金、元，州县或分或合，户口或多或寡，史书或详或略，兹不具书。

旧志载永平府州县：

里　旧一百九十，今一百六十六。

户　旧四万六百二十九，今民一万五千六百一十八，军六千四百一十五，杂一千三百零四，共二万二千九百三十二。

丁　旧二十九万六千七百八十四，今男十四万一千六百一，女八万二千六百三十一，共二十二万四千二百三十二。

地　旧官一百六顷五十三亩六分，民一万四千四百八十八顷六亩四分二厘九毫。共一万四千五百九十顷六十亩二厘九毫。今三则上五千三百十五顷四十七亩六分二厘四毫二丝三忽，中一万二千八百九十一顷八十七亩七分六厘四毫，下四万八千六百十八顷八十六亩六分四厘三毫一丝五微，共六万六千八百二十六顷二十二亩三厘一毫三丝三忽五微。

　　屯　二千四十七顷四十五亩五厘九毫，征本折豆一万六千五十五石。

　　牧　场　七十六处，五百二十九顷四十一亩一分三厘七毫二丝。征租银五百一十六两七钱六分四厘。水田一百十四顷七十三亩六分三厘。

　　卢龙县

　　里　旧十五，今十一。社七。屯四。

　　户　旧万三千五百二十二，今二千三百四十，籍民一千九百，军三百九十，杂五十。

　　丁　旧万六千八百六十五，内壮夫八十一名。在屯今一万三千，男八千，女五千。

　　地　旧一千四百三十五顷七十九亩二分三厘九毫。官二十三顷九十九亩六分五厘，民一千四百一十一顷七十九亩五分八厘九毫。今三千二百八十七顷三十六亩三分五厘一毫五丝，上则三百九十顷八十五亩九分八厘五毫七丝。中则九百一十一顷二十五亩一分一厘七毫五丝，下则一千九百八十五顷二十五亩二分四厘八毫三丝。

　　屯　七十四顷二十六亩，科豆，亩五升四合五勺四抄。实征本折豆四百五石。

　　牧　场　五处，共六十七顷五十六亩。

　　例免粮地　二百八十三顷五十亩，租一百零六两二钱，田二顷六十八亩七分五厘。

　　桑枣园　二区，一在城东，一在小河西。

　　迁安县

　　里　旧二十九，今十七。社十四，屯三。

　　户　旧五千八百五十二。今二千四百九十二，民一千二百八十四，军一千二百二十三，杂八十五。

　　丁　旧五万二千三百四十六，内壮夫二百三十九名。今二万四千五百五十，男一万九千九十，女五千四百六十。

地　旧二千六十六顷十八亩九分一厘。官一十三顷十八亩三分四厘，民二千五十三顷五分七厘。今六千一百九十七顷三十六亩八分七厘五毫八丝三忽。上则七百八十一顷九十一亩四分七厘三毫九丝五忽，中则二千二十一顷四十六亩六分五厘九毫一丝，下则三千三百九十三顷九十八亩七分四厘二毫七丝八忽。

屯　一百二十五顷。科豆，亩九升五合六勺，实征本折豆一千一百九十五石。

牧　场　六处，共二百一顷七十五亩。

例免粮地　五百八十顷五十亩，租九十七两七钱三分六厘五毫。

田　一十三顷七分五厘。

桑枣园　一区在城南。

抚宁县

里　旧二十一，今一十七。社十二。屯五。

户　旧四千九百八十七。今二千八百八，民一千八百三十，军八百四十四，杂一百三十四。

丁　旧四万六千五百三十五，内壮夫一百七十名。今二万五千二百五十六，男一万六千五百九十六，女八千六百六十。

地　旧一千四百六顷一十四亩四分五厘，官四顷六十一亩，民一千四百一顷五十三亩四分五厘。今六千六百四十四顷四十五亩六分三厘二毫七丝，上则九百三顷八十亩五分，中则二千一百五十一顷七十七亩一分八厘二毫一丝，下则三千五百八十八顷八十七亩九分五厘六丝。

屯　七十顷六十九亩五厘九毫，科豆，亩一斗二升二勺四抄二撮三圭一粒，实征本折豆八百五十石。

牧　场　二处，共一百九顷。

例免粮地　三百四十六顷五十亩，租九十两八钱二分。

田三顷五十八亩七分三厘四毫。

桑枣园　一区，在城西五里。

昌黎县

里　旧三十一，今二十七。社十六，屯十一。

户　旧三千六百一十二，今四千零一，民二千四百七十，军九百九十八，杂五百三十三。

丁　旧五万五千三百七十五，内壮夫三百九十七名。今五万九千，男三万七千三百五十七，女二万一千六百四十三。

地　旧一千六百五十顷六十六亩一厘，官二十一顷二十一亩六分六厘，民一千六百二十九顷四十四亩三分五厘。今一万二千八百一十二顷二十六亩二分七厘二毫三丝五微，上则四百五十二顷五十九亩三分七厘四毫五丝八忽，中则一千六百五顷五十亩七分三厘五毫三丝，下则一万七百五十四顷一十六亩一分六厘二毫四丝二忽五微。

屯　三百九十七顷，科豆，亩五升。实征本色豆五千八百一十石。

牧　场　十处，共九十三顷二十亩八分七厘七毫二丝。征银七十二两六钱九分一厘。

田　一顷三十五亩九分

桑枣园　一区，在城西。

滦　州

里　六十七。社四十一。屯二十六。

户　旧八千七百八十四。今八千九百五十二，民六千四十五，军二千五百二十一，杂三百八十六。

丁　旧六万八千八百七十八，内壮夫一千二百一十。今七万二百三十三，男四万一千二百四，女二万九千二十九。

地　旧五千五百六十八顷一十九亩五分二厘，官三十顷八亩八分五厘，民五千五右三十八顷十亩六分七厘。今二万九千四百三十一顷八十四亩八分三厘。上则九百六十三顷七十六亩三分六厘，中则二千九百七十九顷一十六亩四分四厘，下则二万五千四百八十八顷九十二亩三厘。

屯　一千一百六十二顷。科豆，亩五升。实征本色豆五千八百一十石。

牧　场　四十处，共五十四顷四十亩二分六厘，征银一百三十五两三钱五分六厘五毫。

田　九十二顷八十六亩二分八厘。

桑枣园　二区，一在城东南二里，一在城西关外一里。

乐亭县

里　二十七。社十八。屯九。

户　旧三千八百七十二。今二千三百三十九，民一千七百八十四，军四百三十九，杂一百一十六。

丁　旧五万六千七百八十五，内壮夫四百名。今三万二千一百九十三，男一万九千三百五十四，女一万二千八百三十九。

地　旧二千四百六十七顷六十一亩九分，官一十三顷四十四亩一分，民二千四百五十四顷一十七亩八分。今八千四百五十二顷九十二亩六厘九毫，上则一千八百二十顷五十三亩九分三厘，中则三千二百二十二顷七十一亩六分三厘，下则三千四百七顷六十六亩五分九毫。

屯　二百一十八顷五十亩，科豆，亩九升八勺四抄六撮七圭，实征豆一各九百八十五石。

牧　场　十三处共三顷四十九亩，征银一十三两九钱六分。

田　一顷二十三亩二分一厘六毫。

桑枣园　二区，一在县东二里，一在县北二里。

此旧志也，沧桑变更，几莫可考，姑存之，以志昔日户口之数。至今日户丁地屯已详载赋役中，兹不具。

赋　役

往见中人之家略或构凶，尽弃田亩，体貌犹存，酬应如故，中实尪甚矣。众咸诮之曰：田去而役存也。永之为郡，何以异是。向虽曰郡，实不及一大邑，今田多圈占，赋虽量减，而一切差役仍旧，民力既窘，供亿繁难，况意外之役，从天而下，势不得不科之民间。民固困厄，官亦由此多罹罪累。鸣呼，何所控告乎。比之田去役存之家，诟置殆甚，安得恤民而并怜我守土者一起其疾苦乎。志田赋，戚之也。

永平府　属六州县、永山二卫及各边营。原额征粮，折上地共三万五千七百七十顷二十四亩八分七厘六毫七丝五忽。除自顺治三年起，节年圈占并投充带去及开豁久荒坍塌等地二万二千四百九顷四十一亩二分四厘七毫九丝二忽三微八纤三沙外，一存剩地一万三千三百六十顷八十三亩六分二厘八毫八丝二忽六微一纤七沙。

收节年退圈及清查出影占开荒等项地共七千一百九十一顷二十九亩九厘一毫二丝三忽。

滦、卢、迁、昌康熙二十八年归并奉裁永平卫所辖永、卢、东、兴四卫屯地并节年垦荒地四百六十五顷五十三亩四分三厘九毫，以上三项共地二万一千一十七顷六十六亩一分五厘九毫一丝五忽六微一纤七沙。各征银不等，共征银五万二千七百九十二两四分八厘一毫四丝一忽二微五纤八沙九尘六埃一渺五漠。遇闰加征银二千三百一十四两六钱六分三厘六忽一微七纤六沙六法九埃五渺。六州县、永山二卫行差人丁，除节年编审开除老疾逃亡并投充带去招往辽东等丁外，实在康熙四十九年行差并节编审增出人丁折下下，则共一十一万二百五十丁。

卢、迁、抚、昌、乐、山六县卫，顺治十四年，奉文抽出优免供丁三千四百六丁。

滦、卢、迁、昌四州县归并四卫，顺治十四年，奉文抽出供丁一百二丁，以上三项人丁共一十一万三千七百五十八丁。各征银不等，共应征银二万三千四百一十五两一钱三厘四毫五丝，遇闰加征银六百三十六两九钱二分四厘九毫七丝四忽七微六纤六沙五尘七埃四渺八漠。

卢龙县　原额折上地一千六百六十五顷五十一亩六分三厘三毫，除圈投外实在康熙四十九年存剩并开荒审出影占及受补民荒等地共二千五十六顷七十二亩三分六毫，每亩各征银不等，共征银五千七百九十九两三钱六分一厘七毫四微五纤六沙四渺七漠。

原额折下下，则人丁一万三千四百八十七丁，又门银一丁除节年编审，开除老疾逃亡并投充外，实在康熙四十九年，行差并节编审新增折下下，则人丁一万二千二百七十三丁。每丁征银二钱二分九厘三毫二丝五忽，门银一丁征银四钱共征银二千八百一十四两六钱七分六厘四毫。

康熙二十八年，归并奉裁永平卫所辖永、卢、东、兴四卫屯荒地一百二十八顷四十八亩五厘，每亩各卫征银不等，共征银一百六十两二钱一分八厘一毫二丝九忽一征四纤。

实在康熙四十九年行差并节年编审新增折下下，则人丁一千二百五十七丁半，每丁各卫征银不等，共征银五百三十八两九钱九分二厘四毫。县卫地丁二项征银九千三百一十三两二钱四分八厘六毫二丝九忽五微九纤六沙四渺七漠。遇闰县地加征银五百五十一两三钱七厘五毫七丝二忽五微六纤二沙四尘一埃一渺。丁不征闰。

迁安县 原额折上地二千三百一十五顷四十一亩二分四厘六毫七丝五忽，除圈投外，实在康熙四十九年存剩并退审出及节年开荒等地一千一百七顷六十六亩二分九厘一毫。每亩各征银不等，共征银五千二十九两一钱三分七毫六丝八忽四微二尘。

原额折下下，则人丁二万一千六十七丁，除节年编审开除老疾逃亡并投充带去外，实在康熙四十九年，行差并节年编审新增共折下下，则人丁八千四百三十二丁。每丁征银二钱六分，共征银二千一百九十二两三钱二分。

康熙二十八年，归并奉裁永平卫所辖永、卢、东、兴四卫，屯荒并入官地，共一百八十四顷二十六亩七分九厘九毫。每亩各卫征银不等，共征银三百八两八钱九分一厘四毫二忽四微。

实在康熙四十九年，行差折下下，则人丁一千四百七丁，每丁各卫征银不等，共征银五百五十八两七钱六分八毫。

县卫地丁二项共征银八千八十九两一钱二厘九毫七丝八微二尘。

遇闰县地加征银二百两一钱四分九厘三毫一丝七忽九微五纤三沙二尘九埃五渺二漠。县丁加征银九十二两八钱八分七厘二毫六丝七忽九微八纤。

抚宁县　原额折上地二千八百六十七顷三十五亩七分三厘六毫。除圈投外，实在康熙四十九年存剩并拨补开荒及退审出地三千七百九十四顷五十六亩八分一厘七毫二丝五忽。每亩各征银不等，共征银一万一千八百三十四两五钱五分八厘八丝五忽五微一纤五沙三尘五埃一渺七漠。

原额折下下，则人丁一万五千二百六十四丁，除节年编审开除老疾逃亡外，实在康熙四十九年，原额并节年编审增出人丁折下下，则一万六千八百六十三丁，每丁征银一钱一分七毫五丝，共征银一千八百六十七两五钱七分七厘二毫五丝。

地丁二项，共征银一万三千七百二两一钱三分五厘三毫三丝五忽五微一纤五沙三尘五埃一渺七漠。遇闰丁加征银五百四十四两三分七厘七毫六忽七微八纤六沙五尘七埃四渺八漠。地不征闰。

昌黎县　原额折上地三千八百九十七顷二十七亩，除圈投外，实在康熙四十九年退审出及节年清查垦荒等地三千三百八十顷一十七亩三分八厘一毫二丝五忽。每亩各征银不等，共征银一万九十八两三钱四分九毫九丝八忽一微五纤三沙五尘八埃。

原额下下，则人丁二万三千六百五十八丁。除编审开除老疾逃亡外，实在康熙四十九年，原额并节年编审新增折下下，则人丁二万二千一百八十一丁，每丁征银二钱，共征银四千四百三十六两二钱。

康熙二十八年，归并奉裁永平卫所辖永、卢、东、兴四卫，屯荒地四十六顷六十八亩六分九厘。各卫征银不等，共征七十五两八钱二分一厘八毫七忽三微。实在康熙四十九年行差人丁折下下，则八百一十丁。每丁各卫征银不等，共征银三百五十二两三钱三分四厘八毫。

县卫地丁二项，共征银一万四千九百六十二两六钱九分七厘六毫五忽四微五纤三沙五尘八埃。遇闰县地加征银五百四十九两一钱四分三厘二毫六丝五忽六微四纤四沙八尘四渺五漠。丁不征闰。

滦　州　原额折上地八千七百四十九顷六十八亩四分九厘三毫七丝五忽。除圈投外，实在康熙四十九年，民地及节年退圈垦荒等地六千三百三十一顷三十一亩八分七毫一丝七忽六微一纤七沙。每亩各征银不等，共征银一万三千八百一十六两五钱七分八厘一毫二丝五忽七微三纤九沙三尘四埃六渺一漠。

原额折下下，则人丁五万四千六百四十三丁半。除节年编审开除老疾逃亡投充外，实在康熙四十九年原额并节年编审新增人丁折下下，则一万七千一百二丁。每丁征银二钱，共征银三千四百二十两四钱。

康熙二十八年，归并奉裁永平卫所辖永、卢、东、兴四卫，屯荒并水渣地共一百六顷九亩九分。每亩各卫征银不等，共征银一百五十六两七钱六厘九丝四忽五微四纤六沙。

实在行差节年编审新增折下下，则人丁一千三百五十五丁半。每丁各卫征银不等，共征银五百三十七两二钱四分四厘八毫。

州卫地丁二项，共征银一万七千九百三十两九钱二分九厘二丝二微八纤五沙三尘四埃六渺一漠。

遇闰州地加征银六百一十五两九钱九分二厘七毫五丝七忽一微八纤八沙三尘八埃五渺八漠。丁不征闰。

乐亭县　原额折上地八千四十七顷五十四亩八分一厘三毫五丝。除圈投外，实在康熙四十九年拨补退审出并节年清查开荒等地二千五百四十三顷六十亩七分五毫。每亩各征银不等，共征银四千四百三十一两七钱四分一厘一毫四丝七微五纤二沙三尘七埃五渺。

原额折下下，则人丁四万八千三百三十五丁，除节年编审开除老疾逃亡外，实在康熙四十九年行差编审人丁折下下，则二万一千六百一丁。每丁征银二钱，共征银四千三百二十两二钱。

地丁二项，共征银八千七百五十一两九钱四分一厘一毫四丝七微五纤二沙三尘埃五渺。

山海卫　原额上中下屯地一千六百七十顷六十九亩。顺治二年查报：明季修城河冲，逃亡荒芜屯地三百二十四顷四十七亩四分二厘。

顺治二三四年，满州圈占地五十三顷五十二亩九分七毫。实在上中下屯地一千二百九十二顷六十八亩六分七厘三毫。顺治四年，奉文四亩折算州地一亩，拨补滦民，无余节年庄头退出并节年清查屯地二百二十顷六十二亩五分八毫。共征银五十三两八钱四分三厘六毫一丝四忽九微三纤七沙七尘六埃。应征正米三百三十七石三斗二升八勺一抄四撮八粟，正豆三百三十七石三斗二升八勺一抄四撮八粟，正草三千七百九十八束九分五厘二毫八丝五忽七微六纤，俱纳山海仓。地亩柴炭银一十二两四钱一分二厘七毫九丝一忽，征解。兵部今总归起运。

太仓荒田地三十一顷三十四亩六分五厘七丝。每亩征银一分，共征银三十一两三钱四分六厘五毫七忽。

永镇荒田地四十顷六十一亩二分。每亩征银一分，共征银四十两六钱一分二厘。

新垦荒田地八十七顷四亩二分五厘。每亩征银一分，共征银八十七两四分二厘五毫。

牧马草场地七十五顷一十七亩七分三毫四丝三忽，共征籽粒银一百二十五两五钱四分六厘八丝九忽二微八沙三尘四埃四渺。

出差人丁七千五百八十六丁。每丁征银二钱，共征徭银一千五百一十七两二钱。

抚宁卫 今归并山海卫，原额上中下屯地一千三百一十八顷四十九亩一分。顺治二年，查报逃亡荒地共三百二十九顷七十八亩七分三厘。顺治二、四两年满州圈占屯地四十九顷八十四亩一分二厘九毫。本卫投充人等带去屯地一十三顷六十七亩三分，实在上中下屯地九百二十五顷一十八亩九分四厘一毫。顺治四年，奉文四亩折算州地一亩，拨补滦民，无余节年庄头退出并清续查屯地一百八十一顷七十九亩。共征银二十二两四钱三分三厘六毫二丝五忽，应征正米二百石九斗二升七合二勺五抄，正豆二百石九斗二升七合二勺五抄，正草二千二百六十二束八分七厘。

太仓荒田地六十二顷一十五亩七分七厘五毫一丝二忽。每亩征银一分，共征银六十二两一钱五分七厘七毫五丝一忽二微。

永镇荒田地三十三顷二十五亩六分三厘二毫。每亩征银一分，共征银三十三两二钱五分六厘三毫二丝。

备荒地一十五顷二十亩一分六厘。每亩征银二分四厘，共征银三十六两五钱七分九厘八毫四丝。

新垦荒田地一百九十九顷六十六亩五厘。每亩征银一分，共征银一百九十九两六钱六分六厘五毫。出差人丁二千八百九十丁，共征徭银八百五十九两一钱九分七厘。

以上山抚二卫地丁二项，共征银三千六十八两八钱七分五厘七毫四丝七忽三微四纤六沙一尘四渺。遵奉部颁经制，先尽存留经费等项共银四百七十一两八钱九分二厘六毫三丝，遇闰多支银二十四两八钱六分一厘一毫。实存起运银二千五百九十六两九钱八分三厘一毫一丝七忽零，俱解府汇解。

台界等十七边营 原额屯地五百七十二顷八十九亩七分二厘四毫，除节年圈拨外，实在康熙四十九年存剩并节年开垦屯荒等地三百八十三顷九十二亩七分一厘七丝三忽。共征银三百八十八两二钱二分一厘一毫四丝一忽五微一纤。应征正米九百一十八石九升二合一勺六抄二撮一圭九粟四颗八粒一黍四稷，正豆九百七十石六斗三升六合五勺二抄七撮九圭六粟三颗九粒。以上银解府，汇解米豆纲山海仓。

一曰应征之赋。

卢龙县 夏秋正加米一千三百二十六石八升八合零，正加豆三十石三斗一升八合零。马草二万二千三百五十九束四分六厘零。地丁二项共征银九千三百一十三两二钱四分八厘六毫零。遵奉部颁经制，先尽存留经费驿站等项，共银六千三百一十九两六钱四分六厘六毫五忽，遇闰多支银四百六十四两八分八厘五毫五丝九忽。实存起运银二千九百九十三两六钱一厘九毫六丝四忽零。俱解府汇解。

迁安县 夏秋正加米一千五百零七石八斗四升八合六抄零，正加豆四十五石四斗一升四合零，马草七千五百六十三束二分五毫零。地丁二项共征银八千八十九两一钱二厘零。遵奉部颁经制，先尽存留经费驿站等项共银四千五百六十五两二分七厘三毫，遇闰多支银三百三十七两五钱九分五厘三毫七丝七忽。

实存起运银三千五百二十四两七分五厘六毫零。俱解府汇解。

抚宁县 夏秋正加米二千四百四十二石一斗一升二勺零，正加豆一百五石二斗九升一合零，马草一万七千二百五十一束三分一厘零。地丁二项共征银一万三千七百二两一钱三分五厘三毫零。遵奉部颁经制，先尽存留经费驿站等项，共银五千七百九十六两八钱六分五厘三毫四丝，遇闰多支银四百一十七两一钱六分一厘一毫一丝一忽。实存起运银七千九百五两二钱六分九厘九毫九丝五忽五微一纤五沙三尘五埃一渺七漠。俱解府汇解。

昌黎县 夏秋正加米三千三百五十八石四斗九升四合零，黑豆一千六十石四斗五升七合零，马草二万二千一百四十七束二分五厘二毫零。地丁二项共征银一万四千九百六十二两六钱九分七厘六毫零。遵奉部颁经制，先尽存留经费、驿站等项共银六千三百一十三两六钱九分三厘三毫七丝，遇闰多支银四百一十五两四钱六分五厘一毫九丝七忽。实存起运银八千六百四十九两四厘二毫三丝五忽零。俱解府汇解。

滦州 夏秋正加米二千八百三十石八斗九升九合零，正加豆二十八石九斗三升二勺零，马草一万二千六百三十六束九分七厘五毫一丝六忽零。地丁二项共征银一万七千九百三十两九钱二分九厘零。遵奉部颁经制，先尽存留经费驿站等项共银七千七百九两九钱九分三厘三毫三丝七忽，遇闰多支银五百三两七钱八分五厘八毫七丝七忽。实存起运银一万一百二十两九钱三分五厘六毫八丝三忽二微零。俱解府汇解。

乐亭县 夏秋正加米八百三十九石五斗四升三合零，籽粒黑豆一千一百九十三石一斗四升一勺零，草六千五百九十一束零。地丁二项共征银八千七百五十一两九钱四分零。遵奉部颁经制，先尽存留经费驿站等项，共银五千四百九十九两三钱五分九厘九毫，遇闰多支三百九十一两七钱六分八毫四丝四忽。实存起运银三千二百五十二两五钱八分一厘二毫零。俱解府汇解。

一曰起运之赋。

卢龙县 户部则有：京库人丁绢折银五两六钱，农桑人丁绢折银七十三两三钱五分八厘。京库折布米银四十八两，折粟米银二十九两四钱。本色花绒一十五斤，原额价并奉文新增共银一两八钱，盘费银一分五厘七毫五丝。惜薪司枣儿银一十八两九钱八分，盘费银五两三钱四分五厘。旅顺兵饷银一十四两五钱一分五厘七毫四丝，闰月加银一两二钱九厘六毫四丝。起存户品盐钞银四十六两九钱三分九厘，闰月加银四两二钱六分一厘。

礼部则有：上下半年猪羊银六十二两九钱六分，光禄寺果品银四十六两一钱五分九厘。

兵部则有：种马草料银三百一十五两，太仆寺原额本折马六十二匹，内本色马三十匹，每匹价银三十两，折色马三十二匹，每匹价银二十四两。顺治二年六月，内奉文每匹增银六两，通共原额并新增共价银一千八百六十两。

工部则有：四司料价银二百一十两九钱六分五厘七毫零。胖衣一百三十一副，每副价银一两五钱。顺治三年五月，内奉文改折每副增银一两二钱，通共原额并新增共银三百五十三两七钱。抬柴夫银四百二十两，三年一办，闰月加银三十五两，每年该银一百五十一两六钱六分六厘六毫零。以上各部寺起运银两因地圈民投钱粮，缺少存留，不敷支解，无从征解，今全裁。

迁安县 户部则有：京库人丁丝绢折银一十八两九钱，因地丁圈投，止实该分解银七两六钱二分一厘八毫零。农桑绢折银二百二十五两四钱四分六厘，因地丁圈投，止实该分解银九十两九钱一分六厘七毫零。折布米银八十二两五钱，因地丁圈投，止实该分解银三十三两二钱七分一毫零。折色粟米银一十四两四分九厘三毫七丝，因地丁圈投，止实该分解银五两六钱六分五厘七毫零。惜薪司枣儿银三十两四钱。盘费银七两六钱，因地丁圈投共，止实该分解银一十五两三钱三分四厘四毫零。宝钞司稻草银三十二两四厘，因地丁圈投，止实该分解银一十二两九钱六厘四毫。起存户口盐钞银一百三两三分九厘，因地丁圈投，止实该分解银四十一两五钱五分三厘零。遇闰加银八两五钱八分六厘五毫，因地丁圈投，止实该分解银三两四钱六分二厘七毫零。旅顺兵饷银二十二两四钱三分五厘八毫，因地圈投，止实该分解银九两四分七厘七毫零，遇闰加银七钱四分七厘八毫，因地丁圈投止实该银三钱一厘五毫零。本色棉花绒三十九斤，原额价并新增价共银四两八钱四分九厘七毫零，因地丁圈投，止实该分解银一两九钱五分五厘七毫零。

礼部则有：光禄寺果品银七十三两八钱八分四厘五毫，因地丁圈投，止实该分解银二十九两七钱九分五厘七毫零。上下半年猪羊银一百一十二两五钱八分，因地丁圈投，止实该分解银四十五两四钱七毫零。牛犊银九两，因地丁圈投，止实该分解银三两六钱二分九厘四毫。历日银二十五两，因地丁圈投，止实该分解银一十两八分一厘八毫零。遇闰加银五钱，因地丁圈投，止实该分解银一十两八分一厘八毫零。遇闰加银五钱，因地丁圈投，止实该分解银二钱一厘六毫零。北羊银二两一分三厘四毫零，因地丁圈投，止实该分解银八钱一分一厘九毫零。

兵部则有：太仆寺马价原额本折马一百二十九匹，内本色马六十三匹，每匹价银三十两，折色马六十六匹，每匹价银二十四两。顺治二年奉文：无论本折每匹价银三十两，通共马价银三千八百七十两。因地丁圈投，止实该分解银一千五百六十两六钱七分四厘六毫零。种马草料银六百四十五两，因地丁圈投，止实该分解银二百六十两一钱一分二厘四毫零。弓兵工食银八两五钱，因地丁圈投，止实该分解银三两四钱二分七厘八毫，遇闰加银七钱八厘三毫四丝，因地丁圈投，止实该分解银二钱八分七厘六毫零。京皂柴直银三百八十二两，因地丁圈投，止实该分解银一百五十四两五分一厘零。滴珠银一十六两，因地丁圈投，止实该分解银六两四钱五分二厘四毫零，遇闰加银三十一两，因地丁圈投，止实该分解银一十二两五钱一厘五毫零。

工部则有：四司料价银二百八二七两一钱三分，因地丁圈投，止实该分解银一百一十五两七钱九分二厘三毫零。铁冶民夫银四百七十六两九钱，因地丁圈投，止实该分解银一百九十二两三钱二分一厘九毫零。胖袄裤鞋九十四副，每副该银一两五钱，顺治三年五月内奉文改折每副加增银一两二钱通共银二百五十三两八钱，因地丁圈投，止实该分解银一百二两三钱五分一厘二毫零。抬柴夫银二千二百三十四两四钱，三年一办。遇闰加银一百八十六两二钱，每年该银八百六两八钱六分六厘一，因地丁圈投，止实该分解银三百二十五两三钱九分五厘三毫零。小工银五十两五钱，因地丁圈投，止实该分解银二十两三钱六分五厘三毫零，今全裁。

抚宁县 户部则有：京库改永镇库，人丁绢折银一两五钱，因地丁圈投，止实该分解银九两六钱六分二厘二毫零。永镇库农桑人丁绢，折银一百二十二两七钱二分九厘，因地丁圈投，止实该分解银一百一十二两九钱三分七厘五毫零。永镇库布米折银四十六两五钱，因地丁圈投，止实该分解银四十二两七钱九分一毫零。旅顺兵饷带闰银二十三两一钱八分三厘六毫六丝，因地丁圈投，止实该分解银二十一两三钱三分四厘零。户口盐钞银九十五两九钱五分七厘五毫七丝，因丁地圈投，止实该分解银八十八两三钱二厘零。遇闰加银八两三钱五分九毫零。惜薪枣儿银三十二两二钱六分，因地丁圈投，止实该分解银二十九两六钱八分六厘二毫零。

礼部则有：光禄寺猪羊银一百一十六两一钱，因地丁圈投止，实该分解银一百六两八钱三分七厘三毫零。光禄寺果品银七十九两八钱一分三厘，因地丁圈投，止实该分解银七十三两四钱四分五厘四毫零。北羊银二两四钱九分，除地丁圈投外，止实该分解银二两二钱九分一厘三毫零。太常寺牛犊银九两，因地丁圈投，止实该分解银八两二钱八分一厘九毫零。历日银二十五两，因地丁圈投，止实该分解银二十三两五厘四毫零。遇闰加银四钱六分一毫零。

兵部则有：太仆寺原额本折马七十七匹，内本色马三十九匹，每匹价银三十两，折色马三十八匹，每匹价银二十四两。顺治二年五月，内奉文每匹增银六两，通共原额并新增共价银二千三百一十两，因地本圈投，止实该分解银二千一百二十五两七钱五厘零。种马草料三百八十五两，因地丁圈投，止实该分解银三百五十四两二钱八分四厘二毫零。京皂柴直银二百四两，因地丁圈投，止实该分解银一百八十七两七钱二分四厘六毫零。滴珠盘费银二十两四钱，因地丁圈投，止实该分解银一十八两七钱七分二厘四毫零，遇闰加银一十一两四分二厘六毫零。弓兵工食银一十七两，因地丁圈投，止实该分解银一十五两六钱四分三厘七毫零，遇闰加银一两三钱三厘九毫零。

工部则有：军器银五十四两八钱三分五厘二毫零，因地丁圈投，止实该分解银五十两四钱六分四毫零。四司料价银二百八十七两一钱三分，因地丁圈投，止实该分解银二百六十四两二钱二分二厘四毫零。抬柴夫银五百六十两，因地丁圈投，止实该分解银五百一十五两三钱二分二厘四毫零。遇闰加银四十二两九钱四分三厘四毫零。胖袄裤鞋六十一副，每副价银一两五钱，顺治三年五月，内奉文改折每副增银一两二钱，因地丁圈投，止实该分解银一百五十一两一钱六分零。小工银三十八两，因地丁圈投，止实该分解银三十四两九钱六分八厘三毫零。今全裁。

昌黎县　户部则有：京库改永镇人丁绢折银一十六两一钱，因地丁圈投，止实该分解银一十一两八分七厘四毫零。永镇库农桑人丁绢折银一百九十四两三钱八分二厘五毫，因地丁圈投，止实该分解银一百三十三两八钱六分三厘一毫零。永镇库布米折银八十二两五钱，因地丁圈投，止实该分解银五十六两八钱一分四厘三毫零。本色花绒五十四钱，原额价并十二年二月内奉文新增共银六两五钱三分六厘七毫，因地圈投，止实该分解银四两五钱一厘五毫零。户口盐钞银一百五十五两九钱六分四厘四毫一丝五忽，因地丁圈投，止实该分解银一百七两四钱六厘二毫零。遇闰加银一十二两九钱九分七厘，因地丁圈投，止实该分解银八两九钱五分四毫零。惜薪司枣儿银五十一两二钱六分，因地丁圈投，止实该分解银三十五两三钱六毫零。旅顺兵饷连闰共银三十六两八钱二分二厘五毫二丝四忽，因地丁圈投，止实该分解银二十五两三钱五分八厘一毫零。

礼部则有：牛犊银一十八两，因地丁圈投，止实该分解银一十二两三钱九分五厘八毫零。光禄寺果品银一百二十四两六钱九分八厘，因地丁圈投，止实该分解银八十五两八钱七分四厘三毫零。历日银四十两，因地丁圈投，止实该分解银二十七两五钱四分六厘三毫零。遇闰加银八钱止，实该分解银五钱五分九毫零。太医院柴葫银三两一钱九分三厘，因地丁圈投，止实该分解银二两一钱九分八厘八毫零。上下半年猪羊银二百四两九钱二分，因地丁圈投，止实该分解银一百四十一两一钱一分九厘九毫零。北羊银三两四钱六分，因地丁圈投，止实该分解银二两三钱八分二厘七毫零。

兵部则有：太仆寺原额本色马五十三匹，每匹价银三十两，折色马七十六匹，价银二十四两，本折二色马一百二十九匹，共价银三千四百一十四两，顺治二年五月内奉文，无论本折，每匹价银三十两，内折色马每匹增银六两，共增银四百五十六两，通共额价并新增银三千八百七十两，因地丁圈投，止实该分解银二千六百六十五两一钱八厘八毫零。种马草料银六百四十五两，因地丁圈投，止实该分解银四百四十四两一钱八分四厘八毫零。京皂柴直银三百八十两，滴珠银一十七两，共银三百九十七两，因地丁圈地投，止实该分解银二百七十三两三钱九分七厘四毫零。遇闰加银二十两，因地丁圈投，止实该分解银一十三两七钱七分三厘一毫零。弓兵银四十二两五钱，因地丁圈投，止实该分解银二十九两二钱六分七厘九毫零。遇闰加银四两四分二厘，因地丁圈投，止实该分解银二两七钱八分三厘五毫零。

工部则有：四司料价银三百九十六两一钱五分四厘，因地丁圈投，止实该分解银二百七十二两八钱一分四厘八毫零。铁冶民夫银六百一十八两四钱五分，因地丁圈投，止实该分解银四百二十五两九钱九毫零。柴夫银九百一两六钱，因地丁圈投，止实该分解银六百二十八钱九分四厘六毫零。胖袄裤鞋原额银六十四两二钱，该胖袄四十二副八分，每副价银一两五钱，奉文改折每副增银一两二钱，共加增银五十一两三钱六分，通共额价并加增银一百一十五两五钱六分，因地丁圈投，止实该分解银七十九两五钱八分一厘三毫零。军器银一百六十三两七钱二分，因地丁圈投，止实该分解银一百一十二两七钱四分七厘四分七厘一毫零。小工银六十一两一钱八分，因地丁圈投，止该分解银四十二两一钱三分二厘一毫零。今全裁。

　　滦　州　户部则有：太常寺小麦折银四十两。京库改永镇库人丁绢折银五十两四钱。永镇库农桑人丁绢折银六百三两九钱九分八厘九毫。惜薪司枣儿银一百二十七两二钱四分，盘费银二十七两五钱六分。稻皮银五十七两。宝钞司稻草银四十两八钱。永镇库布折米二百六十七两。户口盐钞三百二十五两六钱五分一厘三毫。闰月加银二十七两一钱三分七厘五毫九丝二忽。旅顺兵饷带闰银九十一两三钱八分二厘二忽。本色花绒一百九十六斤一十三两二钱，原价一十三两七钱七分六厘八毫七丝五忽，顺治十二年奉文改折，每斤增银五分，共增银九两八钱六厘六毫。

　　礼部则有：太医院柴葫银五两七钱。光禄寺猪羊银四百八十八两六钱四分。太常寺牛犊银三十六两。光禄寺果品银三百九两四钱四分一厘五毫。北羊银七两六钱二厘。历日纸张银八十九两七钱一分四厘三毫，闰月加银五两六钱八分五厘七毫。

　　兵部则有：太仆寺原额本折马三百六十匹，价银九千七百二十六两，顺治二年五月，内奉文无本折每匹二十两，共该增银一千七十四两，共银一万八百两。种马草料银一千八百两。柴直银一千一百八十八两。遇闰月加银八十八两。弓兵工食银六十八两，遇闰加银五两六钱六分六厘七毫。

　　工部则有：四司料价银一千一十六两五钱。胖袄裤鞋原额并新增共银三百一十五两六钱。抬柴夫银三年一办，共银七千二十二两四钱，遇闰加银五百八十五两二钱，每年该带征连闰银二千五百三十五两八钱六分二厘二毫。以上银两，因地丁圈投，存留不敷，尚请协济，俱无凭征解，今全裁。

　　乐亭县　户部则有：人丁绢折银二十两七钱一分五厘七毫，因地丁圈投，止实该分解银五钱六分四厘九毫零。农桑人丁绢折银二百六十三两七钱三分六厘八毫五丝，因地丁圈投，止实该分解银七两一钱九分二厘二毫零。布米折银九十一两五钱，因地丁圈投，止实该分解银二两四钱九分五厘二毫零。粟米折银七十三两八钱二分一厘八丝八忽四微，因地丁圈投，止实该分解银二两一分三厘一毫零。本色花绒四十一斤，价银二两九钱二分，奉文改折每斤增银五分，共该花绒价银四两九钱七分，因地丁圈投，止实该分解银一钱三分五厘五毫零。旅顺兵饷银三十五两六钱三分四厘七毫，因地丁圈投，止实该分解银九钱七分一厘零，遇闰加银二两九钱六分九厘五毫六丝，因地丁圈投，止实该分解银八分九厘零。户口盐钞一百七十七两一钱五分八厘，因地丁圈投，止实该分解银四两八钱三分一厘二毫八微。遇闰加银一十九两四钱四分一厘，因地丁圈投，止实该分解五钱三分一毫零。

礼部则有：光禄寺果品银一百二十四两八钱九分八厘，因地丁圈投，止实该分解银三两四钱六厘零。光禄寺猪羊银二百四两九钱六分，因地丁圈投，止实该分解银五两五钱八分九厘三毫零。太常寺牛犊银一十八两，因地丁圈投，止实该分解银四钱九分八毫零。太医院柴胡银三两二钱四分一厘，因地丁圈投，止实该分解银八分八厘三毫零。科场牲口纸烛银四两一钱五分，因地丁圈投，止实该分解银一钱一分三厘一毫零。钦天监历日纸张银四十两，因地丁圈投，止实该分解银一两九分八毫零。遇闰加银八钱，因地丁圈投，止实该分解银二分一厘八毫零。北羊银六两九钱九分，因地丁圈投，止实该分解银一钱九分六毫零。

兵部则有：太仆寺本折马一百七十六匹，原额马价银四千六百五十六两，内本色马八十七匹，又乳马二匹，每匹价银三十两，共银二千六百七十两，折色马八十七匹，共银一千九百八十六两。顺治二年，奉文折色马，每匹加银六两，俱解折色增银六百二十四两，共该本折马一百七十六匹，共马价银五千二百八十两，因地丁圈投，止实该分解银一百四十三两九钱八分八厘六毫零。种马草料银八百八十两，地丁圈投，止实该分解银二十三两九钱九分八厘一毫零。柴直银四百九十八两，滴珠银二十一两，共银五百一十九两，因地丁圈投，止实该分解银一十四两一钱五分三厘零。遇闰加银三十九两，因地丁圈投，止实该分解银一两六分三厘五毫零。弓兵银五十九两五钱，因地丁圈投，止实该分解银一两六钱二分二厘五毫零，遇闰加银五两四钱五分三厘三毫零，因地丁圈投，止实该分解银一钱四分八厘七毫零。

工部则有：四司料价银三百九十六两一钱五分四厘，因地丁圈投，止实该分解银一十两八钱三厘三毫零。惜薪司枣儿银五十一两二钱六分，因地丁圈投，止实该分解银一两三钱九分七厘八毫零。民夫银六百一十两八钱五分，因地丁圈投，止实该分解银一十六两六钱五分八厘二毫零。柴夫银九百一十二两八钱，因地丁圈投，止实该分解银二十四两八钱九分二厘五毫零。遇闰加银七十六两六分六厘六毫六丝，因地丁圈投，止实该分解银二两七分四厘三毫零。胖袄裤鞋原额银一百三十四两一钱，做胖衣八十九副四分，每副价银一两五钱，顺治三年，奉文改折每副增银一两二钱，共银一百七两二钱八分，通共价银二百四十一两三钱八分，因地丁圈投，止实该分解银六两五钱八分二厘五毫零。军器银二百五两一钱九分八厘四毫，因地丁圈投，止实该分解银五两五钱九分五厘八毫零。小工银六十一两九钱四分，因地丁圈投，止实该分解银一两六钱八分九厘一毫零。今全裁。

经　　费

一曰存留支给之数。

龙亭仪仗修理。迁安代府办银十两，州县各一两。

文庙修理。迁安代府办银二十两，州县各一十两。

圣寿进表笺。滦州代府办银三十两，盘费银一十三两。

万寿撰表，冬至正旦撰表滦州每次银五两，盘费每次银四两，奉裁每次二两。

按　院　铺兵二名，工食银一十四两四钱，奉裁二两四钱（卢龙）。心红纸张银一百八十两（迁安）。门子四名，工食银四十八两，奉文十四年为始，裁银二十四两，遇闰加银四两，裁银二两（昌黎）。

蔬菜等银一百八十两（滦州）。心红纸张银一百八十两（乐亭）。传报舍人四名，工食银二十八两，裁银四两八钱。遇闰加银二两四钱，裁银四钱。

永平道副使 俸银六十二两四分四厘，薪银七十二两，蔬菜烛炭等银五十两，奉文裁银八十九两四分四厘。照满洲无世职理事官例算，给银一百五两，又于顺治十六年，续奉文每年增银五两。闰月加银一十一两二钱三厘二毫，裁银九钱三分三厘六毫。（今全裁）。桌围伞扇银五十两，奉裁银四十两，实支银十两，添入俸薪内（今裁）。修宅家伙银五十两，奉裁四十两。心红纸张银五十两（滦州今裁）。吏书十六名，工食银一百九十二两，奉裁九十六两，闰月加银一十六两，裁银八两（全裁），门子四名，工食银二十八两八钱，奉裁银四两八钱，闰月加银二两四钱，裁银四钱（迁安）。皂隶十二名，工食银八十六两四钱，奉裁银一十四两四钱。轿伞夫七名，工食银五十两四钱，奉裁银八两四钱。听事吏二名，工食银一十四两四钱，奉裁银二两四钱。铺兵二名，工食银一十四两四钱，奉裁银二两四钱（卢龙）。快手十二名，工食银八十六两，裁银一十四两四钱（滦州）。

关内道 如参政、参议、佥事等衔，俸照品支给副使俸银六十二两四分四厘，闰月加银五两一钱三毫。薪银每年七十二两，闰月加银六两。心红纸张银五两。蔬菜烛炭银五十两，桌围等银五十两，修宅家伙银五十两（抚宁）。吏书一十六名，工食银一百九十二两，闰月加银一十六两。门子四名，工食银二十八两八钱，遇闰加银二两四钱（昌黎）。快手十二名，工食银八十六两四钱，遇闰加银七两二钱。皂隶十二名，工食银八十六两四钱，遇闰加银同。轿伞扇夫七名，工食银五十两四钱，遇闰加银四两二钱。听事吏二名，工食银一十四两四钱，遇闰加银一两二钱。铺兵二名，工食银一十四两四钱，遇闰加同（乐亭）。顺治十一年闰六月，会议关内道以上钱扣解户部，今总归起运。

本府知府 俸银六十二两四分四厘，遇闰加银五两一钱七分，薪银七十二两，遇闰加银六两，二项奉文以十四年为始裁银二十九两四分四厘，于顺治十六年奉文增银五两，又裁闰月银二两七钱五分三厘六毫（今全裁）。心红纸张烛炭银五十两（全裁）。修宅家伙银五十两，裁银四十两，解部。桌围伞扇等银二十两，裁银十六两，解部，实支银四两八俸（今全裁）。灯夫四名，工食银二十八两八钱，裁银四两八钱，遇闰加银二两四钱，裁银四钱，解部。禁子十二名，工食银八十六两四钱，裁银一十四两四钱，遇闰加银七两二钱，裁银一两二钱。库书一名，工食银一十二两，裁银六两，遇闰加银一两，裁银五钱（全裁）。仓书一名，工食银一十二两，裁银六两，遇闰加同裁（今裁）。斗级六名，工食银四十三两二钱，裁银七两二钱，遇闰加银三两六钱，裁六钱。修仓备办刑具银二十两（裁）。皂隶十六名，工食银一百一十五两二钱，裁银一十九两二钱，遇闰加银九两六钱，裁银一两六钱，解部。伞轿扇夫七名，工食银五十两四钱，裁银八两四钱，遇闰加银四两二钱，裁银七钱解部（昌黎）。书办二十名，工食银二百一十六两，裁九两六钱，遇闰加银一十八两（迁安今正闰银全裁）。书办四名，工食银四十三两二钱，裁银十九两二钱，遇闰加银三两六钱，裁一两六钱（今全裁）。门子二名，工食银一十四两四钱，裁二两四钱，遇闰加银一两二钱，裁二钱。步快十六名，工食银一百一十五两二钱，裁一十九两二钱，闰月加九两六钱裁一两六钱（抚宁）。马快十名，工食马草料银一百八十两，裁银一十二两。库子四名，工食银二十八两八钱，裁四两八钱（滦州）。本府六房纸张银六十两，全裁，解部（昌黎）。修理本府公署银一百两，全裁（卢龙）。同知俸银四十二两五钱五分六厘，薪银四十八两，桌围伞银一十两裁八两，实支二两，三项裁银一十二两五钱五分六厘，照满州他沙喇哈类例算，给银八十两，于顺治十六年，奉文增银五两闰月加银七两五钱四分六厘三毫零，裁六钱二分八厘八毫零（今全裁）。修宅家伙银一十两，裁八两（今全裁）。心红纸张银二十两（裁）。门子二名，工食银一十四两四钱，裁二两四钱（滦州）。书办六名工食银六十四两八钱，裁二十八两八钱，闰月加银五两四钱，今正闰全裁（卢龙）。皂隶十二名，工食银八十六两四钱裁一十四两四钱，闰月加银七两二钱，裁一两二钱，解部（昌黎）。灯夫二名，工食银一十四两四钱，裁二两四钱，闰月加银一两二钱，裁二钱（乐亭）。伞轿夫七名，工食银五十两四钱，裁八两四钱，闰月加银四两二钱，裁七钱（抚宁）。步快八名，工食银五十七两六钱，裁九两六钱，闰月加银四两八钱，裁八钱（迁安）。

通　判　俸银三十五两四钱六分，闰月加银二两九钱五分五厘。薪银四十八两，闰月加银四两。心红纸张银二十两。修宅家伙银十两，桌围伞扇银十两。门子二名，工食银一十四两四钱，闰加一两二钱（迁安）。伞扇夫七名，工食银五十两四钱，闰月加四两二钱（抚宁）。皂隶十二名，工食银八十六两四钱，闰加七两二钱（乐亭）。步快八名，工食银五十七两六钱，闰加四两八钱，全裁解部（昌黎）。灯夫二名，工食银一十四两四钱，闰加一两二钱，全裁（卢龙）。书办六名，工食银六十四两八钱（滦州），今全裁。征银解部，今总归起运。

山海通判　俸银三十五两四钱六分，闰加银二两九钱五分五厘。薪银四十八两，闰月加银四两。心红纸张银二十两。修宅家伙银十两。桌围伞扇银十两。门子二名，工食银一十四两四钱，闰月加银一两二钱（迁安）。伞扇夫七名，工食银五十两四钱，闰月加银四两二钱（抚宁）。皂隶十二名，工食银八十六两四钱，闰月加银七两二钱（乐亭）。快手八名，工食银五十七两六钱，闰月加银四两八钱，全裁解部（昌黎）。灯夫二名，工食银十四两四钱，闰月加银一两二钱（卢龙）全裁。书办六名，工食银六十四两八钱（滦州），今全裁。征银解部，总归起运。

山海通判　俸银三十五两四钱六分，闰月加银二两九钱五分五厘。薪银四十八两，闰月加银四两，二项共银八十三两四钱六分，十四年为始，裁银二十四两七钱八分八厘，照满州他赤哈哈方例，算给银五十八两六钱七分二厘，闰月加银六两九钱五分五厘，裁银二两六分五厘六毫零，今闰银全裁（抚宁）。桌围伞扇银十两，裁银八两，十四年又议，裁银六钱七分二厘（今全裁）。快手八名，工食银五十七两六钱，裁银九两六钱，闰月加银四两八钱，裁银八钱（卢龙）轿夫伞扇夫七名，工食银五十两四钱八两四钱，闰月加银四两二钱，裁银七钱（乐亭）。全裁解部。门子二名，工食银一十四两四钱，裁银二两四钱，闰月加银一两二钱，裁银二钱，解部。灯夫二名，工食银一十四两四钱，闰月加同，裁同解部（昌黎）。皂隶十二名，工食银八十六两四钱，裁银一十四两四钱，闰月加银七两二钱，裁银一两二钱（迁安）。心红纸张银二十两（今裁）。修宅家伙银十两，裁银八两（今裁）。书办六名，工食银六十四两八钱，裁银二十八两八钱（滦州今全裁）。

推　官　俸银二十七两四钱九分，薪银三十六两，油烛银十两，伞扇银二两，四项共银七十五两四钱九分，自十四年为始，裁银三十两四钱九分，实支银四十五两，照满州笔帖式哈方例，算支给。俸薪闰月加银五两二钱九分八毫零，裁银一两五钱四分八毫零。解部。桌围伞扇银一十两，裁银八两，解部。门子二名，工食银一十四两四钱，裁银二两四钱解部。闰月加银一两一钱，裁银二钱，解部（昌黎）。皂隶十二名，工食银八十六两四钱，裁银一十四两四钱，闰月加银七两二钱，裁银一两二钱（迁安）。灯夫二名，工食银一十四两四钱，裁银二两四钱，闰月加银一两二钱，裁银二钱（滦州）。书办八名，工食银八十六两四钱，裁银三十八两四钱，闰月加银七两二钱，裁银三两二钱（乐亭）。步快八名，工食银五十七两六钱，裁银九两六钱，闰月加银四两八钱，裁银八钱（抚宁）。轿伞扇夫七名，工食银五十两四钱，裁银八两四钱，闰月加银四两二钱，裁银七钱（卢龙），今全裁。

经　历　俸银二十四两二钱四厘，闰月加银二两一分七厘，薪银二十四两，闰月加银二两，二项十四年为始，裁银八两二钱四厘，又裁闰月银六钱八分三厘六毫六丝（今闰全裁）。皂隶四名，工食银二十八两八钱，裁银四两八钱，闰月加银二两七钱，裁银四钱，解部（乐亭）。书办一名，工食银七两二钱，裁银一两二钱（全裁）。闰月加银六钱，裁银一钱（全裁）。门子一名，工食银七两二钱，裁银一两二钱，闰月加银六钱，裁银一钱。马夫一名，工食银七两二钱，裁银一两二钱，闰月加银六钱，裁银一钱（迁安）。

知　事　俸银二十一两一钱一分，闰月加银一两七钱五分九厘一毫。薪银十二两，闰月加银一两，全裁（抚宁）。书办一名，工食银七两二钱，闰月加银六钱，系缺官，全裁。门子一名，工食银七两二钱，闰月加银六钱，系缺官，全裁。皂隶四名，工食银二十八两八钱，闰月加银二两四钱，系缺官，全裁（卢龙）。马夫一名，工食银七两二钱，裁银一两二钱（滦州），今全裁。

照　磨　俸银一十九两二钱二分，闰月加银一两六钱二分六厘六毫零。薪银一十二两，闰月加银一两。皂隶四名，工食银二十八两八钱，裁银四两八钱，闰月加银二两四钱，裁银四钱（抚宁）。书办一名，工食银七两二钱，裁银一两二钱，闰月加银六钱，裁银一钱。门子一名，工食银七两二钱，裁银一两二钱，闰月加银六钱，裁银一钱。马夫一名，工食银七两二钱，裁银一两二钱，闰月加银六钱，裁银一钱，解部，今全裁。司狱司俸银三十一两五钱二分。书办一名，工食银七两二钱，裁银一两二钱（今裁）。皂隶二名，工食银一十四两四钱，裁银二两四钱（滦州今裁）。

府学教授　俸银三十一两五钱二分，闰月加银二两六钱二分六厘六毫零（闰全裁）。训导俸银三十一两五钱二分，闰月加银二两六钱二分六厘六毫零（今裁）。斋夫四名，工食银三十六两，闰月加银三两。门斗四名，工食银二十八两八钱，裁银七两二钱，闰月加银二两四钱，裁银六钱。学书一名，工食银七两二钱，裁银一两二钱，闰月加银六钱，裁银一钱（全裁）。喂马草料共银二十四两（全裁）膳夫二名，工食银四十两，奉文裁三分之二。奉裁训导今复设俸银与教授俸分食。斋夫门斗工食银皆于教授斋夫门斗项内分半。喂马草料银一十二两分裁（卢龙）。府学廪膳生四十名，粮银三百八十四两，奉文裁三分之二，裁银二百五十六两（滦州）。山海卫学教授复设训导俸银与府学同人役名数工食银闰月加银及裁银皆同。

滦州知州　俸银三十七两六钱八分四厘，新银四十八两，迎送上司伞扇等银一十两，裁银八两，实支银二两，以上裁银七两六钱八分四厘，照满洲拖沙喇哈番例算，给银八十两。顺治十六年，增银五两，闰月加银七两一钱四分零（闰银裁）。心红纸张银三十两，修宅家伙银二十两（全裁）。书办十二名，工食银一百二十九两六钱，裁银五十七两六钱，闰月加银十两八钱，裁银四两八钱（全裁）。门子二名，工食银一十四两四钱，裁银二两四钱，闰月加银一两二钱，裁银二钱。皂隶十二名，工食银八十六两四钱，裁银一十四两四钱，闰月加银七两二钱，裁银一两二钱。民壮五十名，工食银三百六十两，裁银六两，闰月加银三十两，裁银五两。灯夫四名，工食银二十八两八钱，裁银四两八钱，闰月加银二两四钱，裁银四钱。看监禁卒八名，工食银五十七两，裁银九两六钱，闰月加银四两八钱，裁银八钱。修理监仓银二十两（全裁）。轿伞扇夫七名，工食银五十两四钱，裁银八两四钱，闰月加银四两二钱，裁银七钱。库书一名，工食银十二两，裁银六两，闰月加银一两，裁银五钱（全裁）。仓书一名，工食银一十二两，裁银六两，闰月加银一两，裁银五钱（今裁）。库子四名，工食银二十八两八钱，裁银四两八钱，闰月加银二两四钱，裁银四钱。斗级四名，工食银二十八两八钱，裁银四两八钱，闰月加银二两四钱，裁银四钱。

州　同　俸银二十九两八钱四厘，薪银四十八两，二项裁银七两八钱四厘，照满洲拖赤哈哈番例算给银六十两，闰月加银六两四钱二分三厘六毫零，裁银一两四钱二分三厘六毫零。书办一名，工食银七两二钱，裁银一两二钱，闰月加银六钱，裁银一钱。

皂　隶　六名，工食银四十三两二钱，裁银七两二钱，闰月加银三两六钱，裁银六钱。笼马伞扇夫二名，工食银一十四两四钱，裁银二两四钱，闰月加银一两二钱，裁银二钱。门子一名，工食银七两二钱，裁银一两二钱，闰月加银六钱，裁银一钱，全裁归入起运。吏目俸银三十一两五钱二分，闰月加银二两六钱二分六厘六毫（闰裁）。书办一名，工食银七两二钱，裁银一两二钱，闰月加银六钱，裁银一钱（今裁）。门子一名，工食银七两二钱，裁银一两二钱，闰月加银六钱，裁银一钱。皂隶四名，工食银二十八两八钱，裁银四两八钱，闰月加银二两四钱，裁银四钱。马夫一名，工食银七两二钱，裁银一两二钱，闰月加银六钱，裁银一钱。

州学正 俸银同府学。训导复设同府学。斋夫六名，工食银七十二两，裁银三十六两，闰月加银六两，裁银三两。学书一名，工食银同府学（今裁）。门斗五名，工食银三十六两，裁银六两，闰月加银三两（裁银五钱，今裁二名）。喂马草料银同府学（今裁）。廪生三十名，粮银二百八十两，裁三分之二，闰月加银二十三两三钱三分五厘，裁银一十五两五钱五分六厘八毫。膳夫二名同府学。

榛子镇巡检 俸银三十一两五钱二分，闰月加银二两六钱二分六厘六毫（闰裁）。书办一名，工食银七两二钱，裁银一两二钱，闰月加银六钱裁银一钱（全裁）。皂隶二名，工食银一十四两四钱，裁银二两四钱，闰月加银一两二钱，裁银二钱。弓兵十六名，工食银一百一十五两二钱，裁银一十九两二钱，闰月加银九两六钱，裁银一两六钱（滦州）。

五县知县 俸银二十七两四钱九分，薪银三十六两，油烛银一十两，伞扇银二两，四项共银七十五两四钱九分。十四年为始，裁银三十四两九钱，实支银四十五两，照满州笔帖式哈方例算，支给俸薪闰月加银五两二钱九分八毫三丝三忽，裁银一两五钱四分八毫三丝三忽（闰全裁）。心红银二十两（今裁）。修宅家伙银二十两，全裁，五县相同（今裁）。吏书（裁）。门子、皂隶、马快、民壮、轿伞扇夫、库书（裁）、仓书（裁）、看监禁卒、斗级、修理监仓（裁），灯夫，五县人役名数工食银两数，闰月银数，裁银数，一切俱各与滦州数相同，不另开载。凡裁银，昌黎、乐亭解部，别县无解，今总归起运。

昌黎、乐亭二县县丞 俸银二十四两三钱二厘，闰月加银二两二分五厘八毫零。薪银二十四两，闰月加银二两。书办一名，工食银七两二钱，闰月加银六钱。门子一名，工食银七两二钱，闰月加银六钱。皂隶四名，工食银二十八两八钱，闰月加银二两四钱。马夫一名，工食银七两二钱，闰月加银六钱。此缺全裁，解部，今总归起运。

典　史　俸银三十一两五钱二分，闰月加银二两六钱二分六厘六毫零。书办一名，工食银七两二钱，裁银一两二钱，闰月加银六钱，裁银一钱（全裁）。门子一名，工食银七两二钱，裁银一两二钱，闰月加银六钱，裁银一钱。皂隶四名，工食银二十八两八钱，裁银四两八钱，闰月加银二两四钱，裁银四钱。马夫一名，工食银七两二钱，裁银一两二钱，闰月加银六钱，裁银一钱。

五县儒学教谕、训导　俸银，闰月加银，皆与府州学数同。马草料银亦与府州数同（裁）。斋夫六名（裁半）。门斗五名（裁三）。学书一名（裁）。膳夫二名，人役名数工食银、闰月加银及裁银，皆与州数同。凡裁银，昌黎乐亭解部，别县无解。

税课司　俸银三十一两五钱二分，闰月加银二两六钱二分六厘六毫零。书办一名，工食银七两二钱，裁银一两二钱，闰月加银六钱，裁银一钱。皂隶二名，工食银一十四两四钱，裁银二两四钱，闰月加银一两二钱，裁银二钱（卢龙）。全裁归入起运。

一曰存留驿递之赋。

驿丞俸银三十一两五钱二分，闰月加银二两六钱二分六厘六毫零（闰裁）。书办一名，工食银七两二钱，裁银一两二钱，闰月加银六钱，裁银一钱（今裁）。皂隶二名，工食银一十四两四钱，裁银二两四钱，闰月加银一两二钱，裁银二钱。馆夫四名，工食银二十八两八钱，裁银四两八钱，闰月加银二两四钱，裁银四钱。接递皂隶十名，工食银六十两，闰月加银五两，以上皆同。

滦河驿　旧额夫马工料并归驿递，马工料共银四千三百四十七两五钱，闰月加银三百三十二两八分三厘零（卢龙）。新增工料银一千二百两四钱，闰月加银一百两三分三厘零，续增工料银与新增数同，闰月亦同（新续二项守道库领）。

七家岭驿　旧额夫马工料并归驿递，马工料共银五千一百六十三两四钱，闰月加银三百四十九两五钱零（滦州）。新增工料银九百七两五钱，闰月加银七十五两六钱二分五厘，续增工料银一千八百一十五两，闰月加银一百五十一两二钱五分新续二项守道库领。滦阳驿旧额，夫马工料并归驿递，马工料共银四千二百六两一厘，闰月加银二百三十两九毫零（迁安）。新增工料银一千九十八两，闰月加银九十一两五钱。续增工料银一千二百两四钱，闰月加银一百两三分三厘零新续二项守道库领。

芦峰口驿 旧额夫马工料并归驿递，马工料共银四千二十二两五钱，闰月加银三百二两八钱一分六厘七毫（抚宁）。新增工料银一千一百八十二两二钱八分，闰月加银九十八两五钱二分三厘零，续增工料银与新增数同，闰月亦同（新续二项守道库领）。

榆关驿 旧额夫马工料并归驿递，马工料共银三千七百二十七两，闰月加银二百九十五两六钱三分三厘五丝（乐亭）。新增工料银一千一百六十二两三钱七分零，闰月加银九十六两八钱六分四厘零，续增工料银与新增数同，闰月亦同（新续二项守道库领）。

迁安驿 旧额夫马工料并归驿，递马工料共银四千四百四十一两，闰月加银二百九十五两二钱四厘一毫六丝七忽（昌黎）。新增工料银一千二百两四钱，闰月加银一百两三分三厘三毫零。续增工料银与新增数同，闰月亦同（新续二项守道库领）。

各州县杂支供应过往上司下程坐饭中伙等银。滦州四百两，各县三百两，全裁解部。

本府并滦州铺兵三十三名，工食银一百九十八两。卢龙铺兵三十五名，工食银二百一十两，闰月加银一十七两五钱。迁安铺兵十七名，工银银一百二两，闰月加银八两五钱。抚宁铺兵三十名，工食银一百八十两，闰月加银一十五两。昌黎铺兵二十名，工食银九十五两闰月加银七两九钱一分六厘六毫。乐亭铺兵八名，工食银四十八两，闰月加银四两。

一曰存留宾祭之赋。

文庙、启圣、名宦、乡贤，本府春秋二大祭，银六十两。社稷、山川、风云、雷雨、城隍等神，本府春秋二祭，银四十两（昌黎）。

一、本府乡饮二次，银二十两。奉文十四年为始，裁银十两解部

（今复）。本府朔望行香银二两，全裁解部。本府历日银二十两（裁）。本府鞭春牛花杖银五两（裁）。本府桃符门神银四两，十四年为始，全裁解部（乐亭）。

文庙、启圣、名宦、乡贤，州县春秋二大祭，银四十两。社稷、山川、风云雷雨，城隍、八蜡等神，州县春秋二祭银三十两。州县三小祭，无祀鬼神银十两。州县朔望行香纸烛银一两。州县春牛、芒种、门神等银五两裁二两（裁）。州县历日银三十两（裁）。州县乡饮礼酒一十二两奉裁一半。今复，各州县银数不同，卢十三两，迁抚十两，滦昌乐十二两。

一曰留存杂项之数。

修理察院公馆，州县各银十两，滦州十二两（俱全裁。乐亭裁银解部）。看守察院，州县各门子二名，工食银一十二两，闰月加银一两。吹手州县各六名，工食银四十三两六钱，裁银七两二钱，闰月加银三两六钱，裁银六钱（乐亭裁银解部）。州县各更夫五名（滦、卢、迁工食银二十四两，闰加二两。抚、昌、乐三十两，闰加二两五钱）。火夫州县各十名（滦、卢、迁工食银四十八两，闰加四两，抚、昌、乐工食银六十两，闰加五两）。各县孤贫冬衣银六两。十四年为始，全裁。今各县俱全复。六县纸张银三十六两（今各县俱裁）州县里社书手攒造易知赤历纸工银九两八钱四分（今俱裁）。

一曰存留河梁船渡之赋。

挑挖新河夫银二十六两（全裁）。修造青龙河船银二十两，裁一半（今全裁）。青龙河渡夫三名，工食银十八两，裁一半，闰月加银一两五钱，裁一半（卢龙）。搭盖桥梁银八十两，修理船只银一百两，十四年为始，裁银五十两解部（今全裁）。潘家口渡夫四名，工食银一十二两，闰月加银一两。小河桥渡夫二名，工食银十二两，闰月加银一两。大河桥渡夫五名，工食三十两，闰月加银二两五钱。澈河桥渡夫八名，工食银四十八两，闰月加银四两。四项十四年为始，裁银五十一两，又裁闰月银四两二钱五分解部。河夫银，每年一百六十九两二钱（今裁，归起运）。修艌船只银二十两，十四年始，裁银十两解部（今全裁）。潘家口水夫三名，工食银一十八两，十四年始，裁银九两，闰月加银一两五钱，裁银七钱五分解部。小河水夫十名，工食银六十两，十四年始裁银三十两，闰月加银五两，裁银二两五钱解部。青龙河水夫五名，工食银三十两，十四年始，裁银一十五两，闰月加银二两五钱，裁银一两二钱五分解部。澦河水夫六名，工食银三十六两，十四年裁银一十八两，闰月加银三两，裁银一两五钱解部（昌黎）。挑挖新河夫银八十两（今裁）。黄台河渡夫三名，工食银一十八两，裁银一半，闰月加银一两五钱，裁银一半（迁安）。本府修造船只银一百两，裁银一半（今裁）。大河渡夫十三名，工食银七十八两，裁银一半。潘家口渡夫三名，工食银一十八两，裁银一半。澦河渡夫十三名，工食银七十八两，裁银一半。滦漆二河渡夫九名，工食银五十四两，裁银一半（滦州）。工部挑挖河夫银一百六十九两（今裁），以上皆一年一办。

一曰存留宾兴之赋。

此下三年一办，每县每年照款项征三分之一，作三年征收。

府学科举生员盘费等银一十七两（今裁）。武场公费银一十二两（今裁三分之二）。本府迎贺新中举人花红旗扁银二十两，裁银十两。乡试场牲口银二十五两四钱五分（今裁）。新中武举花红旗扁银十两，裁银五两。新中武进士花红旗扁银二十两，裁银十两（抚宁）。本府新中举人每名牌坊银八十两。本府新中进士每名牌坊银一百两。乡试场牲口银三十八两九钱七分（今裁）。誊录书手银一十两（昌黎）。武场公费银一十三两，今裁三分之二（昌黎）。府学生员科举盘费银一十六两（今裁）。乡试场牲口银一十二两四钱三分（今裁），本府会试举人花红盘费银六十两（今裁）。武场公费银六两，裁银四两（卢龙）。乡试场牲口银七十二两九钱二分（今裁）。武场公费银一十两，今裁三分之二。乡试刊字匠，工食银四两三钱四分，今裁三分之二（滦州）。本府新中举人，每名牌坊银八十两。本府新中进士每名牌坊银一百两。乡试牲口银二十九两四钱四分（今裁）。武场公费银一十三两，今裁三分之二（迁安）。乡试场牲口银三十八两九钱七分（连新增）。本府科举遗才生员盘费银一百五十两（今裁）。武场公费银一十四两，今裁三分之二（乐亭）。

州县宾兴相同数。

会试举人盘费银一十五两，裁银十四两。新中举人坊银八十两，进士坊银一百两。新中武举花红旗扁银十两，武进士坊银二十两。武举武进士十四年始，奉文裁半。乐亭裁银解部。

州县宾兴不同数。

科举生员盘费酒席：滦州七十两，迁安六十两，卢龙四十两，抚宁三十六两，昌黎、乐亭各三十二两。十四年，奉文各裁半，昌黎所裁解部，今全裁。本府岁贡生员路费、花红、旗扁银四十两，裁半，又裁银十五两（抚宁一年一办）。

州县岁贡生银各四十两，裁半，又裁银十五两，今每名支银五两。

府学学院科岁二考并本府季考卷，资花红银六十两，裁半（抚宁）。州县各四十两，裁半，今全裁。

一曰存留辑瑞之赋

此项三年一办，每年带征三分之一。

朝觐本府造册什物，官吏盘费银六十两，十四年始，奉裁三分之二（入京留用，不入全裁。昌黎。）

朝觐州县，原六十一两。正印三十两，典史二十两，吏五两，十四年始，奉裁与留用。全裁归入起运。

一曰额外不在地丁内之赋。

卢　龙　新更实在人丁折下下，则八十一丁每丁征银二钱，共征银一十六两二钱。匠班五十一名，每名征银四钱五分，共征银二十二两九钱五分。余租银一十两一钱九分四毫八丝。归并东胜卫新更实在人丁下下，则二丁，每丁征银三钱五分，共征银七钱。

迁　安　新更实在人丁折下下，则六十一丁，每丁征银二钱六分，共征银一十五两八钱六分。匠班九十三名，每名征银四钱五分，共征银四十一两八钱五分。归并卢、东、兴三卫新更实在人丁银三两一钱二分四厘。

抚　宁　新更实在人丁折下下，则四百三十八丁，每丁征银一钱一分七毫五丝，共征银四十八两五钱八厘五毫。匠班三十一名，每名征银四钱五分，共征银一十五两七钱五分。庄头退出房租七两五钱。

昌　黎　新更实在人丁折下下，则五十丁，每丁征银二钱共征一十两。匠班四十三名，每名征银四钱五分，共征银一十九两三钱五分。官房赁钞银二钱九分六厘。渔课银一十二两九钱六分二厘三毫七丝八微，民壮籽粒豆干银七十五两二钱四分。归并永平卫新更实在人丁银二两三钱一分二厘。工部驳查不准均减分解滦榜纸银六两五分八厘二毫二丝三忽五微九纤七沙二埃二渺七漠。

滦　州　新更实在人丁折下下，则五十丁，每丁征银二钱，共征银一十两。匠班一百一十五名，每名征银四钱五分，共征银五十一两七钱五分。庄头退出房租银五十四两五钱九分。渔课银七两三钱六分九厘九毫四丝三忽九微二纤。归并卢龙卫新更实在人丁下下，则二丁，每丁征银四钱五分，共征银九钱。

乐　亭　新更实在人丁折下下，则一百一十二丁，每丁征银二钱，共征银二十二两四钱。匠班六十五名，每名征银四钱五分，共征银二十九两二钱五分。渔课银七两五钱。庄头退出房屋租价银五两七钱二分。

山海卫　新更实在人丁折下下，则三十一丁，每丁征银二钱，共征银六两二钱。

山海管关厅　新更实在人丁折下下，则二百二十三丁，每丁征银二钱，共征银四十四两六钱。

以上各项厅、州、县、卫征完，同地丁起运银两解府汇解。

‖ 卷之八 ‖

莱　阳　　宋　琬撰次

府学训导　徐　香参订

萧　山　　张朝琮续纂

卢龙教谕　胡仁济校辑

漕　运

永平之漕运有四利，荆川唐公之疏详哉言之矣。昔颍国镇永平月余，首建通漕之策。旷代不修，其后稍一行之，而遂享其利。今仍置之不讲，使百世之规，竟沦于废，良可叹息。昔郭建初志漕，旁及蓟州、天津。往来贯穿，首尾具备。乃今自天启以来，之事当日檄行郡邑，已称文卷不存，无凭稽考。以故一方大事，而载于篇者，仅寥寥数语。岂非古今人之不相及，而留意斯民者之鲜乎。又何怪夫虑始之难图，而长利之不建也。呜呼！岂独西门豹哉。

魏太祖征蹋顿，从河口凿渠，迳雍奴泉州，以通河海。此京东通运之始。

赵石虎代燕，具船万艘，自河通海，运谷千一百万斛于乐安城（即今乐亭县）。

唐神龙二年，姜师度为河北道巡察兼支度营田使，好兴作沟洫之利，于蓟门北涨沟以限契丹，循魏武故迹，并海凿平卤渠，以通饷路，避海难民咸利之。此凿渠罢海运之征也。然魏武故迹，水经新河，故渎谓之盐关口与河俱导以通河海者，东北绝庾水，今称还乡河，又东北出迳右北平，绝沟渠水，今蓟州运河也。然师度所修者，沟而不及庾及新，故久废无存矣。

开元二十五年二月戊午，停河北运，而海运寻兴。

二十七年六月癸酉，以御史大夫李适之兼幽州长史知节度使事，寻增领河北海运使。

二十八年分卢龙、石城二县地，置马城县，通水运，幽州刺史领之。

辽太平九年三月，户部副使王嘉，请造船募习海漕者，移辽东粟饷燕。水路艰，多致覆没，民甚苦之。

元会通河初开，岸狭水浅，不能负重，岁不数十万石，故终元之世，海运不罢焉。其并海通河者，自三岔河有三道：一由直沽经白河至通州，一由娘娘宫经粮河至蓟州，一由芦台经黑洋河蚕沙口、青河至滦州。蓟载于《唐书》，通昉于《金史》，元河渠乃及滦。是滦之漕岔河东道。若善导之，自辽西右北平，无不可通者。考《宣宁志》，有奉圣刘雄，任滦潮二河运粮万户，潮且运矣，况于滦乎。但漕上都则难。中统间，因陆运之费，乃从姚演言，势不可，遂止，而并可漕者废之，但资造船之役焉。

至元十七年正月戊辰，赐开滦河五卫军钞。

十九年四月壬寅，敕滦河造官车，给粮费。五月庚辰，造船于滦州。发军民合九千人，令探马赤伯带领之，伐木于山，及取于寺观坟墓。官酬其直，仍命桑哥遣人督之。九月壬申，敕平滦、高丽、耽罗及扬泉等州造大小船二十艘。初造车以陆运，寻造船以备漕也。

二十年正月庚午，以平滦造船，去运木所远，民疲于役，徙于抚宁之阳河，从之三月己未，御史台臣言，平滦造船，五台山造寺伐木，及南城建新寺，凡役四万人，乞罢之。诏伐木建寺，即罢造船一事，其与省臣议。五月己未，放造船军归农，拨大都军代役。

二十一年一月戊子，命北京宣慰司修滦河道。为将漕也。

二十八年正月癸卯，上都民仰食于官者众，诏佣民运米十万石，致上都。官价石四十两，命留守木八剌沙总其事。九月，姚演言，奉敕疏浚滦河，漕运上都，取沿河。盖露囷、工匠杂物，仍预来岁。漕船五百艘，水手一万，牵夫二万四千。省臣等集议，近岁荒歉凋弊，造舟调夫并行必困。请先造十艘，量拨水手试之果，便续增制，可先以五十艘行之，仍选能人同事，将挽舟逾山而上至开平，郭守敬视之不可，乃止。

大德七年五月甲寅，浚上都之滦河。史滦河源出金莲川中，由松亭北经迁安东平州，西濒滦州入海，此所浚者其上流也。

延祐五年四月庚戌，辽阳饥，漕十万石，于义锦州赈之。

明洪武三年正月甲午，令中书省符下山东行省募水工，于莱州洋海仓运粮，以饷永平卫。

八年五月己巳，遣颍川侯傅友德往北平备胡，疏陈五事：一转输之法，宜令河间军自长芦运至通州，北平军自通州运入北平，则民不劳而事集矣。又永平府民，接运军储，由鸦洪桥至永平道里颇远，宜通青河、滦河故道漕运，则用力少而成功多矣。上嘉其言，寻召还。

永乐二年，令海运船装运于小直沽起芦围。三年，令天津造露围。旧志新桥海口设永平卫千户一员，军丁十名，监守开猪（潴）士，城周三里露囤百三十座，或是年以后而举矣。

十三年，为会通河成，又造浅船三千余只，一年四次从里河转漕，遂罢海运。独蓟州军饷遮洋海运如初。

宣德三年，令行在户部差官，以九月终发永平府属县民及东胜诸卫军，兼运林南东店粮于遵化城南，供给官军。滦旧志：永乐十八年偶因伤船革运。又云宣德初者，观此言，宣德有因矣。

正统七年，南京造遮洋船三百五十只，给官军，由海道运粮蓟州等仓。

十三年，遮洋船运粮，由直沽以东三汊河，过赴林南东店等仓交纳。

天顺二年三月，以海口新开沽与近州之夺水沽正相值，中间隔陆地十里，遂命凿通。凡役万人，十三日功成。

成化十七年，管粮郎中郑廉奏言：丰润还乡河可通漕，永平东盈仓可移置，而海运之粟可分贮，以便永平山海之饷。上可之，赐名丰盈仓。由庾水还乡河，东导陡河，抵沙河，通陷河，而及青滦，庾小非滦所通。沙河淤滥，是以随行随止，不一二年壅塞如故。

弘治初，议发军夫万人凿河四十里，以免海运，每三年一挑浚。《会计录》自小直沽口至蓟州四十里，避直沽渡海之险云。在天顺二年。

嘉靖初，定额夫八千名，二年一次，令工部官一员会同巡按御史及天津兵备，督工挑浚。

三十七年，巡视郎中唐顺之条陈蓟镇事宜一款：臣至蓟镇，始知圣明，念辽人之饥，弛海禁，运米赈之，恩德甚厚。辽东海运既通，则蓟镇已包在内，永平故运之复，实惟其时。但蓟镇之人素不习海，一遇蹉跌，遂为惩创，请以厚值募东南海滨之人，与直沽久惯海商，造为海船，人惯船牢，自然利涉。又蓟镇东西，无处不有巨川，上通关塞，下流通海，而未尝有一叶之舟。问之士人，则曰浅滩峻石，怒水暴涨。盖臣尝往闽浙，见闽浙人行舟石罅中，屈曲无碍，或拖舟碎石之上，亦不畏浅也。至于水之涨缓，有时水涨停运，水缓通漕，亦何不可，前人未暇经理者，特以地在穷荒，不欲费财力于无用，非果不可行之故也。今密云古北、喜峰诸口皆屯重兵，则聚粮不得不多。聚粮多，则咽喉不得不利，河道之通，亦惟其时，纵不能通潮河于古北，通滦河于喜峰，而潮河可通密云。省陆运五十里，则先时总制杨博疏稿具存，经理亦密。滦河自永平可通滦阳营，省陆运一百五十里，则户部郎中罗廷绅尝为臣言之。且水运一步，亦省陆运一步脚价，即以异日脚价所省，扣为今日疏凿之费，募闽浙之人造闽浙之船，以教其土人。河功一成，盖有四利：边城积粟，丰凶有备，土嬉马腾，此一利也；官漕既通，商舟亦集，昔时荒野，遂成贾区，此二利也；穿渠溉田，硗瘠之地，淤为沃壤，此三利也；渠浍满野，因成水匮，制限胡骑不得突越，此四利也。不然则邺水在旁而不引，此西门豹之所以为笼于史起也。是后巡抚温景葵、巡按孙丕扬、梅惟和各疏请之。

　　隆庆元年巡抚耿随卿议复：据知府杨逢节勘复，行永平兵备副使沈应乾会勘间，巡按御史鲍承荫巡历永平，将滦河径通海道并勘，会巡关御史吴逢春议，燕河营、石门寨二路主客官军及各将领、标兵、家丁，计三万余，每岁本折色各半，年净米几二十万，除民运二分，其余俱属州县召商买纳，而府境边山边海，碱薄荒沙，若遇岁凶，赤地千里，则通漕为未然之防，不可不为之所也。原议挑挖青河，自王家闸至新桥海口止，凡百四十里，乃漕运故道。续据通判萧以成勘称：由府城西门起计，滦河海口至天津卫四百二十六里，纪各庄通海潮处至府西门一百五十四里，沙浅一十八里半，合将原编修河人夫免赴新河，但遇运船到海口，轮班剥船扒浚，若一年通运后，夫数有余，量为减省，盖不费钱粮，不假军夫而事可济也。原议再委州县正官驾舟试验海道果否往来无阻，府委乐亭县知县宋国祚勘海道，自天津卫至乐亭县新桥海口，不但盐船往来，而民船亦通行无滞，海洋百二十里，虽恐中流遇风，有建河、粮河，新挑大沽、小沽可避，必无虞也。原议运河故道地势低洼，宜用闸坝，今改由滦河直抵海口，一应闸坝官吏不必增添。但粮船至海口，须易轻便船只，仍于纪各庄建仓房二十间暂卸粮石，永丰仓应添修仓廒二十间，官攒斗级原有额设无容别议，惟纪各庄暂贮仓房，行县委官看守。海运船约造十五只，河口拨船约造六十只。仓船通该物料工食银四千四百五十两，合于巡按赃罚银四千两扣留，如不敷，将巡关赃罚补凑。其船撑驾，必须滦州、乐亭、昌黎附海捕鱼装载惯习海道人民，酌量人丁身家坐派。大船八名，小船三名，各领官船粮，令其驾运粮完，听其捕鱼。如年久损坏，动支官银，酌量修补。则改滦河省便，无容别议。但中间倒载之所未免间隔，如海口卸至纪各庄约有二里，滦河卸至永丰仓，里亦如之。船运脚价，临期听管粮郎中处给。其该镇岁用本色军粮数多，运道既通，则前项粮石应该户部酌派漕运。然山海离滦仅二百里，私越易便，则海防不可不谨，合令府清军同知兼管海防，仍听兵备道督率巡视及山海主事督巡捕把截，违禁如律。部覆从之。御史刘翾题：海道险阻而罢。

万历二年二月，守备李惟学勘称：漕道前岁虽议复开，不谙水势，辄就滦河末流通海，是非知运言也。今勘滦河西岸王家闸大水劈心滩至分出支河三百八十四步，计地凡八分；支河西岸王家闸至蔡家营九百七十步，凡二里七分；蔡家营至许家坟一千三百步，凡三里七分。许家坟至南闸八百三十步，凡三里。以上共计十二里六分，皆先年运粮故道，虽年久淤平白地，河迹见存，挑浚不可径投滦河，须隔滦河西岸往南，顺崖船行至北复南，庶无冲径之虞。翟家庄至龙堂桥一千四百步，凡三里九分，流水半尺沟河。龙堂桥至暖泉八百步，凡二里三分阔一丈或五尺，水深一尺。暖泉至破桥王家庄二千二百步，凡六里一分，阔二丈，深一尺。王家庄至李家桥狮子营二千三百步，凡六里四分阔三丈五尺，深三尺。狮子营至套里庄高庙桥二千步，凡五里五分，阔二丈五尺，深三尺。套里庄桥至沙沟店一千六百六十步，凡四里一分，阔二丈五尺，深三尺。沙沟店至宋家庄桥一千四百七十五步，凡四里一分，阔二丈五尺，深三尺。宋家庄桥至翟坨庄一千一百八十步，凡三里三分，阔二丈五尺，深三尺。翟坨庄由青河费家桥至土儿庄一千二百二十步，凡三里四分，阔二丈，深三尺。土儿庄由武家营、罗各庄至广东营一千八百二十步，凡五里零半分，阔三丈，深三尺。广东营由北高、东高、南高等庄至高各寺庄二千八百八十一步，凡八里，阔三丈，深三尺。高各庄由焦家庄、高各桥至潘家庄三千四百步，凡九里四分，阔二丈，深二尺。潘家庄至麻湾里一千九百五十步，凡五里四分，阔三丈深三尺。麻湾里至公安桥一千九百五十步，凡五里四分，阔二丈，深三尺。公安桥至韩家道口九百三十步，凡二里六分，阔三丈，深二尺。韩家道口至庄坨营一千四百八十步，凡四里，阔三丈，深三四尺不等。庄坨营由白家营至廖指庄三千四百步，凡九里四分，阔三丈，深三尺。廖指庄由杜家务至刘石庄一千九百步，凡五里三分，阔三丈，深三尺，内一段三角湾长三十步，深丈余。刘石庄至阁儿坨桥一千六百步，凡四里四分阔四丈，深三尺。阁儿坨桥至陈家庄小河岸八百七十步，凡二里四分，阔四丈，深二尺。陈家庄至郑家庄桥九百九十步，凡二里七分，阔七丈，深三尺。以上共计一百一十里。翟家庄以下，暖泉虽有水沟细流不绝，而不能成河，仍用挑挖乃可。自暖泉以下，大洋数处番涌成河尚未大。自破桥迤南水势渐大，十里许与沂河合流为青河，深广至郑家桥皆河道不绝，平坦实土无沙石，岗阜相隔，名铜帮铁底，但河身稍窄，略加开阔为易。郑庄桥至东新庄八百步，凡二里二分，阔八丈，深三尺。东新庄至石角坨桥一千三百步，凡三里六分，阔八丈，深四尺。石角坨桥至马营巡检司八百步，凡三里二分，阔八丈，深五尺。巡检司由新桥观音寺、套里庄至下马坨四里。下马坨由湾坨至杨家庙三里。杨家庙由烟墩至海十里。以上郑家桥至海口共地二十五里，俱通潮水，深阔俱六七尺，不必挑浚，惟海口漫散，略加扒挖，舟楫无阻。

自王家闸至海口，通百四十五里，其河岸，或高低三五尺不等，无岸间亦有之，由海而直抵天津矣。时不果行。知府孙维城复议：海运故道直捷，而所经蚕沙、绿洋各口，蛎房山十九坨险岛，有风涛之虑，舟楫多被损失，故道之所由废。此国初既通旋罢，今诚难复也。其通芦台漕河无危，然必从白场兔儿坨上下挑出道路，迂纡四五百里，中多堆沙，难挑易塞，不惟工大财诎，抑且徒劳无益。民则惩咽而废食，官以覆辙为畏途矣。因委武学科正王弘爵博访详度。据称自滦州王家闸起引滦水入青河，导入王冢坨河，再导使由艾家青沟，下接靳家河，以通交流河，进黑洋海口，经建河堂儿上，百有十里复出大沽海口，入通州运粮河，而上天津，地理近，工费省。间虽有百余里行海，然盐船乘潮往来，不闻有覆溺，足知无虞。询之于众，皆言挑此比旧二议为便。本府乃躬视滦州迤东二十里，马城堡西为王家闸，其南闸相距十里，原系海运入滦故道，嗣因运罢久湮，遂成平田，而闸迹尚存。南闸头六里至龙堂桥北有细泉，或伏或见，成沟仅一丈，不堪载舟，是青河小发源也。再二里，有暖泉，混混南流，渐远渐大，是青河大发源也，阔二丈或二丈五尺，深尺半或二三尺，三四尺。再八里许，则沂河，自五子山西灌之，其流益大益深矣，阔三丈或二丈五尺，深堪通艇。又二十里，陷河贯之，水不甚大。又三里至歇家桥。又三里半，至土儿社、李家庄，其深阔与上等然。不免从此南趋绿洋口入海。原运皆由口北上家闸，今马头营固其旧囤仓处。李家庄迤上，河原宽淤填其半，而岸有旷地，其西半沟半道，相杂民田，约十数里，过即王冢坨，河无源，滦河涨入，青不能容，必从李家庄西泻，遂下注之，加以秋露泊湖等港，诸水辏集，故为极阔，不减二十余步。虽中间浅断不一，而深处为多，询土人老者，皆言自幼未见其涸。今春深三四尺，夏秋旱甚始消，是深者常而涸者暂也。且湾环曲直，自樊各庄起而高庙庄，而曲荒店，而砖窑店，而马孤塘，而贾各庄，而狗儿村，而印步店，凡四十余里。至杨家庄亦南趋海，庄南有沙坨长一里，高河五尺。若穿之，即艾家青沟，东西长七里间或荒或田，深如沟，十岁九淹，今旱始涸，其地多无钱粮，民视之不甚惜，堪浚为河。过梁各庄，而靳家河流经焉。其初甚微，出四里至黄沱，阔一丈五尺，又五里至双坨，阔三丈，又六里至柏各庄阔六丈，皆没胸，堪载大舟。稍南散漫三股，阔里许，中股五里尽至长坨灶，阔一丈，若束三股并流，阔当数丈矣。凡盐船泊交流河者，可望相去五里，其源本相接，因盐丁不便往来遂塞使不通。河名交流者，由海潮而成，故微有五里淤浅外，则大潮所至，横斜行七十余里，入黑洋海口。又三十里则建河海口，又四十里则堂儿上海口，又四十里则大沽海口。出口入通州运粮白河百余里天津卫矣。是此道一通不过三百余里，舟可径天津抵滦，比西由芦台河其道岂但倍近，且惟黑洋海口至大沽百十里，由海随盐船出入，当保无他虞。比由绿洋海口造湾，其远近、险夷、安危，亦不啻十百相悬焉。中间应挑之处，计大费工力者，不过交流接靳家河五里，黄坨抵艾家青沟十二里，李家庄抵樊各庄十里，暖泉抵南闸头八里，与夫王家坨河之经杨家庄、印步店、狗儿村、贾各庄土淤高厚者十二三里耳，其余或止应挑深五六尺、七八尺，阔五六步、七八步者，约以河五丈计之，论工大小折半通算，阔三丈深一丈者，总不过百三十余里耳，工固不甚多也。况下因川泽，不损民居、妨田不及五顷，其价未足百金。验河所经，惟李家庄西有沙三里，杨家庄南有沙一里，其余俱土脉胶固，无忧其善崩河之所自。若暖泉、若朔河、若陷河、若靳家河，俱水性如常，可弗苦其变迁，则语有利无害，又孰以逾乎。此惟王家闸一处，议者每言挑接滦河，虽便通舟，然滦河西下，平岸一丈八尺，焉能使之逆流而上入青河哉？且滦暴湍，常带沙石，涨则闸不能制，退必遗沙填积，将来岁挑繁费，恐反为青梗，莫若挑青至马城本堡。方议修壕，以壕土筑城，而借壕为河，使可容数十舟，南来运艘俱住此焉。虽隔滦尚五六里，道不甚多且平坦，便车至滦，易舟而运，则青不受沙石扰，而挑夫可省岁费，似于计两便也。诚于可挑者挑之，可因者因之，而李家庄、杨家庄南岸，各筑大坝一道，以阻青河，并防顺王冢坨河入海，量置涵洞，备大水宣泄，使青之水尽入王冢坨，接靳家河之所置闸设夫守之，潮至则启退则闭。又于暖泉上亦置闸以蓄上流细水则水常足，舟可挽，行天津之运饷，无不顺下于滦矣。由滦而北运建昌、太平，西运滦阳、汉儿庄，陆转喜峰、松棚、三屯附近营路，东运桃林等口。其水路皆可次第毕通，岂惟沿边兵食足，即州县卫，岁从丰歉，粟有出入，商舶百货辏集，而永变富饶之区矣。况辽东海运常苦损舟，若永平运通，则由府城而车至山海，或舟车至辽东，皆免风涛之险，其士饷尚亦有赖，是所谓无穷利也。合行各路客兵，应修边工，暂行停减，或量分主兵代修，而移其众以浚河，计名限日，画地分工，若尚有不足，则量加民夫三四千佐之，仍委贤能有司分督，则众力竞劝，可不月而成。无烦奏请，无费帑金，于客兵未为重劳，于边方实为永赖矣。按弘爵议，建闸六处，以驱滦水入青河，则王家闸当复旧。而今惟达于马城，复唐之旧规，则此闸不复置。其云驱青河水西通曲王店，歇驾桥当置闸；驱王冢坨水通梁各庄河，印步店当置闸；三水皆会于海河之下流；稍各庄当置闸。今议于李家庄、杨家庄各坝而涵，惟于接靳家河闸之，而于暖泉上置闸蓄焉，是皆要领肯綮矣。然弘爵云海边潮河自芦台南旱沽子起，东行三十里至大坨，可通巨船。坨东北四十五里，则椿树沟高家庄至李家庄，通于建河下，稍顺河东北行十里，至碓臼儿，又东十五里至于家沽，入黑洋潮河，则黑洋河海迤西全用建河上稍。迁安、丰润所汇白场之水，每年积聚不洹，今开漕，当闸碓臼儿束水，东入于家沽，以接黑洋河闸。李家庄使水西通大坨，接旱沽子，是东为李家庄坝，西为李家庄闸，中间宣泄合宜，尤为万全之计也。视之沙河既省，而于海运故道，其挑浚之费相当，且获避坨之险。当路不为国为民则已，如为之，当决策而从事矣。以上采取各史及删录旧志。

自万历年间，议开漕通海，未行而罢。至天启、崇祯间，因添设沿边兵马，需粮甚多。青河卒难挑浚，乃从海运，由天津航海三百余里至乐亭县刘家墩海口，入滦河二十五里，上至银夯柳仓交卸，改用河船运至府城西门外，盘入永丰仓。计水程，自银夯柳至府西门百八十里。春、夏、秋三时水运，至冬冰坚难行，设陆运车夫，自银夯柳挽输永丰仓。海漕既通，商舟乃集，南北物货亦赖以通，荒瘠之区，稍变饶腴。若云海道风波险阻，乃之几二十年未闻有覆溺之患，此海运可行之明验也。至顺治初年，边圉无警，兵卫日削，需粮不多，海运遂废。而沿河仓房，因历年不行修葺，坍毁无存。其乐亭刘家墩海口，为登、莱、津、辽海道极冲，崇祯年间，设海防一营驻札汛防，今革。

本府行各州县查，据滦州回称：明季漕运规则并无卷可查，其城北仓房三间，因先年大兵扎营，俱经烧毁。卢龙回称：查得城南虎头石，离城八里，因河道通银夯柳海运，于明季万历年间修造仓廒，堆贮粮料，以备军需，因屡遭兵火，坍塌无存，漕运规则，无卷可查。昌黎回称：明末之时，有海防五城兵马住札本邑，索饷鼓噪，衙役四窜，文案无存，无凭借查。乐亭回称：漕运卷案，明季时俱在，永平户部经理，并无卷案在县，今蒙行查询诸旧时父老，据称乐亭海口自刘家墩上通滦河，自海口至银夯柳二十五里，银夯柳至府水程一百八十余里，刘家墩至天津海口三百余里。明季时，北边关各口上多设防兵，需用粮米，特设户部专理兵饷，照经制，额定官兵请拨漕运，其粮米由天津航海运银至银夯柳交卸。先时未建仓廒，粮米俱是露囤。至崇祯三年，兵多粮增，蒙户部发银到县，起建廒房二十七间，户部委官收贮。春夏秋由滦河水路运粮，至冬河冻，陆路挽输。历年滦河水发，廒房坍塌无存。刘家墩海口系登莱津辽通路，崇祯六年间，分山海南海口营兵将驻防，所食粮饷，是截留户部项下米粮等语。抚宁回称：海运漕粮明季时事属饷司经管，原不由县再查。仓房基址于崇祯四年离县城四十里，在南戴家河，创建房二十四间贮积户部海运，经今年久颓坏不堪，止有檩木竖架，不堪贮用，其天启四年并崇祯三年文卷已经兵火无存。

盐　　法

余尝览彭惠安公盐政之图，而知灶丁之苦，固天下所同也。永平僻在一隅，获利既鲜，行盐亦窄，非若江淮之间通都大邑，可以致百万之赢，而济军国之亟。故盐以票行课，以包纳旧制相沿，上下均便。新例召商中盐纳课，灶户入盐于商，商转发卖。近因户口日繁，加增引课。而奸民私贩，案牍累累。商亦困乏，课常逋欠，岂运会使然耶。昔武皇权制，用孔仅之筹；昭帝深仁，采文学之议。此亦地方疾苦之一端，敢不谨书而备录之乎！

《管子》：齐有渠展之盐，燕有辽东之煮。乃下令北海之民无得庸聚而煮盐。其割无棣北予燕，乃辽西地皆北海民也。后魏永兴间迁邺，始置监盐官。太傅清河王怿奏：于沧、瀛、幽、青四州境傍海煮盐，皆计灶有额，幽州一百八十，青州五百四十六。

唐置盐铁官在河北，刘守光僭燕，置芦台军于海口镇。后唐同光中，赵德钧镇幽州，置盐场及榷院，谓之新仓。

辽太祖天赞二年，徙石城于滦州南，以就盐官。

太宗会同元年，晋献山前地，辽遂有煮海之利。海阳、阳乐皆平州盐地也。五京计司各领其地煎取之。

金世宗大定三年，榷盐院置使司，设副判官管勾。

十一年十二月，罢平州桩配盐课。

十三年二月，罢平滦盐钱。

元宪宗七年，平滦路达鲁花赤阿台，请蠲银盐酒等税课八之一，而细民不征。

世祖至元四年八月辛酉，申严平滦路私盐酒醋之禁。

二十四年，置滦州四处盐局。

武宗至大元年四月戊戌．以永平路盐课赐祥哥吉剌公主，中书省臣执不可，从之。

明洪武二年正月戊申，置河间长芦都转运司。郡之四场隶之，曰济民，曰石碑、曰惠民、曰归化，其盐法灶户自备器皿煎煮。每丁岁办盐四引，地每亩办盐一十六斤，车一辆办盐二百斤，牛驴每头办盐一百斤。

五年五月戊辰，命户部募商人于永平卫鸦红桥纳米中盐。

十四年三月癸卯，户部奏定永平中盐法：凡商人于永平输粟一石二斗者，给淮盐一引，一石一斗者给浙盐一引，四石者给河间一引，从之。

十七年正月辛亥，定河间盐工本钞，八百文为一贯，引必由分司批验，其无引者为私。

批验所二，分南北府。境四场之引径北批验所居天津之小直沽，距分司三百三十里，使司二百四十里。《会典》并列于沧州分司后，误。

巡检司旧制不隶运司。隆庆三年，总理都御史庞尚鹏题准各附近巡司，悉听运司节制。每季缉捕私盐，俱令赴司倒换，循环而有责成。于是乐亭县新桥海口巡司遂属运司矣。其弓兵虽有额，设若赘疣焉。后移巡司于滦州棒子镇，而新桥之司遂废。

其场官，元制每场设司令一员，司丞一员。明制每场设大使一员，副使一员，今因之。郡之四场无副。其大使俸米，本折济民于滦州，石碑于乐亭，惠民于昌黎，归化于抚宁支之。

其四场之境，**济 民** 则距分司七十里，使司五百七十里。南滨海东极潮河，接石碑，北至俒城。滦境西跨运河，连越支，延亘百三十五里。中盐坨三：东曰青坨，中曰孙家林坨，西曰十九圈坨。堡三：曰东、曰中、曰西。煎滩八处，灶房八间，浅锅五十四面。草场四处：大泊口、刘家河、海家井、兔儿头。

石 碑 在济民东七十里，距分司一百四十里，使司六百四十里，南临海，东接乐亭界之石各庄，北跨永平之南河，西抵刘家河，广百七十里。中盐坨三：曰石碑厂、曰马城廒、曰茹荷廒。堡五：曰刘家林、曰王家庄、曰大滩、曰羊栏坨、曰茹荷滩，俱在场南。灶房二十间，浅锅五十七面，草场一处。东至大海，南至桑坨，西至刘家河，北至本场。

惠 民 在石碑东一百五十里，距分司二百九十里，使司七百九十里，南滨海，东南至洋河海口，西连石碑，接昌黎境；北至龙王庙，周二百二十里。中盐坨三：曰官庄、曰蒲河、曰团林。煎滩三处，灶房四十间，浅锅四十面，草场一处，共地五顷。

归 化 在惠民东南一百四十里，距分司四百五十里，使司九百五十里。东抵山海关，西北连惠民，接抚宁境，南临海，接秦皇岛，延二百里。中盐坨三：曰东、曰中、曰西。堡三：曰东、曰中、曰西。滩倚山荡麓，灶房二十间，浅锅二十面，无草场，煎时买山柴。

盐有煎晒二种，晒易而煎难。晒宜南，而北则煎，风气殊也。其煎法择碱地，畚锸起之摊晒，候干，乃实土池中，以水浸淋，而卤渗之，投以石莲子，验其浮沉，须莲子浮立卤面乃可入锅，沉则卤淡不可煎矣。投卤于锅，炽薪于灶，卤干盐结，随干随添，必盐至满锅乃起。锅有大小不等，每锅可煎数斗，有至石者。然必资于水草，故必冬窖冰，秋积草，而春有淋煮之劳，夏复谋食而耕，昼作而夜候潮，盖四时无宁晷焉。既计时而事遂，计灶而课。户无虚口，岁无虚时，困苦之极，逃亡者半矣。

其课额，明初损益元制，每一大引四百斤折二小引，每包二百斤外加包索五斤，后增至八十斤，计一引凡二百八十五斤。

嘉靖八年，御史傅炯奏：长芦济民，石碑、惠民，归化四场离小直沽批验所窎远，外接境山海等关，舟楫不到，商旅不通，商引支掣，实难丁课，倒登相纪，商遂弃引不返。先年准纳布价，至今商灶称便。合将四场灶丁每引改折银一钱解司，给商收置勤灶。余盐以补原中之额，是亦疏通之法也，从之。

济民场 供用七十四引一百四十九斤十四两，折价三千二百一十五引一百七十五斤九两四分，折布三千二百九十引一百二十五斤七两四分，征价二百一十三两八钱九分六毫四丝。

石碑场 供用一百一十三引一百四十九斤，折价四千一百一十五引一百五斤九两六钱，折布四千二百二十九引五十四斤九两六钱，征价二百七十四两九钱二厘五毫六丝九忽五微。

惠民场 供用三十九引一百六斤，折价一千五百四十二引一百九十九斤十两四钱，折布一千五百八十二引一百五斤十两四钱，征价一百二两八钱六分四厘一毫四丝六忽一微二纤五尘。

归化场 供用四十六引四十九斤四两九钱，折价一千三百十五引七十二斤十一两一钱，折布一千三百六十引一百二十二斤，征价八十八两五钱四厘六毫五丝。

其白盐，形散色洁，以上供内府及藩府京用，此惟正之供也。外本色以给商及布价折价，俱征于总催，而场官督之，验实以通关，是岁事之成也。其杂征，乃户口盐钞原额本折二项。嘉靖六年改本色每贯折银一厘一毫四丝三忽，折色每贯铜钱二分，每七文折银一分。济民场本折各二千六百四十三贯，共折一十两五钱七分二厘。石碑场同上。惠民场本折各一千七百七十贯，共折七两八钱。归化场本折各一千六百七十七贯，共折六两七钱八厘。隆庆四年，御史苏士润奏准，自五年起各场盐钞尽数豁免，永罢追征。

其黑土课米，惟近海数场有之，乃刮取黑土淋煎成盐，工力极省。但苦海潮往来，遂废不煎，舍盐而渔。洪武三十年，查近海场户船共办黑土课米。永乐年，增户加米。嘉靖二十九年，改课米为折色，每石折银五钱。赴司经解，官司纳完给批关销。照济民七石三斗，石碑五石五斗五升，惠民四石六斗，并解永平府界岭口仓。

其祇候马夫力役之征，各场遂年计口派征，皆令总催输司。每口派银一分四厘一毫五丝五忽六微。济民银十七两八钱六分四厘三毫六丝七忽一微，石碑银二十两三钱八分四厘六丝四微，惠民银八两八钱八分九厘七毫一丝九忽八微，归化银八两七钱一分九厘八毫四丝九忽六微，此解司之数也。其门库、皂快、水手各工食每名九两六钱，石碑六人，济民、惠民、归化各一人，皆计口派而自取之。

行盐，地方以课之多寡，量地之远近，分界立制，不许越境搀卖，违则具有律例。嘉靖三十九年，户部定派永平三千九百十八引，分属州县滦州、卢龙各一千八十九引，迁安、抚宁、昌黎、乐亭各四百三十五引，官立循环簿，记买过引盐并水程期限，按季送盐院稽考。隆庆五年，盐院议额派商引，因边境不通商贾，故将盐引酌量州县大小，计里分引，每引纳银一钱，题准减派为一千引。滦州七百，迁安一百，卢龙、昌黎、乐亭、抚宁各三百引，共纳引银二百两。又于丁口食盐每百斤抽纳税银一分五厘，共多银一百六十余两。本府印票发州县填给卖者，如数纳课，按季解司。滦州一百二十三两六钱六分，迁安五十七两七钱二分二厘四毫，昌黎六十两三钱，乐亭六十二两八钱四分六厘，抚宁二十九两八钱七分一厘八毫，卢龙二十五两三钱八分，以上共三百六十两七钱八分一厘二毫。至次年，复加银，及六卫共五百两，为年例。滦州加十四两，迁安加十两二钱一分八厘八毫，昌黎加十两，乐亭加十二两，抚宁加十五，卢龙加八两，共六十九两二钱一分八厘八毫，六卫共加七十两，俱州县卫分纳。至万历三年，将附郭一县三卫之课归之税课司，府给号票，每张纳银六分，各卫具领送县投府，而发司如数给领。县径解运司，若羡入之府库，登循环簿。其外二县，有卫各附县。至十七年，山海亦归之，抚宁为之代征解焉。

其不附卫者三：滦州、乐亭、昌黎，无代征解。其附卫者三、迁安代解兴州右屯卫十两，抚宁代解抚宁卫十二两、山海卫十三两，卢龙代解永平卫十一两，卢龙、东胜左二卫各十二两。

通计六属六卫每岁包纳课银五百两，官给小票，行贩纳钱于官，自行买卖，法至便也。自嘉隆以来通行无滞，以至新朝仍沿旧例。顺治四年，户部奏立画一之规，因天下各司俱有盐商，惟顺、保、永三处无商，遂题奉旨改引招商。时纲商武国臣、张希稳赴部认商纳引，乃以州县户口之多寡定额，每丁岁食盐十斤四两，府属共定五千八十六引，每引岁纳银二钱六分。至十三四年，以兵饷不继，每引加银六分。十六年，又加八分，计旧额新增每引该银四钱，计府属共该课银二千三十四两四钱云。

直属俱食晒盐，惟永郡无滩可晒，独食煎盐。然接壤既产晒盐，不难运销，而永平四场所辖灶户甚多，灶丁钱粮亦复不少，皆藉煎盐供赋，故不能罢煎。运晒前朝无纲，商乃土著豪横者为之。国朝初，仍旧制。自顺治四年，户部奏请革去土商，改引归纲增引至五千八十六道。顺治十七年，准御史高而位以畿东盐法坏极等事调奏议，增引至六千六百八十七道。因细如面不能筑包则不能秤掣，且系零煎零卖，无处拉运，是以按引包课，时泽州卫天裕认商办纳。至康熙十七年，准御史傅廷俊调奏，遣司官石住查永属丁册，生齿日繁，遂依按丁销引例，又增引六千四百六十八道，永平六属及山海一卫附抚邑带销新旧共引一万三千一百五十五道。卫天裕告乏，引同乡王御世充认，照引办课，其价奉抚盐两院酌定，每斤一分二毫。然永属俱系钱桩，今钱价日低，较前仅得官价之半。于是乎商病而课亦拙。康熙四十四年，因蓟商牵累于发审案内，经本府承审，议革旧用升斗，改用筐篮，以杜轻重手之弊，复增新引五百七十二道，通共新旧额引一万三千七百二十七道。奉守巡两道会详，抚院题定在案，每引止销二百二十五斤，大例加耗五斤，以二百三十斤为一引。每秤二十三斤，十秤合为一引。查津盐每引例销二百四十斤，永盐因不筑包秤掣，故减去十五斤，然视本郡之明制，竟减至五十五斤矣。向每引岁纳银二钱六分，自康熙十三四年起，节次加增，今每引岁额银四钱□分□厘□毫□丝。

从前土商行盐类多毫横，商横势必病灶。又但知行盐，吝于纳课，州县为之赔累，抑且病官。故户部有革土招商之请。自归纲增引之后，办纳维艰，而灶户又有掯勒长支之弊，商为之困。至煎烧全赖柴草，近因潮水屡没草滩，购买供煎，灶户更得藉口，以致灶价频增，商困益甚，现今召募四年，绝无殷良承顶，大概可知。

永平偏处东隅，形如牛角西接，晒盐煎粒，不能出境；南临大海，官盐无可销之地，而奸徒常以大船装载，跨海而来，屡捕屡犯；东抵关门，关外无引之盐，时有夹带；北连边口，口外彝盐贩徒偷进，是以案牍累累。盖因前之司土者，视为无关痛痒，遂致肆行充斥。夫盐政之设，国课攸关，虽本府严饬缉惩，近稍敛迹，然今日盐法之坏，更甚于前，惟俟主蹉者设法挽回耳。

‖ 卷之九 ‖

菜 阳　　宋　琬撰次

府学训导　徐　香参订

萧　山　　张朝琮续纂

卢龙教谕　胡仁济校辑

边　防

考前代防边之制，长城始筑于燕，而秦汉修之；渝关始见于隋，而唐守之，皆此郡之故实也。及徐武宁准古揆今，依山面海，屹然东方一重镇矣。故建文之世，东兵据山海，遂与靖难争衡。中叶以还，军政多门，戎昭不竞，然犹补坏苴漏，以收凭城保塞之功。如戚少保之经画三屯，其遗垣废垒，即不得与孔明八阵并垂，而追想其人，亦一时之英杰也。昔子长《史记》，徐光禄之亭鄣特详；宋祁《唐书》，张仁愿之三城具录。是以采摭旧志，具而书之，俾后之言边政者可考焉。

《一统志》

刘家口关　在迁安县北，东至桃林口关，凡四口。

桃林口关　在卢龙县北，东至界岭口关，凡四口。

界岭口关　在昌黎县界，东至义院口，凡六口，其间差大者为箭杆岭口。

山海关　在抚宁县东，其北为山，其南为海，相距不数里许，实险要之地，前朝魏国公徐达移榆关于此，改今名。

青山口 在迁安县西北，西接大喜峰口，东至冷口，凡十二口。

冷 口 在迁安县西北，东至刘家口关，凡三口，其间差大者曰河流口、徐流口。

义院口 在抚宁县北，东至董家口，凡五口，其间差大者为石门寨。

董家口 在抚宁县北，东至山海关，凡十口，其间差大者，为大毛山口，大青山口。内"本朝"二字，系原文，例不敢改。郭造卿曰：按榆关自唐后废久矣，魏国之山海，乃改元之迁民镇立关，非移旧关而置也。然昌黎县不临边，界岭口乃抚宁地也，大喜峰乃迁安西北地，且于顺天遵化县云在县北凡七十口，至永平府青山口。青山口与永平府接，不过三四口耳，即至大青山关亦无七十口也，误矣。

旧志

山海路边城 东自南海口关靖卤台，至寺儿谷化皮山墩西五十二里三十七步。凡八千五百七十六丈六尺。关城砖垒，高四丈一尺，周千五百二十八丈，凡八里百三十七步。月城二，水关三，居东西南三隅。四门楼：东曰镇东，西曰迎恩，南曰望洋，北曰威远。东南角楼曰靖边楼。各重键竖橹，圈铺舍二十有六，池千六百八十余丈，广二丈，深二丈三尺，外夹池，深广半之。地势下泄城中积水，而引以灌池八所。画有分地界碑，设之女埤。钟鼓楼城中央，月城外罗城周五百四十七丈余高三丈三尺，广二丈四寸余。敌楼、便门各二，附墙候台有七，池周四百四丈余。城隍庙在城西北隅。教场在城南郊。

南海口 城东南砖高二丈八尺，西北土高丈五尺，周百十三丈，门楼列南。

角山关 城石高丈五尺，周三十丈七尺，烽墩军士十八名。

三道关 城石高丈有尺，周六十八丈，门楼南列。

寺儿谷 城石高丈二尺，周百十七丈，门楼二。

台 二十三 曰靖卤、曰王受、曰白铺、曰北小铺、曰大湾、曰界牌、曰南水、曰北水、曰腰铺、曰旱门、曰角山东、曰三道小口、曰桃园东、曰三道正关、曰烂石、曰唐帽十六、曰唐帽西、曰尖山十八、曰尖山西、曰松东、曰松山、曰松西、曰松岭。

烽　十四　曰任城北角、曰高台、曰腰铺、曰界牌、曰角山、曰东山六、曰青阳、曰桃园东、曰东山九、曰唐帽山、曰半边山、曰长岭、曰东南山、曰化皮山。

墩　十二　曰东山、曰大安口、曰青阳峪、曰桃园西、曰尖山、曰东南山、曰东北山、曰东山、曰唐帽山、曰半边山、曰长岭、曰东南山。

偏　坡　千六十四丈九尺本路无提调，分关详烽墩险隘为例，他路略之。

石门路边城　东自一片石关南山崖号台至甘泉堡套马岭烽墩西，百里三十步。凡万二千三百八十五丈九尺。台百九十五，烽七十五，墩二十六，偏坡九千五百九十七丈。关城石高二丈八尺，周二百三十九丈七尺，增东西南三百二十丈，高三丈五尺，濠二百二十七丈，南门有楼，东为便门，教场城南。

黄土岭关　提调驻一片石　城东西砖，南北石，高二丈六尺，周二百二丈八尺，东南门各楼附城石周二百三十七丈，西隅高三尺。教场城西北。

庙山口　城石高二丈二尺，周百五丈二尺，南门有楼。

西阳谷　城石高丈二尺，周百八十丈一尺，南门有楼。

黄土岭　城石高二丈二尺，周百七十余丈，西北门各楼。

炕儿谷　城石高丈五尺，周八十三丈，西门有楼。

大青山　城石高丈八尺，周百十丈二尺，南门有楼。

小河口　城石高丈四尺，周二十九丈九尺，西门有楼。

黄土岭营　城石高二丈七尺，周二百七丈，西门有楼，西南便门二。

大毛山关提调　驻城子谷　城石高二丈四尺，周百三十九丈三尺余，西南门各楼，教场城东。

娃娃谷　城石高丈五尺，周五十二丈三尺，南门有楼。

大毛山关 城石高丈五尺，周百五十丈余，东南门各有楼。

董家口 城石高丈六尺，周百九丈六尺，西门有楼。

柳河冲 城石高丈五尺，周五十丈八尺，南门有楼。

水门寺 城石高丈四尺，周八十四丈，南门有楼。

平顶谷 城石高二丈，周百六十四丈余，东南门各楼。

长谷驻操营 城石高二丈四尺，周二百十丈四尺，西南门各楼，北为便门。

义院口关提调 城石高二丈五尺，周二百三十丈七尺，门楼曰东、曰西、曰南。教场城东南。

长谷 城石高丈五尺，周二十九丈七尺，东南门各楼。

板场谷 城石高丈五尺，周九十二丈四尺，南门有楼。

拿子谷 城石高丈三尺，周百五十九丈三尺，门楼曰东曰南。

花场谷 城石高丈五尺，周百二十一丈，南门有楼。

苇子谷 城石高丈六尺，周百十八丈九尺，东门有楼。

平山营 城砖高丈三尺，周二百五十一丈八尺，门楼曰东曰西。

台头路边城 东自星星谷马思岭空，至干涧儿关防秋墩台西，百二十四里。凡一万六千二百二十五丈五尺。台百三十一，烽四十六，墩十八，偏坡五千六百二十三丈。路关城土高三丈，周三百二十七丈，壕百六十一丈五尺，门楼曰东、曰西、曰南。教场城南。

界岭口关提调 城砖高三丈五尺，周三百七十五丈四尺，西门有楼，外有月城，教场城西南，左右山上有荒城。

星星谷 城石高丈七尺，周八十八丈二尺，西门有楼。

中桑谷 城石高丈八尺，周百三十二丈七尺，南门有楼。

箭杆岭口关 城石高丈八尺，周二百九十二丈三尺，西门有楼，其荒城在东南山。

罗汉堡 城石高丈八尺，周百二十丈，门南。

附马寨营 城砖高二丈，周百六十八丈，门曰东、曰西、曰南。

青山口关提调 城石高丈六尺，周百七十一丈九尺，门在南城，内北隅石台一，教场城西。

东胜寨　城石高丈五尺，周百二十八丈八尺，门在南。

乾涧儿　城石高丈四尺，周百九十二丈，门曰西、曰南。

青山驻操营　城石高二丈，周三百四十七丈，门楼曰东、曰西、曰南。

燕河路边城　东自桃林星峪口大石门西山墩东空至冷口白道子白草洼号台西，六十四里。凡万三千六百四十六丈九尺。台百四十六，烽四十六，墩三十六，偏坡万三千三百二十九丈七尺。关城砖高三丈，周四百二十一丈八尺，壕七百二十八丈。东西南门各有楼，教场城西南。

桃林口关提调　上城砖高三丈六尺，周二百四十丈，门曰西、曰南，其北曰便。下城石高丈二尺，周百二十五丈六尺，门曰南。教场城西。

重谷口　城石高三丈，周百九十一丈三尺，门楼曰东、曰西、曰南。

梧桐谷　城石高丈余，周百三十二丈三尺，门曰南。

正水谷　城石高丈五尺，周百十八丈，门曰南。

孤窑谷　城石高丈五尺，周八十三丈九尺，门曰南。

佛儿谷　城石高丈五尺，周百四十八丈九尺，门曰南。

刘家口关　里城砖高三丈四尺，周百二十三丈八尺，门曰南。外城石高丈四尺，周百六十九丈六尺，门曰东、曰西。

桃林营　城石高二丈五尺，周二百九十八丈三尺，门曰东、曰西、曰南。

刘家营　城石高二丈五尺，周三百十一丈，门楼曰东、曰西、曰南。

冷口关提调　城砖高二丈九尺，周三百八十七丈有尺，门曰东、曰南。校场城南。

徐流口　城石高丈五尺，周二百五十丈一尺，门曰东、曰西、曰南。

河流口　城石高丈七尺，周二百二十四丈有尺，门曰东曰南。

　　石门子　城石高丈五尺，周二百十丈有尺，门曰东、曰西、曰南。

　　徐流营　城石高丈五尺，周二百六十二丈二尺，门曰东、曰西、曰南。

　　太平路边城　东自白羊谷水眼寺台至大青山岭西，百十三里。凡万二千三百六十九丈二尺五寸。台百十二，烽四十九，墩十一，偏坡七千五百六十九丈。关城石高二丈六尺，周五百六丈六尺，堑五十一丈，东西南门各有楼，西小门、北水关，中鼓楼。教场城南。

　　擦崖子关提调　城石高丈四尺，周三百十七丈余，门西南北各楼。教场城南。

　　白羊谷　城石高丈四尺，周二百十四丈三尺，门曰东、曰南。

　　五重安　城石高丈五尺，周百二十七丈五尺，门曰西、曰南。

　　新开岭　城石高丈四尺，周百六十九丈五尺，门曰南、曰北。

　　城子岭　城石高丈四尺，周百六十八丈五尺，门曰东、曰西、曰南。

　　五重安营　城土高二丈五尺，周二百六十七丈四尺五寸，门曰东、曰西、曰南。

　　榆木岭关提调　城石高丈五尺，周百四十七丈三尺，门曰西、曰南。教场城南。

　　大岭寨　城石高丈五尺，周百六十三丈一尺，门曰东、曰西。

　　烂柴沟　城石高丈四尺，周百三十丈三尺，门在南。

　　青山营　城石高丈五尺，周二百四十三丈，门曰东、曰南、曰北。

　　喜峰路边城　东自喜东寺儿谷至团亭独石台西，百三十里。凡万二千四百二十丈四尺五寸。台四十六，烽三十四，墩二十，偏坡五千一百四十四丈。

　　关　城　石高二丈，周四百十八丈六尺，堑八十一丈五尺，西南门各楼，荒城在北，正关有月城，教场城西。

　　董家口关提调　城石高丈五尺五寸，周百八十一丈。门楼曰东、曰西、曰南，教场城西南。

青山口关 城石高丈四尺五寸，周六十六丈九尺，门在西。

游乡口 城石高丈五尺五寸，周百一丈二尺，门在南。

青山驻操营 城石高二丈四尺，周二百三十一丈二尺，门曰东、曰西、曰南。

李家谷关提调 城石高二丈五尺，周二百二十八丈一尺五寸。南门有楼。教场城南。

铁门关 城石高丈三尺五寸，周百二十七丈，门曰南。

团亭寨 城石高丈三尺，周百七十三丈余，门曰西、曰南。

松棚路边城 东自潘家口垂纶台至小岭西，百十六里七十一步。凡万二千六百七十四丈七寸。台百七十二，烽五十五，墩三十二，偏坡万二千六百四十二丈九尺。路城砖高二丈五尺，周三百八十丈五尺，堑二百十九丈。门楼曰东、曰西、曰南。东角曰观兵台，北隅曰真武阁。教场城南。

潘家口关提调 城土高二丈二尺，周二百十九丈六尺。门曰西、曰南。教场在城南。

西常谷 城石高丈六尺，周百九十二丈九尺。门在东。

三台山 城石高丈六尺，周百四十八丈八尺。门在南。

龙井关 城石高丈五尺四寸，周二百九十七丈八尺。门曰南、曰北。东北月城高二丈，周二十一丈一尺五寸。

橡八谷 城石高丈七尺，周百四十三丈五尺。门在东。

洪山口关提调 城石高丈五尺，周三百十三丈八尺。门曰东、曰西、曰南。教场城东。

西安谷 城石高丈五尺，周百二十二丈三尺八寸，门在南。

白枣谷 城石高丈四尺，周百四十三丈。门在东。

外罗文谷提调 虽属本路，非郡境不具。凡边旧数具里步，新数具丈尺，折算不同而存之。其外品坑围墙多增，内驻操教场久废不具。

三屯营 城石高三丈，周千百九十丈七尺。门三：东曰宾日，西曰巩原，南曰景忠。四隅有角楼，中间以敌台。门各有重城，东西北隅各有小门。鼓楼在城南中，即上古营南第一楼也。钟楼在鼓楼后。池深二丈，广倍之。城隍庙在城内西北。教场在城外西北。车前营，旧汉儿庄潘家口属也，城土高二丈，周五百二十六丈，门三：曰东、曰西、曰南，教场城东。车后营，旧滦阳营喜峰口属也，旧城土高丈余，周六百丈，门三：曰东、曰西、曰南，教场城南。二营今为三屯车营，兵赴三屯操练，故附（车前瓦盖未堞，车后毁平未筑）。

建昌营 城砖，高三丈五尺，周八百五十三丈六尺，门三：曰东、曰西、曰南。有月城，有楼。西便门。四隅有角楼，有腰铺。鼓楼在城中。城隍庙在城西北。教场城西。开平卫城，砖高二丈五尺，周四里，门三：曰东、曰西、曰南，有楼，教场城北，属蓟州遵化守备，以境内城池故附。

附海口三营： **新桥营**在乐亭南，城周八百四十二丈，墩台十四：曰野猪口、曰羊拦坨、曰马城厂、曰新河套、曰施凤局、曰韭菜沟、曰猫儿港、曰大蓬台、曰刘家河、曰蚕沙河、曰大伯口、曰西长坨、曰娘坨、曰沙河口。**赤洋营**在昌黎东南，城周三百八十七丈，墩台五：曰赤洋口、曰黑道口、曰北口、曰青口、曰五家铺。**牛头崖营**在抚宁东南，城周三百八十七丈，墩台六：曰蟹儿口、曰秦皇岛、曰牛头崖、曰金山嘴、曰河南寨、曰猪圈坨。三城各高丈余，门三，年久俱坏，但存故址。

山石道

山海关 即城之东门。**南海口关**城南十里。**南水关**城南二里，关设二门，河自东来入之。先年边警不作，以后春夏则启之以通水道，冬间则闭之以防外盗。内止列木为栅，数有边警。嘉靖四十三年，主事孙应元集议呈部，添设铁叶闸板二扇，每扇阔一丈二尺，高一丈四尺，旁用大木柱亦以铁叶包裹。柱上各有护朽石柱，下各有出水。石城上设悬楼以蔽风雨，设滚水辘轳以便启闭，无事则高悬城半，有事则闸至水底。卒遇警急可无虑云。

北水关 城北二里，关设一门，河自东来入之。嘉靖四十三年添设闸板一扇，制度与南水关同。

旱门关 城北六里，相传先年放夷人及故柩在此，今砌塞。

角山关 城北十二里角山之巅，长城补截谷纡回其上。先年守备所属以此为界。

三道关 城东北二十里。

寺儿峪关 城东北三十二里。以上二关旧属石门寨，隆庆三年裁革守备，改设参将，拨付山海路管理。

南水关敌楼 在本关城下。

北水关敌楼 在本关城下。俱万历元年总督军门刘公应节建。

边　墙 嘉靖以前原额八千五百七十六丈五尺。万历七年增筑南海口入海石城七丈。都督戚公继光、行参将吴惟忠修。凡有损坏坍塌，制抚行文本路修补。

敌　台 镇城敌台五座。罗城一座，西关南北二座。**靖卤一号台**在南海口尽头，屹立海水中。嘉靖四十四年主事孙应元建，实为敌台之始，隆庆四年，总兵戚继光改名靖卤台。又旱门关外镇卤敌台一座，亦孙公建，后因边里筑台遂废。

王受二号台 万历二年军门杨公兆、行参将沈思学建。

白铺三号台　北小铺四号台　大湾五号台　界牌六号台 俱万历十二年军门张公佳胤、行真定游击董承祺建。

南水七号台 万历元年，军门刘公应节、行参将林岐建。

北水八号台 万历二年，刘公、行参将林岐建。

腰铺九号台 万历十四年，军门王公一鹗、行参将谷成功建。

旱门十号台 万历二年，军门刘公应节、行参将林岐建。

角山东十一号台 隆庆四年，军门谭公纶、行参将管英建。

三道小口十二号台 隆庆五年，军门刘公、行参将管英建。

桃园东十三号台 万历六年，军门梁公梦龙、行参将吴惟忠建。

三道正关十四号台 隆庆三年，军门谭公纶、行参将莫如德建。

烂石十五号台 隆庆四年，谭公、行参将管英建。

唐帽十六号台 隆庆五年，军门刘公、行参将管英建。

唐帽西十七号台　万历六年，军门梁公梦龙、行参将吴惟忠建。

尖山东十八号台　万历五年，军门杨公兆、行参将王有臣建。

尖山十九号台　万历十五年军门王公、行参将谷成功建。

松山西东二十号台　隆庆三年，军门谭公纶、行参将莫如德建。

松山二十一号台　隆庆五年，军门刘公、行参将管英建。

松山西二十二号台　隆庆四年，军门谭公、行参将管英建。

横岭二十三号台　隆庆三年，谭公、行参将莫如德建。以上敌台共二十三座，每座传烽墩十四处，炮空三十六位，设防守百总一名，南兵五名，北兵二名，统以千总一员，把总二员，每台置佛郎机八架，快枪八杆，火箭五百枝，铅子四千五百六十个，石炮三百位，火药五百斤，火器什物俱全。

烽　墩　山海共计一十四处，每军士六名。遇警，旗炮接传。隆庆四年都督戚公继光始设。

演武场　在南门外，有望军台。

新军营房　在城东南角。

营　制　按关门营制之设，东事以来，总戎时援辽境，官如传舍，兵若借乘。自天启二年，阁部孙公承宗，始置三部元戎，设立营伍。迨崇祯五年抚台丘公禾嘉，六年抚院杨公嗣昌，九年抚台冯公任俱有更置。抚台朱公国栋熟酌人地，因势而变通之，确然有一定之经制云。

天启二年始定经制

中部五营　神武营　威武营　戡定营　纬武营　戢武营

南部五营　宁武营　襄武营　定武营　耀武营　龙武营

北部五营　振武营　奋武营　英武营　雄武营　翼武营

前部副将五营　广武营　宣武营　肃武营　壮武营　彰武营

后部副将五营　骠武营　骁武营　捍武营　捷武营　冲武营

一片石五营　招武营　健武营　靖武营　经武营　修武营

以上阁部孙公承宗定，自天启五年至崇祯四年更换营制，因东援，官掾阵亡，文卷无存难稽。

崇祯五年酌定营　骠骑营　镇标内丁营　骁骑左营　骁骑右营　本道标下飞骑营　镇城中营　镇城左营　镇城右营　罗城营　南海中营　南海左营　南海右营　北山中营　北山左营　北山右营　一片石营　黄土岭营　城子峪营　义院口营　中前所骑营　中前所城守营　铁场堡并永安堡　海防左营　沙唬辽船五十只　山海军器局　石门军器局

以上抚院丘公禾嘉定。

崇祯六年更换营制　亲丁营　铁骑中营　铁骑前营　铁骑后营　铁骑右营　骠骑营　骁骑左营　骁骑右营　镇标内丁营　道标飞骑营　镇城中营　镇城左营　镇城右营　罗城营　南海中营　南海左营　南海右营　北山中营　北山左营　北山右营　一片石营　黄土岭营　城子峪营　义院口营　海防左营　中前城守营　铁场堡　山海军器局　石门军器局

以上抚院杨公嗣昌更。

崇祯七年更营制

监标营　亲丁营　内丁营　飞骑营　骁骑中营　骁骑左营　骁骑右营　铁骑中营　铁骑前营　铁骑后营　铁骑左营　铁骑右营　镇城中营　镇城左营　镇城右营　罗城营　南海中营　南海左营　南海右营　北山中营　北山左营　北山右营　一片石营　黄土岭营　城子峪营　义院口营　海防中营　海防左营　海防右营　中前所城守营　铁场堡营　山海军器局　石门路军器局

以上自崇祯七年至本年终抚院杨公嗣昌更。

崇祯八年更营制同前

崇祯九年新定营制

监标两营　抚标两营　大拨营　铁骑中营　铁骑左营　海防营　陆运营　余营仍前。

以上抚院冯公任定。

崇祯十三年更定经制

抚标前营（骁骑左营改）　抚标后营（监标右营改）　镇标左协中

营（监标右营改） 镇标左协左营（监标左营改） 镇标左协右营（骁骑火攻营改） 镇标右协中营（镇标左营改） 镇标右协左营（镇标右营改） 余仍旧。

以上抚院朱公国栋定。

石门路关堡 **石门城** 旧城窄小，仅容居民二三十家。万历十八年，本路参将刘承恩呈允展修东西南三面，共四百六十丈。又城中无井，遇急不可守，万历二十四年参将管一方新浚三井，军民始不苦远汲，缓急无恐云。

一片石关 去庙山口二里。

庙山口堡 去西阳口三里。

西阳口堡 去黄土岭五里。

黄土岭 去炕儿峪八里。

炕儿峪堡 去大青山二里。

大青山口关 去大毛山一十五里。以上俱属黄土岭提调官总之。

大毛山口关 去董家口二里。

董家口堡 去城子峪五里。

城子峪关 去水门寺三里。

水门寺 去平顶峪五里。

平顶峪堡 去板场峪十五里，去长峪一十五里，以上俱属大毛山提调总之。

板场峪堡 去义院口五里。

义院口关 去拿子峪三里。

拿子峪堡 去花场峪十里。

花场峪 去孤石峪二十五里。

孤石峪堡 去甘泉十五里。

甘泉堡 去平山营十五里。以上俱属义院口提调总之。近因抚夷冲关改为守备职衔。

老　岭 原在旧边之外。因山陡险难修，边墙后零贼每从窟隆山了望内地，乘虚肆掠。万历元年，戚总理修边，始于其上建立敌台，以戒不虞云。

按蓟镇分东西中三协，而为路者四，嘉靖以前山海石门共为一路，而山海仅设守备一员。暨三十六年，石门改设参将，而山海守备实属之，俱燕河副总兵所辖。后嘉靖末隆庆初，□屡犯山海等处，始题准山海仍设参将。割一片石以东三道关寺儿峪改隶山海，而屹然列为二路矣。自东事起，万历四十八年置道，山海、山石俱为所辖，然要害相连，声势相应，二而一者也。

右（上）崇祯十三年，范公志完所修山石道，其燕河、建昌二路，增兵设官，修城建堡之事无考矣。

国朝更定经制　据各路开报。

山海路　旧辖城堡，自寺儿峪起，接一片石关南山墩南山崖止，计地五十里。

山海关　东罗城　南海口关　角山关　三道关　寺儿峪关　旱关（塞砌）。边墙敌台，俱同前。

石门路所辖关堡　东自一片石南山崖起，西至甘泉堡，西界接星星峪堡交界止，计一百六十里。

一片石　有城，二里至。**庙山口关**　有城，二里至。**西阳谷堡**五里至。**黄土岭关**　有城，八里至。**炕儿谷关**　有城，二里至。**大青山关**　弘治年移无名，口并此有城，黄土岭提调辖，十五里至。**娃娃谷堡**　小河口关归并于此。**大毛山关**　有城，小毛山失守移入，二里至。**董家口堡**　并石门柳河冲二堡移此，五里至。**城子堡**　嘉靖元年移西家庄，仍旧名，三里至。**水关寺关**　嘉靖元年移黄土坡，仍旧名，五里至。**平顶谷堡**　以上大毛山提调辖。十五里至。**长谷口堡**五里至。**板场谷堡**　五里至。**义院口关**　城最壮丽。**拿子谷关**　十里至。**花场谷关**　移细谷口闫家庄，仍旧名。二十五里至。**孤石堡**　十五里至。**甘泉谷关**　十五里至。**黄土岭营**　长谷岭营　平山营　俱义院口提调辖。

燕河路所辖关堡　西自冷口石门子口关西琵琶稍墩，东至河东关止，计八十七里。

　　星星谷堡　移堡退四十里于潘家庄，仍旧名。

　　中桑古堡　旧桑垒谷中庵二堡，后置梁家湾，合为堡，有城。**箭杆岭关**　**界岭口关**　三十三关此关最为要害。**罗汉洞堡**　**青山口关**　有城。**东胜寨**　**乾涧儿口关**　有城。**重谷口关**　有城。**台头营燕河营**　旧寨。**青山驻操营**

　　建昌路所辖关堡　东自梧桐峪东尖山至太平路擦崖子白羊峪东界止，计六十九里零七十七丈六尺。

　　梧桐峪堡　**桃林口关**　**正水峪寨**　**孤窑儿寨**　**佛儿峪寨**　**刘家口关**（有城）　**徐流口**（有城）　**河流口关**（有城）　**冷口关**　**石子关**（有城）　**白道子**　**桃林营**　**刘家营**　**徐流营**　**建昌营**（有城）

海　防

　　赤洋海口营　昌黎南。**牛头崖海口营**　抚宁南。

　　新桥海口营　乐亭南俱海滨。永乐七年，因倭寇乐亭设。

　　南海口龙武营　天启壬戌阁部督师孙承宗设船兵以防海，沙唬辽船五十号。

　　此四路所辖边城自山海路南海口关起，至建昌路白道子关止，延袤二百三十六里。

　　石门路迤西至建昌路　嘉靖后改创增修。

　　墙　台　一百五座。山海路十二座，洪武年建。石门以东三路，嘉靖年建。

　　墩　台　一百六十九座旧建。**敌台**　北角山、南海口各一座，嘉靖年建。

　　空心台　三百三十五座隆庆三年至万历九年总理戚继光创建。

设　兵

　　山海路属

　　山海南海口　明季原设海防三营，官兵三十员名。顺治三年，经制官兵二百零三员名。本口分防汛守四处。

老龙头极冲，上有望海楼一座，安设目兵五十名，西至南海口五里。

南海口极冲，建天妃圣母行宫一座，三官行营一座，小圣行宫一座。设立守备一员，目兵一百名，西至秦王岛三十里。

秦王岛次冲，建望海观音殿寺一座，安设把总一员，目兵二十名。西至白塔岭十里。

白塔岭极冲，海岸建有小圣庙一座，安设把总一员，目兵三十名。迤西系蒲河营分防汛守。

石门路属

石门路义院口守备下 明季时所辖东至大毛山，西至界岭口扒喇岭止，共计空楼八十一座。顺治三年，改设墩台十座，边墙隘口计长百里，每墩安设兵三名，共兵三十名。

大毛山操守下 明季时所辖东至黄土岭关交界起，西至义院口交界止，共计边六十里，共计空楼七十六座。顺治三年，本关楼台拨与黄土岭关二十四座，义院口关拨给本关楼台三十六座。东至董家口七十六号台起，西至板长峪一百七十四号台止，共计边长八十余里，共计楼台九十座，改设墩台十座，每墩兵三名，共兵三十名。

黄土岭操守下 明季时所辖东至山海路交界起，南山崖石黄一号台至新尖山六十二号台止。顺治二年，奉文均拨大毛山下空楼二十四座，至董家口八十六号台，西至大毛山交界止，共计八十六座，止存改设墩台十座，边长八十余里，每墩兵三名，共兵三十名。

燕河路属

燕河路明季原设参将一员，统辖界岭，极冲、青山次冲，守提二员，内属长边九十七里零六十步，原设墩台共一百六十七座。顺治三年月兵，二部大人诣边挨查险隘，革参将设立守备一员，统辖台头、界岭、青山三关营，设立操守三员，改那设墩台共十六座，每台设墩兵三名，共墩兵四十八名。

建昌路属

桃林口 明季沿边东至梧桐峪，西至白家山路，长三十三里。原设墩台七十九座，传烽墩二十一处。敌台七十九座，每台设台总一名，台正副二名，台兵五名。传烽墩二十一处，每处设墩头一名，烽军五名。顺治三年，更定本口沿边东至梧桐峪，西至香油峪刘家口交界止。设墩台五座，每台设墩兵三名，共兵十五名。

刘家口 明季系桃林口守备所管。顺治三年，更定操守一员，分管沿边。东至本口月城楼，西至偏坡楼冷口交界，路长四十二里止设墩台七座，每墩设兵三名，共兵二十一名。

冷口关 明季原管楼台一百零四座，每台设立台总一名，台正副二名，台兵五名。顺治三年，更定本口沿边东至刘家口，西至白羊峪交界。路长六十里。止改设墩台七座，每墩设兵三名，共二十一名。

刘家墩海防营

滦河口 极冲，要口，明季时设有木楼一座，值今将毁，至西韭菜沟三十五里。

韭菜沟 次冲，要口，明季时设立土墩一座，今已筑存竖旗。至西清河二十里。

清河口 极冲，要口，明季时设立土墩一座，今已筑存竖旗，至西高糜河八里。

高糜河 次冲，要口，明季时设有木楼一座，值今将毁，有土墩一座，今已筑存竖旗。至西蚕沙口四十里。

蚕沙口 极冲，要口，明季时设立土墩一座，今已筑存竖旗。至西望风东交界三十七里。

蒲河营

本汛海口地方东自金山嘴起，西至小滦河交界止，共计二百里。汛长极冲海口二处：洋河口、蒲河口，明季设有副将一员，兵三千名。旧有营房、仓廒基址见存。次冲海口四处：沙崖口、野猪口、胡林河、赤洋口，内牛头崖、赤洋海口，明季各设坐营官一员，兵各八十名，驻防海口。旧有土墩六座，今经年久，俱各倒坏，基址见存。

顺治新更经制：蒲河口一带设都司一员，千总一员，把总二员，目兵四百名。按汛冲缓，安设官兵修盖窝铺，垒砌炮台，督率目兵昼夜瞭望巡防。各县设有木楼十座，旧基土墩六座。见今奉行各县补修。

金山嘴土台一座　金山嘴西岭土墩一座，西至戴家河二十里。联峰寺土墩一座。

戴家河木楼二座，西至蒲河口四十里。

洋河口西土墩一座。苏家撑西木楼一座。

蒲河口旧修木楼一座。口南木楼一座，西至沙崖口七十里。沙崖口木楼一座。口东木楼一座，西至野猪口二十五里。野猪口补修土墩一座，西至胡林河十五里。胡林河补修土墩一座，西至刘家墩三十里。

边　政

山永协镇　旧山、永分协，今并为一

副将一员。协标左营中军守备一员。协标右营守备一员，左右营千总各一员。把总各二员。兵丁：左营马步战守兵四百名，官五员，以上官兵月食俸饷银五百八十六两五钱，米一百二十石，马七十八匹，月食料七十石二斗，草四千六百八十束。右营马步兵四百名，官四员，以上官兵月食俸饷银五百五十四两四钱，米一百二十石，马七十八匹，料七十石二斗，草四千六百八十束。

永平道标营　今裁。

中军守备一员，千总一员，塘拨千总一员。兵丁一百名，以上兵月食俸饷银一百六十一两四钱四分，米三十石，马二十五匹，月支料二十二石，草一千五百束。

永平卫　今裁。

守备一员，岁支俸薪蔬菜烛炭心红纸张银共一百一十五两三钱九

分四厘。

千总二员，每一员岁支俸薪银六十六两七钱六厘。

百总二员，每一员岁支廪给银三十六两。

经历一员，每年支俸银四十五两（今裁）。

山海卫

守备一员，岁俸薪蔬菜、烛、炭心、红纸张银共一百一十五两三钱九分四厘。

千总一员，岁支俸银六十六两七钱零六厘（今裁）。

百总一员，岁支廪给银三十六两（今裁）。

经历一员，岁支俸银四十五两（今裁）。

山海卫儒学

教授一员，岁支俸银并斋夫喂马草银与府学同。

训导一员，先裁今复设，岁支俸斋与府学同。

山海路

都司一员，千总一员，把总一员，目兵三百名。以上官兵月食俸饷银四百两一钱零，米九十石。

山海关

守关都司一员，即山海路都司兼守关门。城守章京四员。西罗城坐营官一员，东罗城坐营官一员。南水关，今闭、北水关今闭、北旱关，今闭、南海口、角山关、三道关、寺儿峪关，边城南北共八千五百八十三丈六尺长，明武宁王徐达建，总理戚继光增修。墩台九座，号台二十七座，烽堠十四座。

石门路

都司一员，千总一员，把总一员，目兵二百五十名以上。官兵月食俸饷三百三十七两六钱，米七十五石。边城东自一片石南崖起，西至甘泉堡西界星星峪堡交界，共长一百六十里。一片石关　庙山口关　西阳峪堡　黄土岭关　坑儿峪关　大青山关　娃娃峪堡　大毛山关　董家口堡　城子峪堡　水门寺关　平顶堡　长峪口堡　板场峪堡　义院口关　拿子峪关　花场峪堡　苇子峪堡　孤石峪堡　甘泉峪堡

黄土岭关　操守一员，兵五十名，墩兵三十名以上官兵月食俸饷银九十六两五钱，米二十四石。

义院口关　守备一员，把总一员，目兵一百名，墩兵三十名。以上官兵月食俸饷银一百六十两，米三十九石。

大毛山关　操守一员，目兵五十名。以上官兵月食俸饷银六十六两五钱，米十五石。

燕河路

守备一员，把总一员，目兵一百名，墩兵四十八名。以上官兵月食俸饷银一百九十五两，米四十四石四斗。边城西自冷口石门子口关西琵琶稍墩起，东至河东关止，共长八十七里。

星星峪堡　中桑峪堡　箭杆岭关　罗汉洞堡　青山口关　东胜寨　乾涧儿关　重峪口关　附马寨

台头营　操守一员，目兵五十名。以上官兵月食俸饷银六十六两五钱，米十五石。

界岭口　操守一员，目兵五十名。以上官兵月食俸饷银六十六两五钱，米十五石。

青山口　操守一员，目兵五十名。以上官兵月食俸饷银六十六两五钱，米十五石。

建昌路

都司一员，千总一员，目兵二百五十名。以上官兵月食俸饷银三百三十七两六钱，米七十五石。操马八匹，月食料七石二斗，草四百八十束。

边城东自梧桐峪东尖山，西至太平路擦崖子白羊峪止，共长六十九里一百五十五步。

梧桐峪堡　桃林口关　正水峪寨　孤窑儿寨　佛儿峪寨　刘家口关　徐流口关　河流口关　冷口关　石门子关　白道子关　桃林营　刘家营　徐流营　建昌营

桃林口　操守一员，目兵五十名。以上官兵月食俸饷银六十六两五钱，米十五石。

刘家口　操守一员，目兵五十名。以上官兵月食俸饷银六十六两五钱，米十五石。

冷口关　操守一员，目兵五十名。以上官兵月食俸饷银六十六两五钱，米十五石。

以上边城自山海路南海口起，至中协太平路白羊峪止，共长三百六十里。墙台一百五座，墩台一百六十九座，空心台三百三十五名。

附海营

蒲河营

都司一员，千总一员，把总一员，目兵四百名。以上官兵月食俸饷银五百二十八两，米一百二十石。

南海口

守备一员，把总二员，目兵二百名。以上官兵月食俸饷银二百七十三两五钱，米六十石。操马十五匹，月食料十三石五斗，草九百束。

刘家墩

守备一员，把总二员，目兵二百名。以上官兵月食俸饷银二百七十三两五钱，米六十石。

军　卫

卫之有官也，其典近于封建；卫之有军也，其制近于府兵。以封建之心，而行府兵之法，其于庸勋固圉之道，兼得之矣。承平日久，令甲寝弛，官有纨绔之风，国无搜狝之实。迄于后代，而李氏名败，王离生获，往往失师律而颓家声。而至今日，则七姓之裔处于莘门，八卿之孙降为皂隶，可哀也！已郡自靖难，时勋最多，不能详其功状、世系，而具其姓名，略取太史公功臣表之意云。

永平卫　在府治南，洪武四年建，领中、前、后、中左、中右、中前、中后、左前八千户所，原额官军六千四百名。

指挥使　李宏　马敬　谷祥

指挥同知　李祯　李忠　罗政　张福　李杰

指挥佥事　谷成　胡斌　姚全　庞英　马七十　陈雄

卫镇抚　王刚　李得。

中　所　正千户　司贵　陈聚　葛兴　贾长儿　汪祥　李端

副千户　张荣　刘忠　倪旺　高鸾　周隆

所镇抚　王成　陈福

百户　贾宣　华得　戴受　李成　毛成　李信　田旺　曾勋

前　所　正千户　陈鉴

副千户　章永　朱贵　陈敬

所镇抚　张壹

百户　刘安　王荣　吴世美　王春

后　所　正千户　吴海　孙玉

副千户　张忠　邹和　白卯那海　刘广　曹清

百户　朱真　臧文成　王宁　管受骡儿　陈京　白聚

试百户　李福　王道安

中前所　副千户　蔡成　倪永清

百户　安贵　邵原善　郑安　胡海　朱保　俞忠　姚纯　何
成　姜銮

试百户　陈华　蔡旺

中后所　正千户　缪纪　李承爵

副千户　王忠　李凯　张能

百户　孙旺　杨勋　高林

中左所　正千户　路彬

副千户　杨胜　赵成　马升

百户　郝贵　谢兴　夏聪

中右所　正千户　张辅　殷贵　吴本

副千户　陆阿升　潘旺　张隆　王兴　武章

百户　曲清　郭得　王友　李斌　王荣　侯胜　钱大金

试百户　萧淮

左前所 正千户 石忠

副千户 顾暹 马庸 杨允

百户 吴兴 沈均祥 丁秀 顾成 刘成 谢钊 盛昂

试百户 陶京 杜继宥

东胜左卫 在府治东北，旧属山西行都司。永乐元年，移建于此。领中、左、右、前、后五所。原额官军五千三百一十名，今并入永平卫。

指挥使 王贵 李永昌

指挥同知 吴海 陈得 汪锐

指挥佥事 唐泽 李春 张鹏 张观音保 谭澄 陈隆 孟祥雷信

卫镇抚 杨荣 曹得

左 所 正千户 罗源 高秃子 刘鉴

副千户 陈端 张福

百户 陆毅 黄庆 潘甫祥 陶兴隆 徐贤 缪辉

右 所 正千户 陆胜

副所千户 徐得 林信 金得

百户 孟添受 张林 刘福兴 萧全 阎聚 张举

试百户 周连

中 所 正千户 陈贵

副千户 李祥 王海 陈凯 薛昂 萧清 李艺 李成

百户 杜敏 司能

前 所 正千户 周裕

副千户 董旺 刘凤

百户 白恭 陈兴 朱真 葛兴旺 汪汝川 马忠 张斌 田贵

后 所 正千户 解恭 卢俊

副千户 周山

百户 陈琦 徐福 杨三 李肃 沈福 孙方 康宁

试百户 卜羊秃 冯琦

卢龙卫　在永平卫南，永乐四年建，领中、左、右、前、后千户所七百户所，原额官军五千七百四十八名，今并入永平卫。

指挥使　吴旺

指挥同知　焦恕　宋堂　刘江

指挥佥事　高彝　董兴　郭昱　陈宗　袁镇　张仁敬　张雄　李贤　尚九皋　李瑾

卫镇抚　刘升　赵本

左　所　正千户　许达　杨宣　刘鉴　许寿

副千户　才任礼　杨教

百户　王衍　赵进　夏贵

试百户　廖自当

右　所　正千户　聂宜

副千户　王升　孙胜　赵敏　仇兴　陈义　刘景

百户　李官保　沈荣　李雄

中　所　正千户　吕通　李英

副千户　刘义　李真

百户　王成　贾清　卢旺

前　所　正千户　李海

副千户　王兴　邵谅　王成　陈宗

百户　刘海　张保儿　冯僧奴

试百户　周海马

后　所　正千户　李安　姜彝

副千户　任政　周成

百户　孙道　许铭　徐英　吴铎

试百户　李三圣奴

七百户所百户　黄善　孙礼　赵铭　李升　陈礼

兴州右屯卫　在迁安县城，旧在口北大宁，永乐三年移建于此。领左、右、中、前、后五千户所，原额官军四千五百名，今并入永平卫。

指挥使　魏显

指挥同知　潘仲祥　许斡　朱克恭

指挥佥事　陆贤　彭源　刘云瀚　张锐　梁珍

卫镇抚　程恭　何旻

左　所　副千户　鲁敏孚　黄胜　汤清　赵睿　潘世武

百户　陆贵　危原　夏斌　郝三姐　周方　任贤　包义　李友儿　王二姐　张友　李兴　韩瑭　梅春　聂胜　阴继勋

右　所　正千户　赵海　朱辅

副千户　李荣　沈名　张真

百户　刘福　张贵　吴兴　孟真　靳七儿　周礼　陈奇　殷广　杨兴　刘升

中　所　正千户　燕贵　孙堂

副千户　杨忠　牛信　侯兴　王贵　段先

百户　李寿　张资　韩福　孙能　杨兴　阎敬　王玺　马斌　周真　蒋虞

前　所　正千户　张恭　张端　张应爵

副千户　韩玉春　周钺　曹信　刘润

所镇抚　许兴　王端

百户　韦思义　国润僧　赵宗　杨茂　王英　刘永　刘顺　李福　林福敬　韩贵　黎海　高禄　金贵

后　所　正千户　王大重

副千户　王兴　陶能　李相

所镇抚　黄贵

百户　刘忠　轩林　赵敬　丁鉴　阎实　邢宗友　周源　滕俊　陈聚　赵智

抚宁卫　在抚宁县十里，永乐三年建，领左、右、中、前、后五千户所，原额官军四千五百名，今并入山海卫。

指挥使　陈斌　孟永　毛纪　林良　张弘猷

指挥同知　孙能　陈英　刘禧　赵铭

指挥佥事　高镛　萧鹏　周常　吴继璘　刘荣　曹勇　纪成　宋忠　凌海　钟楷　夏寅　张绳武　张耀先　魏国勋　吴世忠　陈文泰　卫镇抚陈得

左　所　正千户　范庸　任俊　陈有谅　程和

副千户　王祯　傅斌　罗忠　胡琳　朱贵

百户　李忏保　郭伴儿　成原　董兴　苗见儿　杨安　方敬

右　所　正千户　丘安　李胜

副千户　王得　杨回子　贾锦　田兴　白玉　谢成

百户　王成辅　牛彬　陈兴　陈贵　陈旺　康贤　徐胜

龚景试　百户　尹顺

中　所　正千户　王兴

副千户　白钦　毕达　袁钦奇　韩荣　田兴　蔡智

所镇抚　徐斌

百户　贾成　梁通　曹保儿　张剪　白整　康荣　李春　王宗儒

前　所　正千户　王智　陈洪　侯三锡

副千户　邸得新　张能　宋虎　王成　黄忠　石玉

百户　魏廷玉　陈贵　解仕　贾兴　许能　王兴　于海　张堂晏友

后　所　正千户　余宣　王聚　王福

副千户　沈英　殷纪　卢旺　张全　孙成　陆永

百户　吴真　王全　赵有通　郝福　公谅　赵成　王敬

试百户　苏贵

八百户副千户　荣春

百户　苏良　李安　谭整　刘聪　赵鉴　于鉴　高镗

山海卫　在山海关口。洪武十四年建，领左、右、中、前、后、中左、中右、中前、中后、山海十千户所，宣德五年调左中二千户所于辽东，止领八千户所。

指挥使　施亮　吕瑛　魏振　张俊　徐铎　符洁　于珮　赵进　李胜　王玺　刘凯　孙贵

指挥同知　石金　唐旺　郭旺　徐庸　戴良　涂奇　王福　李冕
李堂　杜鸢　王佐

指挥佥事　刘得　徐敬　苏能　林得　李哈喇勤　赵忠　胡海
刘毅　吕升　李忠　任洪　傅政　何隆　李玺　徐锦　周珏　张懋勋

卫镇抚　余显

右　所　正千户　冯良　任弘　王魁黑赤　高英

副千户　邢二　李贵　李军童

百户　徐成　何礼　刘兴　谭忠　李源　谭贵

试百户　周才

前　所　正千户　赵谅　韩谅　李智中　于化　谢成　居端
孙良

副千户　李聚　刘兴　蔡义　周翱　施信　杨瓒　潘瓒　李英

所镇抚　陈纪

百户　虞贵　郭顺　王斌　徐斌　贾荣　白俊　鲍义

后　所　正千户　徐成

副千户　赵兴　朱官儿　张智　杨雄

百户　周亮　查义　樊温　潘旺　傅贵　高虎儿　吴廉　徐韶

试百户　仇铭　刘顺　蒋名

中左所　正千户　王礼保

副千户　钟兴　孙三

百户　马旺　潘兴　陈忠　潘刚　赵铭　程锐

中右所　正千户　孟受　陈聚　狄观　薛滕　王忠

副千户　张文秀　高兴　朱胜

所镇抚　汪斌

百户　杨荣　张大都驴　张雄　郑海　吴旺　孙忠

山海所　正千户　任忠

副千户　李成　张胜　孙德　解聚　杜旺

百户　陈聚　高兴　贺贵　边荣　计旺　李兴

中前所　正千户　洪海　李小四

副千户　王佑　徐胜　周源

百户　王海　温泉　魏成　常顺　熊彪　张信

中后所　正千户　范保山

副千户　孙荣　张林儿　蔡应寅　徐端

百户　段信　李茂　张忠　刘贵　许敬　张奴儿　张通　任
得　倪成

‖卷之十‖

莱　阳　　宋　琬撰次
府学训导　徐　香参订
萧　山　　张朝琮续纂
卢龙教谕　胡仁济校辑

古　　迹

　　昔敬宗帝丘之辞，李斑内黄之对，咸见褒世主，增重史书。挽代以还，世风浸陋，官皆墙面，靡往哲之多闻；学鲜殖根，有大人之患失。黄图赤县，犹自茫然；紫塞青陉，弥同绝域。况永郡山川盘互，郡邑纷更，蓟载辽名，唐武德六年徒辽西于幽州城中，青蒙幽号，侯希逸为平卢淄青节度使，易淆名实，莫辨曩今。顾以水接清淄，每想祛衣之状；冈留蠡石，犹传饮羽之踪。所恨者旧不存，简编难究。杜元凯之注经，多云地阙；郦道元之释水，亦曰靡详。学穷山海，犹疑伯益之经；书遍周秦，须实献王之事。

　　［夏］

　　碣　石　案书《禹贡》："夹右碣石入于河。"传曰："碣石海畔山。"疏云："在右北平骊城县西南。"《汉书·地理志》："右北平骊城，大碣石山在县西南。言大碣石山，则必有小碣石山矣。"其辽西絫县下，云："有碣石水。"言水不言山。而《武帝纪注》，文颖曰："碣石山在辽西絫县，絫县今罢，属临渝。"始与地志之文异。而后汉《郡国志》两存之，引《水经》云："在临渝县南"，又引郭璞云："或曰在右北平骊城县，海边山也。"是亦谓碣石有二也。《史记·夏本纪》

索隐曰："《汉书·地理志》云：碣石在右北平骊城县西南。"又太康《地理志》云："乐浪、遂城县有碣石山，长城所起。"又《水经注》云："在辽西临渝县南水中。"盖碣石山有二，此云夹右碣石入于河，当非北平之碣石，是有三碣石也。《隋书》卢龙下云："有碣石。"《新唐书》平州石城下云："有临渝关，有碣石山。"营州柳城下云："又东有碣石山。"是二州各有碣石，而营州之碣石又在柳城之东也。杜氏《通典》云："卢龙县有碣石山。秦筑长城所起之。碣石在高丽界，非此也。"凡此诸说，人各不同。韦昭以为碣石旧在河口，海滨历世既久，为水所溢，渐沦入海，已去岸五百余里。而《水经注》云："濡水又东南至絫县碣石山，汉武帝尝登之，以望巨海。今枕海有石如埇道数十里。当山顶有大石如柱形，往往而见立于巨海之中。潮水大至及潮波退，不动不没，世名之天桥柱。"今并无迹可据。又考秦始皇三十二年之碣石刻铭。二世元年东行到碣石并海。汉武帝元封元年，东巡海上，至碣石。魏武帝诗："东临碣石，以观沧海。"后魏高宗"大安三年，登碣石山，观沧海，大飨群臣于山下，改碣石山为乐游山，筑坛记行于海滨"。齐显祖天保四年"登碣石山，临沧海"。自秦以下，登此山者，凡六帝"。唯隋唐二史不言碣石，而《太宗纪》则云"次汉武台，刻石纪功"。今其碑跌台址亦一切不存。第据故老所传，以为昌黎之仙人台而已。若《史记·苏秦传》："南有碣石雁门之饶。"索隐以为在常山九门，则去此绝远，不得援以解《夏书》之碣石也。

[商]

孤竹城 《汉书》："令支有孤竹城。"《魏书》："肥如有孤竹山祠。"《水经注》："玄水又西南迳孤竹城北，西入濡水。"又云："祠在山上，城在山侧。肥如县南十二里，水之会也。"《史记正义》：引《括地志》云："孤竹古城在卢龙县南十二里。肥如县，唐武德二年更名卢龙。今城南已无其迹，而祠在府城西北二十里。滦河之左洞山之阴，夹河有孤竹君三冢，岂唐之卢龙治尚在其东北耶。"又案："孤竹始封于此，在令支、黄雒之间，其地俭于百里。"而《辽史》云："兴中府本古孤竹国，汉时为柳城地。"则又在今祠东北五百余里。幅员之广，几方千里矣，岂殷末诸侯兼并而致之与旧志引《尔雅》"孤竹北户"，以为孤竹是北荒之总名。盖犹五岭以南，言瓯言越本其国名，后乃概而称之耳。《史记·齐世家》："桓公伐山戎，至于孤竹而还不得。"言至于北荒而还也。郭造卿曰：今有土筑堍垣不过千年物耳，宇内商周城其存者有几哉，未可信以为孤竹之古城也。

首阳山 《论语注》马融曰："首阳在河东蒲坂，华山之北，河曲之中。"《史记正义》曰："曹大家注《幽通赋》云：'夷齐饿死于首阳山，在陇西。'"又戴延之《西征记》云："雒阳东北首阳山有夷齐祠。"今偃师县西北。又《孟子》云："夷齐避纣居北海之滨首阳山。"《说文》云："首阳山在辽西。"史传及诸书，夷齐饿于首阳凡五所，各有案据，先后不详。庄子云："伯夷、叔齐西至岐阳，见周武王伐殷曰：'吾闻古之士，遭治世不避其任，遇乱世不为苟存。今天下暗，周德衰，其并乎周，以涂吾身也。不若避之，以洁吾行。'二子北至于首阳山，遂饥饿而死。"又下诗："登彼西山。"今渭源县首阳山，在岐山西北，明即夷齐饿死处也。宋白《北蕃地理志》曰："首阳山在平州。"旧志言："今府城东南十五里有崵山，一作阳山，即其地。"窃意二子当日之逃，为国人之将立己耳，及中子既为君，则名分已定，可以无嫌。子臧之反于曹，季札之反于吴，古之人有行之者，在二子何独不然。况西土之人皆为仇国箕子之去又适东夷，天下宗周之时，舍故都其何往。旧志云："孤竹远在夷陬，周初隔山戎而蔽于燕。"燕史无通于中国，中国之首阳，人表为口实，而海滨孤竹无从称之矣。是后日入于夷史失表之，是或一说也。存之以备采。

[周]

山戎国 《春秋》："庄公三十年冬，齐人伐山戎。"《史记》："山戎越燕而伐齐，齐厘公与战于齐郊，其后四十四年，而山戎伐燕，燕告急于齐，齐桓公北伐山戎，山戎走。"杜预《春秋注》曰："山戎，北狄胡。"三省《通鉴》注曰:"自汉北平无终、白狼以北,皆大山重谷,诸戎居之。春秋谓之山戎。"郭造卿曰:"山戎、北戎是二种。山戎种一为无终,齐伐之,晋灭之;北戎种二:东为离支,齐所灭;西为代,晋所灭。自燕东北为辽西,辽东以外,无非北戎地。西北为上谷,以外无非山戎地。而北戎为尤大。故必平山戎,而同许男以伐之。"

令 支 《国语》:"桓公北伐山戎,羝令支,斩孤竹。"《史记·齐世家》作"离支"。《周书·王会》作"不令支",皆令支之转也。二汉辽西郡俱有令支,独《晋书·地理志》无之,而于其末曰:"慕容熙以幽州刺史镇令支。"其见于载记者,段氏都令支。石虎伐段,辽入令支,以李农为营州牧,镇令支。命段兰帅所从鲜卑,屯令支。燕余岩据令支。慕容农克令支。兰和屯令支。李朗留其子养守令支。李旱克令支。慕容懿以令支降魏,魏宿沓干拔令支。慕容拔攻克令支。其地在燕之东陲,故为重镇。入魏,太平真君七年,乃并于阳乐矣。《水经注》:"濡水东南径令支县故城。旧志令支城在迁安东,盖亦近之。"

卑耳山 《国语》言:"齐桓公悬车束马逾太行,与辟耳之溪枸夏。"韦诏注曰:"太行辟耳山,名枸夏,辟耳之溪也。"《史记·齐世家》:"登太行至卑耳山而还。"《正义》曰:"卑音壁。"《管子》:"桓公二十年征孤竹,未至卑耳之溪十里。"案《国语》、《史记》皆云西伐,而管子则云征孤竹,或曰燕北一带之山,皆名太行。故旧志载之孤竹之境。又案《水经注》:"清夷水西南,得桓公泉。桓公北伐山戎过孤竹。西征束马悬车,上卑耳之西极,故水受斯名也。"则卑耳在上谷之沮阳。二说不同,今姑仍旧志,入之山川条下。上谷沮阳在今延庆州境。

[秦]

长 城 长城始于燕时,历代筑之非一。《史记》:"燕筑长城,自造阳至襄平置上谷、渔阳、右北平、辽西、辽东郡以拒胡。""秦始皇帝使蒙恬筑长城，起临洮至辽东万余里。"《正义》引《括地志》："长城首起岷州西十二里，东入辽水。齐显祖天保六年，发民一百八十万筑长城，自幽州夏口西至恒州九百余里。七年，自西河总秦戍筑长城，东至于海。后主天统元年，自库堆戍东距于海，随山屈曲二千余里，斩山筑城，置立戍逻五十余所。周宣帝大象元年，发山东诸民修长城，立亭障。西自雁门，东至碣石。隋文帝开皇六年二月，发丁男十一万修筑长城；七年二月，发丁男十万余修筑长城。"长城之见于史者如此。今人言长城必曰秦时筑。考之晋太康《地理志》："长城起乐浪之碣石山。"《魏书》："长孙陈传为羽林郎，征和龙，贼自西门出，将犯外围，陈击退之，追至长城下。"是长城在龙城之外。而《通典》亦言："蓟州北至废长城塞二百三十五里。"然则今山海关之长城，乃徐魏公所修之城，非古之长城也。《一统志》："秦长城在府北七十里。"误。

扶苏泉 《辽史·地理志》："滦州有扶苏泉，甚甘美。秦太子扶苏北筑长城，尝驻此。"郭造卿疑以为狐苏之误。汉辽西郡有狐苏县。

［汉］

右北平郡 汉右北平郡治平刚，后汉治土垠。《水经注·魏氏土地记》曰："蓟城东北三百里，有右北平城。蓟城，今京师也。"《括地志》："渔阳郡东南七十里，有右北平城。"案，当在今蓟州玉田界，此后汉之右北平也。若平刚，则在卢龙塞之东北三四百里，此前汉右北平，而李广之所守也。旧志云："今府城南有李将军射虎石"固谬。《水经注》言此石在玉田、无终之间，是亦以后汉之右北平为李广所治，与东越青陉之说自相矛盾。著书之难如此，又何怪乎后之传讹者邪。

平刚县 《三国志·田畴传》："旧北平郡治在平冈，道出卢龙，达于柳城。自建武以来陷坏断绝垂二百载，而尚有微径可从。"《魏太祖纪》："上徐无山出卢龙，历平冈，登白狼堆，去柳城二百余里。"《水经注》："卢龙东越青陉至凡城二百许里，自凡城东北出，趋平罡故城，可百八十里，向黄龙则五百里。"是平刚在卢龙之东北四百里矣。《晋书·成帝纪》："咸康四年二月，石虎帅众七万击假辽于辽西，辽奔于平冈。"《慕容皝载记》："遣扬威将军淑虞攻乌丸悉罗，俟于平冈。"其字本作刚，一作冈，又作岗，亦用堈，又作罡。

石城县 汉右北平郡之县十六，其三曰石城，后汉无之，盖光武所并省也。至燕分置石城郡。考之《通鉴》及《晋载记》得二事："慕容宝宿广都黄榆谷，清河王会勒兵攻宝，宝帅轻骑驰二百里，晡时至龙城，会遣骑追至石城不及。"是广都去龙城二百里，而石城在其中间也。"慕容熙畋于北原石城，令高和与尚方兵于后作乱。"注云："高和本为石城令，时以大丧会于龙城，是石城去龙城不远也。"《魏书·地形志》广兴下云："有鸡鸣山、石城、大柳城，此即汉之石城矣。魏太平真君八年置建德郡，治白狼城。领县三，其一曰石城，有白鹿山祠。其二曰广都。"《水经注》："石城川水出西南石城山，东流径石城县故城南，北屈径白鹿山，西即白狼山也。又东北入广成县东，广成即广都城。燕之石城在广都之东北，而此在广都之西南，是魏之石城，非燕之石城矣。"《隋书》："始无石城，云北齐废之。"而《唐书》平州石城下云："本临渝。武德七年省，贞观十五年复置。万岁通天二年更名。有临渝关，有大海，有碣石山，是武后所更名之石城，又非魏之石城矣。"《辽史》："滦州绕县三，其三曰石城。下云，唐贞观中于此置临渝县，万岁通天元年改石城县，在滦州南三十里，唐仪凤石刻在焉。今县又在其南五十里，辽徙置以就盐官，是辽之石城，又非唐之石城矣。"今之开平中屯卫自永乐三年徙于石城废县，在滦州西九十里，乃辽之石城。而《一统志》以为汉旧县，何其谬欤。

土垠县 后汉为右北平郡治。《耿弇传》："光武遣弇与吴汉等十三将军，追贼至潞东及平谷再战，斩首万三千余级，遂穷追于右北平无终、土垠之间，至浚靡而还。"注云："土垠故城在今平州西南。"案《水经注》："巨梁水出土垠县北陈宫山。"陈宫山在今丰润县北七十里，则土垠当在今丰润境内。唐时未立丰润，故注云平州西南耳

《一统志》乃云在府城西南，则沿此注而失之也。《滦志》谓今丰润东十里垠城铺，即古土垠城。

辽西郡 汉治，且虑后汉。晋治阳乐，魏治肥如，北齐省入肥如。杜佑曰："汉辽西郡故城在卢龙城东，至隋改置辽西郡于营州之境汝罗故城，唐武德六年又徙于幽州城中，则皆非本境矣。"

肥如县 《汉书注》应劭曰："晋灭肥，肥子奔燕，燕封于此。汉初为侯国。"《史记·功臣表》："肥如侯蔡寅是也。传三世，至孝景元年，侯奴薨亡后而肥如改为县。"《荆世家》："肥如令，郢人是也，是时肥如虽为县，而属于燕，故燕王得以杀肥如令。及武帝析藩国，置缘边诸郡，而肥如自此定属于辽西矣。"见于史者，《后汉书·和帝纪》："永元九年秋八月，鲜卑寇肥如。"《刘虞传》："前中山相张纯等众十余万屯肥如。"《晋书·载记》："帝遣幽州诸军讨慕容廆，战于肥如。慕容熙大城肥如，以尚书刘木为南大将军。冀州刺史镇肥如。"《地理志》："高云以幽冀二州牧镇肥如。"《魏书·冯弘传》："黜世子崇，令镇肥如。"《肃宗纪》："城平州，所治肥如。"章怀太子注云："故城在今平州。"而《汉书》言有玄水、濡水、卢水。《魏书》言有孤竹山祠、令支城、黄山、濡河。《水经注》言："肥如县南十二里，水之会也。"则在今卢龙之境无疑矣。燕慕容垂世子令说其父守肥如之险以自保。胡三省注以为即卢龙之塞，盖今沿边一带大山长岭，古时亦属之肥如也欤！

海阳县 汉初为侯国。《史记·功臣表》："海阳侯摇毋余是也，传四世。至孝景四年，侯省薨亡后，而海阳改为县。"《汉书》言："有龙鲜水、封大水、缓虚水，皆南入海，有盐官。"《魏书》："有横山、新妇山，清水，北齐省入肥如。"《水经注》魏氏土地记曰："令支城南六十里有海阳城。"《辽史》："隰州平海军海阳县本汉县，地多咸卤，置盐场于此，大抵海阳之境北距肥如、令支，而南际于海，今滦州之东偏及乐亭地也。"《一统志》在府城南三十里，乃抄《辽史》望都条下之文，而不知汉之海阳其治已无可考也。

阳乐县 后汉为辽西郡治。晋愍帝建兴元年，慕容翰攻段氏，取徒河新城至阳乐。《魏书》有武历山、覆舟山、林榆山、太真山，山名转易，多不可考。但言太平真君八年并令支，属于此。而章怀太子云："阳乐在今平州东。"则知不出卢龙之境。《抚宁志》乃云："阳乐城在西关外"。无据。

新安平县 汉辽西郡之县，后汉省，今不详所在。但据《汉书》云："夷水东入塞外。"《水经注》云："新河自板渠东出，合封大水，谓之交流合水，出新平县西南，流径新平县故城西，又东南流龙鲜水注之，合而东流注封大水，乱流，南会新河，南流于海。"其曰新平即汉之新安平，中脱一字耳。详其水道，则知其县必在海阳、肥如之间也。

临渝县 《汉书》有渝水、侯水。《后汉志》有碣石山，晋无此县。而《通鉴》载褚匤说冯跋曰："章武郡临海，舟楫可通，出于辽西临渝，不为难也。"《水经注》："渝水西南巡山径一故城，以为河，连城疑是临渝县之故城，渝水南流，东屈与一水会，世名之曰楄伦水。"《通鉴》楄卢城下注引，此大约在今抚宁之东，其城不可考矣。

絫 县 《汉书》："下官水南入海。又有揭石水、宾水皆南入官。"文颖曰："碣石在辽西絫县，絫县今罢，属临渝。"《水经注》："濡水又东南至絫县，碣石山似在今昌黎抚宁之境。"而《一统志》以为今义州卫，未详何据。

交黎县 见下。

柳城县 史言慕容皝以柳城之北龙山之西福德之地，乃营立宗庙宫阙，命曰龙城。《一统志》："柳城在永平府西二十里，龙山在府西四十里。"《永平府志》："柳城在昌黎县西南六十里，汉末为乌桓所据，曹操灭之。历魏晋为慕容氏父子所据。隋置县属辽西郡。唐置营州，元省入昌黎为静安社。二说不同。今府西二十里全无遗迹，而静安社则嘉靖三十一年立为堡，然皆非柳城之旧也。"案《唐书》营州柳城郡下云："城西四百八十里有渝关守捉城。"又云："西北接奚，北接契丹。"《通典》营州柳城郡下云："东至辽河四百八十里，南至海二百六十里，西至北平郡七百里，北至契丹界五十里，东南到安东府二百七十里，西南到北平郡七百里，西北到契丹界七十里，东北到契丹界九十里。"而平州北平郡下云："东至柳城郡七百里，西至渔阳郡三百里，东北到柳城郡七百里。"是柳城在今永平之东北七百里，而慕容氏之龙城昌黎及魏以后之营州并在其地。唐万岁通天元年为契丹所陷，圣历二年侨治渔阳，开元五年又还治柳城，而今之昌黎乃金之广宁县，大定二十九年改为昌黎，名同而地异也。又案《三国志》："魏武帝用田畴之言，上徐无山，堑山堙谷五百余里，经白檀，历平冈，涉鲜卑庭，东指柳城。"徐无山在今玉田，则柳城在玉田之东北数百里也。《北齐书》："显祖伐契丹，以十月丁酉至平州，从西道趋长堑，辛丑至白狼城，壬寅至昌黎城。"是昌黎在平州之东北，齐主之行急犹五日而后至也。《隋书》："汉王谅伐高丽，军出临渝关至柳城。"《唐书》："太宗伐高丽，还以十月丙午，次营州，诏辽东战亡士卒骸骨并集柳城东南，命有司设太牢，上自作文以祭之。丙辰皇太子迎谒于临渝关。"关在今抚宁之东，则柳城又在其东，太宗之行迟，故十日而后至也。又案《辽史》："兴中府，古孤竹国、汉柳城县地。慕容皝以柳城之北龙山之南福德之地，乃筑龙城，构宫庙，改柳城为龙城县，而迁都之，号曰和龙宫。魏为辽西郡，隋置营州，炀帝改柳城郡。唐武德初改营州总管府，寻为都督府，万岁通天元年陷李万荣，神龙初徙府幽州，开元四年复治柳城，八年徙渔阳，十年还柳城，后为奚所据。太祖平奚及俘燕民，将建城，命韩知方择其处，乃完葺柳城，号霸州彰武军节度。重熙十年升兴中府，统州二县四，其一曰兴中县，本汉柳城县地。庆祖掠汉民居此，置霸城县，重熙中置府更名。"此文述柳城之故颇为详备。元世祖至元七年十月己丑降兴中府为州，以地图案之，当在今前屯卫之北。但《唐书》平州下云："又有柳城军，永泰元年置。"盖唐时柳城之地屡被陷没，移徙无常，此其在平州者或即今之静安社未可知，然不可以永泰元之柳城为古之柳城也。且《一统志》于柳城废县，既云在府城西二十里矣，而于土产则云人参、麝香、豹尾俱废。柳城县出今府西二十里，乃滦河之西洞山之南，沙土之地，其能出此三物乎。案《唐书》："营州柳城郡贡人参、麝香、豹尾、皮骨髓。"志本引之，而不知府西二十里之误也。

[后汉]

卢龙塞 《三国志·魏太祖纪》："建安十二年，北征乌桓至无终，大水傍海道不通。田畴请为向导，公从之，引军出卢龙塞。塞外道绝不通，乃堑山堙谷五百余里，至白狼山。"《田畴传》："随军次无终时方夏，雨水，而滨海湾下泞滞不通，虏亦遮守蹊要，军不得进，太祖患之，以问畴。畴曰：'此道夏秋每常有水，浅不通车马，深不载舟船，为难久矣。'旧北平郡治在平冈，道出卢龙，达于柳城。自建武以来，陷坏断绝垂二百载，而尚有微径可从，今虏将以大军当由无终不得进而退，懈弛无备。若嘿回军从卢龙口越白檀之险，出空虚之地，路近而便，掩其不备，蹋顿之首可不战而擒也。太祖曰：'善'。乃引军还，而署大木表于水侧路傍，曰：'方今暑夏，道路不通，且俟秋冬乃复进军。'虏候骑见之，诚以为大军去也。太祖令畴将其众为向导，上徐无山，出卢龙，历平冈，登白狼堆，去柳城二百余里，虏乃惊觉。单于身自临阵，太祖与交战，遂大斩获，逐北至柳城。"《通鉴》："晋穆帝永和五年，赵王虎卒，国内大乱。慕容霸上书于燕主隽，请伐赵。隽曰：'邺中虽乱，邓恒据乐安，兵精粮足，今若伐赵，东道不可由也，当由卢龙，卢龙山径险狭，虏乘高断要，首尾为患，将若之何？'霸曰：'恒虽欲为石氏拒守，其将士顾家，人怀归志，若大军临之，自然瓦解。臣请为殿下前驱，东出徒河，潜趋令支，出其不意，彼必震骇，上不过闭门自守，下不免弃城逃溃。然则殿下可以安步而前，无留难矣'。隽从之。六年二月，隽遣霸将兵二万自东道出徒河，慕舆于自西道出蠮螉塞，隽自中道出卢龙塞，以伐赵。命慕舆泥槎山通道。又孝武帝太元二十一年，燕清河王会使征南将军库辱官伟、建威将军余崇，将兵五千为前锋，伟等顿卢龙近百日。"《魏书·常景传》："杜洛周反于燕。州以景兼尚书，为行台与幽州都督。平北将军元谭御之。景表求勒幽州诸县悉入古城，山路有通贼之处，权发兵夫随宜置戍以为防遏，肃宗从之。别敕谭西至军都关，北从卢龙塞，据此二险，以杜贼出入之路。又诏景，山中险路之处，悉令捍塞。"《隋书·阴寿传》："开皇初，高宝宁引突厥攻围北平，令寿率步骑数万出卢龙塞以讨之。"已上诸史所载卢龙之事颇详。《魏书》："新昌有卢龙。"《山海经注》："濡水又东南径卢龙塞，塞道自无终东出，渡濡水向林兰陉，东至青陉。卢龙之险，峻坂萦折，故有九峥之名矣。"燕景昭元玺三年，遣将军步浑治卢龙道，焚山刊石，令通方轨，刻石岭上，以纪事功。杜氏《通典》："卢龙塞在今平州城西北二百里。"张行人旧志云："在今府城南一里。"误矣。

卢龙城　《水经注》："濡水又东南迳卢龙故城。东汉建安十二年，魏武征蹹顿所筑也。"

蹹顿城　《晋书·载记》："石虎谋伐昌黎，遣曹伏将青州之众渡海戍蹹顿城，无水而还。"隋炀帝征高丽，其右第七军出蹹顿道。

　　［晋］

乐安城　《晋书·载记》："石虎将伐慕容皝，具船万艘，自河通海，运谷豆千一百万斛于安乐城。"《通鉴》作"乐安"。《水经注》："濡水东南过辽西海阳县，又经牧城南分为二水。北水谓之小濡水，东径乐安亭北东南入海。濡水东南流径乐安亭南，东与新河故渎合。魏太祖征蹹顿所导也，在今乐亭县境。"

三　陉　《通鉴》："晋穆帝永和六年，慕容霸军至三陉。魏征东将军邓恒惶怖，焚仓库，弃乐安遁去。"注：魏收《地形志》："海阳县有横山，盖即三陉之地。"

卢溥镇　《晋书·地理志》："自幽州至于卢溥镇以南地，入于魏。"案《魏书·太祖纪》："范阳人卢溥聚众海滨，杀幽州刺史封沓于此。盖即其所据之地以名镇，而燕之幽州乃令支也。"

蠮螉塞　《晋书·载记》："慕容皝率骑二万出蠮螉塞，长驱至于蓟城。"《通鉴》："晋孝武太元十年，燕主垂遣慕容农出蠮螉塞，历凡城，趋龙城，讨余岩。"

昌黎郡　案昌黎有五。《汉书》："辽西郡之县其八曰昌黎，渝水首受塞外，南入海，东部都尉治。"应劭曰："今昌黎。"《后汉志》作昌辽或黎字之讹也。《通鉴》注："昌黎汉交黎县，属辽西郡，后汉属辽东国。都尉魏齐王正始五年，鲜卑内附，复置。辽东属国立昌黎县以居之，后立昌黎郡。"《晋书·武帝纪》："太康二年慕容廆寇昌黎，二年安北将军严询败慕容廆于昌黎。成帝咸康二年，慕容皝自昌黎东践冰而进，凡三百余里，至历林口，是则在渝水下流而当海口，此一昌黎也。"《晋书·载记》："慕容皝徙昌黎郡。"又云："破宇文归之众，徙其部人五万余落于昌黎。及慕容盛之世，有昌黎尹张顺、刘忠、高云，以冯素弗为昌黎县尹。冯跋之世，有昌黎县尹孙伯仁。以史考之，当去龙城不远，此又一昌黎也。魏并柳城，昌黎棘城于龙城而立。"《昌黎郡志》云：有尧祠、榆顿城、狼水。而《列传》如韩麒麟、韩秀、谷浑、孙绍之伦，皆昌黎人，即燕之旧都龙城，此又一昌黎也。齐以后昌黎之名废，至唐太宗贞观三年更崇州为北黎州，治营州之东北，废阳师镇，八年复为崇州，置昌黎县，后沦于奚。"《辽史》："建州永康县，本唐昌黎县地，此又一昌黎也。辽太祖以定州俘户置营州邻海军，其县一曰广宁。"郭造卿曰：此与霸州彰武军异地，而史失详别，两引其语皆柳城焉。金世宗大定二十九年改为昌黎，相沿以至于今，此又一昌黎也。旧志辨昌黎有二，而不知其有五，今序而列之，论古者可以无惑焉。

营丘郡 《晋书》："慕容廆立郡以统流人，以青州人为营丘郡。至皝罢营丘郡，魏复置营丘郡。"《水经注》："渝水又东迳营丘城西。"

［魏］

平　州 平州之见于书者有三，有地名，有国名，有州名。《左传》："宣公元年会于平州，以定公位。地名也。"《史记·朝鲜传》："封王唊为平州侯。"《功臣表》又有平州侯昭涉掉尾，国名也。其州名亦有三，有汉末平州，有晋平州，有后魏平州。汉末公孙度自号平州牧及其子康、康子渊，并据辽东，此汉末之平州也。平州本取辽东襄平为名。魏分辽东、昌黎、玄菟、带方、乐浪五郡为平州，后还合为幽州。晋武帝咸宁二年十月，分昌黎、辽东、玄菟、带方、乐浪等郡国五，置平州治昌黎，当即汉之交黎，此晋之平州也。至后魏，平州乃治肥如，而自齐以下因之。《辽史》引公孙度之平州于此，则误矣。

朝鲜县 汉晋属乐浪，延和元年徙朝鲜民于肥如，置此县，齐省入新昌。

新昌县 后汉、晋属辽东，魏置此。隋开皇六年省肥如入新昌，十八年改名卢龙。

黄 山 《魏书》："肥如有黄山。"《高宗纪》："太安三年十月，诏太宰常英，起行宫于辽西黄山。四年正月，巡平州，庚午至辽西黄山宫。"《常英传》："梦日坠其所居黄山下水中。"

［隋］

渝 关 《隋书·高祖纪》："开皇三年三月癸亥，城榆关。"《贺娄子干传》："授榆关总管十镇诸军事。"《高丽传》："汉王谅师出临渝关。"关本以渝水名，而史文或作榆，一书之中两字互见。《唐书·地理志》："石城有临渝关，一名临闾关。"又云营州城西四百八十里有渝关守捉城。"《高丽传》："帝总飞骑入临渝关。"《郭英杰传》："帅万骑及奚众屯榆关。"《贾循传》："为榆关守捉使。"《契丹传》："许钦澹徙军入临渝关，奚传鲁苏不能制，奔榆关。"《李忠臣传》"袭榆关。"《通鉴》："后梁均王乾化三年初，幽州北七百里有渝关，下有渝水通海。自关东北循海有道，道狭处才数尺，旁皆乱山，高峻不可越，北至进牛口，旧置八防御军，募士兵守之，田租皆供军食，不入于蓟幽州，岁致增纩以供战士衣。每岁早获，清野坚壁，以待契丹。契丹至辄闭壁不战，俟其去，选骁勇据隘邀之，契丹常失利走，士兵皆自为田园，力战有功则赐勋加赏。由是，契丹不敢轻入寇。及周德威为卢龙节度使，恃勇不修边备，遂失渝关之险。契丹每刍牧于营平之间。"《通典》："渝关在平州卢龙县东一百八十里。宋白曰渝关。关城下有渝水入大海。其关东临海，北有兔耳山、覆舟山，山皆斗峻，山下循海岸东北行，狭处才通一轨，三面皆海，北连陆，关西乱山，至进牛栅凡六口，栅戍相接，此天所以限戎狄也。"《一统志》："榆关在今抚宁县东二十里。又东二十里有榆关马驿，关之遗址久废不可考。或云徐武宁移之山海，非也。"

临渝宫 《隋书·地理志》："卢龙有临渝宫。"《炀帝纪》："大业十年三月癸亥，次临渝宫。"

临渝镇 《隋书·突厥传》："营州刺史高宝宁作乱，沙钵略与之合军攻陷临渝镇。"

［**唐**］

石城县 见上。

马城县 《唐书·地理志》："古海阳城也。开元二十八年置，以通水运。"《辽史·地理志》："在滦州西南四十里。"旧志："城周千四百四十四步，高丈五尺。门五。"

千金冶城 《唐书·地理志》："马城县东北有千金冶城。"旧志："在马城废县北有城。"州志："古城在州西七里孩古社，盖石沙可炒铁，今尚有遗石立水中。"

茂乡镇城 在滦州千金冶东。

汉武台 《唐书·太宗纪》："贞观十九年九月戊午次汉武台，刻石纪功。"

西硖石 东硖石 《唐书·地理志》："有西硖石、东硖石二戍。"《契丹传》："左鹰扬卫将军曹仁师等，战西硖石黄獐谷，败绩。武后更诏夏官尚书王孝杰等讨契丹，战东硖石，师败，孝杰死之。"

［**辽**］

海滨县 《辽史·地理志》："润州海阳军统县一，曰海滨。本汉阳乐县地，金人封天祚为海滨侯。"《北蕃地理书》："润州在卢龙塞东北，西至渝关四十里，南至海三十里。"旧志："在山海关东一百二十步。洪武中，于其地置东门递运所，今移所于关内。"

迁民县 《辽史·地理志》："迁州兴善军统县一，曰迁民，本汉阳乐县地。金废为镇。"《元史·文宗纪》："八月丁酉，发中卫兵守迁民镇。庚子，发宗仁卫兵增守迁民镇。庚戌，发平滦民堑迁民镇。九月，上都诸王也先帖木儿，平章秃满迭儿自辽东以兵入迁民镇。"《北蕃地理书》："迁州在临渝关东五十里，西至润州四十里，南至海二十里，相传以为今之山海关。"

安喜县 《辽史·地理志》："本汉令支县地，久废。太祖以定州安喜县俘户置，在平州东北六十里。金大定中，改名迁安。"《迁安志》："在县东北二十里。"

望都县 《辽史·地理志》："本汉海阳县，久废。太祖以定州望都县俘户置。有海阳山在平州南三十里。"《金史》："本汉海阳故城，大定七年更名海山县。"今乐亭有望都镇，去府城□□里，与《辽史》不符。

义丰县 《辽史·地理志》："本黄雒故城。黄雒水北出卢龙山，南流入于濡水。世宗置县。"金元二史并同，乃滦州倚郭之县，当是洪武中并入州。

松亭关 《辽史·地理志》："泽州有松亭关。"《宋史·刘敞传》："奉使契丹，素习知山川道径，契丹导之行，自古北口至柳河，回屈殆千里。敞质译人曰：'自松亭趋柳河甚径且易，不数日可抵中京，何为故道此？'译相顾骇愧。"《阎询传》："使契丹，询颇谙北方疆理，时契丹主在靴淀，迓者导询縢松亭往。询曰：'此松亭路也，胡不径葱岭而迂枉若是？'"《金史·地理志》："松亭关国名斜烈只。"误入滦州下。《宗叙传》："出松亭关，取牛递于广宁。"《挞懒传》："习古乃婆卢火护送常胜军及燕京豪族、工匠自松亭关入内地。"《通鉴》注引《金卤节要》："景州，今遵化，之东北乃松亭关，今之喜峰口是也。"

栗　林 《金史·张觉传》："左企弓等赴广宁，过平州，觉使人杀之于栗林下。"《辽史》言杀之滦河西岸。

兔耳山 《金史·张觉传》："败阇母兵于兔耳山。"案《五代史》："渝关北有兔耳山。"今抚宁县西有兔耳山。

箭笴岭 《辽史·太祖纪》："天赞二年三月戊寅，军于箭笴山讨叛，奚胡损获之，射以鬼箭。"奚《回离保传》："金兵自居庸关入，回离保知北院，即箭笴山，自立号奚国皇帝。"《地理志》："迁州有箭笴山，统县一，曰迁民。"旧志云：箭笴山，今石门寨北茶盆诸山也。

［金］

长春宫　长春淀　《金史》："石城县有长春行宫。长春淀旧名大定淀，大定二十年更。"《滦州志》："长春淀在州西南百二十里废石城县。但以为辽萧太后所建则非也，辽之长春宫在长春州，不在此。"旧志：州城东八里有濯清亭，在滦河西岸，东南三十里有丹阳宫，皆金所置。历年行幸见世纪。

榛子岭　《金史·独吉义传》："世宗次榛子岭，闻海陵死于军中，谓义曰：信如卿所料。"今榛子镇。

滦河县　辽置，与神山并属泽州。金废州，留神山，以属大定府，而滦河县并废。承安，置惠州，升孩儿馆为滦阳县以隶之，至泰和罢。元复惠州，无属县，而置滦阳治焉。旧志云：张行人旧志迁安县西北百六十里，元时立县隶大宁路。国朝废县为营，备御官民居焉。今人知营非故治，指北堧垣为故县亦非也。盖辽县在今滦阳营，金滦阳县在今汉儿庄。辽人以南人为汉儿，而设南面官，有汉儿司及汉儿行宫。都部署故馆谓汉儿，其官及民居之也。地之山川环抱奇秀，至今父老言古汉儿城焉。盖《金史》转语，以汉为孩耳，升馆为县，隔二十里非复故名，殊也。元之立治，属檀景都提举司，即辽之陷河，采炼而属泽州者，今因建营以名，犹三屯驿曰滦阳，永平驿曰滦河，皆非故县地也。盖山南曰阳，水南曰阴，山北曰阴，水北曰阳，汉庄在河北入滦，故金以名县焉。辽之名河为县，今之名阳为驿者，皆重山与滦隔，其名与实违也。惟永平驿临漆，汉庄驿临澈，而皆滦之支，总以滦名焉。乃信父老言不诬，为别辽金县殊及元复县无考，今之为营者治也。

［元］

永平屯田总管府　《元史·兵志》："世祖至元二十四年八月，以北京采取材木，百姓三千余户于滦州立屯，设官署以领其事。为户三千二百九十，为田一万一千六百一十四顷四十九亩。”

大宁路海阳等处打捕屯田所 《元史·兵志》："世祖至元二十三年，以大宁、辽阳、平滦诸路拘刷漏籍放良孛兰奚人户及僧道之还俗者立屯于瑞州之西，濒海荒地开耕，设打捕屯田总管府。成宗大德四年罢之，止立打捕屯田所。为户元拨并召募共一百二十二，为田二百三十顷五十亩。"

其不见于史传，而今有其迹者：

迁安县北二十里为**龙纪城**，周二十四步。北四十里为**杨买驴城**，周五百步，并云金萧太后所筑。旧志云："辽后世萧氏有宫卫兵，平州既有提辖司，其安喜以北交于泽州之滦河，多中京宫卫地，此或其宫帐军耳。金后多徙单诸氏，不如辽有宫卫，妃有萧氏，而后无之。"

县东三十里山巅有土城曰**万军城**，周三百余步，中有将台遗址。世传唐太宗征高丽驻军于此。旧志云："今名为帐房山或指为军所宿，非也。盖辽国之法，天子践位置宫卫，分州县，析部族，设官府，籍帐户，备兵马。崩则扈从、后妃、宫帐以奉陵寝。有调发，则丁壮从戎事，老弱居守国，此特其军府之帐台，所谓平州提辖司也。"

抚宁县城东南为**五花城**，连环五座。十五里为**洋河城**，方圆六里，并云唐太宗东征所筑。旧志云："唐太宗将征辽，太常丞邓素使高丽还，请于怀远镇增戍以逼之。帝不从，惟命北输粟营州，多储古大人城耳。自发雒阳，春蔬亦不进，惧其扰民。但明斥堠不堑垒，虽逼卤城，终不敢出钞，而士运粮单骑野宿如中国焉，安得筑城于此。其洋河城或隋之泸河镇未可知也。"

县西南五十里为**山西城**。

昌黎县西五十里为**静安社城**。旧志云："其城见存，周三里，高一丈八尺。"《方舆胜览》："燕慕容氏之福地也，今龙山正在静安西北。"《一统志》："柳城废县在府城南六十里。汉末乌桓所据，曹操灭之。历魏晋，为慕容氏父子所据。隋置县，属辽西郡。唐置营州，今为静安社。"异哉，陋乎！无论不考古与书典异，即熙苑广十里，陵周数里，大城肥如及宿军拟邺为门，累级三层。景云山峰高十七丈，岂安此三里城丈有咫而已乎！虽冯通焚其宫殿，而魏因其城为营州治，至唐不改，曷削至兹哉？自卢龙名塞，山名龙多矣。彼之龙城在山西，此山在西北，则城东南也，两龙其无别乎。慕容业、霸、规、廆颇弘、皝而如此，其何以兴，熙而如此，其何以亡，谓之静安社者然欤？盖今之昌黎乃辽之广宁，犹今之卢龙乃魏之新昌。必求其故，则可坐而辨也。

滦州南四十里为**李家庄城**，今为李家庄社。五十里为**柏家庄城**，今为淳风屯。九十里为**独莫城**，今为社。二里地西南六十里为**侉城**，今侉城社。西百二十里为稻地土城，今长春社地。西南百二十里为**唐山土城**，今桥头社地。旧志云："此皆乐安诸城，赵石虎使典农中郎将王典帅众万余屯田海滨以谋击燕者。元立永平屯田总管府于马城县，其昌国济民丰赡三署诸屯城也。"

其以**岛名曰秦皇**　在抚宁县东三十里，四面皆水，唯岛居中。世传秦始皇求仙驻跸于此，无可考。

其以**坟名曰姜女**　在山海关东南海中，其上有姜女祠，世传女为许姓居长，故称孟焉。陕西同官人，其夫为范郎。秦筑长城，郎操版，至辽东不归。女制衣亲送至此，闻夫亡，哭而死。土人于高阜祀之，名曰望夫石，石上有乱杵迹。夫秦无称陕亦无称郎者，当是剿齐杞梁妻崩城之事，而附益其说，不知其所谓长城者，乃泰山下之长城，非辽东之长城也。

其以**圻名，曰温沟、曰白望、曰常宁**。

其以**坨名曰双雁**　在滦州南二十里，成化中瘗二雁而名之。曰谎粮。在州南五十里，世传唐太宗为此以诳高丽。州境及迁安、丰润以此名者甚多。又通州有虚粮台十余座，云前代对敌乏粮虚设以张声势。州志云："其处不一，有六十余座。"旧志疑以为石虎伐燕时事。太宗渡辽水征高丽，夷人岂敢至此，而安用此为哉。州西南八十里司家庄社北集西，有项家坨，长三四里，产酸枣、野葡萄、荆棘，其南潴水数亩，通任家港，南流有古冢数十，昔耕塌出火，内有盔甲枪端，俱铜铁铸金镀，相传为王者墓。掘之，风沙迷目，复填之，莫敢动。乐亭海坨有二：曰月坨，形如半月，县西南隔绿洋沟入海四十里许，地数十顷在巨浸，如员峤，虽无奇峰怪石，草木繁殖，雉兔充斥，冰合居民射猎，泮则掉艇樵采。曰**十九坨**，大数十顷，居室碾碓遗址尚在，鸟兽草木与月坨同，人传为漕运时店市民居也。旧志：滦人以平坡而蓄水者为坨。

其以**台名曰钓鱼**　在府南三十里，有石矶。曰**仙人**，在昌黎县北，并见山川。**曰望海**，在卢龙县，今不可考。曰**擂鼓**，在滦州西百里松梁社。志引《册府元龟》："唐太宗贞观十九年十月，征辽**次汉武台**。余基三成，旁有祠，至营城，帝问侍臣，对曰：此汉武求仙之处。其地临大海，多峻石险怪，后人借此擂鼓御敌，因号为营城擂鼓台云，是亦谎粮之类也。"州志："有**将台**，在城西八十五里康庄屯，高丈五尺，广八尺，长二十步，不知何时筑。下有黄崖河，或云即料马台。又如丰润有望马台，通州有将台。三皆不详为何代矣。"

其以**石名虎头**　在府南五里，南山之麓，若虎踞状。《史记》云："李广为右北平太守，猎归，见草中石以为虎，援引射之，饮矢没羽。次日寻之，石也。拔矢再射，不能入。"土人立祠祀之，今祠废。山下有石碣，曰黑石，在府西北十五里，近迁安县界，从地突兀而出，昔人琢"黑石"二字于上。康熙十一年，卢龙令魏师段，更镌"龙吟虎啸"又镌"南宫俯首"。曰"试剑"，在迁安东三十里三跳涧旁，世传唐太宗东征，跃马过涧，试剑于石以示勇，遗迹尚存。

丘　墓

昔之为志者，既存都邑之图，复标陵墓之记，不特以系国人九原之思，亦所以全死士之垄，不伤于异代也。以观兹郡，何其寥寥也，与《一统志》所书有三：其曰赤峰岭及道南烽火山有公孙神康墓，则不知公孙氏之平州，非唐平州也。其曰昌黎县西五里，唐韩愈高祖以上之葬地，则不知韩氏之先昌黎非今昌黎也。其可信者，惟孤竹君三冢而已。盖此地之在古墓而不坟者多矣，况洊经兵火之后乎！故所载皆近代之葬。其人能自树以传其名，则亦无论古今可也。

卢 龙 县

孤竹君三冢。**长君冢** 在双子山，**次君冢** 在团子山，**少君冢** 在马鞭山。传曰：国人立其中子，盖次君也。按此为孤竹先代之冢，岂必次君为中子哉。若是，则长少二君即夷齐之葬矣，于义未允，阙之。又按团子山今属迁安县境。

［明］

王侍郎琊墓 在城东南四里莲花源，敕葬。

李布政允浊墓 在北门外三里庄。

廖御史自显墓 在城南五里。

韩御史应庚墓 在城南二十里钓台之北。

朱知府鉴墓 在城西北十里八家寨。

白尚书瑜墓 在城东五十里芦峰口。

韩佥事原善墓 在城西七十里九百户堡。

陈太仆王庭墓 在城东北三里。

卢都督天福墓 在城东北三里。

崔隐士赴闱墓 在城西北三里崔家庄。

［国朝］

孟忠毅乔芳墓 在城东十里红坡，敕葬。

蔡襄敏士英墓 在城南十里虎头石南，敕葬。

杨工部文魁墓 在城北七十里建昌营。

郎总督廷佐墓 在城北四十里土山。

蔡将军毓荣墓 在城南十三里邵家峪。

汪进士淑问墓 在城西南七十里宜安庄西。

迁 安 县

[明]

王都御史锐墓　在县东三里河滨，敕葬。

才襄愍宽墓　在县东三里河滨，敕祭。

赵昌宁侯胜墓　在县西北七十里黑汀，敕葬。

郭御史镛墓　在县南二里王家园。

李按察金墓　在县东五里李家庄北。

王御史和墓　在县东三里河滨。

李太仆炫墓　在县北二里。

李副使安仁墓　在县北十八里龙纪庄。

彭都督友德墓　在县城东北百步。

徐光禄云逵墓　在县西北三十里大安山。

郭侍郎巩墓　在县南十里，滦河滨。

[国朝]

刘封君光裕墓　在县东十五里牛山西。

刘都御史鸿儒墓　在县西北七十里牟家庄。

崔学博巍墓　在县东十八里画儿山。子翰林璨附。

抚 宁 县

旧志有张果老墓，在县东南七十里，无征不录。

[明]

鲁佥事铎墓　在县西北七里铧山阳。

翟尚书鹏墓　在县南关外，敕葬。

萧都督升墓　在县东关外，敕葬。

王封君忱墓　在县东北一片石。

[国朝]

惠总兵应诏墓　在县东八里。

烈女平氏墓　在秦皇岛。

昌 黎 县

旧志有韩湘墓、蛇皮王墓，谬妄不录。

[明]

张尚书文质墓　在县南六十里，敕葬。

杜侍郎廉墓　在县西北三里，敕葬。

齐运同宗尧墓　在县西三十里柳河北。

齐知州鸣凤墓　在县东二十里张各庄。

齐知县鸣雷墓　在县南六十里石各庄。子同知士斌附。

[国朝]

张知府翰宸墓　在县北五里三角山西。

张知县宏墓　在县南六十里赤崖堡庄东。

高封君培墓　在县西北三里。

滦 州

旧志有**后魏段永墓**。按永乃宇文国人，非魏人，生平未尝至辽西。其传云，卒于贺葛城，丧还，高祖亲临，则必无葬辽西之理也，不录。

[后唐]

姜将军墓　在州西一百二十里唐山下。

[金]

任运使询墓　在州南七十里。

[元]

张防御使晋墓　在州西二里。孙进士德附。

卑元帅仲吉墓　在州西五十里。

王将军祥墓　在州南五十里土屋儿社。浙江行省左丞赵简撰神道碑略：公曾祖镇国上将军圭，祖行军都统镇钦，父武略将军珍，三代勋业，墓刻详矣。公讳祥，字兴国。至元间，武略分屯河口，与南兵战，冒矢石发九矢，毙九人，下高邮，绝粮道。明年，武略没于王事，公荫补侍御亲军、忠显校尉。八年辛巳，赐金牌，进武义将军。十九年，升武略将军亲军千夫长。公曰：知足不辱，知止不殆，乃累章求退，时年六十有三。大德七年癸卯正月卒，年七十有九。后赠金吾上将军征行兵马都元帅。夫人何氏封修校尉中卫郡君。

［明］

石副使维岳墓　在州西北五里。

王佥都御史镐墓　在横山西南二里。

厉都给事中汝进墓　在州城西。

高尚书第墓　在州西一百二十里。

［国朝］

石少宰申墓　在州北八里后明碑庄。

刘御史伟墓　在州北二里秦家庄。

喻封君墓　在州西南百三十里稻地胡家庄。

乐 亭 县

［金］

齐将军墓　在县西三里。县志云："齐氏自明威将军陶仕于金后，有信武将军者葬于此。"

［元］

张大夫墓　在县北五里。县志云：相传即张升墓。

王总管仲仁墓　在县西南三十里。

姚郎中墓　在县北三里。

［明］

李副使乐墓　在县西南二十二里张堡庄。

宋参政弘道墓　在县西一里。

温佥都御史原墓　在县东北三里。

李通判霖墓　在县西北一里。

卢司务敬墓　在县西北一里。孙副使耿麒附。

王封君臣墓　在县东北一里。长子知府好学附。

王尚书好问墓　在县东北二里，敕葬。

萧封君富墓　在县西南三里。

［国朝］

姚封君延嗣墓　在县北八里明福坨。

山　海　卫

［明］

郑御史己墓　在城西北八里马家山。

萧佥事显墓　在城北五里角山阳。孙秦安令大谦附。

詹侍郎荣墓　在城南六里大湾之岗，敕葬。孙知府廷附。

刘太仆复礼墓　在城西北三里朝练营。

冯参议时泰墓　在城西十里丁武寨。

刘同知思诚墓　在城北三里角山阳。子大理寺左少卿廷宣墓在乐亭。

程尚宝卿继贤墓　在城西北三里。

刘将军渊墓　在城西十里红瓦店。

吕协镇鸣咸墓　在城北六里角山麓。

王都督廷臣墓　在城南七里。

［国朝］

吕光禄鸣夏墓　在城北六里角山麓。敕葬。

佘封君崇贵墓　在城西北八里尖山上。

佘郎中一元墓　在城西北十里七星寨。

刘封君愤墓　在城西北三里朝练营。

刘知府克孔墓　在城北十五里盛水庄西。

刘总兵泽深墓　在城西北三里朝练营。

穆封君尔铉墓　在城北八里棉花庄北。

谭知州从简墓　在城北八里首山下。

谭副将纶墓　在城北八里棉花庄。

高同知选墓　在城西二十里铺。

穆翰林维乾墓　在城北八里首山下。

寺　观

自二氏之教行于中国，而仙宫梵宇几遍海内。百家之聚，五达之衢，莫不崇饰庄严，飞丹耸碧，于以助流王化，祈福祝厘。而高人墨客，往往栖幽览胜，访丹丘之遗事，追白社之高踪，致足乐也。他郡城中有寺，北平独无。然其在郊廛都鄙之者不乏矣。自金元以来，为佛寺者二百八十有七，为道观者仅十有三。兴废不一，悉存其额，而释老之盛衰亦略可睹矣。

卢 龙 县

隆教寺　在城南一里，明景泰五年敕赐祠额，设僧纲司于内，明末寺圮。我朝顺治六年，都御史蔡公士英捐赀重建，规模壮丽。复置藏经一部，建高阁于后以贮之，水陆诸像，绘画精绝。招集僧徒，晨钟暮梵，遂为北平第一名刹焉。

开元寺　在南台山顶。

白云寺　在城北三十里安山，元建，明正统中敕赐寺额。

白塔寺　在城西八里，元建。

龙泉寺　**胜水寺**　**临河寺**　**古兴寺**　**青莲寺**　**白莲寺**　**温泉寺**　**迎恩寺**　**大洼寺**　**兴隆寺**　**雪峰寺**　**清凉寺**　**白蟒山寺**　**万军寺**　**观音寺**　**云水寺**　**九天观**　**玄都观**　**三清观**

迁 安 县

宣觉寺　在县东，唐建。

清宁寺　在县南十五里，金建。明正统十年敕赐寺额。

保宁寺　在县北四十里，明景泰四年敕赐寺额。

法华寺　兴隆寺　兴教寺　栖真寺　龙泉寺　大云寺
耀冶寺　牛山寺　万军寺　露台寺　石佛寺　关泉寺
黄柏峪寺　峰山寺　赤崖寺　观音寺　五重安龙泉寺
莲花院　龙泉寺　九山龙泉寺　六合寺　白塔寺　圣岩寺
龙化寺　普恩寺　婆娑寺　保宁寺　龙眼寺　罗汉寺
云峰寺　兴教上下二寺　相福寺　广德寺　清泉寺
旧儿峪寺　成山寺　大明寺　泉水寺　云岩寺　马古寺
水洼寺　灵泉寺　尖山寺　西阁寺　柏山寺　兴福寺
南觉寺　西白塔寺　兴隆寺　正觉寺　龙起寺　兰若寺
云泉寺　偏崖子寺　园觉寺　宝峰寺　清泉寺　护国上下二寺
昊天观　上清观　通明宫　栖云宫　昊天宫

抚　宁　县

观音寺在县治西，习仪于此。

金峰寺　椒园寺　慈悲寺　大安寺　清涞寺　福圣寺
水峪寺　旧县寺　台头寺　广化寺　三圣寺　报国寺
碧岩寺　永芳寺　长城寺　栖霞寺　圆通寺

观音寺　在县东二十里。

聚会寺　杏虎寺　望海寺　庄头寺　清凉寺　水月寺
崇福寺　清源寺　隆兴寺　福胜寺　柳会寺　东联寺
元方寺　慈民寺　云城寺　圣水寺　龙岩寺　香山寺
东流寺　五泉寺　沙河寺　圣水寺　云涞寺　灵鹫寺
中峰寺　法云寺　清峰寺　石桥寺　隋石寺　弥陀寺
潮水寺　石佛寺　龙泉寺

秋月寺　在城北天马山西岭上，嘉靖年建。庠生杨修道重建。山无泉，杨尔祚创僧舍，凿井得泉，有三鱼纯白，因立石以纪其胜。

寻真观　在城北二十里桃花峪。刘道士创建玉皇殿、紫霞洞、小蓬莱阁。每花开，游观者殆无虚日。

昌 黎 县

源影寺　县治西二百步有塔，塔下有井，其水独重而甘。

崇兴寺　在县治北。

宝峰寺　在县北八里，俗名水岩寺。有唐佛顶胜幢，记开元灌顶。国师不空奉诏译，辽保宁元年建石。

九圣寺	望海寺	绕湾寺	云峰寺	仙化寺	清峰寺
青龙寺	妙峰寺	清修寺	千佛寺	金峰寺	古兴寺
双峰寺	延福寺	镇龙寺	香莲寺	弥陀寺	云居寺
桥梁寺	新庄寺	孔庄寺	福安寺	述圣寺	龙泉寺
云泉寺	储圣寺	龙潭寺	石佛寺	观澜寺	大明寺
福云寺	香岩寺	龙安寺	休凉寺	圆通寺	沙河寺
山坡寺	三清观				

滦 州

广福寺　在州南门外，设僧正司。

荐福寺　在城西北隅，金大定年建。

石佛寺　在城北五里，大定年建。

法宝寺　在城南十里，辽建。

古马寺　在城西二十里，金大定年建。

莲台寺　在城南二十里，唐建。

延庆寺　在城南三十里，唐建。

云居寺　在城西南四十里，金大定年建。

华岩寺　在城西五十里，辽寿昌年建。

青阳寺　在城南五十里，元至正年建。

胜岩寺　在城南五十里，元至顺年建。

巍峰山寺　在城西五十里，金建。

崇兴寺　在城西南七十里，元至正年建。

华麻寺　在城西南七十里，辽建。

卑家城寺　在城西南七十里，辽乾统年建。

西套里寺　在城西七十里，辽寿昌年建。

黄土院寺　在城西七十里，辽寿昌年建。

风山寺　在城西八十里，辽建。

寿圣寺　在城西南八十里，元至正年建。

兴福寺　在城西九十里，金大定年建。

白云寺　在城西九十里，金建。

洪觉寺　在城西南九十里，金大定年建。

临水院寺　在城西北九十里，金泰和年建。

曾家湾寺　在城西南一百里，唐建。

兴国寺　在城西一百一十里，唐建。

水湾寺　在城西一百一十里，金大定年建。

开觉寺　蚕箔峪寺　北石佛寺　神台寺　寿圣寺　烽火寺

佛头寺　沙坞寺　建福寺　毗卢寺　土山寺　红寺　华岩寺

清水兴国寺　宜安寺　周家坨寺　永寿寺　草堂寺　宋家庄寺

上青龙寺　下兴隆寺　广岩寺　大觉寺　龙泉寺　永安寺

延古寺　清凉寺　花港寺　兰坨寺　延福寺　砖窑淀寺

横坨寺　鸿鸭林寺　卢家庄寺　相公寺　洪济寺　坨里寺

香花峪寺　龙盘院寺　观音寺　青坨寺　白寺口寺　宝塔寺

兴唐寺　望海寺　峰化山寺　永庆寺　玄真观　玉清观

乐 亭 县

福严寺　在县西南隅，元至元年建，设僧会司。

兴国寺　在县东十五里，元至元年建。

崇法寺　在县南三十里，辽大康年建。

普济寺　在县西南八里，金大定年建。

隆回寺　在县西南四十里唐贞观年建。

鹤天寺　在县西南二十里，元至元年建。

崇兴寺　在县西南二十里，元至元年建。

灵泽寺　在县西二十五里，金明昌年建。

大云寺　在县西二十里，元至正年建。

严佛寺　在县北三十里，元至正年建。

胜严寺　华严寺　观音寺　宝塔寺　宝峰寺　大兴寺　正觉寺

万福寺　毗卢寺　吉祥寺　翠峰寺　观音寺　大慈寺　君严寺

海云寺　崇福寺　庆云寺　清隆寺　兴胜寺　清鸾寺

山　海　卫

崇兴寺　在西罗城。

栖霞寺　在角山巅。团云寺　圆明寺　蟠桃寺

后角山寺　在三道关西。温泉寺

地藏寺　一在北门外，一在西罗城。

三清观

石　幢　一在府治南，一在迁安县治东。方圆六丈，高三丈，上有八棱，碑刻剥落。金时所造。县志："正德十二年，巡按刘士元命撤去，址存，而今平矣。刘家口居民何均用，随燕府自刘家口至大宁回，带石香柱一根，刻至正十三年三月十八日立。今在本关南门外。"

古　塔　府城南南台山旧有塔，为郡文峰，久废。昌黎县一在城内西北隅二百步，创置莫考，峙立高耸。滦州七：长宁寺塔在州南三十里普利屯，高二十丈，累十三层，俗传敬德造者。白云山、葛庄观音阁、塔儿山、白塔山各有之。榛子镇街中有石幢子塔。

‖ 卷之十一 ‖

莱　阳　　宋　琬撰次

府学训导　徐　香参订

萧　山　　张朝琮续纂

卢龙教谕　胡仁济校辑

大　宁　考

胜国议复大宁，谓不复则宣辽之路中绝。而三协始为外边，永平当驿路之冲，肩背单寒，终不可守。我朝中外一家，安用前议。然而昔人经国之猷，不敢略也。郭建初以大宁无志，当附载于永平之志。第往古之事，既难尽存，徼外之形，亦难周察。故但以建置始未与地形图记附焉。故凡志之体例则然。若夫守边之说，则郑端简之书，可谓深切而详核矣。

《元史》**大宁路**上本奚部，唐初其地属营州。贞观中，奚酋可度内附，乃置饶乐郡。辽为中京大定府。金因之。元初为北京路总管府，领兴中府及义、瑞、兴、高、锦、利、惠、川、建、和十州。中统三年，割兴州及松山县属上都路。至元五年，并和州入利州。七年，兴中府降为州，仍隶北京，改北京为大宁。二十五年，改为武平路，后复为大宁，领司一，县七，州九。录事司，初置警巡院，至元二年改置录事司。县七：**大定**下中统三年，省长兴入焉。**龙山**下初属大定府，至元四年属利州，后复来属。**富庶**下至元三年省入兴中州，后复置。**和众**下。**金源**下。**惠和**下。**武平**下。州九：**义州**下。**兴中州**

下，元初因旧为兴中府，后省，至元七年又降府为州。**瑞州下**至元二十三年伯颜奏准以唆都哈歹等拘收户计，种田立屯于瑞州之西，拨频海荒间地及时开耕，设打捕屯田总管府，仍以唆都哈歹等为屯田官。**高州下。锦州下。利州下。惠州下。川州下。建州下**。辽金二志不录。

宋王曾上契丹事曰：出燕京北门至望京馆，五十里至顺州，七十里至檀州。渐入山，五十里至金沟馆。将至馆，川原平旷谓之金沟淀。自此入山，诘曲登陟，无复里堠，但以马行记日，约其里数。九十里至古北口，两旁峻崖仅容车轨。又度德胜岭，盘道数层，俗名思乡岭。八十里至新馆，过雕窠岭、偏枪岭。四十里至如来馆，过乌滦河，东有滦州。又过黑斗岭、度云岭、芹菜岭，七十里至柳河馆，松亭岭，甚险峻。七十里打造部落。东南行五十里至牛山馆。八十里至鹿儿峡馆。过虾蟆岭，九十里至铁浆馆。过石子岭，自此渐出山。七十里至富谷馆。八十里至通天馆。二十里至中京大定府，城垣卑小，方圆才四里许，门但重屋，无筑阇之制。南门曰朱夏门，内通步廊，多坊门，又有市楼四，曰天方、大衢、通阛、望阙。次至大同馆，其门正北曰阳德闳阓，城西内西南隅冈上有寺，城南有园圃宴射之所。自过北口，居人草庵板屋，耕种但无桑柘，所种皆从垅上，虞吹沙所壅。山中长松郁然，深谷中时见畜牧牛马、橐驼，多青盐黄豕。

《实录》：洪武二十年秋九月，置北平行都指挥使司于大宁。二十二年春正月壬午，会宁侯张温及周兴奏修拓大宁等城成，并上其规制。大宁城门五，城周三千六十丈，濠长三千一百六十丈，深一丈九尺。会州城门四，城周一千一百二十八丈，濠长一千一百八十九丈二尺，深一丈八尺。富峪城门四，城周九百丈，濠长九百八丈二尺，深一丈三尺。宽河城门四，城周八百一十二丈，濠长八百五十九丈，深一丈五尺。夏五月辛卯，置泰宁、福余、朵颜三卫于兀良哈地。在乌龙江南，卢龙塞北，以处降胡。东自全宁抵喜峰外，近宣府，曰朵颜。自锦义历广宁至辽山曰泰宁。自黄泥洼逾沈阳、铁岭，曰福余。在潢水北，大宁外边由冷口入贡，置驿于迁安县，接达京师。二十七年六月乙酉，命兵部遣官至北平布政司，议置驿传。自大宁至广宁东路四百八十五里，置十驿。中路北平至开平七百六十五里，置十四驿。西路至开平六百三十里，置十三驿。土木至宣府一百里，置二驿。三十年春正月，置马驿八，东曰：凉亭、沈阿、赛峰，黄崖四驿，接大宁古北口；西曰桓州、威口、明安、隰宁四驿，接独石。

建文元年秋七月庚寅，大宁总兵刘贞、都督陈亨、都指挥卜万，引大宁兵号十万出松亭关，驻沙河，进攻遵化。壬辰，燕王援遵化，贞等退保松亭关。冬十月，燕王袭破大宁，以宁王及大宁官军归北平。

永乐元年春三月，改北平行都指挥使司为大宁都指挥使司，隶后府，徙于直隶保定府。迁各卫于内地营州左右于蓟州中，于平谷县前，于香河县后，于三河县兴州前，于丰润县后，于三河县中，于良乡县左，于玉田县右，于迁安县。大宁中前及会州，于京师左右，于万全都司因。兀良哈三卫来朝，益求内附，以大宁故卫地，使为外蕃。自古北口至山海关为朵颜，自辽东广宁前屯卫至广宁白云山为泰宁，自白云山至开原为福余，岁许百人于圣节及正旦两贡驼马，并由喜峰口置把总提督之，即松亭关也，达于三屯、滦阳驿，出迁安东北境朝京师。而迁安驿徙于山海关，以隆平侯张信为总兵，备御桃林口。是年，东胜左卫自山西行都司调至，领五千户，其右徙遵化开平中屯卫。原设大宁沙岭，洪武中调真定府，移置滦州义丰里石城废县，领五千户所。

郑晓吾《学编地理》述曰：国初即古会州大宁地，设北平行都司。兴营诸屯卫，封建宁藩，与辽东、宣府联络东西，为外边。已而魏国公经略，自古北口至山海关增修关隘，为内边。以故蓟州西接居庸，北折而东南抵海上，尽渔阳、卢龙皆其管内。拨泛登莱，陆走赵魏，肩肘奚达，襟带原泽，冯翊京师，号称雄镇。又地壤深厚，树畜鱼盐、黍稷之利，甲于圻内。文皇靖难，兀哈内附，乃徙北平行都司于保定，为大宁都司，而散布兴营诸卫于京府之境，大宁地尽畀兀良哈。通贡互市，为我藩篱，朵颜、大宁、福余三卫是也。自是，红螺白云之北，弃与戎寇，辽东宣府，声援隔绝。诸夷裂我险阻，闯我门庭，要我官赏，残我吏民。喜峰、三屯、密云、白羊，紧紧收缩，譬之左臂痈肿，则上谷孤子；后背伛偻，则卢龙单薄；哽其喉吭，则辽海坐隔；扼其胸腹，则陵寝警逼。失计甚矣！正统以前，夷心畏服，方隅宁谧。土木之变，三卫为也先乡道，始命都御史邹来学经略，已而总兵参将、内臣增设日多，三卫亦矫诈反复，然尚未敢显言为寇也。弘治中，守臣杨友、张琼烧荒，掩杀无辜，边衅遂起。正德以来，部落既蕃，朵颜独盛，阳顺阴逆，累肆侵噬。花当胁求添贡，把儿孙深入虏掠，动称结亲迤北，恫疑中国。而参将陈乾、魏祥先后陷没，以故三卫日骄。嘉靖中，革兰台辄要官赏，请益贡，祸机所伏，不待智者而知也。天寿山七陵在焉，余尝从祠官至长陵，北望烽堞不数里。己巳之变，祠官不能至昌平，昌平陵卫吏卒如侨寓，增兵缮障于斯为急。古北口、潮河川俱要害，而潮河川本残元避暑故道，尤为虏冲，作桥则浮沙难立，为堲则涨水易淤。都御史洪钟虽尝设有关城，势孤难守。议者欲塞川流，建石墩数十，令其错综宛转，下通流水，上传烽火，亦一策也。喜峰口三卫，贡道稍深峻，燕河营、太平寨、马兰峪、密云四营声势相援。虏即至中，两营当其冲，燕河、密云相犄角，遵化、三屯、建昌固其内防，虏当大挫。永平、梁城间无虏患，亦无海寇，若乃山麓林莽，樊树阻固，以供薪炭，伐条枚，日就疏薄。嘉靖中，胡守中又出塞，尽斩辽金以来松林百万，自撤藩蔽矣。

《兀良哈考》曰：兀良哈在乌龙江南，渔阳塞北。春秋时山戎地。元为大宁路，户四万六千，口四十四万八千。国初，割锦、义、建、利诸州隶辽东，设都司于惠州，领营兴等二十余卫所，所谓北平行都司也。洪武十四年，封子权于大宁，为宁王。二十二年，分兀良哈为三卫，于横水之北曰朵颜、曰福余、曰大宁，处降胡。以脱鲁忽察儿、海撒男奚、阿札失里为三卫指挥使同知，并边为我藩篱。靖难初，首劫大宁兵，及召兀良哈诸酋率部落从行有功，遂以大宁畀三卫。宁王移封南昌，徙行都司于保定为大宁都司。令三卫岁二贡，贡卫百人。东起广宁前屯，历喜峰近宣府为朵颜；自黄泥洼逾沈阳、铁岭至开原为福余；由锦义度辽河至白云山为大宁。皆逐水草无恒居。三卫朵颜最强，分地又最险。永乐中，最亲附。宣德时，常入渔阳塞，上率诸将出喜峰关，败诸卤于宽河，诛其大酋，自后稍驯顺。正统中又叛，侵盗东北关诸寨，索盐米、赏赐而已。以故喜峰密云间有都指挥或督镇守验贡夷。己巳，福余大宁结也先，为也先乡道，朵颜独扼险不肯从，也先至不能入寨，不得利，大掠福余、大宁人畜去。始敕都御史邹来学经略，已而设太监参将，又设总兵。景泰四年，守臣言兀良哈贡使往来不绝，为瓦剌间谍。诏自后使至，伴二三人入京，余不得辄入关。成化四年，与北口毛里孩通侵天城，遣都督李铎诘之。十二年，通乱加思兰谋寇辽东，敕边臣备之，然亦未敢大为寇盗。弘治中，守臣杨友、张琼烧荒，出塞掩杀，边衅遂起。正德初，部落既蕃，阳顺阴逆，累肆侵盗。朵颜都督花当求添贡，其子把儿孙深入虏掠，动称结亲迤北。恐中国。革兰台者，花当孙也，兀良哈朵颜为大部朵颜，花当为贵种。花当长子革列孛罗早死，其弟把儿孙骁勇。十年，把儿孙入马兰谷塞，杀参将陈乾。遣都督桂勇讨之。把儿孙遣扯秃等来言，请入贡，且献马赎杀乾罪。又谩言射林孛罗干儿、路阿剌忽，刺夕且纠诸部大举入寇。令小失台呼扯秃等去，我亦幸无事，奏□退班师。未几入寇，参将魏祥全军覆没。时把儿孙狡劣，屡谋夺适，诸酋恶之不相附，寻亦死。花当种人皆附革兰台。革兰台贡马迟之，未请嗣番官也。边臣言上，兵部令译部落后许贡，革兰台遂入寇渔阳，诸小关堡皆残破。嘉靖十一年九月，巡抚王大用欲通朵颜，与厚赂，城其雾灵山不果。是时，西阿堆哈利赤数入建昌、喜峰、太平诸塞，杀掠人畜。革兰台又乞升官，兵部言大用喜事，请以毛伯温代大用出渔阳。巡抚伯温至镇，虏益盗边，边人不得耕牧二十年。革兰台挟北虏求添贡，贡卫三百人，不许。请卫二百人，又不许。时时出没塞下，辄云：结小王子，且夕大举入塞。会俺答吉囊自大同深入太原，不得已许其补前贡失期者，卫二百人。二十一年，内批胡守中侍郎兼宪职，提督军务抚剿。守中憸险嗜利，干没内帑金多，又擅出塞，尽伐辽金以来松木百万，自撤藩篱，遍索富人旧将金钱。言官劾守中，论死西市。巡抚徐嵩阿事守中，削籍。已而有发嵩干没库金者，逮谪戍二十二年。叛人白通事道房，数侵我塞，巡抚许论伏兵斩白通，事论进官副都御史，请告去。朱方代论，以请撤防秋兵，大旱为虏所掠，逮至京，杖死阙下，职方郎中韩勖亦杖死。二十五年，□大入塞，明年北虏道兀良哈入寇辽东。王世贞三卫志略同，不录。

斥　候

《汉书》言：李将军行无部曲行陈，不击刁斗自卫。幕府省文书，然亦远斥候，未尝遇害。而《唐史》言：唐休恼练习边事，自碣石以西逾四镇，绵亘万里，山川要害皆能记之，故行师料敌，未尝败焉。此皆昔之官于斯土者也。凡人之情，狃于目前而忽于往古，详于内地而略于边防。今日塞垣荒落，墩堡颓毁，昔人所为设防固圉之意，几一切无存，而余犹仍旧录之，语曰：前事之不忘后事之师也。夫将使庙堂之上运筹而折冲，帷幕之中披图而聚米，则必在兹篇也已。

郡古卢龙塞，塞外近夷，札营概为三区。

直北为中区，虏营曰大宁、曰东旱落兀素、曰哈喇五素、曰舍伯兔、曰西旱落兀素、曰青城、曰磕里、曰兀拦、曰舍喇素、曰汤兔。

东北为左区，虏营曰火郎污、曰赊白兔、曰选儿孛只英、曰舍喇喇哈、曰旱赤八哈、曰厂房、曰陷河、曰拨梨克、曰察汉壕、曰黜梨根卜喇儿、曰恶木林、曰儿女亲、曰卤场、曰恶力、曰常海。

西北为右区，虏营曰五儿班、曰滦河西岸、曰舍不哈、曰斗里库、曰头条道即塔喇打坝、曰西逃军兔、曰恼奴河、曰傍牌川、曰宽河城、曰营盘里、曰瓦窑川、曰会州、曰昌毛太、曰长河台。

其日马程皆百里为度，或过不及，在行之缓急耳。

如虏聚于大卤场东南，由恶力至常海，南下孤山亦至常海，犯辽东三山营前屯卫。迤西南至中前所，必犯山海路，而石门路当备。自三山桎入铁场堡，则先黄土岭，而大青山、庙山口、一片石迫矣，山海路当备。自常海由太平台直北山闯水洞南下，必犯大青山，西犯小河口，而大毛山当备。自稍腰兔南下龙潭，由东南必犯董家口、大毛山、柳河冲，西南必犯城子谷、水门寺，而平顶谷当备。由红草沟、三岔口、龙王庙东至马蹄岭，必犯平顶谷、水门寺，而城子长谷当备。自龙王庙西过沙岭、奚河川，南下小卤场、梳头崖，必犯义院口、孥子谷，过羊圈子，则犯长谷口、板场谷。自奚河川腾山过瓦庙、种老、大梯、白蒿，亦犯义院口、孥子谷。由石婆婆南下独石，则犯花场细谷。而苇子、柳罐、孤石、温泉、甘泉，前山叠障，稍缓。过牛心山西南，由大小石孔，必犯箭杆岭口关。过金冈谷，由十八盘，必犯界岭口关。或临边西南，由欢虎谷，必犯罗汉洞。自红草沟由兀栏直抵恶卜庄东南，亦犯界岭口。罗汉洞南由杓子谷，必犯青山口关。自杓子由张家坟至扒答岭，必犯东胜寨。干涧儿又顺沟由野猪口，必犯重谷口。梧桐谷自恶庄西由荆林过青龙河至三岔山，必犯桃林口关及水谷寨，则佛儿刘家当备。如于会州聚兵东南，由昌毛太至汤兔至一揭苦列兔，自东南口由胡石达儿至三岔口，其备犯亦如之。由黄岳川赵家谷，其犯先水谷寨，而桃林口、佛儿谷次焉，刘家当备。由白滩至溜渭，必犯徐流口、刘家口、佛儿谷，而水谷、桃林当备。自溜渭之西，由张盘山而料崖，必犯冷口关，而河流、徐流当备。又自苦列兔西南口，由石门之荞麦山南下，过石门，亦犯冷口关，而河流、徐流当备。其自荞麦山东渡，亦边石门西，由阎王鼻必犯白羊谷，则迫白道子、石门子，而新开岭当备。自石门西南之狮子坪南下，二路并犯白羊谷、新开岭，而擦崖子、白羊道子当备。自昌毛太西南，由乾河川迤南，至讨来打坝下老长岭必犯擦崖子、新开岭，而城子白羊当备，由乾河川长河台直抵石口儿，必先青山口，而及榆木岭，则大岭寨当备。由熊窝头至松岭，则犯第四道关、迫本关，而擦崖城子当备。其自陡儿而过白石也，由长哨必犯董家口，而铁门关次之。如自会州直下冷岭，过龙须门、聂门，由三岔口至石口儿备犯亦如之。或不入龙须门，由大川经宽河城、黄崖里，必犯喜峰各路。如于一马兔、一逊川、大兴州、五儿班、逃军兔，聚兵东南，由恼奴河至傍牌川，至虔婆，至冰窖，至黄崖南下，亦犯喜峰路，而太平、松棚二路当备。或遇滦河浅及冰冻，自恼奴顺河南下，必犯团亭、潘家及大小喜峰、东西常谷，而洪山、罗文各关当备。又自恼奴渡河，西由起塔兀兔至天宁寺，至流河下稍，入车河川，南下谢儿岭，必犯三台山苏郎龙井，而洪山、潘家、罗文当备。西下乔家岭，必犯洪山口，三台山各关，其备亦如之。自五儿班南渡滦，由舍不哈至九道流河，或自大兴川由十字道至把汉土门西，由塔喇打坝亦至九道流河，而十字道西，由黄草川至斗里库亦至塔喇打坝。顺河八十里，而至斜里喇塔川，若犯罗文各关，必自九道流河渡澈；入石夹口，则犯马蹄谷；入大羊拦，则犯蔡家谷、秋科谷；入小羊拦，则犯千家谷；入一立马口、宁车口，俱犯罗文谷、猫儿谷。及西通山寨谷，入大渌洞，则犯沙坡谷、山口寨。入小渌洞，犯亦如之。于西，则犯马兰路冷嘴头关。郡境之哨止矣。其大宁、青城皆二口，往来所驻扎。左寇东协必由大卤场，右中协必由奚河川。苦列兔则伺卤情向往，其涂可捶控之矣。

山海路 关外川宽四十里，或半有水。东北至铁场堡，堡在大川中。川三十里，又至背阴障堡，在川北坡南三里半。又至三山营，营东野马川，营南前屯卫，共川宽六十里。卫西南至中前所及本关，又自营北至常海，亦名大古路。西北至横河，东北至恶力，而西北至大卤场俱大川，乃二路总括。远哨所止，夷虏聚兵场也。又西北三十里，由儿女亲而至毛挨兔及恶木林，俱川十里，并有树有水。东北至黜梨根卜喇儿，川宽里许，有树。又至察汉壕，川三十丈，旁俱高崖。又至拨梨兔废城，外有小砖塔三座。又至老河南岸，各有树。又至旱赤八哈，亦名赤八哈兔，西顺老河北岸至厂房，俱有榆。又有陷河兔至大宁城，少树。其旱赤东通辽东三岔河，西北至赊白兔，北出老河至火郎，俱有水。其赊白西北至舍喇哈，又至迭儿孛只英，亦总括路东西二卤之所会兵。又由大荒至黄台吉插脑巢千三百里，一通白马川，一逊川白庙儿穴，皆大荒川，有草木。又自卤场西北至好孙，又至心集，俱川三里，有水。合恶木林派，出辽东又至旱落兀素，沟宽三十步，高山俱有树，其兀素东南通恶木林川，多小墁山。又北至大宁三十里，夹冈川十里，外皆大荒，其川中旱落兀素也，并通大举。又北至坤敦齐，至插汉挠字至舍伯兔，至火郎兀，至公固儿，迤东至舍喇母林，里未详。自关北至——

石门路 一片石关，川二里，去东八里，宽四十里，迤北通铁场堡。自关北至庙山口关外川八十步，俱有水。又至黄土岭关外川里许，去东五里，宽三十里，有小树。通铁场堡，川亦如之，并通大举。自关西北至大青山口外川里许，有树通单马，北从间道至鹞子山拨，又至孤山子，俱山高里许，沟宽二十步。又至茶条山，高如之，沟四十步。又至直北山，高二里，沟如之。又至大尖山，高里半，沟七十步，俱多树。又至小尖山，高如之，沟抵横河凡八十里，宽百步，间五六步，夹崖崎岖通步。又自横河东北至恶力川一里，通单马并有树有水。其自关外小道东北至闯水洞，迤东至茶条冲，又至大谷里，左右峻险。又通背阴障川，俱里半。又自关西南至小河口川半里。西北至白洋川，沟如之，东通闯水洞。自口西沟半里至大毛山关外，去城北三里，有水，沟里许。又迤东，沟二丈，或半通白洋，并通马，西北沟如之。去三里，沟百余步或十余丈，通董堡龙扒山。又自关西北至董家口关北，至龙扒山，沟五十步或三十步，多石坎。西北沟一二丈，通城子谷、龙潭。又由山蹊至大高，俱有树有水，并通步。又自关西至柳河冲，转西北至城子谷关外，川半里。又至张家庄，沟里半，东北至旧关，川百余丈或四五丈。又至大高又至龙潭，川四十丈或十余丈，潭极深，周八丈，东峻崖，西坡宽四十步，又川六丈或半，通单马。至三岔口，川十丈或三丈。又由正冲至横岭，高五里，俱川三丈或十步，水入本谷口又至稍腰兔北至十字河，俱川一里或四五丈，河东通横河川，亦如之。近横宽百余步，俱有树有水，并通马。河东北通恶力，川三里，傍墁山，马由山行，有树，通大举。自旧关西北至大小龙潭，沟宽皆二丈，二潭周八丈，两崖壁立，西有线道，今断，秋夏涨，容单步，冬卤扬沙布冰，通单马，俱有树。又至黄崖，沟五丈或三丈。又自关外西北至水门寺，沟半里。又至平顶谷北，川五十丈或十余丈。至黄崖堡，在山稍高，路由崖北通单马。又至驴驹岭，高里许，有水。南入城子谷，北出龙王庙，西北至马蹄岭，东通十字河，俱川二里并通马。西至义院常海，有龙王庙址，川四里或一里，通大举，并有树有水。自谷口西北通长谷龙潭，川二十丈或七八丈，其至小口子，沟宽三十丈或二丈。西南至长谷，水口有三道，东九里，西十里，中七里，东西相隔五里，川北横岗。又自本口西北，由中水口十里，东七里，西六里，俱川五里。至老岭，高二里，有拦马栅城，岭北平漫，水下龙潭，岭南陡峻，水入本口，又至龙潭。迤西至羊圈子，俱沟二三丈，傍高崖，圈东水入龙潭。又自本口西北出水口，西五里，东六里，中十里，而至盘道子，俱川五里，有树、有水，又沟宽三丈。至羊圈子，又腾山通义院小卤场，俱有树，并通步。又自本口西南至义院口关北，至梳头崖西南腾山，有树，步通瓦庙冲，崖北至小卤场。西北五里，奚河高北四里，奚河川渡，自场从间道八里，亦至奚河川。东北至沙岭，在奚河北岸可了。又至常海，又至偏梁。石堡在奚河西山，水入奚河，又至歹彦打坝，高里许，平墁，岭水南入奚河，北由三岔口出兀拦转入奚河。东北至三岔口，至黄石，又至红草沟，俱川里许或半里，间十余丈。又由挨石岛至兀拦打坝，川六十步，坝狭五六尺，长四五丈，左高崖，右深沟，沟西亦高崖，此大举必经之道口。至架梁倚之，共宽丈余，十万众须二昼夜乃尽。东有间道，宽三四步，长七八里，亦分人马行之。岭西正道远十里。又至大卤场，有树及水。其红草沟东通恶力，川宽百余步，有树，属夷由此行。其自关外西北至三岔山，又西北有三道：一至大梯子岭，高半里，顶平墁；一至种老岭，高二里，北平坡，南陡崖；一至瓦庙冲岭，高三里，腰坦平，南险峻。俱川里许，或十余丈，有水入院口并通大举。其瓦庙西南腾山至种老，又至大梯，又至白蒿，多树并通步。又自白蒿东南，川一里或百丈。至本院口西过小岭，至拿子谷俱有，并通大举。西北沟三丈或二丈，有树及水，马通。横岭高半里，岩垒，多树有水。岭南入拿子岭，北由白蒿入院口，又至白蒿，沟宽二丈或半之，多石坎。下马过白蒿，西南腾山，马通。石婆岭高三里，北平漫，南多树，下有小龙潭。水入花场，东南沟宽三丈，单马通独石，高丈广半，有古字七行，独立川东，故名。又至清水关，乃花场旧关也。至花场谷关，俱川一里或半里。西过沙岭，陡险，沟宽半里，有树。至细谷水口，并通马。西北至仰盘，沟宽四丈或丈余，山顶平，有水由大石上而下。又至小岭，一名大横岭，高二里，北平墁，南陡险，水会仰盘入细谷。西北下岭，顺乾河川，沟三丈或丈余，通独石。又半里，转西南至石虎谷，抵西北，沟二丈，有树，有水，并通步。又自石虎谷中南，抵棺材，沟宽二三丈，旁陡，有大树有水。川南叠障，马步不通，又自本关西南腾山至苇子谷，西北腾山至洞儿，转西南至柳罐水口，有树。又西北至胜水崖，沟丈许，两旁高崖，有水及树。又腾山至旧城头，有树。又自本谷西南至孤石谷水口，有水及树。又西三里，转东南至大偏梁山，沟二丈，本口水源于此，其前高山，马步不通。又自本谷外西三里，转北至小黄崖子迤西，至土岭，俱川二丈。又腾山至清凉石，其石三片，高二丈，在道西，山巅登之，可望抚宁、卢龙。又西腾山至旧城头，有拦马废垒，多树，并通步。自本口西南至温泉谷，沟宽三丈，有树，北至响泉，川八丈或二三丈，有水及树。又至干河川，沟宽三丈或丈余，夹崖有树。又至扒带岭，又通旧城头，俱川半里。其扒带西，腾山至马思岭，俱有树，并通马。又自本口西至甘泉谷、石梯子、墩本堡。自石梯子为界，西北至流冲，俱沟三丈，有树。又至钟楼岭，以形名也，东通响泉，沟宽五十丈或丈，有水及树。西北腾山通扒带有树。北至土胡同，沟宽五十步或二三丈，有水及树。西北腾山通扣带，有树。北至土胡同沟，宽五十步或二、三丈，有水及树。西北腾山至旧城头，又腾山至砖庙儿，俱有树，并通步。转东北五里，沟三丈，有树。去沟十里，有水。马通。牛心南口其东南口一至种老，一至大梯，一至白蒿，俱墁坡，有树，并通大举。一至石婆婆，沟五丈，有树，通马。东北口顺川至奚河，险要。如东南口其自本堡口外西至星星，西北至中桑口外，川五里或三丈，有树、有水、多石坎，通单马。东北至天桥，石磴高四尺，桥东崖壁立，西河石坎丈高，下马而过。北顺崖至夹脚石槽，长丈宽尺，东接悬崖，西临深渊，间有石坎，高七八尺，步者亦缓。东沟三二丈，而通马思岭，本岭即星星边城也。又北至头架，沟宽十里，岭高半里，有树、水入中桑。又至二架岭，平墁，又通砖庙儿，俱川三丈，有树。又自本堡西北至箭杆岭口关，川一里或百步，转东北至箭杆岭，高一里，岭南水入本关，又八里，小石孔在道西山腰，水由孔出牛心。又十里大石孔如屋，在道东北崖下，俱沟五丈或三丈，并通单马。又至牛心西南口，沟十丈，通马，俱有水。又自本关西北至葛藤岭，沟丈余，有树，通步。又沟五丈或二三丈，西至——**台头路** 界岭口关东北，至十八盘，沟五丈，岭高二里，北平墁，水合金冈水，出三岔，入奚河南，崟险。水入关又至金冈，其义院属，夷皆由此入关。金冈东通牛心，俱沟三丈。西北至三岔山，沟三丈，北通奚河中稍，川里许。东南通十八盘，沟五丈，俱有树，有水，并通单马。西南由小庄窠而通界岭儿，沟三丈，有树，通单马。其自关西北，川里许。至白台，台在川东冈，废矣。又川六丈，至界岭、儿岭，平墁有水。南入关，北由土胡同入青龙河，西北沟三丈，有树，容单马。由小庄而通三岔山，从拨道经梨花而至明朗，由山道至偏崖，川三里，有树，两崖若门，故号偏崖，为石门也。虽通大举，至此不得长驱。又至许家去东三里，无路，北沟五丈。至明朗而西，过小岭，由大苇子转南而通青山，川一里或百步，间五六丈。又西至土胡同，北至恶卜庄，俱川里许。自胡同西北至松林店，川半里或三十步，平墁。东北川二里，亦至恶卜庄。青界二路会哨所也。北至寺儿山，川里许，又至白石嘴，川七里。又通奚河中稍，河五丈，连川宽七里又至兀栏，川十里。东通红草沟，川一里。北至东逃军兔，又至恶力哥，俱夹高山，山川一里，并有水、有树。又至磕里川二里。又九十里，川宽五里。外荒川至青城，俱有树。又至哈喇五素川，斥卤无草木。东北至大宁，俱川十余里。其城东，由一揹精转东北，亦至大宁，俱大川，有水。城西至兀胡骂岭，川八里，有树。西南至接白个岭，平墁，川一里，又川五六里，有水及树。而至会州，又至城西北至旱落兀素，川五里，东北通舍伯兔。西南过小岭至呵乐贺，俱川百余步。又至欧利兔，东南通接白个，西南直西逃军兔，俱沟二十余步。其自磕里东至那林川二里。转东北，荒川漫山，通东旱落兀素，西至舍喇素，川六里。又至刻儿沟，川半里，有水出会州，入宽河，又至会州，川亦如之，并通大举。又自本关西北至罗汉洞，北至欢虎谷，转西通界岭儿，俱沟五丈。又西南至青山口关，西北沟五十步或二十步。至鲇鱼洞东口，又至张家坟，川半里，俱有树。东北至杓子谷，川一里，又沟三十步或二十步。至北横岭，平墁，长三里。又顺坡至土胡同，俱有树有水。其杓子西，即总墙，沟宽二里，近城址宽百步。迤南至青龙河，其张家东至大苇子川百步，俱有树有水，通大举。西南至扒带岭，沟七十步或三十步。其岭西即五道沟，宽十余步或半之，通单马。而至青龙河南，腾山，有树，马通干涧儿。又南至顺巢，至麻地，至枯木，至大字，至野猪，至桃林，青龙河俱沟五十步或二十步，迤逦有小树及水，多石坎，通步。其自——

燕河路 桃林口关北，过河至桃源川，转西北至白蜡谷，又自桃林东北至三岔山，俱川百余步。东通总墙遭城址，北至金香沟十余步，俱有树，有水入青龙河。又东北至荆林沟倍之，东通恶卜庄，沟四十步，北川一里，过二小岭，通奚河中稍。又自三岔西北至李家谷，沟十余步，水木若桃源。又沟三十余步，过小岭至胡石达儿，又至一揹苦列兔，川东南口即青龙河岸，川五十余步。又川一里，至一揹苦列兔，西北至把哈苦列兔，又至把哈苦列兔打坝，平墁，俱川一里，并有水入青龙河。又北至汤兔，川二里，自汤兔东北至舍喇素，川一里。西北至昌毛太，川三十余步，有水流出会州，合宽河派入滦河。又至会州，川一里。其一揹苦列兔东南口东北顺青龙河，川一里，过河四次，水深二尺余。至兀梁素，又顺青龙河川五十里，过河六次，水深如之，通奚河中稍，并通大举。又自本关西北，顺河至白蜡谷川百步，又至安子山。又自关西北至水谷寨，东北至安子山，西北至正安子山，又西北至石河，东通安子山，西通佛儿水谷，岭高险。东北至安子山，又北至赵家，俱狭沟通步。又过青龙河至黄岳川，西北通苦列兔川南口，俱川三十余步，通马。又自本寨西至佛儿谷寨，东北窄沟步通。水谷岭西北至石岭，墁山，沟七八步。自本寨水口西北过小岭至刘家口关东北。由拨道自花台，经大野猪而至桃林第八拨峰台谷山。又自关东北至石岭，又至小土岭，西北至溜渭，沟宽百余步。又北至白滩，一名臭泉坑，又通一揹苦列兔川南口，俱川一里或二十步，有树。西沟十余步至石门南川。又自溜渭东通七谷口，沟四步。西至张盘山，迤南至孤树坪，俱沟六步，并通马。又自本关水口西至徐流水口关，沟十余步。北过大川至麻地里，凡兵马出口烧荒，皆此扎营。又至老雅岭，沟二十步。东北通溜渭，沟宽百步或十余步，并通大举。自麻地西沟六七步至砂岭，又腾山至羊圈，并通马。又至前石河，沟二十步。又自本关西至冷口关东北至斜崖，川二百余步。其崖东通前石河，乃沿边夹道，沟二十余丈。北至孤树坪，又至石家坟，西北顺河至荞麦山，高耸可了，俱川一里。又北至石门，川里半，东北三里，沟二十步。二十七里，沟一里，至一揹苦列兔，俱有水入青龙河。其石门西至召毛兔沟二十步，自本关西北至过石门，有水。又至石牌岭，墁山，东北通荞麦山，西北至察肚岭。在川南高陡下马，而过冷口关讨赏。又至狮子坪，北至龙王庙，又西北至召毛兔，俱川一里。毛兔东北通一揹苦列兔，沟二十步，西北川二里，至讨来打坝，一名抄来打坝，并通大举。其过石门东至倒梨树，沟五十步。转东北过岭至石家坟，沟十余步。墁山西北，沟五十步或七八步，亦通察肚岭，并通马。西至阎王鼻，川一里，岭高二里，陡峻有树。岭南步通边城五里，又沟十余步。单马至横岭，岭在沟南，路由沟中行。岭南沟十余步，通单马至边城。又南至——

太平路 擦崖子提调下白洋谷水口，沟二十步。东北至白土岭，沟一里或三十步。又腾栲栳山，步通狮子坪。又自本谷西北至枯井儿，川一里。又至绿豆沟七八里，南腾山十五里，通边城。东北沟三十余步至东长城岭，高三里，陡峻。又沟四五步，单马通狮子坪。又自本关西至新开岭北，至芝麻坪，沟十余步。东北由沙岭川十余步，马通绿豆谷，西北至獐狍谷，川六十余步又沟百步，有树及水，通擦拨老长城岭，并通大举。又自本关至擦崖子关拨分东西，东拨北至树木枝，川七十步，又至牌撅岭迤东，而至老长城岭，高七里，陡峻下马，鱼贯而进。又西北沟五六步或十余步，单马至鹅石，又至讨来打坝，东北至呼奴思大岭，沟二十步。又北至干河川，并通马。东北过岭，狭沟单马通思太其。自鹅石东北至舍喇镇，沟百步，有树，通马。东通龙王庙，川二里，东北通召毛兔，川三百余步，西北通讨来打坝，川百余步，俱有水、有树并通大举。其自树木枝东通芝麻坪，川一里，有树。西北至蔡家岭，又至单家岭，俱川一里或三十步，并通马。西拨西北至单家岭，又至白石山，则与榆拨陡儿互哨。又自本关西至城子岭关，北至单家岭，沟五六步。西至柳子谷，沟五步。步通夹山岭，东通单家岭，沟十余步或三四步。岭西至哈哈石，又至双树，俱川六七步，并通单马。又自谷西至大岭寨北，至莺窝崖，又至红石谷，俱川三十步，至双树川四十步，又至横河川半里，俱有树，并通大举。又自寨西至榆木岭关，东北至马道岭，沟百步，又至韭菜畦沟十余步，北至长儿沟，川半里，西北至鱼鳞沟东口，川二十步或十余丈，俱有水及树。又至古城北，至松岭，又至熊窝头，各川半里。东至血岭，沟五十步，又通讨来打坝，又东北通呼奴思太岭，各沟宽二十步，有树。西至瓦窑川，又西至石口儿，东北至鞭儿岭，又至长河台，俱川一里，又通干河，川宽百余丈，西北沟一里至孤山北，川半里，至蓝子岭东，通长河台北至三岔口，又如皆答，如聂门，如龙须，俱川宽一里。其龙须夹山若门，中宽二十步。虏若犯本关，须过此门径，由大川犯喜峰。又东北至骆驼，至半壁，至打鸡，而通会州，皆大川，有树、有水，并通大举，其聂门东至安答石川一里或半，又至安答打坝，沟四十步，俱有水，通马。迤北二十里，沟狭，容单马，外大川，通汤兔。自本关北至第四道关，川二百余步，东通鱼鳞，沟宽二十步，北出陡儿岭通古城岭。又自本关西北至——

喜峰路 董家口提调下青山口关，北通石口儿岭，西南至艾谷口关，东北至腰岭，北至平林，各沟四五十步。又北通孤山，自本口北至黄土台东北，通平林，各川半里，俱有树，并通大举。又自本口古至董家口关北，至黑山炮，又东北由长哨通石口儿，俱川里许，西至花园，川百余步，北至观音堂，川一里，东北至骆驼岭，川二百余步，西北至桃树谷，川一里，其桃树东通黑山炮，西南通小岭，狭沟通单马，至喜拨营盘里，东北由破房通三岔口，俱有水及树，并通大举。又自花园西至分水岭，川二十步，通马。又至铁门关，北至炮岭，各川一里。又至细岭西北至古道岭，各沟二十步。西至磨石谷，沟五十步。南十里通边城，沟二十余步，又西至莺窝里，沟四十步。又自本关西南至大喜峰口关西北，川宽三里，至营盘里，凡兵马出口烧荒，皆此扎营。东通莺窝崖，沟二百步。北至庙儿岭，又至梦子岭，平墁，先年有石碑记梦，故名，亦名浓济岭。西北至腰站川里，东北至九姑岭，又至黄崖里东沟十余步，过小岭狭沟单马通聂门。又东北至宽河城，川三里，即旧宽河所，今移遵化县。又至龙须门，俱川里许。又自黄崖西北至冰窑，川半里。又至虔婆岭，川里许。北即傍牌川，东北通会州，又北顺滦河至恼奴河川口，西北至西逃军兔川南口，俱川二里。东至丫头沟，又北通会州，各过小岭，俱沟二十步。又东北由小子沟迤北亦通会州，沟宽亦如之。西北至呵各得岭，又川南二十里，宽七里，北十里，宽里许。至五儿班川，亦名呼鲁伴，俱有树有水，并通大举。又自本关西南至小喜峰北，沟二三步，多石坎，通步，一里即大荒川。又西至团亭寨，北至栗树湾，又至夹儿庵，至横河，即九道流河，合滦河川口。又至傍牌川，俱川二里，有树有水，并通大举。其大小喜峰虽通大举，近边沟狭，石多，通步，至本寨乃通大举。自寨西至——

松棚路 潘家口关，北至小河口即滦河西岸，西至东常谷堡，西北至太阳谷川半里，东北至长城岭，又通小河口，西至西常谷，北至到沟谷，东通太阳川，三里，西至三台水谷，沟宽六十步，并通马。自本堡西至三台山关，东北至回回墓，川十丈或一丈，又至土松岭，长六里，俱通单马。又至房儿岭，平墁，通马。又至大古道岭，长十五里。又至横岭，长二十里。及至谢儿岭，俱高险。过岭东即滦河北，即车河川。又至庙儿岭，长五里，险峻，岭北水出流河，又至流河中稍。西顺滦河至大宁寺谷口，又至起塔兀兔，过滦河迆北，通恼奴河川口，有水并有树，俱通大举。又自本关西北至鸡冠山，即黑河，宽一里。又至忠义寺，址在黑河西岸。又至马海棠，又至团漂石，二川黑河石崖夹立，宽七八步，石多水急。又至大黄茶子，在黑河东北山上。又至乔家岭，长三十里，南陡峻，北平坡，并通步，其黑河源出本岭西南。又东北至小河口，川二里或五十步，通单马并有树。又自本关西至水谷沟，又至苏郎谷水口，又至撒达沟，俱沟半里或百步，有小树。又至龙井谷关西北，至古道岭，长十里，有树。西南至洪山口关，西北至神仙岭，又至大到沟，过澈河，步通马兰谷岭。又东北至巡检司，又至偏塘，又至青阳林，各川三十余步。又至黄碟子，川二十步。又至分水岭，长七里，北陡峻，南平墁，有水出澈河。又至打狗巷，川二十步。又至龙湾子，川四十步，各水入黑河，并有树，通单马。又至乔家岭，险要见上。又自本关西至马蹄谷关，东北至庙儿岭，稍高有树、有水，通单马。又北至石夹口，宽十九丈，有水。又北出口即澈河关，北至短嘴子岭，高陡，东北通石夹口，西北由山路至梨树岭，稍高，多树，俱通步。又北至大羊栏口，阔十五丈，通马，并有树及水。自本关西至蔡家谷堡，东北通梨。树，有水，西至秋科谷堡，北至庙儿岭，稍高，有树及水。东北通大羊栏，西北通小羊栏。又自堡西至干家谷，北至到谷岭，长五里，高陡，有树。又至小羊栏口，宽十九丈余，有水，又出口即澈河，并通步。自堡西至罗文谷关，北由岔道至一立马岭，一名栏马墙，川百步，水入本关。又过横岭至一立马口，宽二十四丈，有水。又过澈河，迆西北至秋木林，沟百步，俱通马。又至庙儿岭，长四里，北平墁，南陡峻，通单马。又至南松岭，长一里，岭下有水。东南至安子岭坡东，有水。又至摆宴塘，川二百步。南过澈河，步通秋科庙儿岭，转西北至窟窿山，川百余步，旁高山。又至神仙岭西，川宽二百步，俱有水，自马蹄谷至此，凡水皆出澈河。又至黄石崖，川如之。又至大横河，川四百步，旁夹山。又至白马川，宽如之。又至石夹口，两山顶平，中道甚狭，宽三十步。又至分水岭，长三里，高陡，岭南水出大横河。又至寿堂坟，川四十步。又至干心河，山川若大横河。又北至头道流河，俱有水，自秋木至此，俱有树，自南松至此并通马。又北至七道流河及九道流河，西南通斜里喇哈谷口，凡八十里。过河九次，故名。东北至舍不哈，川三里。又至滦河西岸，川五里。又过河至五儿班，又自九道河西北至塔喇打坝，又名头条道，沟二十步。又至赊喇不哈岭，川二里。又通把汉土门，东北至一揹打坝，平墁，川里许。又过河亦通五儿班，其头条道东北至斗里库，川宽一里，水深三尺。出滦河，前后山阻无路，东通一揹打坝，西由黄草川通十字道土门，俱有水及树，并通大举。其五儿班，川宽六七里，西北由隰陂兔通一逊，川三日程。西由呼答哈而通大兴州，日半程，亦总括之地，黄房常此聚兵。又自本关西至猫儿谷堡，北至新开岭，长四里，俱有树。岭南水入罗文岭，北至宁车口，宽五十丈，水俱出潵河，又过潵河，北通秋木林。又自堡西南至山寨谷，西北至牵马岭，长一里，俱通马。岭南水入沙坡，又至桑树岭，长五里，稍高有树。岭北至大渌洞口阔三十一丈，水俱出潵河，又北出口即潵河。自寨西南至沙坡谷，北通牵马岭，西北至山口寨，东北亦通牵马岭，西至溜石坡岭，长三里。岭南小水入沙坡，又至安子岭，高陡俱有树。岭北至小渌洞口，宽十七丈，水俱出潵河。其安子岭西南至桃树谷，即楸树岭，东通溜石坡，西至马兰路冷嘴头关，并通步。其滦河、流河、潵河之源详见山川。

外内拨路

山海路 拨九：自松山而李家堡，而鲁家山，而铁场堡，而挂牌山，而按马堡，而永安堡，而将军石，而背阴障，凡九十五里，远哨至大卤场。石门、台头二路同。

石门路 提调三，共拨四十八。黄土岭关提调下拨十六：自大青山关而鹞子山，而茶条山，而直北山，而大尖山，而小尖山，而三岔山，而黄土坎，而石门子，而小横岭，而大横岭，而太平台，而常海

顿，而平墁川，而孤山，而五指山，凡百八十七里。大毛山关提调下
拨十六；自城子谷关而张家庄，而旧关，而大高，而龙潭，而三岔
口，而正冲，而横岭，而头道河，而青阳林，而羊圈山，而稍腰兔，
而十字河，而大孛罗林，而长岭，而恶力川，凡百九十三里。义院
口关提调下拨十六：自本关而黑崖子，而小梯子岭，而三岔口，而段
木岭，而土胡同，而切河，而安子山，而常海，而歹彦打坝，而三岔
口，而黄石，而红草沟，而挨石岛，而兀栏打坝，而委素太，凡百九
十六里。

台头路 提调二，共拨三十一。界岭口关提调下拨二十二，分东
西二股。自本关东由十八盘，而牛心山与义院拨互哨，凡二十七里。
西由白台而界岭儿，而梨花山，而明朗谷，而土胡同，而恶卜庄，而
寺儿山，而白石嘴，而红石岭，而兀栏，而兀栏岭，而大柳树，而兀
梁素太，而歹彦岭，而宽佃，而红草沟，而挨石倒西，而独木桥，而
兀拦打坝西，凡二百三十里。青山口关提调下拨九：自本关而麻地
沟，而大苇子谷，而三道沟，而杓子谷，而北横岭，而恶卜庄，而兀
拦，而杏山，凡百八十里。

燕河路 提调二，共拨三十二。桃林口关提调下拨十九：自本关
而宽哨顶，而梳头崖，而三角庄，而逯马崖，而赵家谷，而王家谷，
而戚家谷，而峰台岭，而天桥，而总墙，而古道，而斗儿岭，而毡帽
石，而舍白兔，而蔡家谷，凡百十里，远哨由一揹苦列兔东南口，迤
东北由兀梁素太而至东逃军兔。其刘家口三拨：由花台而大野猪，接
入桃林第八拨峰台谷，凡二十里。冷口关提调下拨十五，分东西二
股：东由牛鼻子岭而挝角山，而寺儿崖，而黄崖山，而大户店，而
三岔山，而石门，而逃军山，而一揹苦列兔，凡百里，远哨西北至汤
兔。西由豹崖山，而察肚岭，而龙王庙，而召毛兔，而讨来打坝，凡
八十三里，远哨至聂门。

太平路 提调二，共拨二十五。擦崖子关提调下拨十六，分三
股。自本关东北由白羊谷而大石头，而庙儿岭，而炮儿山，而五指
山，而白土岭，而栲栳山，而绿豆谷，凡六十里。远哨由狮子坪通石

门，而至一揹苦列兔。北由树木枝而牌橛岭，而老长城，而鹅石谷，而讨来打坝，凡九十里，远哨至聂门西，由单家岭而白石山，凡三十里，与榆关陡儿岭拨互哨。榆木岭关提调下拨九：自第四道关而陡儿岭，而古城岭，而松岭，而熊窝头，而石口儿，而靴儿岭，而长河台、而干河川，凡百里，远哨至龙须门。

喜峰路　提调二，共拨三十一。董家口关提调下拨十：自本关而黑山炮，而长哨，而石口儿，而三岔口，而背答岭，而聂门，而龙须门，而冷岭，凡百三十里。又自黑山炮西三十里桃树谷，转东北，由破房司通三岔口，远哨至会州。李家谷关提调下拨十二：自喜峰口关由东石梯子而字罗台，而浓济岭，而天津谷，而九姑岭，而黄崖里，而宽河城，而龙须门，而冷岭，而骆驼岭，而打鸡岭，凡百五十四里，远哨至会州。又自团亭寨境外，新设九拨，由暖泉而黄崖，而夹儿安，而清河，而土洞，而横河，而傍牌川，而滴水崖，而恼奴河，凡百二十里，远哨至西逃军兔川南口。

松棚路　提调三，共拨四十六。潘家口关提调下拨十二：自三台山关由宽佃而回回墓，而双桥，而段岭塘，而寺儿山，而土松岭，而小古道，而中古道，而大古道，而横岭，而谢儿岭，凡百三十五里，远哨至白河。洪山口关提调下拨十七：自本关而黄瓜山，而尖顶山，而柏茶山，而了高山，而巡检司，而独石，而椴木林，而梨元口，而水泉，而分水岭，而张官堂，而黄磔子，而打狗巷，而黄土岭，而龙湾子，而乔家岭，凡百四十七里，远哨至流河。罗文谷关提调下拨十七：自本关而岔道，而一立马岭，而秋木林，而庙儿岭，而南松岭，而窟窿山，而神仙岭，而花园，而白马川，而石夹口，而打狗巷，而分水岭，而逢批子，而寿堂坟，而干心河，凡百七十里，远哨至九道流河郡境至潘家口提调辖内龙井关止。本路至山寨口止。

路营　山海路　东界辽东无接，西至七星寨上拨路二十里，设拨二，马军八名，步军一名。

大路拨　山海关　西至七星寨十里，马军四名，步军一名。

七星寨　西至石门界长桥庄十里，马军四名。

长桥庄　西至石门寨二十里，马军六名。

路　营　石门路　大道东自长桥起，西至同野庄止，拨路七十三里，设拨六，马军二十六名，步军一名。边道西北自石乔谷起，东自一片石，北自大毛山，至义院口止。三关皆入石门，延袤境内，拨道一百零一里。设拨七，马军二十一名。外台头路贴马军二名，共四十九名。

边路拨　石乔谷　南至石门寨十三里，东至长谷营八里，东北至义院口十二里，马军三名。

长谷营　东北至大毛山二十里，东南至破窑庄十里，西北至义院口八里，马军三名。

一片石　西至破窑庄十里，马军三名。

破窑庄　西南至沙河寨十里，马军三名。

沙河寨　西南至石门寨大道十里，马军三名。

大毛山　西南至长谷，里见前，马军三名。

义院口　东南至长谷营，西南至石乔谷。里俱见前，马军三名。

大路拨　石门寨　西至老岭九里，马军四名，步军一名。

老　岭　西至小悖老九里，马军四名。

小悖老　西至平山营十五里，马军四名。

平山营　西至同野庄十里，马军四名。

同野庄　西界石门路平市庄十里，马军四名。

路　营　台头路　大道东自平市庄起，西至平坊店止，拨路六十六里，马军二十八名。边道东自界岭口起西至潘家庄，至枯井庄止。拨道延袤共一百二十里，设拨六，马军一十九名。内除平市庄拨贴石门路马二，共止四十五名。

边路拨　界岭口　东南至双岭儿十里，西接青山口二十里，马军四名。

双岭儿　西南至郭家庄十里，马军三名。

郭家庄　西南至台头营大道十里，西北至枯井庄十里，马军三名。

青山口　东至界岭口，里见前，东南至枯井庄，西南至潘家庄，各十五里，马军三名。

潘家庄　南至平坊店大道，东北至枯井庄各十里，马军三名。

枯井庄　西北至青山口，里见前。南至台头营十里，马军三名。

大路拨　平市庄　西至李家庄九里，马军四名。

李家庄　西至聂儿庄九里，马军四名。

聂儿口　西至牵马岭九里，马军四名。

牵马岭　西至台头营九里，马军六名，步军一名。

台头营　西至平房店十七里，马军六名，步军一名。

平房店　西至燕河十三里，马军六名。

路　营　燕河路　大道东自本营拨起，西至建昌营止，拨路六十五里，设拨五，马军三十名，步军一名。腹道东自安山起，西至歹老婆庄止，拨路一百零九里，设拨六，马军一十八名。步军一名边道桃林口南至桃林营大道十里，冷口南至建昌营八里，各马军三名，通共马军五十四名，步军二名。

边路拨　桃林口　东西无接，南至桃林营十里，马军三名。

冷口营　东西无接，西南至建昌大道八里，马军三名。

附腹道

安　山　东北至燕河十里，西南至张家庄十里，马军三名。

张家庄　西南至永平二十里，马军三名。

永　平　西北至窑贺庄二十四里，马军三名，步军一名。

窑贺庄　西北至孤庄十一里，马军三名。

孤　庄　西北至歹老婆十二里，马军三名。

歹老婆　西北至建昌营二十二里，马军三名。

大路拨　燕河营　西至桃林营二十里，马军六名，步军一名。

桃林营　西至刘家营八里，马军六名。

刘家营　西至徐流营七里，马军六名。

徐流营　西至建昌营一十五里，马军六名。

建昌营　西至太平界新店一十五里，马军六名。

路　营　太平路　大道东自新店起，西至白庙店止，拨路一百零五里，设拨九，马军五十四名。边道东自鸡鸣店起，西至水谷岭止，拨道延袤共一百二十五里，设拨八，马军二十六名。外千总下拨贴本路马军二名。三屯营拨贴本路步军二名。

边路拨　鸡鸣店　东南至三岭儿大道十里，西北至忠义庙十五里，马军三名。

忠义庙　东北至擦崖子十里，西至太平寨二十里，马军三名。

擦崖子　西南至忠义庙，里见前，马军三名。

太平寨　东至忠义庙，里见前，西南至梨树谷十里，马军四名。

梨树谷　西南至米峪口十里，马军四名。

石灰谷　东自太平寨，里见前，西通水谷岭十五里，马军三名。

榆木岭　西南至水谷岭二十里，马军三名。

水谷岭　西北至青山营十五里，南至石灰岭，里见前，马军三名。

大路拨　新　店　西至三岭儿十五里，马军六名。

三岭儿　西至土城八里，马军六名。

土　城　西至罗家屯七里，马军六名。

罗家屯　西至东寨十五里，马军六名。

东　寨　西至米峪口八里，马军六名。

米峪口　西至韩家庄十五里，马军六名。

韩家庄　西至滦河店七里，马军六名。

　　滦河店　西至白庙店一十五里，马军六名。

　　白庙店　西至三屯营一十五里，马军六名。

　路　营　喜峰路　大道只三屯营一拨。东界白庙店，西界马逢谷，马军十二名。内除派贴松棚路四名，本路八名，步军十一名。内除派贴太平路二名，松棚路一名，三屯守备下六名、本路二名。边道东自青山营起，西南至灰儿岭止，共一百二十里，设拨九，马军三十二名。外赵家庄与松棚路合界，派贴本路马军二名，共马军四十二名。步军除分贴各路外，本路二名。

　　边路拨　青山营　西北至董家口十里，马军三名。

　　　　　　董家口　西至胜岭寨十里，马军三名。

　　　　　　胜岭寨　西至李家谷一十里，马军三名。

　　　　　　李家谷　西至喜峰口一十里，马军三名。

　　　　　　喜峰口　西南至滦阳营二十里，马军四名。

　　　　　　滦阳营　南至铁庄十里，马军四名。

　　　　　　铁　庄　西南至赵家庄十里，马军五名。

　　　　　　赵家庄　东南至灰儿岭十里，西至汉儿庄二十里，马军三名，松棚贴本路二名，共五名。

　　　　　　灰儿岭　南至三屯营大道十里，马军四名。

　　大路拨　三屯营　西至马逢谷十里，马军十二名，步军十一名。

　路　营　松棚路　大道东自马逢谷起，西至马伸桥止拨路一百五十里，设拨十一，马军六十八名。外马伸桥与马兰路合界，彼路拨贴马军二名，共七十名，步军八名。三屯拨贴本路一名，共九名。边道东南自汉儿庄起，西南至萧家庄止，延袤一百九十三里，设拨十一，马军三十五名。内除本路派贴赵家庄二名外，三屯营派贴本路马军四名，通共马军一百零七名。

　　边路拨　汉儿庄　东至赵家庄，里见前，北至分水岭十里，马军四名。

　　　　　　分水岭　东北至潘家口十五里，西北至张家庵十三里，马军三名。

张家庵　西至洪山口十七里，东至潘家口二十八里。

潘家口　西南至分水岭，西至张家庵，里俱见前。马军三名。

洪山口　西南至三道岭，东南至榆林庄各十里。马军四名。

榆林庄　东南至松棚营十里，马军三名。

松棚营　东南至袁家屯十里，马军三名。

三道岭　西南至贾家庄十里，马军二名。

贾家庄　西南至罗文谷十里，马军三名。

罗文谷　东南至遵化大道十里，西至萧家庄二十里。马军三名。

萧家庄　东至罗文谷，里见前，西南通马兰路马相营二十里，马军三名。

大路拨　马逢谷　东至三屯营，里见前，西至袁家屯二十里。马军六名。

袁家屯　西至崔家店二十里，马军六名。

崔家店　西至遵化十里，马军八名，步军二名。

遵　化　西至十里铺十里，马军八名，步军四名。

十里铺　西至药王庙十里，马军六名。

药王庙　西至堡子店十里，马军六名。

堡子店　西至义井十里，马军六名。

义　井　西至石门驿二十里，马军六名。

石门驿　西至淋河二十里，马军六名，步军二名。

淋　河　西至马伸桥十里，马军六名。

马伸桥　西至壕门十里，与马兰路合界，彼贴本路马军二名，共六名。

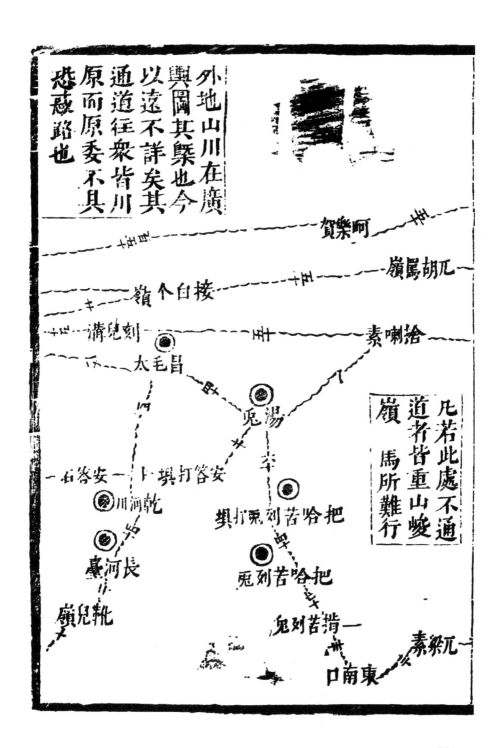

外地山川在廣
與圖其縣也今
以遠不詳矣其
通道往衆皆川
原而原委不具
恐惑路也

賀樂阿

嶺屬胡兀

嶺个白接

涛兒刻

太毛昌

素喇洽

兔湯

右答安 卜壩打答安

川河乾

壩打兔列苦哈把

凡若此處不通
道者皆重山峻
嶺 馬所難行

臺河長

兔列苦哈把

嶺兒靴

兔列苦揩

素梁兀

口南東

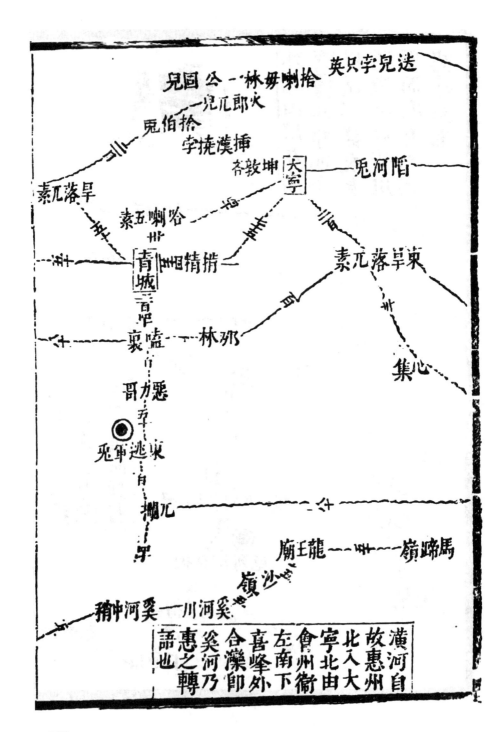

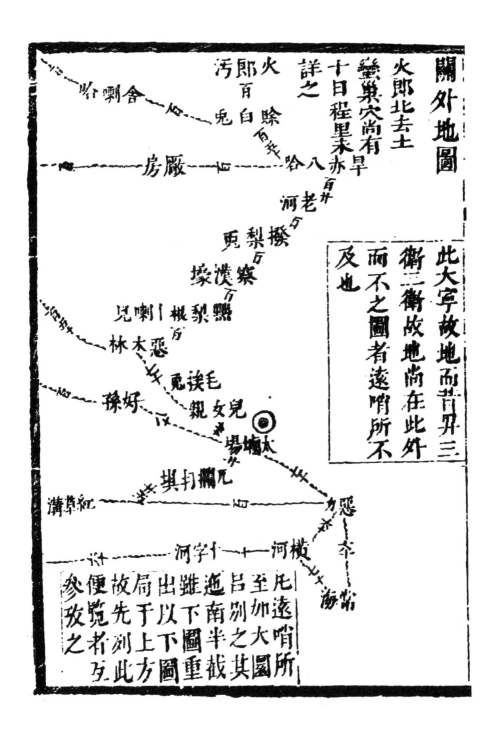

關外地圖

火郎北去土蠻巢穴尚有十日程里未亦詳之

污郎百白兔火兔白餘百馀

哈喇舍

哈八

房厰

洞老

梨橃

更

壕濮察

兒喇根

林木惡

覓誤毛親女兒

孫好

場墻太

奐扪闌兀

淸草紅

河字十

河橫

惡本

海當

此大字故地而昔弄三衙二衞故地尙在此外而不之圖者遠唷所不及也

凡遠唷所至加大之圖吕別半截其圖迤南下重難以下圖出于上列此方圖故先列此方便覽者互參故之者

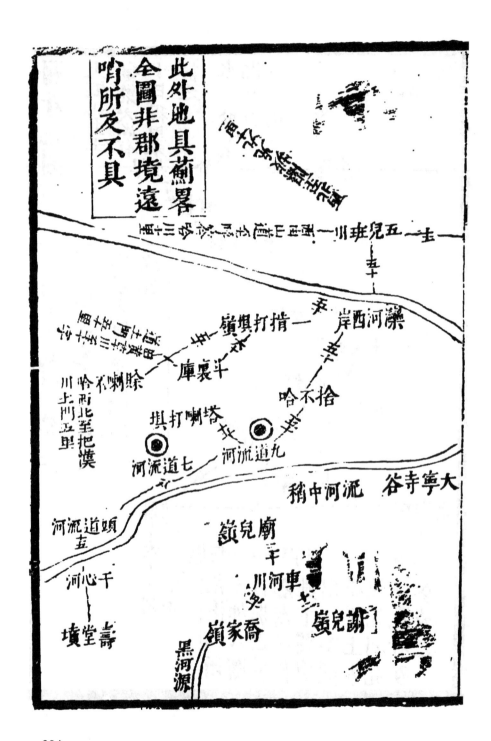

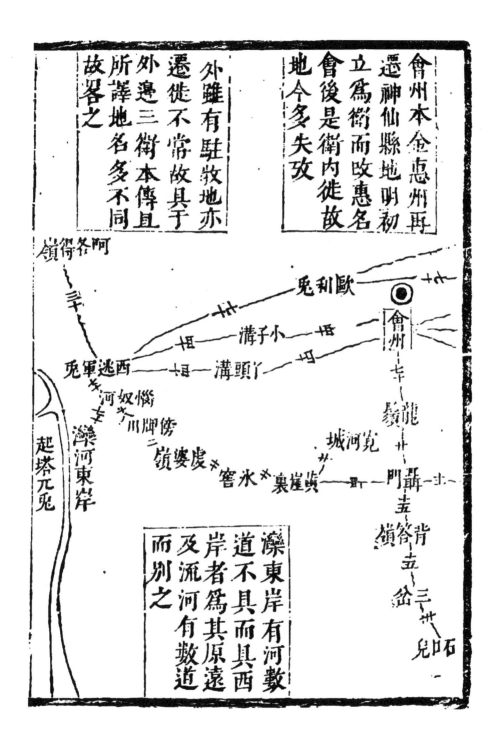

會州本金惠州再
遷神仙縣地明初
立為衛而改惠名
會後是衛内徙故
地今多失攷

外雖有駐牧地亦
遷徙不常故其于
外邊三衛本傳直
所譯地名多不同
故畧之

嶺爷爷得阿
三十
歐利兔
小子溝
西逃軍兔
頭丫溝
奴惱河
傍脚川
虔婆嶺
氷窖
齒崖裏
起塔兀兔
灤河東岸
會州
龍頭
河城
門鬬背
爷爷嶺
三
兒石

灤東岸有河數
道不具而其西
岸者為其原遠
及流河有數道
而別之

285

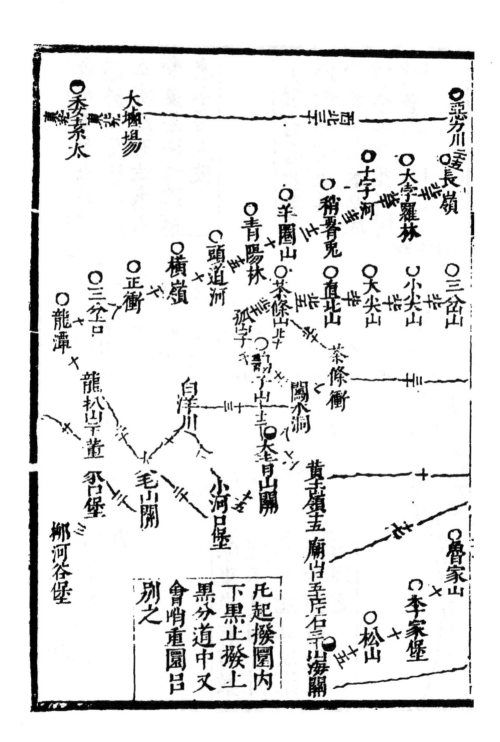

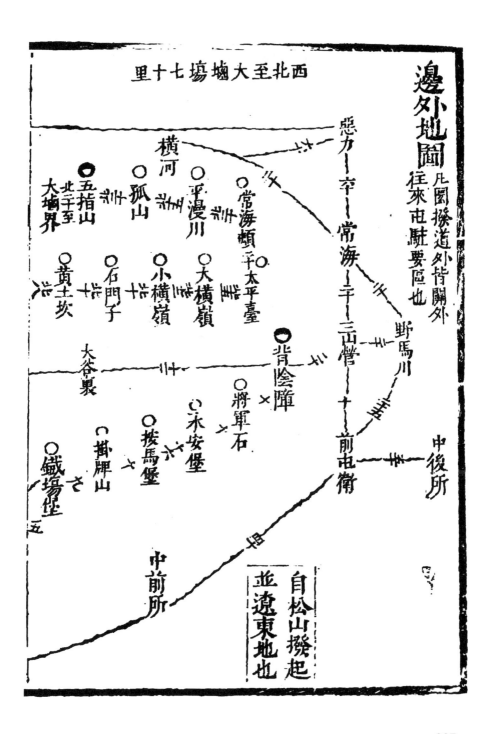

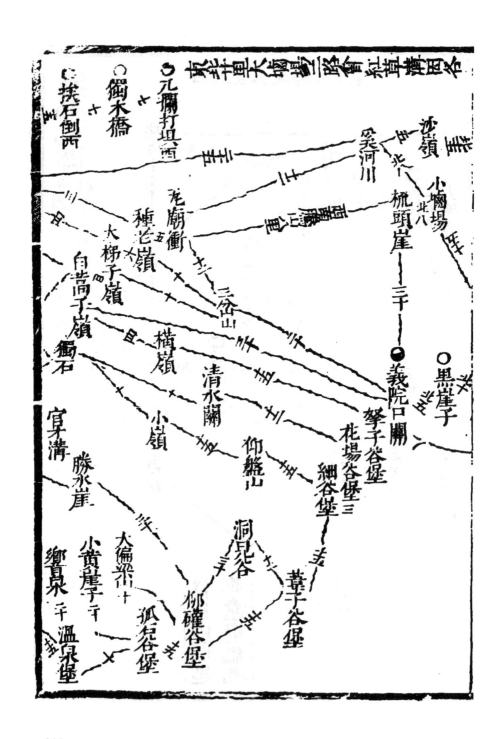

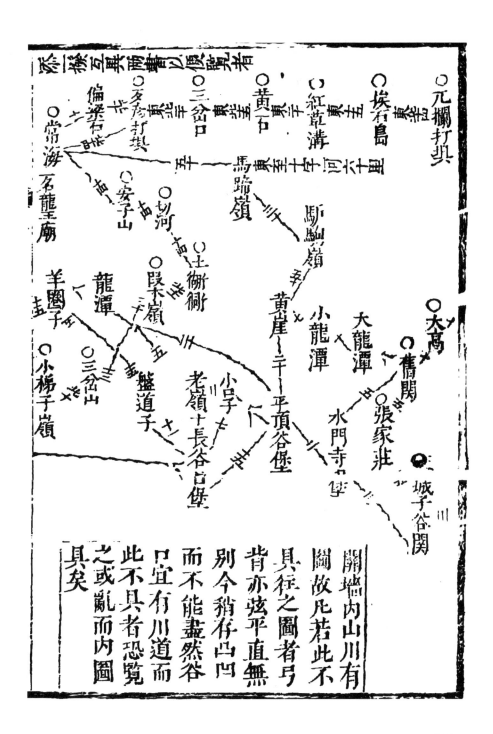

○元欄打哭
○埃石島
()紅花溝
○黃崖口
○三岔口
○常海名龍王廟
偏崖
○安子山
切河
○土衙衕
○陷木嶺
羊圈子
○三岔山
○小楊子嶺
盤道子
龍潭
馬蹄嶺
駟駶嶺
小呂子
老嶺十長谷口堡
黃崖二十一平頂谷堡
小龍潭
大龍潭
水門寺
○大高
○舊閒關
○張家莊
○城子谷關
川

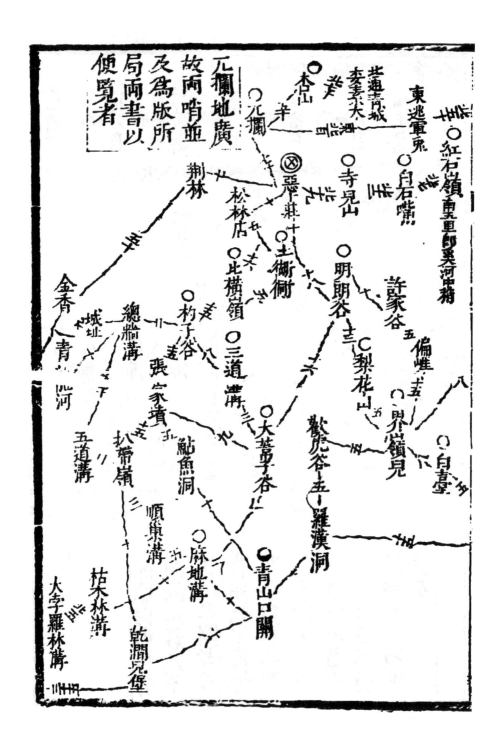

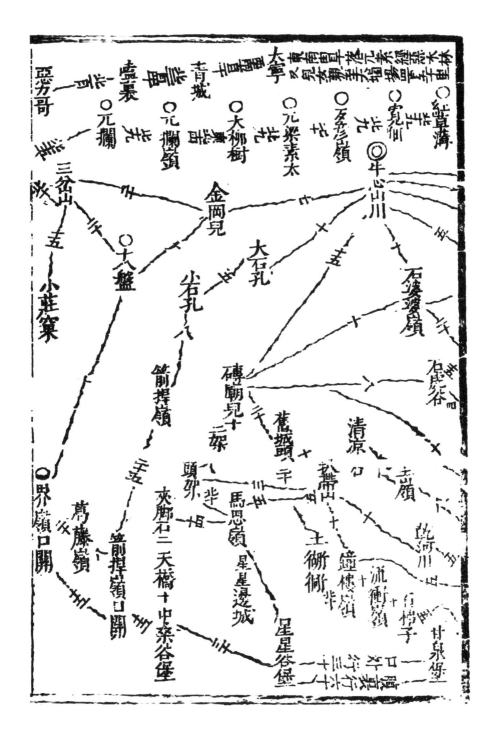

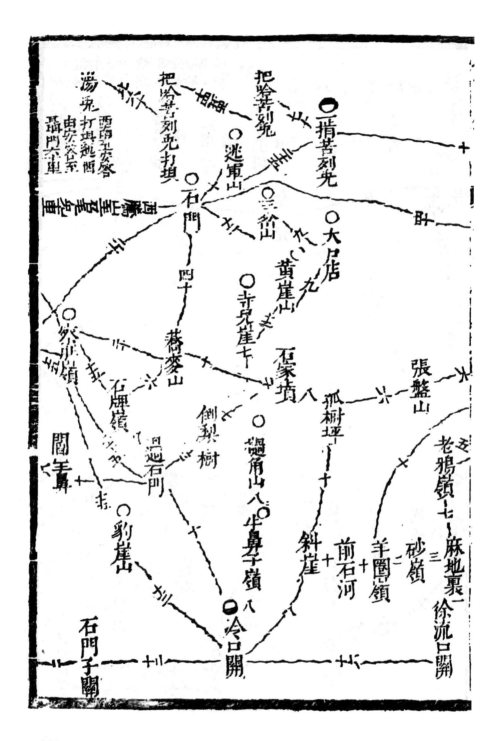

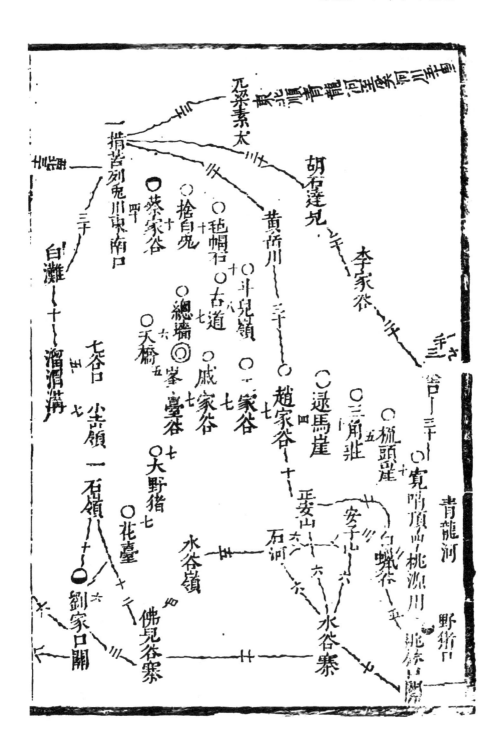

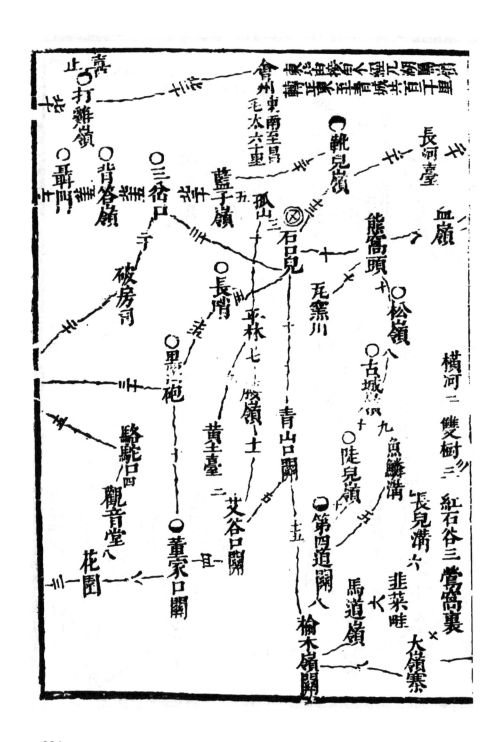

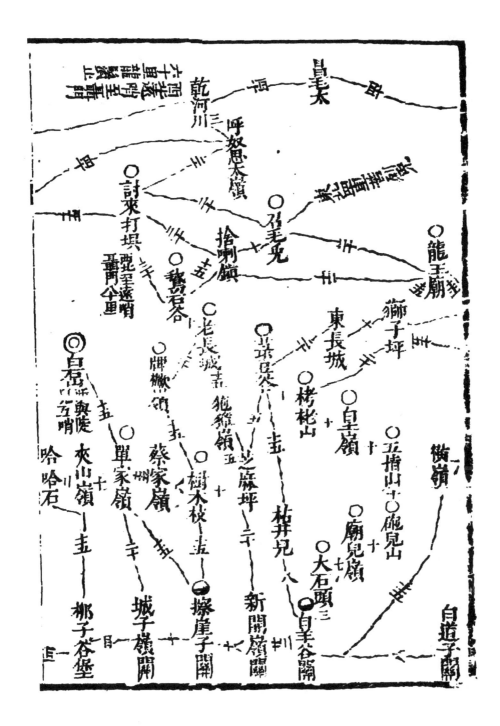

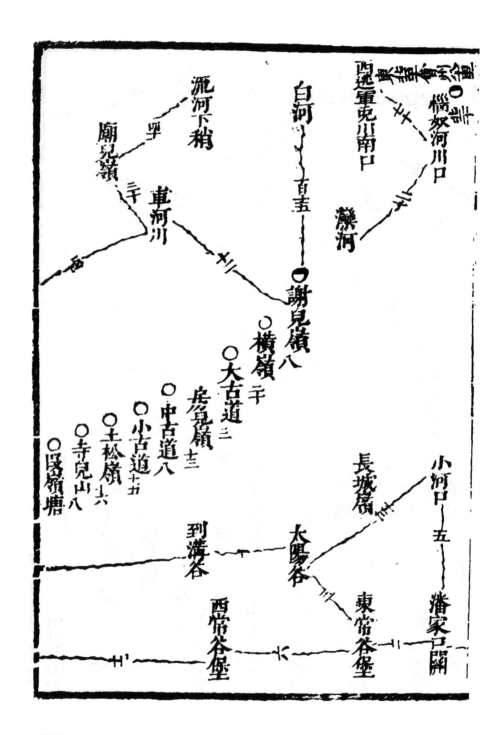

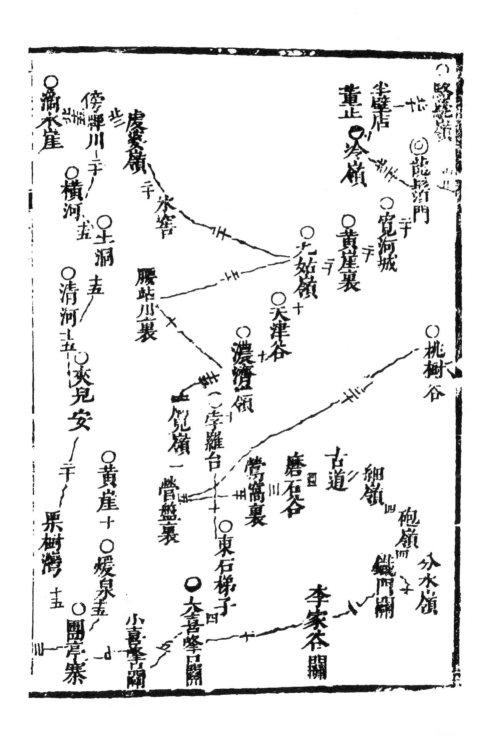

圖中曲直嚮往或借東爲北借
西爲南及以隅爲正者限方冊
之狹也局于幅幀有勢若弓背
而居弦之中者相去不過數里
膠之而若廣有隔數十里乃縮
而狹之各撗縱橫繡錯若亂循
環灾綫條理如貫圖者變通而
成在觀者之詳審爾

分水嶺

○打狗巷 十
○黃檗子 十
○張官堂 八
○分水嶺下 七
○水泉 北九
○梨元口 九
○椵木林 北半
○獨石 北八
○偏塘
○巡檢司 北半
○縣南山 北半
○神仙嶺
○栢茶山 北五
○尖頂山 北九

青龍林

石峽口 十五
廟兒嶺
短嘴子 去 馬蹄谷關
馬蘭峪嶺
大到溝
大平攔 去 梨園嶺

邊外險要山川可知名
而具者郡志比鎮不同
擇其阨塞什一耳即邊
帥而知此隘險亦往目
矣大槩自當關外而問
其隣撥十尚失其二三
況郡志而不厭繁哉

郡境界龍井而止因
屬松棚路所兼故詳
其路全撥遠哨以備
境外之防焉

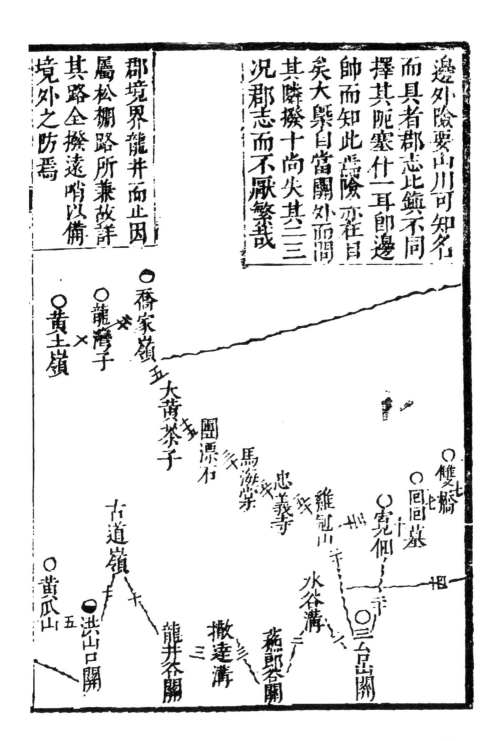

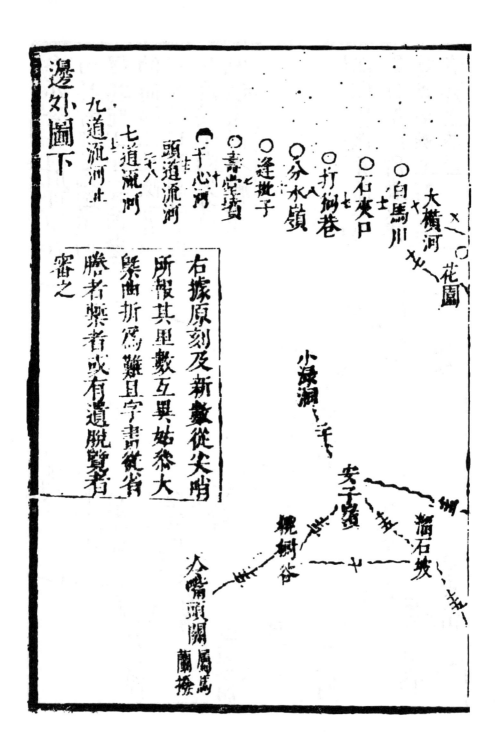

右據原刻及新數從尖峭
所殿其里數互異姑叅大
槩斷折爲難且字書剝省
藤者槩者或有道脱覽者
審之

邊外圖下

九道流河 北

七道流河

頭道流河

千心河

青山觜

逢拋子

分水嶺

打糾巷

石夾口

白馬川

大横河

花園

小淥澗

安子嶺

艍樹谷

溜石笈

犬觜頭關 屬馬
蘭撥

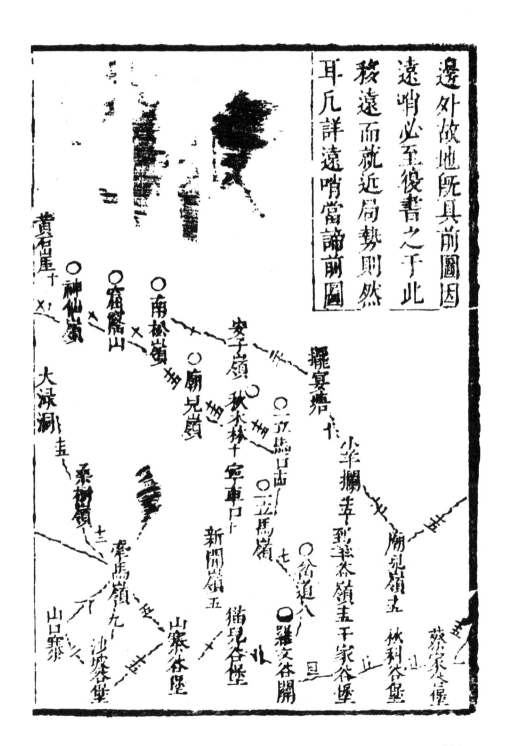

邊外故地既具前圖因
遠哨必至至役書之于此
務遠而就近局勢則然
耳凡詳遠哨當諗前圖

黃石崖十
神仙嶺
宿嶺山
南松嶺
廟兒嶺
大涼洞
安子嶺
秋木林十
冷口山
桑樹嶺
牽馬嶺
山口寨
沙坡谷堡
山寨谷堡
擺宴堝
五馬嶺
新開嶺五
貓兒谷堡
羅文谷關
谷道
少牢攔羊到半茶嶺五干家谷堡
廟兒嶺五秋科谷堡
蔡家谷堡

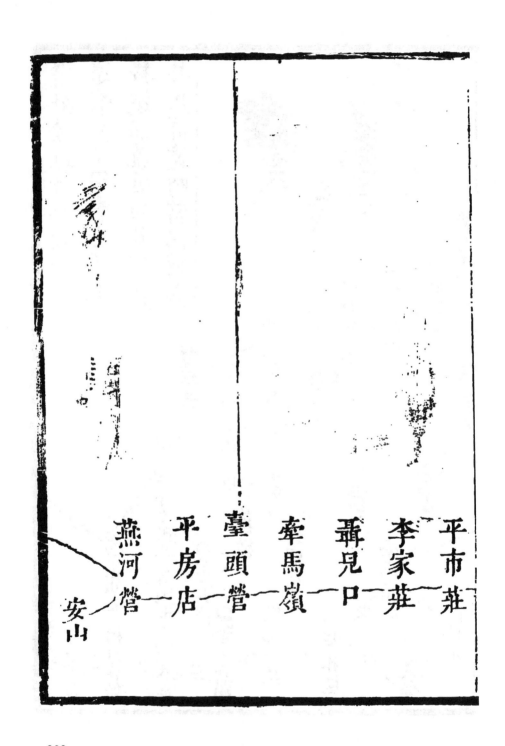

平市莊

李家莊

聶兒口

牽馬嶺

臺頭營

平房店

燕河營

安山

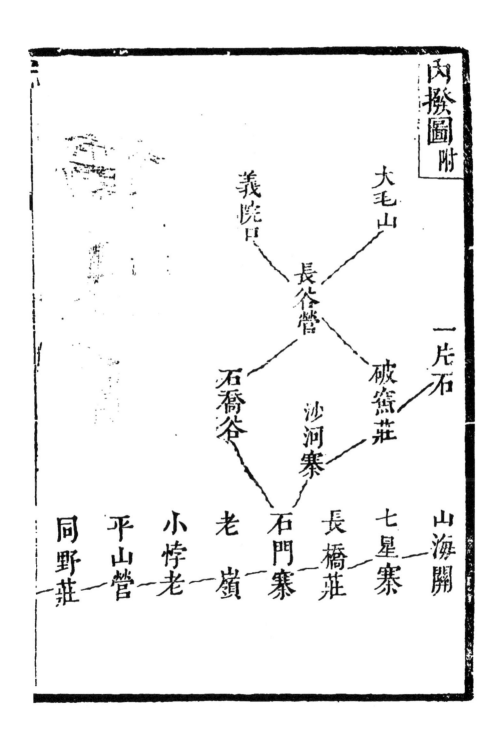

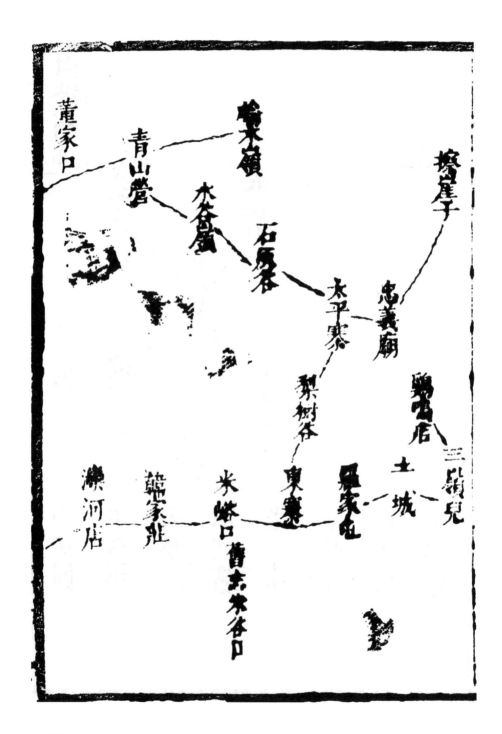

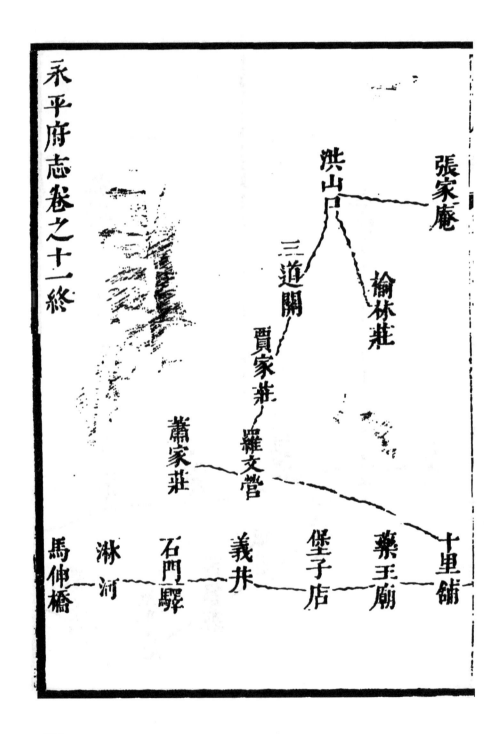

永平府志卷之十一終

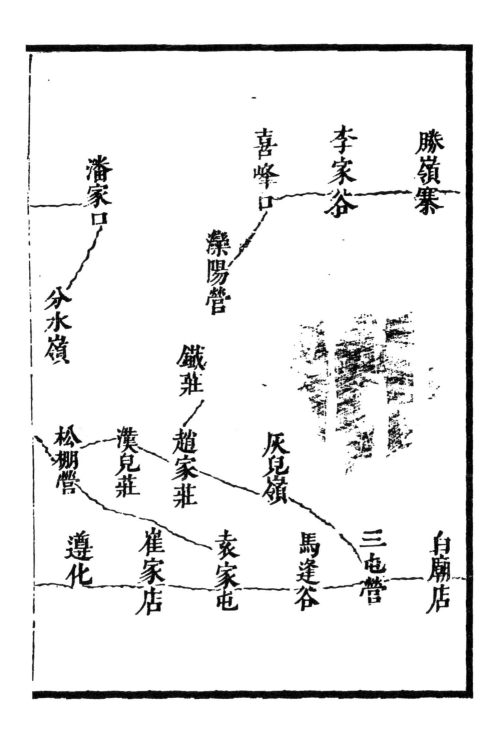

‖ 卷之十二 ‖

莱　阳　　宋　琬撰次

府学训导　徐　香参订

萧　山　　张朝琮续纂

卢龙教谕　胡仁济校辑

先　圣

　　人知夷齐二子之风之节，而不知其学与才。古之知二子者，莫如孔子。《孟子》公孙丑问于孟子曰："伯夷、伊尹，于孔子有同与？"曰："有，得百里之地而君之，皆能以朝诸侯有天下。"此一言者，孟子不以许柳下惠，而以许伯夷，夷之才可知也。其论本之夫子。夫子曰："隐居以求其志，行义以达其道，吾闻其语矣，未见其人也。""伯夷、叔齐饿于首阳之下，民到于今称之，其斯之谓与？"此本一章，而后之读者离而二之，此不得圣人之心者也。及门弟子如颜曾之徒，其好善疾恶同于夷齐，而内圣外王之学，或未及焉，夫子所以叹其未见也。呜呼，使夷齐而朝诸侯，有天下焉，则真神农、虞夏之世矣！此郡乃其故封，以其古之圣人，故不敢列之人物，而别为一篇，采太史公所引传文存之，其他谬悠之说，咸所不取。

　　《史记·列传》伯夷、叔齐，孤竹君之二子也。索隐曰："孤竹君是殷汤三月丙寅日所封。相传至夷齐之父，名初，字子朝。伯夷名允，字公信。叔齐名致，字公达。解者云：夷齐谥也，伯仲又其长少，之字正义本前注。丙寅作殷汤正月三日丙寅。"父欲立叔齐。及父卒，叔齐让伯夷。伯夷曰："父命也。"遂逃去。叔齐不肯立，而逃之。国人立其中子。于是，伯夷、叔齐闻西伯昌善养老，盍往归焉。及至，西伯卒，武王载本主，号为文王，东伐纣。伯夷、叔齐叩马而谏曰："父死不葬，爰及干戈，可谓孝乎？以臣弑君，可谓仁乎？"左右欲兵之，太公曰："此义人也。"扶而去之。武王已平殷乱，天下宗周，而伯夷、叔齐耻之，义不食周粟，隐于首阳山，采薇食之。及饿且死，作歌，其辞曰："登彼西山兮，采其薇矣。以暴易暴兮，不知其非矣。神农虞夏忽焉没兮，我安适归矣。于嗟徂兮，命之衰矣。"遂饿死于首阳山。

先　贤

韩文公　多自称昌黎，及宋元丰七年，封公为昌黎伯。迨元末，而今之昌黎有祠。考之《唐书·本传》，公为邓州南阳人，魏安定桓王茂之七世孙。而韩氏宰相世表言：汉弓高侯颓当之裔，世居颍州，徙安定、武安九门而生，安定桓王与昌黎之韩支派各别。故昔之论者，犹疑之，以为唐人多称郡望，如言刘悉出彭城，言李悉出陇西之比也。以史证之，韩择木封昌黎伯矣，韩长鸾、韩建封昌黎王矣。疏封之典，取名于本望，自是唐朝之例。而韩氏之宗最有名于北朝，如麒麟显宗者，史明言为昌黎之棘城，又非今之昌黎也。然则文公之没二百六十年，而始封昌黎伯，又一百六年而始置今之昌黎县。今昌黎之于文公其有当乎，曰："不然。"苏子瞻有言，公之神在天下者，如水之在地中，无所往而不在也。学者之仰文公如泰山北斗，尊之斯亲之，亲之斯效之，以其名而存之，曰："公亦吾乡之人也。"庶有功于后之为学者乎，是或一道也。录《唐书·本传》存之。

《唐书·列传》韩愈，字退之，邓州南阳人。七世祖茂有功于后魏，封安定王。父仲卿，为武昌令，有美政，既去，县人刻石颂德，终秘书郎。愈生三岁而孤，随伯兄会贬官岭表。会卒，嫂郑鞠之。愈自知读书，日记数千百言，比长，尽能通六经、百家学。擢进士第。会董晋为宣武节度使，表署观察推官。晋卒，愈从丧出，不四日，汴军乱，乃去依武宁节度使张建封。建封辟府推官，操行坚正，鲠言无所忌。调四门博士，迁监察御史。上疏极论宫市，德宗怒，贬阳山令。有爱在民，民生子多以其姓字之。改江陵法曹参军。元和初，权知国子博士，分司东都，三岁为真。改都官员外郎，即拜河南令，迁职方员外郎。华阴令柳涧有罪，前刺史劾奏之，未报，而刺史罢。涧讽百姓遮索军头役直，后刺史恶之，按其狱，贬涧房州司马。愈过华，以为刺史阴相党，上疏治之。既御史覆问，得涧赃，再贬封溪尉。愈坐是复为博士。既才高数黜，官又下迁，乃作《进学解》以自谕。执政览之，奇其才，改比部郎中史馆修撰。转考功知制诰，进中书舍人。初，宪宗将平蔡，命御史中丞裴度使诸军按视。及还，具言贼可灭，与宰相议不合。愈亦奏言："淮西连年侵掠，得不尝费，其败可立而待，然未可知者，在陛下断与不断耳。"执政不喜，会有人诋愈在江陵时为裴均所厚，均子锷素无状，愈为文章字命锷，谤语嚣暴，由是改太子右庶子。及度以宰相节度彰义军宣慰淮西，奏愈行军司马。愈请乘遽先入汴，说韩弘使协力。元济平，迁刑部侍郎。宪宗遣使者往凤翔迎佛骨入禁中，三日，乃送佛祠。王公士庶奔走膜呗，至为夷法灼体肤，委珍贝，腾沓系路。愈闻恶之，乃上表极谏。帝大怒，持示宰相，将抵以死。裴度、崔群曰："愈言讦忤，罪之诚宜。然非内怀至忠，安能及此？愿少宽假，以来谏争。"帝曰："愈言我奉佛太过犹可容，至谓东汉奉佛以后，天子咸夭促，言何乖刺耶？愈，人臣，狂妄敢尔，固不可赦。"于是中外骇惧，虽戚里诸贵，亦为愈言，乃贬潮州刺史。既至潮，以表哀谢。帝颇感悔，欲复用之，持示宰相曰："愈前所论是大爱朕，然不当言天子事佛乃年促耳。"皇甫镈素忌愈直，即奏言："愈终狂疏，可且内移。"乃改袁州刺史。初，愈至潮，问民疾苦，皆曰："恶溪有鳄鱼，食民畜产且尽，民以是穷。"数日，愈自往视，令其属秦济以一羊一豕，投溪水而祝之。是夕，暴风震电起溪中，数日水尽涸，西徙六十里，自是潮无鳄鱼患。袁人以男女为隶，过期不赎，则没入之。愈至，悉计庸得赎所没，归之父母七百余人。因与约，禁其为隶。召拜国子祭酒，转兵部侍郎。镇州乱，杀田弘正而立王廷凑，诏愈宣抚。既行，众皆危之。元稹言："韩愈可惜。"穆宗亦悔，诏愈度事从宜，无必入。愈曰："安有受君命而滞留自顾！"遂疾驱入，廷凑严兵迓之，甲士陈庭。既坐，廷凑曰："所以纷纷者，乃此士卒也。"愈大声曰："天子以公为有将帅材，故赐以节，岂意同贼反邪。"语未终，士前奋曰："先太师为国击朱滔，血衣犹在，此军何负，朝廷乃以为贼乎？"愈曰："以为尔不记先太师也，若犹记之，固善。且为逆与顺，利害不能远引古事，但以天宝来祸福，为尔等明之。安禄山、史思明、李希烈、梁崇义、朱滔、朱泚、吴元济、李师道，有若子若孙在乎？亦有居官者乎？"众曰："无。"愈曰："田公以魏博六州归朝廷，官中书令，父子受旗节，刘悟、李祐皆大镇，此尔军所共闻也。"众曰："弘正刻，故此军不安。"愈曰："然尔曹害田公，又残其家矣，复何道。"乃譁曰："侍郎语是。"廷凑恐众心动，遽麾使去。因泣谓愈曰："今欲廷凑何所为？"愈曰："神策六军之将如牛元翼比者不少，但朝廷顾大体，不可弃之。公久围之，何也。"廷凑曰："即出之。"愈曰："若尔，则无事矣。"会元翼亦溃围出，廷凑不追。愈归奏其语，帝大悦。转吏部侍郎。时宰相李逢吉恶李绅，欲逐之，遂以愈为京兆尹兼御史大夫。特诏不台参，而除绅中丞。绅果劾奏愈，愈以诏自解。其后文敕纷然，宰相以台、府不协，遂罢愈为兵部侍郎，而出绅江西观察使。绅见帝，得留，愈亦复为吏部侍郎。长庆四年卒，年五十七，赠礼部尚书，谥曰文。愈性明锐，不诡随。与人交，终始不少变。成就后进士，往往知名。经愈指授，皆称韩门弟子。愈官显，稍谢遣。凡内外亲若交友无后者，为嫁遣孤女而恤其家。嫂郑丧，为服期以报。每言文章自汉司马相如、太史公、刘向、扬雄后，作者不世出。故愈深探本元，卓然树立，成一家言。其《原道》《原性》《师说》等数十篇，皆奥衍闳深，与孟轲、扬雄相表里而佐佑六经云。至它文造端置辞，要为不袭蹈前人者，然惟愈为之，沛然若有余，至其徒李翱、李汉、皇甫湜，从而效之，遽不及远甚。从愈游者，若孟郊、张籍，亦皆自名于时。

‖ 卷之十三 ‖

莱　阳　　宋　琬撰次

府学训导　徐　香参订

萧　山　　张朝琮续纂

卢龙教谕　胡仁济校辑

后　　妃

燕之诸王，多娶段氏，立后者四，迹其事与燕相终始。契丹之代，耶律与萧世为甥舅，此所谓昏于贵族，犹有王姬纪姜之遗意也。段国令支，已登于书，其女亦当附载。而辽之宣懿，相传生于滦州，故并列焉。至于白华之刺，青蝇之悲，自古叹之，何独燕辽诸后哉。

燕主垂前后**段氏**，（《晋书》不立传，今采史文补之。）才高性烈。垂为吴王时，段氏自以贵姓不尊，事可足浑后，后衔之。燕主隽素不快于垂，中堂侍涅浩因希旨，告段氏及吴国典书令辽东高弼为巫蛊，欲以连污垂。隽收段氏及弼，下大长秋廷尉考验。段氏及弼志气确然，终无挠词，掠治日急，垂愍之，使人谓段氏曰："人生会当一死，何堪楚毒如此，不若引服。"段氏叹曰："吾岂畏死者耶，若自诬以恶逆，上辱祖宗，下累于王，故不为也。"辩答益明，故垂得免祸，而段氏竟死狱中。出垂为平州刺史，镇辽东。垂以段氏女弟元妃为继室。及垂即位，建兴三年，追谥成昭皇后。

后后**段氏**，字元妃，右光禄大夫仪之女也。少而婉慧，有志操。常谓妹季妃曰："我终不作凡人妻。"季妃亦曰："妹亦不为庸夫妇。"

邻人闻而笑之。垂之称燕王，纳元妃为继室，遂有殊宠。范阳王德亦娉季妃焉。垂既僭位，拜为皇后。垂将立子宝为太子，元妃谏曰："太子姿质雍容，柔而不断。承平则为仁明之主，处难则非济世之雄。陛下托之以大业，妾未见克昌之美。辽西高阳二王，陛下儿之贤者，宜择一以树之。赵王麟奸诈负气，常有轻太子之心，陛下一旦不讳，必有难作，此陛下家事，宜深图之。"垂不纳。宝及麟闻之，深以为恨。其后，元妃又言之。垂曰："汝欲使我为晋献公乎。"元妃泣而退，告季妃曰："太子不令群下所知，而主上比吾为骊戎之女，何其苦哉！主上百年之后，太子必亡社稷。范阳王有非常器度，若燕祚未终，其在王乎！"垂死，宝嗣位，遣麟逼元妃曰："后常谓主上不能嗣守大统，今竟何如？宜早自裁，以全段氏。"妃怒曰："汝兄弟尚逼杀母，安能保守社稷。吾岂惜死，念国灭不久耳。"遂自杀。宝议以元妃谋废嫡，统无母后之道，不宜成丧，群下咸以为然。中书令眭邃大言于朝曰："子无废母之义。汉之安，思阎后亲废顺帝，犹配飨。安皇先后言，虚实尚未可知，宜依阎后故事。"宝从之，其后，麟果作乱，宝亦被杀，德复僭称尊号，终如元妃之言。

南燕主德后**段氏**，元妃之妹也。建平元年冬，立为皇后。德无子，梦父命，早立超为太子。未立，疾瞑不能言。段后大呼曰："令召中书作诏，立超可乎。"德开目颔之，乃立超为太子。超嗣位，尊段后为皇太后，以慕容钟录尚书事，法为征南都督，封嵩、段宏为尚书左右仆射。超引所亲公孙五楼为心腹，出钟宏为青、徐二州刺史。钟宏心不自安，法亦惧，遂与钟宏谋反。超征钟不赴，遂收其党散骑常侍段丰杀之。有告封嵩数与法往来，疑有奸，超收嵩下廷尉。太后惧泣，告超曰："嵩数遣黄门令牟常说吾云：'帝非太后所生，恐依永康故事'，我妇人识浅，恐帝见杀，即以语法，法为谋见误，知复何言？"超乃车裂嵩于东门外，遣容昱等攻宏于徐州，昱拔莒城，宏奔魏。太后不知所终。

南燕主超母**段氏**，德兄北海王纳之妻也。纳从燕主晙入秦，为广武太守。数岁去官，与母公孙氏家于张掖。德从秦王南征，留金刀与母别。及垂起兵山东，张掖太守符昌收纳及德诸子诛之。母公孙氏以耄获免，纳妻段氏方娠未决。郡狱掾呼延平，德故吏也，尝宥其死罪，乃窃公孙氏及段氏逃于羌中，而生超。年十岁，公孙氏临卒，授以金刀，曰："若天下太平，汝得东归，可以此刀还汝叔也。"平又将超母子奔凉。及吕隆降姚秦，超又随凉州人徙长安。平卒，段氏谓超曰："吾母子全，济呼延氏之力，平今虽死，吾欲为汝纳其女以报之。乃为超娶之。超恐见录于姚氏，乃阳狂行乞，往来长安间。德闻，遣人寻之。超不敢告母妻，变姓名，潜归见德，呈金刀，遂立为太子。嗣位，求母妻于秦。秦主兴，以昔符氏大乐诸伎悉入燕，要以称藩，送妓乃许。超遂北面受诏，送大乐百二十人，兴乃还其母妻，厚资礼而遣之。超尊段氏为皇太后。刘裕克广固，执超，数其不降，超神色自若，一无所言，惟以母托。刘敬宣斩超于建康。不知母所终。

后魏高宗乳母**常氏**，辽西人，太延中，以事入宫，世祖选乳高宗，慈和履顺，有勔劳保护之功。高宗即位，尊为保太后，寻为皇太后，谒于郊庙。和平元年崩，诏天下大临三日，谥曰"昭"，葬于广宁磨笄山，俗谓之鸣鸡山，太后遗志也。依惠太后故事，别立寝庙，置守陵二百家，树碑颂德。

辽道宗宣懿皇后**萧氏**，小字观音，钦哀皇后弟，枢密使惠之女。姿容冠绝，工诗善谈论，自制歌词，尤善琵琶。重熙中，帝王燕赵纳为妃。清宁初，立为懿德皇后。皇太叔重元妻以艳冶自矜。后见之，戒曰："为贵家妇，何必如此。"后生太子濬有专房宠，好音乐，伶官赵惟一得侍左右。太康初，宫婢单登、教坊朱顶鹤诬后与惟一私。北院枢密使耶律乙辛以闻诏，乙辛与张孝杰劾状，因实其事。族诛惟一，赐后自尽，归其尸于家。乾统初，追谥宣懿皇后，合葬庆陵。《道宗纪》：太康元年冬十一月辛酉，皇后被诬赐死，杀伶人赵惟一。高长命并籍其家属。辽观书殿学士王鼎《焚椒录》载：后幼能诵诗，旁及经子。及长，姿容端丽，为萧氏称首，既立为后，常慕唐徐贤妃行事，每于当御之夕，进谏得失，国俗君臣尚猎，故有四时捺钵。上既擅圣藻，而尤长弓马，往往以国服先驱，所乘马号"飞电"瞬息百里。常驰入深林邃谷，扈从求之不得。后患之，乃上疏谏曰："妾闻穆王远驾，周德用哀；太康佚豫，夏社几危。此游田之往，戒帝王之龟鉴也。顷见驾幸秋山，不闲六御，特以单骑从禽，深入不测，此虽威神听届，万灵自为拥护，徜有绝群之兽，果如东方所言，则沟中之豕，必败简子之驾矣。妾虽愚暗，窃为社稷忧之，惟陛下尊老氏驰骋之戒，用汉文吉行之旨，不以其言为牝鸡之晨而纳之。"又载，枢密副使萧惟信语乙辛孝杰曰："懿德贤明端重，化行宫帐，且诞育储君，为国大本，此天下母也。可以叛家仇婢一语动摇之乎？公等身为大臣，亦当烛照奸究，洗雪冤诬，烹灭此辈，以报国家，以正国体。奈何欣然以为得其情也？公等幸更为思之。"不听。并当附录以补史氏之阙。

［国朝］

世祖章皇帝恪妃石氏，明长沙副使维岳孙女，今吏部左侍郎申之女也。长沙有杨姓，雄于财，曾夺邓田，结夙怨。邓女选为楚藩妃，杨恐，赂王左右，以妃染恶疾，给王禁锢。久之，王偶见于后苑，侍从以实奏，命择吉成礼。杨更大恐。时楚有支封王二，素善杨，杨就二王谋置鸩享楚王。王中毒入厕，二王分执王手足，杨扼其吭，遂薨于厕。未几，事渐露，邓妃鸣于官，经十余年，终不得雪。会维岳莅任，邓妃仍衰经素车控。杨复属二王，赂维岳黄金三千，求寝讼。维岳逮馈金者于狱，具状封金上闻。上怒，敕同巡方御史崔呈秀会勘。崔受杨嘱当详鞫时，目视维岳，且蹑其足。维岳推案起曰："此男女淫盗事，吾不为也。"崔怒曰："石维岳，毋强项，吾力能死汝。"悻悻然去。维岳不为动，竟直其事。狱成，置杨于磔，二王大辟，前承讯大吏论死者十有九人。事毕，邓妃诣副使堂，命左右扶维岳坐，再拜稽首曰："赖公昭雪沉冤，婺妇不能报公德，愿来世生公家图报焉。"妃生时，闻空中有音乐声，疑为邓转生云。

封　爵

　　古之封爵有二，自汉晋以上，皆食其本封，有治国之官，有租赋之入，有列侯就国之典。南北朝以下，始以空名系之。故宇文周无北平，而有以北平为公为侯者；石晋无北平，而有以北平为王者。于其地不相关也。特以志例存之，而略其行事焉。古之为国，有实封，故其地可考。若但采其名，则名之同者多矣。北平有郡而亦有县，郡在卢龙，而县在定州，唐定州有北平县。永平有路，有府，而亦有县，宋之县在靖州，崇宁中改渠阳为永平县。今之县在永昌军民府，其孰从而辨之。至若以昌黎封王公伯，如魏冯熙元、辽宇文福之伦；以龙城封侯，如高道穆；以柳城封公，如唐安禄山。又皆境外之名，无庸赘之简册矣。

　　[汉]

　　肥如侯**蔡寅**　谥曰：敬，传子戎，孙奴无后，国除。

　　海阳侯**摇毋**　余谥曰：济信。传子昭襄，孙建，曾孙省。无后，国除。

　　[晋]

　　辽西公**段务勿尘**　有传。

　　[燕]

　　辽西王**农**

　　辽西公**定**　后立为太子。

　　[北燕]

　　辽西公**素弗**

　　[魏]

　　辽西王**冯崇**

　　北平王**长孙嵩**　谥曰宣王。子颓，谥安王。颓子敦，谥简王。敦子道，降为公，谥曰慎道。子悦复王爵，又降为公。

北平王**拔拔** 子右文肱

北平王**超**

北平王**冯风** 一作夙

北平王**冯始兴**

辽西公**意烈**

辽西公**婴文**

辽西公**贺赖卢**

辽西公**冯朗**

辽西公**常英** 以太后兄赐爵，追赠祖海辽西简公。父澄辽西宪王。英卒，谥辽西平王。

北平侯**安国**

肥如侯**贺护**

肥如侯**冯燕**

肥如子**高育**

朝鲜侯**常泰**

新昌子**毕祖晖**

新昌子**孙绍**

新昌男**窦瑷** 有传，瑷让爵于其兄叔珍。

［北齐］

北平王**仁坚**

北平男**王峻**

［后周］

北平公**寇绍**

北平侯**和雄**

［隋］

北平侯**段文振** 追封

［唐］

平王**隆基**　后为帝，庙号玄宗。按此亦取平州之名，然与本郡实不相关也。

北平郡王**高开道**

北平郡王**武居常**

北平郡王**偕**

北平郡王**阿史那什钵苾**

北平郡王**李过折**

辽西王**高交简**

［后晋］

北平郡王**刘知远**　后为帝，国号汉。

［辽］

平王**隆先**

辽西郡王**旅坟**　《辽史》，皇族表有辽西郡王驴粪，未知即一人否。

辽西郡王**萧虚烈**

辽西郡王**耶律良**　追封。

辽西郡王**萧余里也**

辽西郡王**耶律白**

辽西郡王**杨晰**

辽西郡王**杨绩**

北平郡王**淳**

［元］

北平王**南木合**

北平王**镇国**　子聂古台袭爵，表作聂古歹。

北平王**那木罕**

永平王**燕赤**

永平王**伯撒里**　追封。

抚宁王**彻里帖木儿**

永平公**阿台**

永平郡公**锁咬儿**

［**明**］

永平侯**谢成**

抚宁伯**朱谦**　子永进封侯，又进封保国公。

段田二传

天下无事，而尺土一民，皆为郡县。及其有变，而豪杰争起，宰制一方，夫亦其时然也。段氏出徒何，而国于令支者五世。田氏本卢龙，而镇魏博者五十年。段为有土之君，而田氏又其地之人物，皆史法所不当遗也。是以摭晋唐二史录之。其不书慕容者，何于？龙城于蓟于邺未尝国于此也。虽营州无志，固不得越境而收之矣。

《魏书》徒何（《晋书》作徒河）段就六眷（《晋书》作疾陆眷），本出于辽西。其伯祖曰陆眷因乱被卖为渔阳乌丸太库辱官家奴。诸大人集会幽州，皆持唾壶，唯库辱官独无，乃唾曰陆眷口中。曰陆眷因咽之，西向拜天曰：“愿使主君之智慧禄相，尽移入我腹中。”其后，渔阳大饥，库辱官以曰陆眷为健使，将之诣辽西逐食招诱亡叛，遂至疆盛。曰陆眷死，弟乞珍代立。乞珍死，子务目尘代立（《晋书》作务勿尘），即就六眷父也。据有辽西之地，而臣于晋，其所统三万余家，控弦上马四五万骑。穆宗时，幽州刺史王浚以段氏为己用，深德之，乃表封务目尘为辽西公，假大单于印绶。浚使务目尘率万余骑伐石勒于常山封龙山下，大破之。务目尘死，就六眷立。就六眷与弟匹䃅、从弟末波等（《晋书》作末杯）率五万余骑，围石勒于襄国。勒登城望之，见将士皆释仗寝卧，无警备之意。勒因其懈怠，选募勇健穿城突出，直冲末波，生擒之，置之座上，与饮宴尽欢，约为父子，盟誓而遣之。末波既得免，就六眷等遂摄军而还，不复报浚，归于辽西。自此以后，末波常不敢南向溲焉。人问其故，末波曰："吾父在南。"其感勒不害己也。如此，就六眷死，其子幼弱，匹䃅与刘琨世子群奔丧。匹䃅阴卷甲而往，欲杀其从叔羽鳞及末波，而夺其国。末波等知之，遣军逆击匹䃅，刘群为末波所获，匹䃅走还蓟，惧琨擒已，请琨宴会，因执而害之。匹䃅既杀刘琨，与羽鳞、末波自相攻击，部众乖离，欲拥其众徙保上谷，阻军都之险，以拒末波等。晋文帝闻之，阴严精骑将击之，匹䃅恐惧，南奔乐陵。后石勒遣石虎击段文鸯于乐陵，破之，生擒文鸯。匹䃅遂率其属及诸坞壁降于石勒。末波自称幽州刺史，屯辽西。末波死，国人立日陆眷弟护辽为主（《晋书》单作辽，中间尚有末杯弟牙为辽所杀，《见世纪》）烈帝时，假护辽骠骑大将军、幽州刺史大单于、北平公。弟郁兰抚军将军、冀州刺史、渤海公（《晋书》单作兰）。建国元年，石虎征护辽于辽西，护辽奔平冈山，遂投慕容晃，（《晋书》作皝）晃杀之。郁兰奔石虎，虎以所徙鲜卑五千人配之，使屯令支。郁兰死，子龛代之。及冉闵之乱，龛率众南移，遂据齐地。慕容俊使弟玄恭（《晋书》作恪）帅众伐龛于广固，执龛送之蓟，俊毒其目而杀之，坑其徒三千余人。

《晋书》：**段匹䃅**东部鲜卑人，种类劲健，世为大人。父务勿尘遣军助东海王越，征讨有功。王浚表为亲晋王，封辽西公。嫁女与务勿尘，以结邻援。怀帝即位，以务勿尘为大单于，匹䃅为左贤王。率众助国征讨，假抚军大将军。务勿尘死，弟涉复辰以务勿尘子疾陆眷袭号。刘曜逼洛阳，王浚遣督护王昌等率疾陆眷及弟文鸯，从弟末杯攻石勒于襄国，勒败，还垒。末杯追入垒门为勒所获。勒质末杯，遣使求和于疾陆眷，疾陆眷将许之，文鸯谏曰："受命讨勒，宁以末杯一人故，纵成擒之寇，既失浚意，且有后忧，不可。"疾陆眷不听，以铠马二百五十匹，金银各一簏，赎末杯。勒归之，又厚以金宝采绢，报疾陆眷，令文鸯与石虎同盟，约为兄弟，遂引骑还。昌等不能独守，亦还。建武初，匹䃅推刘琨为大都督，结盟讨勒，并檄涉复辰、疾陆眷、末杯等，三面俱集襄国。琨、匹䃅进屯固安，以候众军。勒惧，遣间使厚赂末杯。末杯既思勒旧恩，且因匹碑在外，欲袭夺其国，乃间匹碑于涉复辰。疾陆眷曰："以父兄而从子弟耶，虽一旦有功，匹碑独收之矣。"涉复辰等以为然，引军而还，匹碑亦止。会疾陆眷死，匹碑自蓟奔丧，至右北平。末杯宣言匹碑将篡，出军击败之，末杯遂害涉复辰及其子弟党与二百余人，自立为单于。及王浚败匹碑，领幽州刺史。刘琨自并州依之，复与匹碑结盟，俱讨石勒。匹碑复为末杯所败，士众离散，惧琨图己，遂害之。于是，晋人离散。匹碑不能自固，北依邵续，末杯又攻败之。匹碑被创，谓续曰："吾夷狄慕义，以至破家，君若不忘旧，要与吾进讨，君之惠也。"续曰："赖公威德，续得效节，今公有难，岂敢不俱遂并力。"追末杯，斩获略尽。又令文鸯北讨末杯弟于蓟城。及还，去城八十里，闻续已没，众惧而散，复为石虎所遮。文鸯以亲兵数百人，力战破之，始得入城。虎复抄城下，文鸯欲出击之，匹碑不许。文鸯曰："我以勇闻，故百姓仗我。见人被略而不救，非丈夫也。"遂将壮士数十骑出战，杀虏甚多。遇马乏，伏不能起，虎呼曰："大兄与我俱是戎狄，久望共同，天不违愿，今日相见，何故复战，请释仗。"文鸯骂曰："汝为寇虐久，应合死。吾兄不用吾计，令至此，吾宁死不为汝擒。"遂下马苦战，塑折，执刀力战不已，虎军四面，解马罗披自障，前捉文鸯。文鸯战自辰至申，力极而后被执。城内大惧，匹碑欲单骑归朝，续弟乐安、内史洎勒兵不许。洎复欲执台使王英送于虎。匹碑正色责之曰："卿不能遵兄之志，逼吾不得归朝亦已甚矣，复欲执天子使者，我虽胡夷所未闻也。"因谓英曰："匹碑世受重恩，不忘忠孝，今日事逼，欲归罪朝廷而见逼迫，忠款不遂。若得假息，未死之日，必不忘本。"遂渡黄河南，匹碑着朝服持节，宾从出见虎曰："我受国恩，志在灭汝。不幸吾国自乱，以至于此，既不能死，亦不能为汝敬也。"勒及虎素与匹碑结为兄弟，虎起而拜之。匹碑到襄国，又不为勒礼，常着朝服，持晋节。经年，国中谋推匹碑为主，事露被害。文鸯亦遇鸩而死。惟末杯存焉。及死，弟牙立。牙死，其后从祖疾陆眷之孙辽自立。自务勿尘已后，值晋丧乱，自称位号据有辽西之地，而臣御晋人，其地西尽幽州，东界辽水，所统胡晋可三万余家，控弦可四五万骑，而与石虎递相侵掠，连兵不息，竟为虎所破，徙其遗黎数万家于司雍之地。其子兰复聚兵与虎为患久之。及石氏之亡，末波之子勤，鸠集胡羯，得万余人，保枉入山，自称赵王，附于慕容俊，俄为冉闵所败，徙于绎幕，僭即尊号，俊遣慕容恪击之，勤惧而降。

《唐书》：**田承嗣**，字承嗣，平州卢龙人。世事卢龙军，以豪侠闻。隶安禄山麾下，破奚契丹，累功至武卫将军。禄山反，与张忠志为贼前驱，陷河洛。尝大雪，禄山按行诸屯，至其营，若无人，已而环甲列卒，阅所籍，不缺一人。禄山异其能，使守颍川。郭子仪平东都，承嗣以郡降，俄而复叛。安庆绪奔邺，承嗣自颍川来，与蔡希德、武令珣合兵六万，庆绪复振，抗王师岁余。史思明乱，承嗣又为贼导。及朝义败，与共保莫州。仆固瑒追北，承嗣急，乃诈朝义身自求救幽州。承嗣守莫，因执贼妻息，降于瑒。厚以金帛反间瑒将士。瑒虑下生变，即约降，承嗣诈疾不出，瑒乃驰入取之，承嗣列千刀为备，瑒不得志。承嗣重赂之以免，乃与张忠志、李怀仙、薛嵩皆诣仆固怀恩谢，愿备行间。朝廷以二贼继乱，州县残析，数大赦，凡为贼诖误，一切不问。当是时，怀恩功高，亦恐贼平则任不重。因建白承嗣等分帅河北，赐铁券誓不死，拜承嗣莫州刺史，五迁至贝、博、沧、瀛等州节度使，检校太尉。承嗣沈猜阴贼，不习礼义，既得志，即计户口、重赋敛，厉兵缮甲，使老弱耕，壮者在军。不数年，有众十万，又择骁秀疆力者万人，号牙兵。自署置官吏、图版，税入皆私有之。又求兼宰相，代宗以寇乱甫平，多所含宥，因就加同中书门下平章事，封雁门郡王。宠其军曰："天雄"，以魏州为大都督府，即授长史。诏子华尚永乐公主，冀结其心。而性资凶诡，愈不逊。大历八年，相卫薛嵩死，弟崿求假节牙将，裴志清逐崿崿，以众归承嗣。而帝自用李承昭为相州刺史，未至，承嗣使人诪吏士反，阳言救实袭取之。帝遣使者谕罢兵，承嗣不奉诏，遣将卢子期取洺州，杨光朝取卫州，胁刺史薛雄乱，不从，屠其家，悉四州兵财以归。擅制守宰，逼使者行磁相遣，刘浑从之，阴使从子悦讽诸将，诣使者劓面，请承嗣为帅，使人不敢诘。于是，厚赏请己者。帝乃下诏，贬承嗣永州刺史。许一子从，悦及诸子皆逐恶地。诏河东节度使薛兼训、成德李宝臣、幽州朱滔、昭义李承昭、淄青李正己、淮西李忠臣、永平李勉、汴宋田神玉等兵六万讨之，其下霍荣国以磁降。李正己攻拔德州，李忠臣攻卫，筑偃月壁河上。承嗣列将往往携阻，杀数十人乃定。帝又遣御史大夫李涵督诸节度并力。承嗣遣裴志清等攻冀州，志清以兵附成德。承嗣悉众围之，为宝臣所逐，火辎重归于贝。计益穷，不知所出，遣其下郝光朝，奉表请委身北阙下，又使悦与卢子期，将万人攻磁州，屯东山。宣慰使韩朝彩等固守，兼训以万骑屯西山。成德、幽州，各遣兵、救磁。时承昭以神策射生继进，入河东垒，诸军进讨数有功，颇顾赏。天子使中人多出御服、良马、黄白金万计劳费，使人供帐高会诸军。少懈，而正己、宝臣二军会枣强，更相见会。正己军辄引去，忠臣乃弃月垒济河，屯阳武。承昭使成德幽州兵循东山袭子期军，自闭壁以骄贼。子期分步骑万人，环承昭壁，以兵四千，乘高望麾而进河东。将刘文英、辛忠臣等决战。而成德幽州兵绕出子期后，于是围解更阵。高原诸将与承昭夹攻，大战临水，贼败，尸旁午数里，斩九千级，马千匹，执子期及将士二千三百，旗纛、器甲、鼓角二十万。诸军乘胜进，距磁十里暮而舍，承昭举燧，朝彩出锐兵鼓噪薄魏营，斩首五百。悦惊，率余兵夜走，尽弃旗幕、铠仗五千乘。成德将王武俊，以子期归宝臣，宝臣方攻洺州，因以示城下降之。复徇瀛州，瀛州亦降，得兵万人，粟二十万石，献子期，京师斩之。天子遣中人劳，宝臣不为礼，宝臣乃贰反，攻朱滔，与承嗣和。承嗣与之沧州。正己又请天子许承嗣入朝。十一年，帝遣谏议大夫杜亚持节至魏，受其降，许阊门还京师，赦魏博所管与更始。承嗣逗留不至。其秋，复略滑州，败李勉兵。会李灵耀以汴州叛，诏忠臣勉河阳马燧合讨，灵耀求救于魏。承嗣使悦将兵三万赴之，败勉将杜如江、正己将尹伯良，死者殆半。乘胜屯汴北，郆与灵耀合。燧，忠臣逆击破之，悦脱身遁，斩获数万。灵耀东走欲归承嗣，为如江所擒，并魏将常准献京师。明年，承嗣上书请罪，有诏复官爵，子弟皆仍故官，复赐铁券。承嗣盗有贝、博、魏、卫、相、磁、洺七州，而未尝北面天子。凡再兴师，会国威中夺，窃而复纵，故承嗣得肆奸无怖忌。十四年死，年七十有五，赠太保。

悦早孤，母更嫁平卢戍卒。悦随母转侧淄青间。承嗣得魏，访获之，年十三，拜伏有礼，承嗣异之，委以号令，裁处皆与承嗣意合。及长，剽悍善斗冠军中。贼忍狙诈，外饰行义，轻财重施，以钩美誉，人皆附之。承嗣爱其才，将死，顾诸子弱，乃命悦知节度事，令诸子佐之。帝因诏悦自中军兵马使，府左司马，擢留后，俄检校工部尚书，为节度使。悦招致贤才开馆宇，礼天下士，外示恭顺，阴济其奸。帝晚年尤宽弛，悦所奏请无不从。德宗立，不假借方镇，诸将稍惕息。会黜陟使洪经纶至河北，闻悦养士七万，辄下符罢其四万归田亩。悦即奉命，因大集将士，以好言激之曰："而等籍军中，从仰缣廪，养父母妻子，今罢去何恃而生。"众大哭。悦乃悉出家赀给之，各令还部。自此，魏人德悦。及刘晏死，藩帅益惧，又传言帝且东封泰山。李勉遂城汴州，而李正已惧，率兵万人屯曹州，乃遣人说悦同叛。悦因与梁从义等阻兵连和，以王侑、扈崿、许士则为腹心，邢曹俊、孟希佑、李长春、符璘、康愔为爪牙。建中二年，镇州李惟岳、淄青李纳求袭节度不许，悦为请不答，遂合谋同叛，会于邵。令狐峘等表汰浮屠，悦乃许其军曰："有诏阅军之老疾疲弱者。"由是举军咨怨，悦与纳会濮阳，纳分兵佐悦。会幽州朱滔等奉诏讨惟岳，悦乃遣孟希祐，以兵五千助惟岳，别遣康愔以兵八千攻邢州，杨朝光以兵五千壁卢疃，绝昭义饷道。悦自将兵数万继进。又使朝光攻临洺将张伾。伾大破悦军。有诏河东马燧、河阳李凡与昭义军救伾。燧乃自壶关鼓而东，破卢疃，战双冈，擒贼大将卢子昌，杀朝光。悦遁，保洹水。燧等距悦军三十里，筑垒相望。悦与纳合兵三万，阵洹水。燧引神策将李晟，夹攻悦，悦大败，死伤二万计，引壮骑数十，夜奔魏。其将李长春，拒关不纳，以须官军，而三帅顿兵不进。明日，悦得入，杀长春，持佩刀立军门，流涕曰："悦籍伯父余业与君等同休戚，今败亡及此，不敢图全，然悦久稽诛者，特以淄、青、恒、冀子

弟不得承袭，既弗能报，乃至用兵，使士民涂炭，悦正缘母老不能自
刭，愿公等斩悦首，以取富贵，无庸俱死。"乃自投于地，众怜，皆
抱持之，曰："今士马之众，尚可一战，事脱不济，死生以之。"悦收
泪曰："诸公不以悦丧败，誓同存亡，纵身先地下，敢忘厚意乎。"乃
断发为誓。将士亦断发，约为兄弟。乃索富民大家财，及府库所有，
大行赐与。而李再春及其子瑶，以博州降。悦从兄昂以洺州降，燧等
受之。悦皆族昂等家。后十余日，燧等始进薄城下。未几，王武俊杀
惟岳，而深州降朱滔，滔分兵守之。天子授武俊恒州刺史，以康日知
为深赵二州观察使。武俊恨赏薄，滔怨不得深州。悦知二将可间，乃
儳路使王侑、许士则，说滔曰："司徒奉诏讨贼，不十日拔束鹿，下
深州，惟岳势蹙，故王大夫能得逆首，闻出幽州，日有诏破惟岳，得
其地，即隶麾下。今乃以深州与康日知，是朝廷不信于公也。且上英
武独断，将诛豪杰扫除河朔，不使父子相袭，又功臣刘晏等皆旋踵
破灭，杀梁崇义，诛其口三百余，血丹汉江。今日破魏，则取燕赵
如牵辕下马耳，夫魏博全，则燕赵安。鄞州尚书必以死报德，且合
从连衡，救灾恤患，不朽之业也。尚书愿上贝州以广汤沐，使侑等
奉簿最，孔目司徒朝至魏则夕入贝，惟熟计之。"滔心素欲得贝，大
喜。使侑先还，告师期。先是，诏武俊出恒冀粟三十万赐滔，使还幽
州，以突骑五百助燧军。武俊惧悦破，将起师北伐，不肯归粟马。滔
因使王郅说武俊曰："天子以君善战，天下无前，故分散粟马以弱君
军。今若举魏博，则王师北向，漳滏势危，诚能连营南旆，解田悦于
倒悬，大夫之利也。岂特粟不出窖，马不离厩，又有排危之义声满天
下。大夫亲断逆首，血蔑衣袖，日知不出赵城，何功于国，而坐兼
二州？河北士以不得深州为大夫耻。"武俊既得深亦喜，即日使使报
滔。于是，滔率兵二万屯宁晋，武俊以兵万五千会之。悦恃敕至，使
康愔督兵与王师占御河上，大败，弃甲走城。悦怒，闭门不纳，蹂籍
死堑中者甚众。其夏，滔、武俊军至，悦具牛酒迎犒。燧等营魏西，
武俊、滔、悦壁河东，起楼橹营中，两军相持，自秋迄冬。燧遣晟以
兵三千，自邢赵与张孝忠合攻涿莫二州，以绝幽蓟路。悦重德滔，欲

推为盟主而臣之，滔不敢当，乃更议如七国故事。悦国号魏，僭称魏王，以府为大名府署，子为府留后，以扈崿为留守，许士则为司武，鲁穆司文，裴抗司礼，封演司刑，并为侍郎，刘士素为内史，舍人张瑜、孙光佐为给事中，邢曹俊、孟希佑为左右仆射，田晁、高缅为征西节度使，蔡济、薛有伦为虎牙将军，高崇节知军前兵马，夏侯頵为兵马使。晁以兵数千助李纳守郓。明年夏，滔屯河间，留大将马实以兵万人戍魏。会朱泚乱，帝出奉天，燧还太原。武俊等皆罢。悦饯之，厚遗武俊，寔官属皆有赠。兴元元年，滔自将兵，欲南渡河助泚，使王郅见悦，约济河合势，以取大梁。是时，悦闻天子已赦罪复官爵，心不欲行，重据绝滔，阳遣薛有伦报滔如约。滔大喜，复使舍人李琯申固所言。先是，武俊阴约悦背滔，使相望，及闻滔要悦西，使田秀驰说悦曰："闻大王欲从滔渡河，为泚犄角，非也。方泚未盗京师时，滔为列国，且自高，如得东都，与泚连祸，兵多势张，返制于竖子乎。今日天子复官赦罪，乃王臣，岂舍天子，而北面滔泚耶！愿大王闭垒不出。武俊须昭义军出，为王讨之。"悦因秀还，具道其谋，而遣曾穆报滔。滔喜，自河间悉师而南，逾贝州，次清河，使人报悦，悦不至，进屯永济，使王郅等督之曰："王约出馆陶与大王会乃济河。"悦良久曰："始约从王，今举军持悦曰：魏比困侵掠，供拟屈竭，以悦日拊循，犹恐携间一日去城邑，朝出夕变，且何归。不然，悦不敢背约，今遣孟祐悉兵五千助王。"因使其属裴抗、卢南使报命。滔怒骂曰："逆卤前日求救，许我贝州，我不取，尊我为天子，我与同为王。教我远来而不出，是贼不击尚何诛。"乃囚抗等，使马实取数县，已而释抗还之。悦兵不敢出，遂围贝州。滔取武城，通德棣，供军馈尽。因诸官吏唯清阳不下，滔围之，实拔清平，杀五百人，俘男女赀财去。于是李抱真、武俊约出兵救魏。会有诏，拜悦检校尚书，右仆射，封济阳郡王而给事中孔巢父，持节宣劳。始悦阻兵凡四年，狂愎少谋，亟战数北，死者什八，士苦之，且厌兵。既巢父至，莫不欣然。悦与巢父张饮门阶，皆撤卫。至夜分，从弟绪与族人私语曰：仆射妄起兵，几赤吾族，以金帛厚天下，而不至兄弟。"或谏止之，绪怒，杀谏者，乃与左右逾垣入。悦方醉寝酣，绪挺刃升堂，二弟谏止，绪斩之，因手刺悦，并杀其母妻。悦死年三十四。比明，以悦命召许士则、蔡济计事，皆杀之。

绪字绪，承嗣第六子。悦待诸弟无所间，使绪主牙军，而凶险多过，常笞勖之。悦于饮食衣服俭啬有节，绪常苦不足，颇怨望，故作难。悦既死，惧众不附，以其徒数百，将出奔邢，曹俊率众追还。绪乃下令军中曰"我先王子，能立我者赏。"众乃共推绪为留后。归罪扈崿，斩其首以徇。复杀悦亲信薛有伦等数十人。因巢父遣使者听命天子。滔闻悦死，以兵五千合寔军，进攻魏州，寔濒王莽河壁，南距河东，抵博州，杀略甚众。使人入魏招绪降。绪新篡，而寔围且急，乃遣使以好言见滔，滔许与盟。会穆劝绪绝滔，而绪部分亦定，乃乘城战，武俊、抱真各修好如悦时。诏即拜绪节度使。寔围魏凡三月，滔败走。贞元元年，以嘉诚公主降绪，拜驸马都尉。李希烈平，以功赐一子八品官。绪猜忌，杀兄弟姑妹凡数人。兄朝仕李纳，为齐州刺史。或言纳将入之魏，以代绪。绪厚赂纳，且召朝，朝以死请不行，乃送之京师。过滑，绪将篡取之，贾耽以兵援接，乃免。累迁检校尚书、左仆射、常山郡王，又徙王雁门，实封五百户，加同中书门下平章事。暴疾死，年三十三，赠司空，少子季安嗣。

季安字夔，母微贱，公主命为己子，宠冠诸兄，数岁为左卫胄曹参军节度副使。绪死时，年十五，匿丧观变，军中推为留后，因授节度使，除丧加检校尚书、右仆射，进位检校司空，俄同中书门下平章事。季安畏主之严，颇循礼法。及主薨，始自恣。击鞠、从禽、酗嗜欲，军中事率意轻重，官属进谏，皆不纳。会诏中尉吐突承璀以神策兵讨王承宗。季安谋曰："王师不跨河二十五年，今越魏伐赵，赵诚卤，魏亦卤矣。奈何？或请以五千骑决除君忧。"季安曰："善！沮军者斩。"时幽州刘济将谭忠适使魏，闻之，入见季安曰："往年王师取蜀取吴，算不失一，是宰相谋也。今伐赵不使耆臣宿将，而付中臣，不起天下甲，而出秦甲，君知谁之谋？此上自为谋，以夷服臣下。若师未叩赵，而先碎于魏，是上之谋不及下，岂能不耻，既耻且怒，必任智仗猛将，再举涉河，鉴前之败，必不越魏诛赵，校罪轻重，必不先赵后魏，是上不上下不下，当魏而来也。"季安曰："计安出？"忠曰："王师入魏，君厚犒之，悉甲伐赵，而阴遗赵书，曰魏若伐赵为卖友，魏若与赵，为反君卖友，反君魏不忍受。执事能弛阵鄣，遗一城，魏得持之献捷天子以为符，此使魏北得以奉赵，西得以为臣，不世之利也。赵不拒君，则魏安矣。"季安然之，遣大将率兵会王师，伐承宗。粮饷自办，取堂阳以报，加太子太保。有丘绛者，父时宾佐，与同府侯臧争权，季安怒斥，为下县尉，俄召还，先坎道左，既至，生瘗之，忍酷无忌惮，大抵如此。死年三十二，赠太尉。妻元谊女，召诸将立其子。怀谏最幼，不能事政，决于私奴蒋士则。数易置诸将，军中怒推田兴为留后，以怀谏归第，杀士则等十余人。季安既葬，送怀谏京师，授右监门卫将军，宠锡蕃渥。绪弟缙华显于朝，缙字云长，贞元十年入朝，授左骁卫将军，封扶风郡公。元和中，拜夏绥银节度使。始开元时置宥州，扼寇路，久而废，缙复城之。王师伐蔡，缙上橐驼、牛马助军。吐蕃寇丰州，缙设伏邀其归俘，斩过当，入为左卫大将军。李听代之，听劾缙盗没军粮四万斛，疆取羌人羊马，故吐蕃得乘隙，贬衡王傅。俄而吐蕃又攻盐州，贬房州司马。长庆初，终左领军卫将军，华太常少卿，尚永乐、新都二公主。田氏自承嗣至怀谏，四世凡四十九年。

弘正，字安道。父廷玠，尚儒学，不乐军旅，与承嗣为从昆弟。仕为平舒丞，迁乐寿、清池、东城、河间四县令，以治称，迁沧州刺史。李宝臣、朱滔与承嗣不协，合兵围沧州，廷玠固守连年，食虽尽，无叛者。朝廷嘉其节，徙相州。承嗣盗磁。相廷玠无所回染。及悦代立，忌廷玠之正，召为节度副使。廷玠至，让悦曰："尔承伯父绪业，当守朝廷法度，以保富贵，何苦与恒郓为叛臣。自兵兴来，叛天子能完宗族者谁耶？而志不悛，盍杀我，无令我见田氏血污人刀也。"遂称疾不出。悦过谢之，杜门不纳，愤而卒。弘正幼通兵法，善骑射，承嗣爱之，以为必兴吾宗，名之曰兴。季安时，为衙内兵马使，同节度副使，封沂国公。季安侈汰，锐杀罚，弘正从容规切，军中赖之，翕然归重。季安内忌，出为临清镇将，欲因罪诱诛之。弘正阳痹瘤，卧家不出乃免。季安死，子怀谏袭节度，召还旧职。怀谏委政于家奴蒋士则，措置不平，众怒咸曰："兵马使吾帅也。"牙兵即诣其家迎之。弘正拒不纳，众哗于门，弘正出，众拜之，胁还府。弘正顿于地，度不免，即令于军曰："尔属不以吾不肖，使主军，今与公等约，能听命否？"皆曰："惟公命。"因曰："吾欲守天子法，举六州版籍请吏于朝，苟天子未命，敢有请吾旄节者死，杀人及掠人者死。"皆曰："诺。"遂到府，杀士则及支党十余人。于是，图魏、博、相、卫、贝、澶之地，籍其人以献。不敢署僚属，而待王官。先时诸将出屯，质妻子，里民不得相往来，弘正悉除其禁，听民通馈谢庆吊。服玩僭侈者，即日撤毁之。承嗣时，正寝华显，弘正避不敢居，更就采访使堂皇听事。幽、恒、郓、蔡大惧，遣客镌说钩染，弘正皆拒遣之。宪宗美其诚，诏检校工部尚书，充魏博节度使，又遣司封郎中知制诰裴度宣慰，赍其军钱五百万缗，六州民给复一年，赦见囚，存问高年茕独废疾，不能自存者。度明辨，具陈朝廷厚意。弘正不觉自失，乃深相结纳，奉上益谨。复请度遍行其部，宣示天子恩诏。因令节度佥谋布衣崔欢奉表陈谢，且言天宝以来，山东奥壤化为戎墟，官封世袭，刑赏自出，国家含垢垂六十年，臣若假天之龄，奉陛下宸算，冀道扬太和，洗濯伪风，然后退归丘园避贤者路，死不恨。"制诏褒答，且赐今名，锡与踵途。天子讨蔡，弘正遣子布以兵三千进战，数有功。李师道疑其袭己，不敢显助蔡。故元济失援，王师得致诛焉。王承宗叛，诏弘正以全师压境，破其众南宫，承宗惧穷，归于弘正。弘正表诸朝，遂献德隶二州，以谢纳二子为质。俄而，季师道拒命，诏弘正与宣武等五节度兵进讨。弘正自杨刘渡河，距郓四十里坚壁。师道大将刘悟，率精兵屯河东。战阳谷，再遇再北，斩万余级，贼势蹙，悟乃反兵斩师道首，诣弘正降，取十有二州以献。初，悟既平贼，大张饮军中，凡三日，设角牴戏，引魏博使至廷以为欢。悟盱衡攘臂，助其决，坐中皆惮悟。勇客有白弘正者，弘正曰："郓士疲于战疮者未起，悟当恤亡吊乏，慰士大夫心，奈何取快目前耶。

吾奉诏按军，伺悟去就，今知其无能为也。"既而，诏悟为义成军节度使，狼狈上道，时称知悟之明。以功加弘正检校司徒，同中书门下平章事。是岁来朝，对麟德殿，眷劳殊等。引见僚佐将校二百余人，皆有颁赐。进兼侍中，实封户三百，擢其兄融为太子宾客、东都留司。弘正数上表固请留阙下，帝劳曰："昨韩弘以疾，辞不就军，朕既从之矣。今卿复尔，我不应违，但魏人乐卿之政，四邻畏卿之威，为朕长城，又安用辞。"弘正遂还。常欲变山东承袭旧风，故悉遣子姓仕朝廷，帝皆擢任之，朱紫满门，荣冠当时。穆宗立，王承元以成德军请帅，帝诏弘正兼中书令，为节度使。弘正以新与镇人战，有父兄怨，取魏兵三千自卫入其军。时天子赐钱一百万缗，不时至，军有怨言。弘正亲加抚谕乃安。仍请留魏兵为纪纲，以持众心。度支崔俊吝其廪，沮却之。长庆元年七月，归卫，卒于魏。是月，军乱，并家属将吏三百余人皆遇害。年五十八。帝闻震悼，册赠太尉，谥曰忠愍。弘正幼孤，事融甚谨，军中尝分曹习射，弘正注矢联中，融退，怒抶之。故当季安猜暴时，能自全。及为军中推迫，融不悦曰："尔竟不自悔，取祸之道也。"朝廷知其友爱，诏拜相州刺史，赐金紫。弘正性忠孝，好功名，起楼聚书万余卷，通《春秋》《左氏》，与宾属讲论终日，客为著《沂公史例》行于世。弘正子布、群、牟。布字敦礼，幼机悟。弘正戍临清，布知季安且危，密白父，请以众归朝，弘正奇之。及得魏，使布总亲兵。王师诛蔡，以军隶严，授屯唐州。帝以布大臣子或有罪且挠法，弘正请以董暕代，而士卒爱布，愿留，帝乃止。凡十八战，破陵云栅，下郾城，以功授御史中丞。裴度轻出，观兵洀口，贼将董重质以奇兵掩击，布伏骑数百，突出薄之，诸军继至，贼惊引还。蔡平，入为左金吾卫将军。谏官尝论事帝前，同列将麾却之，布止曰："使天子容直臣，毋轻进。"弘正徙成德，以布为河阳节度使，父子同日受命。时韩弘与子公武亦皆领节度，而天下以忠义多田氏。布所至，必省冗将，募战卒，宽赋劝稼，人皆安之。长庆初，徙泾原，弘正遇害。魏博节度使李愬病不能军，公卿议以魏强而镇弱，且魏人素德弘正，以布之贤而世其官，可以成功。穆宗遂召布，解缧拜检校工部尚书魏博节度使。乘传以行，布号泣，固辞不听，乃出伎乐与妻子宾客诀曰："吾不还矣。"未至魏三十里，跣行披发，号哭而入。居垩室，屏节旄，凡将士老者，兄事之，禄奉月百万，一不入私门，又发家钱十余万缗，颁士卒。以牙将史宪诚出麾下可任，乃委以精锐。时中人屡趣战，而度支馈饷不继，布辄以六州租赋给军，引兵三万进屯南宫，破贼二垒。于是，朱克融据幽州，与王廷凑唇齿。河朔三镇，旧连衡桀骜自私，而宪诚蓄异志，阴欲乘衅。又魏军骄惮格战。会大雪，师寒粮乏，军中谤曰："它日用兵，团粒米尽仰朝廷。今六州刮肉与镇，冀角死生，虽尚书瘠己肥国，魏人何罪？"宪诚得间，因以摇乱。会有诏分布军合李光颜，救深州。兵怒不肯东，众遂溃，皆归宪诚。唯中军不动，布以中军还魏。明日，会诸将议事，众哗曰："公能行河朔旧事，则生死从公，不然，不可以战。"布度众且乱，叹曰："功无成矣。"即为书谢帝曰："臣观众意，终且负国，臣无功，不敢忘死，愿速救元翼，毋使忠臣义士涂炭于河朔。"哭授其从事李石讫，乃入至几筵，引刀刺心，曰："上以谢君父，下以示三军。"言讫而绝，年三十八。赠尚书右仆射，谥曰孝，子鏻，宣宗时，历银州刺史，坐以私铠易边马论死，宰相崔铉奏布死节于国，可贷鏻以劝忠烈，故贬为州司马。群，会昌中，历葵州刺史，坐脏且抵死，兄肇闻之，不食卒。宰相李德裕奏：汉河间人尹次、颍川人史玉，坐杀人当死。次兄初玉母浑诣官请代，因缢。物故于时，皆赦其罪。于是，武宗诏减死一等。牟，宽厚，明吏治，为神策大将军。开成初，盐州刺史王宰失羌人之和，诏牟代之，累迁鄜坊节度使，再徙天平，三为武宁，一为灵武军，官至检校尚书、左仆射。卒，诸子皆有方面功，以忠义为当世所高。

‖ 卷之十四 ‖

莱　阳　　宋　琬撰次
府学训导　徐　香参订
萧　山　　张朝琮续纂
卢龙教谕　胡仁济校辑

官　师

宋元人作志，载宦迹而不载题名。盖仿史家之指循吏传、酷吏传，而庸吏不足传也。今比而书之，不亦赘乎。顾惟晋之平州，燕之昌黎，实名同而地异。卫瓘、张华，都督将军之号，则以尊官，遥统而不亲，故不载入。若夫阖郡官职，一代宪纲，虽丞尉之属，亦一命之膺，存其姓名，以昭规制。

［汉］

右北平太守

李　广　有传。　　　　　　　　路博德　有传。

辽西太守

邴　吉　有传。

肥如令

郢　人

［新莽］

辽西太尹

田　谭　追击高句骊战死。

［后汉］

右北平太守

和　旻　刘　政　卑　躬

辽西太守

闵　业　有传。

赵　苞　有传。

窦　崇　见《魏书·窦瑗传》。

［晋］

平州刺史

鲜于安　慕容廆　子皝都督平州并有传。

［后赵］

北平太守

阳　裕

肥如长

赵　揽　《晋书》太史令谏赵王虎不听，黜为肥如长。

［燕］

北平太守

杨　铉

辽西太守

阳　豪　邵　颜　怡　宽　李　朗

朝鲜令

孙泳

［后魏］

仪同开府持节行平州事

辛珍之

平州刺史

元　纂　邢　逊　王　睹　常　英　有传。
崔长文　东平王匡　侯　渊　窦　瑗　详人物志。

营州刺史

张　伟　有传。　　　　　　陆士懋　有传。

北平太守

阳固　张岱　房思安

辽西太守

那　颉　　　　　　宋　谟　字乾仁，西河介休人。
于天恩　有传。　　司马灵寿　尹　象　柳　梓　王买奴

昌黎太守

张　卓　有传。

肥如令

常　英

［北齐］

平州刺史

稽　晔

北平太守

宋景业　元景安　睦　寂

［后周］

平州刺史

源　雄　李昌哲

［隋］

北平太守

长孙洪　邓　暠

辽西太守

突地稽

［唐］

卢龙节度使

张仲武　有传。

营州都督

张　俭　有传。

平州刺史

田仁会　有传。　　　邹保英　有传。

张仲素　有传。　　　刘守奇　裴旻

北平太守

史思明

［辽］

辽兴军节度使

韩德枢　有传。　　韩德让　武　白　萧道宁　迪里姑　耶律那
爪　耶律遂贞　耶律德政　胡都古　刘慎行　萧虚烈　查　葛
阿　挞　耶律合里只　耶律独颠　姚景行　耶律王九　何　葛
荣　哥　涅里韩高十　梁　援　韩知让　萧兀纳　萧常哥

　　耶律大石　　右按：重熙七年，详稳锄窘太王为平州节度使。郭建初云：若节度使当称辽兴军，平州当称刺史，或误。

同知辽兴军节度使

　　耶律瑛

辽兴军节度副使

　　张　珏　详人物志。

滦州宣慰使

　　宋仲义

卢龙巡捕官

　　室　昉　有传。

［金］

平州都统

　　张敦固

兴平军节度使

　　宗　永　本名挑挞。

　　耶律德元　**刘　麟**　**仆散浑坦**　**张玄素**　**徒单拔改**　**乌延查刺**　**独吉思忠**　**蒲察阿里**　**乌林答乞住**　**纥石烈执中**　本名胡沙虎。**乌古论庆寿**　**奥屯襄**

兴平军节度副使

　　路伯达　**统石烈桓端**

同知卢龙军节度使

　　完颜守道　本名习尼烈。

平州路转运使

　　杨伯渊

平州观察使

孟　浩　详人物志。

同知兴平府事

移剌福僧

滦州刺史

永　元　海　里　　　　　　**完颜京**　本名忽鲁

夹谷查剌　隆州失撒古河人　　**仆散掾**　本名临喜。

武　都　东胜州人，进士。　　**卢启臣**

义丰县令

李宝信

马城县令

宋　倬

乐亭县令

韩　昶　奉直大夫，赐绯鱼袋。

〔元〕

兴平路行省都元帅永安军右监军节度使

鲜卑仲吉　详人物志。　　　　**塔　本**　阿里乞矢铁木儿

权滦州节度使

卑　群　提举学校。

卢龙军节度使

刘　整

平滦路总管

谭　澄

永平路总官

刘德温　有传。　　　　　　　　贾惟贞

平滦路副都总官

李邦献

平滦路达鲁花赤

阿　台

滦州知州

孙　朋　高云鹏　祁　棣　孙　明　有传。

迁安县尹

傅仲斌　　郭仁义　有传。

昌黎县达鲁花赤

忽都花大

昌黎县尹

刘　懋　左　阔　有传。
周　宏　详人物志。

义丰县尹

张　翰

乐亭县尹

岳　志　洪沟军人，兼督诸军，提举学校事。
安　逸　兼督诸军奥鲁事。
柴本立　有传。

石城县尹

葛　弘　邢　谦

行省参政

崔文耀　洪武元年九月十一日以城降，命署永平府事。

［明］

永平兵备道山东按察司副使

嘉靖

温景葵　大同人，举人，副使。　　王惟宁　兴平人，进士，副使。

沈应乾　五河人，进士，副使。

隆庆

张学颜　肥乡人，进士，副使。　　王之弼　泾阳人，举人，佥事。

杨　兆　肤施人，进士，副使。　　孙应元　钟祥人，进士，副使。

万历

宋守约　长治人，进士，副使。　　陈万言　南海人，进士，副使。

雷以仁　夷陵人，进士，副使。　　成　逊　长垣人，进士，副使。

叶萝熊　归善人，进士，副使。　　李复聘　周至人，进士，副使。

王毓阳　绥德人，进士，副使。　　白希绣　肤施人，进士，副使。

杨　镐　商丘人，进士，佥事。　　詹思谦　常山人，进士，副使。

方应选　华亭人，进士，副使。

顾云程　常熟人，进士，左布政。

应朝卿　临海人，进士，参政。　　王　编　宁乡人，进士，参政。

武之望　临潼人，进士，副使。　　黄一腾　宁国人，进士，参议。

刘泽深　扶沟人，进士，副使。

袁应泰　凤翔人，进士，按察使。

泰昌

杜　诗　滨州人，进士，按察使。

天启

朱本洽　华亭人，进士，副使。

岳和声　桐乡人，进士，右参政。

张　春　同州人，举人，佥事加按察司。

崇祯

郑国昌　邠州人，进士，右布政。

张　春　见前庚午起复恢复监军右参议。

方一藻　歙县人，进士，副使。

王凝祚　安邑人，进士，左参政。

刘景曜　登封人，进士，右参议。

丘民仰　渭南人，举人，右参政。

石声和　平坝人，举人，副使。　姚　恭　海丰人，进士，佥事。

朱国梓　辽东人，选贡，佥事。

［国朝］

顺治

李丕著　曲沃人，进士，佥事。　石镇国　黄梅人，进士，佥事。

陈弘业　辽阳人，生员，佥事。　毕元彩　辽阳人，生员。

王廷宾　锦州人，生员，副使。　宋　琬　莱阳人，进士，副使。

赵胤翰　兴化人，进士，副使。　张云龙　辽阳人，贡士，参政。

康熙

钱世清　钱塘人，举人。佥事四年任。

康熙八年永平道移驻通州更为通永道

钱世清　永平道移驻。

崔谊之　平度州人，进士，十年任。

龚佳育　仁和人，特拔历官光禄寺正卿。

霍　炳　青城人，进士，副使，十六年任，年老休致。

宋　荦　商丘人，荫生，佥事，二十二年任，历官吏部尚书。

孟　十　夏邑人，举人，佥事，二十六年任，升浙江按察使。

沈志达　奉天人，荫生，副使，三十年任，历病乞休。

祝兆熊　奉天人，荫生，佥事，三十八年任，丁忧。

李　锡　奉天人，荫生，副使，三十九年任，今升贵州按察使。

王用霖　奉天人，荫生，副使，四十四年任，今广西按察使。

白为玑　奉天人，监生，副使，四十五年任，卒于官。

张登云　辽阳人。

张连登　咸阳人，贡士，副使，五十年特升任。

工部分司

顺治十五年设，驻扎永平采木，寻裁。

顺治

张登云　辽阳人。

王　沣　常熟人，进士。

康熙十八年复设，抽分潘桃等口木税，为满州差随印笔帖式一员期年满任。

孟　安　工部主事十八年任。

龚　爱　工部郎中十九年任。

张圣业　工部郎中二十年任。

巴当什　工部员外二十一年任。

安　泰　刑部郎中二十二年任。

仲沙弼　吏部员外二十三年任。

胡世屯　内阁侍读二十四年任。

桑　格　内务府员外二十五年任。

英　山　刑部员外二十六年任。

舒石泰　内务府都虞司员外二十七年任。

陈希曾　内务府员外二十八年任。

佟尔年　工部员外二十九年任。

伊巴礼　户部员外三十年任。

布少卿　太常寺正卿三十一年任。

常　明　兵部员外三十二年任。

迈　图　工部员外三十三年任。

鄂齐礼　工部员外三十四年任。

萨哈齐　詹事府右春坊右赞善三十五年任。

傅　坤　翰林院侍读学士三十六年任。

叶　舒　吏部考功司郎中三十七年任。

戴　锦　吏部考功司员外三十八年任。

博殷代　刑部主事四十一年任。

舒　丹　太仆寺员外四十年任。

索　善　刑部主事四十一年任。

黑　色　理藩院员外四十二年任。

党阿赖　国子监司业四十三年任。

常　保　理藩院主事四十四年任。

布尔赛　工部都水司员外四十五年任。

苏　泰　广善库员外四十六年任。

佟吉图　广善库主事四十七年任。

达　锡　理藩院员外四十八年任。

叶成格　户部员外四十九年任。

图克善　户部员外五十年任。

户部山海钞关监督

康熙三十三年设立，为满洲差随印笔帖或一员期年满任。

康熙

李学圣　内务府郎中三十三年任。

恩格礼　内阁侍读学士三十四年任。

刘光美　内阁侍读学士三十五年任。

白良瓒　礼部员外郎三十六年任。

吴子桢　内阁侍读学士三十七年任。

王　仕　吏部员外郎三十八年任。

沙　浑　兵部郎中三十九年任。

费扬古　工部郎中四十年任。

安达礼　工部郎中四十一年任。

佟　猷　内务府郎中四十二年任。

吴达礼　吏部主事四十三年任。

查尔钦　理藩院员外郎四十四年任。

纳穆萨礼　内务府员外郎四十五年任。

三　泰　太常寺读祝官四十六年任，留三年。

孙塔哈　户部郎中四十九年任。

知　府

永乐

董　纛　太原人。　　　　　胡伯辉　东阳人。

马负图　临汾人。　　　　　张从道　京山人。

正统

李文定　临海人，进士。

景泰

张　茂　咸宁人。　　　　　米　瑾　山阴人。

天顺

周　晟　安阳人。

成化

王　玺　周至人，进士。　　郑　岑　慈溪人，进士。

刘　杰　高陵人，进士。　　姜　琏　兰溪人，进士。

陈　谊　德州人，进士。　　王　问　武城人，进士。

弘治

吴　杰　江都人，进士。　　张　祯　平度州人，进士。

惠　隆　钱塘人，进士。

正德

何　诏　山阴人，进士。　　唐　夔　柳州人，进士。

毛思义　阳信人，进士。　　王　光　河南人，进士。

郭九皋　锦衣卫人，进士。

嘉靖

陆　俸　吴县人，进士。　　　　曹　怀　无锡人，进士。

黎　良　洛阳人，进士。　　　　胡体乾　交城人，进士。

王　旐　济阳人，进士。　　　　刘　隅　东阿人，进士。

毛秉铎　福清人，进士。　　　　周汝范　安福人，进士。

孙应辰　考城人，进士。　　　　张　玭　石州人，进士。

郭　监　高干人，进士。　　　　宋大武　余姚人，进士。

李　逊　新建人，进士。　　　　孟　官　咸宁人，进士。

纪公巡　恩县人，进士。　　　　闫光潜　东平州人，进士。

廖逢节　固始人，进士。

隆庆

刘　庠　钟祥人，进士。　　　　席上珍　南郑人，进士。

万历

辛应乾　安丘人，进士。　　　　顾　褒　余姚人，进士。

任　铠　平定州人，举人。　　　张世烈　延安人，进士。

陈维城　丘县人，进士。　　　　马崇谦　安邑人，进士。

徐　淮　新城人，进士。　　　　曹代萧　山东人，进士。

程朝京　休宁人，进士。　　　　高邦佐　襄陵人，进士。

史文焕　盂县人，进士。　　　　刘泽深　扶沟人，进士。

项良梓　鄞县人，进士。　　　　陶　珽　云南人，进士。

天启

药济众　和顺人，举人。　　　　徐廷松　掖县人，举人。

陈所立　长乐人，举人。

崇祯

张凤奇　阳曲人，举人，死难。

黄运昌　平坝卫人，举人。　　　王四聪　鱼台人，进士。

雷一凤　蒲州人，进士。　　　唐世熊　灌阳人，举人。

石声和　平坝卫人，举人。　　彭　份　南昌人，举人。

李在公　三原人，举人。

[国朝]

顺治

冯如京　振武卫人，恩贡，元年任，历升左右布政。

李日苊　满州人，生员二年任，历升操江都御史。

李中梧　满州人，三年任，历升湖广按察司。

林起凤　满州人。　　　　　张懋忠　满州人。

罗廷玙　新建人，官生。　　杨呈彩　林县人，举人。

路　遴　宜兴人，进士。

康熙

彭士圣　辽阳人，举人，元年任。

李兴元　遵化人，贡士，五年任，升长芦盐法道。

陈　丹　山阳人，举人，七年任，卒祀名宦。

蔡光周　辽阳人，贡士，由御史历参议左迁，八年任。

唐敬一　成都人，举人，十年任，升洮岷道副使。

常文魁　广宁人，贡士，十五年任。

佟世锡　抚顺人，荫生，十九年任，大计卓异革职。

卢腾龙　奉天人，贡士，二十五年任，调补苏州府升江安粮道。

梁世勋　安塞人，荫生，二十九年，任历升安徽巡抚。

蔡维寅　德清人，进士，四十年任，丁忧今补四川保宁府。

华　黄　无锡人，进士，四十三年任，年老乞休。

张朝琮　萧山人，监生，四十六年，特升到任。

同　　知

洪武

梅　圭　　　　　　　　　　潘　粟　白水人。

贾 杲　高平人。

永乐

唐 琚　　　　　　　　　任 佑　灵宝人。

姚 纪　上海人。　　　　王 泽　郾城人。

胡 谦　孟县人。　　　　张 振　夏县人。

刘 让　朝邑人，进士。

弘治

刘 遂　清涧人。　　　　楚 麟　密县人，进士。

成化

李 性　陵县人，举人。　邵 逵　淳安人，举人。

曹宗琏　郑州人，举人。　王 祯　山东人，举人。

张 桂　涪洲人，进士。

嘉靖

张 守　泾阳人，举人。　张三畏　长安人，举人。

刘 隅

李 冕　章丘人，进士。　杨士魁　兰阳人，进士。

孙允中　兖州人，进士。　赵沛然　梓潼人，举人。

苏 烈　清源人，举人。　何继武　灵宝人，官生。

刘世绅　怀仁人，举人。　方 瑜　歙县人，举人。

程鸣鹤　休宁人，举人。　任服休　大同卫人，举人。

隆庆

贺 溱　临汾人，举人。　陈王道　临汾人，进士。

万历

张 勋　寿光人，举人。　杨维乔　富顺人，进士。

张民范　泰州人，举人。　范伯荣　休宁人，举人。

林炔章　蒲田人，举人。　曹署篆　交城人，举人。

王暤如　朝邑人，举人。　杨秉铎　溧水人，举人。

熊萝祺	南昌人，举人。	**薛国彦**	韩城人，举人。
李居简	同州人，举人。	**刘嘉会**	武定人，举人。
王家相	成山卫人，贡士。	**曲　楷**	掖县人，举人。
王家胤	朝邑人，举人。	**张运道**	五台人，贡士。
罗世美	南昌人，举人。	**左立功**	洪同人，举人。

天启

左之龙	莱阳人，举人。	**魏君谟**	山东左卫人，举人。

崇祯

李之佳	晋江人，举人。	**郭宗宪**	华州人，举人。
常三锡	静海人，贡士。	**张　斗**	温县人，贡士。
冯　珍	同官人，贡士。		

［**国朝**］

顺治

冯如京	代州人，恩贡。	**朱求构**	山西人，贡士。
李　持	江津人，贡士。	**胡守德**	长治人，举人。
刘日永	湖广人，贡士。		
王觉民	颍上人，贡士，升太原知府。		

康熙

韩　章　汉阳人，恩贡，元年任。

梁泰来　寿州人，举人，四年任。

罗　京　会稽人，贡监，九年任。

郑四国　乐陵人，十二年任。

朱用砺　山阴人，举人，十八年任。

祖泽溶　宁远人，举人，二十年任，升南康知府。

崔　宦　奉天人，荫生，二十二年任。

赵邦牧　辽阳人，荫生，二十二年任，升兴化知府。

彭尔年　杏山人，监生，三十二年任。

郭　瑛　铁岭人，官生，三十九年任。

杨奕绾　河内人，官监生，四十三年任。

管关通判

万历十七年始设驻扎山海

〔明〕

吴天胤　慈奚人，贡士。　　　　李　岱　丰都人，贡士。

罗大器　安宁人，举人。　　　　江一蔚　婺源人，举人。

丁三聘　三原人，举人。　　　　马河图　嵩县人，举人。

常自修　来安人，贡士。　　　　王修行　陈州人，进士。

焦思忠　延津人，举人。　　　　牛象坤　陕西人，举人。

邓武沆　江南人，贡士。　　　　张文邃　陕西人，贡士。

万有孚　偏头人，贡士。

天启

邵宗周　陕西人，贡士。　　　　宋廷诇　山东人，贡士。

唐如渊　江南人，贡士。　　　　孙正气　浙江人，贡士。

赵广胤　陕西人，贡士。

崇祯

杨葆和　云南人，举人。　　　　沈澄源　余姚人，贡士。

于　锈　山西人，贡士。　　　　阎盛德　山西人，贡士。

郑　材　太原人，贡士。　　　　李梦祯　延津人，贡士。

葛　惺　平定州人，贡生。　　　桂继攀　河南人，举人。

林维藩　福建人，贡士。

〔国朝〕

顺治

朱伸毕　山西人，贡士，元年任。

王廷勷　山东人，举人，三年任。

白　辉　平定州人，拔贡，八年任。

杨生辉　辉县人，拔贡，十二年任。

刘观澜　洛阳人，拔贡，十五年任。

赵振麟　商南人，贡监，十八年任。

康熙

陈天植　永嘉人，三年任，升西安府同知。

安达里　即夏时美满州籍，十年任，祀名宦。

孔得孟　鹿邑人，贡监，十六年任。

黄鸿猷　江宁人，监生，二十二年任。

陈曰登　诸暨人，监生，二十五年任。

尚　标　仁和人，监生，三十年任。

叶允信　嘉善人，贡生，三十九年任。

周廷润　上海人，监生，三十九年任。

陈大纯　会稽人，监生，四十七年任。

府儒学教授

［国朝］

顺治

陈　丹　遵化人，贡生，元年任。

邹国琬　真定人，贡生。

贾永升　晋州人，贡生。

王　美　昌平人，贡生，十一年任。

郭履礼　静海人，贡生。

苏之屏　良乡人，贡生，十三年任。

王思牧　固安人，贡生。

李含春　通州人，进士，十七年任。

康熙

谢国擢　延庆人，贡生四年任。

纪五典　宛平人，举人，九年任。

高居敬　宁晋人，举人，十七年任。

冀振先　内丘人，举人，二十年任。

孙　麟　万全人，拔贡，三十二年任。

赵允昌　满城人，举人，四十四年任。

训　导　三

明隆庆二年裁一员，国朝顺治初年裁一员，十六年全裁康熙十五复设一员

顺治

王凤鸣　顺义人，贡生。　　　李上举　枣强人，贡生。

程　灿　新河人，贡生。　　　杨呈秀　通州人，贡生。

符永培　盖平人，贡生六年任。霍文灿　沙河人，贡生。

伊　箧　阜城人，贡生。　　　高士奇　武清人，贡生。

蒋甲春　大兴人，贡生。

康熙

周弘勋　保定人，贡生，十七年任。

桑开达　玉田人，贡生，二十一年任。

徐　香　宛平籍贡生，三十六年任。

辽学教授　三员

都司教授分管都司，自在州、铁岭、沈阳、定、辽五学，广宁教授分管广宁、开原、义州、海州、盖州五学，宁远教授分管宁元、永宁、锦州、前屯、右屯五学。后因设陕西辽学，分去教授一员，迨后奉天府已设儒学，则教官俱改归奉天。其关内辽籍赴永平府考者，归并府学代理，辽学存留如故。

武学科正　一员

今裁并入府学。

府属首领

[国朝]

经　　历

顺治

王嘉相　西安人。	吴淑训　山阴人。
陈文英　浙江人。	刘德玉　华州人，十六年任。

康熙

俞　献　慈溪人，四年任。	赵廷玑　山阴人，十六年任。
方　琚　歙县人，二十二年任。	包祥钰　鄞县人，二十八年任。
叶映桂　余姚人，三十八年任。	储佐才　池州人，四十五年任。
戴兆龙　慈溪人，四十六年任。	
朱凛延　山阴人，贡生，四十九任。	

知　　事 裁

照　　磨 裁

顺治

金国柞　山阴人。	杨继晋　兴国州人。
李文华　太和人。	

检　　校 裁

司狱司

顺治

盛永富　丹徒人。	金　钺　苏州人。

康熙

倪继徐　福清人。	林正秾　湖广人，十七年任。
许世昌　清平人，三十五年任。	

税课司大使 <small>裁</small>

税务归并经历司兼理。

盐课司大使

旧系济民、惠民、石碑、归化四场，今裁。惠民并入归化，而移丰润之越支，半隶于永，其灶丁钱粮俱天津运司管辖。

越支场 半隶丰润半隶滦州。

济民场 滦州。

石碑场 乐亭。

归化场 抚宁

永平镇库大使 <small>裁</small>

永丰仓大使 <small>裁</small>

东关递运所大使 <small>裁</small>

新店递运所大使 <small>裁</small>

西关递运所大使 <small>裁</small>

嘉靖八年，令永平府属山海仓、刘家口仓大使就近带领黄土岭、建昌营仓场。添设汉儿庄营、太平寨营、燕河营、石门寨四仓大使。今俱裁。

山海库大使 <small>裁</small>

滦州知州

洪武

李益谦	德州人。	**刘　政**	南昌人，举人。
谈　辉	华亭人，监生。		

永乐

卢　聪	颍州人，监生。	**何　敏**	新都人，监生。

张　敬　阳曲人，监生。　　　王务信　贵池人，举人。
陶　安　常熟人，举人。

宣德

李　宁　南海人，进士。

正统

刘　弁　大同人，监生。　　　稽　昭　昆山人，进士。
郭　泰　延安卫人，举人。

景泰

蔡　颙　长泰人，举人。

天顺

尤　瓃　武进人，举人。　　　郑　鼐　武进人，进士。

成化

李　端　彬州人，举人。　　　薛　穰　鄞县人，举人。
杨　鼐　南昌人，进士。　　　李　智　曹州人，举人。
潘　龄　嘉定人，举人。

弘治

吕　镒　郓城人，举人。　　　汪　晓　六安人，举人。
曹宗琏　郑州人，举人。

正德

王　溥　海丰人，举人。　　　李　伟　丰城人，举人。
陈　溥　乐安人，举人。　　　彭　璘　兰州人，举人。
高　堂　米脂人，举人。

嘉靖

张国维　定远人，进士。　　　赵　叶　东阳人，进士。
魏　谧　汝宁人，举人。　　　刘体元　南海人，进士。

周 佐	永丰人，进士。	陈 道	陵县人，举人。
卢 杰	商河人，举人。	徐 祯	长州人，进士。
张士俨	内江人，举人。	陈士元	应城人，进士。
张 璜	海丰人，举人。	王家士	光山人，举人。
董宗舒	光山人，举人。	孟鹏年	洛阳人，举人。
韩应春	茌平人，举人。	李 成	江陵人，举人。

隆庆

邢元彻	阆中人，举人。	崔 炳	永宁人，举人。
刘欲仁	陈留人，举人。		

万历

严守约	顺德人，举人。	邢子深	南郑人，举人。
周五凤	富顺人，举人。	吴敬夫	余姚人，举人。
郑 珫	石首人，举人。	陆从平	华亭人，进士。
白应乾	博兴人，举人。	黄景泽	襄陵人，举人。
张元庆	山阴人，举人。	王应选	阳谷人，举人。
刘从仁	解州人，恩贡。	张尧辅	宜川人，举人。
李鸣皋	博平人，举人。	赵 桐	应州人，举人。
何士玮	陇西人，举人。	孙 慈	蕲水人，举人。
林养栋	番禺人，进士。	李乔岳	南郑人，举人。
周 宇	成都人，进士。	林应聚	漳州人，进士。

天启

胡应聘	河南人，举人。	吴震元	太仓人，举人。
刘绳祖	汝宁人，举人。	段耀然	三原人，举人。

崇祯

杨 爁	铜仁人，举人。	柏之焕	盖州人，举人。
施镜光	福建人，举人。	张鸿猷	商丘人，举人。
曹钟庆	商丘人，举人。	辛志谔	三原人，拔贡。

冯如京　代州人，恩贡。　　　王端麟　河南人，举人。

吴方思　武进人，进士。

［国朝］

顺治

孙维宁　青县人，贡士，元年任。

朱伸瓻　陕西人，宗贡，元年任。

郑　伸　锦州人，二年任，升大同道。

许安邦　辽东人，三年任，升怀庆知府。

王光晋　辽东人，贡士，五年任，升苏州知府。

傅成勋　辽东人，七年任。

刘大勋　辽东人，八年任。

刘汉杰　辽东人，十年任，升东昌知府。

肖如芝　辽东人，贡士，十四年任，升汾州府同知。

石　鲸　武陵人，进士，十六年任。

康熙

陈钟斗　古田人，副榜四年任。

李溉之　长山人，荫生，六年任。

侯绍岐　三原人，贡生，八年任。

潘士俊　辽东人，荫生，九年任。

孙宗元　淄川人，进士，十年任，升思恩府同知。

吴景炜　文水人，贡生，十四年任。

马如龙　绥德州人，举人，十六年任，历升江西巡抚。

欧　鸿　南平人，举人，二十年任。

王奕曾　辽阳人，监生，二十一年任，升汾州府同知。

徐原本　辽阳人，荫生，二十四年任。

白崇玺　辽阳人，监生，二十六年任。

金垣生　辽阳人，官监，二十九年任。

韩逢庥　青城人，官监，三十七年任，以才能调定州。

张勿执　昌邑人，贡生，三十九年任。

刘士琨　安邑人，贡生，四十九年任。

段标麟　南宁人，举人，五十年任。

州　　同 今裁

顺治

赵钟瑞　本州人，生员，元年任。

劳于庭　山阴人，元年任。

姜　镇　盖州人，贡生。

王梦弼　辽东人。

史在德　山阴人，贡生，十三年任。

康熙

邓天栋　辽阳人，监生，二年任。

洪进生　池州人，十三年任。

冯希进　定襄人，拔贡，十六年任。

李成寀　辽阳人，二十一年任。

陈廷柏　辽阳人，生员，二十九年任。

孔兴滨　曲阜人，监生，三十一年任。

杨　捷　山阴人，监生，三十五年任裁。

州　　判 二全裁

吏　　目

顺治

李翔世　山阴人，元年任。　　张文钦　山阴人，三年任。

雍际飞　华州人，十三年任。　　都廷楷　钱塘人，十七年任。

康熙

俞士章　山阴人，十六年任。

凌文若　含山人，二十二年任。

谢玉龙　上元人，监生，二十五年任。

章国才　山阴人，监生，二十九年任。

沈　楫　会稽人，监生，三十四年任。

赵　桢　莘县人，监生，四十八年任。

榛子镇巡检

顺治

朱尚禹　丹徒人。

康熙

高以书　侯官人，十一年任。　谈　兹　富平人，二十五年任。

徐廷佐　南昌人，三十一年任。

倪正义　鄱阳人，三十八年任。

金远敷　德州人，四十九年任。

滦州儒学学正

顺治

董　恪　高阳人，贡生，元年任。

韩唐愈　永年人，八年任。

王　瀚　大城人，举人，十年任。

杨之柚　十七年任。

康熙

王麟图　保定人，四年任。

刘元掞　枣强人，举人，十一年任。

张问明　安肃人，举人，十七年任。

吴　煜　大城人，举人，二十年任。

及绍先　交河人，贡生，二十二年任。

王登镇　任丘人，举人，二十五年任。

白学曾　南皮人，举人，二十九年任。

宋若郊　龙平人，贡生，四十七年任。

王子梃　天津人，生员，教习，四十八年任。

训　导　二

明嘉靖三十二年裁一员，国朝顺治十六年全裁，康熙十五年复设一员。

顺治

马士骐　博野人，二年任。　　**李经济**　魏县人，二年任。

马之骦　雄县人，贡生。　　　**赵　壁**　河间人，八年任。

韩城溥　十二年任。　　　　　**董温德**　灵寿人，十五年任。

张国猷　密云人，贡生，十六年任。

康熙

郭大鹏　满城人，贡生，十六年任。

郭如岱　河间人，贡生，二十七年任。

杨文蔚　大兴人，贡生，三十二年任。

刘　掞　固安人，贡生，三十五年任。

田　秵　密云人，贡生，四十六年任。

韩文煜　通州人，贡生，四十七年任。

卢龙县知县

洪武

胡　炳

永乐

尹守道　阳曲人。　　　　　　**郑　彝**　临清人。

张　谔　岚县人。

正统

胡　琮

成化

刘　魁　高唐人，进士。　　　　乔　聪　河内人，举人。

李景华　江都人，举人。　　　　吴　杲　山阳人，监生。

弘治

谭　绅　滨州人，举人。

正德

韩敏　刘世卿　李永昌　何宏　戴钰　王宗尧

王大猷　山西人。　　　　　　　张维贤　辽东人。

嘉靖

高凤鸣　河南人。　　　　　　　陆　杲　无锡人。

乔一举　山西人。　　　　　　　胡景旸　河南人。

吴道南　濮州人。　　　　　　　李绍先　孟县人。

王　纶　赵　弁　山西人。

杨保庆　泽州人，举人。　　　　王　高　延安人。

赵敬简　益都人，举人。

隆庆

平　章　山东人，贡士。　　　　张　澜　冠县人，进士。

杨舜臣　商州人，举人。　　　　潘　愚　峰县人，举人。

万历

臧仲学　辽东人，举人。　　　　武　成　宁州人，举人。

王与可　蓬溪人，举人。　　　　杨时誉　祥符人，举人。

白希颜　山西人，恩贡。　　　　王　衮　阳谷人，举人。

叶世英　宁波人，进士。　　　　王象恒　新城人，进士。

赵　绂　乐平人，进士。　　　　谢廷赞　沔阳人，举人。

侯胤祯　商丘人，举人。

天启

刘　诏　杞县人，进士。　　　　孙止孝　历城人，进士。

崇祯

张养初　山西人，进士。　　　邓绍禹　湖广人，举人。

张　煊　介休人，进士。　　　赵明远　河南人，进士。

张若麒　胶州人，进士。　　　马孔健　陈留人，进士。

刘浚源　曹州人，进士。　　　王三俊　山阴人，进士。

荣尔奇　德州人，进士。

［国朝］

顺治

夏之中　顺天人，举人。　　　金一凤　辽东人，生员。

梁应元　辽东人，生员，三年任。

赵　汲　锦州人，贡士，五年任。

熊一龙　南昌人，贡士。

李士模　高密人，进士，十四年任。

康熙

闵　峻　乌程人，贡士，四年任。

魏师段　黄冈人，贡士，九年任。

吕宪武　掖县人，难荫，十三年任。

卫立鼎　阳城人，举人，十九年任。

陆　茂　平湖人，副榜，二十五年任。

陈梦熊　潍县人，拔贡，二十七年任。

倪爽棠　晋江人，举人，三十九年任。

晏　宾　平远州人，举人，四十四年任。

周宗鲁　宝应人，副榜，四十九年任。

封俊升　泰兴人，贡士，五十年任。

县　丞 旧裁

主　簿 旧裁

典　　史

顺治

高光照　陕西人。　　　　　　**赵之璋**　陕西人。
程启先　湖广人。

康熙

戴万象　南昌人。　　　　　　**汤　旺**　巩昌人，十一年任。
冯　杰　山阴人，十五年任。
徐鼎臣　**奉天人，十九年任。**　**谢　矩**　会稽人，二十一年任。
徐　法　莱阳人，三十二年任。**杨希斗**　平阳人，三十六年任。
韩象琦　襄陵人，三十九年任。　**丁　周**　义乌人，四十年任。

卢龙县儒学教谕

顺治十六年奉裁，康熙十五年复设。

顺治

韩秉正　扶风人，贡生。　　　　**黄扬化**　元城人，贡生。
王纳谏　大成人，贡生。　　　　**王家彦**　宁津人，贡生。
杨应运　昌平人，贡生。　　　　**马　备**　大兴人，贡生。

康熙

杨芳声　宣府人，贡生，十六年任。
朱持正　大兴人，贡生，十七年任。
史廷赞　宛平人，副榜，二十六年任。
贺邦桢　大兴人，贡生，三十一年任。
齐　捷　大兴人，贡生，三十六年任。
胡仁济　大兴人，贡生，四十九年任。

训　　导

顺治

郑　锐　广平人。　　　　　　**杨　复**　保定人，贡生。

刘硕辅　无极人，贡生。　　　贾　源　通州人，贡生。

张缵栻　清苑人，贡生。

康熙

徐焕然　魏县人，贡生，四年任。

邢宗孔　新河人，贡生，六年任。

孙　琮　河间人，贡生，八年任。

李　升　清苑人，贡生，十三年任。

赵孟豪　清河人，贡生，十七年任。

尹国琳　阜城人，贡生，二十一年任。

孟养诚　保安人，贡生，二十八年任。

刘甘霖　献县人，贡生，三十八年任。

刘缙先　大兴人，贡生，四十二年任。

王拱宸　蓟州人，贡生，四十三年任。

迁安县知县

洪武

萧　颐

永乐

金彦祥　邢　冕

宣德

贾永年　干　羽

正统

商　辂　浙江人。

景泰

费永宁

天顺

江　征　丰城人。

成化

王　彝	济宁人，举人。	王　舟	曹县人，监生。
赵　祯	乐陵人，监生。	戚　胜	遂平人，监生。
张　霄	平度人。		

弘治

逯　鼎	章丘人，监生。	张　济	阳曲人，举人。
周　密	马邑人，监生。	邓万斛	富顺人，进士。

正德

高　岱	孟县人，举人。	罗　玉	南充人，进士。
郭　祯	陕州人，举人。	锺　驯	汾州人，举人。
吕　端	濮州人，举人。		

嘉靖

孙　宥	新蔡人，进士。	张　镐	沂水人，举人。
杨　缙	寿张人，进士。	温志敏	岚县人，监生。
许樯卿	海宁人，进士。	陈　策	益都人，官生。
王　锡	代州人，举人。	徐　州	杨林所人，举人。
韦文英	泾阳人，举人。	宋时俊	祥符人，举人。
崔文宠	临汾人，监生。	宋承郊	咸阳人，举人。
罗凤翔	蒲州人，举人。	刘　钰	邹县人，举人。
赵文显	观城人，举人。	马　仁	益都人，举人。

隆庆

隋　府	鱼台人，进士。	赵云翔	平阴人，进士。
刘邦彦	龙阳人，举人。		

万历

王淑民	咸宁人，进士。	冯　露	襄城人，进士。
傅纳诲	定襄人，举人。	白　夏	颍州人，举人。
申　安	日照人，举人。	徐　安	平山卫人，举人。

张　鉴　泾阳人，贡生。　　　仇际可　章丘人，举人。

金光初　长洲人，举人。　　　孟履长　泽州人，选贡。

雷　声　禹城人，举人。　　　钱吾德　嘉善人，举人。

张九三　新蔡人，官生。　　　倪莹嗣　高密人，贡生。

林翰英　莆田人，举人。　　　骆行健　夏邑人，贡生。

刘仪凤　周至人，举人。　　　刘　济　肥城人，举人。

张廷拱　同安人，进士。　　　薛永宁　祥符人，举人。

张懋德　青阳人，贡士。

天启

田化霖　清远人，举人。　　　王吁俊　同州人。

王四维　河曲人，选贡。　　　屠登元　都匀人，举人。

李可观　岚县人，举人。

崇祯

朱运泰　河南护卫人，举人。　　胡文烈　永宁人，贡生。

任明道　清涧人，进士。　　　黄道济　曲阜人，举人。

彭光祖　江夏人，举人。　　　何　官　大理人，举人。

高承埏　嘉兴人，进士。　　　张　祺　盖州人，举人。

［国朝］

顺治

阙士登　桃源人，贡士，二年任。

徐逢时　满州人，生员，三年任。

王　宏　济宁人，进士，四年任。

张　玉　满州人，贡士，五年任。

张自涵　平原人，进士，七年任。

吴德方　当涂人，贡士，十二年任。

刘光远　商丘人，举人，十四年任。

戴廷对　潼川人，举人，十五年任。

康熙

武绖周　延安人，贡士，元年任。

杨　鸣　安陆人，举人，三年任。

丛仪凤　日照人，举人，七年任。

王永命　临汾人，举人，九年任。

唐九纬　山阴人，贡士，十三年任。

张一谔　山阴人，恩拔，十六年任。

程万培　锦州人，贡士，二十年任。

张汝贤　广西人，进士，二十四年任。

李继烈　辽东人，监生，二十五年任。

潘　眉　宜兴人，监生，二十六年任。

熊梦龙　广东人，举人，二十七年任。

屈明基　辽东人，监生，三十二年任。

蒋以选　山阴人，功贡，三十九年任。

周廷槐　福建人，进士，四十五年任。

张世绥　娄县人，恩贡，四十六年任。

乔于瀛　猗氏人，进士，四十八年任。

县　丞　嘉靖二十四年任裁

主　簿　裁

典　史

顺治

丁应奎　江南人。　　　　何春蛟　杭州人。

罗四维　湖广人。　　　　来民服　萧山人。

康熙

张朝相　无锡人。　　　　欧阳超　钟祥人，八年任。

徐元慎　江都人，十八年任。　　赵永弘　洛阳人，二十六年任。

崔含玉　潞安人，三十年任。　平　迁　山阴人，三十二年任。
胡煜京　余姚人，三十九年任。吴清文　浙江人，四十六年任。

三屯营仓大使　裁

建昌营仓大使　裁

迁安县儒学教谕

顺治十六奉裁，康熙十五年复设。

顺治

蒋文灿　昌平人，举人。　　　乔大绶　三河人。
田　宇　定兴人。

康熙

师若榘　安肃人，举人，十五年任。
刘孟易　宛平人，贡生，十七年任。
孙　焕　大兴人，贡生，二十六年任。
杜维桢　通州人，贡生，三十三年任。
解良栋　天津人，贡生，四十八年任。

训　导

顺治

岳毓粹　保定人。　　　　马攀龙　房山人。
崔及第　　　　　　　　白方岳　河间人。
刘　峒　保定人。

康熙

韩谓道　献县人。
马负图　固城人，九年任。
冯尧年　临城人，十年任。
吴　绍　真定人，贡生，二十年任。

高桂茂　宁晋人，贡生，二十六年任。

张治国　南宫人，贡生，三十一年任。

夏三极　长垣人，贡生，三十六年任。

王正宗　深州人，贡生，四十三年任。

抚宁县知县

洪武

娄大方　奉化人，儒士。

永乐

陈　坤　石泉人，监生。

景泰

王　懋

成化

胡　方　新榆人，监生。　　　姜　镐　修武人，举人。

弘治

李　海　刘　玉　乐陵人，监生。

窦　信　振武人，进士。　　　曹　年　寿张人，监生。

高　翔　临海人，监生。　　　赵之彦　泾阳人，举人。

嘉靖

陈思谦　揭阳人，进士。　　　盛　懋　仪真人，监生。

李　严　海州人，监生。　　　叶宗荫　遂昌人，举人。

袁　滨　南通州人，举人。　　陈　谏　保安人，监生。

王良臣　绛州人，监生。　　　谢应征　安邑人，贡生。

黑文跃　常德人，举人。　　　郭　涞　咸宁人，举人。

萧　铸　上蔡人，监生。　　　段廷晏　太原人，监生。

姜　密　夏津人，举人。

隆庆

李一本	郏县人，进士。	张彝训	宁阳人，进士。

万历

宁 笏	河内人，举人。	徐汝孝	嘉祥人，恩贡。
雷应时	芮城人，举人。	崔时亨	浮山人，选贡。
孟 召	灵州所人，贡生。	梁 槐	陕西人，贡生。
崔敬立	临清人，举人。	仝 梧	郏县人，进士。
阎国魁	山西人，举人。	李尚恒	新淦人，举人。
曹司礼	潞城人，举人。	王 台	临清人，举人。

天启

黄中色	绥德州人，举人。	薛寅宾	临县人，贡生。
王道同	黄县人，贡生。		

崇祯

余 爵	禹州人，进士。	卢以岑	太原人，举人。
李果珍	雒南人，举人。	熊锺张	临川人，举人。
霍 藻	南海人，举人。	孙廷铨	益都人，进士。
刘名彦	山西人，贡生。		

［国朝］

顺治

侯一匡	山西人，生员，元年任。
张毓中	阳城人，举人，二年任。

李三元	辽东人，贡生。	张懋忠	辽东人，贡生。
王德新	辽东人，贡生。	王全忠	辽东人，贡生。
雷腾龙	三原人，贡生。	张弘猷	榆林卫人，贡生。

康熙

刘翊圣	闽县人，恩贡。
王文衡	江宁人，贡生，五年任。
谭 琳	崇阳人，举人，十年任。

刘 馨 沔阳人，荫生，十四年任。

赵 端 钱塘人，贡生，十九年任。

何 琮 丹徒人，拔贡，二十四年任。

刘 镳 丹徒人，进士，二十五年任。

宋 绎 辽东人，进士，二十六年任。

董隆祚 辽东人，监生，三十一年任。

孙士贤 凤阳人，监生，四十年任。

刘肇元 辽东人，贡士，四十二年任。

武令谟 孟县人，进士，四十七年任。

县 丞 裁

主 簿 裁

顺治

钱良基 江南人，裁

典 史

顺治

魏邦秀 山西人。　　　彭尚式 湖广人。

李亘古 富平人。　　　汪 湄 苏州人。

胡大鹏 无锡人。

康熙

王希彦 鄞县人，六年任。　王震芳 会稽人，十九年任。

田章玺 陕西人，二十五年任。

张文昌 河南人，三十三年任。

陈 策 泾阳人，四十二年任。

县仓大使 裁

西关递运所大使 裁

抚宁县儒学教谕

顺治十六年奉裁，康熙十五年复设。

顺治

黄可献　辽东人。　　　　　王梦旭　唐山人。

王家遴　高阳人，举人。　　　霍文炳　顺德人。

萧功一　宛平人，生员，教习。

康熙

聂应闻　宣化人，贡生，十五年任。

辛进修　新安人，拔贡，十七年任。

胡文蔚　顺天人，贡生，二十一年任。

金兆玙　宛平人，贡生，三十二年任。

赵予礼　大兴人，贡生，三十七年任。

孙　临　大兴人，贡生，四十二年任。

宋　琰　大兴人，贡生，四十六年任。

刘　溥　大兴人，贡生，四十九年任。

训　导

顺治

吴士俊　良乡人。　　　　　杨应麒　辽东人。

丁与玉　宛平人，教习。　　　吴　瑛　顺天人，教习。

康熙

刘三德　顺义人，四年任。

魏永昌　庆云人，贡生，十九年任。

戈　章　景州人，贡生，二十年任。

王栋夫　交河人，贡生，二十三年任。

张永寿　新城人，贡生，二十九年任。

盖　琠　行唐人，恩贡，三十四年任。

郭宪璞　赤城人，贡生，三十六年任。

杨实秀　顺义人，贡生，四十二年任。

刘有沛　延庆人，贡生，四十四年任。

汪跃龙　密云人，贡生，四十八年任。

昌黎县知县

永乐

| 杨　禧 | 大兴人。 | 张　约 | 山阳人。 |

田　蕃　乐陵人。

正统

于显祖　蓬莱人。　　　　　王　玺

景泰

王　懋

天顺

王永亨

弘治

白纯道　殷　玘　寿张人。

梁　谊　山东人。　　　　　张云凤　济宁人，举人。

张　完　辽东前卫人，举人。　陈　纲　金华人，进士。

赵　澜　修武人，举人。　　　郭　祯　钜野人，监生。

李　钺　金乡人，举人。

正德

高文学　繁畤人，监生。

嘉靖

秦廷锐　武城人，举人。　　　阎　凤　汝州人，举人。

袁　禧　肤施人，监生。　　　泰志仁　长子人，监生。

康绍光　巩县人，举人。　　　李　桐　洛阳人，选贡。

文世英　广西护卫人，举人。　郭　锡　汾州人，举人。

李希洛　太原人，进士。　　　王世业　宁阳人，举人。

胡　溪　清平人，监生。　　　张彦良　辽阳人，举人。

刘　宪　赣榆人，监生。　　　楚孔生　曹州人，举人。

陈良辅　莒州人，举人。

隆庆

刘　泮　江都人，进士。　　　张存智　历城人，举人。

孟　秋　荏平人，举人。

万历

吴应选　会宁人，举人。　　　曹世卿　稷山人，举人。

胡　科　武安人，举人。　　　桂　尹　石埭人，举人。

石之峰　丘县人，贡士。　　　冯　恩　代州人。

张正蒙　历城人，举人。　　　张孔思　乐安人，举人。

洪　霖　鹤庆人，举人。　　　王道平　高苑人，进士。

吴望岱　应选子，举人。　　　王汉杰　南郑人，进士。

杨于陛　剑州人，举人。　　　徐州儒　固原人，举人。

姚一让　五台人，举人。

天启

陈廉善　长沙人，选贡。　　　尚　镰　安阳人，举人。

王我锡　淄川人，举人。

崇祯

左应选　榆次人，举人，加按察佥事。

景可观　猗氏人，贡士。　　　秦士英　夏县人，贡士。

黄映黼　沂州人，贡士。　　　樊腾霄　宁州人，举人。

张三槐　代州人，举人。　　　傅继悦　利津人，举人。

蒋三捷　辽东人，功贡。　　　徐可大　镇武卫人，贡士。

[国朝]

顺治

刘应锡　辽东人，生员，三年任。

程　量　杏山人。　　　　　石应泰　满州人，生员。

陈家修　即墨人，贡士。　　刘彦明　三原人，举人。

宋　荐　巩昌人，举人。

康熙

林　修　泗州人，贡士。　　洪世讲　黄梅人，举人。

寇新民　西华人，拔贡，七年任。

张广乘　翼城人，举人。

王曰翼　阳城人，举人，九年任。

万　任　进贤人，进士，十四年任。

陈邦齐　盖州人，荫生，十五年任。

孙复炜　嘉善人，贡士，十九年任。

刘　震　清江人，举人，二十二年任。

李凝祚　绛州人，贡士，二十六年任。

王　炜　平阳人，举人，二十八年任。

丁　策　嘉善人，进士，三十年任。

刘之颖　辽阳人，贡士，四十二年任，以才能调补清苑县知县。

唐　缙　含山人，拔贡，四十七年任。

县　丞　二

永乐十五年添设县丞管马。嘉靖四十二年裁，存一今裁。

顺治

成之暹　山阴人。　　　　　章　浩　山阴人。

陈泰宁　山西人，选贡。

主　簿

嘉靖十六年裁

典　史

顺治

莫胜之　山阴人。　　　　　高大成　山阴人。

王国兴　山阴人。　　　　　王　懋　山阴人。

康熙

周　雷　山阴人。　　　　　逯思仁　博平人，九年任。

丁应遴　安陆人，十七年任。　张　杰　仁和人，二十六年任。

宋缵殷　蒙阴人，二十九年任。

刘柞昌　广宁人，四十四年任。

郝　桂　大同人，四十九年任。

昌黎县儒学教谕

顺治十六年奉裁。康熙十五年复设

顺治

吴起凤　雄县人，举人。　　　孙兆祯　完县人，举人。

陈日晋　张良猷　晋州人。

康熙

田　嘉　大兴人，贡生，十六年任。

吴宗伯　真定人，拔贡，二十五年任。

张其祚　冀州人，举人，二十九年任。

唐之夔　密云人，贡生，四十六年任。

王中寔　长垣人，副榜，三十三年任。

汪敷敏　宛平人，举人，四十二年任。

王士玙　安平人，副榜，四十六年任。

郝性禄　蔚县人，副榜，四十九年任。

训　导

顺治

石成璋　保安人。　　　　　刘尚信　涞水人。

田　芸　怀来卫人。　　　　王　渠　顺天人。

张含章　大成人。

康熙

梁养大　井陉人。

李维楫　定州人，贡生六年任。

刘世绣　雄县人，贡生，十五年任。

李枝振　涞水人，贡生，二十四年任。

戈可展　景州人，贡生，二十六年任。

孙枝翘　行唐人，贡生，二十八年任。

张乾元　内丘人，贡生，三十四年任。

王业正　宁晋人，贡生，三十七年任。

刘令闻　饶阳人，贡生，四十年任。

乐亭县知县

洪武

王文贵　张似兰　平原人。

刘　盛　昌化人。

永乐

周彬甫　桂阳人。　　　　　魏　准　武城人。

王继贤　德兴人。

宣德

吕　渊　凤翔人。

天顺

董　昱　武荣人。　　　　　元　弘　安阳人，举人。

成化

王弻　栖霞人，举人。　　李瀚　沁水人，进士。

弘治

蒋廷圭　海阳人，进士。　　张谦　叶县人，监生。

郝本　阳曲人，进士。　　田登　武城人，进士。

原轩　阳城人，进士。　　王渊学　东平人，监生。

正德

王溥　海丰人，进士。　　赵宽　垣曲人，举人。

王恩　宜兴人，举人。

嘉靖

苏文　南阳人，举人。　　柴轲　山东人，举人。

马浍　武定人，监生。　　王述　吉州人，监生。

蔡洞　宿迁人，举人。　　卢臣　钧州人，监生。

彭钦　定远人，监生。　　陈德安　章丘人，举人。

杨凤阳　宿州人，贡生。　　梁公奭　高唐人，举人。

缪俊　江阴人，举人。　　吕鸿　太原人，举人。

相文祥　钱塘人，举人。　　侯庶　泽州人，举人。

冯时中　范县人，举人。　　宋国祚　钧州人，举人。

隆庆

王暹　肥县人，岁贡。　　李邦佐　陈留人，进士。

尧允和　怀庆人，举人。

万历

冯露　襄城人，进士。　　马速　曹州人，举人。

林景桂　东宁人，举人。　　赵子仁　辽阳人，举人。

于永清　青城人，进士。　　杜和春　陇西人，进士。

潘敦复　夏津人，进士。　　刘芳久　安阳人，举人。

胡绩　丰城人，举人。　　叶敬愿　德州人，进士。

王国祯	安邑人，进士。	李继祖	延津人，举人。
张　鉴	灵石人，选贡。	雷春起	同州人，举人。
桑　高	太原人，举人。	赵延庆	盂县人，进士。
刘　松	卫辉人，举人。		

天启

曹养气	富平人，举人。	刘　檄	历城人，贡士。

崇祯

李凤鸁	乐安人，举人。	王之晋	宝丰人，进士。
陈昌言	泽州人，进士。	刘所创	临潼人，举人。
王文祥	宁州人，举人。	朱光熙	山阴人，进士。

［国朝］

顺治

龚懋学	辽东人，贡士，元年任。
金廷献	辽东人，贡士，二年任。
梁宇曜	辽东人，贡士。
姚时采	静乐人，贡士，七年任。
韩　望	泾阳人，进士，九年任。
李日润	利津人，贡士，十三年任。
叶矫然	闽县人，进士，十五年任。

康熙

黄肇丹	邵武人，举人，二年任。
姚舜民	仁和人，生员，六年任。
于成龙	辽东人，荫生，七年任。
张承瓒	辽阳人，荫生，九年任。
于成龙	十年复任，历官直隶巡抚、河道总督。
唐懋淳	高淳人，举人，十九年任。
金星瑞	仁和人，监生，二十一年任。
黄赐英	晋江人，举人，三十年任。

周　采　辽东人，监生，三十三年任。

汤　彝　仁和人，监生，三十八年任，特升河防同知。

王　经　朝邑人，副榜，四十三年任。

张德祁　泽州人，举人，四十五年任。

县　　丞　今裁

顺治

李习英　湖广人，二年任。　　　胡以宁　山阴人，八年任。

金　汤　会稽人，十年任。

主簿嘉靖二年裁

典　　史

顺治

陈尚典　仁和人，二年任。　　　虞斐然　奉化人。

钱青选　钱塘人。　　　　　　　陶彬儒　会稽人。

康熙

马有良　太原人，七年任。　　　张秉耀　绥德人，九年任。

孟　琇　益都人，十一年任。　　叶士琮　江都人，十三年任。

郭　琯　济阳人，二十四年任。　马德良　寿州人，二十七年任。

柴　璨　章丘人，三十三年任。

乐亭县儒学教谕

顺治十六年奉裁。康熙十五年复设。

顺治

傅作衡　大兴人，举人。　　　　胡继芳　三河人，举人。

辛调羹　山海人，贡生，八年任。

崔　冕　安平人，举人，十三年任。

康熙

孙肯廷　辽东人，十六年任。

王世遹　辽东人，举人，十六年任。

李　瀚　宣化人，贡生，二十三年任。

王　寅　大兴人，贡生，二十五年任。

赵嘉会　任丘人，举人，二十六年任。

戴　昱　沧州人，贡生，三十四年任。

张有异　大兴人，贡生，三十八年任。

张鼎新　易州人，拔贡，四十四年任。

韩雄嗣　高阳人，贡生，五十年任。

训　　导

顺治

王元宾　三河人，贡生。

韩章美　永清人，贡生，九年任。

康熙

朱家麟　保安人，贡生，四年任。

王之造　浚县人，贡生，七年任。

郄三策　曲阳人，贡生，十九年任。

阴志贞　容城人，贡生二十二年任。

陈王前　曲周人，贡生，二十三年任。

杨培之　灵寿人，贡生，二十四年任。

朱行健　晋州人，贡生，二十七年任。

毛鸿逵　浚县人，贡生，四十一年任。

柴育德　大兴人，贡生，四十五年任。

山海卫儒学教授

贡廪膳增广额数照州

顺治

王养正　滦州人，贡生，元年任。

徐乃恒　广宗人，贡生，五年任。

姚舜臣　固安人，贡生，十年任。

梁国衡　饶阳人，贡生，十一年任。

徐乃恒　十四年再任。

韩雄胤　高阳人，翰林院降，十五年任。

康熙

韩国龙　密云人，贡生，元年任。

韩雄胤　四年再任。

钱裕国　宛平人，举人，七年任。

孟赉予　滦州人，举人，十八年任。

傅　岩　滑县人，举人，二十一年任。

贾　淑　晋州人，举人，二十九年任。

臧际昌　宁津人，举人，三十年任。

徐祖望　大兴人，贡生，三十六年任。

张　璞　盐山人，举人，三十七年任。

邓　俊　大兴人，贡生，四十四年任。

王　珍　卢龙人，进士，五十年任。

训　导

顺治十六年奉裁，康熙十五年复设。

顺治

苗有稯　宛平人，贡生，五年任。

刘　龙　曲阳人，贡生，九年任。

王　晔　顺天人，教习，十六年任。

康熙

李昌宗　容城人，恩贡，十六年任。

王芳毓　铁岭人，贡生，二十二年任。

贾　圻　清苑人，贡生，三十五年任。

梁薛一　沧州人，贡生，四十一年任。

六　驿

滦河驿驿丞

府属驿，在府城南，于卢龙支领工料。

顺治

杜文翰　顺天人。　　　　田生桂　陕西人。

康熙

周大璋　三原人，十四年任。　沈世麒　义乌人，十七年任。

张辅弼　临清人，二十年任。　黄振声　寿张人，三十四年任。

冯天贵　隰州人，四十四年任。

周　桢　太和人，四十七年任。

七家岭驿驿丞

迁安属驿在沙河，于滦州支领工料。

康熙

朱朝贵　长洲人，十七年任。

张呈璧　文水人，二十二年任。

樊履信　山阴人，三十七年任。

滦阳驿驿丞府属驿

在三屯营，于迁安支领工料。

康熙

范应选　阳信人，七年任。

姚　祥　慈溪人，二十年任。

郑泰辰　历城人，三十四年任。

章启玲　山阴人，四十九年任。

芦峰驿驿丞府属驿

在抚宁城，于抚宁支领工料。

康熙

张 琪　阳信人，十七年任。

雷生玉　郃阳人，二十二年任。

李荣春　太原人，二十八年任。

石 岚　宿松人，四十三年任。

榆关驿驿丞抚宁属驿

在深河，于乐亭支领工料。

康熙

阎 琨　华州人，十六年任。

郭 苹　华州人，二十二年任。

陈良柱　凤翔人，三十八年任。

王朝辅　潍县人，四十一年任。

迁安驿驿丞府属驿

在山海关西罗城，于昌黎支领工料。

康熙

徐上达　咸宁人，十七年任。

张加慎　富平人，二十二年任。

王元善　掖县人，三十六年任。

冀学成　华州人，四十一年任。

府阴阳学正术　占候晷刻供救日月食报时。

医学科正　司方药诊疗人民。

州典术典科

县典术　典科

府僧纲司　都一　副一。

道纪司　都一副一。

州僧正司　僧正　道正司。

县僧会司僧会　道会司

卫与州制同

凡救日月食、祈雨祷晴、祀厉坛纲纪，率其徒，施其教事。凡春秋奏乐于先师，则道童充乐舞生。

旧设文职衙门。

山海督师经略

万历四十六年始设，后裁

［明］

汪可受	黄梅人，进士。	杨 镐	商丘人，进士。
熊廷弼	江夏人，进士两任。		
袁应泰	凤翔人，进士。	文 球	固始人，进士。
王象乾	新城人，进士。	王在晋	太仓人，进士。
孙承宗	高阳人，进士，两任。		
高 第	滦州人，进士。	王之臣	潼关卫人，进士。
袁崇焕	藤县人，进士。	洪承畴	福建人，进士。
范志完	虞城人，进士。		

山海巡抚

天启二年始设，后裁。

［明］

阎鸣泰	清苑人，进士。	喻安性	嵊县人，进士。
刘宇烈	绵竹人，进士。	丘禾嘉	贵州人，进士。
杨嗣昌	武陵人，进士。	冯 任	慈溪人，进士。
朱国栋	富平人，进士。	马成名	溧阳人，进士。
李希沆	安化人，进士。		

山石道

天启元年始设，顺治十年裁。

［明］

陶　珽	见前	阎鸣泰	见前
袁崇焕	见前	刘永基	山阴人，进士。
石维屏	山东人，进士。	邢慎言	山东人，进士。
刘　诏	河南人，进士。	王应豸	掖县人，进士。
张　春	同州人，举人。	孙　毅	巴陵人，进士。
梁廷栋	鄢陵人，进士。	王　楫	泰安人，进士。
杨嗣昌	见前	陈　瑾	广西人，举人。
杨于国	山西人，举人。	李　胄	山西人，举人。
王继谟	府谷人，进士。	原毓宗	满城人，进士。
范志完	见前	冯　珍	陕西人，贡士。

［国朝］

顺治

杨云鹤　彭县人，进士，元年任。

吕逢春　满州人，二年任。　　杨茂魁　满洲人，五年任，裁。

永平户部分司 今裁。

［明］

吕　霍	零陵人，进士。	程鸣伊	安丘人，进士。
辛应乾	安丘人，进士。	许守谦	藁城人，进士。
宋　豸	容城人，进士。	罗良祯	内江人，进士。
傅　宠	巴县人，进士。	燕好爵	翼城人，进士。
赵九思	泽州人，进士。	程宗伊	长治人，进士。
马瀚如	陈留人，进士。	陈名华	晋江人，进士。
李开芳	永春人，进士。	黎　芳	丹棱人，进士。
王大合	什邡人，进士。	李守贞	定州人，进士。
武之夫	东平州人，进士。	周　御	湘潭人，进士。
高登龙	山阳人，进士。	张应泰	泾县人，进士。
留敬臣	晋江人，进士。	张士雅	霸州人，进士。

宋继登	莱阳人，进士。	曾如芳	永兴人，进士。
周之夫	麻城人，进士。	王应豸	见前。
方岳贡	谷城人，进士。	陈此心	光山人，进士。
罗应许	广东人，举人。	刘胤直	任丘人，官生。
张云鹗	榆林人，举人。	陈 箓	崞县人，举人。
孟绳柞	蒲州人，官生。	姚兆豸	襄城人，官生。
李国瑞	府谷人，选贡。	陈 燦	孟津人，举人。

［国朝］

吕鸣章	山海卫人，选贡。	孟凌云	赵州人，拔贡。
汤大临	大兴人，举人。	鄢 广	城固人，举人。
万邦翰	吴桥人，拔贡。	白 芬	洛阳人，举人。

山海户部分司

天启元年设后裁。

［明］

白贻清	武进人，进士。	郭竹征	胶州人，进士。
唐登俊	富顺人，进士。	杨呈修	华阴人，进士。
王嘉言	寿阳人，进士。	孙如兰	陈留人，进士。
王 玑	开州人，进士。	王建侯	山丹卫人，进士。
阎顾行	蒲城人，进士。	刁化神	江津人，进士。
林 弦	莆田人，进士。	刘孔敬	建阳人，进士。
王鳌永	淄川人，进士。	刘在朝	监利人，进士。
严 鉴	顺德人，进士。	郑仪凤	襄阳人，官生。
蒋三捷	广宁人，贡生。		

山海兵部分司

宣德九年设，后裁。

［明］

罗 恪	宜春人，进士。	刘 锺	江夏人，举人。

刘 华　随州人，贡士。

萧余庆　华亭人，进士。

王 俊　清苑人，贡士。

裴 翱　洛阳人，监生。

杨 琚　泰和人，进士。

冯 续　昌邑人，进士。

尚 绹　睢州人，进士。

吴 志　遂昌人，进士。

熊 禄　进贤人，进士。

朱继祖　高安人，进士。

黄 绣　靖江人，进士。

张 玠　宛平人，进士。

张时叙　沧州人，进士。

顾 正　海盐人，进士。

丁 贵　沧州人，进士。

黄 绶　鄞县人，进士。

刘 序　长安人，进士。

徐子贞　余姚人，进士。

邬 阅　新昌人，举人。

葛守礼　德平人，进士。

诸 燮　余姚人，进士。

张敦仁　丽水人，进士。

张鹗翼　上海人，进士。

谷中虚　海丰人，进士。

吕 荫　阳信人，进士。

陈 绾　上虞人，进士。

商 诰　平原人，进士。

熊秉元　丰城人，进士。

王继祖　咸宁人，进士。

张 瓒　崞县人，贡生。

刘 玑　郿城人，进士。

郭 瑾　高平人，贡士。

章 瑄　会稽人，进士。

祁 顺　东莞人，进士。

梅 愈　湖口人，进士。

胡 赞　余姚人，进士。

苏 章　余干人，进士。

尚 缙　睢州人，进士。

张 恺　无锡人，进士。

陈 钦　会稽人，进士。

徐 朴　上虞人，进士。

曾得禄　郧阳人，进士。

江 瑛　处州卫人，进士。

李际元　阳谷人，进士。

黄景夔　丰都人，进士。

王 冕　洛阳人，进士。

马 敫　上蔡人，进士。

楚 书　宁夏人，进士。

吕调夔　濮州人，进士。

徐 纬　山阴人，进士。

王应期　蒲州人，进士。

方九叙　钱塘人，进士。

王献图　宁陵人，进士。

吴仲礼　贵池人，进士。

孟 重　渭南人，进士。

孙应元　承天卫人，进士。

赵慎修　胶州人，进士。

任天祚　天津人，进士。

裴　赐　稷山人，进士。　　王家栋　嘉兴人，进士。

孟　秋　茌平人，进士。　　王邦俊　鄜州人，进士。

杨　植　阳城人，进士。　　马维铭　平湖人，进士。

陈　果　新安人，进士。　　张　栋　安肃人，进士。

张时显　南城人，进士。　　吴钟英　高陵人，进士。

来俨然　三原人，进士。　　李本纬　曲沃人，进士。

李如桧　阳信人，进士。　　邵可立　商州人，进士。

王致中　太和人，进士。　　吴光义　无为州人，进士。

邹之易　黄冈人，进士。　　莫在声　灵川人，进士。

林翔凤　崇善人，举人。　　陈祖苞　海盐人，进士。

陈民情　辽阳人，进士。　　张元芳　蓟州人，进士。

赵广胤　延安人，岁贡。　　郭捍城　平乡人，进士。

陈　瑾　宜化人，举人。　　李国俊　芮城人，进士。

黄廷师　晋江人，进士。　　魏肯构　曲阜人，进士。

刘士名　颍州人，进士。　　朱国梓　辽东前卫人，贡士。

张　延　陕西人，举人。

管粮通判　今裁

［明］

李　谦　阳城人。　　　　邹仁升　黄冈人。

张　毅　获嘉人。　　　　罗　云　广安州人。

张　鹏　潞安人，举人。　韩　嵩　德州人。

彭　举　建昌人。　　　　刘淑成

王　中　高邮人，监生。　高　宁　蓬莱人。

段　玑　　　　　　　　　朱　瑄　曲阜人，监生。

胡　纬　交城人，监生。　孙　骥　夏邑人，举人。

白　金　武进人，进士。　周　义　陕西人，举人。

荣　福　山东人。　　　　程　福　辽东人，举人。

王　雄　京卫人，进士。　喻　圭　四川人。

张九霄	商河人，举人。		夏时中	湖广人，举人。
孙 辚	石州人，举人。		刘致中	榆次人，举人。
李光先	代州人，举人。		孙 让	山西人，举人。
管世禄	洛阳人，举人。		曾梦祺	吉水人，举人。
庞友黄	青州人，举人。		赵 镗	颍上人，举人。
陈宗年	嘉鱼人，举人。		白 悦	武进人。
董希孟	山西人，监生。		常 涞	河南人，举人。
余本纪	福清人，举人。		费 完	铅山人，举人。
刘世绅			乔 文	京卫人，举人。
张自期	利津人。		成 印	耀州人，举人。
韦文英	泾阳人，举人。		李 宋	陈留人，举人。
石 麟	益都人，监生。		张 义	大监人，监生。
彭时望	永嘉人，监生。		洪 溉	通城人，监生。
张叔献	舒城人，贡生。		尚 爵	颍州人，举人。
孙志纯	万全卫人，贡生。		郭 郊	屯留人。
陈大为	巴陵人。		李 佩	长治人。
王克访	临川人。		程思岱	巢县人。
法 皑	丹徒人，举人。		侯 封	山西人。
马 徐	澄城人。		李 橙	铜梁人。
杨莹卿	龙溪人。		陈 价	河南人。
李 元	陕西人。		陈可言	确山人。
孙荆玉	辽东人。		林 相	宁海人。
魏 兰	利津人。		李世相	盖州人，举人。
李应期	静乐人。		萧以成	滋阳人。
郑世用	铁岭人，贡生。		孟国诏	富平人，举人。
陈万卷	黄冈人，吏员。		赵无咎	寿光人，举人。
张文襄	常熟人，吏员。		赵 兰	西宁卫人，贡生。
王 建	固始人，监生。		杨舜臣	商州人，举人。
徐举直	庐江人，举人。		石朝选	同州人，举人。

秦可久	咸宁人，举人。	**赵维屏**	寿光人，举人。
樊　宝	榆林卫人，贡生。	**杨　枝**	阳城人，举人。
龙　游	峄县人，举人。	**方惟一**	桂林人，举人。
郭维价	徽州人，举人。	**毛志忠**	中牟人，举人。
李一言	新蔡人，贡生。	**杨廷楠**	屯留人，举人。
马廷荆	临邑人，举人。	**刘秉注**	观城人，贡生。
安所止	归德卫人，举人。	**吴天胤**	金溪人，贡生。
柳　明	临清人，举人。	**张重恩**	祥符人，举人。
徐应麟	莆田人，举人。	**孙兴贤**	狄道人，贡生。
赵魁甲	虞城人，贡生。	**黎民化**	宁番卫人，贡生。
冯国贤	汾阳人，贡生。	**林瑞芝**	恩州人，贡生。
隋　荫	鱼台人，举人。	**李如宝**	石楼人，举人。

山海海运通判

天启元年始设，崇祯十四年题改屯盐通判，后裁。

〔明〕

李　曾	**徐廷松**	掖县人，举人。	
万起鹏	**王应豫**	山西人，举人。	
张　珍	山东人，贡士。	**赵宋儒**	浙江人，举人。
黄登云	**施王政**		
臧嗣光	山东人，举人。	**霍萃芳**	山西人，贡士。
罗九有	云南人。	**刘德溥**	
郭　敦	陕西人，贡士。	**李梦祯**	河南人，贡士。
王国臣	陕西人，贡士。		

永平理刑推官

康熙六年裁。

永乐

凌　璿	南陵人。	**莫　驯**	岐山人。
张　远	兴县人。	**宋　恭**	闻喜人。

正统

| 杨　浑 | | 杨　谈 | 钱塘人。 |

吕　卣　无锡人，进士。

弘治

| 周　宣 | 朝邑人，进士。 | 杨承祺 | 仪封人。 |

杜　澜　淮安人，举人。

嘉靖

李　凤	河南人，举人。	李学诗	平度州人，进士。
钱　峃	南通州人，进士。	卞仲仁	河南人。
唐　宽	平定州人，进士。	柯　乔	青阳人，进士。
薛广伦	宁夏人，举人。	杨胤贤	寿张人，进士。
霍　冀	孝义人，进士。	刘廷锡	潍县人，举人。
刘　鹏	濮州人，举人。	傅宗鲁	尉氏人，举人。
宋　缥	商城人，进士。	丁　诚	安邑人，举人。
高尚仁	新蔡人，举人。		

隆庆

辛如金	恩县人，进士。	陈　训	长子人，举人。
刘　鲁	安阳人，进士。		

万历

冯　显	咸宁人，举人。	乔学诗	东阿人，进士。
丁汝谦	吉州人，进士。	宋伯华	益都人。
沈之吟	乌程人，进士。	王业弘	安丘人，进士。
詹献策	常山人，举人。	费　逮	定远人，举人。
饶景晖	进贤人。	王之屏	亳州人，进士。
孙毓英	辽州人，进士。	任芳鉴	绥德州人，进士。
喻守初	石首人，进士。	刘进明	潍县人，进士。
宋若愚	武定州人，举人。	李乔仑	高陵人，举人。

王　策　蒲州人。　　　　　　来斯行　萧山人，进士。

天启

董思稷　海宁人，进士。　　　罗成功　高要人，举人。

崇祯

韩国植　泾阳人，进士。　　　耿始然　山西人，进士。

卫周祚　曲沃人，进士。　　　修廷献　山东人，进士。

宋学程　华州人，举人。

［国朝］

顺治

褚应于　山西人，官生，元年任。

刘万策　蒙阴人，恩贡，二年任。

林起宗　文登人，进士。　　　尤　侗　长洲人，贡士，九年任。

刘浑孙　景陵人，进士。　　　刘　增　潜江人，举人。

任暄猷　息县人，进士，十七年任，裁。

山海理刑推官

天启二年始设，顺治二年裁。

［明］

李　增　陕西人，举人。　　　陈祖苞　见前

黄师夔　福建人，进士。　　　严　鉴　见前

刘祖生　通许人，进士。　　　许启敏　歙县人，举人。

邹启胤　云南人，举人。

［国朝］

顺治

卢　传　晋州人，举人，元年任，裁。

永平卫经历 <small>今裁</small>

顺治

卢硕辅　陕西人，拔贡通判改授。

窦更新　富平人，吏员。

山海卫经历 <small>今裁</small>

顺治

武永成　太谷人，拔贡通判改授。

闵应魁　湖广人，吏员。

武　职

[国朝]

协镇山永副总兵

顺治

张惟一　京卫人，勋卫。　　鲁国男　长清人，銮仪卫指挥。

朱运亨　辽东人。　　　　　王国栋　临清卫人。

张思盛　辽阳人。　　　　　张　镇　绥德人，驻扎三屯。

李廷楠　西安人，十六年任。

康熙

张应标　陕西人，七年任。

喻三元　徐州人，武生，十二年任。

傅　成　陕西人，行伍，二十年任。

林伯馨　福建人，将材，三十年任。

黄　登　福建人，投诚，三十二年任。

李　默　侯官人，武进士，四十二年任。

杜明义　榆林人，武举，四十二年任。

郑继宽　京卫人，武探花，四十六年任。

李正春　宛平籍三屯人，军功，四十七年任。

协标左营中军守备

标下千总一员把总一员。

顺治

齐可常　保定人。

李人龙　复州人。

王著名　临煦人，武举。

康熙

杨　梓　吴县人，武进士，六年任。

尹得功　滑县人，行伍，十八年任。

秦　晋　夏县人，武进士，二十八年任。

杨　威　蒲州人，行伍，三十一年任。

蓝　聪　漳州人，行伍，三十四年任。

张　仁　凉州人，行伍，三十八年任。

赵弘范　燕山卫人，武举，三十九年任。

高　胜　远安人，行伍，四十五年任。

协标右营守备

原设游击，顺治六年改守备，标下把总一员，茨榆坨把总一员。

顺治

李之祯　万全人。

苏弘功　铁岭人。

刘　杰　京卫人，武进士。

康熙

李一奇　通州人，行伍，十年任。

郑俊拔　大兴人，将材，二十年任。

谢大胜　丹徒人，武举，三十年任。

哈应忭　河间人，行伍，三十五年任。

黄应龙　固原人，行伍，四十九年任。

山海卫掌印守备

顺治

焦毓秀　顺天人，武进士，四年任。

郭之俊　宣化人，武进士，六年任。

董　戴　威县人，武进士，十三年任。

王御春　陕西人，武进士，十七年任。

康熙

陈廷谟　顺天人，武进士，六年任。

王天福　京卫人，武进士，十三年任。

罗　宣　河南人，武进士，二十年任。

曾起祚　河南人，武进士，二十二年任。

杨汇吉　江南人，武举，二十三年任。

刘光唐　宣化人，武举，三十六年任。

贝廷枢　沧州人，武进士，四十二年任，升陕西水师掌印都司。

王廷桂　顺天人，武举，四十九年任。

秦元勋　西安人，武举，五十年任。

山海路都司

原设参将，顺治六年改都司，标下千总一员，把总一员。

顺治

秦国荣　山海人，六年任。

张开仕　淮安人，十一年任。

陈　锜　高邮人，武进士，十六年任。

康熙

孙枝茂　万全人，武进士，元年任。

陈名远　顺天人，武进士，七年任。

钟　声　淮安人，十二年任。

严　梅　陕西人，武进士，十九年任。

齐　明　河南人，行伍，二十二年任。

王　明　山西人，行伍，二十六年任。

俞启相　江西人，武举，二十七年任。

丁延祥　满州人，三十三年任。

洪建都　陕西人，行伍，三十六年任。

许仕隆　陕西人，行伍，三十八年任。

冯西生　陕西人，行伍，三十九年任。

马　忠　陕西人，行伍，四十三年任。

石门路都司

原设游击，顺治六年改都司，标下千总一员，抚宁城守把总一员，义院口把总一员，大毛山把总一员，黄土岭把总一员。

顺治

王　雍　清苑人，六年任。　　李三阳　顺天人，十年任。

段九功　直隶人，十三年任。

康熙

文兴明　河南人，二年任。　　赵　琳　唐县人，十三年任。

朱　琳　河南人，将材，十六年任。

刘绍基　湖广人，武举，二十二年任。

冯西生　陕西人，行伍，三十六年任。

高从斗　陕西人，行伍，三十九年任。

马　忠　陕西人，行伍，四十一年任。

王　琳　陕西人，行伍，四十三年任。

建昌路都司

原设参将，顺治六年改游击，寻改都司，标下千总一员，迁安城守把总一员，桃林口把总一员，刘家口把总裁并桃林、冷口把总一员，榛子镇把总一员。

顺治

骆长升 遵化人。　　　　　　　　　**潘** 　□

王丕振 历城人，武进士。

康熙

毕世靖 靖远卫人，十三年任。

康允宁 山阴人，武举，二十年任。

朱綵 陕西人，行伍，二十七年任。

游洪祚 湖广人，行伍，三十一年任。

方凯 陕西人，行伍，三十四年任。

杨英 宁夏人，行伍，三十五年任。

李世英 天津人，行伍，四十三年任。

史兰翯 陕西人，军功，四十九年任。

燕河路守备

原设参将，顺治六年改守备，标下把总一员，分防俫城汛　台营把总一员，界岭口把总一员，青山口把总，裁。

顺治

李世魁 辽东人。

董正已 宣化人，武进士。

龙纲 榆林人。

康熙

葛天绮 京卫人。

张光 清苑人，武进士，十三年任。

万成功 江南人，行伍，二十一年任。

马进凤 陕西人，行伍，三十五年任。

孙梦麟 陕西人，武举，四十三年任。

姚大成　陕西人，行伍，四十九年任。

蒲河营都司

今改天津镇标辖　下千总一员，把总二员，昌黎城守把总一员。

顺治

黄腾蛟　江南人。　　　　尤起龙　上元人，武进士。

康熙

张德杰　滨州人，十七年任。　马见邦
杨国相　陕西人，行伍。　　　李愈隆

乐亭营守备

今改天津镇标辖　标下把总一员，滦州城守千总一员。

康熙

孙中一　河南人，武进士，十二年任。
陈起凤　陕西人，行伍，二十年任。
韩　璋　通州人，武进士，三十二年任。
刘仕龙　陕西人，行伍，四十八年任。
孙承勋　陕西人，世袭，四十九年任。

满洲驻防

驻防永平府防守尉

康熙三十四年自滦州移驻，随印笔帖式一员，驻防防御二员，骁骑校二员。

康熙

恩俄尔德　镶白旗滦州移驻。
阿尔赛　正蓝旗四十四年任。

山海关城守参领

八旗章京各一员，八旗骁骑校各一员，上三旗笔帖式各一员。

顺治

李悉恒	元年任。	塔不害	元年任。
宋登科	元年任。	吕逢春	元年任。
王镇伦	二年任。	李国柄	三年任。
石 汉	五年任。	祁富哈	九年任。
李兰芳	国柄子，十年任。	朱廷缙	登科子，十七年任。
马归山	十七年任。	李奇芳	国柄侄十八年任。

康熙

李官舒	悉恒孙五年任。	马呈祥	归山子，九年任。
花 子	二十七年任。	车尔布赫	三十三年任。
莫 代	四十四年任。	达 廉	四十八年任。

旧设武职衙门

镇守蓟州永平山海总兵　今裁

永乐

张 信	隆平侯。	陈 志	遂安伯。
陈 敬	京卫人。	陈景先	东胜右卫人。

宣德

王 彧	密云卫人。

正统

孙继先	应城伯。	宗 胜	遵化卫人。

景泰

胡 镛	永平卫人。

天顺

吴　得　隆庆卫人。　　　马　荣　兴州前屯卫人。

沈　煜　修武伯。

成化

焦　寿　东宁伯。　　　　冯　宗　京卫人。

刘　清　京卫人。　　　　李　铭　山东邹平人。

弘治

刘　福　宁晋伯。　　　　蒋　骥　定西侯。

阮　兴　京卫人。　　　　王　铭　锦衣卫人。

正德

温　和　河间卫人。　　　吴　玉　遵化卫人。

马　澄　京卫人。　　　　陈　镱　遂安伯。

戴　钦　绥德卫人。

嘉靖

马　永　金吾左卫人。　　张　轵　大同卫人。

杨　慎　辽东人。　　　　□　云　榆林人。

萧　升　抚宁卫人。　　　刘　渊　山海卫人。

祝　雄　山海卫人。　　　戴　廉　蓟州卫人。

周　彻　抚宁卫人。　　　罗希韩　平谷人。

李凤鸣　京卫人。　　　　成　勋　苏州卫人。

周益昌　辽东人。　　　　欧阳安　宣府人。

李　广　京卫人。　　　　张承勋　怀安卫人。

孙　膑　绥德卫人。　　　胡　镇　阳和卫人。

王孟夏　宁武人。

隆庆

李世忠　绥德卫人。　　　郭　琥　永昌卫人。

戚继光　登州卫人。

万历

杨四畏	辽东人。	张 臣	榆林人。
董一元	宣府人。	张邦奇	蔚州人。

山海关镇守总兵

万历四十六年设，国朝顺治六年裁。

〔明〕

杜 松	榆林卫人。	柴国柱			
刘 渠	顺天人。	孙显祖	江应诏	马世龙	王世钦
尤世禄	榆林卫人。	杨 麒			
赵率教	两任。	满 桂	杜文焕		
朱 梅	前中卫人。	宋 伟	刘源清		
尤世威	榆林卫人。	张时杰	宣化人。		
侯拱极	马 科				
于永绥	宁远卫人。	卢天福	东胜卫人。		

〔国朝〕

顺治

高 第 榆林卫人。

朱万寿 绍兴府人，二年任，六年裁。

山海关镇守副总兵

顺治六年设，九年裁。

顺治

夏登仕 榆林人，六年任，九年裁。

东路协守副总兵 今裁

嘉靖

戴 廉	镇朔卫人。	九 聚	金吾右卫人。

韩承思　辽阳人。

王继祖　密云中卫人。

毛绍忠　密云后卫人。

程　棋　兴州右屯卫人。

张世武　兴州右屯卫人。

吴　涞　通州人。

王　住　居庸关人。

唐大节　山海卫人。

李　鸾　陕西人。

龚　业　大同人。

王应岐　密云后卫人。

李　意　蓟州人。

戴　卿　保定人。

毛绍忠　再任。

李　贤　榆林卫人。

吴　珮　开元卫人。

蒋承勋　义州卫人。

张承勋　怀安卫人。

马　芳　宁夏人。

雷　龙　巩昌人。

黄　演　榆林人。

尤　月　榆林人。

朱洪范　武骧卫人，会举。

姚　洪　金吾右卫人，武举。

李获阳　保定卫人，武进士。

李茂春　永宁卫人。

白慎修　榆林卫人。

刘孔胤　怀来卫人。

蔺登瀛　再任。

吴自勉　陕西人。

天启

施洪谟　真定人。

高国祯　山西人。

宁　宠　陕西人。

叶时新　江南人。

崇祯

申其佑　遵化人。

张继绶　辽东人。

崔秉德　辽东人。

赵应元　山海人。

王永福　顺天人。

慕继勋　定州人。

[国朝]

顺治

朱运亨　辽东人，武举元年任。

刘朝辅　辽东人，五年任。

建昌营参将

今改为都司

嘉靖

卢国让	临清人。	周孚光	蓟州卫人。
李　潮	绥德卫人。	张懋勋	山海卫人。
胥进忠	广宁卫人。		

隆庆

杨　腾	广宁中卫人。	谷承功	永平卫人。
王　轸	涿州人。		

万历

谢惟能	开平卫人。	姚天与	广宁左卫人。
张　爵	忠义中卫人。	黄孝感	睢阳卫人。
王国翼	万全左卫人。	解一清	宣府前卫人。
陈汝忠	锦衣卫人。	林　桐	太原右卫人。
麻承训	大同右卫人。	周　俊	太原右卫人。
李如梅	铁岭卫人。	王承业	太原右卫人。
詹鞠养	铁岭卫人。	高　宗	榆林卫人。
卢拱极	东胜卫人。		

燕河营参将

今改为守备

万化

胡　镛	永平卫人。	王福　吴铎　赵源	
李　铭	山东人。	王瑄	
阮　兴	会州卫人。	赵昶　杨胜	

弘治

白　琮		高　瑛	武城中卫人。

正德

李　洪　山海卫人。　　　刘　玉　金吾右卫人。

王　钦　应天卫人。　　　张　安　府军前卫人。

陈　勋　宣府人。　　　　程　湨　济阳卫人。

夏　仁　蓟州人。　　　　叶凤仪　锦衣卫人。

高　谦　燕山卫人。　　　王孝忠　辽东人。

嘉靖

朱　卿　真定人。　　　　杨　鼎　义勇右卫人。

白　珩　京卫人。　　　　周良臣　营州前屯卫人。

王　钰　大同前卫人。　　赵　卿　山东人。

邓　安　京卫人。　　　　李　镇　武骧左卫人。

萧　宝　永清右卫人。　　成　勋　蓟州人。

朱　楫　辽东人。　　　　叶　昂　大同人。

何　镇　卢龙人。　　　　蒋承勋　辽东人。

王允中　辽东人。　　　　李康民　永平人。

时　銮　榆林人。　　　　雷　龙　巩昌人。

李　意　蓟州卫人。　　　佟　登　辽东人。

傅　津　榆林人。　　　　王治道　辽东人。

隆庆

张　冬　昌永卫人。　　　张　礼　榆林人。

史　纲　大同前卫人。　　王　通　榆林人。

马承胤　永平人。

万历

张　爵　忠义中卫人。　　聂大经　大宁前卫人。

陈文治　登州卫人。　　　高如桂　绥德卫人。

胡天定　义乌人。　　　　姜显宗　榆林卫人。

钱国用　汤和卫人。　　　徐从义　绥德卫人。

王　通　再任。　　　　　任自强　汤和卫人。

孟尚义	宣府人。	褚东山	羽林卫人。
管一方	安东中屯卫人。	薛虎臣	定兴人。
刘继本	莱州卫人。	张　楷	济宁卫人。
陈愚闻	绥德卫人。		

［国朝］

顺治

山海关游击 _裁

侯　全　锦州卫人。

顺治

孙承业　顺天人，九年任十三年裁。

石门寨游击

今改为都司。

嘉靖

龚　廉	易州人。	王　芝	保定人。
王允中	辽东人。	张　勋	涿州人。
李　章	大同人。	佟　登	辽东人。
白文智	陕西人。	张　功	山东人。

隆庆

李　信	绥德卫人。	董一元	陕西人。
李　珍	榆林人。	张拱立	甘州左卫人。

万历

李　信	再任。	王抚民	绥安人。
毛　策	辽东卫人。	杨四德	辽东人。
戴朝弁	辽东人。	王　轵	榆林卫人。
刘承恩	淮安卫人。	李应春	虎贲右卫人。
陈愚闻	绥德卫人。	樊崇礼	榆林人。

管一方　安东中屯卫人。	胡世芳　蓟州卫人。
王国梁　宣府前卫人。	丁世用　榆林人。
李芳春　平鲁卫人。	牛伯英

［国朝］

顺治

吴汝凤　兖州人，武进士，元年任。

建昌营都司

原设参将，万历中改为都司，顺治六年改为游击，今仍设都司。

万历

叶　鎧　处州卫人。	刘德温　开平人。
李　蓁　密云卫人。	艾应诏　榆林人。
朱　寿　通州右卫人。	马魁武　河间卫人。
胡懋功　青州卫人。	茹宗汤　东胜右卫人。
宗应魁　密云后卫人。	陶思仁　金吾右卫人。
王　问　义勇右卫人。	李宗牧　营州右屯卫人。
刘国威　广宁中卫人。	王养贤　山海卫人。
胥应征　南京留守左卫人。	

永平道标中军　裁

崇祯

杨志和　河州人。

［国朝］

顺治

杨　丽　新城人，守备。	于　龙　天津人，都司金书。
王国相　宛平人，守备。	崔毓德　昌黎人，道标千总。
高　标　延安人，塘拨千总。	

永平府守备 裁

正统以后至嘉靖年无可考

罗 政	永平卫人。	胡 镛	永平卫人。
陈 瑄	永平卫人。	胡 瀚	镛之子。
罗 纲	政之子。	郭 英	蓟州卫人。
王 瑾	羽林前卫人。	郭 铉	金吾前卫人。
刘 瑁	羽林前卫人。	单 聚	锦衣卫人。
萧 瑾	锦衣卫人。	杨 玉	锦衣卫人。
周 侨	锦衣卫人。	康 雄	锦衣卫人。
刘 宁	羽林卫人。	黄 瑾	京卫人。
李 铠	旗手卫人。	张天民	旗手卫人。
陈宗言	辽东前屯卫人。	毛绍忠	密云后卫人。
姚 海	腾骧右卫人。	成 勋	蓟州人。
吴 涞	定远卫人。	周孚先	蓟州人。
陈 淮	东胜左卫人。	祝 福	山海卫人。
郭秉中	彭城卫人。	孙 昂	镇翔卫人。
周孚先	再任。	陈尧勋	宗言之子。
卢国让	临清卫人。	陈逢吉	涿州卫人。
徐 勋	蓟州人。	胥进忠	广宁卫人。
罗维冕	广宁卫人。		

隆庆

姜 俊	金吾左卫人。	李 沛	真定卫人。
葛绍忠	永平人。	李惟学	济宁人。

万历

王添职	绥德卫人。	刘应时	德州卫人。
陈汝忠	锦衣卫人。	吴道行	扬州人。
陈邦拀	定辽左卫人。	陈永福	腾骧右卫人。
陈 仲	济阳卫人。	陈 燮	滁州人。

王　洪	苏州卫人。	陈曰栋	河南卫人。
王　诰	陕西人。	青若水	陈州人。
周永佑	锦衣卫人。	顾邦镇	天津卫人。

山海关守备

正统八年设，隆庆三年改参将。

正统

王　整　羽林前卫人。

天启

谷　登　永平卫人。

成化

陈　善	龙骧卫人。	陈　宣	永平卫人。
李　铨	锦衣卫人。		

弘治

李　增	永清卫人。	申　宁	沂州卫人。
王　喜	济州卫人。	赵承文	锦衣卫人。
杨　恭	府军前卫人。		

正德

王　福	旗手卫人。	叶凤仪	锦衣卫人。
李　英	锦衣卫人。	田　琮	大宁都司人。
韩　聪	金吾右卫人。		

嘉靖

钟　杰	抚宁卫人。	宋　琦	景陵卫人。
田　登	平谷人。	九　聚	金吾右卫人。
宋　经	金吾右人，卫人。	张世武	兴州右卫人。
栾　锐	营州右卫人。	萧　宝	永清右卫人。
赵　仁	兴州后屯卫人。	龚　廉	茂山卫人。
胡　潭	定州卫人。	涂永贵	山海卫人。

杨　舟	镇朔卫人。	李康民	永平卫人。
胡宗舜	神武右卫人。	唐承绪	东胜左卫人。
戴　卿	保定前卫人。	何　凤	忠义后卫人。
朱孔阳	保定中卫人。	申维岳	遵化卫人。
倪云鹏	天津卫人。	谢　隆	忠义后卫人。
周　冕	神武左卫人。	杨四畏	定远左卫人。
赵云龙	义州卫人。	王廷栋	东胜左卫人。

隆庆

周承远	大仓卫人。	张良臣	宁远卫人。

义院口守备

今改操守

顺治

张宿曜　海州人。

张异珍　榆林卫人指挥。

俞锡命　慈溪人。

大毛山提调

顺治六年改操守。

顺治

党从戎　陕西人。

黄土岭守备

顺治六年改操守

张弘基	广宁卫人，指挥。	周　鼎	铁岭卫人，指挥。

桃林口守备

顺治六年改操守

顺治

胡希孔	辽东人。	佟绍圣	辽东人。

李之祯 宣府人，武进士。

刘家口守备

顺治六年改操守。

顺治

高师文 榆林卫人，指挥。

冷口守备

顺治六年改操守。

顺治

赵　忠 榆林卫人。　　　　　**许天福** 山海卫人。

界岭口守备

顺治六年改操守。

顺治

何仲霄 榆林卫人。　　　　　**李世魁** 益州人。

青山口守备

顺治六年改操守，今裁。

顺治

李如登 京卫人。

南海口守备

顺治十三年设，今裁。

顺治

崔　吉 辽东人，十三年任。　**俞宗舜** 浙江人，十六年任。
高世俊 河间人，十七年任。

康熙

马子云 陕西人，七年任。

陈万化　辽东人，十二年任，裁。

刘家墩守备　今裁

顺治

俞应坤　金华人。

永平卫掌印守备　今裁

顺治

王之熙　宣化人，进士。　　高君锡　大兴人，进士。

康熙

冯邦彦　宣化人，十年任。　　杜进梅　辽东人，十五年任。

永平卫屯捕千总　今裁

顺治

孙大谋　绍兴人，武举。　　萧云汉　南宫人，武举。

康熙

程　墨　陕西人。　　　　　徐九伟　江宁人。

秦　铽　试曲沃人，十八年任。

山海卫屯田千总　今裁

顺治

马献祥　京卫人，武举，八年任。

沈登瀛　顺天人，武举，十三年任。

丁　奇　京卫人，武举，十七年任。

‖卷之十五‖

莱 阳　宋 琬撰次

府学训导　徐 香参订

萧 山　张朝琮续纂

卢龙教谕　胡仁济校辑

宦　绩

古先王建官惟贤，位事惟能，苟食禄而无愧，自垂令名于无穷。永郡自汉晋以迄于明代，不乏人建奇奏绩，光耀简端。我朝定鼎以来，克勋盛治而佐升平者，复接踵而见，炳炳蔚蔚，可谓后先辉映矣。是知时无今古不朽者，传官无崇卑无忝者。尚后之衔命而至者，览前迹而思效焉，庶不负于宦矣。

[汉]

李　广　陇西成纪人，秦将李信之后。猿臂善射，讷口少言，才气天下无双。景帝授为陇西都尉，复徙为上谷代郡云中太守，皆以力战知名。景帝崩，武帝立，辽西太守军败，诏拜广为右北平太守。匈奴畏之，号曰飞将军，数岁不敢入右北平。尝出猎暮归，见草中石以为虎而射之，中石没镞，视之石也，复更射之不能入。广居郡，籍事省约文书，行阵弗正部曲，劝屯垦，修战守，一时边民安枕。每考称最，所得上赐，辄分麾下，饮食与士共之。终广之身为二千石四十余年，家无余财，不言家产事。终年六十余，贤士大夫及一军皆哭，百姓闻之，无老壮，皆为垂涕。立祠于北平郭南之射虎处。有子三：长曰当户，早亡；次曰椒拜，代郡太守；季曰敢从，骠骑将军，击左贤王，夺王旗鼓而还，封关内侯，食二百户。皆有父风。

路博德 西河平州人。匈奴犯塞，从霍去病击之，至梼余山，斩获甚众，封符离侯。

邳吉 信都人。宁寿侯彤之父，前汉末为辽西太守。及王莽篡汉，吉免官家居。至更始时，王郎于邯郸诈称帝子舆，起兵攻破信都。执吉以招彤，彤不顾，会更始遣将攻王郎，败之，信都得全，吉亦获免。

［后汉］

闵业 上谷人。耿况门下掾。与寇恂同劝况归汉有功，拜关内侯、辽西太守。

赵苞 武城人。为辽西太守。峻厉威严，名振边俗。遣使迎母及妻子，道经柳城，值鲜卑寇钞，为所劫质，载以击郡。苞率众与贼对阵，贼出母以示，苞悲号谓母曰："为子无状，不图为母祸。"母遥谓曰："人各有命，何得相顾以亏忠义！"苞即时进战，贼悉摧破，母妻皆被害。诏封苞为侯，苞曰："食禄而避难非忠也。杀母以全义非孝也，何面目立于天地。"遂呕血而死。

［晋］

慕容廆 鲜卑人。幼而魁岸，雄杰大度。元帝时，为安北将军、平州刺史。政事修明，爱重人物，故士庶多归之。后督都幽平二州诸军事，封辽东公。

慕容皝 廆子。英武有父风。成帝时，督都平州。先是石勒遣宇文乞得龟击廆，皝迎攻之，悉得其众。乘胜拔城，收其资用。徙其人数万以归。又败石虎军于没城，遣使献捷于晋穆帝。永和四年卒。

［后魏］

常英 初授肥如令，廉善仁明，不事严苛，治民多惠政。继迁平州刺史，以地薄边塞，重农务、修武备，使民家有余蓄，乡勇皆为健卒。后封辽西公，卒谥辽西平王。

张伟 字仲业，太原人。大武神龟四年，与咸阳公高允等三十四人并征。伟拜卫大将军，选营州刺史，有善政，卒，赠建安公。

陆士懋 字元伟，代郡人。天平中以其祖陆丽有翼戴之勋。诏懋袭祖爵钜鹿公，仕营州刺史。

于天恩 代郡人。熙平中任辽西太守，赋性中和，百姓怀之，赠东平将军、燕州刺史。

张 卓 上谷沮阳人。初为昌黎太守，父翼为辽东太守，子衮为幽州刺史。三世二千石，俱有善政，人称美之。

[唐]

张仲武 德宗朝为卢龙节度使。镇边有功。李德裕《幽州圣德碑》具载其事。

张 俭 贞观时为营州都督，太宗征辽东拜行军总管，领诸蕃骑，为六军先锋。

田仁会 张安人。为平州刺史时旱，自暴以祈雨，雨通禾熟。民歌曰："父母育我兮田使君，挺精诚兮上天闻。中田致雨兮山出云，仓廪实兮礼义申。君常在兮不患贫。"后迁右金吾，子归道，孙宾延，三世并为金吾将军。祀名宦。

邹保英 万岁通天初为平州刺史，契丹入寇，城且陷，妻奚氏率家僮、女丁乘城不下。诏封诚节夫人。

张仲素 懿宗朝为平州刺史，有威望，州人服之。

[辽]

韩德枢 为辽兴军节度使。厘纷剔蠹，恩昭信孚，劝农桑，兴教化，民获苏息。后迁平滦营三州观察使。

室 瀬 会同初登进士第。为卢龙巡捕官，累迁翰林学士兼政事舍人。数延问古今治乱，奏对称旨，改南京留守。决讼平允，人皆便之。迁工部尚书，寻改枢密院副使，参知政事。顷拜枢密使兼北府宰相、同政事门下平章事。监修国史，进《尚书·无逸篇》以谏，太后闻而嘉奖。立朝辅政，整折蠹弊，知无不言，务在息民薄赋，以故法度修明，朝无异议，晋郑国公。进所撰实录二十卷，手诏褒之。上以昉年老苦寒，赐貂皮衾褥，许乘辇入朝。病剧，遣使就第存问。及卒，赠尚书令。

［元］

刘德温 永平路总管。当大历兵革之余，野无居民，温为政期年，而户口增，仓廪实，学校兴，庶事毕举。岁旱，竭诚祷祀，甘霖大至，其年大稔。

孙 明 大宁人。英锐不拘小节，好学能诗。以明经任山北宪司幕，至政四年，迁滦州知州，刑清政举，修学养士，州人赖焉。

郭仁义 武州人。大德中任迁安尹，惠爱及民，秩满当代，县人保留不得，立石颂之。祀名宦。

左 阔 良乡人。泰定中任昌黎尹。尊崇学校，轻徭薄赋，慎用民力。老稚咸感思之，勒石纪德。

柴本立 至元中任乐亭尹。敬事勤民，无一夕懈。睹庙学颓圮，慨然叹曰："学校不修，儒风靡振，长民罪也。"于是，捐俸金，集同志，撤而修之。成不逾时，民亦不告劳，当时翕然称焉。

道 宦 迹

古者有文事即有武备。秦汉以来，设官分职，将相兼资。如太守文秩也，而汉则拜将军为之；兵备武勋也，明人又以道臣监之。其后又推此义，或以饷司加衔兵部，或以协镇兼理地方。顾事权相轧，开嫌构隙，遇有紧急，互相推诿，以致贻误不可救药。今制，文武各分。文司民牧，以整饬地方；武治军旅，以诘戎弭盗。无相牵制，各守职司，何其善欤！永平旧无兵备，向系蓟州道兼摄。嘉靖中，时值多事，自蓟至永延袤三百余里，地称冲要。永属重镇，一遇有警，猝难救援，朝议专设监军使者，备兵永平，称为东协，蓟镇为中协。国朝康熙四年，改兵备为整饬，不司戎务。八年四月，内奉文移驻通州，改为通永道，以统辖焉。

永 平 道

[明]

嘉靖

温景葵 字汝阳，号三山。山西太原人。三十九年任。自霸州移任，创制筹画，精密周详。莅任四年，练兵裕饷，事惬人心。立枭贮法，以厚农；立入仓法，以苏商；稽运法，以清冒支；设径解惜薪司法，以全活卫职。修诸营寨、城堡、新郡城楼七座。约束军卫，宽严相济，居民赖以安枕。又遴八庠之士馆之孤竹书院，聘师丰廪严课鼓舞。癸亥之变，总兵阵殁，督抚重谴。朝议以公夙望，特授都御史，巡抚顺天。

隆庆

杨 兆 字梦镜，号晴川。陕西肤施人。三年任。为政平和近人。抚恤疮痍，作兴学校，凡坊表署额，皆出其笔。升都御史，巡抚顺天。

孙应元 号华山。湖广钟祥人。由进士四年任。时坐商枭饷，罄资赔补，犹拟远戍。公力白当道，宥诬坐土商戍边者四十余家。永人世尸祝之。赒恤贫士，加意学校。至巡视边檄，不惮险阻，皆公自检核，力除虚冒，军卫敛手，牙侩裹足。其刚介精敏如此。万历五年，升山西巡抚。

万历

叶梦熊 字男兆，号龙塘。广东归善人。由进士十三年任。政尚宽平豁达，而持大体。时守台南兵欲为乱，公设法抚定之。聘旧门下生郭造卿修府志，以备一方文献。升山东按察司。

杨 镐 号沧宇，河南商丘人。进士，二十年任。才猷挥霍，风采沥然。旧例石门产煤，县辇送道府各署，以供官用。里民挽运络绎，苦累不支。公至，力禁之。熟谙边务，下笔数千言立就，按之皆中肯要。迁辽东参议，寻升经略尚书、都御史。

刘泽深 字警图。河南扶沟人。由进士四十六年任。治政刚决，不容奸伪，人莫敢干以私。其所兴除皆大利大害。升湖广参议，入名宦。

天启

张　春　号太宇。陕西同州人，由举人。时值多事，朝议以公有经济才，由刑部主事特命备兵永平，一时治政铮铮有声。寻转山石道，以执法不阿，移病归。崇祯二年，复起为永平兵备，收复永滦，严禁屠掠，全活难民甚众。论功加太仆寺少卿，仍请告回籍。再起，备兵通州。不数月，又调永平。皇清兵下大凌河，公率兵救援，兵衄被执，坚求自尽。太宗文皇帝嘉其忠直，优养十年，公留发不剃。及卒，以礼葬之。康熙三年，公子伸乞骸归葬，特旨准从所请。路经山永，人皆祖道焚锸，绎络不绝，挽诗吊赋，投满行笥。先是，永人闻公死难，建立专祠，凡四区：一在东郭门外百步许，一在北郭外汤坨庄，一在县治东关帝庙，一在滦州。其德泽深入人心如此。当公败绩时，夫人尽节于永平韩氏楼中，公每食必具箸遥逊同餐。父忠子孝，夫义妇烈，皆出性成。入名宦，仍从祀武庙表忠祠。

崇祯

郑国昌　号天符。陕西邠州人。由进士，元年任。时边围多事，羽檄交驰，公应之裕如。二年冬，皇清兵下永平，四境綦严。时议土著防兵单弱，调阳武营卒协守。岁除，主客争酒食丰啬，治兵相攻，因纵火，众大哗，永城遂破。公策马亲冒矢石，力挥武营兵数人，复率内丁堵马道，攻射武营逃兵。事已无济，有劝出亡者，公厉叱之。回署，公服西向再拜曰："臣力竭，臣罪不可赎矣。"乃约夫人子女阖门缢死。公从容自尽，命举火以焚。事平，追赠太仆寺卿，立坊表之，仍从祀武庙表忠祠。

刘景曜　号嵩曙，河南登封人。由进士，六年任。赋性正直，不轻言笑。时中官奉使阅兵，有总监总督监视钦授等名横甚，稍弗遂意，辄奏行逮治。公独不往谒，疏揭凡七上，时称敢言。察边阅操，例兵备伺陪，以属礼见。公乘肩舆直至演武中堂，总监出幄，迎以宾礼会，公犹抗言，不稍假以颜色。永镇各边将士得免横索凌铄，皆公力也。督师孙公傅庭奉命赴山海监视，倚上方剑纵护卫兵不守纪律，声势赫然。所过地方，民争趋避。公馆之郭外，不令一骑入城，行粮自陴上运给之。孙公怒，提协将知县乡总欲置以法，公不为礼，事旋解，城中得免靡烂。永人德之。升山东巡抚。所著有《嵩山文集》及《北平名景》诸书。

丘民仰 号石门。陕西渭南人。由举人，十二年任。公有文武才。历贵州道御史，凡条议时事，皆中肯要，有声于台。旋督蓟辽兵饷，挽运有方，中外倚重。以永平岩疆，简公备兵。甫下车，严饬边防，稽核士马。颁《固圉录》，以备城守；著《帅中录》，以教战攻；习火攻诸法，以资行阵；讲《马政录》，以备征调。所部将士乐其驰驱，熟其训练一时甲胄旌旄，严翼生色。寻调为辽东宁前提学道。

朱国梓 字邓林。前屯卫人。总镇朱梅子。由选贡，十六年任。操持耿介，治政刚方，慎重精明，屏除陋习。甲申春，逆闯陷京，将薄永郡，公赴关与总镇举义拒寇。值国朝大兵扫荡寇氛，公即奉母石门，高隐以终。先任关门主事，简静不苟，建《且止亭》于关外，以为侯关内舍，至今称便。

[国朝]

顺治

李丕著 号愚公。山西曲沃人。由进士，元年任。当鼎革初，郡邑无专官，公措置经理，城市始知有法。乘乱为盗者，许其投首自新，招抚流离，民得复业。又请设寓学，绥恤远士，立月课以示鼓舞。凡有不便于地方者，不待陈控，即革除之。升淮海道，士民感其镇定安辑功，肖像立祠于南山之巅。

宋琬 字玉叔。山东莱阳人。由进士，十四年任。公慷慨明决，遇事立剖，一时奸宄敛迹，境内肃然。府学两庑倾圮，设法重修，添设左右角门及增修东西便门与名宦乡贤两祠，开棂星门云路，其规模壮丽，皆前所未有。又按八佾设乐舞生，捐修乐器，以光祀典，搜辑府志二十三卷，以备百年文献。所著有《安雅堂文集》《秦州记异》诸书。升浙江分守宁绍台道，寻进浙江廉使。

康熙

钱世清 字生一。浙江钱塘人。由选贡，四年任。公甫筮仕，即簪笔直庐，周知制度、典章、沿革、要务，所在居官忠宽敏惠，廉静端凝，历有声誉。其金臬北平也，咨恤民隐，崇尚省约。莅任数年间，凡屯田、驹牧、邮传诸大政，以迨城郭、学校、仓廪、堤圩，罔不具饬。一时属吏咸承风化焉。郡丞梁某，赔补官粮，贫不能偿，以镌级解任，寻殁于官。公矜恤之，代措千五百余金，得归其丧。公生平盛德，类如此。周恤贫士，鼓舞庶司，孜孜不倦。凡祠庙载在祀典，有关风化者，亟修葺之。寻移驻通州道，衔加通永自公始。辛亥岁，予告养亲，去之日，士民攀辕涕泣，如失怙恃。议入名宦祠崇祀。

崔谊之 号老山。山东平度州人。由进士，十年任。公初筮中州令，多惠政。行取民部，秩满金臬通永，宽厚宅衷，虚公执法，念各属冲繁，不轻差役，以滋烦扰，馈送悉屏绝之，时以廉静闻。

白为玑 字子仪，镶白旗人。由监生。至性孝友，裕经济才。初筮东光令，贤绩懋著，巡抚李公以大城西堤紧要，题授河间府丞，保饬河防，克见成效。迁本郡守。四十五年，迁通永道副使。自初仕迄今，总皆特旨超擢。公周恤民瘼，凡遇地方水旱、蝗蝝，沐雨披星，不惮寒暑，竭力经理。故数年来，畿东无灾祲之告，实公之力也。立品端方，望之如泰山北斗；而存心仁恕，曲体下情公事。调委属员，温词慰劳，往往捐俸资给，下皆感德而忘其劳。一切政务，振纲肃法，告诫谆诚，所属吏治民生，咸向化蒙休云。

山 石 道

［明］

崇祯

杨嗣昌 号文弱。湖广武陵人。由进士，三年任。秉宪山石，将佐凛如神君。癸酉，晋山海巡抚。筑南北两翼城，以固疆域。刊乡约化民书，令有司师生朔望讲读，以正风俗。因魁路逼狭，上学宫乾地，捐俸建明伦堂三楹及仪门、大门，廓然大观。经始甫竣，以迁秩去。至今山海士子犹颂德弗谖。

范志完　河南虞城人。由进士，十二年任。公多材艺，优干办，任事三年，百废具举。峻城浚池，宽徭饬驿，鼓舞行伍，作兴学校，崇秩祀，奖节孝，救荒恤困，一时政治为之改观。升山西巡抚，擢总督。时不可为，未得以功名终，士论惜之。

永平户部分司宦迹

明永平设有监军，号曰东协，为畿东重镇。因兵设饷，士马刍粟，俱取给于蓟州，往返千里，士卒苦之。嘉靖四十二年，用巡按董公尧封议，令设户部分司于永平，以专理之，提调各省额派银两，便于呼应。国朝顺治九年移驻蓟州，后裁。

［明］

嘉靖

程鸣伊　字希正，号消溟，山东安丘人。由进士，四十四年任。创立永丰仓厫，修建衙署，助粮以修学宫，捐俸以恤寒士，为分司题名碑记，大意俱继先任郎中吕公霍经画旧制，可称萧规曹随，董蔷张发也。升山西大同知府，晋太仆寺卿。

隆庆

许守廉　字子受，号益斋。直隶藁城人。由进士，四年任。嘉靖时，充商者悉荡产赔累，后诬坐侵欺，充戍四十余人。公力为辩豁，人皆戴之。历兵部。

宋豸　字思直，号直庵，直隶容城人。由进士，五年任。时议蠲商未决，公知应者苦，逐一蠲之。升汝宁知府至运使。

万历

马瀚如　字纾之，号抱白。河南陈留人。由进士，十三年任。时郡岁租甚鲜，议金商籴买以实仓庾。永人骇愕，咸鬻产为逃避计。公如广开中法，令盐商输粟各仓，不用土著，而金商之议寝矣。人皆德之。

陈名华 字诚甫，号章阁，福建晋江人。由进士，九年任。文望素著，申明不用土商之令。客兵屯海上扰民，请撤之，士民立石以颂。二十三年，调礼部主客司郎中。

李开芳 字伯东，号还素，福建永春人。由进士，二十年任。博学通才，出纳明允。善属文，精隶篆，公署祠宇表额多出其手。

黎　芳 字兰谷，四川丹棱人。由进士任。宽厚博大，军民并戴。东征烦费，支应有方。重修永丰仓以储兵饷。升陕西兵备副使。

宋继登 字先之，号子亭。山东莱阳人。由进士，四十六年任。修理仓廒，设立银库，以专责成，收授称平，力豁金派，军民戴之。泰昌元年，升淮津海运兵备道。

天启

方岳贡 字四长，号禹修，湖广谷城人。由进士，六年任。仁慈廉介，凡仓库钱谷出纳，丝毫不取余羡。有逋户解比者，不事敲朴，惟劝令速输而已，放饷刻期不爽，严杜借扣。诸生有以文艺谒者，给膏火课励之。接物和平乐易，咸以长者称。升松江知府，迁督粮道。时有以受贿误讦者，廷质廉其实，加升都御史。寻入内阁。未几，乞骸归，囊箧萧然，授徒自给。门生故吏，道经谷城修谒，衣文绮者拒斥之。其廉介如此。

［国朝］

顺治

白　芬 字猗若，河南洛阳人。由举人，八年任。刚果有为，御下明决。尝自谓云："兴一利不若除一害。"甫下车，严饬仓库，示各役出入勿滥，稍有弄法者，悉痛治之，积弊顿清。放饷按月支给，无预支，无过期。出入权衡，皆出自较，军民惬服。所著有《四书干程》《墨然》诸书，以教诸生。九年，移驻蓟州，而永平饷司自此裁矣。

山海兵部分司宦迹

［明］

天顺

杨 琚 江西泰和人。由进士，五年任。公明练达，举措悉中典型关法，自讥察外无少留滞，人咸称便。时卫学始建，拘行伍子弟充，诸生皆以为厉己弗乐。公雅意作人，士习用变，如郑侍御亲蒙讲授，卒成大器。至今士民称颂不置。

弘治

张 恺 字元之，江南无锡人。由进士，二年任。操持严介，有冰蘖声。关旧法止验籍与年，公始稽貌，以杜诈伪之弊，至今因之。其待士惠民，外内一致，虽黠诈者，亦不忍欺云。

黄 绣 号文卿，江南靖江人。由进士，五年任。宅心平恕，政尚宜民。时关内薪水颇远，居民仰给关外，公给木牌悬之，出入樵汲甚便。公绝有目力，一经睹记，终莫能眩，遇面生冒顶者，辄指摘之，卒无敢欺。启闭有常期，虽祈寒、暑雨及他务丛集，亦弗爽代。去之日，男女夹道遮留，车马至不得行。后转巡辽东，再经其地，居民犹依依不忍舍去。

陈 钦 字亮之，浙江会稽人。由进士，八年任。清简平易，卓有高致，终仕无苛扰之令，民甚德之。且邃于诗学，雅好吟咏。父教谕君，远从禄养，常侍游佳山水，以娱其志。天伦至乐，莫不观感歆慕云。

正德

黄景夔 四川丰都人。由进士，十六年任。旧卫守抗与部使敌体，公至呈部革之。始廷参如下僚仪。地方荐饥，举赈贷兴义仓，赖存活者甚众。禁浮屠、巫祝、淫祀及燔尸诸恶俗，应如桴鼓，无敢挠者。卫学旧无廪饩，公垦田租给之，暇则亲为校课，士风彬彬兴起焉。

嘉靖

王 冕 字服周，河南洛阳人。由进士，三年任。初筮万安令，值逆濠之变，公召募勇敢，继抚帅进，及逆兵衄安庆，趋还南昌，为釜鱼计，公率所部遏而擒之。迁兵部主事，来守关。甫五旬，值妖卒变作。群丑嘛呼露刃，阶下侍吏拽公潜避，公正色拒，贼以刃胁公从，不屈死之。抚臣上其事，赠光禄寺少卿。

葛守礼 山东德平人。由进士，十二年任。公平生敦礼法，谨言笑，褆躬范物，一准古道。至取与尤严一介，关法肃然。时典章草昧，自公始行。乡饮风励耆德，创立养济院，著为令，茕独赖之。

陈　绾 浙江上虞人。由进士，三十五年任。才气倜傥，熟谙边务。下笔数千言立就，按之皆中利害，切时艰，如守边赈荒诸论，蓟辽大吏俱屈服。时关东西大饥，公疏通关政，煮粥哺之，民赖全活者甚众。

商　诰 山东平原人。由进士，四十一年任。壬戌岁，边敌数千薄关东，乡民奔避如蚁。议者请亟闭关，公曰："是弃万人命矣！"大开门纳之。少顷，敌攻旱门关甚急，公亲巡垛，指挥方略，励将士拒堵，敌竟遁去。当时苟无公，民遂涂炭不可问矣。事闻被赏加秩。寻迁蓟州兵备。

万历

孟　秋 山东茌平人。由进士，七年任。研精理学，特立独行，蔬布自甘，不殊寒士。平生义利之辨尤严，诸生有志问业者，乐于启发，竟日不倦。每念边备日弛，少有罚锾，尽捐以置神枪火器，为战守具。或迁之，答曰："此夏官职也。"时江陵擅政，边帅竞以贿进，辽左尤狼籍。公当关严检阅，因以京察被谪。后起，累官尚宝司少卿。

王邦俊 陕西鄜州人。由进士，十年任。廉静端严，寡言笑，惟课训则谈吐不厌。时江陵擅政，前部使严谨关法，十余日始以启。关民出入颇不便，公慨复旧法，关内外欢若更生。请建东罗城，修理楼堞，至今攸赖。

张时显 江西南城人。由进士，二十三年任。长于治才，精核整肃。重修关志，俱亲笔主裁。学识赡雅。时征倭总兵陈璘幕下鼓噪，赖公抚定，一宇获宁。

来俨然 陕西三原人。由进士，二十九年任。端重严整。时税珰高淮煽虐，厚币馈遗，公尽却之，出入不与偕。至有害于民，力为解释，淮亦畏其清鲠，不敢纵恶。任未久，卒于官。士民痛之，西罗城外龙王庙后建有专祠。

邵可立 陕西商州人。由进士，三十六年任。公廉直刚断，道学入阃奥。加意人文，建文昌书院，购古今遗书，克之俊彦，鼓箧其中。面授指南，登乡会榜者彬彬。值岁饥，公令屯官清绝产，置牛具分给；婚不举者，卫有布花之施；贫不葬者，普济会有棺木之给赏。三劾貂珰，四减关税。修镇东楼，工师苦无大木，忽海上浮若干至，及落成，无赢余者。亢阳不雨，公三祷三应，忠清正直，格于神祇。时咸叹异之。

天启

陈祖苞 浙江海盐人。由进士，五年任。公一日坐堂上，忽有骡自关外闯入，向堂长鸣，公命人尾之，至一家，直入，掘地得尸，廉其图财致命状抵罪。又四人失路，引回关中，官欲以奸细论，公持不可，得放归。以此致忤罢去。东门瓮城关帝庙左建专祠肖像。后复起，历顺天巡抚。

知府宦迹

[明]

永乐

马负图 山西临汾人。十年任。牧御有方，修举废坠。百姓戴之如父母。升山西布政。

正统

李文定 浙江临海人。由进士，五年任。遇事立办，刚果有为。修建郡学、殿堂、斋舍及鸣远楼，皆极壮丽。升福建布政使。

成化

王　玺 陕西周至人。由进士，四年任。洁己爱人。尝辟郡学基墌，奏复夷齐庙，请赐额及祀典祭文，时论伟之。入祀名宦。

弘治

吴　杰　江南江都人。由进士，七年任。首崇祀典，缮治坛墌，修葺圣宫。滦、漆二河船夫岁用千余人，百姓苦之，公悉力裁减如制。郡旧有志，永乐初年失之。公下车，首访得一编，残缺舛讹，乃属致仕行人张公廷纲、教官吴公祺，率诸生修之。培植学校，时称师帅之冠。

正德

何　诏　浙江山阴人。由进士，二年任。时中贵王宏镇边，踞视郡邑长吏。公独不往。其所诬盗成狱者十有四人竟出不坐。郡有叔杀人而赂见知者移罪于侄，狱成且二年，公一讯立辩。厘宿弊，均粮役，修学校，勤考课。闻母艰去，百姓皆追送泣别，立去思碑，入祀名宦。历官工部尚书。

嘉靖

张　玭　山西石州人。由进士，二十五年任。下车即厘剔宿弊，凡有不便于民者，悉力除之。置脂膏簿，颁示属吏，无敢扰民。立孤竹书院，以风励士类，集文行优者，肆业于中。拓夷齐故城，修举如制，祠成编志，畀守祠者世守之。升酒泉兵备，寻转蓟门巡抚，入祀名宦。

廖逢节　河南固始人。由进士，四十三年任。设立木铎，自府治达闾巷，晨昏以六谕号诏之，有崇古化民之意。时左道盛行，结众酿乱，公罪其倡首者，众始解散。其自奉衣不罗绮，食不兼味。设义仓，编保甲，立乡约，勤蒙养。息讼缓征，与民休息。莅任三年，芝产后庭。四十五年升山西副使。

万历

顾　褒　浙江余姚人。由进士，二年任。历事精明，划如风雨。公文不假胥吏，援笔数千言立就。听断狱讼，一见即决，庭无留系，尽革赎锾等弊。时各衙门雇差驿递，雇役为时大累，公严禁止之，一时吏治肃然。

任　铠　山西平定州人。由举人，六年任。时料丈田地，公以小民无知，十止报九，当罪者众。乃新制步弓，比旧暗增五寸，俾执以度，则地视前丈分数相合，众俱免辜。存心宽厚，御下不尚鞭笞。时论称为仁厚长者。建南门楼，凭虚阁。升宁夏副使。

陈维城 山东丘县人。由进士，十五年任。操守廉清，衣履若寒士。卫余金大户征收立致罄产，公决议以收纳事尽责，各卫首领著为令，甲舍余得苏，又尝留心郡乘，与郡司李沈之吟，聘闽名士郭造卿，重修百年旷典。升山西赤城道副使。

徐　准 山东新城人。由进士，二十四年任。才干精明，临事爽决。时倭警方炽，海防单弱，公请兵二千防海，一时恃以无恐。倭平，仍申文撤之。又奉调征倭，兵十万由永渡辽。供需飞挽，增派地丁银若干，倭平，悉飞告减复如旧，六属欢呼。至条议河工利害，曲折详尽。遇事敢为，屹然莫夺。朝议以公长才，加河南按察司副使。二十七年升辽东海盖道、山西参政。

高邦佐 号衷白，山西襄陵人。由进士，初履任即谢绝填宅、供应，所需日用薪米悉与平值。文移朝进暮发，无停搁者。输纳尽去赢羡，官衙如水，胥侩如继，闻有书手朋匿粮地，稽得其状，入籍贿财飞诡，毫无所容。两巨商重辟斗，牵问者久不决，一经平反，人心皆服。榷税六属，分认岁额为累，改以公用抵补折税。珰高淮诬抢驿卒及士元毒噬良善，公皆全力挽救之。朝觐不用邮递夫马，禁加派，苏凋敝，惠政累累。永人立石颂德，升天津道副使。

天启

陈所立 字如有，福建长乐人。由举人，二年任。性嗜经术，甫下车，即于府治后建立书院，以清圣主于中。政暇，集诸生讲论文义，终日不倦，诸生皆感发执经，其文行俱优者，格外礼遇之，每岁暮，各给膏火炭资，以励其学，诸生益奋。北郭外泲、漆二水潆汇，夏秋涨辄啮城址，公设法自拱辰门至菊花台，横筑砖堤里许障之，今遗址尚在。著有《北平诗赋》诸集。书院题名"石板名景"，镌石犹存。

崇祯

张凤奇 山西阳曲人。由举人，元年任。莅任初，即值羽檄交驰军需。旁午公修补废垒，设备刍粮，为固圉计。二年己巳冬，永平戒严，公悉心捐募，鼓励军士，又出库银以饷乡勇。三年庚午，永城不守，公尽出所有，散诸行市及舆隶，命自尽后代为焚之，乃咽药而死。夫人阖门雉经。事平，赠光禄寺卿。从祀名宦并武庙表忠祠。

彭　份　字洗存。江西南昌人。由举人，十三年任。下车约法三章，县锣中门，有冤抑者，任其不时申诉。筑敌台以固东圉，修泊岸以障西河。前官遗逋，累公镌级者六矣，终不遣一骑，以督各属。岁祲蝗不入境，永人有秋。尽数年逋欠，争相效输，得尽复所镌级。修葺府县学宫，设处二千余金，并未扰及民间。庚辰大饥，流民万计趋永，僵仆载道，公措施衣粥，为暖舍以居之所，全活甚众。车骑营兵乘夜鼓噪，公戒守栅扼巷，始开门击之，噪兵以无内应宵遁，城中得免屠掠。时服其才大而识高云。升贵州道副使。

[国朝]

顺治

冯如京　山西太原振武卫人。由恩贡，元年任。值开国初，以本府同知擢用。弹压变乱，招集流离。申请创立寓学，以恤远士，革除明季陋规，以抚疮痍。六属钦服，士民爱戴。寻升榆林道副使，历广东江南左右布政。

李日芃　字培原。满州人。由生员二年任。惩投充革滥派，吏不能为奸。寻升霸州道副使，历官操江都御史。卒于官，敕赐祭葬谥。

李中梧　号仙宇，满州人。三年任。厚重少文，不轻颦笑。居官廉明，有威不避。豪右有以锄刃毙人，久未成狱。公命以谷草灸锄，血迹俨然，乃脱无辜于狱，坐实杀人者。升蓟州道，士民攀辕泣送，自永至蓟凡三百余里络绎不绝。历湖广按察司。

康熙

彭士圣　字青琳，正白旗人。由举人，元年任。修孤竹城、夷齐庙。滦水泛涨，飘集柴木无算，适供其用，颇属神异。但毁祠中古今联额及延僧建庵，恐非两圣心也。

李兴元 字若始，号时嶷，遵化人。满州籍，由贡士，五年任。捐俸修府学宫，自正殿、两庑、戟门、泮池、桥梁，以及棂星门、明伦堂抱厦，修理一新。谯楼为六邑中枢，远近具瞻，岁久就圮，公多方劝募，增修如制。又浚久堙古井，葺近郭蚧祠。是岁，蝗不入境，祈雨辄应，士民立石以德之。所著有《云鹤轩诗集》。升长芦盐法道。

陈　丹 字自修，号顽龙，江南山阳人。由举人，七年任。文武兼长，凡天文舆图以及行阵，无不精晓。先以武科起家，仕淮安总戎从事。值我朝定鼎，率众归诚。世祖章皇帝赐以宫媛罗氏，公询其家世，知为士妻，遂养为己女。逾年，访其夫归之。长安士大夫争为诗歌以颂其事。寻弃武职，入太学应辛卯乡试，与子同登贤书。士论荣之。初筮河南邓州牧及守广西浔州，俱循良称。臬宪三楚，好持矜恕以失，出左迁永平。下车，尽撤地方供应，还各属。治事精勤，严绝馈送，日用蔬水与寒士无异。未几，卒于官。合郡哀之，从祀名宦。

蔡兴周 字姬桢，镶黄旗人。由贡士，八年任。初令完县，治政有声。行取御史，历参议，左迁永平。恤念民艰，未入境即禁止填设，以清科派之原。敬士爱民，斥强抑悍。凡事止署限期，不轻差役，而案牍从无沉搁。明敏剔弊，一时积蠹尽消。

唐敬一 字耕留，四川成都人。由举人，十年任。禁革铺垫陋习，劝民休息。词讼严饬吏胥，不轻差役，虑滋繁扰。尤雅爱士子，于课艺品骘精详，多所启迪。壬子夏旱，十旬不雨，禾渐焦。公斋戒虔祷，三致告文于守土之神，凡五日，霖雨大至，是年有秋。癸丑，郡城西北隅被水冲塌，公捐俸补筑，以固城埤。前仕太平司理，衔命招抚安南，以军功擢长安郡丞，继补临洮。所在颂声丕作。乙卯升洮岷道副使。

常文魁 字月生，正蓝旗人。由贡士，十五年任。治政精勤，历事敏练，折狱不费繁言，两造俱服。向者旗丁与投充肆横，公至，咸知守法。初谒文庙，见圣宫颓圮，即鸠工修葺。凡祠庑门坊，悉心经理，棂星坊前，添设石坊、石栅，周围环绕三百余丈，及明伦堂东西斋房。又于学前购隙地，创建书院一区，为生儒会文讲读之所。又修武学及魁星楼、龙王古祠，移建蜡庙于郭外高敞处，并置地以资香火。又以公署半属颓废，内外修整，复于公廨西建立箭厅。以上各工计期未及二载，次第告成。其费虽有劝助，而公之所捐实过半矣。又尝修补郡乘，曾续宋公琬撰后之缺，亦足征留心文献之雅意云。

梁世勋　号鹤汀，陕西安塞人。由荫生，二十九年任。品度威严，立心宽厚。念北平地瘠差繁，冰蘗自矢。与郡丞彭公尔年和衷协恭，议修学宫，整齐完固，复以劝助余资缮葺武庙。丁丑，郡西北城堤被水冲塌，经营修筑。属吏有以忧去及物故者，亏乏不能赔补，公曲为区画周全，俾免讦误及妻孥之累。而尤拳拳爱民，煮粥赈饥必亲尝寒热，扑蝗祈雨则不惮先劳。然秋霜凛若，毫无宽假，以故士乐民安，豪强敛迹。庚辰升两淮盐法道，寻转直隶巡道、山东藩臬。任广西巡抚，调安徽巡抚。

蔡维寅　字典三，号赓庵，浙江德清人。由进士，四十年任。公早失怙，事母至孝。初由中翰筮云南曲靖郡丞。及迁永平，以限促不获归省。抵任，即板舆迎养，服采踂迎于堂上，合郡观者莫不观感歆羡。为政首崇学校，每岁必葺文武两庙。朔望聚诸生于明伦堂，讲论经书，按季课文，分别奖励。郡旧有义学，名存课荒，公加意作兴，慎择塾师，清查旧存义学田亩，并设法新置膳田。义学生童至今怀之。今补四川保宁府。

华　黄　号中湄，江南无锡人。由进士，四十三年任。高年盛德，介节自持，体恤属僚，惠爱百姓。至理讼，片言平反，人心悦服。凡久稽部件，到案立剖。有同城官以事干渎，公端坐假寐，唯唯以应。及审不为稍假，彼复来语，曰："因在梦中，醒则忘耳。"其不恶而严，类如此。乙酉岁值宾兴，公以永郡科甲寥寥，加意振兴，见魁楼颓坏，捐俸鸠工，设法劝助，易朽鼎新。是岁秋榜，合郡获隽者八人，丙戌两成进士。自此，永属弦诵之风较昔浸盛。以老乞休去。士民为立去思碑。公雅好吟咏，濒行著有《别言七律》一卷。

同知宦迹

郡丞自古有之，历代名称各异。制曰：同知，自前朝始。永平设有边卫，而增其衔，则曰："清军管马。"继而，沿海多事，增其衔，则曰："兼管海防。"国朝易其衔曰"贴堂"，至粮署奉文归并，则曰"清军管粮"，曰"军粮督捕"，遂为定制焉。

［明］

嘉靖

张　守　陕西泾阳人。由举人，三年任。廉慎爱民。署滦篆，旧例草束上京，输场岁费不赀，民甚病之。公为疏请，得改派附近仓驿，岁省银十之九。建昌营中贵镇守恶其不利己，谮以妄奏，械系京师，南北科道交章荐救。升南京刑部员外。滦人入名宦祀之，郡亦祀焉。

［国朝］

顺治

王觉民　字心任，江南颍上人。由恩贡，十七年任。持重练达，人称宽厚长者，升山西太原知府。

康熙

韩　章　字桐庵，湖广汉阳人。由恩贡，元年任。收受粮刍，不取额外羡金。丁内艰归，行橐萧然，牛车一乘，仅供刍秣而已。补升广西南宁知府。

梁泰来　字吉人，江南寿州人，由举人，四年任。学识优长，治政简恕。经理粮储，收授惟慎。奉批词讼，公以执法。署本府篆，推诚待物，廉静自持。留心郡乘，礼士修补。时以厚重长者称之。惜用未竟，以镌级去。

罗　京　字周师，浙江会稽人。由贡监，九年任。历事勤慎，清核仓粮。民间利弊，每虚公谘访。有穷民积逋，鬻女完欠，公廉其实，代偿之，令赎女以归。境内茕独，时加赈济。代管关篆，修举废坠，爱士恤穷，严饬轻生，浇俗丕变，关民戴之。以丁外艰去。补升直隶顺德知府。

朱用砺 号冰在，浙江山阴人。由举人，十八年任。刚毅自持，处心平恕。先以中翰仕临洮松江郡丞，皆有循誉。丁内外艰补永平，值守乏，摄篆逾年，仁慈廉静，益励厥操。秩将满，以朝觐卒于京。庚寅岁，长子凛延来任郡幕，士民相见，依依犹思旧德焉。

彭尔年 字永公，奉天杏山人。由监生，三十二年任。宽和宅衷，才会敏练。清核粮刍，勤饬捕务。时与郡守梁公世勋协恭，议修文庙并城垣、堤岸，赞助经营多公之力。两奉抚军檄调赴省。值季承审钦部案件，存心矜恤，释无辜牵累者数十人。丙子，奉天饥，上命截留漕米三十万石，由海运济。公呈请领运，前赴复州，舟至大洋，飓风几覆，公焚香吁天，风顿息。咸谓公忠诚所格，克奏厥功。生平廉介自持，清操丕著，而轸恤穷黎，时施惠政。无何，因公镌级，补任云南姚州，迁陕西西安郡丞。所至，士民感戴，洋溢颂声，与永郡吻合云。

山海管关通判宦迹

[明]

崇祯

杨葆和 云南大理府人。由举人，二年任。端毅正大，不甘趋奉，勤政惠民，知人爱士。时余仪部初就童子试，公即以大受期之，勉望谆至。以不得于上官，谢病归。

[国朝]

康熙

陈天植 字培生，浙江永嘉人。三年任。简静不苟，治政明恕修学宫廊庑及《山海关志》。升山西西安府同知。

夏时美满 名安达里，字羡之，满州籍广宁人。十年任。文武兼长。时蒙古察哈拉部落谋为不轨，群情汹汹，公完守备御关，民恃以无恐。会屠将军统师进剿，公督运军需，飞刍挽粟，供应无误，绝不派扰民间。巡抚金公纪功特荐，其他洁己奉公，爱民重士，监饷公平，察关勤慎，修城赈饥，听讼明允，善政甚多。尝摄郡篆，颂声丕振。以忧去，合郡绅衿父老，攀辕截镫，关民为之勒石建祠。庚寅岁，郡守张公朝琼详入名宦。

推官宦迹

推官者，一郡之官评藉以论定，讼狱赖以平反，仕宦之功名，百姓之性命系焉。顾不重欤！今制虽奉裁，恐虚其款，而致将来之无征也。因附录之，以备考云。

［**明**］

万历

乔学诗　山东东阿人，由进士，五年任。严明整肃，人不能欺。属邑有匿官解银数千金以虚批应查，数年罔觉。公一见发之。卫官征收徭银耗重，贫苦无告，公建议令输纳于各卫首领，允为良法行取。补刑部主事。

沈之吟　浙江乌程人。由进士，十三年任。抚持义类，绰有担当。丁亥，滦水灾，缚筏拯溺，散粟赈济，生全甚众。督修水圮城垣，增修下水关瓮城。创南关明滦门，一时才猷肆应，当事伟之。擢南京给事中。

天启

罗成功　广东高要人。由举人，六年任。历崇祯三年，永城不守，公慷慨尽节，视死如归。事平，立坊表之，仍从祀武庙表忠祠。

崇祯

韩国植　陕西泾阳人。由进士，四年任。郡当残破之余，土著稀少，人文寥落，士气衰靡。公查府治后已废孤竹书院，捐俸修饬。延请有文行者，董厥事鸠。民间子弟，肄业其中。以东郊外营房隙地九十三亩为学俸。永郡至今食其福利云。

［**国朝**］

顺治

尤　侗　字展成，江南长洲人。由选贡，九年任。学识优长，治政明决。凡文武贤否，品骘无私，优礼学校，训迪多方。每进八庠，师儒具餐督课，因材鼓舞，人文振兴，一时称为盛事。以执法不阿调任去。所著有《北堂秋梦》《西堂杂俎》诸书行世。

任暄猷 字美君，息县籍正白旗人。由进士，十七年任。治政严敏，不畏强御。听讼虚心观理，真伪曲直，一见立决，民无冤滞。康熙六年奉裁转补。

府儒学宦迹

郡设广文，上为朝廷宣教铎，下与诸士立仪型。明伦之任，风化攸关，厥典甚重。元明以来，咸谓学校乃人材所自出之地，简令翰林充之。成弘而后，易以明经，领以教授，佐以训导，掌教生徒。各分廪增四十人，附学无数，法制甚备，今简其有行修学广，足以垂范将来者，详注其迹，庶踵武者有所矜式焉。

［明］

成化

殷　衡 山东历城人，以训导任。学行优长，有邹鲁遗风。以三礼诲生徒，捐俸置纸笔、油烛资之。永平甲第汇征，多其教益。母性嗜鱼，板舆迎养。值滦涸，公祝河水涨鱼跃。后辟为德庄王审理，王政多所裨益。卒，赠礼部尚书兼武英殿大学士。入祀名宦。淮南王公世贞为文镌石以纪其德云。

万历

叶崇贤 广宁卫人，二十一年以教授任。操持有守，周恤贫士故事诸生有岁时束修，新生有贽见礼，皆力却之。时称其廉。

［国朝］

顺治

陈　丹 字孩赤，顺天遵化人。由贡生，元年以教授任。值定鼎初，干戈甫定，人文寥落。公每于试期，集州县有文望诸生，较课鼓舞。乙酉开科，多有孚其月旦者，人皆服其有汝南之识云。升国学助教，历江西恤刑。

符永培　奉天盖平人，由贡生，六年以训导任。持行恭谨，御士明恕。诸生多受其陶镕之益。

王　美　顺天昌平人。由贡生，十一年以教授任。识见超卓，临事明敏。各宪司有紧急公务、任使乏员，皆委公摄行，事果得济。上下服其安静，而羡其有干才。启圣宫颓坏，申请修补。凡军民以事诘诸生者，公收牒斥逐之，封牒付本生，令其自省。时进诸生讲论经史，奖其所能，而进其所不及。人以方李宗思、常浚孙云。

苏之屏　字翠石，顺天良乡人。由贡生，十三年以教授任。事母孝谨，每岁请额金修理学官，多方补葺，事竣，支销如数，惟求内无愧于己心，上无愧于圣贤。其廉介如此。升福建建安知县。

李含春　字梅谷，顺天通州人。由进士十七年以教授任。学博识高，训课精勤。诸生有执经问义者，必虚心讲解，终日不倦。晋谒者如坐春风中，不见有严厉色。制有乐舞，诸生与祭，公详考明备以崇祀典。其恭慎类如此。有选刊《程墨名文》，以教诸生，至今行世。以忧去永，士至今忻慕之。

康熙

谢国擢　字心斋，直隶延庆人。由贡生，四年以教授任。时新更策论，七年又改正八股，两变文体。奉檄月课诸生，娴习制艺，多方鼓舞。庚戌岁请告归里。

周弘勋　保定左卫人，由贡生，十七年以训导任。殚心学务，勤于考课，以励士习。

经历宦迹

［国朝］

康熙

叶映桂　字芳岩，号东园，浙江余姚人。三十八年任。诚实廉和，才猷敏练。丙戌，离任侯补知县，濒行尚构厅署三楹，亦觉度越恒流。

戴兆龙　字云从，浙江慈溪人。四十六年任。持躬谦厚，奉职勤谨。咸以盛德长者称之。

滦州知州宦迹

[明]

洪武

李益谦　山东德州人，由人材，三年任。当草昧初，城墉、官署、学校、祠宇多所肇立。在任九年。

永乐

陶　安　江南常熟人，由举人，十七年任。吏事精敏。每农时出郊劝农。在任三年，境内殷富。后致仕去，民追思之。

宣德

李　宁　广东南海人，由进士，六年任。词严貌庄，寒暑衣冠无替。精吏事，行移皆自。属九年，民无怨言。

正统

稽　昭　江南昆山人。由进士，九年任。刚介不阿，廉静自守。博学善楷书，莅民得体。既去，民不忘焉。

景泰

蔡　颖　福建长泰人，由举人，六年任。操履勤慎，法令严明。郡事修举，吏民畏敬，境内称治。

成化

杨　鼎　江西南昌人。由进士，十五年任。博学雄文，修黉宇，铸祭器，作新学校，有成都文翁、北州伏氏遗意。

李　智　山东曹州人，冢宰炳之子。由举人，二十一年任。廉明公正，吏民畏服。以内艰去。历官知府，清操一致。

弘治

吕　镒　字世重，山东郓城人。由举人，十年任。轻徭薄赋，兴学育贤。先是滦税输边，民多苦之，公特建白，改运近地。滦人至今德之。

汪　晓　字孟哲，江南六安人。都御史霖之子。由举人，十三年任。平易近民。擢福建泉州府同知，民争留之。

正德

高　堂　字升之，陕西米脂人。由举人，十四年任。廉明谨惠，修学造士，人颂之不忘。

嘉靖

赵　叶　字子玉，浙江东阳人。由进士，七年以建宁同知左迁至滦。劝农捕蝗，兴学课士。升部郎去。士民思之，树碑于道。

张士俨　字敬思，四川内江人。由举人，二十年任。性纯雅，政尚慈，惠赈饿民，葺学宫。升保定府同知。

陈士元　湖广应城人。由进士，二十四年任。作公堂，建名宦乡贤祠，造祭器，修仓赈饥。增修滦志，以备百年文献。

张　璜　广东海丰人。由举人，二十八年任。修养济院，治桥梁，疏滦河，浚濠渠，环城植柳。士民追思，崇祀名宦。

韩应春　山东茌平人。由举人，四十一年任。朴茂廉明，释诬坐军四十八人。滦民怀之，立祠撰碑。

万历

陆从平　陕西华亭人。由进士，十年任。勤慎精敏，革积役，裁浮羡，岁省数千金。升江西临江府同知。

白应乾　山东博兴人。由举人，十一年任。亲编徭役，筑环城短墙，以资守御。

张元庆　浙江山阴人。由举人，十四年任。有异政，夜宿古冶寺，女鬼韩氏诉奸僧妙存淫杀状，诘朝捕治，伏罪。又尝预识河决，囊土塞城门不浸者三板。岁饥赈粥，全活万人。

刘从仁　山西解州人。由贡生，二十一年任。威惠并宣，庭无留讼。缮城浚濠，修学宫，造祭器。不逾年，百废俱兴，时称循卓。

张尧辅　陕西宜川人。由举人，二十三年任。性耿直，爱民如子。以蜚诬去，公论惜之。撰去思碑。

何士玮　陕西陇西人。由举人，二十九年任。诚心爱民，积谷备荒，廉明特著。升四川保宁同知，历任宪副。

孙　慈　湖广蕲水人。由举人，三十四年任。垦荒田，抑强暴。裁冗费，革浮役。去后士民思之，立祠撰碑。

林养栋　广东番禺人。由进士，三十六年任。不畏强御，遭流谤。去后，起工部。公博雅，善诗文，精隶楷，今偏凉亭阁存其遗迹。

李乔岳　陕西南郑人。由举人，三十八年任。真心实政，始终如一。升河间府同知，民思颂不忘。

周　宇　四川成都人。由进士，四十二年任。赈饥捕盗，续修州志，可称材吏。

林应聚　福建漳州人。由进士，四十七年任。清练有为，中忤，调去。

崇祯

杨　爔　贵州铜仁人。由举人，元年任。庚午，皇清兵克永平，州人李际春以城降。士民惊窜，首领广文俱逃。公拔刃自刎。予赠荫专祠。

柏之焕　奉天盖州人。由举人，四年任。兵燹之后，修城隍，练乡勇，制造火药神器，迄今资用不尽。

冯如京　字紫乙，山西代州人。由恩贡，十二年任。居官清介，有惠政。常革老人应驿之苦，立法攒槽，至今赖之。升任永平海防同知。历官至广东江南左右布政使。

[国朝]

顺治

郑　伸　字行台，奉天锦州人。二年任。推诚待物，一介不取。时奉旨圈田，护近城园舍。晋大同佥事。殁祀名宦。

王光晋　字康侯，辽东人。由贡士，五年任。蕴藉儒雅，华年丰质。会中东省副车，以廷对为守，明析秋毫。一切簿书，毫不假手胥吏，代滦赔垫通课千余金，报成，擢苏州太守。

石　鲸　湖广武陵人。由进士，十六年任。擅诗文，草圣。以擅责投充人夺官。濒行垂橐，士绅醵资以备行李。

康熙

陈钟斗 福建古田人。由副榜，四年任。以逃人讹误免官。州民叩阍辩，复补徐州，升湖广长沙府同知。

李溉之 山东长山人。由荫生，六年任。鞫盗得实，因投不忌器，竟坐诬去。民怀之，树碑记德。

孙宗元 字近厚，山东淄川人。由进士，以同知降补十年任。廉静有为。留心抚字，虚公礼士。吏畏民怀，有古良吏风。升广西思恩府同知。

马如龙 字见五，陕西绥德州人。由举人，十六年任。治政明爽，英发有为。除积弊，以恤民艰；培斯文，以振士习。听讼虚公案，无留牍。捐修启圣宫，再建榛镇署。留心地方，废坠毕举。士民德之。历官江西巡抚。

韩逢庥 字悦宜，山东青城人。由贡生，三十七年任。廉明正直，果敢倜傥，爱民如子，疾恶如仇。滦俗抗粮刁讼，为藏盗薮。公征比，不许旗豪劣衿包揽搪比。赏完罚欠，众心悦服，踊跃全完。词讼不轻差役下乡，令原告自拘到案。据理立剖，刁风顿改。又访拿旗棍、窝诈等事，将李德阳正法，张灿公毙狱，程天宠远遁通缉，雷厉风行，善政累累。年余盗息民安，境内大治。未几，以才能调定州牧。士民遮道泣送，立碑记德。

滦州儒学宦迹

[明]

天顺

方　经 字世才，湖广黄陂人。举人，三年以训导任。勤学善诲，尤长吟咏。至六年，乞休。士论归之。

弘治

吴　祺 字贵德，江西丰城人。由举人，六年以学正任。好学不懈，矜式掖儒。戊午，聘典南畿分考，登壬戌进士。历官都御史。

夏廷芝 字钟秀，山东章丘人。由举人，十六年以学正任。善诗文，以亲老就教。正德丁卯，聘典福建分考官，至佥宪。竟以父殁不起，人称笃孝。

万历

熊胤震 四川富顺人。由举人，四十四年以学正任。登天启壬戌进士。有诗文传世。

崇祯

许中泽 字雍门，顺天人。由举人，九年以学正任。冲融简静，式士以和。迁秦令去。多士怀之。

[国朝]

顺治

张国猷 顺天密云人。由贡生，十六年以训导任。为人爽亮，善吟咏，能书诸家草楷行隶。庙学倾圮，捐俸募修，殚竭心力。始建圣殿及明伦堂，坚丽改观。未几，以裁缺改补清河。遗两庑启圣祠未墁，深以为恨。赖继任学正王公麟图至，续成厥功。

康熙

王麟图 直隶保定人。四年以学正任。继前任训导张公国猷迹，捐俸修理文庙及两庑，启圣祠、魁星楼。资用不足，至出家人簪珥助之。百方劳来，诸废悉举。工竣，仍寓书报张，不欲居其成也，士两贤之。

白学曾 字若鲁，直隶南皮人。由举人，二十九年以学正任。古道端方，复和易坦率，士皆敬而爱之。竭蹶募修明伦堂及名宦乡贤两祠。尝代州征比，不事扑责，民感其德，争相输纳。生平嗜古博学。总宪喻公成龙归滦，诗文唱和，结为忘形契。戊子岁，秩将满，乞休去，士民饯送数十里。其盛德在人如此。

滦州佐贰宦迹

[明]

正统

杨 雄 字永和，山东沂水人。十二年以州同任。天资聪敏，九岁通书算，十五精史学。在任廉静有为，修城浚濠，懋著政迹。以内艰去，州人怀焉。

弘治

商良臣 浙江淳安人。由监生，十五年以州判任。催征不扰，修学有勳。

嘉靖

陆　府 江南兴化人。由官监，九年以州同任。政声赫然，考最居上，第未几乞休。当道嘉其志，多赠以诗去。滦人思之，刻像于碑。

苏　术 广西阳朔人。由进士十六年以州判任。英敏笃学，善篆隶，嗜古典。三仕令尹。丁酉，擢四川道监察御史。谪判滦。恤茕惩暴，百废聿兴。政暇辄召生徒讲论不倦。居三年，升南京兵部主事，浙江绍兴知府。

［**国朝**］

顺治

史在德 浙江山阴人。由拔贡，十三年以州同任。持身醇谨，雅善古文辞，永属公私辞命，多出其手。以代庖邑篆诖误去，士民惜之。

康熙

邓天栋 字华岳，辽阳人。由监生，二年以州同任。历事详慎，治政敏练。其识力担荷，皆出人右。代摄各州县印务，咸以能称之。

卢龙县知县宦迹

［**明**］

成化

刘　魁 山东高唐州人。由进士，二年任。廉以持己，能以御事。公以存心，正以率下。秩满，擢御史。

乔　聪 河南河内人。由举人，十年任。宽猛适宜，不以严刻厉民，不以姑息养奸，吏畏民爱。升浙江衢州府通判，人多去后思。

李景华 江南江都人，由举人，二十一年任。治尚节爱，御事果断，性不肯奔竞。时称为三代遗直云。

万历

王衮 山东阳谷人。由举人二十年任。性坦易，才敏决。并柜以省收头，俵马市之都门，免贴银赔累之苦。倭警，将籍民为兵，远近骇窜。公力陈当道更为召募，应者立集，六属安堵。升陕西耀州知州。

叶世英 字春谷，广宁卫籍浙江宁波人。由进士，二十四年任。明敏倜傥，有应变才。二十六年，奉调征倭，广兵五千噪变于山海，公单骑陈以大义，悉抚定之。内三卫编徭例属附郭县官审定之。访役诋欺，卫弁率意报徭，骤减骤增，骇愚启幸，为时大害。公先期谕众，革除前弊，令各户自平，一时承应如流，六属咸取法焉。尤属意学宫，修辟云逵，建魁星阁于埠上，树平临北斗坊，以应斯文兴起之兆，郡中自是科第蝉联。迁兵部主事。

王象恒 山东新城人。由进士，二十八年任。性廉洁，多惠爱。甲辰，值滦、漆涨溢，郭内行舟。岁饥，流民载道。公开仓赈粥，全活甚众。学宫倾圮，设法修葺，士民咸称颂之。

赵绂 号怀东，山西乐平人。由进士，三十五年任。实心为政，勤俭自励。征收弗遣役滋扰，与民约四仲受输，无后期者，听讼平允，不为鞭罚。岁饥赈糜，活人无算。编审金富家应役，以苏贫民。人咸悦服，擢御史。

孙止孝 山东历城人。由进士，四十五年任。劳心抚字，持己洁清，且英毅有远略。时值多事，创立射会，练习乡勇，以备缓急。尤作兴斯文，岁时督课，设立赏格，以示鼓舞。入祀名宦。

崇祯

张若麒 山东胶州人。由进士，七年任。果达明爽，案无积牍。革除金派民役收纳之累，立柜书收受，至今便之。秩满行取。

马孔健 河南陈留人。由进士，十年任。当兵燹余，劝农兴学，固圉安民。己卯，畿东告警，督师孙公傅庭休兵永平，欲入城，郡民骇甚。公设馆城外，请督师禁兵无入，民赖以安。被难男妇千余人给资归之，病者养之。庚辰，台司檄县运粮十万石至辽。民大困，公条议令卫卒营兵协力递运，刻期竣役。里中子投充椒戚，横噬小民，公置诸法不贷。有巨族兄弟讼家产，公闭阁引咎数日不视事，两皆惭谢，和好如初，后争以重赂酬德，抗颜却之。其持正惠民如此。擢御史。

刘浚源　山东曹州人。由进士，十四年任。性介操清。驰任无行装，止挟一布被于舆中，服不衣帛，日用惟供蔬菜一束。时出巡行，预备饼数枚自给，于当道毫无馈遗。听讼执法，虽势力者不能干以私。永人以赵清献颂之，因介直不阿，调顺德府邢台县。

[国朝]

顺治

梁应元　字仁吾，辽阳人。由生员，三年任。当鼎革初，人情惶惑，公慈惠宽仁，鞠保备至。士民爱戴之。学宫自崇祯壬午夏遭风变悉倾圮，公捐俸募修，凡殿庑祠门皆创造一新。寻升江南池州知府转天津道。

赵　汲　字学夫，号润宇，奉天锦州人。由贡士，五年任。沉静练达，廉明仁厚，政皆和易近人。前令学宫未竣，公慨然自任，重修明伦堂、棂星坊及门廊、斋舍，皆继成之。时部檄召买乌豆赴三屯备行幸，羽书旁午，民间供应不及，公乃给值铺商，以所收米豆雇运，不扰民，而公事立济。升江南泰州知州。

李士模　字可庵，山东高密人。由进士，十四年任。才识优长，遇事立剖。卢邑旧无专志，公留心纂辑六卷，以备一邑文献。约束胥吏，不假辞色，蠹弊悉除。升大理寺评事。

康熙

闵　峻　字山纡，浙江乌程人。由拔贡，四年任。秉性廉洁，悉心抚字编审，持公听讼明决，捐俸劝修学宫，躬亲料理。治卢五载，考绩称最。升兵部职方司主事。

魏师段　字松岩，湖广黄冈人。由贡士，九年任。长才磊落，绰有担当。履任初，革除一切陋弊，编审研核均平。值圣驾东巡，召见询以爱民之实，奏对称旨。公勤于吏事，诸务亲裁，听讼虚公，恤穷戢暴，修学宫及邑治，焕然改观。邻邑有自殪其仆而诬人者，承审官顾其豪势，狱竟成，公一讯得情，莫不以神明颂之。

吕宪武 字瑞昙，山东掖县人。由难荫，十三年任。修学宫除火耗，理讼得情，人以慈父母称之。升府同知。

卫立鼎 字慎之，山西阳城人。由举人，十九年任。清明勤慎，治先教化。季考诸生诣明伦堂，按名讲诲，定月课规式。于键户自爱者，尤加器重。时邀奖许者，后皆联翩科甲。修补邑乘，薄敛省刑。境内搭桥，秫秸向为民累，公给时价采买，以清夙弊。遇剧有为，秩满行取。

陆 茂 字林士，浙江平湖人。由副榜，二十五年任。廉明刚正，不畏权势，时有旗员假公干虐扰地方，公执法严惩，民获安堵。春郊劝农，亲爱如家人。以直忤去官，于堂上摘印，即怡然外出，吏役虑有未完事件，劝入署检理，公笑曰："吾已去官，无事可办。"命整行李，惟来时竹笥伞屐而已。出寓肖寺，即检帖临池，若不知去官者。因候代输，时乡民争致薪米，以供饔飧。去之日，老幼焚香泣送，达于境外。绅士送至沙河驿，忽瞿然曰："余有一心事未完，幸诸公持余札致新任，拜惠多矣。"索笔书小柬曰："得免小卯，深为恩便。"盖邑例，里长五日大卯，三日小卯，既承催科之责，复奔驰赴卯，苦累难支。即濒行一札，其拳拳民瘼，宅衷仁恕类如此。

晏 宾 字鹿庵，贵州平远州人。由举人，四十四年任。天性仁厚，立品端方，尚德缓刑，爱民重士。于听讼催科，常存矜恤，惟以天理良心四字谆谕而感动之。以故俗鲜刁讼，亦无通课。每冬征收仓粮，随到随收，有升斗不足者，怜其天寒路远，概免补偿，欢声载道。己丑，水圮学宫，设法修葺。编审户口，旌举节烈，皆实心研核，公当精详。尝摄迁篆，两邑差务冗剧，公从容肆应，措理咸宜。自奉不改儒素，各上宪有第一清官之誉。以忧去，士民无计挽留，歌谣成集，以颂其德。

卢龙县儒学宦迹

［明］

天启

张　岱　辽东义州卫人。由岁贡，二年以教谕任。持己耿介，待士谦和，勤于课试，鼓舞后进，不较贽仪，周恤寒士，人多感之。

崇祯

赵允植　辽阳人。二年以教谕任。品行端方，勤于训士。凡其诱诲启迪，必以忠孝行谊为先。值庚午兵燹，与妻钦氏暨女同死。祀名宦。

［国朝］

康熙

朱持正　顺天大兴人。由岁贡，十七年以教谕任。勤敏供职，训士无倦，赞理修学及督修魁星楼阁，俱与有功。

迁安县知县宦迹

［明］

洪武

萧　颐　二年任。草昧之初，诸事未举，公首建学校，庙貌巍然。诸生弦诵得所，人称其知先务。祀名宦。

弘治

张　济　山西阳曲人。由举人，九年任。时县残于兵燹。公宇圮秽，民为赋重流离，公子惠困穷，劳来安集，诸废毕举，尤加意学校。九年，擢保定府通判。祀名宦。

邓万斛　四川富顺人。由进士，十八年任。清慎慈爱。酌处粮差，以均贫富。时镇守中贵熏灼，人莫敢撄，公独力拒之，一切征求每为阻抑。升南京大理寺评事。祀名宦。

正德

罗　玉　四川南充人。由进士，七年任。驭吏严而待民恕。岁旱，徒跣祷烈日中乃雨。民饥，请发通州仓粟以赈，全活者甚众。以才调南直武进，民攀号留之。寻迁御史。祀名宦。

嘉靖

徐　州　云南杨林所人。由举人，二十年任。廉介自守，惠爱元元。兴学课士，有古循吏风。

韦文英　陕西泾阳人。由举人，二十六年任。发奸摘伏，爱民作士，亹亹不倦，升本府通判。卒于官。祀名宦。

马　仁　山东益都人。由举人，四十五年任。慈祥安静，民受其福。

隆庆

隋　府　山东鱼台人。由进士，二年任。严明整肃，卓有担当，爱礼善类，惩恶不假。

赵云翔　山东平阴人。由进士，三年任。性禀刚直，心存恺悌，公正廉明，动必合礼。祀名宦。

万历

冯　露　河南襄城人。由进士，四年自乐亭调任。廉明仁恕，实惠及民。申请减免永平等卫徭银，民为立石。事见风俗志。祀名宦。

白　夏　江南颍州人。由举人，九年任。初谒庙即问县志，无之。闻邑致仕训导王之衡有草，遂属焉。《迁安县志》始此。又清丈田亩，以清赋役，百姓感服。升山西汾州知府。

雷　声　山东禹城人。由举人，二十四年任。莅任不受里递导行例金。革步快，惩市豪，清算经费，以足岁支。酌议公解俵马，以省各社递马银，并东寨中伙之费。迁有渡滦桥，每岁秋赋民草束木架甚夥，公令民遇夏拆收，所省不赀。初下车，即摘发部民兰文选杀弟事。一切文移俱出亲裁，奸胥敛迹。编审徭役，不避权势。卒于官，士民哀思，请入名宦。

张廷拱　福建同安人。由进士，四十年任。优礼学校，均平徭役，奸胥积猾，禁革一空。秩满行取，士民遮留泣送，如赤子之离父母。为立生祠于南关祀之。历官金都御史。

天启

王四维　山西河曲人。由贡士，二年任。勤敏宽厚，礼士爱民。旧例岁派车、马、扛三役，里胥诈害无穷，民间苦累。公剗除积弊，佥派均平。升涿州知州。民思慕不忘，为立遗爱生祠于县门东祀之。

崇祯

高承埏　字寓公，浙江秀水人。由进士，十三年任。清惠明敏，力行修练，储备四事，加意养士，人文蔚起。民叠遇兵荒，多转徙，公至，先务赈饥，全活数千人。招抚流移，省刑缓征，闻风复业者千七百户。漕船守冻天津，橄州县陆运津粮至辽东前屯卫，迁邑派运四千石，公力请减半。念赴津道远，听民垫运，抵明年应纳屯粮，或至山海关买运前屯，省费万计。豪强投献勋戚，称四姓佃户久厉民，公锄抑之，皆投牒归其原里社。奸民投兵抗粮，公摄治渠魁，诚各营路督通赋无少贷。开垦杨家店等处荒地三千八百余亩，捐俸修城数十丈，不费民钱。调繁宝抵县，两地并有去思。

［国朝］

顺治

徐逢时　字盛寰，广宁卫人。由生员，三年任。当数十年兵燹之后，公恤残黎，缓征呼，重学校。凡礼士爱民之事，无所不至。四年，升顺德知府，邑人感之，为立去思碑。

戴廷对　四川中江人。由举人，十五年任。廉明刚正，治政敏练，恤民瘼，除役蠹，善政累累。圣驾东幸，驻跸迁境，一切供应，预备有方，既不误公，亦不扰民，百姓德之。十八年，升湖广沅州知州。

康熙

武铉周　陕西肤施人。由贡士，元年任。洁己爱民，修学课士。未几，以逃人诖误去。士民感怀不置。

杨　鸣　湖广安陆人。由举人，三年任。赋性温厚，政治宽弘。六年，迁地补圈，部檄拨补任丘。民惮路远，群白于公，为力请户部始免。民甚德之。

王永命 字九如。山西临汾人。由举人，九年任。持躬清正，治政廉明。莅任初，悉革陋规，禁除耗羡。凡食物器具，俱见给时值，商民德之。学宫倾圮，城垣颓坏，公捐俸设法相继修整，绝不扰民。修辑邑志，月课士子，又奉文补葺冷口边墙十三处，寒暑无间，多方鼓舞，均得完固。九年冬，圣驾东狩，驻跸迁境，供应预备，井井有条，其肆应之才如此。升行人司行人所。著有《六言通训·松韵堂余笔》《边工漫记》《别黄台山诗》，从祀名宦。

唐九纬 浙江山阴人。由贡士，十三年任。礼士爱民，不事纷扰。自构山亭于黄台之麓，时集士大夫，问民疾苦。寻卒于官，邑人感悼之。

张一谔 字松野，浙江山阴人。由贡士，十六年任。治政精勤，宽仁抚字。整新黉序，修补城垣。旌节孝以维风，勤考课以鼓士。禁革规弊，听讼明允，人戴之若父母。有游棍诱卖故民之妻冯氏于旗下者，其妇矢志不从，控部准赎，公悯其节，捐资代为赎回。其惠爱及民类如此。

迁安县儒学宦迹

［明］

成化

胡　宪 江南泰和人。以教谕任，督训甚严，尝夜过号舍察诸生，勤读者劳之，否则有罚。故篝灯达旦，不辍以学。在东郭门外，奏展东城，包学宫于城内，士民颂之。祀名宦。

嘉靖

李　臣 河南获嘉人。以教谕任。正直刚毅。师弟间谆谆训迪，恩义兼尽。卒于任士哀慕之。祀名宦。

吴　宜 山东滨州人。由岁贡以训导任。天性孝友，处众宽和，训士以道义相期，不计修脯。升抚宁教谕，两庠慕之，并祀名宦。

姚廷凤 江南句容人。以训迪任。仪度清雅，才高学博，有诗古文传世。

杜　伟　山东濮州人。以训导任。坦夷豁达，勤训迪，善吟咏，意出尘表，无叹老嗟贫之态。人以是贤之。

［国朝］

康熙

马负图　河间固城人。由贡生，九年以训导任。行谊端方，学问渊邃。善诗文，尤勤课士。寻卒于任，士多哀惜焉。

冯尧年　真定临城人。由贡生，十年以训导任。赋性廉介，待士明恕，不较束修。督修学宫甚力，且慨捐三十金以襄之。亦首蓿中之不多见者。

迁安县主簿宦迹

［明］

洪武

金彦祥　浙江崇德人。三年，故元遣将姜文靖内侵，攻围永平，公馈粮不乏。及兵迫县，拒守益力。事平，擢知本县，转工部主事，至今称之。入祀府县两名宦祠。

抚宁县知县宦迹

［明］

洪武

娄大方　浙江奉化人。由儒士，七年任。强干果毅。时值草昧，因旧鼎新，多所建置。寇至，率吏民避兵于洋河之西兔耳山南，遂建县治。经营区画，屹然有法。寇不为患，士民德之，祀名宦。

永乐

陈　坤　四川石泉人。由监生，九年任。有善政。

成化

胡　方　江西新喻人。由监生，三年任。六事孔修，士民安堵。

姜　镐　河南修武人。由举人，十九年任。恢廓县治，修建学校，勤政爱民。有去思碑，树仪门外。祀名宦。

弘治

刘 玉 山东乐陵人。由监生，十一年任。民怀其德。

赵之彦 陕西泾阳人。由举人任。廉明仁恕，待士有礼。治邑三年，百废具举，行取监察御史。

嘉靖

陈思谦 广东揭阳人。由进士，十二年任。刑清讼简，吏畏民怀。升户部主事。

叶宗荫 浙江遂昌人，广西仪卫籍。由举人。资性明敏，兴利除害，一境肃然。致仕去，士民攀送至永平，涕泣如失怙恃。

谢应征 山西安邑人。由监生，三十二年任。廉而有为，刚而不苛。

段廷晏 山西太原人，由监生，四十三年任。诚朴刚直，行所无事，士民爱之。去之日，行李一肩，士民攀送，流涕载道。

姜 密 山东夏津人。由举人，四十五年任。廉明善断，凡事务从节省。擢户部主事。

隆庆

李一本 河南郏县人。由进士，二年任。赋役公平，听讼明决。擢户部主事。

张彝训 山东宁阳人。由进士，五年任。恩优学校，泽洽群黎，士民感德，树碑于西门瓮城。

万历

雷应时 山西芮城人，举人，十一年任。耿介端方，不事韦脂。修辑县志，课民织纺，有实惠及民，保留加通判衔，治政九载，边邑晏然，有古循吏风。

王 台 字古柏，山东临清人。由举人，四十三年任。敷政宁人，筹边足国。捐俸创建云从书院，课士不倦。有生祠碑记。

崇祯

余 爵 字天有，河南禹州人。由进士，四年任。长才卧理，百姓安堵，厘奸剔弊，吏胥畏服。历兵部职方司监军，征寇殉难。赠太仆寺少卿，谥忠庄。

李果珍 字荆岑，陕西雒南人。由举人，十一年任。端方清正，治本经术，尤作养学校，劝课不倦。历官户部山西司郎中。

[**国朝**]

顺治

侯一匡 山西人，生员，元年任。当鼎革之初，刑清政简，深得民心。未几，卒于官。邑人哀之。

张毓中 字去偏，号泊水，山西阳城人。由举人，二年任。邑当明末，差繁徭重，及包赔滩塌地亩钱粮，为民大累。公下车清查逋数，概请捐除，流亡复业。甫七月，擢刑部主事，百姓如失父母。历官陕西凤翔知府。

康熙

王文衡 字季平，江南江宁人。由贡生，五年任。治政精勤，听讼爽决。修建学宫、城堙，及谯楼、魁阁，凡祀典祠庙，捐募鸠工，亲为综理。秩满，升陕西巩昌府同知。去之日，士民遮留追送者百有余里。

谭琳 湖广崇阳人。由举人，十年任。爱士恤茕，著有惠政。

刘馨 字敬庵，湖广沔阳人。由荫生，十四年任。治政淳厚，历事和平。捐资创建武庙，设立小学，修建书院，训课生童，抚字催科，悉存宽恕。县志自万历以来缺略未修，公留心咨访，纂续刊刻。莅任四载，诸务毕举，民受安静之福。

赵端 字又吕，浙江钱塘人。由贡生，十九年任。慈惠明敏，厘剔奸弊，民畏而爱之。尤留心学校，奖励生童，捐资建奎楼，设乡塾，置学田，立义冢。又于城北设冰窖以供部，例免山海运驼之累，境内晏然，不愧民牧。

抚宁县儒学宦迹

[**明**]

嘉靖

吴宜 山东滨州人。由岁贡，二十六年自迁训升教谕任。言坊行表，士子矜式，捐俸置买学田三十亩，以赈贫生，有碑记。祀名宦。

隆庆

曹应诰　山东郓城人。由贡生，以教谕任。性严行修，动必以礼。工诗文，勤训课，士论归之。

崇祯

宋　坤　辽东人。由岁贡，二年以训导任。时值兵警，赖公调戢兵民，地方保全。

杜　浤　字腾江，保定定兴人。由岁贡，十年以教谕任。行谊端方，学问渊博。诲人仿胡文定教条，起衰式靡，一时士风丕变，庠弟子至今宗仰之。

［国朝］

康熙

刘三德　顺天顺义人。由岁贡，四年以训导任。尽心学校，躬督大工，夙夜匪懈。升赵州学正。

辛进修　保定新安人。由拔监，十七年以教谕任。律身以正，饬士惟谨。见明伦堂倾圮，捐资首倡，重修一新。

胡文蔚　字豹贞，顺天通州人。由岁贡，二十一年以教谕任。才华敏达，培植斯文。值岁试时，有庠生为兵所辱，弁威逞虐，公侃侃主持，士气赖振，八庠至今颂之。升江西安义县知县。

宋　琰　字德培，顺天大兴人。由岁贡，四十六年以教谕任。端方自饬，廉静有守。署理邑篆，有海洋社烈女郭三姐拒奸惨毙，凶犯遁迹，公摘发如神，按律伏辜，万民称快。寻以忧去，士民泣送依依，至今咸颂不置。

昌黎县知县宦迹

［明］

永乐

杨　禧　顺天大兴人。十年任。课农桑，兴学校，招复逋逃，威制屯卒，民感其德。祀名宦。

张　约　江南山阳人。十二年任。勤于政治，六事修举。

田　蕃　山东乐陵人。十六年任。廉能公正，治迹著闻。

正统

于显祖　山东蓬莱人。平易近民，不尚鞭朴，百姓怀之。

弘治

殷　玘　山东寿张人，八年任。清慎有为。捐资修葺学宫、城垣，士民均感其德。

张云凤　山东济宁人。由举人，恩威兼著，民怀不忘。

陈　纲　浙江金华人。由进士，十七年任。公廉有为，吏民畏服。升大理寺评事。

嘉靖

文世英　广西护卫人。由举人，二十二年任。多惠政，民皆感戴，升保安知州。祀名宦。

李希洛　山西太原人，由进士，三十三年任。文章政事，濯濯炳著，升给事中。祀名宦。

胡　溪　山东清平人。由监生，三十六年任。约己便民，志向不汙，民咸思之。

楚孔生　山东曹州人。由举人，四十一年任。清操雅量，惠政多端。莅任五年，士民感戴。以县无志，属教谕杨公志高草之，滦州学正梁公桂臣修饰焉。

陈良辅　山东莒州人。由举人，四十五年任。巨寇薄城，公与民死守，城池获全。后被诬谪官。昌民立祠祀之。

隆庆

张存智　山东历城人，由举人，二年任。邑当残破之后，修筑安集，尽瘁国事，士民至今思之。历升户部郎中。

孟　秋　山东茌平人。由进士，五年任。达天之学，济世之才，治教兼隆，事功懋著，官至少卿。卒不能殓，士民肖像立祠祀之。入名宦。

万历

吴应选　陕西会宁人，由举人，五年任。清慎居官，真诚待物，政通法理，允孚民心。升京府通判，历知府，有专祠。

石之峰　山东丘县人。由贡士，十六年任。修城葺学，士民允赖。

冯　恩　山西代州人。由举人，二十年任。廉以持躬，勤以任事。营建鼓楼，修筑月城。通北门，置北关，增栈房，浚棠泉，士民思之。祀名宦。

吴望岱　前令应选子。由举人，三十五年任。吏治精明，断狱敏辨。父子继任昌黎，人以比傅僧祐、毕元宝云。累官南户部郎中。

杨于陛　四川剑州人。由举人，四十四年任。抚民训士，补缺兴废，文学、吏治，两擅其美。重修邑志，笔削简当，仿佛龙门抚风遗意。升广西郁林知州，迁云南武定府同知。死节。

崇祯

左应选　山西榆次人。由举人，二年任。甫任三日，即城守戒严。庚午正月，皇清兵下永平，滦、迁俱陷。大兵攻围昌黎八昼夜，公誓死励众，百计守御，遣人突围。密约乐亭死守，以通京师山海之路，赖以全城。又灭白莲教数千人于云峰寺。以功加按察司佥事。

秦士英　山西夏县人。由贡士。仁恕廉明，恤民爱士。以疾去，士民思之。

［国朝］

顺治

刘应钖　辽东人，由生员，三年任。当定鼎之初，人心惶怯，公廉明慈恕，加意抚绥，人心始定。升大名知府。去之日，民送如市。

康熙

寇新民　字振之，河南西华人。由拔贡，七年任。仁恕不苟，敬士恤民，持重而多惠政。寻以讹误去。百姓怀之。

王曰翼　字健斋。山西阳城人。由举人，九年任。清慎有为，殚心抚字。旧有粮羡陋规，公张示永除，以苏民困。学宫颓圮，公捐俸修葺，及魁星楼、名宦乡贤两祠。又缮城修志，课士抑强，编审公平。士民爱戴，为立去思碑。

陈邦齐 字君弼，奉天盖州人。由荫生，十五年任。操持廉介，治政仁明。向者昌邑钱粮积逋，百姓流亡。公莅任，一切繁扰陋弊不便于民者，尽行禁革。省刑薄税，百姓接踵复业。听讼虚，公案无沉牍。城隍庙灾，捐募重新。百姓以慈父母称之。

昌黎县儒学宦迹

[**明**]

景泰

阎禹锡 河南洛阳人。由举人，以训导任。学行俱优，教人有法。升国子监监丞。寻迁北畿督学御史。

嘉靖

杨 志 河南汤阴人。由岁贡，十四年以教谕任。掌教九年，与人无竞。士多感念。

张 锦 山东兖州府人。二十八年以教谕任。持躬端厚，喜怒不形于色，士子感戴。

[**国朝**]

康熙

李维楫 真定定州人。由岁贡，六年以训导任。持躬耿介，课士精勤，多士钦其模范。

昌黎县县丞宦迹

[**明**]

永乐

李 泰 河南鹿邑人，进士谪任。惠政及民，咸感戴之，寻复行取。

万历

张 示 江南泰州人。由岁贡，十一年任。一清如水，空囊以归。时咸颂其廉介。

乐亭县知县宦迹

［明］

洪武

王文贵 由人材举卓异科，三年任。当草昧初，公励精为政，六事修举。凡学宫、坛壝、祠宇、公署，为之焕然。历官大理寺少卿。

成化

李　瀚 山西沁水人。由进士，十八年任。邑故土城，巡抚阎公檄县甃以砖，更十余年罔功。自阉人汪直启衅，数有边警，人益恐。公下车即修筑竣工，至今攸赖。儒学旧在文庙后，湫隘特甚，公乃迁于庙左，拓前后地数亩，宏敞遂与庙称。又铸祭器，育贤才，文教蔚然。其他惠政种种，不能具悉，大都洁己爱民，宽而有则，严而不苛。故公去逾百年，而士民思慕弗替。隆庆初，重修城东北隅十余丈，坚巩异常，民不忍撤而止。瞻者若召棠焉。擢监察御史，历官南京户部尚书，赠太子少保。

弘治

郝　本 山西阳曲人。由进士，七年任。赋资英爽，莅政廉明。升涿州知州，历官陕西佥事。

田　登 山东武城人。由进士，十年任。兴学育材，政教兼举。改监察御史。

原　轩 山西阳城人。由进士，十四年任。刚方正直，不畏权要，笃志爱民，屡著异绩，有古循良风，吏民怀焉。历官都御史。

正德

赵　宽 山西垣曲人。由举人，四年任。性资方正有执，持文学，饬治行谊表俗，不事苛察，而吏民畏戴，有严父保母之颂。时嬖幸擅权，有鹰房阉人绎骚，公召而诘之，阉倨侮无状，公怒答焉。坐是被逮下狱，法官察其庇民无他，乃拟赎还职，大冢宰亟贤之。亡何，竟挂冠而去，迄今人称贤令。

嘉靖

杨凤阳 江南宿州人。由贡生，二十二年任。先是邑八年逋负未完，公至叹曰："非独小民罪也，咎在催者、索收者、侵督者，徒鞭箠之，奈何不通！"乃尽革诸弊，酌缓急从便宜，力绝奇羡，于是百姓乐输，流者归业，邑无逋负自兹始。庙学缮于成化间，圮甚，尽撤而重建之。时有群盗狱，具解府，府胥泥案，累及无辜，郡逮拷讯，欲置重罪，为白其冤获释，宁忤郡公意不惜也。他政类此，大都恤茕弱，抑豪右，惩刁恶，清操不染。业将迁秩，竟为人所陷，题壁而去。士民追随叹息，有泣下者。

吕　鸿 山西阳曲人。由举人，三十二年任。赋性宽厚，莅政慈祥，优士待民，有如保母。改教授，升府同知。

隆庆

李邦佐 河南陈留人。由进士，元年任。时值多事，公修缮城池，高厚视昔加三之一，增四门、月城，各置铁栈，楼橹、敌台、雉堞，倍盛于前。简募丁壮制造火器，民恃无恐。性强直无阿徇，剖断如流，除奸若刈，一方戴之，为神君云。擢礼科给事中。去后，乐人立祠，合前令李瀚共祀之。

万历

潘敦复 字彦恒，山东夏津人。由进士，十八年任。为政不事催科，首崇抚字。简练乡兵，以备城守，修茸学宫，建设仓廒。邑无专志，公纂辑二百余年故实，遂成一代文献。历升山西大同知府。

崇祯

李凤翥 字瑞征。江西乐安人。由举人，元年任。才裕性果，加惠茕氓。值皇清兵下永平，公鼓舞士民多方悍御，援兵抵邑，应付有方。因忤当道排挤之。士民争先保举不得，立石颂之。祀名宦。

［国朝］

顺治

韩　望 字俨然，陕西泾阳人。由进士，九年任。吏治敏达，剔蠹祛奸，一时萑苻不惊，强暴敛迹。擢户部福建主事，士民遮留，自辰抵暮，不忍舍去。

康熙

于成龙 字振甲，镶红旗人。由荫生，七年任。宏才伟略，清正有为。念恤民艰，首严苛派。岁饥请赈，实惠均沾。缮城垣，除积弊。未两年，政通事举。以署滦篆讹误，士民叩阍保留，于十年复任。由是，修学宫，劝开垦，革里催。详除美化屯额粮，以恤丁绝。请退任丘拨补地亩，以免民赔累。礼贤爱士，缉盗安民。十八年，升北通州知州，迁江宁知府，擢江南按察司使，升副总河、直隶巡抚。叠荷圣眷，加太子少保，晋升都察院左都御史、本旗都统、河道总督。功业赫赫，社稷倚重。祀名宦。

金星瑞 浙江仁和人。由监生，二十一年任。慈爱群黎，隆礼学校。修文庙，崇祭典，备乐器，召募乐舞生六十四人，概予优免。水冲城垣，颓圮过半，设法修筑，绝不派累民间。接物和平，而执法必严，强暴自此敛迹。升云南师宗州知州。

汤 彝 字篆辛，浙江仁和人。由监生，三十八年任。临民以宽，待士以礼，以才能擢永定河同知。

王 经 陕西朝邑人。由副榜，四十三年任。廉以持己，勤于视事。以疾卒于官邑，人至今怀之。

乐亭县儒学宦迹

［**明**］

正德

邵 鉴 河南洛阳人。由岁贡，二年以训导任。平易笃实，勤督课业，训迪有方，士风变焉。祀名宦。

贾 奎 山西蔚州人。由监生，十年以训导任。性行刚方，持守廉洁，造士勤敏，绰有矩度。尝条陈八事欲献，为上官所止，志大有为，竟赍以殁，士类悼之。祀名宦。

嘉靖

王 柴 河南襄城人。由岁贡，三十六年以教谕任。志行高明，诸生贫者馈多不受。修祭器，植松柏，不自暇逸，君子称之。

崔　佩　山西沁州人。由岁贡，三十七年以训导任。立志端方，待士宽厚。诸生馈赟，概置弗较，以廉静著闻。

隆庆

刘邦彦　湖广龙阳人。由举人，二年以教谕任。学问宏邃，志行端方。即威仪词章，亦卓有矩获，以行谊作人，以经术迪士，谆谆戒浮薄，厘陋习，一事不苟，学者翕然乡风。升高邑知县，历大理寺寺正。

万历

杨　芳　山东益都人。由岁贡，七年以教谕任。公年已耆，众谓为温饱尔。往例新生进贽，先定甲乙，众以请公，笑曰："此岂市廛，吾为贾人耶。"诸生觇其不较，具仪甚凉，公略无芥蒂意，其高迈类此。居常温恭，待生徒曲尽恩礼，人乐亲就。有过必正色戒谕，亦不阿徇。时以清正颂之。

乐亭县县丞宦迹

［明］

嘉靖

任　逮　江南萧县人。由监生，二十六年任。家居孝亲，亲终庐于墓侧。及佐邑，政专慈惠，而性尤介直，士人谓其孝慈，无愧圣训云。

山海卫儒学宦迹

［明］

嘉靖

李　英　江西饶州人。由岁贡，以教授任。潜心圣贤之学，每事务躬行实践，期可盟幽独，尤以师道自任。教人不专事举子业，对诸生燕坐，谈理道，辨义利，谆谆不倦。徒辈有能厚人伦、尚义举者，奖进不置口。后闻兄讣，哀毁逾礼，见者感泣。因触时政，竟弃官归，乃赋诗云："来时行李书一束，去时行李一束书。孤竹二君今始别，清风百世竟何如。"当时与胡敬斋先生齐名，西江至今推理学必曰胡李云。

张　伦　山西沁水人。由岁贡，十五年以训导任。提躬严整，博学善诲，立训以圣贤，心身正大，为词不琐章句。每岁博士俸及祭肉，悉捐赐贫士。朔望振铎，诸生森森就业，毋敢惰者。以故桃李成蹊，如刘太仆卿复礼，暨府县正佐出仕者，不下十余辈，皆其衣钵焉。

［国朝］

康熙

韩国龙　顺天密云人。由岁贡，元年以教授任。修理学宫，殚竭心力。

钱裕国　字圜府，顺天人。由举人，七年以教授任。敦厚持躬，忠诚垂范，虚公训课，诸生多受其教益。时郡丞寿州梁公泰来留心郡乘，属公修补，以备一郡文献。

武功宦迹

［元］

皇庆

怀间公　为瑞州达鲁花赤。时海滨县宣圣庙毁于兵燹，前政数十辈咸置弗理，公至，邑人请之，遂慨然兴复，不十旬成。其崇儒慕义类如此。

［明］

洪武

徐　达　江南凤阳人。帝以燕民新附，又地邻边塞，于十四年，命公镇之。乃依山阻海，创立关城，复修筑墙垣，阻塞隘口，联络周密，规度宏远，累官太傅、中书、右丞相，晋爵魏国公。卒追赠中山王，谥武宁。景泰间，山海士民感念功德不忘，请建专祠，春秋祭享。

隆庆

戚继光 山东登州卫人。以剿平倭寇功，言官交请召入京营练兵。寻加少保兼总理，镇守蓟永、山海等处，巡历各边，相度平险，建筑敌台，千里森列，军民不病，皆公调度得宜所致也。又尝增饷廪，制车战及火器兵械，立传烽制，掣旗举炮，顷刻千里，百废具举，奔走诸将，檄飞随羽。至大阅三十万众，咸遵纪律。阅视大臣，每以李郭称之。著有《止止堂集》《纪效新书》《练兵实录》，真诗书名将。至今三屯营立祠祀之。

万历

王守道 辽东左屯卫都指挥使。于十一年任山海路参将。十二年九月，敌侵宁前，公率本路并延绥兵东援，遇敌却之。十月，敌复合兵，夜半直逼关门，公同延绥将杭大才、中军盛庄列营城东，血战竟日，敌失利退去，实有全城之功。

朱洪范 京卫指挥，由武进士，于三十年任山海路参将。才品优长，仪表出众，整饰营伍，任用贤能。时值税监擅权，公曲护地方，得免荼毒。且长于吟咏，有樽俎折冲之概。当年推为儒将。

杜　松 陕西榆林卫人，四十六年总镇山海，秉性忠义，气辟万人。率兵援辽，浑河大战，死于阵，谥忠壮。

刘　渠 号双泉，顺天人。四十七年，总镇山海，体貌魁岸，武艺优长，而性情儒雅，爱士礼贤。严禁宫价，不致扰民，有古良将风。迁镇广宁，临阵竟以身殉，壮哉。

天启

孙承宗 号凯阳，直隶高阳人。由进士廷试第二。公沉毅豁达。壬戌，以内阁督师关内，设三镇，置营房于城内外，军民异处，各安其所。捐俸修学，广科举额，以兴人文。施谷济贫，惠及百姓。三载劳瘁，告病回籍。崇祯己巳，特旨起公匹马就关，躬督士民防守，关城赖以保全。当多事之际，执掌军务，安详镇定，不动声色，有纶巾羽扇之风焉。

崇祯

唐之靖 浙江山阴人，由会举第二人，元年任武学科正。三年庚午，大清兵下永平，公先令阖家俱焚，因谓左右曰："吾死之后，亦焚吾尸。"遂西向再拜自缢，从容就义，大节昭然。祀武庙忠烈祠。

程应琦 浙江山阴人。由三科武举，元年任永平道标中军都司。沉毅英发，有应变才。庚午，永城不守，公挺戈巷战，事不济，拔所佩刀自刎不死，令家丁断头。众皆涕泣劝，公竖发裂眦，复起自杀。事平，立坊表之，祀武庙忠烈祠。

房应祥 号泰寰。卢龙世胄。历营路参军时，永平多事，城守单弱。兵备张公春会抚按汇题，命公为城守中军，专司团练乡勇。庚午，杨武营兵守陴，纵火陷城。公分守东面，率所部堵陴血战，冒矢石死。事定，赠骁勇将军，立坊表之。仍祀武庙忠烈祠。子三：长星华，贡士，历福建漳州知府；次星耀，不慕仕进，多侠气，人雅重之；季星焕，历山东武德道副使，有政声，卒于官。人以为公忠烈之报云。

朱 梅 号海峰，辽东前屯卫人。三年，总镇山海。厚重浑朴，御事精详。先是，值广宁失守，边人要赏，士民震骇。当事难之时，公为裨将，慨然自任，出抚于关东八里铺，慑以威灵，绥以恩信，众皆帖服，罗拜而去，关门安堵。至招降丁，活难民，垦地筑垣，种种著绩。适辽兵溃还至关，公匹马独前，宣布恩威，相对抚膺流涕，无不感动。镇关不浃旬，克奏肤功。加秩世袭。及卒，晋阶谕祭，以酬其勋。子国梓，历官永平道，载宦迹。

杨嗣昌 字文弱，湖广武陵人。由进士，秉宪山石将佐，凛如神君。六年，晋山永巡抚。豁达沉毅，聪颖绝伦。每条对行间要害，顷刻千言，皆中款繁。凡阅武，将士才勇，经目不忘，赏罚严明。建山海南北两翼城，以固疆域。又以学宫魁路狭窄，卜乾地建明伦堂三楹，规模壮丽，自是关门科第，较前颇盛。所著有《中枢奏议》及《乡约化民书》数万言。抚山永时，令有司朔望讲解，以正风俗焉。

马成名 江南溧阳人。由进士，十五年，以密云道擢升山永巡抚。厚重端凝，才优识练，设备边防，简练士马，人心慑服。严关中外，倚为屏翰。未几，以事就逮，时论惜之。

协镇山永副总兵宦迹

永平自庚午不守，设城守中左右三营，以副将一员，游击二员统领之。继因多事，间或防守各边，及征调应援，去留不常。今制止设副将一员，领左右城守二营，兼辖山、石、燕、建四路及边防各营汛焉。其间智勇才略暨政绩可观者，亦不乏人。后之修武备者，得无有览于斯乎。

[国朝]

顺治

张思诚 号至隆，辽阳人。十三年任。永平为两京要冲，行旅络绎。盗有冒干办使臣公行劫掠者，地方苦之。公履任初，遇有劫盗，恐游兵莫敌，每亲率健丁，穷追务获，盗渐敛迹。又严禁克扣兵饷，军士得沾实惠。一时，军容严肃，器械鲜明。弁丁有生事者，必执法惩之，故终其任，兵民相安。调升浙江温台等处副总兵。

李廷楠 字若梓，陕西西安人。由功荫，十六年任。先于五年自一片石备御，升山东沂州镇游击，征剿各寨叛寇，所向克敌，升山西大同镇参将。时东粤负固，调公随征，公首克凌江，进兵要路，直抵信安，即授广东肇庆府副将。时封川、开建诸处未靖，公奉将军令，代宣恩信，不旬日，传檄悉定，论功加左都督，推升兹任。向者，边道衔代监军前协，每以小节各不相下，致构嫌隙。公履任初，惟以封疆为重，会道易舆以骑，一遵仪注，自此文武相睦。待寮属气度温和，时勤操阅，以练技勇。严禁借支，以清克扣。虽幼历疆场，未工文墨，然尊贤礼士，饶有儒将风流。调升江北寿春营副总兵。

康熙

张应标 号正吾，陕西崇信人。由将材，七年任。先自三年奉檄剿四川陈家坡巨寇刘二虎，一战夺贼老木吼窝巢，二虎失势雉经，余党悉平。又，楚有大逆李来亨者，久据茅麓山寨，声势汹涌，为湖湘大害，公与总统梁家琦会剿，掘壕筑提，割汛分守。来亨突冲公汛夜遁，公奋力截杀，贼众大败，叙剿荡功，加都督佥事，推升兹任。公胆略过人，智勇素著，历事精详，持躬敬慎。所属自阃下及部伍之微，俱推诚以待，和而有体，有古良将风。

喻三元 字魁一，江南徐州人。十二年任。持己洁清，治行果决。初从征闽省，叙功升游击，镇守北楼隘口。其地相邻五台，向为盗薮。公防御有方，恩威并用，萑苻敛迹，山野肃清。加都督同知，升授兹任。简练兵卒，法令严明。念刍饷为三军命脉，严杜克扣。间有盗警，公闻报，单骑叱驭，务期必获，鼠辈闻风消弭，地方赖以安宁。

协标守备宦迹

[国朝]

康熙

李一奇 字秀实，通州人。由将材，十年任。才勇超卓，长于骑射。清核士马，爱恤部伍，赏罚严明，与民相安。

永平卫守备宦迹

[明]

成化

罗　纲 永平卫指挥代任。刚毅有为，兼通文事，有声于时。

嘉靖

祝　福 山海卫指挥代任。清操如玉，绅士多敬重焉。

崇祯

陈靖华 字养素。东胜卫指挥，元年代任。明决有为，安静不扰，百姓爱戴之。

[国朝]

顺治

高君锡 字康侯。大兴人。由武进士，十年任。旧制永、卢、东、兴四卫，时归并于一，事绪纷纭，公区画有方，四卫惬服。编审公平，不事苛求。百姓至今怀之。

山海卫守备宦迹

［明］

正统

王 整 羽林前卫人。八年任，沉毅有谋，长于干济。山海设守官自此始，前此治尚草创，规制未备。公至，次第兴举，凡学、庙、楼、橹及廨舍之属，多所增建。抚士驭下，宽而有体，军民畏而爱之。

天顺

刘 刚 山海卫指挥佥事。视卫篆以贤能称。创建文庙东西庑暨学舍。诸生违教者罚之，罔敢不服，其公正类此。

谷 登 永平卫指挥代任。骁勇善射，作为杰出，一时倚重之。

弘治

申 宁 沂州卫人。安静不扰，地方德之。升山东都司，以廉勤，勒石于石门路之彰善碑。

［国朝］

顺治

郭之俊 宣镇人。由武进士，六年任。慷慨有为，清正不苟，爱民如子，办事克勤。时抚宁卫初并山海，公视之如一，下民戴之。升任，民遮送不忍舍去。

康熙

陈廷谟 京卫人。由进士，六年任。历事详慎，御下冲和，明恕不繁，百姓爱戴。修《山海关志》及劝募重修望海楼，其政绩略可观矣。

‖卷之十六‖

莱　阳　　宋　琬撰次

府学训导　徐　香参订

萧　山　　张朝琮续纂

卢龙教谕　胡仁济校辑

科　贡

《王制》：大乐正论，造士之秀者，以告于王，而升诸司马，曰进士。进士之名自此始。三代之制，皆乡举里选。而后，乃以射策甲科为进士。其次，举人、贡士三者并用，得人之盛，自昔记之。永平在唐时无考，自辽金至于今日，则彬彬矣。庄定山有言，士当家食，即荷国恩，既免其庸，复供其饩。自贡举而上，其费更多。恩礼虽自于天朝，脂膏实出于百姓。静言念此，能无内惭！惟穷，恐负乡人；斯达，不负天子。志夷齐之志，学文公之学，余于此邦之士望之矣。各志有牌坊、诰命二款，今删。

　　〔辽〕

冯唐卿　大安元年进士。

张　珏　平州义丰人，乾统元年进士，历官节度使，有传。

孟　浩　滦州人，辽末登进士，仕金，历官尚书右丞兼太子少傅。有传。

　　〔金〕

刘敏行　平州人，天会三年进士，历官河北东路转运使，有传。

李　杭　乐亭人，天会初登进士，历官刺史，有传。滦志云：天会四年。郭志：考史元年十一月，时以急欲得汉士，以抚辑新附，初无定数，亦无定期，故二年八月，凡再行焉。至五年，号为南北选，则杭登非四年矣。

李元道　滦州人，皇统间词赋进士。

李元璋　元道弟，正隆元年律科进士，历官吏部尚书，赐少中大夫，陇西郡开国侯，有传。

张　芝　滦州人，正隆二年进士。

任　询　滦州义丰人，正隆二年进士，历官北京监盐使，有传。《郭志考》：询本易州人，官老归休于滦耳。

张天佐　乐亭人，正隆间登进士，历官侍郎。

张天佑　乐亭人，正隆间登进士，历官中奉大夫。

史　愈　滦州人，大定六年进士。

牛子元　滦州人，大定十二年进士。

张　介　平州人，正大元年经义进士第一，有传。

〔元〕

鲜于仲权　乐亭人，太祖十年进士，有传。《郭志考》：史自太宗始，取中原中书令，耶律楚材请用儒术选士，从之。九年八月，乃下诏命官历诸路考试，以论及经义词赋分三科取士。皆一时名士。当世或以为非后中止。

杨绍先　滦州人，中统三年进士，历官集贤司直学士，有传。

赵仁举　至元二十年进士，知晋州事。

赵　衍　至元二十年进士，历官国子祭酒。

成　祚　大德七年进士，历官运副使。

张　德　滦州人，宋横渠七世孙，皇庆元年进士，历官大宁路儒学教授，有传。郭志考：元进士科，自世祖议，至武宗未尝行，至皇庆二年十一月乃下诏，以三年八月天下郡县兴其贤者能者充赋有司，次年二月，会试京师，中选亲策赐第。今因而行之是也。则是年以前，凡登进士者谬矣。

进　士

[明]

洪武　乙丑

宋弘道　乐亭人，左佥都御史。

永乐　乙未

王　翱　滦州人，盐山籍，吏部尚书、太子太傅。

戊戌

崔　碧　昌黎人，御史历山东佥事。

宣德　庚戌

解　贯　抚宁人，太仆寺少卿。

正统　己未

王　锐　迁安人，巡抚延绥右副都御史。

壬戌

张文质　昌黎人，礼部尚书、太子太保。

乙丑

李　和　迁安人，河南参政。

景泰　辛未

刘　宣　卢龙卫人，南京工部尚书。

杨　福　永平卫人，御史。

李　胜　永平卫人，御史、历河南佥事。

周　斌　昌黎人，御史、历湖广布政。

甲戌

杜　谦　昌黎人，工部左侍郎。

李　文　迁安人，户部郎中，历运使。

阎　鼎　滦州人，御史谪主簿，升知县。

天顺　丁丑

王　佐　卢龙人，阳武知县。

庚辰

刘　恭　乐亭人，兵科历河南参议。

癸未

刘　珙　抚宁人，刑部员外。

成化　丙戌

郑　己　山海卫人，御史。　　萧　谦　永平卫人，湖广副使。

杨　祥　永平卫人，山西佥事。齐　章　滦州人，燕山卫籍。

己丑

张　忱　昌黎人，文质子，兵部郎中。

齐　文　章弟，燕山卫籍。

壬辰

萧　显　山海卫人，兵科历佥事。

周　茂　卢龙人，永州知府。　　谢　纲　滦州人，上虞知县。

郝　隆　滦州人，金华知府。　　张廷纲　永平卫人，行人。

乙未

魏　琮　迁安人，乌程知县。　　赵　绣　抚宁人，行人。

戊戌

高　瓛　滦州人，临邑知县。

茆　钦　卢龙人，御史，历江西佥事。

王　和　迁安人，御史，历山东副使。

才　宽　迁安人，工部尚书、太子少保。

辛丑

杜　源　昌黎人，谦子，青州知府。

余　璘　滦州人，南京员外郎。

甲辰

郭　镛　兴州卫人，御史，历副使。

崔　锦　山海卫人。

丁未

朱　玑　滦州人，蒙化卫籍，按察使。

王　济　滦州人，太仆寺少卿。

弘治　庚戌

李宗商　乐亭人，陕西行太仆寺少卿。

癸丑

高　谦　滦州人，巩昌知府。

王　廷　迁安人，兵科，历山西佥事。

许　庄　滦州人，陕西参议。　　李　金　迁安人，江西副使。

郭　瑀　滦州人，和阳卫籍。

丙辰

孙　炳　兴州卫人，苑马寺卿。

王　春　抚宁人，检讨改周府左长史。

郭　经　卢龙人，开封同知。

任　惠　滦州人，南京吏科给事中。

王　蕃　滦州人，御史历平凉知府。

己未

李　炫　迁安人，陕西行太仆寺卿。

朱　鉴　卢龙人，青州知府。

王　珝　永平卫人，兵部侍郎。

王　辅　滦州人，河南副使。

壬戌

张秉清　永平卫人，按察佥事。

鲁　铎　抚宁人，山东佥事。

陈　鼐　迁安人，御史，历陕西副使。

李　鉴　滦州人，御史。

正德　戊辰

翟　鹏　抚宁人，总督宣大，兵部尚书。

吴　吉　滦州人，户部主事。

辛未

王　念　迁安人，九江知府。

甲戌

杨百之　迁安人，御史，历山西佥事。

王道中　抚宁人，顺天府尹。

王　翰　昌黎人，行人赠御史。

丁丑

高　轩　迁安人，户部主事。　　**白　麒**　永平卫人，丘县知县。

辛丑

廖自显　卢龙人，御史，历汝宁知府。

嘉靖　癸未

赵得祐　卢龙人，御史，历苑马寺卿。

卢耿麒　乐亭人，山西副使。　　**李　涵**　迁安人，贵州左布政。

王　庚　滦州人，陕西右布政。**万　义**　山海卫人。

蔡　铣　滦州人，永清卫籍。

丙戌

詹　荣　山海卫人，兵部左侍郎。

李充浊　永平卫人，左布政。

段　麒　滦州人，龙虎卫籍，顺天府丞。

王金章　滦州卫人，睢州卫籍。

己丑

高　擢　滦州人，都御史。　　　**钱　澍**　迁安人，曹县知县。

王　镐　滦州人，巡抚宁夏右佥都御史。

戊戌

厉汝进　滦州人，户科给事中。

甲辰

周　冉　滦州人，汉阳知府。

庚戌

王好问　乐亭人，好学弟，户部尚书太子少保。

癸丑

穆宁中　山海卫人，户部主事。

丙辰

王尚直　昌黎人，工部郎中。

壬戌

廖际可　卢龙卫人，嘉兴同知。

隆庆　戊辰

王大用　东胜卫人，陕西参政。

辛未

李安仁　兴州卫人，湖广按察副使。

王胤祥　抚宁人，刑科给事中历陕西副使。

万历　丁丑

韩应庚　东胜卫人，御史。

庚辰

冯时泰　山海卫人，山东参议。

己丑

高　第　滦州人，经略，辽东兵部尚书。

魏可简　昌黎人，尚宝司卿。　**朱文运**　卢龙人，南户部主事。

冯盛明　昌黎人，涿州籍左布政。

乙未

白　瑜　东胜卫人，刑部尚书。**徐云逵**　迁安人，光禄寺卿。

戊戌

张鹏翼　滦州人，工部郎中。

辛丑

程大猷　兴州卫人，山东兵备参议。

龙负图　昌黎人，户部主事。

甲辰

白养梓　瑜子，山东兵备参政。**王尧民**　滦州人，汉中卫籍。

王大智　迁安人，玉田籍，太仆寺卿。

丁未

韩原善　东胜卫人，开原兵备佥事。

张国瑞　乐亭人，陕西左布政。

陈王庭　卢龙人，太仆寺卿。

庚戌

石维岳　滦州人，湖广按察副使。

朱明时　卢龙人，大兴籍，河南兵备副使。

癸丑

冯　铨　盛明子，内阁大学士。

郭　巩　迁安人，兵部左侍郎。

刘廷宣　山海卫人，大理寺左少卿。

丙辰

邸存性　昌黎人，兵部主事。

己未

冯运泰　滦州人，斗华子，太仆寺卿。

天启　乙丑

崔及第　卢龙人，行人。

崇祯　丁丑

严梦鸾　滦州人，宝鸡知县。

癸未

高辅辰　第子，范县知县。

［国朝］

顺治　丙戌

刘鸿儒　迁安人，左都御史。　　**李成性**　迁安人，新城知县。

石　申　滦州人，维岳子，历吏、户、刑三部左侍郎。

李云起　昌黎人，毓舟子，黎城知县。

丁亥

田国足　抚宁人，饶州推官。　　**佘一元**　山海卫人，礼部郎中。

穆尔谟　山海卫人，莱州知府。

己丑

赵映斗　迁安人，马邑知县。

孙　灏　　兴州卫人，顺天籍，吏部主事。

壬辰

孙如林　　滦州人，祥符知县。

乙未

冯源济　　铨子，国子监祭酒。

戊戌

程观颐　　山海卫人，淄川知县。

己亥

高　岗　　滦州人，蓬莱知县。

汪淑问　　东胜卫人，犍为知县。

康熙　丙辰

翁叔元　　永平卫籍，殿试第三，刑部尚书。

乙丑

刘　伟　　永平卫人，翰林院江南道御史，巡视东城。

甲戌

高天挺　　昌黎人，培子，现任四川隆昌知县。

庚辰

任五伦　　昌黎人，现任湖广汉阳知县。

张开第　　山海卫人，曲江知县。

汪与恒　　卢龙人，淑问子。现任福建长泰知县。

丙戌

王　珍　　卢龙人，山海卫教授。

姚协于　　乐亭人，熙子。

己丑

高棠蕚　　昌黎人，翽子。

崔　璨　　迁安人，巍子，翰林院庶吉士。

朱廷遴　　卢龙人。

万　瑄　　昌黎人。

辽学进士

[国朝]

顺治　丙戌

夏敷九　锦州人，翰林院侍读学士。

乙未

吴允升　锦州人。

壬辰

田　麟　自在州人，戊戌殿试内弘文院编修。

己亥

陈尧言　宁远人，推官。

康熙　庚戌

杨振藻　辽东人，常熟知县。

丙戌

罗衍嗣　金州卫人，绍伦子，福建盐法道。

举　人

[明]

洪武　甲子

温　厚　见人物。　　　宋弘道　见进士。

永乐　乙酉

姚　著　迁安人，高州知府。　崔　节　滦州人。

戊子

刘　哲　卢龙人，襄垣训导。　尹　恭　迁安人，知府。

田　蠹　迁安人，应天治中。

辛卯

李　旺　卢龙人，潜山知县。　崔　旭　迁安人，府谷县丞。

刘　让　迁安人，兵部郎中。　吴　杰　抚宁人，湖广参议。

甲午

赵　忠　卢龙人，御史改刑部郎中。

吴　敏　迁安人，知县。　　刘　会　滦州人，固始知县。

刘　干　滦州人，曹县知县。　　王　翱　见进士。

丁酉

杜　兴　迁安人，户部员外。　　姚　政　抚宁人，两浙运司。

费　隐　昌黎人，泽州同知。　　刘　鸿　昌黎人，照磨。

阎　本　滦州人，徐州同知。　　张　勖　滦州人，御史历参政。

武　信　滦州人。　　孙　白　乐亭人，杞县知县。

邢　润　乐亭人，商河知县。　　崔　碧　见进士。

庚子

刘　诚　卢龙人，工部郎中。　　高　明　迁安人，岳阳知县。

张　震　昌黎人，永和训导。

癸卯

邵　俨　卢龙人，陕西参议。　　臧　敬　卢龙人。

任　泰　卢龙人。　　刘　静　迁安人，西安推官。

刘　纪　迁安人，平湖县丞。　　孙　缙　昌黎人，税课大使。

李　昉　昌黎人，邹平知县。

宣德　丙午

陆　逵　迁安人，祥符训导。

壬子

白　璧　抚宁人，沁水训导。

乙卯

刘　懋　乐亭人，袁州知府。

正统　戊午

王　锐　见进士。　　张文质　见进士。

辛酉

沈　继　迁安人，栖霞教谕。　　崔　砺　迁安人，三万卫教授。

甲子

赵　玉　迁安人，汉中知府。　　　李　和　见进士。

刘　钺　抚宁人，浙江布政。

丁卯

沈　礼　滦州人，淮安通判。　　　阎　鼐　见进士。

李　霖　乐亭人，衢州通判。　　　周　斌　见进士。

景泰　庚午

谢　衷　永平卫人。　　　　　　　陈　暹　永平卫人，通许知县。

徐　义　迁安人，安庆通判。　　　唐　福　东胜卫人，南通州知州。

马　聪　迁安人，平凉同知。　　　王　杰　昌黎人，南阳通判。

魏　安　昌黎人，福建运使。　　　郭　鼐　昌黎人，临川知县。

陈　恕　滦州人，开封同知。　　　王　亮　乐亭人，蔚州知州。

刘　宣　解元见进士。　　　　　　杜　谦　见进士。

癸酉

李　宽　卢龙人，齐东知县。　　　陶　献　卢龙人。

刘　钺　抚宁人，介休知县。　　　颜　真　抚宁人，曹州训导。

戴　纪　昌黎人，济南同知。　　　李　敬　昌黎人，温县知县。

曹　纪　昌黎人。　　　　　　　　吕　旻　滦州人，邹县知县。

李　文　见进士。

丙子

崔　镛　迁安人，寿阳知县。　　　张　镛　迁安人，国子监学正。

欧阳懋　抚宁人，宁波同知。　　　杨　森　昌黎人，池州学正。

翟　旻　昌黎人，沁州学正。　　　牛　本　乐亭人，九江知府。

张　忱　见进士。

天顺

刘　恭　乐亭人。

己卯

谢　宁　永平卫人，项城知县。

崔　鉴　碧子，安阳知县。　　　　李　贯　滦州人，忻州同知。

萧　显　见进士。

壬午

俞　衡　乐亭人。　　　　　　汪　理　昌黎人。

郁　瑄　乐亭人，知县。　　　郑　己　见进士。

成化　乙酉

李　昶　卢龙人，太仆寺少卿。　马　銮　永平卫人，大同知县。

朱　缨　迁安人，沾化知县。　　宋　铭　昌黎人，通许知县。

杨　琇　滦州人，棠邑知县。　　卢　敬　乐亭人，兵部司务。

郝　隆　见进士。　　　　　　　杜　源　见进士。

戊子

印　玺　永平卫人，太和知县。　谢　宥　永平卫人，亳县知县。

周　本　卢龙卫人，济南同知。　王　泽　迁安人，长子知县。

吴　谦　抚宁人，蒲圻教谕。　　刘　昶　乐亭人，昌乐知县。

周　汉　乐亭人，临汾知县。　　高　璁　滦州人。

辛卯

萧　临　永平卫人。　　　　　　吕　麟　卢龙卫人，凤阳知县。

郝　谦　卢龙人，六安知州。　　郭　钦　抚宁人，遂平知县。

谢仲达　抚宁人，孟津知县。　　张　恺　文质子。

宋　儒　滦州人。　　　　　　　王　琰　乐亭人，忻州同知。

谢　纲　见进士。

甲午

金　英　永平卫人，兵部员外。　李　炳　兴州卫人，户部郎中。

章　英　迁安人，自在知州。　　黄　敬　抚宁人，盖州卫训导。

金　茂　抚宁人，昌乐知县。　　李　鼐　昌黎人，户部员外。

曾　韬　山海卫人，应州学正。　魏　琮　见进士。

王　和　见进士。

丁酉

李　时　永平卫人，知府。　　　王永清　迁安人，延津知县。

刘　琦　抚宁人，兖州通判。　　刘　玫　抚宁人，汝宁通判。

贾　琇　昌黎人，交城知县。　　才　宽　见进士。

庚子

赵　璞　卢龙卫人，蒙阴知县。　李文盛　卢龙人，溧水知县。

杨　东　东胜卫人，商河知县。　田　增　滦州人，凤翔知县。

余　璘　见进士。　　　　　　　高　寿　滦州人。

癸卯

杨　润　卢龙人，金州知州。　　杨　相　卢龙人，安定知县。

朱　瑄　卢龙人，兴平知县。　　潘　魁　卢龙人，淇县知县。

王　溥　迁安人，金州知州。　　沈　阶　滦州人，亳州同知。

吉志学　滦州人，东昌通判。　　冯　清　滦州人，郿县知县。

毛　凤　乐亭人，万泉知县。　　郭　镛　见进士。

崔　锦　见进士。

丙午

王　用　滦州人，西平知县。　　许　庄　见进士。

任　惠　见进士。

弘治　己酉

李　祯　永平卫人。　　　　　　高　胜　昌黎人，凤阳通判。

安　民　滦州人，户部郎中。　　徐　瑞　滦州人，宝丰知县。

张秉清　见进士。　　　　　　　李宗商　见进士。

李　金　见进士。　　　　　　　王　廷　见进士。

壬子

黄　胜　卢龙人，沂州训导。　　刘　振　乐亭人。

高　谦　见进士。　　　　　　　孙　炳　见进士。

乙卯

李　秀　兴州右卫人，庐州府通判。

胡　宪　抚宁人，大同通判。　　范　兰　滦州人。

李宗夏　乐亭人，邠州学正。　　李　炫　亚魁，见进士。

陈　鼐　见进士。　　　　　　　王　蕃　见进士。

吴　吉　见进士。　　　　　　　周　纪　卢龙人。

李 溥　卢龙人，东阿知县。　　朱 鉴　见进士。

戊午

崔仲淮　昌黎人，鉴子，翼城知县。

鲁 铎　见进士。　　　　　　王 辅　见进士。

李 鉴　见进士。

辛酉

田 跃　山海人，金乡知县。　　王 念　见进士。

甲子

王 萧　永平卫人，淳化知县。　李士杰　兴州卫人，都司经历。

才 英　迁安人，平定知州。　　王 轸　滦州人，孟县知县。

正德　丁卯

王 诚　乐亭人，禹城知县。

翟 鹏　见进士。

庚午

杨 锐　迁安人，宁陵知县。　　王 昕　乐亭人。

高 轩　见进士。　　　　　　王 翰　见进士。

癸酉

李 宏　永平卫人，山东参议。　许廷璋　东胜卫人。

刘 镇　迁安人，费县知县。　　李时佑　滦州人，沁源知县。

任 佶　滦州人，郓城知县。　　李伯润　山海人，知县，改教授。

白 麒　见进士。　　　　　　杨百之　见进士。

丙子

吴 炳　滦州人，汝宁通判。　　王 庚　见进士。

己卯

周良臣　抚宁人，卫辉通判。　赵得祐　见进士。

段 麒　见进士。　　　　　　廖自显　见进士。

于 隆　滦州人，河间卫籍。

嘉靖　壬午

纪 纶　卢龙卫人，延安同知。李 涵　见进士。

赵　瑞	昌黎人，伊阳知县。	王　镐	见进士。
卢耿麒	见进士。	万　义	见进士。

乙酉

朱　淳	永平卫人，昌邑知县。	阚　杰	卢龙人，石州知州。
李充拙	永平卫人，南通州知州。		
梅如玉	兴州卫人，福山知县。	李充浊	见进士。
詹　荣	见进士。		

戊子

韩　梅	永平卫人，大同同知。	胡守仁	永平卫人。
邵鹤年	卢龙人，岢岚知州。	王　钲	滦州人，获嘉知县。
钱　洖	见进士。	高　擢	见进士。

辛卯

吉　占	滦州人，通判。	周　冉	见进士。

甲午

郑　钦	滦州人，河南通判。	厉汝进	见进士。

丁酉

李一致	卢龙人。	张效俭	兴州卫人，兖州通判。
刘　卿	滦州人。		

庚子

王好学	乐亭人，楚雄知府。		

癸卯

廖献可	卢龙人，即墨知县。	茆世亨	卢龙人，易州知州。
王　宥	念从孙。		

丙午

郝宗启	滦州人，泽州知州。	陈　情	滦州人，孝义知县。
谭　坊	山海卫人。	王好问	见进士。

己酉

吉　守	滦州人，阶州知州。	翟绍先	鹏子。
穆宁中	见进士。	廖际可	见进士。

壬子

陈嘉谟 滦州人，济南通判。

刘复礼 山海卫人，陕西行太仆少卿。

萧大谦 山海卫人，秦安知县。

乙卯

白　经 抚宁人，寿张知县。　　**王尚直** 见进士。

戊午

李　缥 迁安人，陵县知县。

辛酉

张文炳 滦州人，泾州知州。

甲子

王　淦 滦州人。　　　　　　**王大用** 见进士。

隆庆　丁卯

李鸣鹤 乐亭人，西华知县。　**王胤祥** 见进士。

李安仁 见进士。　　　　　　**张汝祯** 乐亭人，羽林卫籍。

庚午

韩应奎 东胜卫人，华阴知县。**李承恩** 迁安人。

张所修 滦州人，福山知县。　**谭　讷** 山海卫人，中部知县。

万历　癸酉

李汝茂 永平卫人。　　　　　**张重立** 山海卫人。

冯时泰 见进士。　　　　　　**刘思诚** 山海卫人，济南同知。

丙子

韩应庚 见进士。

己卯

魏可简 见进士。　　　　　　**朱文运** 见进士。

壬午

高　甲 滦州人，巩昌推官。　**魏汝桐** 兴州卫人，宜阳知县。

崔凤雏 东胜卫人，巩县知县。

乙酉

白　瑜　见进士。　　　　　冯盛明　见进士。

赵养正　滦州人。

戊子

徐云逵　见进士。　　　　　沈育民　滦州人。

高　第　见进士。　　　　　孟陈义　滦州人。

辛卯

杨文粹　兴州卫人，松江通判。　张鹏翼　见进士。

王之屏　昌黎人。　　　　　王浑然　好问子，马湖知府。

甲午

龙负图　见进士。

丁酉

冯斗华　滦州人，长山知县。　张孔教　滦州人。

曹司牧　乐亭人，苑马寺卿。　邸存性　见进士。

秦时跃　滦州人。

庚子

薛三桂　卢龙人，永宁知州。　刘汝桂　昌黎人，固原知县。

石维岳　见进士。　　　　　赵养蔚　滦州人，尚宝少卿。

程大猷　见进士。

癸卯

宋文熏　昌黎人，隰州知州，中宪大夫。

白养粹　见进士　　　　　　冯运泰　见进士。

张启源　滦州人，鹏翼子。　王大智　见进士。

丙午

陈王庭　见进士。　　　　　崔从教　迁安人，太原同知。

张国瑞　见进士。　　　　　刘廷宣　见进士。

韩原善　见进士。

己酉

张联奎　滦州人。　　　　　冯　铨　见进士。

壬子

严梦鸾　见进士。　　　　　　　**郭　巩**　见进士。

乙卯

廖从周　卢龙人，教谕。

吕鸣夏　山海卫人，历任固原兵备。死事。

刘廷征　山海卫人，洛南知县。

戊午

王调元　抚宁人，滕县知县。

天启　甲子

严梦鹏　滦州人，梦鸾弟。　　　**崔启亨**　卢龙人。

高辅辰　见进士。　　　　　　　**崔及第**　见进士。

丁卯

李成性　见进士。　　　　　　　**伦之楷**　滦州人，巡仓御史。

张汝贤　滦州人，陕西庄浪道。

崇祯　庚午

陈兴门　乐亭人，铜仁推官。　　**穆尔鹏**　山海卫人。

酉癸

王胤吉　抚宁人。

丙子

贾重隆　昌黎人，隆平知县。　　**赵永祉**　滦州人。

己卯

张　直　滦州人，郧阳知府。　　**佘一元**　见进士。

管声扬　卢龙人，常州通判。

壬午

高翼辰　第子，湖广参政。　　　**石　申**　见进士。

李云起　见进士。

［国朝］

顺治　乙酉

刘鸿儒　见进士。　　　　　　　**沈所端**　山海卫人。

陈性天　乐亭人，宜川知县。　　穆惟乾　山海卫人，翰林院典簿。

戴殿云　兴州卫人。　　　　　　田应升　昌黎人，罗山知县。

丙戌

白培极　滦州人。　　　　　　　田三接　昌黎人。

田国足　见进士。　　　　　　　崔联芳　山海卫人。

鞠惟谦　滦州人。　　　　　　　穆尔谟　见进士。

戊子

黄忱孝　乐亭人，单县知县。　　赵映斗　见进士。

孙　灏　见进士。　　　　　　　梁　祯　滦州人。

高　岗　滦州人。　　　　　　　高显辰　滦州人，云南知府。

辛卯

李若璋　迁安人，什邡知县。　　孙如林　见进士。

赵启晋　昌黎人。　　　　　　　赵天锡　昌黎人。

秦文标　滦州人。　　　　　　　程观颐　见进士。

甲午

马逢乐　昌黎人。　　　　　　　谭从简　山海卫人，晋宁州知州。

裴式度　迁安人。

丁酉

汪淑问　见进士。

崔　巍　卢龙人，迁安籍武邑教谕。

张元复　昌黎人，靖江知县。　　彭　翟　迁安人。

宋景时　昌黎人，铭元孙。

庚子

刘名远　滦州人。　　　　　　　孟赛予　滦州人，山海卫教授。

田元扶　昌黎人，即三接。　　　朱尔怡　卢龙人，奉天籍，沂水知县。

康熙　癸卯

阎允吉　昌黎人，抚州知州。　　刘疏泗　卢龙人。

邢吉士　滦州人。

丙午

沈锡眉　卢龙卫籍。

己酉

宋一麟　乐亭人。　　　　　郑惟一　滦州人，清涧知县。

周之桢　永平卫籍，景州学正。

壬子

翁叔元　见进士。　　　　　李　沛　永平卫籍。

乙卯

刘　伟　解元，见进士。　　刘之源　滦州人。

戊午

张开第　见进士。

辛酉

吕　征　卢龙人，昌平学正。　马庆星　昌黎人。

卫　蕃　滦州人，现任曲周教谕。

甲子

江与恒　见进士。

丁卯

穆宗道　山海卫人，宁晋教谕。　王祚兴　卢龙人。

卢　丹　永平卫人，现任赤城教谕。

王家桢　永平卫人。

庚午

武克相　卢龙人。　　　　　姚协于　见进士。

吴　班　乐亭人。

癸酉

任五伦　见进士。　　　　　高棠荸　见进士。

王　佩　卢龙人。　　　　　高天挺　见进士。

翟正经　卢龙人，凤翥孙。　黄如干　乐亭人。

丙子

管名标　卢龙人，声扬孙。　岂惟讷　卢龙人。

阎　瑄　昌黎人。　　　　　邸　培　昌黎人。

己卯

崔　璨　见进士。　　　　　朱廷遴　见进士。

张肇吉　山海卫人。

壬午

张　瑄　滦州人。　　　　　高汝翼　山海卫人。

乙酉

张　蔚　昌黎人，宏子。　　韩　珣　昌黎人，文公裔。

王　珍　见进士。　　　　　马云蔚　昌黎人。

万　瑄　见进士。　　　　　赵文颖　昌黎人。

金蔚昌　抚宁人。　　　　　卫　锦　滦州人。

戊子

董　准　卢龙人。　　　　　郭　伦　滦州人。

田永乾　昌黎人。　　　　　吕养浩　山海卫人。

辛卯

马　淳　昌黎人。　　　　　董　携　滦州人。

卢元济　滦州人。　　　　　程可法　抚宁人。

高弘裁　昌黎人。　　　　　龚　严　卢龙人。

辽学举人

[国朝]

顺治　丙戌

吴三元　自在州人，遵义府知府。

陶鼎铉　中后所人，镇江府同知。

陶成玉　沙后所人。　　　　王共瞻　右屯卫人，知县。

王大成　沙后所人，兵部郎中。

董以威　广西知县。　　　　吴允升　见进士。

戊子

李如桂 沈阳人，浙江提学佥事。　　**张羽明** 宁远人，松江府知府。

王应诏 金州人，南和知县。　　　**罗绍伦** 金州人，温州府推官。

辛卯

田　麟 见进士。　　　　　　　　**项天成** 盖州人，赵州学正。

刘应龙 宁远人，平阴县知县。

甲午

范章祖 沈阳人。　　　　　　　　**陈尧言** 见进士。

丁酉

刘　瑸 广宁人。　　　　　　　　**陈日晋** 宁远人。

康熙　己酉

杨振藻 见进士。

癸卯

罗衍嗣 见进士。　　　　　　　　**田惟宪** 自在州人，麟子。

贡　士

府　学

马　定　抚宁人，翰林典籍。　　　杨　讷　昌黎人，布政检校。

孙　谦　抚宁人，郓城知县。　　　李　益　滦州人，华阳知县。

张　彬　抚宁人，江宁知县。　　　马　德　滦州人，满城县丞。

马　毅　卢龙人，奉化知县。　　　李　举　卢龙人，宁乡知县。

王　佐　卢龙人，瑞安县丞。　　　裴　友　滦州人，镇江同知。

李　芳　迁安人，平陆县丞。　　　阎文昌　昌黎人，河东运判。

姚　贵　抚宁人，肥城知县。　　　王　纲　抚宁人，萧县知县。

才　通　迁安人，淮安经历。　　　王　纶　昌黎人，恩县县丞。

王　贵　昌黎人，庆阳知县。　　　张　忠　滦州人，广德州判。

马　旺　昌黎人，高邮州判。　　　姚　善　永平卫人，武定学正。

邸　定　昌黎人，扬州照磨。　　　李　玉　卢龙人，襄城县丞。

龙 震	永平卫人，庆阳同知。	王 毓	滦州人，鲁府典仪。
鲁希贤	昌黎人，登州照磨。	卢尚质	乐亭人，布政检校。
赵 祥	迁安人，嘉善县丞。	孟 华	滦州人。
安 远	永平人，河津知县。	蒋 泰	永平卫人。
赵 定	卢龙人，临邑知县。	魏 洪	昌黎人。
杨 瑛	永平卫人。	骆 胜	永平卫人，济宁吏目。
殷 玘	永平卫人。	胡 宁	滦州人，磁州判。
奉 昂	滦州人，蒲台训导。	朱 辉	卢龙人，任丘训导。
傅 荣	东胜卫人，鱼台训导。	王士英	滦州人。
胡 缙	迁安人，阳谷训导。	陈 磁	永平卫人，岐山主簿。
瞿 昂	昌黎人，诸城训导。	刘 铭	迁安人，洪洞知县。
邵 瑄	卢龙人，知县。	李 旺	卢龙人，太谷知县。
张 凤	卢龙人。	朱 杰	永平卫人，知县。
孙 武	滦州人。	叶 华	卢龙人，知县。
张 昂	永平卫人。	谢 寰	永平人。
冯 安	永平卫人。	杨 珍	卢龙卫人，黎城训导。
张 文	迁安人，主簿。	朱 景	卢龙卫人，训导。
俞 能	永平卫人，训导。	阎 辅	抚宁卫人，主簿。
王 璋	卢龙人。	张 学	迁安人，知县。
胡 铨	滦州人。	杜 浚	昌黎人，礼部司务。
孙 宏	永平卫人。	瞿 让 马 恺	
商 臣	县丞。	张 仁 王 阳	检校。
吕 鼎	卢龙人，冠县教谕。	靳 鸾	东胜卫人，教谕。
张 宁	训导。	周 锐	昌黎人，桐柏教谕。
葛 玺	吏目。	张 敏	卢龙人。
方 珍	训导。	许 禄	训导。
范孔贤	巩县教谕。	王 闰	卢龙人。
刘 儒	训导。	钱 胜	永平卫人。
俞 熊	永平卫人，教谕。	吕 贤	卢龙人，忻州学正。

刘 壁	教谕。	王 宗	训导。
杨 淳	永平卫人。	瞿 临	训导。
俞 璋	训导。	刘 经	教授。
吕 辅	训导。	张 阳	教授。
朱 瑾	永平卫人，武陟知县。	张 待	卢龙人。
邵 岳	卢龙人。	徐廷璋	训导。
傅良弼	检校。	李 景	训导。
谢 泾	永平卫人。	朱鉴之	永平卫人，温县县丞。
靳 泽	东胜卫人，主簿。	李思睿	永平卫人，大同知县。
胡 铉	永平卫人，博兴主簿。	李 鹏	迁安人，章丘主簿。
唐 骟	东胜卫人，汶上学正。	汪 浩	东胜卫人，江安知县。
潘 恩 罗 乔	东胜卫人，学正。		
杨 昆	永平卫人，教谕。	唐 采	东胜卫人，州判。
杨继恩	东胜卫人。	张思直	永平卫人，教谕。
胡 江	永平卫人，蓬莱教谕。	陈 悉	永平卫人。
杨 蕭	永平卫人，新泰训导。	唐 寅	东胜卫人，屯留知县。
王须用	兴州卫人。	吕 鹏	卢龙人，原武教谕。
吴 蒸	永平卫人，训导。	朱 侣	卢龙人，肥城训导。
赵 英	永平卫人。	张惟吉	兴州卫人，泽州训导。
李 举	卢龙人，大兴主簿。	戴 擢	兴州卫人，河内训导。
杨守和	卢龙卫人，主簿。	谢 恩	兴州卫人，历城教谕。
李充升	卢龙人。	卢 伟	东胜卫人。
刘天禄	卢龙人，教授。	胡 朴	永平卫人，教授。
陆 纶	卢龙卫人，青州训导。	杨守忠	卢龙人，兖州教谕。
程 贞	兴州卫人，朔州训导。	侯 泽	永平卫人。
谢 塘	永平卫人，教谕。	王应鸾	永平卫人，莱州训导。
潘国栋	东胜卫人，淄川训导。	杨 济	永平人，辉县教谕。
王 用	迁安人，乐陵训导。	杨 坡	卢龙人，盖州训导。
白 相	卢龙人，辽阳训导。	彭述古	卢龙卫人，卢龙教谕。

曹一新　训导。　　　　　　周　宦　兴州卫人，金州教授。

王继志　迁安人，朔州学正。　孔思敬　兴州卫人，安州训导。

李　瀹　永平卫人，郯城知县。　唐承光　东胜卫人，昌乐知县。

俞志定　永平卫人，齐河训导。　李守平　永平卫人，海州学正。

魏仕贤　昌黎人，训导。　　　陈一正　永平卫人，岢岚学正。

程蓄德　卢龙人，嵩县教谕。　张思仁　迁安人，介休训导。

宋德正　卢龙人，郓城训导。　李子敬　永平卫人，闻喜训导。

王廷献　迁安人，东光训导。　唐　守　东胜卫人，衡州推官。

任守约　迁安人，训导。　　　李充道　东胜卫人，应州训导。

朱大鼎　永平卫人。　　　　　张彦中　卢龙人，密云教谕。

韦维翰　兴州卫人，铁岭训导。　严　锜　卢龙人，兴化教谕。

朱友仁　永平卫人，金州训导。

韩继仁　永平卫人，金州卫训导。

李登瀛　迁安人，高州通判。　王尚宾　迁安人。

韩　珏　永平卫人。　　　　　唐承先　东胜卫人，赞皇教谕。

王建中　迁安人，涿州训导。　李　鉴　永平卫人，训导。

朱子恭　永平卫人，昌平训导。　徐可久　迁安人，获嘉知县。

赵养粹　滦州人。　　　　　　何大吉　迁安人。

韩继忠　永平卫人，沧州训导。　韩师范　永平卫人。

曾耿麟　永平卫人，大名训导。　李承福　卢龙人，徐州学正。

罗文达　东胜卫人。　　　　　李可培　承福子，两当知县。

赵安国　　　　　　　　　　　孔应征　迁安人，顺天训导。

韦孔修　阌乡知县。　　　　　卜永清

王　法　滦州人，鸡泽训导。

陈　擢　陶世宰　卜文显

吕际可　两当知县。　　　　　卢思门　东安训导。

王重华　周　寅　王三才

方萝斗　莱州府训导。　　　　傅一梅　顺天训导。

钱　府　罗光裕　保安州训导。

李鱼跃	滦州人。	吴际盛	
李时阳	广灵知县。	许汝高	蓟州训导。
张守愚	王 谧		
伦之模	顺天训导。		
白生华	张鹏羽　田龙见　孟元吉　张　嵘　王继绪		
王汝器	滦州人，南皮训导。	杨程学	滦州人。
张凤竹	迁安人。	赵安国	滦州人。
刘 权	滦州人，齐河县丞。	徐兰芳	顺天训导。
刘冒泰	定兴教谕。	杨复元	
郝俊髦	滦州人，黄县主簿，死节。		
杨国栋	乐亭人。		
张 灿	滦州人，成都训导。	王运泰	安陆知事。
刘廷讲	武安主簿。	李更新	乐亭人。
葛攀凤	永平卫人，保安训导。	沈光国	崔元吉
卜文掞	东胜卫人，任县教谕。		
姚时俊	赵际可　杜蔚然　许有勋　郝鹏宇　曾继儒		
穆显谟	咸宁县丞。	王化征	乐亭人。
刘廷召	山海人。	刘尚宾	
解所蕴	抚宁人，南阳同知。		

［国朝］

卜昌运	卢龙人，江都知县。	孟尝裕	滦州人，孟津知县。
王谦吉	淇县知县。	王 亶	知县。
韩鼎业	韩弘业　礼县知县。		
邢维翰	昌黎人，县丞。	赵维宁	滦州人。
何重粹	滦州人。	白培元	滦州人。
刘以隆	永平卫人。	袁起鹏	卢龙人。
姚乐尧	永平卫人。	刘文烂	滦州人。
张观成	乐亭人。	张文煊	滦州人。
严应魁	滦州人。	姚九万	抚宁人。

朱 庄	卢龙人，副榜。	鲁 颍	永平卫人，恩选。
马玉聪	永平卫人。	陈常夏	乐亭人。
李挺秀	永平卫人。	董 铣	永平卫人，选拔中书。
余大和	永平卫人，选拔。	董 巨	永平卫人，潞城知县。
郑 鼐	永平卫人，常熟知县。	孙 琮	永平卫人，武功知县。
于元征	卢龙人，现任天津教授。		
董 锟	永平卫人，武清教谕。		
朱运芳	辽籍。	王 伸	乐亭人。
朱国标	辽籍。	李元龙	辽籍。
马允兴	永平卫人。	刘 帜	永平卫人。
刘镗德	永平卫人。	董 磷	永平卫人，选拔。
蔡法原	迁安人，选拔。	张维新	昌黎人。
陈培元	抚宁人。	刘 治	永平卫人。
刘亮生	乐亭人。	许朝佐	抚宁人。
贾 第	昌黎人。	葛耀辰	永平卫人。
周 官	山海卫人。	李儒英	卢龙人。
温奇彪	山海卫人。	蒋应选	滦州人，恩选。
王 谟	滦州人。	阮雯标	卢龙人，选拔。
陈际叔	滦州人，选拔。	姜昌龄	卢龙人。
张光綖	滦州人。	孙能恭	永平卫人。
徐麟生	卢龙人。	陈 谔	卢龙人。
刘 林	滦州人。	赵 璞	永平卫人。
赵尔尹	昌黎人。	韩振文	兴州卫人。
高士元	抚宁人。	赵 斑	滦州人，恩选。
刘 栏	乐亭人。		
赵 莹	滦州人。	林 琪	山海卫人。
林 瑛	山海卫人。	计大成	山海卫人。
董 汤	永平卫人。		
王曰恭	山海卫人，保定左卫训导。		

卢龙县学

苏	实	太仆寺丞。	任	豫	襄陵县丞。
刘	侃	卫辉经历。	甄	显	建宁照磨。
张	杲	通政司经历。	王	礼	御史。
刘	本	澄城知县。	刘	恭	工部郎中。
国	用	御史历佥事。	郝	深	鸿胪序班。
贾	升	神木知县。	宋	铎	知县。
陈	英	解州同知。	王	瑄	鸿胪序班。
张	璧	临洮推官。	蒋	荣	
王	炳	彰德知事。	王	翔	中牟县丞。
邵	光	腾骧卫经历。	乐	恕	德平主簿。
解	宽	兰阳主簿。	朱	昭	金乡知县。
顾	本	延平知事。	陈	卤	蒲州判官。
张	溥	杭州知事。	邢	端	鸿胪序班。
柏	茂	遂平知县。	李	诚	严州照磨。
庞	恕	秀水主簿。	王	道	安定知县。
刘	恭		李	雍	石头港巡检。
郑	杰	绥德州同知。	郝	清	灵璧县丞。
景	源	阳武知县。	郑	广	醴泉知县。
萧	英	义州卫经历。	贾	瑄	滕县知县。
窦	广	鱼台县丞。	刘仲钦		陕西照磨。
周	瑀		董	胜	晋府教授。
张	敦		王	玉	馆陶知县。
胡	忠	青城主簿。	彭	铭	安邑主簿。
李	正		李	信	晋府教授。
杜	祥	棠邑训导。	韦	安	张 纯
时	恭	怀庆训导。			

薛　钦　王深　岳寿　张　纶

刘　锐　教授。　　　　杨　升

王　博	知事。	苗　盛	照磨。
杨　滋	知县。	沈　秀	秀水教谕。
胡　渊	教授。	徐　英	县丞。
冯　恭	训导。	李　龙	教谕。
刘　金	教谕。	郑　麟	主簿。
易　鸾	教谕。	孟　熊	训导。
薛　纯	州判。	李　纯	县丞。
李永寿	县丞。	岳　镇	县丞。
郑　时	主簿。	杨存性	
邵　骥	训导。		

张　源　王　阎　胡　梁　窦崇德　王登之

牛仲贤	训导。	刘　经	经历。
李一方	训导。	朱朝用	
李芳春	吏目。	萧永常	
白　凤	教谕。	刘　雄	训导。
刘　纶	教谕。	俞天爵	训导。

茹一蒙　高秉清

冯国相	训导。	鲁东山	训导。
石　声	州同。	柏友松	训导。
张思聪	训导。	韩应箕	见封荫。
朱正颜	训导。	陈三策	训导。
石　璞		张文华	教谕。

魏凤鸣　程　宝

陆　监	铁岭卫训导。	王汝器	南皮训导。
吕登州		刘　礼	训导。
方　至	滦州人。	徐登云	迁安人，训导。
杨尔俊	卢龙卫人，思恩同知。	钱青选	卢龙卫人。
李崇德	房山教谕。	张邦治	真定教授。
方从矩	顺天训导。	李鸣时	茌平教谕。

王汝成		白　珩	环县知县。
丁应时	张良贵　刘注清		
周鸣凤	保定教授。	崔启亨	选拔，见举人。
杨　熠		康兆民	选拔安庆同知。
冯景运	李发先		
朱民爱	郃阳训导。	李本实	泌阳训导。
赵　宸	永宁知县。	赵鸣雷	
罗拱极	新城训导。	石光斗	光山主簿。
黄　卷	陈爕元	李先培	丹阳训导。

［国朝］

宋五聚	平原知县。	刘士模	怀宁知县。
张星煌	选拔东昌同知。	任三元	武清训导。
翟凤翯	平山训导。	王大征	
阮玉振	选拔。	冯华翰	李虞龙
刘疏泗	见举人。	蔡维新	长治知县。
李炜然	江川知县。	穆国谟	弋阳知县。
张奇勋	平凉知县。	张钟英	福州知府。
张克勤	白纯修　刘炳辰　张宗孔		
孙　彦	内丘训导。	许国用	
陈际隆	金华县丞。	王显祖	恩选举乡宾。
王基文	选拔。	姚时茂	淮安通判。
李廷桂		姚时盛	温州通判。
陈重耀		姚时起	大同府同知。
郑　鼏	盐城知县。	严文炳	岚县知县。
张其则	清源知县。	董　锟	永清教谕。
高士模	博野教谕。	杨世俊	高阳训导。
李　锦	大兴知县。	刘之鼏	孙之隽　白　素
张可成	选拔阜城教谕。		

孙　翊　董熙臣　高拱极　张大壮　冯圣祚　王　鼐

高　贞　恩选。　　　　　　　王　珍　选拔副榜，见进士。

王来聘　宋嘉宾　赵　捷　郝光祚　王　弼

岂与元　恩选。　　　　　　　李　震　李际泰

赵　怡　东安训导。　　　　　李际亨　刘德邵

迁安县学

李　英　户部员外。　　　　　李　镇　清源知县。

李　恕　陕县县丞。　　　　　杨　昭

周　凤　序班。　　　　　　　张　琛　户部主事。

何　彬　本县丞。　　　　　　张　鲁　清平知县。

邓　俊　知县。　　　　　　　王　通

马　麟　兵部主事。　　　　　张　晔　户部主事。

王　苑　魏　源　温州知事。

朱　镛　盱眙知县。　　　　　吴　诚　河南道御史。

刘　清　崔　勉　吏部稽勤司。

石　琳　刘　海　边　通

刘　杰　代府典簿。　　　　　李　芳　辰州通判。

李　珝　渭南知县。　　　　　窦　震　卫辉通判。

王址　张玘

张　纲　武昌同知。　　　　　李　荣

张　智　黄州通判。　　　　　王　升　潼关卫教授。

刘　耀　郏县县丞。　　　　　玄　圭　长沙知事。

刘　辉　榆次知县。　　　　　杨　琏　长清县丞。

田　治　武进知县。　　　　　杨　春　周　诚

董　德　颍州吏目。　　　　　李　纲

章巨川　海丰教谕。　　　　　谢　纶　孟县知县。

曹　智　抚州知事。　　　　　李　祯

王　辅　嘉兴大使。　　　　　吴　性　两当知县。

孙　琮	徐　琮　太仓经历。
蒋　盛　唐　忠	
石　磬　曹县丞。	王　瀛　清水知县。
李　棨　寿阳县丞。	包　诚　高邮州判。
魏　琮　见进士。	梅　忠　李　治
杨　显　汉中照磨。	徐　礼　祁县主簿。
李　祥　宜川知县。	李　友　伊县教谕。
景　昭　秀水主簿。	张文遂　宜君知县。
邓　昶　周府教授。	李　彬
周　文　保定教授。	张　旻　荣泽训导。
王　荣　榆次训导。	许　闽　馆陶县丞。
玄　端　傅　俭　同官知县。	
李士杰　见举人。	史　祥
周　浚　青州知事。	李　浚　武域训导。
韩廷玉　沈丘训导。	赵崇礼　长清训导。
徐　升	张　钦　蒲城训导。
韩　举	郭　浩　商州知州。
吴　诚	马文明　武城教谕。
徐　伸　礼子。	徐登高　乾州训导。
徐　塘　石楼教谕。	李　晟　宁远训导。
赵　清　平原教谕。	李自立
韩守忠　阳信训导。	王　宥　见举人。
郭　浚　泰安教谕。	侯　升　周府教授。
刘　东　亳州吏目。	申　儒　孟县知县。
李介福	赵邦岱　绛县训导。
李　节　荣和训导。	王　复　代府祀正。
李　泳　宁远训导。	李　培
国　翰　息县训导。	张　立　汜水训导。
张效良　两当知县。	孙　愚　孝义训导。

王之衡	虹县训导。	王　科	全椒教谕。
张效恭	国子监助教。	杨　纶	周府教授。
李应魁	成城教谕。	唐　润	涿州学正。
李亦桂	诸城县丞。	杨汝继	安州学正。
章　铭	周府教授。	李　铎	高苑知县。
魏尚贤	顺天训导。	刘汝庚	偏头关训导。
章国泰	章国贤		
蔡维良	前屯卫训导。	侯　度	
崔　岩	怀庆同知。	王廷贵	博野训导。
蔡天鹭	宁海训导。	张行义	滑县训导。
王应元		彭友直	恩选抚州通判。
周治隆	铁岭卫教授。	赵国贤	容城教谕。
刘学古		张效礼	
李联芳	新乐教谕。	徐云迳	平阳教授。
王天相	李时新　许成章		
王与位	永清训导。	孙荣先	扬州教授。
彭好学		阚守忠	元城训导。
陈时策		王士选	蓟州训导。
李国璧	深泽教谕。	李毓秀	邢台教谕。
杨述贤	柏乡训导。	李树名	东光教谕。
潘鹏程	李国梓　张正养		
程大猷	恩选，见进士。	杨树声	恩选。
李毓英	恩选，武昌通判。	韩　范	恩选。
程　量	恩选。		

［国朝］

赵凤起	安定知县。	李正临	辽阳训导。
崔登华	江宁知县。	郭　联	安塞知县。
杨开泰		刘承禄	三河训导。

徐宸亮　　　　　　　　　宋国宾　恩选，隆德知县。

徐真修　恩选，临洮知府。　郭　铨　恩选。

裴成性　恩选，改名式度见举人。

郭　珮　恩选。　　　　　　刘光胤　朱成德　刘王佐

刘鸣玉　选拔。　　　　　　任思诚

王　揖　选拔。　　　　　　宋　瑶

胡明宾　恩选。　　　　　　郭觐宸　马　上　吴景隆

刘绳祖　永新县丞。　　　　崔　璠　巍长子选拔。

刘　炳　密云教谕。　　　　王升阶

张人文　鸡泽训导。

宋　琚　裴成艺　郭　章　韩启明　张　标　杨德晋

崔　璨　副榜见进士。

郭允中

马子壮　选拔。

蔡涵一　李　琯　白承基　王　裕　姜　璠

魏　镛　恩选。　　　　　　张百龄

抚宁县学

杨　建　户科给事中。　　　乔　益　寿州知州。

李　式　工部主事。　　　　朱　奠　光禄寺署丞。

赵　通　韶州府经历。　　　李　宸　沔阳知州。

李　升　葭州知州。　　　　刘　本　严州知府。

周　郁　垣曲县丞。　　　　刘　清　猗氏县丞。

赵　春　赵　祯

李　显　户部员外。　　　　葛　永　华阴县丞。

袁　节　青城知县。　　　　张　鹏　阳和卫经历。

张　建　冯　晟　王　辅　张　端

王　恂　崇德县丞。　　　　张　献　太康知县。

陈　洁　　　　　　　　　　张　勉　安乐知县。

李	惠	王	干	赵	璧	董	鉴

刘 俊	滨州判官。	
王 春	桐城县丞。	
刘 芳		
郭 瑄	西乡知县。	
俞 让	定远知县。	
韩 升		
冯 彰	英山县丞。	
张 本	略阳知县。	
宋 吉	定辽经历。	
单 雄	太原知县。	
袁 通	扶风知县。	
乔 忠	新野知县。	
郭 理	通州判官。	
王 楫	晋府奉祀。	
张 琦	祥符县丞。	
张 相	高密知县。	
李 昱	复州卫训导。	
李 恕	范县县丞。	
冯世宁	徐州判官。	
金 夔	武城县丞。	
赵 通	获嘉主簿。	
刘 堂	中书舍人。	
陈 翱	临漳主簿。	
金 溥	江浦主簿。	
赵 镗	莱州府教授。	
张 淳	茌平主簿。	
陈文辉	姚希贤	
袁 栋	建水州吏目。	

贺 祥	山西按察经历。
周 密	荣泽知县。
王 瑶	怀庆知事。
吴 洪	上虞县丞。
马 驯	绥德判官。
乔 嵩	长山知县。
李 敬 赵 宠	
陈 琰	沁水县丞。
金 镛	光禄寺署正。
姚 让	汝州判官。
白思谦	
王 绍	思明州吏目。
邵 镛	
李 麟	安庆经历。
孟 诚	泽州吏目。
堵 昶	
胡 英	
周 南	盐城县丞。
王 深	
王廷相	衢州照磨。
乔 璜	长洲县丞。
袁 奎	
贺 表	宁海主簿。
王廷纲	招远教谕。
赵 武	
郭宗智	赵州吏目。
陈 镗	

张　诚　广宁卫经历。　　　张　伟　陈文质

石　坤　栖霞训导。　　　　马　镮　赵　宏　徐　行

潘士英　甘州卫知事。　　　傅　金　观城知县。

李　儒　绩溪主簿。　　　　朱　珍　京太仓经历。

潘　锦　宝丰县丞。　　　　谢恩诰　杨　闰

冯学诗　武城教谕。　　　　乔明叙　崇德县丞。

萧　韶　王　凤　永城主簿。

吴　锦　袁　锡　杨　泽

鲁　东　卢龙县丞。　　　　顾　伟

赵　钦　金华知县。　　　　朱　跃　闻喜县丞。

李　相　金　榜

张尚质　崇信教谕。　　　　郭　相　临县教谕。

陈　言　顺宁经历。　　　　黄　镇　大同训导。

黄　钤　荥阳训导。　　　　吴光海　太平训导。

王汝珍　延长知县。　　　　陈　清　招远教谕。

王　卉　榆社训导。　　　　赵　相　中牟教授。

赵　轩　容城教谕。　　　　朱自新　太平县丞。

张凡三　汝宁通判。　　　　丘维德　定兴教谕。

王嘉礼　赞皇教谕。　　　　杨凤仪　儒官。

周尚卿　米脂知县。　　　　刘朝彦　汉中教授。

傅如兰　沧州训导。　　　　周尚赤　丘县训导。

黄道东　复州卫训导。　　　陈所学　王学礼

黄道南　训导。　　　　　　李蕴粹　恩选，东昌通判。

陈中行　　　　　　　　　　周宗尧　恩选。

苗来贡　训导。　　　　　　翟凌云　恩选，兖州同知。

萧奇栋　恩选，南阳同知。　张　曜　获鹿训导。

温克敏　恩选，汉阳通判。　郭永静　恩选，邵武同知。

翟登云　训导。　　　　　　罗士佳　静海训导。

贾继业　训导。　　　　　　郭典学　完县教谕。

张东铭		龚　祚	怀安卫训导。
王际明	沔县知县。	王之聘	钜野训导。
田大有		张　汉	密云训导。
徐文耀	庆云训导。	王德育	蓟州训导。
周之祯		徐应登	真定训导。
魏之藩	经历。	姚应光	
徐　升	玉田教谕。	张鹏云	灵宝县丞。
郭朝元		王之葵	徐州同。
杨柱国	副榜。	龚承德	
赵　桂	潞安教授。	傅佳胤	山海卫教授。
丁元会	乐陵县丞。	刘国玺	历城县丞。

［国朝］

俞秉直	恩选阶州同知。	徐延周	奉天训导。
李弘涵	蕴粹子完县训导。	陈　谟	高阳训导。
赵君镛	恩选。	徐延荣	恩选通判改新乡丞。
杨定国	密云训导。	王　简	恩选庄浪知县。
李惟艳		邹　勤	萧山知县。
冯泰运	涞水知县。	冯隆运	长山知县。
侯更新		冯昌运	沁水知县。

张凤羽　田芳标　张希思

冯永潾　钜野知县。

鲁大治　解起元　王运恒　徐廷璘　杨毓奇　陈治恒

张　复　恩选。　　钟蕃胤　张　霖　赵应瑞　恩选。

冯永洁　冯永漯　杨仲昌　罗国玺　唐之迪　萧　范　张　雯

张　霈

钟蕃祉　选拔。　　　冯　琼　选拔。

李　笃　选拔。　　　吴执中　恩选。

罗重绣　许青云　杨毓美　白重丹　单　铭　田国润　诸大申

鲁　藻　杨时盛　郭永昌　王基命　郝存性　任运泰　茹　珩
冯　骧　冯　瑾

昌黎县学

万　信	开封知府。	王　贵	庆阳知府。
龙　云	工部主事。	阎文昌	河东运判。
杨　讷	布政司检校。	邸　定	扬州照磨。
鲁希贤	登州照磨。	魏　洪	
马　旺	高邮州官。	王　沦	恩县县丞。
瞿　昂	诸城训导。	马　贵	廷安照磨。
王尚德	河南经历。	卢　兰	汉阳知县。
刘　澄	叙州推官。	祖　述	福建参政。
张　让	经历。	石　确	溧阳知县。
戴　成	应山知县。	赵　彝	宁远知县。
李　宁	济宁吏目。	刘　森	盐运同知。
崔　清	朝邑知县。	王　俘	瑞州经历。
李　泽	汾西主簿。	傅　贞	齐河主簿。
于　原	齐河知县。	张　伟	郓城知县。
张　斑	郯城知县。	孙　通	夏津知县。
李　超	益县县丞。	郭　翰	磁州判官。
张　麒	平原县丞。	李　新	龙安巡检。
马　让	知事。	宋　祥	乌撒卫经历。
王　琳	阳曲县丞。	齐　聚	吏目。
张　羽	按察检校。	冯　义	孝义主簿。
刘　瑄	信阳知县。	白尚文	上蔡知县。
刘　鼐	羽林卫经历。	张　冲	燕山经历。
杨　弘	均州吏目。	牛　麟	兖州知事。
才　俊	华阳知县。	王　杲	
刘　信	太平经历。	赵　范	西安照磨。

刘　翔	泗水主簿。	萧　政	孟津县丞。
申　旻	曲阳县丞。	喻　昭	考城主簿。
任　震	濮州判。	石　瑀　姜　颐　郑　义	
张　瑾	溧阳知县。	郭　玘	知事。
雍　泾	彰德教授。	李　志	闻喜县丞。
赵　凯	大使。	王　霖	副使。
田　贡　董　敬　秣陵关巡检。			
董　济	商河主簿。	孙　琦	青城县丞。
朱　玉	大使。	顾　宁	德州判官。
李　凤	忻州同知。	张　深	大使。
冯　得	安阳县丞。	费　文	
刘志道	吏目。	范希贤	朝城训导。
马添寿	大同知县。	张时中	宁乡训导。
刘　隆	乐陵主簿。	张　麟	
景　德	万泉主簿。	高　俊	静乐知县。
王　缨	吉安照磨。	周　明	武定训导。
张　润	济阳县丞。	竹　祥	太仆少卿。
仕　凤	阳信主簿。		
卜　昌　贾　玺　万　实　李　春　冯　璪　王　臣			
宋　鉴	太康训导。	赵　绅	大同卫教授。
李　贤　李　棠			
贾　琮	德清主簿。	郭如京	池州检校。
魏文益	石泉教谕。	李　祺	平定判官。
汪大绅	文登教谕。	王　鉴	怀仁训导。
宋　宽	东平学士。	宋　端	济南训导。
范　芝	登州训导。	马　鼎	陵信主簿。
李聘儒	齐东县丞。	白　瑾	常熟县丞。
李　梅	邓州判官。	景维杰	蓬莱主簿。
郭　晟	宜兴县丞。	魏　诰	王府教授。

张从智　冠县县丞。

汪大纺　蒲城训导。

孙　严　义簿训导。

张　昴　上元主簿。

李跃浪　永城知县。

张奇龄　莱阳主簿。

齐宗文　泰安知州。

高崇本　王府工正。

王　槐　工部左侍郎。

齐克肖　平凉通判。

汪可诏　临洮同知。

秦廷符

龙进忠　潞城县丞。

邹养正　莒州判官。

王纯义

齐鸣凤　宗尧子，自在知州。

齐应祥　阳城县丞。

张彭年　新乡教谕。

王　荐

宋维周　交城训导。

蔡志学　丰润教谕。

张国祥　昴子渭源知县。

宁濂儒　遵化训导。

所无逸　保定训导。

孙　栋　肥乡训导。

龙载图　进忠子，马邑知县。

魏功懋　可简子，吴县主簿。

龙呈图　进忠子，邓州同知城守功进中宪大夫。

齐士斌　鸣雷子，吉安同知城守功进中宪大夫。

贾　韶　瑞安主簿。

邢　念　蓬莱主簿。

邢　润　金坛主簿。

李　珩　秦州判官。

齐宗尧　河东运同。

周　急　武城训导。

王尚贤　翰子，富平知县。

李学思　兰阳知县。

张　汲　王府工正。

赵克励　孟县知县。

田桂林　费县知县。

宋可大　庐州教授。

赵文蔚　山阳主簿。

张宗鲁　江阴县丞。

马呈瑞　恩选。

陈士俊

刘思恭　知县。

张充鲁　景州学正。

宋文灿　恩选。

齐鸣雷　宗尧子，林县知县。

汪德立　可诏子卫学授。

贾秉节　宋洛儒　长垣训导。

张邦达　辽东卫教授。

张所性　充鲁子，山阳知县。

李惟极　保宁通判。

孙明德　栋子，训导。

王　任		田宗同	保安卫教授。
邸养性	存性弟，永清卫教谕，死节。		
万人杰	东安教谕。		
张智临	国祥子，选拔。	曾可毅	深泽训导死节。
冯光大	遵化训导。	王克顺	沙河训导。
齐拱极			
段弘璧	顺德训导。	齐士杰	良乡训导。
任应遴	城武训导。		

［国朝］

李毓舟	惟极子，汾州府判。	王思问	清源知县。
冯盛期	盛明弟，黑多县知县。	李似楠	邵武同知。
赵民瞻	延庆卫教谕。	田起鹏	宗周子，定番知州。
冯源漳	铨子，云和知县。	刘秉仁	韶州府判。
李先春	禹城知县。	王天毓	通判改滁州卫经历。
石光岳	东安训导。	赵启泰	民瞻子。
张元复	见举人。	郭宪泰　赵国才　陈廷干	
张我藉	德州同知。	高二正	归德府判。
张翰宸	长沙知府。	张尊德	湖广副使。
张庄临	贾九苞　周　元　宋杰士		
齐如仑	涿州训导。	张　宏	选拔，新昌知县。
周家瑜	曹士鹏　才天纵		
张应宿	翰宸子，举乡饮。	张灿宿	西平县丞。
邢纯政	高　培　田御梁		
张丙宿	藁城教谕。		
赵云翔	张贞复　高　翔　祖厓士　邸　绅		
任　巨	赵之屏　高士敏　选拔。		
宋　普	杨　倬　赵　玙　张四端		
高天晓	培子恩选。	李　惠　田葳蕤　副榜。	

李　俨　刘天麟　衡水教谕。

赵　琅　张忠靖　应宿子。

马　淳　见举人。　　　马　浚　张大生　迟日昶　刘　寅

刘瑞麟　金华县丞。

滦 州 学

李　益	华阳知县。	马　德	满城知县。
裴　友	镇江同知。	张　忠	广德判官。
马　秀	应天通判。	袁　谊	光禄署丞。
张　彧	蓬莱知县。	萧　俊	固始知县。
李　春	临汾主簿。	艾　寿	汾州吏目。
王　毓	鲁府典仪。	艾　广	开化知县。
师　颜	许州同知。	任　亨	湘潭知县。
赵　伦		李　谦	吏科给事中。
崔　卣	户科给事中。	王　恕	江阴知县。
孟　华		徐　铉	商河知县。
杨　兴	费县知县。	程　选	韩城知县。
宋　吉	怀庆同知。	张　质	溧阳主簿。
张　泰	蒙阴知县。	张　栻	祥符知县。
张　铨	寿张知县。	刘　信	太仆寺丞。
王　威	解州判官。	王　鲤	夏县训导。
宋　宁	陇州同知。	刘　进	按察司金事。
李　恭	怀庆照磨。	刘　源	永和知县。
邸　泉	杭州通判。	刘　贵	许州同知。
吴　宏	绛州判官。	安　泰	稷山县丞。
齐　义	兵马。	邢　政	馆陶知县。
李　彝		王　珣	繁昌知县。
张　垣	平原县丞。	尚　庸	宣武卫经历。
刘　永	泗川知县。	崔　清	五河知县。
张　弼	灵宝县丞。	高　谅	武乡知县。

赵 冕	寿州判官。	
王 冕	陕州知州。	
赵 玘		
冯 宁	范县主簿。	
王 铎		
张 文	鄠县知县。	
杨 晃	即墨主簿。	
王 佐	峄县县丞。	
史 忠	孟津县丞。	
伦 瑛	布政理问。	
秦 昂	蒲台训导。	
曾 文	辽东卫知事。	
徐 衡	绍兴知事。	
高 铭		
雷 进	华阴县丞。	
杨 宁		
王 德	满城县丞。	
吴 昂	建宁通判。	
吉 哲	商河知县。	
高 玘	汶上训导。	
王 镗	通州同知。	
薛廷实	米脂知县。	
王 进	潞州同知。	
艾 棋	许 临	
杜 澄	睢州吏目。	
杨 铨	通许知县。	
邸 隆		
郑 举	昌化知县。	
马 璘	怀庆照磨。	

王 琉	武进县丞。	
马 震	长兴知县。	
谢 宁	原武知县。	
田 华	常熟县丞。	
周 让	星子知县。	
李 让		
安 和	马邑知县。	
崔 礼	解州判官。	
王 钦	京卫经历。	
胡 宁	磁州判官。	
王 轨	王世英	
赵 鉴	晋府奉祀。	
薛 茂	莱州知事。	
邢 端	益都主簿。	
史 经	清源主簿。	
邸 琛		
王 端	诸城县丞。	
张 举	昌邑主簿。	
贺 盛	思明同知。	
张 勋	刘 鼎	
卢 胜	沛县县丞。	
高 亮	西乡知县。	
杨 聚	序班。	
高 嵩	凤阳卫经历。	
侯 爵	商河县丞。	
李 举	浑源州吏目。	
师 仁	贵溪主簿。	
冯顺亨	典化主簿。	

陈　因　榆社主簿。　　　　涂　敏　原武教谕。

熊　瑾　　　　　　　　　张　仁　宿迁县丞。

雷　泽　陈留主簿。　　　　张　吉　夏邑训导。

张　祚　辽海卫教授。　　　王　章　王府教授。

刘　鲸　黎城县丞。　　　　于　隆　昌邑主簿。

伦秉忠　长子教谕。　　　　赵凤岐　海州判官。

吴　俊　益都县丞。　　　　张　渭　行太仆寺主簿。

吉志道　王府教授。　　　　周朝献　浑源训导。

解　经　　　　　　　　　萧　镇　临清判官。

韩廷震　临邑训导。　　　　崔　萧　东阿训导。

刘　洋　昌邑县丞。　　　　田舜耕　宣府卫经历。

曹　章　　　　　　　　　李　瀚　灵璧主簿。

杨　鲁　　　　　　　　　李　永　吉州判官。

王　镛　长州县丞。　　　　王应昭　灵石主簿。

张　珠　隰州同知。　　　　刘良臣　吴江县丞。

李　需　　　　　　　　　王　钥　任州判官。

卫　江　　　　　　　　　王　结　洪洞主簿。

高　荐　主簿。　　　　　　张文学　辽阳卫训导。

杨　铁　主簿。　　　　　　任　价　商丘主簿。

马应期　刘克勤　　　　　　冯余庆　西华知县。

王廷玺　齐河主簿。　　　　吉　杰　主簿。

王好言　王　铀

翟世祥　照磨。　　　　　　刘　芗

刘　昂　莱芜教谕。　　　　徐守信　王廷蕙　高吉昌

王承荣　安丘主簿。　　　　谢嘉谟

谢九容　铁岭卫经历。　　　安如盘　青州训导。

任　午　训导。　　　　　　叶一芝　同州同知。

王大化　教授。　　　　　　王承恩　辽东训导。

周汝夔　主簿。　　　　　　孙　扬　恩选武清教谕。

吉　宦	咸阳训导。	刘鹤来	
吴学颢	荆门州同。	陈国教	
萧继志	洛州教谕。	葛为绤	绛县知县。
王　㳺		王立本	荣河知县。
王　松	密云训导。	刘　照	辽阳卫训导。
吴学颐	张文耀		
吉士赟	福山知县。	萧士毅	教授。
张名世	武昌府判。	王子奇	睢州判官。
王文台	宝坻训导。	高思聪	定辽卫教授。
任应昌	钜野县丞。	赵养心	井陉训导。
崔凤毛	顺义训导。	高　等	辽东教授。
王　队	晋州训导。	陈之宠	
沈鱼化	隆平教谕。	吉士举	义州卫教授。
徐可教		陈三纬	镇原知县。
王时信		张怀仁	深泽训导。
白廷魁	田子实　赵国彦　陈善道		
曲文光	邳州知州。	王　楅	恩选。
赵国翰	钜野知县。	张塾礼	卫经历。
张寿源	李充桂　吴际盛		
赵应瑞	阳曲县丞。	李守约	
刘三顾	卫辉教授。	张　迁	孟县县丞。
刘　庆	吉　盈　沈士鲁		
张崇本	夏县县丞。	熊加志	定兴训导。
张静源	沂州经历。	刘维祯	宝坻训导。
张汝恭	功贡。	刘光国	
郑　鼎	清涧知县。	秦永明	选拔。
冯运亨	黄梅教谕。	冯运隆	河间训导，死节。
王　柚		厉苾臣	怀来训导。
吉先见	王养正　青县训导。		

郝誉髦　洪洞县丞。

［国朝］

郝光辅　广济知县。　　　赵焕然　芜湖知县。

吉　民　刑　恕　满城训导。

崔　灿　梧州府同。　　　谢天锡　孟陈王　将乐知县。

冯运嘉　赵明瑞

李二阳　布政经历。　　　胡　琏　苏　贤

刘绳武　都昌知县。　　　李应祥　祥符县丞。

边柔远　何若奋　　　　　伦品卓　选拔南康知府。

赵　缵　恩选。　　　　　孟赛予　副榜见举人。

高显辰　第六子，见举人。　孙学惠　平凉通判。

孙学冉　阳曲知县。　　　袁四维　兴县知县。

赵申宠　汀州同知。　　　赵联瑞　渭源知县。

赵济胜　知县。　　　　　崔景徽　副榜。

孙启祚　　　　　　　　　冯运皋　恩选。

陈蒙吉　冯运兴　梅调鼎　郑　璧

白应昌　威宁知县。　　　白　炜　陈翼泰　高灿辰

石　翰　维岳子。

白　章　新会知县。　　　孙延祚　张光组　常执中

李　檠　选拔嘉鱼知县。

高士麟　石　周　石　端　石　宽　石　庆　张　志

伦品昭　良乡训导。　　　伦品备　平山训导。

何率白　献县训导。　　　伦可久　品卓长子，庆阳同知。

伦可大　品卓次子，泽州知州。

胡一俊　绛州知州。　　　高士鹅　绛州知州。

高士鸡　常熟知县。　　　王有功　巴县知县。

王　玥　万安知县。　　　赵及弘　东明训导。

赵连璧　阜城训导。　　　伦　觉　可大子，大理通判。

李丕烜　河阳知县。　　　　李丕煜　元氏教谕。

李拱极　恩选。　　　　　　卫之俞　恩选。

赵　秦　选拔。　　　陈　慈　石有声　张士弘　高　窦　陈天机

刘　谦　陈如兰　高文焕　卫　宣　高　显　卫　屏

乐亭县学

何　兴　湖州知府。　　　　刘　浩　广信府推官。

李　乐　御史，历副使。　　刘　规　检校。

艾　兴　修武县丞。　　　　刘　郁　长山知县。

刘　瑞　知府。　　　　　　张　贵　阳曲县丞。

崔　规　光禄署丞。　　　　吴　瓒　卫经历。

李　辉　宁州同知。　　　　单　清　金吾卫经历。

刘　均　寿州卫经历。　　　苗　盛　鲁府引礼。

李　春　临汾主簿。　　　　张　亨　榆次知县。

史　怡　参政。　　　　　　张　庸　鲁府典仪。

赵　凤　工部主事。　　　　魏　升　吴江县丞。

崔　庸　卫经历。　　　　　卑　铭　阳武县丞。

刘景山　确山县丞。　　　　高　智　卫经历。

崔　赟　　　　　　　　　　侯　彬　安丘县丞。

李　茂　高邮知州。　　　　李　瓒　序班。

段　宁　安丘县丞。　　　　郭　瑞　按察照磨。

齐　文　运判。　　　　　　丁　深　汲县县丞。

张　杰　临邑县丞。　　　　冯　杰　巢县知县。

郁　昌　　　　　　　　　　李　杰　永康主簿。

孙　勋　缙云典史。　　　　王　能　蒲县知县。

王　畿　　　　　　　　　　李　琮　高苑县丞。

张　秀　　　　　　　　　　张　振　平湖县丞。

张　泰　开封通判。　　　　晁　清　胶州判官。

王　佐　醴泉主簿。　　　　李　祥　太仆寺主簿。

郭　佐	宁乡知县。	王　福	大使。
郭进忠	临淄主簿。	蔺　泰	石埭主簿。
赵　讥	咸宁县丞。	崔　翱	怀仁知县。
稽　源	何　增	侯　铎	吏目。
母　瑄	周府典簿。	姚　祯	江浦主簿。
吴　睿	曹州同知。	王　庆	棠邑县丞。
吴　斌	高平县丞。	李　振	蒲州吏目。
王　卿	常熟县丞。	王　钛	
侯　爵	商河县丞。	郁　昕	陵县知县。
张　璠	会稽县丞。	刘　钦	训导。
吴　哲	蒲台县丞。	李　晟	隰州训导。
赵　锡		孙　辂	县丞。
张　锦	淄川主簿。	魏　瓒	信阳县丞。
郁　时	仪封教谕。	刘　瑶	信阳县丞。
马　寅	张　鳌　王　闻		
李宗儒	林县县丞。	杨廷璋	闻喜知县。
卢　梁	山西参议。	王　铚	
王致中	常熟县丞。	吴　佑	
郁　佐	章丘县丞。	李　瑶	原武知县。
张应祥	汉阳照磨。	王天祐	章丘县丞。
刘孟纲		郁从舜	训导。
郭孟豪		王嘉言	荣河知县。
王来聘	新秦知县。	王好问	见进士。
杨　沔	平原县丞。	杨　湖	山西都司断事。
冯恩孚	董承恩		
王平康	淇县训导。	孟　春	栖霞主簿。
韩世贤	李时元　李　栋		
曹九霄	临清判官。	萧云汉	河东运河。
张士让	乐陵县丞。	徐　权	沁州判官。

刘大章	文水县丞。	王三省	三河训导。
萧守卿	泽州判官。	王用和	密云训导。
高志颜		温德基	宝坻训导。
张自镐	李自香		
栗崇本	上海主簿。	曹九思	淄川教谕。
张　镐	真定教授。	王用刚	锦州卫训导。
刘存仁	蠡县训导。	高文熙	葭州判官。
任　相	怀柔训导。	王熙载	李如松　吴桥训导。
萧馨春	浚县训导。	陈继业	锦州卫教授。
刘驯洛	景州训导。	谷迁乔	临清训导。
王孟豪	纪凤鸣	孙思顺	良乡教谕。
萧发春	温县教谕。	李惟贤	南和训导。
单道中	建平训导。	高启芳	镇武卫经历。
温而栗	恩选，历城主簿。	邵孔彰	恩选。
韩思范	教授。	赵鸣鸸	恩选北城副兵马。
王确然	顺天训导。	张鹏翼	魏县训导。
韩孔育	良乡教谕。	陈经济	永和知县。
萧时泰	吴邦瑾		
张世升	长治知县。	王时熙	满城训导。
王　选	教谕。	侯服休	魏县知县。
萧启泰	房山教谕。	宋尚德	静乐知县。
王利宾	兵马司指挥。	王时显	兵马副指挥。

［国朝］

孙荣祖	广平教授。	张内恬	庄浪知县。
张一跃	选拔，黄平知州。	萧惠珠	鸿胪序班。
赵允厚	如皋训导。	邢于畿	
党化圣	高邮卫经历。	王启元	
倪蕴用	魏县训导。	曹尔饬	博平知县。

孙　驯	选拔。	曹际可	恩选。
王化敦	**张光印**		
韩孙迈	选拔，青州府通判。	宋一麟	副榜，见举人。
王　典	曹三省　高启睿　邵文升　王　彪		
姚　采	选拔，现任工部屯田司主事。		
商　确	完县教谕。	王含珍	恩选。
高弥高	王谦　韩孙昌　贾还模　齐日霁　杨止圣		
张　铉	选拔。	戴　庚	王含乙
侯宝训	宝坻训导。	李成龙	阚汝霖　陈　斐
姚　熙	选拔。		
高辛嗣	姚　燮　阚汝砺　侯锡爵　王如曾		
吴允治	恩选。	李　擢	刘君弼

山海卫学

曹　广		王　铎	庐州检校。
刘　铭		苏　豫	同州判官。
赵　仁	博平主簿。	李　春	邹平主簿。
张　宁	磁州训导。	刘　监	鸿胪序班。
戴　刚	黄县主簿。	蒋　英	
张　铉	朝邑县丞。	李　琛	沂州经历。
房　绾	分宜主簿。	李　敬	贵州卫知事。
陈　策	莒州训导。	赵　纬	
侯　荣	行太仆主簿。	杨　聪	德府典宝。
萧凤鸣	显之子。	王道亨	登州训导。
张　礼	清江主簿。	张　谦	新城县丞。
何　清		陶　恕	砀山县丞。
王　相	旗手卫经历。	赵　聪	临清训导。
王　伟		李　锦	庄浪知县。
马应奎		李秉玉	沂州州同。

路　通	三万卫教授。	萧大观	商河县丞。
白九经		毛　传	潍县教谕。
刘　俊	新乐教谕。	沈　渊	平度州同。
田　鹰	静宁州同。	高　宁	秀水县丞。
萧瑞凤	大同通判。	刘汝祯	庐州照磨，赠工部郎中。
郭大伦	博兴教谕。	曹　钺	东城兵马指挥。
林　锦	长洲县丞。	孙　鸾	襄城教谕。
辛三畏	文登知县。	高　肃	临漳主簿。
崔弘沛	石楼知县。	刘　栋	海州卫训导。
李承恩	广昌教谕。	鲁孟秋	
曹　蕙	钺之子。	萧道远	显孙武城教谕。
张德立	乐陵知县。	冯　瀛	平原县丞。
张思聪	洧川教谕。	毛　恕	铁岭卫教谕。
何秉元	辽海卫训导。	辛　涵	山阴知县。
谭　诗	太原知县。	曹　芹	齐东教谕。
李东升	河间教谕。	赵　鹗	成山卫教授。
鲁应芳	定远教谕。	郝宗元	锦州卫经历。
于思敬		王之藩	兴县知县。
王从政	莱阳知县。	萧大咸	通判。
侯汝敬	即墨教谕。	张问明	雄县训导。
田汝籽	前屯卫训导。	何景奎	即墨教谕。
于思明	永清教谕。	刘熙载	崇宁知县。
袁　钦	遵化教谕。	沈　琇	广平教授。
刘　悰	宜阳教谕。	王嘉宾	房山教谕。
邹大珍	兴济教谕。	程　正	合肥训导。
沈国兆	堂邑训导。	刘思明	赠府同。
辛　浚	宁夏卫教授。	何志重	曲周教谕。
房自新	顺天训导。	吕大成	深州训导。
吕际可	两当知县。	蔡茂旸	吴桥教谕。

田大登		郭廉远	南昌通判。
吕鸣章	陕西参议。	刘廷召	
刘克勤	丰润训导。	吕世臣	天津卫教授。
穆齐方	柏乡训导。	张 翘	卫辉训导。
何天祚		杨呈芳	鲁山知县。
刘克肃	涿州训导。	穆齐正	献县训导。
何天宠	获嘉知县。	栾东龙	平阳同知。
刘应祯	茌平训导。	刘延龄	顺德府授。
张朝栋	濮州学正。	毛应坤	东昌通判。
程继贤	尚宝司卿。	郑文楫	高 儒
穆思恭	沔津主簿。	马应瑞	前屯卫训导。
詹世烈	禹州判官。	郭仲金	安陆同知。
刘廷讲	镇江经历。		

[国朝]

冯祥聘	长沙同知。	刘克望	东流知县。
高 选	广信同知。	曹时敏	灵璧知县。
穆齐英	商城县丞。	潘凤翼	副榜，宁远知县。
郑允升	恩选，善化知县。	赵 钺	巩昌通判。
马维熙	选授忻州同知，殉难赠知州。		
刘克孔	汾州知府。		
朱时显	开州同知。	辛调羹	潼关卫教授。
栾正馥	赵州学正。	穆尔鹗	恩选，无为州同知。
冯九光	枣强训导。	吕爆如	黄陂知县。
李集凤	恩选。	程体乾	赵于升　辛桂芬
郭重光	腾越州判官。	沈所元	恩选。
吕宪周		程启运	磁州知州。
孟曰吉	兴安州判。	杨可楹	吉安知府。
张瑞扬	太原同知。	李栖凤	思州府经历。

穆嘉祯　建昌卫经历。　　　辛宗尧　长宁知县。

王应坤　东昌通判。　　　　穆尔洪　沈所慈　铁岭训导。

王印祚　穆尔琰　王养凤

赵国屏　选拔，庆都教谕。　谭可兴　顺义训导。

宋应奎　　　　　　　　　穆　燻　枣强训导。

谭从易　穆尔璬　谭国枢　张士达　杨希震　赵开诚

任懋勋　获鹿训导。　　　赵三聘

房　茂　选拔。

唐世济　高齐岱　栾　峤　魏天辅　王良弼　贾景谊

王承中　恩选。　　　　　李　铕

张肇吉　选拔，见举人。

任　冲　穆维临　高映璧　萧友良　李含芳

张　镇　副榜。　　　　　王天位　王道行

马世昌　恩选。　　　　　穆维贲

‖ 卷之十七 ‖

莱 阳　　宋　琬撰次

府学训导　徐　香参订

萧　山　　张朝琮续纂

卢龙教谕　胡仁济校辑

武　勋

自古将帅之才有三：曰世胄、曰武科、曰卒伍，是不一途而其宣力疆圉，为国家干城则一也。以观永平，当永乐、宣德之间，以功封侯伯者五人，并皆勋在盟府，泽流后嗣，岂不盛哉！洎乎中代，而七萃之良，百夫之御，熊罴之士，不二之臣，犹且辈出，固风气沉雄，人性朴茂之所致之。爰序彻侯，而以武秩科名附焉。听鼓鼙而思将帅，览图画而念股肱，必此其选矣。

［**明**］

赵　彝　虹人。洪武初，虎贲百户，调燕山右卫，从颍国公征沙漠，城宣府、万全、怀来。历升永平卫指挥佥事。靖难，兵至永平，彝以城降。从徐忠等转战有功，升北平都指挥使。文皇即位，封忻城伯，食禄一千石，与世券。永乐十三年，镇徐州，仁宗召还，卒。

郭　亮　合肥人。父聚，开国功，升流百户。亮嗣官征胡功，历升永平指挥。从靖难，与都督耿献战，又与都督杨文战，皆有功。时靖难，兵南下，亮独守永平，与北平为声援。建文四年，封成安流侯世伯，食禄千二百石。出守开平，筑烽堠。永乐二十一年卒，赠兴国公，谥忠壮。

吴　成　本名买驴，辽阳人。父通伯，元辽阳省右丞。洪武中，随观童来降，买驴充总旗，出塞征胡功，升永平卫百户。从靖难，攻真定、大宁郑村坝功，升指挥佥事。广昌、白沟、馆陶功，再升指挥使。夹河、藁城西水寨功，升都指挥佥事。战滹河、小河、齐眉山、灵璧，先登渡淮，克扬州，入金川门，再升都指挥使。永乐八年，从上出塞征胡功，升都督佥事。已而，三出塞，斩获多。洪熙元年，升左都督。是年，大松岭破虏，封清平伯，食禄千一百石，与世券。宣德初，从擒汉庶人，三年出喜峰塞。败虏宽河斩获，进封侯，禄如故。八年卒。赠渠国公，谥壮勇。

费　瓛　定远人，祖遇，洪武中为燕府左相，已革府相，改护卫指挥使。父肃嗣官。肃卒。瓛嗣官，事成祖。靖难功，累官都指挥同知，镇守山海关。永乐五年，召佥事后府。六年，充副总兵，备倭海上。七年，征湖广叛寇。八年，充总兵，镇宁夏、甘肃，讨平亦令真巴。十年，又出甘肃防御。仁宗即位，充平羌将军，镇甘肃，寻升右军都督。宣德元年入朝。上念瓛旧臣。累著功名，封崇信伯，食禄千一百石，与世券，复出镇。瓛性和易，善抚循士卒。守边二十年，塞境宁静。征汉庶人，尝为先锋将佐薛禄有功。

刘　江　山海卫总旗。骁勇有谋略。洪武末年，从靖难，累建殊勋，升中军都督府左都督。永乐中，镇守辽东，剿杀倭寇有功，进爵广宁伯。卒，赠广宁侯。

赵　胜　迁安人。宣德中世官。景泰元年，累功升都指挥佥事。天顺五年，讨曹贼功，升都督同知。已而，充参将，出固原捕□有功。成化四年升都督，充总兵官，镇辽东。七年，捕斩朵颜有功，召还。十二年，修京城，加太子太保、三屯营总兵。十九年，封昌宁流伯，食禄千石。又明年，加太保。卒，赠侯，谥壮敏。子先卒。弘治元年，孙鉴乞嗣伯，吏部言昌宁初封流伯，鉴嗣世指挥，铨锦衣

武　秩

［明］

胡　镛　　任蓟镇总兵。

陈景先　　东胜右卫指挥，任蓟镇总兵。

马　永　　任辽东总兵。

萧　升　　抚宁卫佥事，任蓟镇总兵。

刘　渊　　山海卫佥事，任蓟镇总兵。

祝　雄　　任蓟镇总兵。

李　洪　　山海卫指挥，任燕河营参将。

高　瑛　　迁安人，任燕河营参将。

张世忠　　山海卫副千户，武进士，任偏头关参将，阵亡。

周　建　　抚宁卫指挥佥事，阵亡，诏实授同知，世袭。

李光启　　乐亭人，任葛峪堡参将。

祝　福　　雄子，任保定总兵。

赵　卿　　山海卫指挥，任宣府总兵。

周　彻　　建孙，抚宁卫指挥，任蓟镇总兵。

程　棋　　兴州卫人，任建昌协守副总兵。

张世武　　兴州卫人，任协守东路游击。

唐大节　　山海卫人，任协守东路游击。

史　宸　　永平卫人，任协守东路副总兵。

陶世臣　　永平卫试百户，任蓟镇总兵。

谷承功　　永平卫人，任山海路参将。

李　洪　　山海卫人，任燕河路参将。

彭友德　　兴州卫指挥，任保定府总兵。

徐　枝　　山海卫人，任京营都督佥事。

朱　楫　　永平卫人，任燕河路参将。

何　镇　　卢龙卫人，任燕河路参将。

张懋勋　　山海卫人，任神枢营游击。

钟　杰　抚宁卫指挥，任独石参将。

周承聘　兴州卫指挥，任昌平游击。

周大观　承聘子，任松棚路参将。

丘　陵　抚宁卫指挥，任葛峪堡参将。

李康民　永平卫人，任燕河路参将。

李逢时　永平卫指挥，武进士，任阶文参将。

曹应登　永平卫指挥，任燕河路参将。

章思恭　永平卫副千户，任黄甫川参将。

孟国用　任宁夏总兵。

吴尚贤　抚宁卫指挥，任太平寨参将。

卢天福　东胜卫人，任山海经理镇总兵。

谷九有　永平卫人，任德州参将。

吕鸣咸　山海卫指挥，任山海南部副总兵。

周　德　彻弟，抚宁卫指挥。任永平游击。

孙思坚　山海卫千户，任大宁都司。

陈　舜　抚宁卫指挥，任黄花镇守备，阵亡。

魏邦辅　抚宁卫指挥，任三屯营都司。

刘　恩　抚宁卫指挥，任大同都司。

刘　涵　恩子，抚宁卫指挥，任神机营游击。

赵文明　山海卫指挥，任宁山参将。

赵　勋　山海卫人，任五军营参将。

熊文济　山海卫武举，任游击。

朱尚义　山海卫人，任榆林总兵。

潘光启　东胜卫千户，任龙井关参将。

罗　灿　永平卫指挥，任沈阳游击。

郑国忠　永平卫千户，任南兵营游击。

骆子秀　永平府人，任永镇右营游击。

罗　墀　永平卫指挥，任昌平参将。

李魁春　永平卫千户，任山西掌印都司。

郭重光　山海卫指挥，任开平都司。

施兆麟　山海卫指挥，任陆运营都司。

赵应元　山海卫千户，任北部副总兵。

任国琦　山海卫武举，任督师标下副总兵。

傅国珍　山海卫百户，任花桑峪都司。

孙承业　山海卫千户，任建昌路参将。

穆朝臣　山海卫指挥，任经理镇标副总兵。

张惟忠　辽东人，卢龙县籍，任冷口副总兵。

李鸣冈　山海卫指挥，任镇标右营都司。

赵宗舜　滦州人，任锦衣千户。

谢天爵　永平卫人，任山永抚标旗鼓守备。

杜绳武　山海卫副千户，任遵化营副总兵。

张文善　山海卫人，任老营堡参将。

李自馨　昌黎人，任山永抚标旗鼓。

丁明盛　永平卫人，任石匣副将。

曹　纲　抚宁卫指挥，任河间游击。

孙思吴　山海卫千户，任中后所城守游击。

梁一第　昌黎人，任游击。

梁应时　昌黎人，监生，功授指挥。

附昌黎县守城功授守备：

宋文煌	王九州	李际春	田养茂	王正道	王世臣
杜文奇	史登云	李多闻	马性美	王自壮	王　培
李士奇	杜茂秋	蔡时茂	李时贤	任自得	贾有元
刘光远	杨开泰				

［国朝］

惠应诏　抚宁人，任四川成都府总兵。

汤自道　滦州人，任北楼口参将。

萧奇楹　抚宁人，任临清参将。

卢拱极　东胜卫人，任大靖堡参将。

刘绍祖　昌黎人，任洮岷守备。

郑弘谟　乐亭人，任三省总督，旗鼓游击。

李聚良　昌黎人，任三眼井营都司。

谭九畴　东胜卫人，任彰义堡都司。

王可就　滦州人，任福建督标副总兵，殉难。

张师圣　迁安人，任靖海参将，升登州副总兵，阵亡。

周　鼎　迁安人，任浙江都司，阵亡，赠荫。

李景阳　兴州卫人，任金山副总兵。

王　栋　迁安人，任河西务游击。

王度冲　抚宁人，任湖广右路总兵。

惠占春　应诏子，任山东沂州总兵。

冯　镜　盛明子，昌黎人，武进士，任广西副总兵。

冯源淮　铨子，昌黎人，武进士，任荆州总兵。

崔毓德　昌黎人，任广东守备。

傅尚谦　山海卫人，任江南寿春营副总兵。

詹世勋　山海卫人，任江南副总兵。

赵世新　山海卫人，任陕西高沟堡守备。

赵世泰　应元子，任河南镇标参将，阵亡。

秦国荣　山海卫人，任浙江金华右营游击。

苗有年　山海卫人，任山西保德营守备。

鲁士科　山海卫人，任福建道标守备。

周永祚　山海卫人，任浙江衢州营守备。

何万邦　山海卫人，任浙江水师营都司。

郭重显　山海卫人，任开封城守营守备。

孙遇吉　山海卫人，任苏松镇标都司。

白尚信　山海卫人，任三省总督标下守备。

惠延祖　占春子，世袭御前侍卫。

王　伟　抚宁人，任苏州城守游击，管参将事。

谭　俊　山海卫人，任广东右翼镇游击。

姚季虎　滦州人，任通州张家湾守备。

刘泽深　山海卫人，任碣石卫总兵。

谭　纶　山海卫人，任陕西略阳副将。

宁九锡　乐亭人，任苏州水师镇标中军守备。

曹光启　卢龙人，任狼山守备。

武　进　士

［明］

正德　庚辰

程　源　兴州卫人。

嘉靖　癸未

张世武　兴州卫人，建昌副将。

丙戌

李　贤　兴州卫人，钦依守备。

张世忠　山海卫镇抚偏头关参将。

常　润　山海卫百户。

己丑

郭　淙　兴州卫人。

李介明　兴州卫人。

乙未

周　径　抚宁卫舍人。

戊戌

陆万钟　兴州卫指挥，状元。

陆　祯　东胜卫百户。　　　　司　纶　永平卫人。

丁未

徐　惠　卢龙卫百户。　　　　朱承芳　永平卫百户。

庚戌

李　恩　东胜卫百户。

己未

程　照　兴州卫舍人。

隆庆　辛未

李逢时　永平卫指挥，阶文参将。

郭应坤　卢龙卫舍人。

万历　甲戌

王维新　忠义卫人。

庚辰

程　灿　兴州卫人，义院守备。

癸未

张世忠　忠义卫应袭。

丙戌

张九德　兴州卫人。　　　　　　　　熊文济　山海卫人，游击。

己丑

王养贤　山海卫，应袭建昌游击。

庚戌

李天培　抚宁人，保定游击。

天启　壬戌

马先登　迁安人，建昌都司。

崇祯　丁丑

丁明盛　卢龙卫人，副总兵。

癸未

吴　迪　抚宁人。

［国朝］

顺治　丙戌

张　曜　迁安人。

己丑

张武扬　山海卫人，宣城守备。

乙未

周 彝　迁安人。　　　　　　　钱　标　卢龙人。

戊戌

李廷斌　卢龙人。

辛丑

穆廷梁　山海卫人。

康熙　丁未

穆廷杸　山海卫人，现任苏松水师总兵。

赵　跻　滦州人。

庚戌

余　烜　永平卫人。　　　　　　余　焜　永平卫人。

张朝臣　山海卫人，任浙江处协都司。阵亡。

癸丑

卢启贤　永平卫人。

丙辰

安定远　卢龙人。　　　　　　　陈　晋　辽籍。

壬戌

董　恺　山海卫人，现任崇明游击。

王心惺　永平卫人。

乙丑

范继瑞　滦州人，现任兴化府城守都司，管守备事。

武　举

［明］

正德　己卯

程　源　见进士。　　　　　　　李　贤　见进士。

嘉靖　壬午

张世武　见进士。　　　　　　　常　润　见进士。

乙酉

郭 淙　见进士。　　　　　李介明　见进士。

张世忠　二科，见进士。

辛卯

周 径　见进士。

甲午

陆万钟　见进士。　　　　陆 祯　见进士。

丁酉

谭 伦　东胜卫人。　　　彭 蠡　兴州卫人，二科。

司 纶　见进士。

庚子

张 麒　卢龙卫人。　　　韩廷玺　东胜卫人。

谭时中　纶子，二科。　　邵 永　卢龙人。

癸卯

汪承恩　永平卫千户。　　徐 惠　见进士。

丙午

杨承光　东胜卫人。　　　郑 康　永平卫百户。

朱承芳　见进士。　　　　李 恩　见进士。

谭 璋　山海卫人。　　　吕 锃　山海卫指挥。

己酉

罗 泾　抚宁卫人。

壬子

谷继节　卢龙卫人。　　　周德明　抚宁卫人。

乙卯

夏时霖　卢龙卫千户。　　周尚文　抚宁卫指挥。

李时芳　东胜卫，应袭，二科。

戊午

徐国柱　卢龙卫百户。　　程 照　见进士。

辛酉

程世禄　永平卫人。

甲子

赵　祐　卢龙卫人。　　　　李时茂　东胜卫舍人。

米　实　卢龙卫百户。　　　陈　忠　兴州卫人。

隆庆　丁卯

戴时动　兴州卫人，二科。

庚午

李逢时　见进士。　　　　　郭应坤　见进士。

蒋国卿　兴州卫人。　　　　吴自科　兴州卫人。

万历　癸酉

程　默　兴州卫人，二科。

王维新　见进士。

丙子

王梦奇　永平卫百户。　　　高　腾　东胜卫人。

吕复亨　卢龙卫人。　　　　张　昆　山海卫人，二科。

己卯

陈应魁　卢龙卫人。　　　　陶世学　永平卫籍，浙江人。

程　灿　二科，见进士。　　张九德　见进士。

侯维翰　永平卫人，二科。

壬午

马逢乐　永平卫人。　　　　马士元　永平卫人。

张世忠　见进士。

乙酉

胡自强　永平卫人。　　　　熊文济　见进士。

毕邦辅　忠义卫，应袭，二科。

戊子

徐方言　东胜卫人。　　　　王养贤　见进士。

翟居正　忠义卫人。

辛卯

陈复先　抚宁人，罗文峪守备。

甲午

刘汝宽　昌黎人。

庚子

李文科　卢龙人。　　　　**曲云龙**　卢龙人。

癸卯

周光祖　抚宁人。

丙午

李天培　见进士。

己酉

李平政　永平卫人。　　　　**李廷臣**　卢龙人。

毕邦几　邦辅弟，忠义卫舍人。

壬子

李干城　抚宁人。

天启　辛酉

马先登　见进士。　　　　**李养性**　迁安人，中军守备。

甲子

曹维肖　都指挥，管乐亭练总。

丁卯

任国琦　山海卫人，副总兵。

崇祯

谭九畴　卢龙人。　　　　**钱　标**　卢龙人。

曹光启　卢龙人。　　　　**丁明盛**　见进士。

董其戎　卢龙人。　　　　**王　标**　卢龙人。

己卯

马中骥　山海卫都司金书，二科。

壬午

吴　迪　见进士。

［国朝］

顺治　乙酉

萧　箕　抚宁人。　　　　　　惠应诰　抚宁人，仪真守备。

张　曜　见进士。

戊子

贲鹏程　山海卫人，浙江都司佥书。

张武扬　见进士。　　　　　　王弘胤　乐亭人。

辛卯

周　彝　解元，见进士。

甲午

柯继贤　迁安人。　　　　　　李廷斌　见进士。

丁酉

王奋威　山海卫人。

庚子

傅王臣　迁安人。　　　　　　穆廷梁　见进士。

康熙　癸卯

马　锡　迁安人，京卫籍。

穆廷栻　见进士。　　　　　　赵　跻　见进士。

丙午

张启元　山海卫人。　　　　　门耀鸿　辽籍。

符文煌　辽籍。

己酉

马值乐　昌黎人。　　　　　　余　烜　见进士。

郑鸿儒　昌黎人。　　　　　　余　焜　见进士。

穆尔训　山海卫人，延绥守备。

张朝臣　见进士。　　　　　　傅纬忠　山海卫人，尚廉子。

郭廷弼　山海卫人，河间籍。

孙继武　永平卫人。

壬子

张　震　抚宁人。	卢启贤　见进士。
董　嶙　滦州人。	高廷翰　乐亭人。
郭　垣　山海卫人。	李艺苑　永平卫人。
田廷宾　山海卫人。	陈廷遇　永平卫人。

乙卯

安定远　卢龙人。	陈　晋　见进士。
李名超　辽籍。	

戊午

涂见龙　卢龙人。	王　镇　东胜卫人。

辛酉

董　恺　见进士。	王心惺　见进士。
唐　薛　卢龙人。	张元翰　迁安人，湖广阮州守备。
李建猷　乐亭人。	

甲子

张正传　抚宁人。	常　冶　卢龙人。
唱纯如　昌黎人。	

丁卯

汪养鲲　卢龙人。	赵　璐　昌黎人。

庚午

赵统国　卢龙人。	石　簠　滦州人。

癸酉

侯一位　山海卫人。	郭　镱　垣子。
曹文焕　山海卫人。	

丙子

石　云　滦州人。	冯兆熊　昌黎人。

己卯

王之璡　卢龙人。	解允瑜　山海卫人。
赵延绪　山海卫人。	

壬午

任 琮	卢龙人。	张允显	抚宁人。
张联榜	山海卫人。	韩建勋	山海卫人。

乙酉

陈 璬	滦州人。	钱裕国	滦州人。
冯 伺	昌黎人。	田 彪	昌黎人。
范 锜	滦州人。	王肇吉	滦州人。

戊子

朱景圣	滦州人。	马鹏程	抚宁人。
戴弘勋	昌黎人。	高汝止	山海卫人。

封 荫

人臣服官于国，皆得邀天子之命，以荣其亲。而其品之崇者，又得贻其泽于子孙。盖上之人，所以体群臣者至矣。《虞书》言：赏延于世，是有荫而无封。今日之典，视三代为优焉。兹志也，非直纪恩命之荣，忠孝之道于此焉，备未可以其不登于朝而略之也。

封 赠

卢 龙

[明]

朱 有　以子鉴赠刑部主事。

李 凯　永平卫百户，以子时赠平凉府知府。

朱 侣　以子文运赠丹阳知县。

王 堂　以子大用赠刑部郎中。

廖 儒　以子自显赠广东道御史。

韩廷义　以子应庚封福建道御史。

白　钥　南锦衣卫经历，以子瑜赠大理寺卿。

韩应箕　应庚弟，贡士，以子原善封兵部主事。

陈志文　以子王庭赠监察御史。

崔士登　以子及第封行人。

[国朝]

蔡云龙　以曾孙士英赠漕运总督、光禄大夫。

蔡国忠　以孙士英、曾孙毓荣，累赠总督侍郎、光禄大夫。

蔡绍胤　以子士英、孙毓荣，累赠统督侍郎、光禄大夫。

胡宪玉　以子来相赠监察御史。

孟延勋　以孙乔芳累赠光禄大夫、少保。

孟国用　总兵，以子乔芳累赠光禄大夫、少保。

蔡士英　以子毓荣，累赠吏部左侍郎、云贵总督、绥远将军。

陈靖华　以子君锡赠睢宁知县。

蔡毓贵　以子玮赠庆阳知府。

蔡毓华　知府，以子珍琦累赠监察御史、四川永宁道。

蔡毓秀　知州，以子琎赠翰林院检讨。

迁　　安

[明]

吴　纪　以子诚赠河南道监察御史。

王　民　以孙锐赠副都御史。　　王　都　以子锐赠副都御史。

李　元　以子和赠礼部主事。　　王　政　以子和赠监察御史。

郭　洪　以子镛赠监察御史。　　才　整　以孙宽赠工部侍郎。

才　通　以子宽赠工部侍郎。

李　中　以子文赠户部员外郎。

王　路　以子廷赠兵科给事中。李　蕊　以子炫赠兵部主事。

陈　英　以子鼐封监察御史。

李　臣　以子安仁赠大理寺评事。

徐　伸　以孙云遴赠光禄寺卿。

徐可久　以子云逵赠光禄寺卿。

程　墠　以子大猷封户部郎中。

郭如藩　以子巩赠兵科给事中。

彭大节　以孙友德赠总兵左都督。

彭万里　以子友德赠总兵左都督。

［国朝］

刘宗仁　以孙鸿儒赠兵部右侍郎。

刘光裕　以子鸿儒赠兵部右侍郎。

抚　　宁

［明］

金　禧　以子镛赠光禄寺署丞。　姚　斌　以子政赠运使。

王　荣　以子春赠周府长史。

王　春　以子道中封顺天府尹。

鲁　海　以子铎赠户部郎中。　　翟　昊　以子鹏赠户部主事。

王　忱　以子胤祥赠刑科给事中。

张　楫　以子九三赠国子监学正。

萧春台　以子奇栋封蒲县知县。

［国朝］

胡景鼎　以子松封奉政大夫。　　张仲科　以孙霖赠光禄大夫。

张希稳　以子霖赠光禄大夫。

王国用　以孙度冲封总兵左都督。

王　凤　以子度冲封总兵左都督。

惠应诏　以子占春赠光禄大夫。

王应举　以孙伟封怀远将军。　　王德润　以子伟封怀远将军。

昌　　黎

［明］

张　广　以孙文质赠工部尚书。　张　鉴　以子文质赠工部尚书。

杜　复　以孙谦赠工部左侍郎。　杜　敏　以子谦赠工部左侍郎。

魏　栋　以子可简赠尚宝司卿。　刘　锐　以子汝桂赠登州府判。

邸尚信　以子存性封河内知县。　齐鸣雷　以子士斌封灵石知县。

宋馈豚　以子文熏封虞城知县。

［国朝］

冯尚贤　以曾孙铨赠太子太傅、礼部尚书。

冯从训　以孙铨赠太傅、弘文院大学士。

冯盛明　以子铨赠太傅、弘文院大学士。

冯盛期　以子铎赠平南知县。　　张是彝　以子翰宸赠长沙知府。

张君玉　以子尊德赠安陆知府。张我铨　以子宏赠新昌知县。

高　培　贡士，以子天挺赠临淮知县。

滦　　州

［明］

王　海　以孙翱赠左都御史。　齐　□　以子义赠兵马指挥。

郝　兴　以子隆赠大理寺评事。王　侃　以子蕃赠太常寺博士。

任　玉　以子惠赠吏科给事中。王　瑀　以子辅封监察御史。

安　和　以子民赠户部员外郎。吴　宥　以子吉赠推官。

王　璋　以子镐赠大理寺评事。

高　聪　知县，以子谦赠文林郎，孙擢赠顺天府尹。

厉　鉴　以子汝进封吏科给事中。

周　珍　以子冉赠户部主事。

高　谦　以子擢赠顺天府尹。　　张大钧　以子鹏翼封工部主事。

高　玉　以孙第累赠兵部尚书。高吉昌　以子第累赠兵部尚书。

石　璞　大使，以子维岳赠怀庆府知府。

冯余庆　知县，以孙运泰赠太仆寺卿。

冯斗华　知县，以子运泰累封太仆寺卿。

伦　浃　以子之楷赠陕西道监察御史。

张　夙　以子汝贤赠定陶知县。

张秉直　以子联奎赠临洮推官。

韩邦直　以子友柳赠襄府长史。

［国朝］

石　璞　以孙申赠吏部左侍郎兼侍读学士。

石维岳　副使，以子申，赠吏部左侍郎，兼侍读学士。

王朝凤　以曾孙可就，赠荣禄大夫、都督同知。

王道森　以孙可就赠荣禄大夫、都督同知。

王好义　以子可就封荣禄大夫、都督同知。

伦　中　以子品卓赠南康知府。

李斗昭　以子檠封嘉鱼知县。

白培极　举人，以子章赠新会知县。

胡尔爵　以子一俊赠绛州知州。

王永禄　以子有功赠巴县知县。

乐　亭

［明］

刘　溥　以子懋累赠户部员外郎。

李　升　以子霖赠柘城知县。

李　霖　以子宗商赠户部主事。

卢　梁　以子耿麒累赠山西右参议。

王　茂　以孙好问累赠户部尚书。

王　臣　以子好学、好问，累赠户部尚书。

萧　富　以子云汉赠应州知州。**王永昌**　以子利宾赠兵马指挥。

张问道　以子国瑞累赠陕西左布政。

曹克勤　生员，以子司牧累赠巩昌知府。

陈谠论　生员，以子兴门封铜仁推官。

［国朝］

韩朝来　以子孙迈封青州府通判。

陈经济　知县，以子性天封宜川知县。

姚延嗣　生员，以子采赠国子监学正。

宁君锡　生员，以子九锡赠明威将军。

山　　海

［明］

萧福海　以子显赠兵科给事中。　詹　玉　以孙荣赠副都御史。

詹　通　以子荣赠副都御史。　　刘　刚　以孙渊赠都督佥事。

刘　镇　以子渊赠都督佥事。　　王　荣　以子相赠经历。

刘汝祯　以子复礼赠工部郎中。　冯　琦　以子时泰赠工部主事。

刘光大　以子思诚赠济南同知。

刘思诚　同知以子廷宣，赠大理寺左少卿。

程　炬　以子继贤赠工部员外郎。

［国朝］

佘崇贵　以子一元赠礼部郎中。　穆齐英　以子尔谟封礼部郎中。

刘　愤　以子克孔赠汾州知府。　穆齐岱　以孙廷栻赠怀远将军。

穆尔铉　以子廷栻赠怀远将军。

谭有德　生员，以子从简封孟津知县。

谭　让　生员，以孙纶赠怀远将军。

谭有法　生员，以子纶赠怀远将军。

恩　　荫

卢　　龙

［明］

王道平　以父玠巡抚功，荫授都察院经历。

白养元　以父瑜刑部左侍郎，荫太仆寺主簿。

［国朝］

蔡毓华　以父士英总漕，荫中式举人官至遵义知府。

蔡毓秀　以从父士英总漕，荫任永宁知州。

孟熊弼　以父乔芳少保功，荫世袭光禄大夫。

蔡　琦　以伯毓荣刑部左侍郎，荫官至永宁道候补按察司。

蔡　琳　以父毓荣吏部左侍郎，荫任内廷职事食主事俸。

孟绎祖　以祖乔芳少保功，荫世袭。

孟维祖　以祖乔芳少保功，荫世袭。

孟继祖　以父熊臣汀州知府荫。

孟缵祖　以父熊飞北城御史荫。

迁　　安

［明］

赵　铨　以祖胜昌宁流伯功，世袭锦衣千户。

王　世　以从父锐都御史功，世袭锦衣百户。

才　荣　以父宽总制三边功，世袭锦衣百户。

徐真修　以父云逵光禄寺卿荫。

［国朝］

刘　溥　以父鸿儒顺天府府丞荫。

刘　涵　以父鸿儒太常寺卿，荫现任益阳县丞。

刘　冲　以父鸿儒兵部右侍郎，荫现任通政使司经历。

喻大常　以伯三畏建宁府同知，殉难，荫任庄浪知县。

抚　　宁

［明］

刘　镗

昌　　黎

［明］

韩法祖　文公裔。崇祯庚辰荫世袭奉祀儒士，考选鸿胪寺序班，因母老不仕。

张　皋　以祖文质礼部尚书荫。

杜　浚　以父谦工部侍郎，荫任礼部司务。

杜　汉　以父谦侍郎，荫官至南宁知府。

王子兴　以父槐工部右侍郎，荫任詹事府典籍。

[国朝]

冯　铎　以兄铨大学士，荫任平南知县。

冯源泗　以从父铨大学士，荫官至庆阳同知。

冯廷榘　以祖大学士荫授知县。

韩　珣　文公裔法祖子，袭世荫奉祀儒士、中式举人。

韩　琇　文公裔法祖次子，袭世荫奉祀儒士。

滦　　州

[明]

高　霄　以父擢都御史，荫任宗人府经历。

高应辰　以父第都御史，荫任户部照磨。

冯显谟　以父运太仆寺卿荫。

[国朝]

石　几　以父申学士荫。

石　章　以父申吏部左侍郎荫。

高士鹅　以父显辰云南知府，殉难，荫任绛州知州。

王应麒　以父可就都督同知，荫任荣昌知县。

王应荐　以父可就都督同知，殉难，荫知州。

乐　　亭

[明]

王浑然　以父好问工部右侍郎，荫官至马湖知府。

山　海

［明］

詹于远　以父荣兵部左侍郎荫。

詹　廷　以祖荣兵部左侍郎，官至广南知府。

［国朝］

吕焯如　以父鸣夏知府，荫任隰州知州。

吕焕如　以从父鸣章户部郎中荫。

毛凤仪　以父应坤通判，荫任阶州同知。

刘芳显　以从父克望知县，荫任陕州知州。

高　进　以兄选知县荫。

吕炜如　以父鸣夏陕西兵备道，殉难，荫官至广信同知。

余　瑜　以父一元礼部郎中荫。

张振麟　以父朝臣都司，阵亡，荫卫千总。

‖ 卷之十八 ‖

莱　阳　　宋　琬撰次

府学训导　徐　香参订

萧　山　　张朝琮续纂

卢龙教谕　胡仁济校辑

人　物　前

自古哲士伟人，多奋迹于边陲之地。况永平为燕东大郡，夷齐二子之故墟，自汉以来垂名史册者代不乏人。乃昔之为书者，不读全史，于本郡之人多阙遗未考，而旁援它郡之贤者以附益之。是果足为永平重耶？夫田畴，无终人，《玉田县志》详之矣；韩麒麟、豆卢通之属皆古昌黎人，李光弼、姚枢，皆柳城人，在今之塞外，以其无志可书而附之犹可也，遂以为今之昌黎，非也。且夫古之内郡而今沦于徼外者多矣。交趾之往哲，不闻祀于广西；朔方之旧勋，不闻报于宁夏。以载记及北史考之，古昌黎传之人多矣，可尽书耶。今志皆不取焉，而录郭凉以下诸人之荦荦见于史传者。其余别为一则，以俟后之君子考焉。

［后汉］

郭　凉　字公文，右北平人。身长八尺，气力壮猛，虽武将然通经书，多智略，尤晓边事，有名北方。初幽州牧朱浮辟为兵曹掾，击彭宠有功，封广武侯。建武九年，为雁门太守，与骠骑大将军杜茂击卢芳将尹由于繁畤。其将贾丹、霍匡、解胜等杀由诣凉降。诏送委输金帛，赐茂、凉军吏。自是卢芳城邑稍稍来降。凉诛其豪右郇氏之属，镇抚羸弱。旬月间，雁门平，芳亡入匈奴。帝擢凉子为中郎，宿卫左右。

魏 攸 右北平人。为幽州牧刘虞东曹掾。虞与公孙瓒有怨，密谋于攸。攸曰："今天下引领以公为归。谋臣爪牙，不可无也。瓒文武才力足恃，虽有小恶，固宜容忍。"虞乃止。顷之，攸卒，虞积忿不已，率屯兵十万攻瓒，大败，为瓒所杀。

公孙瓒 字伯圭，辽西令支人。家世二千石。瓒以母贱，遂为郡小吏。为人美姿貌，大音声，言事辩慧。太守奇其才，以女妻之。后从涿郡卢植学于缑氏山中，略见书传。举上计吏。太守刘君，坐事槛车。征官法，不听吏下亲近。瓒乃改容服，诈称侍卒，身执徒养御车到洛阳。太守当徙日南，瓒具豚酒于北邙上，祭辞先人，酬觞祝曰："昔为人子，今为人臣，当诣日南。日南多瘴气，恐或不还，便当长辞坟茔。"慷慨悲泣，再拜而去，观者莫不叹息。既行，于道得赦。瓒还郡，举孝廉，除辽东属国长史。尝从数十骑出行塞下，卒逢鲜卑数百骑。瓒乃退入空亭，约其从者曰："今不奔之，则死尽矣。"乃自持两刃矛驰出，冲贼杀伤数十人，瓒左右亦亡其半，遂得免。中平中，以瓒督乌桓突骑车骑将军张温讨凉州贼，会乌桓反叛，与贼张纯等攻击蓟中。瓒率所领，追讨纯等有功，迁骑都尉。纯复与叛胡丘力居等寇渔阳、河间、渤海，入平原，多所杀掠。瓒追击战于属国石门，虏遂大败，弃妻子，逾塞走，悉得其所掠男女。瓒深入无继，反为丘力居等所围于辽西管子城二百余日。粮尽食马，马尽煮弩盾，力战不敌，乃与士卒辞诀，各分散。还时多雨雪，坠坑死者十五六。虏亦饥困，远走柳城。诏拜瓒降虏校尉，封都亭侯，复兼领属国长史职，统戎马，连接边寇。每闻有警，辄厉色愤怒，如赴仇敌，望尘奔逐，或继之以夜战。虏识瓒声，惮其勇，莫敢犯。瓒常与善射之士数十人皆乘白马，为左右翼，自号"白马义从"，乌桓更相告语，避白马。长史乃画作瓒形，驰骑射之中者，咸称万岁。虏自此之后遂远窜塞外。瓒志埽灭乌桓，而刘虞欲以恩信招降，由是与虞相忤。初平二年，青徐黄巾三十万众入渤海界，欲与黑山合。瓒率步骑二万人，逆击于东光南，大破之，斩首三万余级。贼弃其车重数万两奔走渡河。瓒因其半济薄之，贼复大破，死者数万，流血丹水，收得生口七万余人，车甲财物不可胜算，威名大震，拜奋武将军，封蓟侯。及瓒与袁绍有隙，乃上疏数绍之罪，举兵攻绍。于是，冀州诸城悉叛从瓒，瓒乃自署其将帅，为青、冀、兖三州刺史，又悉置郡县守令。与绍大战于界桥，瓒军败，还蓟。绍遣将崔巨业将兵数万攻围故安不下，退军南还。瓒将步骑三万人追击于巨马水，大破其众，死者七八千人，乘胜而南，攻下郡县，遂至平原，遣其青州刺史田楷，据有齐地。绍复遣兵数万与楷连战二年。绍乃遣子谭为青州刺史，楷与战败，退还。是岁，瓒破擒刘虞尽有幽州之地。前此有童谣言："燕南垂，赵北际，中央不合大如砺。唯有此中可避世。"瓒自以为易地当之，遂徙镇焉，乃盛修营垒楼观数十，临易河，通辽海。刘虞从事渔阳鲜于辅等，合率州兵，欲共报瓒。辅以燕国阎柔素有恩信，推为乌桓司马，柔招诱胡汉数万人与瓒所置渔阳太守邹丹战于潞北，斩丹等四千余级。乌桓峭王率种人及鲜卑七千余骑，共迎虞子和与袁绍将曲义，合兵十万，共攻瓒。兴平二年，破瓒于鲍丘，斩首二万余级。瓒遂保易京，开置屯田，稍得自支。相持岁余，曲义军粮尽，士卒饥困退走。瓒邀破之，尽得其车重。是时，旱蝗谷贵，民相食。瓒恃其才力，不恤百姓，记过忘善，睚眦必报。州里善士，名在其右者，必以法害之。常言衣冠皆自以职分，富贵不谢人惠。故所宠爱，类多商贩庸儿。所在侵暴，百姓怨之。于是，代郡、广阳、上谷、右北平，各杀瓒所置长史，复与辅和合兵。瓒虑有非常，乃居于易京，以铁为门，斥去左右。男人七岁以上不得入门，专侍姬妾。其文簿书记，皆汲而上之。令妇人习为大言声，使闻数百步，以传宣教令。疏远宾客，无所亲信。故谋臣猛将，稍稍乖散。自此之后，希复攻战。或问其故，瓒曰："昔我驱叛胡于塞表，扫黄巾于孟津。当此之时谓天下指麾可定。至于今日，兵革方始。观此非我所决，不如休兵力耕，以救凶年。兵法百楼不攻，今吾诸营，楼橹千里，积谷三百万斛，食此足以待天下之变。"建安三年，袁绍复大攻瓒。瓒遣子续请救于黑山诸帅，而欲自将突骑直出，傍西山以断绍后。长史关靖谏，瓒乃止。及绍渐相攻逼，瓒众日蹙，乃却筑三重营以自固。四年春，黑山贼帅张燕与续率兵十万，三道来救。未至，瓒乃密使行人赍书告续，期于北隰中举火为应。绍侯得其书，如期举火。瓒以为救至，遂出战。绍设伏，瓒遂大败。复还保中小城。自计必无全，乃悉缢其姊妹妻子，然后引火自焚。绍兵趣，登台斩之。续为屠各所杀。

[吴]

程 普 字德谋，右北平土垠人。初为州郡吏，有容貌计略，善于应对。从孙坚征伐，讨黄巾于宛邓，破董卓于阳人。攻城野战，身被创夷。坚薨，复随孙策在淮南，从攻庐江，拔之，还，俱东渡。策到横江当利，破张英、于麋等，转下秣陵、湖熟、句容、曲阿，普皆有功。增兵二千，骑五十匹，进破乌程、石木、波门、陵传、余杭，普功为多。策入会稽，以普为吴郡都尉，治钱塘，后徙丹阳都尉，居石城，复讨宣城、泾安、吴陵、阳春谷诸贼，皆破之。策尝攻祖郎大为所围，普与一骑共蔽捍策，驱马疾呼，以矛突贼，贼披靡，策因随出。后拜荡寇中郎将，领零陵太守，从讨刘勋于浔阳，进攻黄祖于沙羡，还镇石城。策薨，与张昭等共辅孙权，遂周旋三郡，平讨不服。又从征江夏，还过豫章，别讨乐安，平之。代太史慈备海昏与周瑜为左右督，破曹公于乌林。又进攻南郡，走曹仁，拜裨将军，领江夏太守，治沙羡，食四县。性好施与，喜士大夫。周瑜卒，代领南郡太守。权分荆州与刘备，普复还领江夏，迁荡寇将军。卒，权称尊号，追论普功，封子咨为亭侯。

韩 当 字义公，辽西令支人。以便弓马，有膂力。幸于孙坚。从征伐周旋，数犯危难，陷敌擒虏，为别部司马。及孙策东渡，从讨三郡，迁先登校尉，授兵二千，骑五十匹。从征刘勋，破黄祖，还讨鄱阳，领乐安、长山，越畏服。后以中郎将与周瑜等，拒破曹公。又与吕蒙袭取南郡。迁偏将军，领永昌太守。宜都之役，与陆逊、朱然等，共攻蜀军于涿乡，大破之，徙威烈将军，封都亭侯。曹真攻南郡，当保东南。在外为帅厉将士，同心固守。又敬重督司，奉遵法令，权善之。黄武二年，封石城侯，迁昭武将军，领冠军太守。后又加都督之号，将敢死及解烦兵万人，讨丹阳贼，破之。会病卒。子综袭侯领兵。综淫乱不轨，惧罪，载父丧将母家属部曲、男女数千人，奔魏。魏以为将军，封广阳侯，数犯边境。权常切齿。东兴之役，综为前锋，败死。诸葛恪斩送其首，以白权庙。

〔晋〕

阎　亨　辽西人，苟晞为大都督，督青徐六州诸军事，刑政苛虐，纵愤肆欲。亨以书固谏。晞怒，杀之。

〔后魏〕

卫冀隆　辽西人。官国子博士。为服氏之学，上书难杜氏春秋六十三事。

窦　瑗　字世珍，辽西阳乐人。自言本扶风平陵人，汉大将军窦武之曾孙崇为辽西太守，子孙遂家焉。曾祖堪，慕容氏渔阳太守。祖表冯弘，成周太守。入国，父囧，举秀才，早卒。普泰初，瑗启以身阶级，为父请赠，诏赠征虏将军、平州刺史。瑗为御史，转奉朝请兼太常博士。为太原王尔朱荣所知，遂表留瑗为北道大行台左丞，以军功赐爵阳洛男，除员外散骑常侍，封新昌男。因从荣东讨葛荣，事平封容城县开国伯，食邑五百户。除征虏将军、通直散骑常侍，仍左丞。乞以容城伯让兄叔珍，诏听以新昌男转授之。叔珍历太山太守，除征南将军、金紫光禄大夫，敷奏侃然，前废帝甚重之。出帝时为廷尉卿。天平中，除镇东将军，金紫光禄大夫，寻除广宗太守，有清白称。转中山太守，加征东将军，为吏民所怀。授使持节本将军、平州刺史，在州政如治郡。又为齐献武王丞相、右长史，除大宗正卿，寻加卫将军。宗室以其寒士，相与轻之。瑗按法推治，无所顾避。官虽通显，贫窘如初。领本州大中正，以本官兼廷尉卿。卒，官赠本将军、太仆卿、济州刺史，谥曰"明"。

［后周］

怡　峰　字景阜，辽西人。本姓默台，因避难改焉。高祖宽，燕辽西郡守魏道武时，率户归朝，拜羽真，赐爵长蛇公。曾祖文，冀州刺史。峰少从征，以骁勇闻。永安中，假龙骧将军为都将，从贺拔岳讨万俟丑奴，以功授给事中、明威将军，转征虏将军都督，赐爵蒲阴县男。及岳被害，峰与赵贵等同谋，翊戴太祖，进爵为伯。时原州刺史史归犹为侯莫、陈悦守。太祖令峰与侯莫陈崇讨擒之。及齐神武与魏孝武帝构隙，帝频敕太祖简锐卒入卫京邑。太祖乃令峰与都督赵贵等率轻骑赴洛阳。至潼关，值魏孝武西迁，峰即从太祖拔回洛，复潼关，拜安东将军、华州刺史，寻转大都督。讨曹泥有功，进爵华阳县公，邑一千户。大统二年，从太祖破窦泰于小关，还，拜散骑常侍、车骑大将军、仪同三司。又从复弘农，破沙苑，进爵乐陵郡公。仍与元季海、独孤信复洛阳。率奇兵至成皋，入其郛，收其户口而还。东魏遣行台任祥率步骑万余攻颍川，峰复以轻骑五百邀击之，自是威名转盛，加授开府仪同三司。东魏围洛阳，峰与季海守金墉。太祖至，围解，即与东魏战于河桥。时峰为左军，不利，与李远先还，太祖因此班师，诏原其罪，拜东西北三夏州诸军事、夏州刺史。后与于谨讨刘平伏，从解玉辟围平柏谷坞，并有功。凉州刺史宇文仲和反，峰与于谨讨之。十五年，东魏围颍川，峰与赵贵赴援，至南阳，遇疾卒，年五十。峰沉毅有胆略，得士卒心，当时号为骁将，赠华州刺史，谥曰襄威。子昂嗣官，至开府仪同三司，朝廷追录峰功，封昂郑国公。昂弟光，少以峰勋赐爵安平县侯，起家员外散骑常侍，累迁司土中大夫、左武伯，出为汾、泾、邠三州刺史，加开府仪同三司，进爵龙河县公。光弟春，少知名，历官吏部下大夫、仪同三司。

［唐］

阳惠元　平州人，以趫勇，事平卢军，从田神功、李忠臣浮海入青州。诏以兵隶神策，为京西兵马使镇奉天。德宗初立，稍绳诸节度跋扈者，于是李正已屯曹州，田悦增河上兵，河南大扰。诏移兵万二千戍关东。帝御望春楼，誓师劳遣诸将酒，至神策，将士不敢饮。帝问故，惠元曰："初发奉天，臣之帅张巨济与众约，是役也，不立功毋饮酒，臣不敢食其言。"既行，有馈于道，惟惠元军瓶罍不发。帝咨叹不已。玺书慰劳。俄以兵三千会诸将，击田悦，战御河，夺三桥，惠元功多，以兵属李怀光。及朱泚反，自河朔赴难，解奉天围，加检校工部尚书，摄贝州刺史。诏惠元与神策行营节度使李晟、鄜坊节度使李建徽及怀光联营便桥。晟知怀光且叛，移屯东渭桥。翰林学士陆贽请移惠元、建徽二军与晟合。帝不从。怀光果夺二军。惠元、建徽走奉天。怀光遣将冉宗驰骑追及于好畤。惠元披发呼天，血流出眦，袒裼战而死，二子晟暠皆遇害，建徽独免。诏赠惠元尚书左仆射，晟殿中监，暠邠州刺史。少子旻，字公素，惠元之死被八创堕井，以救得免，历邢州刺史。卢从史既缚，潞军溃，有骁卒五千，从史尝以子视者，奔于旻。旻闭城不纳，众皆哭曰："奴失帅，今公有完城，又度支钱百万在府，少赐之。"为表天子求旌节。旻开谕祸福遣之。众感悟遂还军。宪宗嘉之，迁易州刺史。王师讨吴元济，以唐州刺史提兵深入二百里，薄申州拔外郛残其垣，以功加御史中丞。容州西原蛮反，授本州经略招讨使，击定之，进御史大夫，卒赠左散骑常侍。

周　宝　字上圭，平州卢龙人。曾祖代选为鲁城令，安禄山反，率县人拒战，死之。祖光济，事平卢节度使侯希逸为牙将，每战得攻鲁城者必手屠之，历左赞善大夫，从李洧以徐州归天子。父怀义通书记，系检校工部尚书，天德西城防御使，以徒城事不为宰相李吉甫所助，以忧死。宝藉荫为千牛备身、天平节度使。殷侑尝为怀义参军，宝从之，为部将。会昌时，选方镇才校入宿卫，与高骈皆隶右神策军，历良原镇使，以善击球俱补军将。骈以兄事宝。宝强毅，未尝诎意于人，官不进，自请以球见，武宗称其能，擢金吾将军。以球丧一目，进检校工部尚书、泾原节度使。务耕种，聚粮二十万斛，号良将。黄巢据宣歙，徙宝镇海军节度兼南面招讨使。僖宗入蜀，加检校司空。时群盗所在盘结，宝练卒自守，发杭州兵戍县镇判八都。中和二年，进同中书门下平章事兼天下租庸副使，封汝南郡王。宝和裕喜接士，以京师贼陷将赴难，益募兵，号后楼都。宝子与统后楼都，屡不能驭军，部伍横肆，宝亦稍惑声色，不恤事。初镇海将张郁以击球事宝，光启初，剧贼剽昆山，宝遣郁领兵三百戍海上，郁醉而叛，宝遣将拓跋从讨定之。郁保常熟，因攻常州，刺史刘革迎降。宝遣将丁从实督兵攻之。郁走海陵，从实遂据常州。及董昌徙义胜军节度使，宝承制擢杭州都将钱镠领州事。高骈领盐铁，辟宝子佶为支使，宝亦表骈从子在幕府。骈为都统，寝久不礼宝，宝衔之。帝在蜀，淮南绝贡赋，谩言道浙西为宝剽阻。帝知其诬，不直骈，自是显隙。骈出屯东塘，约西定京师，遣人请会金山，谋执宝。宝答曰："平时且不闻境上会，况上蒙尘，宗庙焚辱，宁高会时耶！我非李康，不能为人作功，动欺朝廷也！"骈遣人切让，宝亦诟绝之。会部将刘浩、刁颙与度支催勘使、太子左庶子薛朗叛。宝方寝，外兵格斗，火照城中。宝自青阳门出奔常州，依丁从实，召后楼都，无一士至者。钱镠遣杜棱、徐及攻薛朗，棱子建徽攻从实，声言迎宝，遂围常州。从实奔海陵，镠具橐鞬迎宝舍樟亭，未几杀之，年七十四，赠太保。

[宋]

郭 琼 平州卢龙人。祖海，本州两冶使。父令奇，芦台军使。琼少以勇力闻，事契丹为蕃汉都指挥使。后唐天成中，挈其族来归，明宗以为亳州团练使改刺商州，迁原州。清泰初，移阶州。城垒未葺，蜀人屡寇，琼患之，因徙城保险，民乃无患。受诏攻文州，拔二十余寨，生擒数百人。晋天福中，移刺泾州，属羌浑骚动，朔方节度张希崇表琼为部署，将兵共讨平之，连领滑、坊、虢、卫四州。开运初，为北面骑军排阵使，阳城之役，战功居多，改沂州刺史，充荆口寨主兼东面行营都虞候，擒莫州刺史赵思以献，改刺怀州，俄为北面先锋都监。契丹陷中原，盗贼蜂起，山东为甚。契丹主命琼复刺沂州以御盗。琼即日单骑赴郡。盗闻琼威名，相率遁去。汉乾祐中，淮人攻密州，以为行营都部署。未至，淮人解去。会平卢节度刘铢恃佐命之旧，称疾不朝，将相大臣惧其难制，先遣琼与卫州刺史郭超以所部兵屯青州，铢不自安，置酒召琼，伏壮士幕下欲害琼。琼知其谋，屏去从者，从容就席，略无惧色，铢不敢发。琼因为陈祸福。铢感其言，遂治装，俄诏至，即日上道。琼改颍州团练使，又加防御使。时朗州结荆淮广南，合兵攻湖南。诏琼以州兵合王令温大军攻光州，寻以内难不果。罢归朝，遣诣河北，计度兵甲刍粮。周祖祀南郊，召权知宗正卿事世宗，征刘崇为北面行营都监，历绛、蔡、齐三州防御使。在齐州民饥，琼以己俸赈之，人怀其惠相率诣阙，请为立碑。宋建隆三年告老，加右领军卫上将军，致仕归洛阳。乾德二年卒，年七十二。琼虽起卒伍，而所至有惠政，尊礼儒士，孜孜乐善，盖武臣之贤者也。

姚内斌　平州卢龙人。仕契丹为关西巡检瓦桥关使。周显德六年，太祖从世宗北征，兵次瓦桥关，内斌率众五百人以城降，世宗以为汝州刺史，吏民诣阙举留。恭帝诏褒之。从平李筠，改虢州刺史。西夏数犯西鄙，以内斌为庆州刺史兼青白两池榷盐制置使。在郡十数年，西夏畏伏，不敢犯塞，号为姚大虫。内斌初降，其妻子在契丹。乾德四年，子承赞密自幽州来归。五年，幽州民田光嗣等又以内斌儿女六人间道来归，太祖并召见，赐衣服，缗钱鞍马，令中使护送还内斌。开宝七年春卒，年六十四，遣中使护丧归葬洛阳，常赋外赐田三十顷。承赞为供奉官，阁门祗候，死于阵；承鉴至殿中丞。

陈思让　字后己，幽州卢龙人。父审确，仕后唐至晋，历檀、顺、涿、均、沁、唐、祁城八州刺史，预征蜀，权利州节度终金州防御使。思让初隶庄宗帐下，即位补右班殿直，晋天福中，转东头供奉官，再迁作坊使。安从进叛于襄阳，以思让为先锋右厢都监，从武德使焦继勋领兵进讨。遇从进兵于唐州花山下，急击，大破之，以功领奖州刺史，从进平，授坊州刺史。八年冬，契丹谋入寇，以思让监澶州军，讨杨光远于青州，又为行营右厢兵马都监。兵罢，改磁州刺史。会符彦卿北征契丹，思让表求预行，未几，改卫州。连丁内外艰。时武臣罕执丧礼，思让不俟诏，去郡奔丧，闻者嘉之。起复随州刺史。汉初移淄州，罢任归朝。淮南攻湖南，马希广来乞师，令思让往郢州赴援兵。未渡而希广败，思让留于郢。周祖即位，召思让及所部兵还。刘崇僭号太原，遣思让率兵诣磁州，控扼泽路。未几，授磁州刺史，充北面兵马巡检。未行，升磁州为团练，即以思让充使。广顺元年九月，刘崇遣大将李瑰领马步军各五都，乡兵十都，自团柏军于窑子店。思让与都监向训、张仁谦等，率龙捷吐浑军至虒亭西与瑰军遇，杀三百余人获崇偏将王璠、曹海金。俄遣王俊援晋州，以思让与康延昭为左右厢排阵使，令率军自乌岭路至绛州与大军合。崇烧营遁去。思让又与药元福袭之。俄命权知绛州。明年春，迁绛州防御使。显德元年，改亳州防御使，充昭义军兵马钤辖，屡败并人及契丹援兵。迁安国军节度观察留后、充北面行营马步军排阵使。五年，败并军千余于西山下，斩五百级，改义成军节度观察留后。六年春，世宗将北征，命先赴冀州俟命。及得瓦桥关为雄州，命思让为都部署，率兵戍守。世宗不豫还京，留思让为关南兵马都部署。恭帝嗣位，授广海军节度。宋初，加检校太傅。乾德二年，为保信军节度。皇子兴元尹德昭纳思让女为夫人。开宝二年夏，改护国军节度、河中尹。七年卒，年七十二，赠侍中。思让累历方镇无败政。然酷信释氏，所至多禁屠宰。俸禄悉以饭僧人，目为陈佛子。没后，家无余财。弟思海至六宅使。子钦祚累迁至香药库使、长州刺史。钦祚子若拙，字敏之，幼嗜学，思让尝令持书诣晋邸，太宗嘉其应对详雅，将授以军职，若拙恳辞。太平兴国五年，进士甲科，解褐将作监丞通判鄂州，改太子右赞善大夫、知单州，以能政，改太常丞，迁监察御史，充盐铁判官。益州系囚甚众，太宗览奏讶之，召若拙面谕，委以疏决，迁殿中侍御史通判益州。淳化三年，就命为西川转运副使，未几改正使，召归改度支员外郎，通判西京留司。久之迁司封员外郎，通判泾州，部送刍粮至塞外，优诏奖之，入为盐铁判官，转工部郎中。与三司使陈恕不协，改主判开拆司。车驾北巡，命李沆留守东京，以若拙为判官。河决郓州，朝议徙城以避水患。命若拙与阎承翰往规度，寻命权京东转使。因发卒塞王陵口，又于齐州浚导水势，设巨堤于采金山。奏免六州科梢木五百万，民甚便之。河平，真授转运使，召还拜刑部郎中，知潭州。时三司使缺，若拙自谓得之，及是大失望。因请对言："父母年老，不愿远适，求纳制命。"上怒，追若拙所授诰，敕黜知处州，徙温州，代还复授刑部郎中，再为盐铁判官，改兵部郎中、河东转运使赐金紫。会亲祀汾阴。若拙以所部缗帛刍粟十万，输河中助费，擢拜右谏议大夫，徙知永兴军府。时邻郡岁饥，前政拒其市籴，若拙至则许贸易，民赖以济。移知凤翔府入拜给事中。知澶州，蝗旱之余，勤于政治，郡民列状乞留。天禧二年卒，年六十四。录其子映为奉礼郎。

［辽］

赵思温 字文美，卢龙人，少果锐，膂力兼人，隶燕帅刘仁恭幕下。晋人伐燕，思温统偏师拒之，流矢中目，裂裳渍血，战犹不已。为周德威所擒，庄宗壮而释其缚，久之日见信用。与梁战于莘县，以骁勇闻，授平州刺史，兼平、营、蓟三州都指挥使。神册二年，太祖遣大将经略燕地，思温来降。及伐渤海，以思温为汉军都团练使，力战拔扶余城，身被数创，太祖亲为调药。太宗即位，以功擢检校太保、保静军节度使。天显十一年，唐兵攻太原，石敬塘遣使求救。上命思温自岚宪间出兵援之。罢兵，改南京留守、卢龙军节度使，管内观察处置等使，开府仪同三司兼侍中，赐协谋静乱翊圣功臣，寻改临海军节度使。会同初，从耶律牒蜡使晋，行册礼，还加检校太师。二年卒，赠太师魏国公。子延昭、延靖官至使相。

张　珏 一作觉，平州义丰人。以进士仕至辽兴军节度副使。天祚之走山西也，平州军乱，杀其节度使萧谛里。珏抚安乱者，州人推珏领州事，秦晋王淳既死，萧德妃遣时立爱知平州。珏知辽必亡，练兵畜马，籍丁壮为备。立爱至，珏弗纳。金帅粘罕入燕，首问平州事于故参知政事康公弼。公弼曰："珏狂妄寡谋，虽有乡兵，彼何能为？示之不疑，图之未晚。"金人招时立爱赴军前，加珏临海军节度使，仍知平州。既而，又欲以精兵三千，先下平州擒珏。公弼曰："若加兵，是趣之叛也。"公弼请自往觇之。珏谓公弼曰："辽之八路七路已降，独平州未解甲者，防萧干耳。"厚赂公弼而还。公弼复粘罕曰："彼无足虑"。金人遂改平州为南京，加珏试中书门下平章事、判留守事。金人既克燕，驱燕之大家东徙，以燕空城及涿、易、檀、顺、景、蓟州与宋。左企弓、康公弼、曹勇义，虞仲文，皆东迁。燕民流离道路，不胜其苦，入平州言于珏曰："宰相左企弓不谋守燕，使吾民流离无所安集。公今临巨镇，握强兵，尽忠于辽必能使我复归乡土，人心亦惟公是望。"珏召诸将议，皆曰："闻天祚兵势复振，出没漠南。公若仗义勤王，奉迎天祚，以图中兴，先责左企弓等叛降之罪而诛之，尽归燕民，使复其业，而以平州归宋，则宋无不接纳，平州遂为藩镇矣。即后日，金人加兵，内用平山之军，外得宋为之援，又何惧焉？"珏曰："此大事也，不可草草。翰林学士李石智而多谋，可召与议。"石至，其言与之合。乃遣张谦率五百余骑传留守令，召宰相左企弓、曹勇义、枢密使虞仲文、参知政事康公弼至滦河西岸，遣议事官赵秘校往数其十罪曰："天祚播迁，夹山不即奉迎，一也；劝皇叔秦晋僭号，二也；诋讦君父，降封湘阴，三也；天祚遣知阁王自庆来议事而杀之，四也；檄书始至，有迎秦拒湘之议，五也；不谋守燕而降，六也；不顾大义，臣事于金，七也；根括燕财，取悦于金，八也；使燕人迁徙失业，九也；教金人发兵先下平州，十也。尔有十罪，所不容诛。企弓等无以对，皆缢杀之。仍称保泰三年，画天祚像，朝夕谒，事必告而后行。称辽官秩，榜谕燕人复业。恒产为常胜军所占者，悉还之。燕民既得归，大悦。翰林学士李石更名安弼，偕故三司使高党往燕山说宋王安中曰："平州带甲万余，珏有文武材，可用为屏翰，不然将为肘腋之患。"安中深然之，令安弼与党诣宋。宋主诏帅臣王安中、詹度，厚加安抚，与免三年常赋。珏闻之，自谓得计。金阇毋闻平州附宋，以二千骑至营州。珏以精兵万骑与战于兔耳山，阇毋大败。珏报捷于宋，宋建平州为泰宁军，以珏为节度使，以安弼、党为徽猷阁待制，令宣抚司出银绢数万犒赏，珏喜，远迎。金人谍知，举兵来袭，珏不得归，奔燕。金人以纳叛责宋安抚司索珏，王安中讳之。索之急，斩一人貌类者与之，金人曰："非珏也。"以兵来取。安中不得已杀珏，函其首送金。燕京降将及常胜军皆泣下。案《金史》列之叛臣传。珏在辽，固不得为纯忠，亦岂金之所得而书叛者乎？今采《辽史·天祚本纪》补之。

［金］

赵兴祥 平州卢龙人。六世祖思温，辽燕京留守，封天水郡王。《辽史》但云赠魏国公。父瑾，辽静江军节度使。兴祥以父任阁门祗候，谒告省亲于白霫。会土贼据郡作乱，兴祥携母及弟妹奔燕京。不能进，乃自柳城涉砂碛，夜视星斗而行，仅达辽军，而不知辽主所向，遂还柳城。及娄室获辽主，兴祥乃归国。从宗望伐宋，为六宅使。天眷初，累官同知宣徽院事，母忧去官。熙宗素闻兴祥孝行，及英悼太子受册，以本官起复护视太子转右宣徽使。天德初，改左宣徽使。海陵尝问兴祥，欲使子弟为官当自言，兴祥辞谢。海陵善之，赐以玉带。诏曰："汝官虽未至一品，可佩此侍立。"为济南尹，改绛阳军节度使，召为太子少保，封广平郡王，改封钜鹿。正隆初，例夺王爵，迁太子少傅，封申国公，起为武定军节度使。海陵伐宋，兴祥二子从军。世宗即位，海陵尚在淮南。二子未得还。兴祥来见于平州。世宗嘉其诚款以为秘书监，复为左宣徽使。久之以其孙珣为阁门祗候。十五年上幸安州春水，召兴祥赴万春节，上谒于良乡，赐银五百两，卒官。

刘敏行 平州人，登天会三年进士，除太子校书郎，累迁肥乡令。岁大饥，盗贼掠人为食，老弱入保郡城，不敢耕种。毓行白州借军士三十，护县民出耕，多张旗帜为疑兵。敏行率军巡逻，日暮则阅民入城。由是盗不敢犯，而耕稼滋殖。转高平令，县城圯坏，久不修，大盗恣掠县镇，不能御。敏行出己俸，率僚吏出钱雇役缮治，百姓欣然从之。凡用二千人版筑遂完，乡村百姓入保，贼至不能犯，九迁为河北东路转运使，致仕，卒。

孟 浩 字浩然，滦州人。辽末登进士第。天会三年，为枢密院令史，除平州观察判官。天眷初，选入元帅府，备任使承制，除归德少尹，充行台吏礼部郎中，入为户部员外郎、郎中。韩企先为相，拔擢一时贤能，皆置机要。浩与田珏皆在尚书省。珏为吏部侍郎，浩为左司员外郎。既典选善铨量人物，分别贤否，所引用皆君子。而蔡松年、曹望之、许霖皆小人，求与珏相结，珏薄其为人，拒之。松年因以事构陷，珏坐死，其妻子及浩等三十四人皆徙海上，仍不以赦。原世宗在熙宗时知浩等冤，及即位，召见，以浩为侍御史，寻为左司员外郎。浩笃实遇事言无所隐。上加其忠，有疾求外补除祁州刺史，致仕归。七年，起为御史中丞。浩年老，世宗以不次用之。再阅月，拜参知政事，故事无自中丞拜执政者，浩辞，上曰："国家用人岂拘阶次？卿公正忠勤，虽年高，犹可宣力数年。朕思之久矣。"浩顿首谢。世宗敕有司，东宫凉楼增建殿位。浩谏曰："皇太子义兼臣子，若所居与至尊宫室相侔，恐制度未宜，当示以俭德。"上曰："善。"遂罢。其后，进尚书右丞兼太子少傅，罢为真定尹，以通犀带赐之。十三年，薨。

王 信 字立斯，滦州人，屡试乡荐不第。天会三年，以户纪从元帅屡战有功。皇统五年，特授信武将军，九加至镇国上将军开国侯。四任县令，判横海军，皆以廉平称。先业俱让诸弟，荫叙首及弟侄。

李元璋 字宝臣，滦州人。词赋进士元道之弟。少颖悟，每数千言一览成诵。未弱冠，登正隆元年律科上第，任西北路招讨。知法有能，名升左三品校法。历石城主簿，丰润县丞、夏津令。泰和间，访山东官能干者，璋为第一。章宗特旨宣问，擢吏部尚书，官至少中大夫，上护军府陇西郡开国侯，食邑二千户，实封一百户，赐紫金鱼袋。元璋事父母甚谨，公余拱立父侧，命退乃退。温清觐省，曲尽其礼，乡邦称之。州志，四子，邦基榛子镇监酒，邦秀忠显校尉，邦彦平州观察推官，邦献以文字科出身，授元平滦路副都总管。府志，孙纬警使缨千户，纲惠州同知，经元帅府镇抚绘敦武校尉。

张仅言 幼名元奴，珏之子也。宗望攻下平州，仅言在襁褓间，里人刘承宣得之，养于家。其邻韩夫人甚爱之，年数岁，因随韩夫人得见贞懿皇后，留之藩邸。稍长，侍世宗读书，遂使仅言主家事绳检部曲，一府惮之。世宗留守东京，海陵用兵江淮，将士往往亡归诣东京，愿推戴世宗为天子，仅言劝进。世宗即位，除内藏库副使，权发遣宫籍监事。海陵死扬州，仅言与礼部尚书乌居仁、殿前左卫将军阿虎、带御院通进刘珫发遣六宫、百司、图书、府藏在南京者，还以本职。提控尚食局转少府监丞，仍主内藏。仅言能心计，世宗倚任之。凡宫室营造、府库出纳、行幸顿舍，皆委之。世宗尝曰："一经仅言，无不惬朕意者。"六年，提举修内役事，役夫掘地得白金匮之，事觉，法当死，仅言责取其物与官，释其罪。寻兼祗应司，迁少府监提控宫籍监、祗应司如故。护作太宁宫，引宫左流泉溉田，岁获稻万斛。十七年复提点内藏，典领昭德皇后山陵，迁劝农使，领诸职如故。仅言虽旧臣，出入左右，然世宗终不假以权任。二十一年，尚书省奏，宫苑司直长黎伦在职十六年，请与迁叙。上曰："朕之家臣质直人也，今已老矣。如劝农使张仅言，亦朕旧臣，纯实颇解事。凡朝廷议论，内外除授，未尝得干预。朕观自古人君为谗谄蒙蔽者多矣。朕虽不及古人，然近习憸言未尝入耳。"宰臣曰："诚如圣训，此国家之福也。"世宗欲以为横海军节度使而不可去，左右遂止。仅言始得疾，犹扶杖视事。疾亟，诏太医诊视，近侍问讯相属。及卒，上深惜之，遣官致祭，赗银五百两，重彩十端，绢二百疋，棺椁衣衾银汞敛物葬地皆官给。赠辅上将军。

张景仁 字寿甫，辽西人，累官翰林待制。大定二年，仆散忠义伐宋，景仁掌其文辞。宋人议和，朝廷已改奉表为国书，称臣为侄，但不肯世称侄国。往复凡七书，然后定其书，皆景仁为之。世宗称其能，尝曰："今之文章如张景仁，与宋人往复书，指事达意，辩而裁真，能文之士也。"五年罢兵，入为翰林直学士。七年迁侍讲。八年迁翰林学士，同修国史。十年兼太常卿学士，同修国史如故。转承旨兼修国史，改河南尹。二十一年召为御史大夫，仍兼承旨修国史。未几，诏葬元妃李氏于海王庄。平章政事乌古论元忠提控葬事。都水监丞高杲寿治道路不如式，元忠不奏，决之四十。景仁劾奏："元忠辄断六品官，无人臣礼。"上曰："卿劾奏甚当。使左宣徽使蒲察鼎寿传诏戒敕之。"元忠尚豫国公主怙宠自任，倨慢朝士。景仁劾之，朝廷肃然。是岁薨。

赵　质　字景道，辽相思温之裔。大定末举进士不第，隐居燕城南，教授为业。明昌间，章宗游春水过之，闻弦诵声，幸其斋舍，见壁间题诗讽咏。久之召至行殿，命之官，固辞曰："圣明在上，愿托巢由为外臣。"上益奇之，赐田千亩，复之终身。泰和二年卒，年八十五。

王元粹　平州人。为南阳酒官，有诗名。诗见《中州集》。按《文艺·王郁传》，同以诗鸣者，雷馆候册王元粹云。

赵思文　平州人，累官至礼部尚书。时朝廷多难，思文在间关羁旅中，未尝堕于非礼。时人称之。

张　介　字介甫，平州人。正大元年经义进士第一，为国用安参议。用安表请哀宗幸山东，上以其言示宰臣，宰臣奏："用安反复，本无匡辅志，此必参议张介等为之。"业已迁蔡，议遂寝。

［元］

鲜卑仲吉　中山人，岁乙亥，国兵定中原，仲吉首率平滦路军民诣军门降，太祖命为滦州节度使。从阿木鲁南征，充右副元帅。攻取信安、关州诸城，以功赐虎符，授河北等路汉军兵马都元帅。岁壬辰，平蔡有功，加金吾卫上将军、兴平路都元帅、右监军、永安军节度使，兼滦州管内观察使，提举常平仓事、开国侯。寻卒。子准充管军千户，从札台火儿赤东征高丽。中统元年，赐金符，扈驾征阿里不哥，以功受上赏。三年从征李璮。至元十年，授侍卫亲军千户、昭武大将军、大都屯田万户，配虎符。卒，子诚袭授宣武将军，高邮万户府副万户，佩虎符，改授怀远大将军、金武卫亲军都指挥使司事。领兵征爪哇，攻八百媳妇国，使广东，克勤于役。寻以疾卒。子忽笃士袭。以上《元史》本文。旧志卑仲吉，字庆仲，滦州人，姓出鲜卑。汉有北平太守躬、太傅掾整皆以卑姓显。世次远不可考。仲吉先家中山石，晋末，徙滦西万石山下，后为义丰卑氏庄人。祖谦，父彦明，孝养，尚节气，好给施。金贞祐元年卒，乱不克葬。亡何，长子仲成避岚山，流矢贯颊，仲吉负走，及土岭岗乃死，火其骨，抱归。岁凶，疫，大乱。仲吉日令家人掘兔苴以食，有贷者倒囊与之。州牒令监迁安园粟。凡求者，即资之，园为空。素与巡检许枚善。枚死，父毫无所归。载之家，事惟谨，及终，还其葬。仲吉膺选勇敢，充副统。平州陷，郡中豪杰推权领永安军事。乙亥，首率滦州军民诣蒙古军门降。丁丑，以破贼功，拜本州节度使兼管内观察使。躬耕陇上，与百姓同劳苦。妻孥亦蚕织自给。于是郡人争务勤本。号令严肃，境内以安。丁亥，进金吾上将军兼授金虎符许世传，赠父如其官。葬父，以兄骨附。未几入觐，遣副阿木，会诸将南征信安诸寨。寨城四面阻水，金北平公张进独固守不下。仲吉以滦人王仲添为副都统。仲添胆略过人，同士卒甘苦，且耕且战，为持久计。敌至城下与都统赵简松引兵逆战。少却简松陷敌军，仲添入其阵击刺，所向披靡，以简松出。虽中流矢，必战罢而后取，独殿以归。戊子四月，信安兵复至，仲添被围，鏖战至晚，力尽死之。辛卯，以破诸城功，为兵马都元帅、将四行台六总管。壬辰春，兵将南征。会行省苏椿叛，中外震扰。仲吉与主将定之。或欲尽屠其众，仲吉曰："椿反，百姓何与？"于是魏人遂定。大驾南下。一日卧营中，主将外来，谓曰："受敕，尽杀在营诸俘。"仲吉力言不可，附主将以奏。上甚喜，悉除前令。明年，从征邳州，降之。主将欲屠其城，仲吉止之，全活以数万计。甲午还家。仲吉性聪悟，《通鉴》一过历历上口。凡与人论，辄引古人。行事折中之居。无何，以旧勋起为兴平路兵马都元帅总管上将军、平滦总管右监军、永安军节度使兼滦州管内观察使，提举常平仓事、开国侯。仲吉诣阙，以老病辞，不许。曰：

"右北平易治，吾欲汝卧镇焉。"赐之燕令，位在侯上。甲辰年秋孟，以疾薨于家，年五十有七。仲冬葬于万石山。先人兆次娶五氏为夫人，有子十人：巩、肇、群、苹、庠、中、准、华、章、常，以巩袭爵，年十七；肇年十六，射虎西山下；群迈爽辩而能文；苹能家；庠勤学；中准以下皆幼。孙六人，女一十三人。葬后，群权滦州节度使，立神道碑勒铭。

赵 炳 字彦明，惠州滦阳人。父弘，有勇略，国初为征行兵马都元帅、积阶奉国上将军。炳幼失怙恃依于从兄。岁饥，往平州就食，遇盗欲杀之，兄解衣就缚，炳年十二，泣请代兄，盗惊异舍之而去。甫弱冠，以勋阀之子侍世祖于潜邸。恪勤不怠，遂蒙眷遇。世祖次桓抚间，以炳为抚州长，城邑规制为之一新。己未伐宋。会北方有警，括兵敛财，燕蓟骚动。王师北还，炳远迓中途，具以事闻。追所括兵及横敛财物，悉归于民，世祖嘉其忠。中统元年，命判北京宣抚司事北京控制。辽东番夷杂处，号称难治。时参知政事杨果为宣抚使，闻炳至，喜曰："吾属无忧矣。"三年，括北京鹰坊等户丁为兵，蠲其赋，令炳总之。时李璮叛据济南。炳请讨之。国兵围城，炳将千人独当北面，有所俘获，即纵遣之。济南平，入为刑部侍郎兼中书省断事官。时有携妓登龙舟者，即按之以法。未几其人死，其子犯跸诉冤，诏让之。炳曰："臣执法尊君，职当为也。"帝怒命之出。既而谓侍臣曰："炳用法太峻，然而非徇情者。"改枢密院断事官，济南妖民作乱，赐金虎符，加昭勇大将军济南路总管。炳至，罪首恶，余党解散。岁凶，发廪赈民而后以闻，朝廷不之罪也。迁辽东提刑按察使，豪猾屏迹。至元九年，迁京兆路总管兼府尹。皇子安西王开府于秦，有吏卒横暴扰民者，即白绳以法。王命之曰："后有犯者，勿复启请，若自处之。"自是豪猾敛戢。有旨以解州盐赋给王府经费，岁久积逋二十余万缗，有司追理，仅获三之一。炳密启王曰："十年之逋，责偿一日，其孰能堪与？其衰敛病民，孰若惠泽加于民乎！"王善其言，遽命免征。会王北伐，诏以京兆一年之赋充军资。炳复请曰："所征逋课，足佐军用，可贷岁赋以苏民力。"令下，秦民大悦。

十四年加镇国上将军、安西王相。王府冬居京兆，夏徙六盘山，岁以为常。王既北伐六盘，守者构乱。炳自京兆率兵往扑，甫再旬，元恶授首。十五年春，六盘再乱，复讨平之。王还自北。嘉赏战功，赍赐有加。十一月王薨。十六年秋，被旨入见便殿。帝劳之曰："卿去数载，衰白若此。关中事烦可知已。"询及民间利病，炳悉陈之。因言王薨之后，运使郭琮、郎中郭叔云，窃弄威柄，恣为不法。帝卧听，遽起曰："闻卿斯言，使老者增健。"饮以上尊马潼，改中奉大夫，安西王相，兼陕西五路、西蜀四川课程屯田事，余职如故。即令乘传偕敕使数人往按琮等至，则琮假嗣王旨入炳罪，收炳妻孥囚之。时嗣王之六盘，徙炳等于平凉北崆峒山囚闭益严。炳子仁荣诉于上，即诏近侍二人驰馹而西，脱炳且械琮党偕来。琮等留使者醉以酒，先遣人毒炳于平凉狱中。其夜，星陨有声如雷，年五十九。俄，械琮等百余人至。帝亲鞫问，尽得其情。命仁荣手刃琮、叔云于东城，籍其家，以付仁荣。仁荣曰："不共戴天之人所蓄之物，何忍受之。"帝善之，别赐钞二万二千五百缗，为治丧具。赠中书左丞，谥忠悯。子六人，仁显早亡，仁表、仁荣、仁旭、仁举、仁軏。仁荣仕至中书平章政事。仁举登至元中进士，知晋州，政清讼理，人为立碑。余俱登显仕。

　　陈　颢　字仲明。其先居卢龙有名山者，仕金为谋客。太祖得之，以为平阳等路军民都元帅。子孙徙清州，遂为清州人。颢幼颖悟，日记诵千百言。稍长游京师，登翰林承旨王磐、安藏之门。磐熟金典章，安藏通诸国语，颢兼习之。安藏乃荐颢入宿卫，寻为仁宗潜邸说书。于是仁宗奉母后出居怀庆，颢从行。日开陈以古圣贤艰贞之道。仁宗入定内难迎武宗，颢皆预谋。及仁宗即位，以旧勋特拜集贤大学士、荣禄大夫，仍宿卫禁中，政事无不与闻。科举之行，颢赞助之力尤多。颢时伺帝燕间，取圣经所载大经大法有切治体者陈之，每见嘉纳。帝尝坐便殿，群臣入奏事，望见颢喜曰："陈仲明在列，所奏必善事矣。"颢以父年老，力请归养青州。帝特命颢长子孝伯为知州以就养。颢固辞，乃以孝伯为州判官。帝欲用颢为中书平章政事，颢辞而止。仁宗崩，辞禄家居者十年。文宗即位，复起为集贤大学士，上疏劝帝大兴文治，增国子学、子弟员，蠲儒生徭役，皆嘉纳焉。颢先后居集贤，荐士累数百。有讦之者，颢曰："吾宁以谬举受罚，蔽贤诚所不忍。"顺帝元统初，颢扈跸行幸上都，至龙虎台，帝命造膝前，握其手曰："卿累朝老臣，更事多矣。凡政事宜极言无隐"。颢顿首，谢不敏。后至元四年，致政食全俸于家。明年卒，年七十六。至正十四年，赠"摅诚秉义"佐理功臣光禄大夫、河南江北等处行中书省平章政事柱国，追封蓟国公，谥"文忠"。颢出入禁闼数十年，乐谈人善，而恶闻人过。大夫士因其荐拔以至显列，有终身莫知所自者，是以结知人主上下，无有怨尤。次子敬伯，至正中仕为中书参知政事，历左右丞。二十七年，拜中书平章政事。

周　宏　字希道，迁安人。尹真定、无极，调辽阳、宁昌，俱有惠政。至正间调昌黎，抚字有方，利泽及人。平章程思忠乱，据永平。宏率民拒守，城陷被执。宏七日不食，骂不绝口而死。

其见于各志及碑记者，北魏有青州刺史**韩秀**、昌黎公**屈遵**、襄城公**卢鲁**、元尚书**卢丑**，俱古昌黎人。有文学**韩麒麟**亦昌黎人，拜齐州刺史，居官恭慎廉惠，封燕郡公。子显宗，甲科为中书侍郎，性刚直，能面折廷诤。隋有**豆卢通**，亦昌黎人。祖长父宁俱显于魏，通仕隋，历夏洪二州总管。弟勣，渭州刺史，封楚国公，俱有惠政。勣子毓，以发汉王谅逆谋遇害，封正县侯。唐有**李惠登**，古柳城人，隋州刺史，政尚清静。**李光弼**亦柳城人，中兴功第一，封临淮王。昌黎又有**慕容善行**，曾征为修文学士。金有**齐陶**，其先弘政人，徙居马城，官明威将军，以好义称。**鲜于仲权、李杭**，俱乐亭进士，以文学称。元有**王统**，乐亭人，子仲仁，仲仁子圭、璨、珍，珍子祥，并有武功，为大帅。**姚枢**，柳城人，有**王佐才**，世祖召至，首陈治平大经，凡内修外攘之政，咸任焉，官至学士。**崔煜**，迁安人，程思忠之乱，有保障功，官至参政。**杨绍先**，乐亭人，官集贤学士，赍经史千八百卷，藏于州学。学正秦本记之。子有道，为永平路经历，以职田之余，隶州学，学正张德记之。**程锐**，滦州人，捐资建沂河桥。**张勖**，昌黎人，官至学士。**赵衍**，滦州人，官至司业，并有文名。**齐泰**，乐亭人，为登封簿九载，有政绩。**葛弘**　石城人，举贤良为本县令，忠厚好施。**吉士宽**　滦州人，子大用，孙巨昌，世行其德，累官赠其父为河南郡侯，皆得附见焉。

∥卷之十九∥

莱　阳　　宋　琬遗次

府学训导　　徐　香参订

萧　山　　张朝琮续纂

卢龙教谕　　胡仁济校辑

人　物　中

永平自汉迄元，秀孕山川，代多英杰。莱阳宋公于前卷已详志之。若夫有明三百年间，时有盛衰，而丰功美迹可垂不朽者，复难更仆数。继莱阳而珥笔，不能辞续貂之责矣。爰按其世次，详加考核，并于前卷遗略者，仍补其阙，汇成一编，以见名区所钟，历久犹新；胜国之奇，不减往昔。是邦之人览先德而惕励振兴，以弗坠其家声焉，未必非鼓舞风教之一助云。

[辽]

齐　陶　马城人。纯孝至性，孚于里闾。寿昌间，征授石城令，迁明威将军。

[金]

吉士宽　尹吉甫裔也，南汉太守格之后。五代徙居滦州宜安里。事亲最孝，富而好施。赠昭勇大将军。

李　杭　乐亭人。天会初登进士。时平滦兵戈甫定，民未知学，公择城东南隅，创立圣庙。岁时祭享，以倡明圣教，维风振俗，徽猷甚远。仕至刺史，有声于时。

任　询　滦州义丰人。正隆二年间，授进士。嗜诗书，其文章行实载《中州集》。善书法，作真草隶篆，气完力劲，世宝传之。历北京监盐使。

葛　弘　滦州梅二里人。金末岁饥，竭力赡恤，全活数人。元辟为石城县尹。

［元］

鲜于仲权　乐亭人。太祖十年登进士。博学好古以道义自重。时乐亭无学舍，权慨然倡义，增建黉舍，设立学馆，汲引后学，人皆知以礼义。自闲数年之间，文物彬彬称盛。弟仲毕，官昭信校尉。

任伯仁　滦州人。南麓六世孙。让产于弟伯义、伯礼，孝友出至性。元贞中，授银符进义副尉武卫亲军百夫长。

路进兴　字通举，滦州人。大德间随伯颜破贼，不避矢石，累获大功，受敕牒印绶，赐敦武校尉。辞归，奉母务尽菽水之欢。母卒，俙粥缟素，哀毁逾礼，乡人以孝称焉。

张　晋　宋横渠五世孙。历官睢州防御使。太宗六年，赐第于燕，并食邑于滦。见滦北有横山，追思其祖，榜曰："横云清逸"，筑横渠书院于城东南隅。弟智为王府参谋。

张　德　滦州人。宋横渠七世孙。皇庆中登进士，授本州学正。文章学行，足世其家。

李彦忠　卢龙人。性至孝，父丧庐墓八年，足迹不至于室。至治中旌表。

杨绍先　乐亭蔡家庄人。由进士，至正中为集贤院司直学士。德行文章为世推重。尝集书三百六十三部，赍藏本县学库备邑弟子员及民间俊秀参考。博览子塾，仕至济南路厌次县尹。善篆书，不坠家声。见邑庙学碑。

崔　煜　迁安人。事亲以孝闻。至正中，任辽阳行省郎中。值程思忠作乱据永平剽掠乡民，煜领兵保障之。后官至参政。

[**明**]

高 德 抚宁人。洪武初归附，从征累立战功，除授副千户。十四年，奉调征云南金齿卫等处，所至奏绩。十五年八月，进攻阿白寨，奋勇争击，力战死之。及云南平，事闻，诏封明威将军、都指挥使，世袭指挥佥事。

宋弘道 乐亭人。少值元季，隐居不仕，讲授经学于乡，家业泊如。入明开科，遂登洪武乙丑进士，拜监察御史，有声，寻迁河南左参政。以衰老乞归，琴书衣装，惟一挽辂而已。后起左佥都御史，未就。年七十余，卒于家。

习 成 卢龙人。洪武中，以才能擢用，历湖广按察佥事。

温 原 乐亭人。洪武中，荐辟入仕。历职勤能，官至都察院左佥都御史，有声。载《一统志》。

李 乐 乐亭人。洪武中贡入太学。永乐间，拜监察御史。有激扬声，迁山东按察司副使。卒后，有行部者至询乐，得其子茂贫甚，捐俸助之，俾就塾，则其品望可见矣。子茂，正统间贡仕至高邮知州。茂子珏，成化间贡，任州判官。

庞 遵 卢龙人。母病肿，三年不起，思食鱼，遵求于市不得，悲叹而归，行河畔，忽有鱼跃舟中，乃取作羹，母食而病痊。

史 怡 乐亭人。贡士。永乐初，辽东军乱入关。怡守城有功，授户部郎中。历江西左参政。

赵 忠 卢龙人。永乐甲午举人，任御史，改刑部郎中。致仕，以行谊，为乡饮宾。曾孙得佑，三岁失恃，长为诸生，遭邻人横逆，而读书自如，人服其雅量。登嘉靖癸未进士甫三月，授陕西道御史，巡按应天，掌南京畿道。严察苏松等府案牍，及纠劾辅臣，群党侧目。外转贵州佥事，未几，以边材调辽东，再调山西兵备，分巡冀南道，转贵州毕节道，升山东参议，分守辽海东宁道，升陕西副使，备兵肃州。其在贵州却金而服蛮苗，及抚哈密酒泉，颂之，升陕西行太仆寺卿，致仕，历任二十七年，以清介终。林居泊然，宅第敝甚。郡守纪公巡以罚镪置瓦甓于城局，将为葺之，得佑闻而觥然曰："得佑薄宦时，无敢取一介，恐虐地方，今顾累及桑梓邪！"寿七十三卒。

王 翱 字九皋，滦州人。登永乐乙未进士，授翰林庶吉士。乙巳改大理寺左寺正，又改行人。宣德初，迁监察御史。十年，升佥都御史，巡抚江西。正统七年，提督辽东军务，法明令严，升左都御史。景泰三年，加太子太保，总督两广。寻升吏部尚书，铨察信度。天顺八年，加太子太傅。卒年八十有四。为人刚方廉俭，随所任历，多追慕焉。

崔 碧 昌黎人。登永乐戊戌进士。官至御史。持躬謇謇，绰有能声。

邵 俨 卢龙人。永乐癸卯举人，石州同知，升南京户部郎中，历陕西右参议。文章政事，乡邦所称。子瑄，岁贡，知朝城，以行谊著。父子祀乡贤。曾孙鹤年，嘉靖戊子举人，知岢岚州，谢政屡空，有祖父之风云。

曲 祥 字景德，卢龙人。永乐初，侍父百户亮，调任金山。年十四，被倭掳，久转商日本。其王知中国人，召见之，留侍左右，改名元贵，因得力学，遂为土官。畜妻子，然心未尝一日忘乡土也。屡讽主入贡。宣德中，与使臣抵京，上疏陈情："臣夙遭掳，抱衅痛心，死生路梗，流离困顿，辛苦万状，生还中国，夫岂由人。伏乞赐归省侍。"上柔远方隆，不欲迟留之，遣令还国，许给驿赀，诣金山。至，唯母存耳。母曰："果吾儿，则耳阴有赤痣。验之，信然。抱持恸哭，悲动邻里，咸叹异为再生。未几，重违上命别去。祥至日本，启以圣意。番王允之，仍令入贡。申请前诏，许袭职归养。祥母子相失几二十载，又有中外之限，得遂初志难矣。祥事母备极甘旨，闻言及父事，辄哽咽不已。后母寝疾三载，朝夕扶持不离左右。及卒，哀毁骨立，衰绖三年。祥博览经史，通《左氏春秋》，善吟咏。年八十余，以寿终。

王 锐 迁安人。正统己未进士。由知县历官都御史。任事有担当，不为势怵。巡抚延绥，值叛兵构乱，锐率众讨平之。叙功荫子，世袭锦衣卫百户。

张文质 昌黎人，登正统壬戌进士。谨厚有容，言笑不苟。官至礼部尚书加太子少保。

赵 玉 迁安人。正统甲子举人。初知山东高唐州，在任九年，著有治绩。升汉中知府，亦历九年，吏畏民怀，政无不举。致仕家居十年，平心率物，乡人推重焉。

李 和 迁安人。正统乙丑进士。历官河南参政。清慎详密，声望丕著。

李 霖 乐亭人。正统丁卯举人。授柘城令。考绩，赠父升如其官，寻升衢州通判。义方训诸子，复以子贵封主事。长子宗夏，弘治乙卯举人，任邠州学正。仲子宗商，字尚质，登弘治庚戌进士，性沉静，寡言笑，嗜学，授户部主事，历员外郎中，升陕西行太仆寺少卿。有操守，谪两淮运同，执持不变，以休致归。季子宗儒，勤励好学。伯仲相继科第。儒醇谨诚悫，温恭抑抑，略无矜炫色。贡入太学，授林县丞。亡何，栖迟丘壑，益提躬睦里，为乡邑望者，几四十年。嘉靖间扁其名于"旌善亭"。年九十七年卒。

沈 礼 字大用，滦州人。正统丁卯举人，任淮安别驾。奉亲至谨。丧祭不用浮屠，礼化成俗。

刘 永 字致远，滦州人。性严毅刚正，以明经，初令莘县。厘刈弊蠹，英声特达，迁守泗州。勋戚豪右，畏其介直，不敢干以私。境内肃然。

刘 宣 江西吉安人。戍卢龙卫。以《春秋》应景泰元年乡试，侍讲刘铉主考，定为第一人，同考者欲更，铉争曰："朝廷立贤无方不可。"乃止。次年，殿试第二甲，授编修。累官至南京工部尚书。名德为时所推重。

陈 恕 字达道，滦州人。生平廉介好施。为诸生时，值岁饥，民输挽郡粮，苦偏凉汀道险，以宾兴银佣工凿为坦途，至今称便。登庚午乡荐，任开封郡丞。子民下士，折狱立断。尝遇数人若贵游者，曰："此巨盗也。"逻其实，果然，咸服其神。致政归，泣送者遮路，行李萧然，有司重其廉，有赠遗即市铁铸文庙祭器。居乡谨厚，喜怒不形。恤茕赡孤，以纯德称。

唐福 东胜左卫世袭指挥。中景泰庚午举人。孝友慕义，历知随、滨、通三州，有清白声。尝铸祭器，供圣祀，加四品服俸。九年考满，升莱州知府，未任卒，祀乡贤。继妻张氏，年二十四，遗腹子駧，例宜袭职，族人争之。张吁天曰："得存此息，奉烝尝足矣。"让而抚駧，由岁贡任学正。

田绅 乐亭人。庠生。景泰初，以亲老陈情于督学使者，求侍养。父殁，哀毁逾礼。既葬，自跣足负土。母终，亦如之。有司请旌未果。百年来封土，岿然可望数里。

李胜 永平卫人。登景泰辛未进士，授御史，升河南按察佥事。发摘如神，讼无冤滞。

周斌 昌黎人。登景泰辛未进士，授御史。劾忠国公石亨骄恣不法。调江阴知县，多惠政，升开封知府，未几转陕西参政。军民遮道攀留，白于提学副使刘昌，记其遗爱。官至湖广布政。

马麟 吕信 俱卢龙人。**宋会 董全 周清 杨玘** 俱迁安人。**许敬** 抚宁人。**高信兴 才震**，俱昌黎人。

姚清 徐俊 石敬 俱乐亭人。景泰三年，值水旱，大饥各输粟八百石赈济。

万信 昌黎人。以明经，任开封知府，有异政。详皇明《一统志》。

祖述 昌黎人。以明经，授嘉定知县。公廉谨饬，历官福建右布政。

杜谦 昌黎人。幼失恃，事继母甚谨，不拂父意，人以"孝状元"称之。比长，登景泰甲戌进士，官至工部侍郎。廉能经济，剔历有声，父祖皆赠侍郎。

阎鼐 字仲辅，滦州人。登景泰甲戌进士，授监察御史。巡按两浙，锄权横，清盐矿，风纪甚严，人以阎罗目之。谪广西平南主簿，升山东诸城知县。操履一致，卒于官。著有《直庵集》。

张　泰　乐亭人。贡士，景泰间授知桐乡。是时桐乡新辟，诸所未备，泰至三载始有秋。乃措置建树，六事修举，民不告劳。俗多水火葬，泰禁之，购地置义冢。他如辟险塞，核兼并，招商贾，皆可纪焉。九年，洊有成绩，升开封通判。

牛　本　乐亭人。景泰丙子举人，授九江同知。素性谦恭，莅官廉慎，有惠政。九年，将代郡人赴部保留，即擢本府知府。

杨　珍　抚宁人，克供子职。母早逝，事父惟谨，侍食侍寝无怠。内外咸以孝子呼之。父疾笃医药罔效，口尝其便泄，以味甘苦知不能起，遂治后事如礼。父卒，及葬，庐于墓侧，负土筑坟，三年乃归。

郁　瑄　其先昆山人。祖彦忠，明初任潮州同知，徙乐亭。父昌，岁贡生。瑄勤学励行，天顺壬午，领乡荐授知县。瑄仲子昕，岁贡，任陵县知县。季子时，岁贡，任仪封教谕，居乡长厚不浮。时子从舜，聪敏好学，名藉甚，岁贡，授训导，赍志而卒。

金　镛　抚宁庠生。父禧早逝，母高氏，守制抚孤，凛松柏操。镛性孝，负米采薪，勤于供养。母恙，即忧见于色，焚香祝天，愿以身代，进食必先尝其寒热。虽贫，尝奋志读书，由恩选官光禄寺署正。乞归，终养。母节子孝，萃于一门。

王　贵　昌黎人。以明经，授苏州郡丞，升庆阳知府。有德望，祀乡贤。

宋　铭　昌黎人。成化乙酉举人，任通许知县。仁恕清廉，士民爱戴。子孙绳绳，人咸谓循良所致。

卢　敬　其先山阳人，徙定州，元时又徙乐亭。高祖和甫致和间闻于乡。父斌生。敬嗜学，领成化乙酉乡荐，授兵部司务，侃侃不阿，冰操凛著，五载考最进阶。尝语其子梁棐辈曰："世有营利者，为子孙计耳，竟何益？吾厄一第，子孙必有第者。若曹勉之。"丁外艰卒，家业萧然。仲子梁，岁贡不仕，以子贵封右参议。梁长子耿麒，字仁淑，年十三入庠，过目成诵，弱冠登嘉靖癸未进士，授工部虞衡司主事，历员外郎，升陕西佥事。屯田甘肃，给戍牛种。丁内艰，起补江西佥事，洗数沉冤，升山西参议。比驻云中，当外叛甫平，恩威并著，即强藩亦敛戢。防边有运筹功，建修五堡，世庙赐纶音，有巨镇赖以永安之褒。复丁外艰，起补山东参议，升山西副使。以疾卒，年四十有五。麒貌玉立，性直方，笃孝友，父产悉让二弟所居，庭前无旋马地。尤博群书，诗造唐语，著《蓝山集》。莅官所至，以明敏闻。然议论辨博，长官前亦不少逊，终以此取忌于人。君子曰："乐亭自开科以来，登甲第者四人，麒实于明争光焉。天不假年，惜哉。"

杨　祥　永平卫人。登成化丙戌进士，授宜兴知县，升户部主事，历山西佥事。清慎无玷。

郑　己　字克修，山海卫人。天性颖敏，成童充邑弟子员，属俪句，辄惊人。家甚窘，刻意向学，寒夜燃薪诵书达旦，用是博极群书。登成化丙戌进士，选庶吉士。时刘文安公典教习，每阅己文，叹曰："山海乃有此子。"改监察御史。会廷推抚臣弗当，抗章论之。又累疏指摘辅臣及中贵，由此人多忌己者。巡按陕西，值甘凉灾沴，边境驿骚，乃上匡时图治等疏，得举赈济，饬边备。时有勋贵亲弟怙势凌下，监司莫敢问，捕而杖之几死。竟被累，谪戍宣府。其镇总戎雅敬己，馆诸佛宫，士人受学者日众。有黠卒怨总戎，诬以不道事累己，系阙下，上白其诬，放归。孝宗践祚，诏复其官。己亮节有气，嫉恶如仇。家居时谈世事不平者，辄攘臂愤腕，至面诘人阋避，以是弗亨于官云。

吴思文　滦州人。输粟救荒，成化五年，诏赐七品散官。

王　信　抚宁卫人，进士，王胤祥之祖也。成化七年，大饥，出粟八百石赈济。

李　福　滦州人。于成化七年，为义葬。凡贫不能葬者，举之。

谢　纲　字廷宪，滦州人。登成化壬辰进士。素以孝友称。任上虞知县。莅政慈祥明决，有质者一判两服。卒于官，民皆望柩而哭。

张廷纲　字朝振，永平卫人。登成化壬辰进士，授行人，赐一品服。使安南回，太监汪直执送西厂狱。未几，厂革各散去。罢归，纂府志。

郝　隆　字景昌，滦州人。登成化壬辰进士。幼颖悟善记。初官大理评事。历左寺副，右寺正，升金华知府。政宽民悦，修通济桥，立有碑。在任九年，致政归，进阶亚中大夫。

萧　显　字文明，别号海钓，山海卫人。登成化壬辰进士，授兵科给事中。有武臣连中贵张大边功希重赏，显批奏尾驳之，直声振一时。会巫矫邪神煽惑，复抗章劾之，并请禁私创庵观。言极剀切，留中不报。一日，召至左顺门命中官面诘。显气定语畅，应对了了，乃谕遣之。又数日，巫逐矣。权幸愈疾。显居省中八年，外迁镇宁同知。命下，显方对客作草书，手阅报，付其子趣治装，仍终数纸乃罢。莅镇宁八年，复迁衢州同知。又三年，擢福建佥事。所至皆尽心职业，无厌薄意。随赍万寿表入贺，时刑部尚书白昂欲有所荐，戚友亦乐为之援，不复顾恋，竟乞休归。显性醇笃，不妄言笑。尚义气，久而弗渝。所著有《海钓集》《镇宁行稿》，其书法沉着、顿挫，传播朝鲜，珍重之。

徐　礼　滦州人。于成化十年施衣，隆冬见无衣者辄施，每岁行之不倦。

魏　琮　迁安人。登成化乙未进士，为乌城令。以廉谨称，尤乐成就后进，一时名士，多出其门。

李　时　其先凤阳人，有御史公谪为卢龙民。子从义，以靖难功，为永平卫中所试百户。五世至凯，凯生时，父产悉让诸兄，独养老母。中成化丁酉举人，知岢岚州八年，廉平多惠政。民俗因财退婚，曲为解谕完聚，吏卒鳏者捐俸备礼以配之，论财之俗为变。升汉中府同知，在任六年，升知平凉府，持守不渝。忤逆瑾，改思州府。又诬以前任库藏不明，落职追问，逾年乃白，补思恩军民府。行至南宁，中瘴疠，卒于途。时刚毅有治行，所至吏民畏戴，居乡有厚德。二子充浊、充拙，同中嘉靖乙酉举人。充浊，字澄之，丙戌登进士，知叶县，收黄山巨寇，民为立生祠，与楚叶公、汉王乔，为三令祠。擢为礼科给事中，屡上封事，历左右都六年，升浙江右参政，改补河南。修筑隘口，自顺德界抵山西，延亘九百余里。升陕西按察使。辨宦室子弟五人积冤，升河南右布政转左。寻改贵州，赈铜仁荒歉，活万余人，募民以备苗变。罢归，于城北营万柳庄，结故人为饮社。长子瀹，字伯通，处世阀以谨俭称，由岁贡授郯城县丞。剡称难治，民流税逋，瀹于荒田立官庄，捐俸创庐舍三十余区，号为俸余官庄。买牛给种，招集逃民，耕垦收获足公税及佣值外，余入义仓备赈，公私称便，民亦复业。铨部廉其贤，擢知剡城。未逾年，辞官归。充拙，字逸之，知陈州。俗刁豪猾恋公门恩文檄以扰害乡民，号为挂搭罗织，久莫能去。下车访首罪，杖杀之，余众悉逃散。寻以母忧去，补知南通州。政平讼理，卒于官。充浊夫人张氏，有壼范，其女适抚宁举人周良臣，无嗣，以继室抚先女，与姜某氏相守三十余年。其女适卢龙卫指挥焦承勋，年二十余，守遗腹孤。皆足重其家世云。

王永清 迁安人。成化丁酉举人，知阳武县，寻改延津。为政尚德化，不事鞭朴，民爱戴之。

才　宽 迁安人。登成化戊戌进士，由县令历郎署、太守、方伯、都宪，转工部侍郎。以不附阉瑾，出为陕西总制，加工部尚书。军法甚严，部将怯懦，辄巾帼耻励。临阵躬亲督战，奋不顾身，遂遇害。上为辍朝哀悼，谕祭，赠太子少保，谥"襄愍"。仍荫子，世袭锦衣卫百户。

王　和 迁安人。登成化戊戌进士，历南北道御史。论劾户部尚书张凤、西厂太监汪直，声动朝野。外转山东海道副使。巡海中瘅，卒于官。生平廉介刚正。卒之日，贫不能殓。廉宪陈公璧赙以百金，始得归葬。

高　瑢 字润之，滦州人。登成化戊戌进士。性方严谦退，笃孝友耽。坟典试南官不第，进太学，闻见闳肆。及登第，尹临邑，勤政广积，值岁大祲，民多济活。暇即试士，请业门下者多登仕籍焉。三载政成，遂罹疾，卒时囊无数金，几不能殓云。

田　瑠 字大年，滦州人。性聪敏刚直，嗜学，寒暑不倦。以诗经中成化庚子乡试。尹凤翔，禁奸除暴，任六年，告归。年八十卒。

周　建　抚宁卫指挥佥事。成化十六年，管界岭驻操营事。三月，虏入寇。参将王宣督令截杀，至白石店夺回被掳人畜，烧敌车辆。回至椴木岭，伏贼突出，前贼复回夹攻。战衄，贼欲取建甲衣，喝令脱，不从，犹以刀伤贼臂，群怒争刃之。事闻，诏加实授指挥同知，世袭。

余　璘　字廷润，滦州人。登成化辛丑进士。力学甘贫，登第时年六十一，授行人，升南京员外郎。卒于官。

杜　源　侍郎谦长子。登成化辛丑进士。历青州知府。有廉能声，内行修谨。置义田，以周族姓。

杜　汉　侍郎谦季子。以荫至南康知府。宅心浑厚，乡里推重。

杨　润　卢龙人。成化癸卯举人。任华亭教谕，升知金州。刚方廉介，德政著闻。

冯　清　字士洁，滦州人。亲丧，庐墓三年。手植松柏百余株，逾年繁茂，里人叹异。登成化癸卯乡荐，为郿县令，慈义兼施，狱有冤囚，力为详豁，后持金马以酬，挥之不受，曰："涤尔冤者国恩也，何谢？"时以廉孝先生称之。

郭　镛　迁安人。登成化甲辰进士，授金华推官。平反详允，郡无冤狱。倡修通济桥，用资利涉。考选授御史，巡按宣大、辽东，纠劾权贵，绰有直声。转山西副使，督修边墙，节省粮耗，军民称便。劳瘁卒于官。囊无一资，时称清介。

朱　辉　卢龙庠生。母程氏亡，昼夜号泣，哀毁骨立，庐墓负土成冢。及期，白狼驯扰不去，有燕巢庐下而乳十子，并谷双岐之异。抚院给近坟山场，环五里许，官为植树。成化甲辰题旌。以岁贡，为任丘训导。

王　用　字尚宾，滦州人。性聪敏，成化丙午举人。始仕桃源令，以内艰归，补任西平。厘革冗费，凡不便于民者，极力去之。两邑至今称贤。

王　渊　燕河营人。幼丧父，其母陈氏守节至七十余卒。渊庐墓三年，日三抔土，至今高冢岿然。

朱国贤　宋德诏　萧大用　俱卢龙人，各以庐墓奉旌。

安　民　字修己，滦州人。弘治己酉举人。授兵部司务，历户部郎中。清慎练达，饷用未衰，乃引疾乞休，加正四品服色归。初，父和尹大同客寝，民幼扶榇还。事母周氏曲尽欢愉。母终，筑庐于村，恸毁，三年未尝近帷室，乡人称孝焉。

高　谦　字天益，滦州人。登弘治癸丑进士。性刚直不苟。父早卒，力本勤学，事母不旷定省，抚弟详甚友爱。初拜丹阳令。迎母许氏偕往，竭力承事，务得欢颜。邑庠隘，乃拓学基，崇殿庑，讲授经术。又建津梁创仓宇，议赈贷，百度维新，士人勒碑颂之。升青州同知，转刑部郎中。操履清介，升平凉知府。未几调巩昌。逾月而卒。大志未遂。惜哉！

王　廷　迁安人。登弘治癸丑进士。授兵科给事中，历山西金事，才德为时所推。

许　庄　字德征，滦州人。登弘治癸丑进士。初尹临汾，内艰服阕，复尹宝鸡，俱有声。迁平阳同知，民有廉干之颂。升山东金事，转陕西参议，为人卓荦博学，喜著述，有《康衢文集》《梅花百咏》《心鉴警语》诸作。

李　金　迁安人。登弘治癸丑进士。任户部郎中。奉命勘贵戚田土，不附权势。孝宗书其名于御屏。升德安知府，赈荒汰冗，民甚德之。会有疑狱，祷神示梦，得其情。历官至山东宪副直道，不容于时，浩然解组归，杜门教子。

李　秀　兴州卫人。弘治乙卯举人。事继母孝，历知平原、齐河、诸城三县政务。爱民，善决疑狱，升庐州府通判。

孙　焵　迁安人。登弘治丙辰进士。历陕西苑马寺卿。峭直不附权贵。

王　春　抚宁人，登弘治丙辰进士。授翰林院检讨。侍寿王讲。出邸，迁春左长史。日以善道开悟，有所陈对必云："尊天子，守祖宗法度。"孝宗嘉之，赐正四品服。庚申，改周府左长史。王在幼冲，启迪如在寿邸，将婚汴之巨室，有贿谋为元妃者，春发其奸，别选当嗣爵。庶兄托内使行金钱于春，谋夺嫡，春正色叱之，遂寝。乙亥，王以春辅道勤劳，奏加三品服。庚寅力求去，嘉靖丙申卒。

任 惠 字济民，滦州人。登弘治丙辰进士，授行人。两使周藩，考绩有声，迁南京吏科给事中。以弹劾太监高凤，革为民。后诏旌"忠谏"。

王 蕃 字邦宪，滦州人。登弘治丙辰进士，由博士升御史。立朝謇谔，不容人过。尝效逆瑾，弹媚臣陈晦等。专敕切责，移疾归里，几数十年。起守平凉，又以忤忤罢归。有《雪崖诗集》。

李 炫 迁安人。幼而好学，冬夏兀坐一室。登弘治己未进士，历甘肃行仆卿。河西叛将煽乱，炫匿民舍中，示方略而戡之。事平，诬执甚众，炫谳鞫多全活。致政二纪，课子耕读，足不至官府。

朱 鉴 字缉熙，其先扬州海门人。永乐二年遣富户实北边，遂侨居卢龙之北乡，从迁者八户，因名其地曰八家寨。始祖自名再传至善，生有，即鉴父，天性孝友坦直。积粟三千斛，尝贷姻邻，不取息。鉴登弘治己未进士，授刑部主事。正德中，刘瑾擅政，举朝献媚者十之九，鉴处之坦然，正直不阿，升员外郎中，出为建宁知府。居官严明果断，不受嘱托，郡人有神明之颂。以母忧归，服阕补青州知府。在任五载，其治如建宁。致政还家，村居不事交接。居左建一小楼，门前有井，妇女非裙裳，不敢至井汲水，里中皆以礼自制，严惮之如王彦方云。子三：伊廪生；似早卒；侣以贡，为肥城训导，年近七十，手不释卷，经书岁一周览，通鉴子史无不遍涉。子文运，万历己丑进士，任丹阳知县，励精抚字，政简刑清。邑绅大司马姜公欲改运河于城外以兴贸易，运恐劳民，固执不从。后五年，考绩称最，竟迁南户部主事，时人为之不平。至任六月，奉差入都，因归省母，卒于家。子方九龄，宦囊萧然，继室李氏，课子治家，不坠先业。子济美廪生，孝友笃行。庚午之变，遂谢功名。凡三教六壬医卜之书无不兼通。

王 珝 字汝温，永平卫人，登弘治己未进士，授兵科给事中。督工泰陵，中使董役者剥削军士，伐近陵山木代薪以规利，劾之伏辜。升工科左给事中。徽州有豪族，争讼数年不决，命勘，遂得情。改御史，核应天诸郡公藏。知府某不职，惧得罪，密以金馈，即发其赃私罢之。升刑科都给事中，武宗铺宫奏省费数千金，以济边饷。升顺天府丞，岁荒饿殍载途，竭力赈活甚众。升都察院左佥都御史，提督雁门等关，兼巡抚山西，裁宗室骄横以法，权要规盐利者峻拒之，阖境肃然。会敌分路入寇，督兵御之。宁武关将吏以逗留失利，劾其罪，械系京师。因自劾，并三边抚臣俱左迁。寻降浙江左参议，豪民有匿租数十载，躬履亩，得数百顷为公税。孝丰有作乱者，远近骚然，众议调兵剿之，请先往，至即解散。升河南右参政，分守南阳，扑浙川矿贼，乃别胁从若干，值盛寒，多冻馁死，悉活以粥，遣之。升左佥都御史，巡抚山东，择有司布各郡审编户，则以均徭役。王师讨逆濠，道经齐鲁，筹刍粮供亿，兵皆无敢犯者。及六飞南幸，有司预集夫役数万候境上，疫作且乏食，第令及期无误，悉散归，活者不可胜计。镇守指以供御，大肆科索，珝正色责之，欲击以笏乃止。升右副都御史，巡抚陕西，秦中宗室蕃衍，禄每不给，为有司累，令多方务积，折补其数，上下称便。河湟黠寇欲南下牧马，督固原将士严兵御之，遂遁归，略无所失，边民安堵。升南京大理寺卿，擢兵部右侍郎。卒，赐祭葬于城东莲花源之原。子二，长道平，荫国子生。

王　辅　字良佐，滦州人，登弘治己未进士，授行人两使封藩，升南京监察御史，迁河南副使。时逆瑾向所司索天鹅绒布千疋，无则折价。各府敛解八万两。辅曰："此民膏血，我甘鼎镬不可从。"发回给民。瑾因假会审邓丙事谪辅阳城知县，迁户部主事，历员外郎中，复升河南副使，以疾乞休。乡人称为长者。

刘　甫　乐亭人。自明初至弘治间，六世同居。凡内外婚葬礼仪必均，俱无后言。己未，巡按御史张黼嘉其贤，命知县田登旌异。

鲁　铎　抚宁人。登弘治壬戌进士，授岳州推官，升大理评事。会逆瑾擅权，有党系狱，铎忤瑾，竟抵罪，谋中伤，自分必死，乃以他事谪河内县丞。瑾事败，转沂水县令，升刑部主事。历官至山东按察司分巡海道。为人多执法，辽人服之。

陈　鼏　迁安人。登弘治壬戌进士。勤俭明敏，历曹濮彬桂兵备副使。临阵躬帅，斩获甚众。

李士杰　兴州卫人。为诸生时聘陈氏女，女后失明，或劝其更聘，杰竟娶之，人钦其义。登弘治甲子乡荐。

张云鹏　山海卫人。父病，夜不假寐，汤药亲尝。父殁，敦古礼，庐墓三年。

翟　鹏　抚宁人，登正德戊辰进士，授户部主事，抽分河西务。先至者，往往以墨败。鹏至，首革常例，上不损国赋，下深得商心，遂见重于台部。转员外郎，出守卫辉府。历四年抚按，以贤能荐者二十五疏，举卓异者三，及入觐铨考，天下第一。时豫抚疏请改守开封，蜀按疏保改守成都，上竟从开封请。鹏至开封，遂有并包之谣。抚按交荐乃迁陕臬，兵备洮岷，转按察使。寻擢佥都御史，巡抚宁夏地方，有《筹边录》行于时，诸凡厘奸革弊之政，载于《宁夏志》及《全陕志》可征也。会总兵诬排，赖清议东还。至嘉靖二十年，敌寇山西，边镇失利，守臣连疏告急。兵部尚书张瓒及府部会推鹏请以原职，奉敕提督北直、山东、河南等处军务。鹏至寇平，复命还京，升兵部右侍郎、兼右佥都御史、总督宣大偏保等处军务。至议预请兵粮以御边警不时之患，疏上不报，革回籍。亡何，敌果深入，复起鹏照前总督。二十三年，值犯边，督兵追剿，斩获甚众，捷闻，晋秩兵部尚书兼都察院右副都御使。又设策生擒王三，夺获马械。华人拱手咸曰："宣大数十年来，仅有此捷也。"鹏天性慷慨，有气节，多谋略，故所至成功。他，如挫逆瑾之党，却白爵之金，修已废之边，擒黠叛之首，奇猷硕画，见于礼部侍郎闵如霖墓志铭者甚悉也。戆直不阿，观其"惟有寸丹悬帝阙，更无尺素达权门"之句，可以知所养矣。竟以此被逮，卒于京。至穆宗嗣位，追论前功，始复原官，加恤典，赐祭谕葬。

王　念　副使和之子。登正德辛未进士。部使欲为立坊，念以民贫谢寝之。事母孝谨，尽以先业畀两弟。知九江府，修复废毁，民不病役。在程蕃奏开贡额，使知向化。居乡廉静，足迹不入公府。平居鼓琴游咏，居丧用家礼，士大夫化之。

马　永　字天锡，迁安人。世金吾左卫指挥使。父荣，镇番参将。永读《左氏春秋》及兵法，袭父官，机警善骑射。正德六年，流贼起，以督战功，升都指挥。同知江彬统宣府兵，练西内，永以千总隶彬，称疾不起。彬强起，称病笃，以故得脱彬祸。十年，守备遵化，明年虏入马兰峪塞，杀参将陈乾。以永为参将守太平寨。十二年，虏入塞，战柏崖堂，再战白羊峪，斩首五十。十三年，升署都督佥事，充总兵官，镇三屯营。寻署都督同知，简阅诸军，散遣老弱听其农市，取其佣，倍给诸健武者衣饷，士皆喜，人人奋习骑射。当是时，渔阳一军称雄。未几，上至喜峰口，欲出塞猎。永扣马谏，上注视久之，顾内侍曰："此马永耶。"笑而止。朵颜酋把儿孙结诸虏邀官赏不得辄入塞，永迎击洪山口，大败虏斩首五十八，升右都督。嘉靖三年，把儿孙入青山口塞，斩其骁酋遁去，把儿孙自是效顺保塞。四年，大同军乱，杀都御史张文锦，参将贾鉴用兵不利，朝议用抚。永上疏力言不可抚，他日九边效尤，将有唐室河北镇之祸。敕永提兵出居庸讨贼。俄以流言中止。五年，永上言乞宥诸言大礼获罪者，又言陆完有平贼功，宜赎罪录用，其子，夺总兵寄禄南京督府。十二年，大同再乱，杀总兵李瑾。讨之，久无功。廷臣荐永，召至业已抚，罢兵，复还南京。十四年，辽东军乱，逐都御史吕经。召永总兵辽东。十七年，虏入塞，率兵五千人，捣虏巢，焚其庐还。十八年，辽军再乱，率家兵逼贼，斩四十余人，遂定。升左都督。永卒于辽东。辽人为罢市哭丧。过渔阳，渔阳人皆哭。两镇皆立祠祀之。永为将，善詗虏情，先知所从来及众寡，设伏以待，以故虏往来失利去。永善养士卒，能同甘苦，又善知人，桨拔萧升、刘渊、祝雄，皆起列校为方镇。

王道中　抚宁人。登正德甲戌进士，授安庆府推官。太湖人多避差，有一人至县，即令赔纳，荡产倾家，民苦最甚。中亲诣其地，婉曲晓谕，止令办纳己赋，民甚称便。扬州知府孙某者，为御史张士隆劾奏，赃私巨万，朝廷遣给事中王俊民同御史陈杰会勘，久之未决，中一勘辄明。时宸濠之变，余党未尽，当事者往往以平民诬作奸细，收扑甚冤，中查有赃仗旗帜，止坐四人，余三百余人尽释之。庚辰，升刑部主事。嘉靖癸未转员外郎。甲辰，升鸿胪寺右卿，旋转左卿。十二年，侍经筵，敬谨如一。乙未，改大理寺右卿。乙亥，升顺天府尹。辛亥卒。著有《黄斋集》。

王　翰　昌黎人。登正德甲戌进士。授行人，以直谏被谴。卒，赠御史。谕祭有疏章，存旧志。

廖自显　字德潜，卢龙卫人。家贫力学，以廉耻自持。正德辛巳进士，知颍上，赈饥活数万人。升御史，视通州仓，革中官监收弊，按宣大，劾镇将科敛及杀降冒功。山西巡抚与参议以小嫌争忿，劾而罢之。嘉靖庚寅，镇守建昌太监缺疏，请裁革，遂更游击将军，至今称便。出按山东，巡抚邵锡清德藩，军校诡冒不从，殴府卒，乃劾其长史，承奉官为所中，锡罢待罪出。自显知汝宁府二载，持法不挠。罢归。居家二十四年，日与故人徜徉东郭莲池芝垄间，有《拾烬集》《放言集》《悯遗集》。从侄际可，进士；献可，举人，不急仕进，三十余年。铨知即墨，旋垂橐归，亦里中高士云。

张文成　迁安人。正德中，以吏员任陕县典史。时流寇猖獗逼城。成奋身出战，多所斩获。总督彭公闻其才智，檄领兵马六千，分路剿杀，前后得首级千余颗。汝宁、上蔡等路悉平，功加三级。邑人为立祠，举入名宦。乡举饮宾，舆论钦服。

赵文举　山海卫人。幼极孝，母患疽，痛不可忍，医皆云不治。举虔祷祝天，愿代母，获痊。家甚窘，居常奉母，即富者不过云。

赵　瑞　昌黎人。幼有才行，于嘉靖壬午举乡试，授河南伊阳知县。居官清介，逸兴飘然，出尘俗，负陶靖节操。卒无遗金，不能殓，人皆痛惜。

王　庚　字文祥，滦州人。登嘉靖癸未进士。天资纯笃，寡言笑，深易学，后进多出其门。三为县令，有廉声。历迁兵科都给事中。慷慨敢言，升山西参政按察使，陕西右布政。卒于官。

李　涵　按察副使金之子，孝事媚母，以田产让弟。登嘉靖癸未进士。为户部郎，督兑运尚书，称为廉吏。知延安府，除水患，赈饥民，备兵肃州，修嘉峪城，军民勒石记绩。补贵州兵备，洗冤泽物，民有天星之谣。转左布政，擒首恶龙许保等，苗民率服。

阆　杰　卢龙人。嘉靖乙酉举人。任荆州推官，以治行。行取升石州知州，遂辞归。耿介自好，足不履城市者二十余年。

詹　荣　字仁甫，角山其别号也，山海卫人。性敏学赡，登嘉靖丙戌进士，授户部主事。奉差榷税转郎中，督大同饷，会癸巳军叛，杀主帅李瑾，闭城抗师不下。荣与武臣歃血，计诛元恶不成期以阖门报国。谋既定，遂穴地达军门，报可乃示顺逆，激劝贼党马升等，擒首恶出献，事遂定。班师，侍郎黄绾、御史苏祐合疏闻于朝。上褒嘉，擢光禄少卿，支从四品俸嗣，历玺卿、太常卿，转金都御史，巡抚甘肃。时大同总兵官周尚文与抚臣左庙议，惟荣足以服之，乃调抚大同。荣与尚文处，甚得其死力，屡功，进右副都御史。居二年，宗室光灼等通逆，荣廉得其实，先机发之，械送京师。随迁兵部右侍郎，边工竣，进俸一级。值云中警，荣率将堵截退敌。召还，本兵左侍郎，会尚书缺，拟推荣。适中风，舆疾归，未数月，卒。荣为人忠信不欺，沉毅有谋，信赏必罚，人争效用。万历己酉孙廷赴阙请恤赐祭葬，赠工部尚书。

李光启　乐亭人。其先李卜当洪武间戍陕西平鲁卫，后有功升百户，世袭。光启性忠孝，有才干，累升京营都指挥使。赠其先为镇国将军。归祭先茔，为树碑，给族人衣，升宣镇葛峪参将。嘉靖丙戌，敌数突入侵，苦居人，启愤焉。一日警至，率所部兵疾驰，图歼之，未及为阵，敌四至，大呼杀人。启被缚引去，困饿不得死，因绐敌曰："我为帅，第引我亭障下，当有赎者。"敌果引至亭障下。启骂曰："尔宜杀我，我非不肯死。虑中国人疑我真降尔，徒负辱国大罪。幸毋赎我。"敌大怒，遂支解之。事闻，诏立祠春秋祀焉。见《宣镇忠烈传》。

张世忠　字显甫，别号平山，山海卫副千户。忠貌不逾中人，而神爽英发。总发时以世胄袭职。嘉靖丙戌，会武试，登孙堪榜，加授署指挥佥事，寻掌卫篆，迁秩守备天寿山。历升大同中路参将。严整步伍，矢立战功，调援有奇，捷得实授正千户。缘边事诖误，听勘回籍。未几，西陲告急，本兵疏名上请，特命移守备偏头关。频年失利，人为忠危之，忠跃然曰："此吾报国之秋也。"嘉靖二十一年，太原警，忠与诸将分五哨进，歃盟互援。适遇敌于六支村，忠麾下健卒仅千人，挺身血战，自巳至酉，矢石俱尽，后援不至。敌且增轻骑合围，射忠中额，寻殪其马。忠犹跨墙对射，矢透忠衣袖死之。事闻，赐祭葬，赠右都督，谥"忠悯"。

韩　梅　字应元，永平卫人。嘉靖戊子举人。任大同同知六年，廉平多惠。有范驿丞死于官，妻流落，鬻女为婢，梅捐俸赎归。其母居家，惇伦任质，乡党称之。

高　擢　字士元，滦州人。登嘉靖己丑进士。由博士升礼科给事中。建言侃侃。得名谏"议体"，历副都御史，风裁独凛，奉命提督操江，苞苴绝迹。晚凿偏凉汀，归隐，年九十卒。

王　镐　字宗周，滦州人。登嘉靖己丑进士，擢御史。时张桂以言礼柄用，镐独正色不阿。历都御史，抚宁夏，屡奏边功，以忤时乞归。

王　臣　乐亭人。父茂，有孝行，臣善楷书，郡辟为从事。有罪人通赂求谊，臣指天自誓，郡守贤之。每疑狱，辄召与议，能白人冤。亡何，奉母枢归里，山水暴至，舟几覆，臣抚枢悲号，竟无患，若神助焉。有客怀二十金欲籴粟，入市遗金，哭之悲，臣怜助之。年四十七，未举子，往祷泰山，梦神告曰："以吾二子与尔。"逾年生太守好学，又三年生尚书好问，若与梦符。以二子贵，累赠至南京户部尚书。长子好学，领嘉靖庚子乡荐，尝试南宫。父卒，痛为肖像。及令陈留，蠲通修学。擢刺泽州，佐归德，在在卓多善政。及补太原，弭盗祥刑，请治宗室骄横，檄抚石州，为画战守之策。历升户部郎中。督饷昌平时，内使往来，能正色戢之。升楚雄知府，乞休归。著有《游艺集》。仲子好问，生有异兆，弱冠抱当世志，举于乡即却馈金。登嘉靖庚戌进士，授太常博士。时分宜当权，乃泊然自守，久之，方擢御史，即劾巨珰不法。嘉靖末，出按秦晋，上兴革便宜数事，却诸祥瑞不以闻。穆宗御极，益多献替，而重孝思，止行幸、查内库诸疏，并劾近侍谋典兵柄，尤极剀切。迁大理丞，历通政使，晋工部侍郎，改刑户二部，擢南京右都御史，拜南京户部尚书，忧时思职，无一少替。南中米涌贵，例当改折问，遽发仓粟，而后以闻。诏赈江南，不待移文发赈，曰："奈何稽朝廷意，以忍饥民。"有古大臣风。先是为卿贰时即抗疏求退，至是章屡上，始得优允。归数月，卒。赐祭谕葬，赠太子少保。天性恬静，自奉淡泊，立朝虔恭，动由矩矱，谦抑折节，若不胜衣，而内实毅然不可夺。乡谊族范，退迩共孚，所著《春煦轩集》三十六卷。好问子，浑然，事亲极孝，闭户读书，中万历辛卯乡榜，授中府都事，历刑部郎中。时南康守吴宝因税珰李道诬奏被逮，然问拟还职。上怒，罚俸三月，南康得以从轻。微生光妖言事，东省无行老生流言，彼中有闻者，然恐蔓延无辜，解发山东抚按鞫问，保全大族甚伙。升马湖知府，革漆户板税，修学缮城，奢酋争杀，片言力解。总督王象乾题擢遵义兵备副使，下议时，疏请骸骨归。著《蜀游草》。寻卒。穷约至甚，十年后，凤债始完。

萧　升　抚宁卫金事，累升马兰峪参将。嘉靖癸巳大同内变，结连北卤。兵部推升以副将协守大同。升至，兵事戒严，内外不通。升诣督抚，献捣巢计，以贼全部在内，巢穴必虚。督抚任之，贼遂瓦解。升前军都督金事，镇守蓟州。卒，赐祭葬。

刘　渊　山海卫金事刚之孙。刚视山海篆有名。渊自三河黄花镇守备入坐显武营，历延绥游击、宣府参军，迁协守副总兵，升后军都督金事，挂镇朔将军印，改镇蓟州。有名，调提督西官厅，听征总兵官，赠刚及父镇官。

祝　雄　广宁前屯卫金事。调山海卫，擢京营听征参将、老营游击、偏头关副总兵，升后军都督府金事，挂征西前将军印，镇守大同，改镇蓟州代渊，善养士而乐为用。卤入塞，率子男为士卒，先子少却，立斩以殉。卤望旗帜即遁。在镇三年，卤马不敢南牧。名闻，书于御屏。廉静自持，奉客无兼味，行边布袍毡帽如行伍。卒于官，私囊仅足以敛。蓟为立祠。三人并起，列校为方镇，而皆属卫职。又相继镇蓟。前志称之。

张　智　迁安人。由明经知远定县。洁己奉公，铲洗奸伪，时修理学校，政教大行，有麦秀两岐之瑞，寻通判黄州，民不忍其去，为立祠，号"清张"。

萧　富　乐亭人。少孤，事母孝。母卒，富供王事不在侧。归而痛极呕血，终身言及，泪泫泫下。仲兄积私财，富泊然，绝不置齿颊，竟以祖居让伯仲，而自居他所。尝为府吏，廉而有阴德。既归省，即隐不仕。嘉靖丁酉大饥，乡人求贷，乃转贷，负累代偿。抚孤睦族，重义轻利，类此始艰。嗣后，连举四子，长云汉博学工古文词，贡游太学，授大同通判，累荐考最，升河东运同。致仕归，赠富如其官。

张文遂　迁安人。由明经知宜君县，寻调马邑。留心学校，加惠穷民，士民德之。

刘　会　滦州人。于嘉靖十六年，输粟一千石赈饥。

高　汉　乐亭人。六世同居。嘉靖十六年，知府刘隅奖之。

厉汝进　滦州人。登嘉靖戊戌进士。授池州推官，行取，历户科都给事中。劾柄相严嵩，廷杖八十，降典史。穆宗践祚，录其忠直。

李思睿　永平卫人。由府学选贡，知大同、安定两县。有惠政，以侍养告归。闭门谢客，教训生徒，足迹不至公庭。

王　荣　迁安人。由明经任榆林训导。未几，乞休。居乡友睦。尝买人田，人不忍舍，辄还券，无难色。

马　鼎　昌黎人。以国学生授主簿。性淳厚，厌浮华，清声克著。

贾　韶　昌黎人。以明经授瑞安主簿。志行严谨。六载卒于官。民感德，为之立祠。

郝宗启　字文卿，滦州人。隆孙。嘉靖丙午举人，授博平知县，升泽州知州。学问深邃，事亲至孝。居乡励行，莅政有声。

陈　情　字子孝，滦州人。嘉靖丙午举人，天性孝友，见事明决。隆庆元年，令孝义，有捍御保城功。迨令长葛、宿松，并著廉明，且焚红莲七祖二百年肉身，大得韩退之遗意。虑州城武备单弱，造大炮十二位，神枪二百杆防守。著有《五行奕薮书》行于世。

陈　舜　抚宁卫指挥使，任黄花镇守备。嘉靖二十五年三月，敌入寇，舜奋身率轻骑，持短兵截战。敌众我寡，死之。事闻，诏加都指挥佥事。

高　玉　滦州人。资颇富，于嘉靖二十五年，施义田并粮二千石，周贫乏。

陈　慎　滦州人。孝义令陈情弟。事母至孝。营漏泽园，共施地六亩，于府君庙东北半里许。

温　钦　乐亭人。质朴笃实，居平尚让，绝不与人竞，亦绝无过忒非遇。审编户徭，不至公府。既老，亦罕至城市。惟耕田明农而已。贫而乐善，卓有古人风。年百有二岁犹耘。逾年卒。嘉靖间匾其名于旌善亭，劝俗。

萧韶凤　山海卫人。年十九，父病蛊，迎医视之，曰得樟柳木根可愈。城中求之不获，或告以产于海阳。时石河水暴涨不可渡，韶直前往觅，家人止之，泣曰："父病笃，阻水而止，于心忍乎？"竟涉，至中流溺死，三日尸浮于海。君子重其孝，而哀其愚。

张懋勋　山海卫人。都督世忠子也。痛父殁于王事，每语及辄流涕。事嫡母三十余年，孝养备至。母卒，哀毁骨立，庐墓如礼。

冯恩孚　乐亭人。岁贡。事亲称孝，曲为承顺，有老莱风。父饮亲故家，虽隆冬深夜必俟父还然后寝。母性严刻，孚略不违意。待人谦和无忤，未仕卒。

王永昌　乐亭人。家富好施，能周人急，乡人称贷，有以田庐为质，多负而私转鬻。昌不与竞，又尝捐地为义冢，其输粟输金输工役以佐公家者，不胜纪。

齐宗尧　昌黎人。由明经知汾州。爱民教士，积有善政。至隆庆丁卯，以城守功升运同。长子鸣凤亦以明经知自在州，清廉有为，刚介不阿，尝师邑侯孟秋，讲良知之学。次子鸣雷，以明经任林县知县。孙士斌，以明经任灵石知县，升吉安同知。以城守功，进中宪大夫。世德醇厚，乡邦称之。

张自镐 乐亭人，岁贡。性谨厚，事亲最孝。母多任性，镐每几谏，久亦感悟。邑宰陈留李公廉其贤，延训其子。毫无干请，赍志以殁，乡人悼焉。

王尚贤 行人翰之子。性孝友，堂弟郎中尚直乏嗣，以次孙承祧，而不利其产。居乡恂恂仁恕，因号恕斋。由明经知富平县，有名。及归，囊橐萧然，不异寒素。孙，之屏。登万历辛卯乡荐，人以为积善之报云。

冯余庆 滦州人。由明经授西华令。一尘不染，捐资千金，建长桥于治郭利涉。归施义田，用济贫族。以孙，运泰贵赠同卿。

刘复礼 字曰仁，号任斋，山海卫人。嘉靖壬子举人。坦易谨饬，宰长子县，刺浑源州，迁冬官郎，守保宁郡。历有异政。同卿宁夏，预知孛拜反，默为防备。寻丁艰，致政归。依居旧庐，泊如也。幼以孝闻。暮年与季弟同爨，每举箸必呼弟，他往必辍不食。季弟有子，口授而教之，亦成明经。里人有修郤者，质成譬晓之，皆愧服。

萧大谦 字民服，号益斋，佥事显之孙。质朴，守清屡空，微不介意。游成均时，尝拾遗金，待还其人。后领嘉靖壬子乡荐，令怀仁、秦安，皆耻结纳，专意实政。士民怀其抚字，而当道恚其无馈遗，竟取忤罢归。行李萧然，至不能充食。指处之自如，年八十有一卒。世谓厅事容旋马，薄田供饘粥，今昔侈为美谈。如大谦，自海钓历宦三世，草舍仅可旋蜗，瘠田犹不充爨者，顾不愈称难耶！

魏 琦 迁安庠生。嘉靖三十六年兵变，琦率乡人保守。兵至，琦手刃二人。既而众兵群合，遂被执。琦骂不绝口而死。当事大加叹异，命有司周恤给葬焉。

王大用 东胜卫人。登隆庆戊辰进士。授扶沟知县。执法无所阿，当路衔之，左迁东平州判，升滕县令。明习吏事，每事必探弊端。有大珰进贡，折辱驿官索乾没，大用诣邮亭，令开箧验之，皆胖袄，遣人收捕，其解户于狱，大珰甚惧求免。其明练肩事类如此。升大理寺评事，改户部郎中，历官辽东、陕西参政。

王胤祥 抚宁人。登隆庆辛未进士，任偃城令。吏治澄清，恩威并著，县前苦水井化甘泉，咸谓善政之感。行取刑科给事中，激扬尽力，条陈九边要务，当宁嘉纳之。因劾江陵夺情，外转河南佥事，进四川参议，后转陕西副使。当事特荐者凡二十余疏。以亲老力辞，杜门终养，寿至八旬而终。

王槐 昌黎人。由儒士工书翰，任中书，历工部左侍郎。清慎正直，不阿权贵。世庙嘉其忠，赠祖父如其官。

王华 都御史锐之曾孙。隆庆间，输砖十万块，灰五万斤，助修县城。至万历十五年，大饥，输粟八百石助赈。

侯显 昌黎人。国学生。尚气节，敦朴素。父母双亡，俱庐墓侧。鸠巢于舍。芝生于冢。

孙渤 昌黎人，幼丧父，事母最孝。母死，庐墓哀毁如礼。

汪可诏 昌黎人。由明经任巩昌府推官。莅政严明，升临洮府同知。

傅梦良 山海庠生。性纯笃，事母孝。母殁哀毁如柴。既葬庐墓侧，秋夏霖雨累日，穴水盈尺不为动。

刘思诚 字性之，号定宇，山海卫人。万历癸酉举人。英资卓识，廉直公平。领乡荐十余年，毫无请托。筮仕平原，审编征赋，设法神速，邻邑皆效法之。救荒能预，理讼称平。黉宫后有深堑，数科荒落特为筑，建五桂祠，月课子衿于中，伏腊不辍。以是蜚英振起。贫生婚葬不举者，捐橐助之。招抚流遗，盖官房百余间于郊外。创立集市，垦田十余顷，藉以为生。方春躬行劝农，力举实政。迁济南同知，署篆年余，吏请盘库，思诚斥之。其支领俸工俱以原封出给，不除其耗。有盐商犯科，以罂贮银二千两，冒托馈酒，当堂碎罂，解入府库，竟无赦。当道议派民徭，思诚勃然色变，议遂寝。终以忤贵拂衣归。思诚事母孝，饭必侍侧。旧产尽让弟，饶有孝友风。

韩应庚 字希白，东胜左卫人。世有隐德，曾祖文富而好施，祖诚益大其业。嘉靖中，岁屡歉，先后贷乡粟至二万石，不责其偿。父廷义，生而英敏，通百家众技，尝擒巨寇，以靖一方，封监察御史。三子应庚，其长也，少励清操，登万历丁丑进士，授彰德府推官，其治务廉明宽厚，下车取沉狱验问，数日间决断殆尽。受领新讼，遣当直设灶公署前，呼对簿者自炊，未及餐而事已判矣，平反冤狱无计，入为福建道御史，出按甘肃。直大祲，不俟命即发仓粟以赈。再按山东，锄强豪黜贪墨，共出死囚二百六十余人。时年四十七，即引疾归，日与亲故徜徉山水间。于城南二十里石矶上筑室，名曰钓台，以图书花鸟自娱。七征不起，从不干有司。遇不平事，辄为代白，闻者敬信，昭雪罔敢后。岁甲辰饥，输粟公府而施糜掩骼无虚日。又鬻负郭田数百亩，以赡郡邑两庠贫士，至今咸食其德。寿七十有四。至今东辅推急流勇退者皆称西轩先生为第一人。子二：原浚、原洞。原浚字发之，居家以孝友闻，弱冠游太学，以时事多隐忧，遂告归。生平简澹，喜吟咏，寡交游。时或正冠危坐，人语以世法机事辄笑，不解谓何。无少长贵贱，皆推诚心待之，里闬敬为天民。原洞，字开之，少为诸生，诗文有奇气。当郊圉多故，尝慷慨悲歌，慕古人以身殉国之义。庚午身捍危城，出金犒师，知不可支，乃为《忠国论》一篇置怀中，赴斗而死，事闻祠祀。后十五年，原浚乃尽弃其田宅，与其子鼎业，避地之河朔林虑间，复南渡河之鄢陵转入嵩少山中十余年，而卒，鼎业扶柩反葬于钓台先生之墓侧。人谓韩氏其先有燕山窦氏之风。御史有疏，太傅之节次，君有先轸之烈而长君有管宁之操，无忝卢龙世族云。

韩应奎　号东轩，御史季弟。为童子时，饁田之暇，苦志读书。廿岁即登庚午榜。五试南宫，始谒选得华阴知县。有惠政，至今华人颂之。历蓬莱、乐安、温三县，皆以治绩闻。年未衰，即归田，常以睦族济人为念，绝不一干有司。岁大凶，施粥赈饥，给裘御寒，邑人德之。二子：长原济，倜傥不群。仲原洁，笃信秉礼，并诸生。济子乾业，洁子坤业。庚午兵变，长与仲皆亡。仲妻王氏不避凶秽，寻夫尸得之积骸中，欲枕尸而死，姑徐氏谓曰："尔死，置三岁孤何地？"王氏乃勉从。逾两月又生遗腹泰业，苦节教成。

冯时泰　字虞廷，山海卫人。幼敏学，寒暑不辍，登万历庚辰进士，授工部郎中，管节慎库。自能握算，核积弊，著声曹署。升辽东广宁参议，守正不阿，冰蘖矢操，筑造台堡，大定老军，凡数十处无不竭尽心力。边警，帅不用命，失事。时泰奉勘，略无纤隐，致忤当事，坐谴。或以苟且请，时泰徐应曰："吾莅官惟清慎二字，可揭天日，况君父之事？"乌容规避，绝不为辞。寻被逮，辽民无不称冤，欲诣阙号鸣。总督顾养谦止之，乃极为辩雪，有并褫臣职，以辩其有功无罪等语，具载疏中。赵相志皋、张相位石、司马星皆交章激切力净，竟不白。时泰尝自叹曰："由来直道忤当权，过贬潮阳路八千。一掬忠肝天所鉴，几回血泪洒蛮烟。"亡何，抱郁终。

王从政　山海人。由明经，任莱阳知县。多善政，被诬。莱民代为申辩，未白。后其子以死疏救得免。居乡称孝，举乡饮。

白　钥　东胜卫人。少颖慧，为郡诸生。居家孝弟，事兄如父嫂如母。由国学选南锦衣幕官，迁汶上丞，执陈友宽等大盗置之法，锄蘙植良，百姓德之。无何，挂冠。世高其恬退。处乡恂恂，课三子，寒暑弗辍。长珩季璞皆廪生，仲瑜登万历乙未进士，选庶吉士，历刑部尚书。

石　璞　滦州人。赋性醇厚，立心宽和，人有急难，多方以周恤之，而毫无德色，推诚布公，不吝不争。每以栖亩之余割共邻族。牛豕犯田者，饱饲归之。诗书训后昆，桑间自乐，有先民矩矱焉。以子维岳贵，赠中宪大夫。孙申贵，晋通议大夫少家宰。

王克勤　滦州庠生。事继母以孝闻。万历十三年，学按两台会奖。

穆思文　山海庠生。事继母尽孝。有二弟，俱继母出，财产必均。后二弟家窘，又为弟之子给产婚娶。督学汪公应元，疏请建孝义坊。

王士倜　山海庠生。敦朴谨慎，天性孝友。父从政知山东莱阳县，以持正忤当事，被诬系狱。倜偕弟伟、挝登闻鼓，刎颈力救，卒白父冤。

高　第　字登之，滦州人。登万历己丑进士。初令临颍，征赋不拆封，即以原柜解府，力绝耗羡。岁大歉，赈粥疗医活数万人。转户曹，榷浒墅关。旧例支河设绳，防货舟澜出。第曰："但锁正关衣带水足矣。何渊察为一切报罢，升大同守，捐俸赎补宗禄三千金。历楚秦藩臬，擢御史中丞，巡抚大同，费橐七千金，助给抚赏，寻升兵部尚书。时魏崔党炽，珰以提督郭钦求加都督同知参将，梁甫求升总兵，矫中旨特授，第皆不应。扬左被逮，榜掠甚惨。第经筵力陈党锢宜释，忠贤怒，嗾熹宗召对切责之。会宁远警，遂出第，经略蓟辽。拜命随檄道镇，坚壁清野固守。而崔呈秀衔前恨，劾第不发兵为怯，勒令闲住。崇祯初年，诏复原官。因己巳郡城陷，复谪居无棣。己卯，放还归里，建白云楼，为东山之墅。平生湛于理学，所著有《太极良知》等说，《抚云疏稿》《籁真》等集。享年八十二。

任自永　迁安人。三岁孤，母郭氏年二十五孀居。永自幼事母至孝，至七十六岁寿终。永哀毁逾礼。既殡，庐于墓，朝夕哭奠，三年如一日。

白　瑜　东胜卫人。少英敏博学，善词赋，登万历乙未进士，授庶吉士，除刑科给事中。上疏请革煤税，降湖广按察司照磨。起历通政使、刑部左侍郎。居乡和雅。卒，赠刑部尚书。

李应奎　兴州卫人。由明经，授扶沟训。值大旱，藉奎积诚祈雨立应，扶邑立石纪之。升历城谕，适县令欲于先师殿坐困收粮，奎不许，令固不从，因叹曰："微末一官，职不容寸，尚可恋升斗昧吾心乎！"毅然挂冠归，年近九旬。邑侯张公九三，素仰奎训扶名，岁时存问，数举乡宾。且念其贫而无后，欲为赡后计。乃笑曰："清苦一生，将就木矣。昔闵仲叔不以口腹累安邑，吾岂以后事累令支乎？"不通片楮。奎初受麟经，传于邑侯白公夏，至今迁邑业春秋者，皆其遗也。

冯斗华　字应垣，滦州人。万历丁酉举人。任长山令，政尚简约。公余与学博诸生横经问字，亏公文者，相望以清。直忤直指，罢归，读书不置。所著有《经书解义》《平平言》二集。以子运泰贵，累封大中大夫太仆卿。

张国祥 昌黎人。幼失怙恃。父昂，上元主簿，殁。遗妾王氏，年十九，砥节苦守，祥长奉事如礼。师邑侯孟秋讲学，力行不倦。后师杨公启元，悟罗近溪性命宗旨。由明经，任丰润训。以身率士，士风丕变。建魁星楼，以培风气。丰庠科甲，自此盛焉。升渭源令，苏驿弊，减杂徭，除奸保良，罢民再起。有番里曰："南川不习文教。"祥择其子弟朱际昌，劝课读书，力荐入泮，以鼓吹送归里中，番人聚观者塞山野，文教以兴。及解绶归，囊无长物，惟以琴书自娱，耕读课子。邑大夫及乡里推重之，尊为模范，数举乡宾。

薛三桂 卢龙人。万历庚子举人。云南永宁州知州。遭奢酋之变，死难。赠按察司佥事。

赵养蔚 字青城，滦州人。万历庚子举人。少负经济略，富甲平滦。己巳戒严，蔚捐赀建城内外炮台，造铳炮数百位，募丁守城，费以数万计。时士绅多窜逸，独蔚守孤城，矢死勿移。倾竭家财，犒援师，介马谒枢辅于关门，请兵恢复。事闻，授中书舍人，加职方主事。以未通籍，不肯受官，疏请里居。大修城池，御侮之具，远近倚重。惜年仅六旬卒。赠尚宝卿。

韩原善 字继之，别号鹏南。父应箕，字希皋，御史之次弟也。负文武才，兼精骑射，倜傥尚谊，有古剑客风。尝出两婴孺于剧盗手。凡疏族贫交待以举火者，恒数十人。有负债，贫者焚券不复索，构宗祠，修世墓，缮义塾，动费不资，无几微吝色。以明经入对大廷，念陪次暮年直推逊之。后膺贡，竟不仕。原善，生而颖悟，沉酣经史，旁及青鸟、黄石、奇门遁甲诸书，靡不研究，慨然有澄清天下之志。登万历丁未进士，授青浦知县。吴松久塞，震泽淀湖之水合流东下，民苦昏垫。为请赈请蠲，请平籴，请设粥糜，不遗余力，而躬行给散，卒事无哗者。他如裁公正，均荒绝，开津贴，苏塘夫，清漕兑，无不恳恻周至，邑人尸祝之。调繁长洲，为吴郡首邑，赋役甲天下，又当水陆之冲，治之独游刃有余。县田一百二十二万三千亩，自创立官甲，政在乡绅，诡计花分，民户坐困。巡抚徐公请均之。原善身任怨劳，按亩科差，增役田三万一千四百七十顷。精于造士，是岁中乡闱者十人。五年考最称廉治。窝访触忌，仅迁户部郎。在县时，父尝斥产贻之佐廉，及转户曹，父益喜，为能不瘠民以媚当道也。旋丁外艰，服阕补兵部东事，方棘以不次，推开元兵备，拜命疏陈方略八款，又言召募有六难有四易。疏入上遂俞发帑金七万四千抵关门，五十日募官兵一千六百余名，马六百五十余骑。甫出关而开元报陷，乃兼程趋至广宁。先是全辽军需仰给海运，莱津岁运二十万卸三锟牛地，距辽六百余里，水陆烦费。原善冒雪行至海上，经画以登莱、海盖两道，累年会议不决者，定泊盖套，岁节费数千金，不匝月而完粮二十二万。丁母艰归。累荐不起，卒。原善生平孝友，性豪爽，有远略，周人之急，有如其身。所著诗文八卷，奏疏二卷，尺牍四卷，六壬指掌二卷。仲兄原性，廪生，有学行，喜奖拔后进。千里之内负笈从游者甚众。庚午守榛子镇，不屈死。长兄原道，弟原德，并以文学称。早世子广业、弘业。

陈王庭 字心龙，卢龙卫人，登万历丁未进士，历太仆寺卿。宽厚清谨。天启中，矢贞不附魏珰。先尝巡按辽东，得将士心。辽失收养，全活甚多。庚午城陷，王庭服堇几死，复苏为黄冠。后大帅如祖大寿、张存仁辈皆伏拜床下，报德恐后。事平，论者议其不死，逮狱绝粒而殒。耿耿之忠，堪质神明，论之者亦刻矣。

詹 廷 字忠卿，号绍山。尚书荣之孙。由诸生补荫，筮南通政幕。以吏才著，升顺天别驾。廉能有声，升南比部主事迁本部郎中，升广南太守。时奢酋叛，滇南一带摇动。廷赴任被围，贼胁降，至再誓以全家殉。贼揣廷志不夺，稍纵。阅月得乘间出，遂达省，备陈贼形及守御之策，捐俸以助军需。二载多善政，除蠹爱民，宽猛适济。奏最之日，舆疾归。广南士民争负土祠祀。

张 诗 字子言，别号昆仑山人。卢龙卫民李氏子。十岁避金丁，随父母逃京师。衡州同知张公抱以为子。张殁后，访卢龙，得诸从兄弟，哭诸祖父墓。衡州卒乏嗣，仍子之。学文于吕泾野，学诗于何大复，遍游天下名胜，仍旋京师。所居种竹，风雪飘萧，饶有佳致。诗状貌巉岩须髯如戟，时以燕山豪士称之。所著有《骂鬼》《诘发》《笑琳七子》等文，曼衍奇谲，草行狂放。李中麓戏云："君书揭壁，不独警人，亦可驱鬼也。"岳氏《雨华编》以昆仑为首，诗文多不载。

张联奎 字炜含，滦州人。万历己酉举人。除彰德司理，有张佛之颂。以直忤，左迁秦臬，幕署商州，辑流亡，多善政。寻复理临洮，阅河西五镇，活杨弁，辇累百口。临巩帅，以暮金三百饷，却之。再馈珠廉，庭责其役而挥去曰："奈何浼我"。邀覃恩赠父如其官。以边才擢庆阳郡守，流贼寇城，单骑谕祸福，辄解散。因积劳谢病归，侨寓邢台。时给谏冯公可宾及，台中交荐不赴。邢破，配田氏不屈，遂遇害。奎困顿旋里，环堵萧然。衔杯啸歌，晏如也。年六十有九，无疾卒。遗橐钱不满百，士论贤之。

石维岳 字五峰，滦州人。登万历庚戌进士。筮中牟令，以坦直，拂相国，谪河东盐运司知事。相国卒，事乃白，擢推官，升刑部主事，历郎中。时魏珰焰烈，夺戚畹、李承恩园，置之狱。法司希魏意拟辟。岳抗言曰："杀人媚人，当何律？"卒以园归。李出守怀庆，建告帝堂，凡昼行事录卷焚之。韩昌黎裔有在怀者式微，访得之，复其业。为建祠，置奉祀生。既而，珰祠遍天下。怀人以请，岳曰："俟我去，若辈自为之。"以故，珰败，怀独无逆祠。迁长沙副使。岷王妃奏王被弑，状下两台讯。岳廉实如妃言，请治逆状。奸阉倾宫金贿当事开豁，上遣都尉大臣始鞠实，逮抚按以下十九人，事具后妃卷甚悉。崔呈秀为魏珰义子，岳以妃事触怒，且群小嫉之，因媒孽戍蓟州。妃特疏昭雪，岳终不自明。年七十余卒。

郭　巩 字德固，号金溪，迁安人。登万历癸丑进士。性刚介，甘澹泊。筮仕行人，考选给事中。凡封疆大事，劾奸斥佞，不避权贵，侃侃直陈。值魏珰用事，告归，杜门谢客。屡起太仆太常、兵部左右侍郎，凡七召，俱以病固辞。疏云："臣之病不在四肢，而在腹心。"微词规讽，忠爱弥笃。居乡雍睦，即野老村夫，莫不敬而怀之。

刘廷宣 字化卿，号方壶，晚号木庵，山海卫人。登万历癸丑进士。丰神清颖，廉直谨饬。筮仕仪封，励学校，恤鳏寡，课农桑，劝孝弟。河汜，瀹治之，获名田几万亩，民赖以苏。征赋绝耗羡，讼俱自拘，不判赎，设保甲法，萑苻克靖，革一切无名科派，省民锱不下巨万。擢浙江道御史，弹章不避中贵。劾魏忠贤蛊国十四款，章由通政霍惟华与有年谊对使焚，云："何为起此大衅！"廷宣不先杨左而摧虎喙者几希耳。巡按陕西，未复命，转为大理丞，假归，未半载，寻因母老请终养，以大理寺少卿归。甲戌六月，病卒。

程蓄德 卢龙人。刚正有执持，以明经为嵩县训导，转藁城教谕，不责赘仪，士敬惮之。

刘景周 字宪之，卢龙人，邑庠生。有孝行，性沉静，博研今古，手著《易义心解》三卷。并编族谱家训，刻俭约说数千言。

白景魁 字复古，号雪轩，滦州人。由明经任临县令，出供具学宫，月再课士，岁以为常。催科不扰，讼狱者理而遣之，不责赎锾。时税桑田，助耕敛。以不善俯仰，中忌调简，遂拂衣归，与同志论文。以寿终。

王调元 字燮伯，号和阳，抚宁人。少孤，奉母王氏至孝。年十七，为诸生，尝读书僧舍，杂钟鱼梵呗间，二十年如一日。万历戊午，举乡荐，谒台使刘公胪。母守节抚孤，状疏奏奉旌。因母老，仕嵩县谕，仿胡安定教士法，与诸生相切劘。有势家仆辱士，元不畏强御，力培士气，升临朐令。时流寇犯河南，朝议以修城垣、练乡勇为守令殿最。朐城故版筑，地高无水，廛闬鳞次，附女墙而居者千余家。令下之日，元曰："贼远在二千里外，先使吾民妇子，露处失业，是人心先自解也。"值宪司单骑来视，高墉屹屹守御之，具纤悉毕备，深叹其言为是，调知滕县。先是妖贼徐鸿儒之乱，滕人死者无算，又地邻曹濮，多推埋探丸之盗。元令严法治，有犯必诛，于是奸盗屏息，境内肃然。亡何，以戆直罢归。家居三十年，未尝一履公庭。故人在铨部，招之不往。又属台使起之，坚以疾辞。生平重然诺，不以生死盛衰变易。年八十有五卒。少宰石公申仪部，佘公一元表志其墓。

李国梁 山海卫指挥。体貌丰伟，膂力绝伦。从杜将军松浑河大战，没于阵。以功加升都指挥佥事。

高如嵩 东胜卫千户。万历中，任石门路千总。时泰宁寇花场峪，佯令数骑诱战。主将轻出，敌伏起，一军覆没，将窜山巅林莽间。嵩奋杀出围力斗，出入阵中者三，敌攒射落马，剖其心而死。事闻，赠加二级，世袭指挥同知。

冯运泰 字六符，斗华长子。万历已未进士。弱冠登贤书声誉藉甚。事继母以孝闻。尤笃友爱。令堂邑、聊城，以和静岂弟为治，恤民造士，两邑争尸祝之。升工部郎，监修三殿，综核勤密，省帑金数万两。叙功擢太仆卿。假归省视，以违限夺官。未究大用，时论惜之。

陈三纬 字泰华，滦州人。以明经，除修武丞。精毅廉洁，弗染习污。迁镇原令。汉史高平第一垒也，荒敝特甚，抚恤疮痍，捐俸薪代完逋赋。请告归里，解囊助城工，行谊咸推长者。

杨有成 抚宁庠生。八岁丧父，已知哀毁。及母有疾，汤药亲奉，卒之日，浆水不忍入口。及葬，庐墓侧，茹蔬啜粥，负土筑坟，日三哭奠，历寒暑不辍，即边警亦不少动。旧有枯松复活，禽鸟栖巢于上相依。人皆谓纯孝所致。

袁　卉 抚宁人。素敦孝行，母早逝。及父殁，庐于墓侧三年，蛇驯蓐次，地忽涌泉，足征孝感。

崔赴闱 字名胪，卢龙庠生。博学，善属文，小试屡冠军。以躯干丰伟，号舍不能容，遂绝意仕进。性好周恤，尤爱惜文士。族孙及第家贫力学，赴闱阅其文，许必售。天启甲子录科，得路费八金，及第利为卒岁计欲不往。赴闱力劝之，更予八金，且予黍二石，曰："速酿酒以宴贺客。"果登乡荐。乙丑，捷南宫，兄之孙启亨，少孤，收养之，为择师教训，是岁亦列贤书。迁安郭巩贫甚，衣履弗完，延之家，给衣食，且授以成弘正法，巩遂早捷，由给谏晋少司马。尝予告归，来谒留之饭，粗粝不异昔时。巩欢然语人曰："吾师以古人待我矣。因乏嗣子，弟之子然弗材。是时年已古稀，又病足痿，巩肩舆逆致其家。察精神犹健，劝纳继室，笑曰："世岂有七十翁婿人者乎。"不许，然巩已密聘王氏室女。至期大惊，辞之不能，遂合卺焉。生子巍。及卒，时巍甫六岁。

崔启亨 字建初，卢龙人。少孤，抚于族祖。赴闱，家膺恩贡入成均，与金正希友善。天启甲子，同举于乡。庚午，大清兵入郡城，时太宗皇帝延揽贤才，闻启亨名，大索获之，授滦州牧。启亨坚辞求死，太宗不杀，罚以乳酒十巨觥。启亨性不善饮，至是连举而尽之，醉几死。次日，披剃以逃，后不知所终。

伦之楷 字百式，滦州人。天启丁卯举人，夙负经济，有应变才。知荥颍，时值大盗号一条龙者垂颐颍邑，纠众围城年余，百计攻击，楷应有余力，乘夜晦出奇兵，尽歼其丑。叙功以卓异召对平台，擢御史，奉命巡漕，擒大蠹，以清漕政，须发为白。劾逃帅懦抚，论陈启新，以上书幸得给谏，直声震殿陛。以丁艰归，台使屡荐不起。

张汝贤 字景宣，滦州人。天启丁卯举人，仕定陶令。清廉爱民，事至立断。时群贼蜂起，贤不动声色，密计招诱，得通巢穴，擒获渠魁李之茂等，四境肃清。擢巩昌郡丞，值流寇攻城，画战守奇策，懋著军功。且赈饥掩骼，惠政累累。升临洮知府，迁庄浪道，以劳瘁乞休归里。年七十二卒，祀乡贤。

郑　乡 字省吾，滦州人。由贡筮仕河南府判。清慎自持，有悬鱼酌水之风。衙斋闯寂，与名彦弹琴赋诗。抗疏归里，力辞聘征。著《省吾诗文集》。

翟凌云 字昆瀛，抚宁人。由明经授肥城令。不畏权势，除巨奸大蠹。擢兖州同知，浚河有功，省帑银四十万，为共事者所忌，罢归林下。三十余年，阖门养重，称乡望焉。

龙呈图 昌黎人。积学富文，天资和厚。由明经任邓州佐，升山东都司经历，廉静有声，解组归。崇祯庚午，捐资鼓众，登城守御，以功加四品服，授中宪大夫。

穆大任 山海庠生。至性纯笃，父早逝，事母以孝闻。母殁躬庐墓侧。值兵变，乡人居村落者皆入城避乱，大任独守墓不忍去。

郑中选　字佐明。始祖甫智，以御史直谏谪滦州，因著籍焉。天性纯孝，不冠帻弗敢见父母。遭丧哀毁尽礼。以孝谊征辟，迁文登令。清介自矢，士民绘屏尸祝。失上官意，罢归居乡，力行善事，至今称之。

蒋　盛　韩　瑛　杨　腾　俱迁安庠生，各以庐墓奉旌。

张廷佐　迁安庠生。性至孝，父疾不解衣带者五旬余。又失明，佐祷神以舌舐之愈。及殁，夜依枢侧，风雨不避。奉母终身，孝养弥至。

孙国贤　抚宁人，以庐墓奉旌。

边万里　山海卫百户。以都司管中军事。崇祯己巳入卫京师，行至蓟州五里桥，敌兵掩至，据桥大战，自未至酉，身被重围，力战死。

高应辰　字钦明，尚书第仲子。不敢以贵介忤物，读书莫测其蕴。以官生任户部照磨，督犒援兵城下，椎牛刲羊，干糇刍茭一手拮据，劳瘁骨立。值父丧痛躄，奔赴逮葬，呕血数升，三月而卒，乡里哀之。

焦庆延　卢龙卫人。由世胄任居庸参将。操守廉介，居官尝买田自给。事母极尽子道。兵备道张公春恒称之曰："武将若庆延，何愁不得将士心耶。"历任三屯副总兵，称廉孝将军。庚午间，住战死陴间，赠光禄大夫，骠骑将军，敕祀武庙表忠祠。

廖汝钦　字寅所，中书舍人。杨尔俊　汝宁通判。陈靖华　东胜卫指挥。张国翰　东胜左卫指挥佥事。以及城守中军房应祥，忠武营千总牛星耀、仇耀光，城守千总卜小峰、梁壮威、胡承祚、张学闵、石可玩，生员韩原洞、冯继京，弟联京、周祚新、罗世杰并弟峻、采、圻，胡登龙并子光奎，田种玉，子福元侄士隽、李光春、丁应抡、李文灿、胡起鸿、刘可廷，武生张鸿鸾、医官陆桔，郡民李应阳、张俊、郭重光、张宗仁、张礼、李大敬、张尚义、傅守望，俱庚午死难。详载《卢龙县志》。敕祀表忠祠。

吕鸣云　山海卫人。孝廉鸣夏之弟。武健材勇，以守备为扬武营中军。庚午守郡城战死，追赠游击将军。

杨开泰　山海卫百户。郡城失守，泰以本路把总率兵侦探，至榆关西，遇敌对射，死之。

杨廷栋　山海卫百户。少以勇力称，扬武营千总。郡城破，奋击死之。

张汝恭　滦州廪生。庚午州城陷，死难。祀表忠祠。

高应见　迁安人。庚午兵变，饮毒而死。督抚汇题旌表。

蔡国勋　山海卫千户。率兵恢复遵化，侦探遇敌，奋勇直前，战殁于阵。阁部孙承宗题恤，赠指挥佥事。

严大宽　山海卫千户。从总兵赵率教应援遵化，中途遇敌，众溃，大宽力战不退死之。

周昌会、李崇乐、张三、张守霜、刘极、杨狗子、郑应秋、丘小月、洪保儿、马九哥、孟之奎、张福儿、孙鸣海、于守道、赵世祥、高声骏、卜云吉、郭来贵、张友贵、钟五儿、翟三、龚自学、李蕃枝、单应武、朱可昌、梁民乐、于守通、梁世文、王六儿、刘君福、孙三、孙来哥、王国臣、李思谦、张六指、郭得哥、于大才、王六、周德纯、齐福　拽梯郎君失其姓名，并昌黎人。崇祯庚午，守城死事，俱有祠，今圮。巡抚杨嗣昌檄县略云："本院经过昌黎，见一城斗大，前被重围，乡绅士民抗节坚守，卒挫并攻之锐，竟成不拔之功。凭轼低徊，肃然起敬。闻其时守垛乡兵有力战而死者，骨虽朽矣，生气不磨，可令泯泯无闻，不为来者劝乎！令刊石竖碑，有司春秋蜡祭，为之位而祝以辞，俾万世而下，知其为国殇也。详载《昌黎县志》。

万人杰　昌黎人。孝谨端方，为诸生，即以廉节自饬。庚午之役，煮粥赈济，输金供费昼夜御守，不避矢石。由明经，任祁州训。值大兵攻祁，杰率众力守，卒获保全。以性不善阿，当道忌之，故功不及录。祁之士民至今颂其德焉，祀府庠。

杨呈芳　字桂林，山海卫人。由明经授鲁山令。居官平易，时土寇蜂起，与衙胥结通。芳知事不克济，冠带坐堂上，贼环侍不忍加害，出入数次始戕之。为具棺，殓后，其弟往收其尸。经年启视，面貌如生。事闻，赠汝州知州。

栾东龙　字云从，山海卫人。由明经三任广文。所在教法严整，人钦模范。升平阳郡丞。致政归，俭素自守。时以方正长者称之。

徐应登　字子科，抚宁人。敦行孝友，不昧孤侄遗金，乡党推重。以明经授真定广文。教人先德行而后文艺，弟子佩服不喧。

萧奇栋　号擎元，抚宁人。由恩贡任蒲令。时流寇猖獗，民不聊生，栋多方抚循，悉备战守之具，百姓恃以安辑，一时戴之。寻升南阳府同知，卒于官。

王之葵　抚宁人。由明经任徐州判。智明胆决，不肯阿徇。当流寇之乱，州牧自焚，葵亦坚求自尽，士民力救得免。以徐水陆要冲，宪司勉以代篆，视事三载，抚恤疮痍，安辑流离，民得复业，一时赖之。

冯运隆　字翊明，滦州人。由明经任河间训。壬午冬，流寇至，隆守陴力战，城陷，不屈死。

王际明　抚宁人，秉性刚直，言行不苟。由明经任清河学博，升沔县令。未半月，遭防兵通寇夜袭破城，士民惊散。明执铁锏，率家僮对敌，贼多有中伤者。明为乱矢所困，犹血战不屈，贼惧乃却。寻复挟忿纠党严攻，七月不下，积劳成疾，告休还里。路经临清之变，誓不幸生，登楼自焚，山左抚按以临难不苟，于逆旅交章入告，部覆方下，闯贼陷京，未沾恤典，人至今痛之。

王之心　字鉴吾，滦州人。司礼监太监。博学精翰墨。监督蓟永，力杜馈遗，免文吏庭谒。崇祯甲申，都城陷，心同御马监太监王承恩，侍帝缢于煤山，一时称两中贵殉义。心弟之仁，任苏州总兵，洪光元年，率所部入海，见事不成，复登岸诣督师洪公请死曰："某海中自裁，人未我知，特来求明白死耳。"从容就刑，可谓兄弟合节矣。

程继贤　号敬庵，山海卫人。由贡监，初授中书舍人，历尚宝司卿，封朝议大夫。贤事亲不逮诸兄。父百岁，具奏建坊。完兄产，抚兄子，时以孝弟称。且敦笃友谊，生死不渝。请除催头之弊，功在梓里。年逾七旬，居乡廉抑。甲申，守官都门，不臣逆闯，捶几死。侨寓天津，土寇忽起，贤独不屈，竟遇害。国朝顺治庚子，本卫士民公请入祀乡贤。

‖卷之二十‖

莱　阳　　宋　琬遗次
府学训导　徐　香参订
萧　　山　　张朝琮续纂
卢龙教谕　胡仁济校辑

人　物 后

韩昌黎曰："莫为之前，虽美弗彰；莫为之后，虽盛弗传。"是知后贤之递起，不特关一代之景运，实前哲之相映而愈辉者也。国朝定鼎六十八载，积累既深，文明丕著，故人才之挺生于北平者，从龙昭夹辅之勋，拥节竖股肱之绩。或作干城，或称父母，或德行文章，可以维风而华国休哉！何才之隆欤！余职忝刺史，愧不与诸君子列，而复不能道扬徽烈，以为邦国光，是益之愆也。故始之以见闻，继之以搜罗，终之以考订，后人披览之余，知圣世英奇，追踪胜国，兴朝闻望，媲美汉唐，炳炳蔚蔚，亦足以光前哲，昭来兹矣。顾豪杰之生，际时弥盛，倘克自振兴，接踵而起，此继辑者之深幸，又余所拭目而俟之者矣。

［国朝］

孟乔芳　字心亭，永平人，以世胄从世祖定鼎燕都，简任川陕总督，三辅以外，实惟凭藉。时叛寇贺珍连贼数万，围攻西安，声势震撼，公亲御敌楼，镇静无哗，城中市沽不变，若不知有贼者。遣总兵陈德军西门，任珍军北门，突冲贼营，斩其骁猿。复会援兵，合力追击，直抵永寿，斩首万计。公身不解甲目不交睫者七昼夜，未尝言瘁。嗣有河西回犷之乱，兵号百万。朝议将发大师，公疏请以身任督标将，星驰秦州，密授总兵马宁、张勇等奇策，以精骑五百，夜捣贼营，悉惊溃，遂解巩昌之围，并恢复五凉、甘肃，擒斩米喇印、丁国栋等，而河西遂平。山西姜瓖余氛势逼太华，公奉命疾驰，移兵朝邑，声扬航河，阴令总兵赵光瑞，就潼关飞渡，一战复蒲版，再战破陆村，三战平芮绛，逆魁授首，余党出降，太行以西华岳以东，莫不怀德投诚。会宁夏告警，公计连间谍，诛擒枭孽，而兴安之衅永消，从此崤、函高枕无忧矣。总公雄才伟略，气度宽和，且能随材任使，宥过赏功，故士皆乐用，所向克敌。凡属吏将校及绅士、编氓，莫不畏威戴德。顺治十一年，卒于官。敕赐祭葬，赠太保，谥忠毅。入祀乡贤，子，熊弼袭世职。

蔡士英 字伯彦，号魁吾，袭锦州左屯卫千户。明天启二年，改入永平卫。顺治元年，从英王征李自成。三年，从经济王收福建。四年，升都察院左佥都御史，寻升左副都御史。六年征姜瓖，克汾州，下潞安，所向建功，秋毫无犯。九年升兵部右侍郎，巡抚江西，时当大乱之后，重以灾荒，公私赤立，公至，请免积道二百余万。瑞州府自明初奸民黎伯安，袁州府自伪将欧祥投册浮开民粮，久为二郡累，且三百年来户口日耗。公考求前元故额，反覆陈请，得减浮粮二十余万石，为二郡永利。初下车，值剿叛用兵，库无匝月之饷，廉知州县解银苦藩司胥役勒索，令解役赴院挂号设长牌，差押司吏即日兑收。有勒索者，立杖毙三人。于是，解者云集，兵得宿饱。先，公未至，拨江南银十七万协济犹时告匮，公受事未二载，解部银四十余万，完漕米五十七万八千有奇，遂停协济。乃分遣将领，擒斩土寇刘京、李文，苻、烈、蘧、颍等各郡底定招流民开荒地二万余顷，买牛筑室，亲行区画，且请开山采木，江西之民赖以安业。复修白鹿洞及白鹭、鹅湖书院，澹台祠、滕王阁、荐福寺碑，百废具举，士风骎骎振起。当大兵克南昌，废绅旧族，波累叛党，公察其无罪，尽释之。其在山泽者，以文檄谕之，皆出为平民。十一年冬，升兵部左侍郎，总督漕运、兼巡抚凤阳等郡，于次年二月下旬抵淮时，重运未来，回空尚阻，公雇民舟通融接济，凡五阅月，毕达京仓。在淮二载，减兑耗、核盗折，正身率属，东南依公为命。以疾乞休归。十六年，海氛内讧，瓜仪失守，复起公前任。时江北大水，流民载道，公捐俸设法散米赈粥，全活数十万人，复请蠲淮、凤、徐、扬四郡银三万余两，米麦二千五百余石。期年之间，岁稔民和，又请复旧制，分设巡抚驻泰州，而公专督漕务，寻升兵部尚书。十八年冬，再乞休归。公以至诚感孚，特受简注，故所上无不朝奏夕可。抵淮之初，尝以长运滋弊，欲仿唐人转运法，分达淮上、济宁、德州三仓，转递贮漕，尽去长运弁丁，归之官收、官运，使江船不逾淮，淮船不逾济，济船不逾德，德船直抵京仓，为国家无穷利。虽事未果行，其訏谟实可垂后。康熙十三年卒于京。敕赐祭葬，谥襄敏，勒碑入祀乡贤。四十四年，皇上巡视淮黄，追念公挽输劳绩，迄今颂满河干，特书"奏绩东南"匾额以赐。子四：长，毓贵，早世；次，毓荣，云贵总督，加绥远将军；次，毓华，遵义知府；季，毓茂，京口副都统；毓秀，其犹子也，亦以公荫任永宁知州。孙十四：贵子，玮，原任庆阳知府；荣子，琳，原任内廷职事，食主事俸；珣，原任海盐知县；玑、璁，瑄、璠、璨、瓒未仕。华子，珍，举人，原任监察御史；琦，候补按察使；茂子，瑜、良，俱膺世袭，湘未仕。

杨文魁　号近楼，永平卫人。国初以副将从征宣力，屡立战功，擢工部左侍郎。凡条议时务，精练豁达。前奉差监修奉天诸陵寝、楼橹、桥梁暨寺塔、大炮诸工，俱先劳鼓舞，劳绩懋著。

刘良臣　字心伯，永平卫世袭，以军功授游击。剿平流寇，历升甘肃总兵，挂平羌将军印。卒于阵，赠右都督，进光禄大夫。子，泽洪，总兵袭荫。

崔尚朴　卢龙庠生。被俘至辽，改姓名李嘉宾，应试复入庠。国初授新蔡尹。清廉慈爱，邑人尸祝，升南康郡守。遇金王之变，鸠众坚守，城守守备内叛，遂被执，骂贼求死不得，偕配吴氏，投环死。事定，议赠荫，惜无子。

吕鸣夏　字九三，山海卫人。明万历乙卯举人。天性孝友。弟，鸣云殁于王事，遗孤幼呱，抚训成立，婚娶游庠，舆论重之。初仕清丰，谕补束鹿，训课有方，升真定郡丞，分驻宣镇，以抗直取忤，挂冠归里。明末贼逼关门时，公家居，佐义歼寇录功，补卫辉郡守。时天下初定，抚安百姓，政绩称最，擢金宪，备兵固原。值降将武大定等谋叛，以兵胁，公不少屈，历数其罪，骂不绝口，遂遇害。事闻，敕赐祭葬，赠光禄卿。荫入祀乡贤。

吕鸣章 字太吕，山海世胄。尝遵父命，让爵与弟。顺母心，让产与弟，以官荫予侄，又为亡侄立嗣，其孝友如此。以明经筮许州判官。当事重其才，任以抚寇，深入垒巢，能不辱命。比旋，寇叛，躬率家丁巷战，力保危城，百姓尸祝之。寻迁京秩，以内艰归，甲申革命，佐举义旅，大战石河，努力歼寇。录功补户曹郎，历陕西道参议。以忤过客，致政归家，居二十年，问耕课读，清素自甘。子燦如，由贡历黄陂宰。

曹时敏 字捷音，山海库廪生。顺治元年录功授乡宁令，改补灵璧。性倜傥，多才艺，长才卓识，藻鉴超人。

穆齐英 字羽宸，山海卫人。由贡监，顺治元年授商城县丞。以子贵，封奉政大夫。生平敦义让，重然诺，望乡邦。子三，长，尔谟，登丁亥进士，历莱郡守。

冯祥聘 山海卫人。顺治元年，录功授齐河令，升长沙郡丞。事孀母，曲承养，志教及门，善诱成材。参赞宣劳，循良著绩。齐河建有专祠。

卜昌运 字泰寰，东胜卫人，文行卓荦。丰润董氏延为师，彼族恶少获罪，董夜持金乞援，公力却解之。董御仆严，一奴负愆惧责，以锉刀自断其首。奴家讼金吾，戚友皆避去，公走京师，力为昭雪。友人韩鼎业，遭家难，渔利者启衅不已，公挽鼎业，哭韩氏家庙中，曰："吾不意子豪杰自命，竟尔尔耶。"韩惭谢，兄弟和好如初。顺治二年，贡除南宫训，迁东光谕。群盗猝犯城，公率家僮登陴奋呼，隶卒驳击渠魁，城赖以全。擢知江都县，卒于官。

马维熙 字天御，山海卫人。由拔贡，顺治三年，录功授忻州同知，署偏关西粮厅篆。值姜瓖之变，山右一带摇动。偏关阖城皆从逆，公独不屈，乃围公别所，遣人守伺，久之守义愈坚，遂加害。事闻，赠忻州知州。

刘光裕 号小峰，迁安人。居乡乐施尚义，慈爱谦恭。抚孤侄，嫁族女，助丧赈饥，盛德积累，乡人号之曰刘佛。以子鸿儒贵，赠兵部右侍郎，入祀乡贤。

刘鸿儒 字鲁一，号澹逸，迁安人。登顺治丙戌进士。初授兵科给事中。时当改革，吏胥为奸，赋无定额，公首疏请颁赋制以苏民困，略云：臣迁安人也，目击迁安正供之外派扰滋甚，推之一县如此，则一郡可知，一郡如此，则合省可知，合省如此，则天下可知。于是，罪责郡县，苛政乃除，里民至今德之。寻迁户科，疏论三事：不应圈占民地为禁旅庄田，不应抑勒平民为投充人户，又逃人之禁太严，窝主坐以大辟，宜减从轻，皆同列所不敢言者。咸危公，公不为动，赖诸大臣救免，疏得留中。旋以纠巨鹿县某谪上林苑蕃育署署丞。以忧归。已而诏三事悉如公疏，特旨以原官起补兵科，益感激图报。简无虚白，迁户科都给事中。疏陈京东盐法，语尤切直，同列者复危之，公意气自若。升顺天府丞、左通政、太常卿通政使，历兵部右侍郎、户部左右侍郎，擢都察院左都御史。密疏请免江南逋赋及疏论封疆大臣不宜拘以文法，为给事中成性所劾，部议镌二级调用。遂拂衣归里，杖履优游，日往来于黄台三岭间。晚年益好吟咏，工书法，复究心濂、洛、关、闽之旨，生平不屑治生，禄赐之余周及宗党。显要三十年，惟图书自娱，萧然寒素，卒年八十有一。所著有《四留堂集》行世。

石　申 字仲生，滦州人，明副使维岳公子。登顺治丙戌进士，选庶吉士，馆试屡膺第一。视学江南，搜拔孤寒，所取士多抡大魁。历迁学士、经筵，久资启沃。擢吏部左侍郎，矢公无欲，门绝苞苴，以抗中忌夺职。后事定，起补刑部左侍郎。上《慎刑疏》，天下传诵。丁继母艰，服阕补户部左侍郎，总督仓场。旧例厨馔交际，取资斗级，衙侩藉恣吞啖，公一切罢去，综核无遗，厘清夙弊。值慈母讣闻归里，婴疾而卒。敕赐祭葬。

李成性 迁安人。登顺治丙戌进士，任新城令。抚绥残邑，克著循声。未几乞休归隐。居山庄读书，嗜古，耄年弗倦。乡人推为理学先型。

萧奇楫 抚宁人。总戎萧升孙，任临清参将。居官数载，持身冰蘖，林居食贫，无所干谒，乡党重之。

崔联芳 字子宗，山海卫人。父出游五年不归，顺治丙戌应顺天乡试，榜未发，闻父凶信，不知死所，日夜号哭，几不欲生。比揭晓，已膺乡荐。不顾，历四省寻尸，若有神示，于河南确山县得之。负骨归葬。咸称为诚孝所感，两经部选，高隐不仕。年八十三卒。

刘克孔 字扶宇，山海卫人。由拔贡，顺治三年授平度州佐，迁温州通判，历六安知州，潞安同知。所在有治声，去后咸歌思不忘。康熙初，升汾州知府。爱民礼士，听断如神，治汾十年，考绩称最。晋三品秩。

余一元 字占一，号潜沧，山海卫人。登顺治丁亥进士。初授刑部主事，迁礼部，历仪制司正郎。冰蘖矢操，端方谨伤，时以清正称，加从四品。告疾还里，闭户著书，屡征不起。立社讲学，启迪后进，从不干谒有司。若事关学校及地方兴除大务，必力为救正，远近倚为师表。所著有《潜沧文集》八卷，重修《山海关志》。

胡来相 号玉衡，永平人。事亲孝谨，居恒言动每以古人自期。顺治四年，筮仕元城令。时萑苻未息，大河以北骚然煽动，天雄为畿省要地，公矜抚流亡，人心赖以宁固。且开谕恩信，贼相继降附。以卓异，擢山西道监察御史，有謇谔声。巡按湖南，首以除盗为己任，区画战守，动中机宜，寻掌河南道，升太常寺少卿。卒于官，子三祝，历河南道御史。

管声扬 字鸣銮，号龙岗，明崇祯己卯举人。国初，任常州水利通判。操守清廉，职务勤慎，厘整盐法，清理粮务，筑堤浚塘，大兴水利。丁内艰，服阕，三院交章题荐，以疾辞，士论高之。子，巩祚，邑庠生，谨厚尚义。孙三：伯季俱庠生，仲名标，康熙丙子举人。

高显辰 字钦思，滦州人。顺治戊子举人，授德安令，擢补南宁郡丞，升云南守。时吴藩赫奕麾下虐民，辄移文该管讽刺之。或途值，即面叱其非，上官同僚每劝勿撄其怒，应曰："吾辈天子之吏，何可诡随异姓王之帐下儿耶。"卒以是得祸。当吴逆之变也，逼司府入欲授伪职，公抗词懃拒，几毙杖下，遂放于北洱，自此绝音耗。后有自逆中归正者，言当放时，公配戈氏已自经，赖同官某收殓之。又传公于己午间病卒，亦其人合殓。二子不禄，仅二女，其次适滇臬李公兴元子毓秀，随公滇任。李同时授祸，更惨其家，亦不可问矣。

崔维嵊 字岚峰，明甲子举人。启亨公子。年十四，被俘至辽。太宗简视俘获，知为启亨子，曰："是求死不作知州人子乎，勉事吾，勿辱汝父也。"顺治五年，以贡授清丰令。时畿辅盗贼未靖，躬率亲属战捕歼渠魁，释胁从，丰邑遂安。升兴安知州，招集逃亡，贷粟劝垦。期年，民用辑宁。因防兵扰民，公执法绳之，与守将忤，竟镌级归，遂绝意仕进。在廷故旧招之不往。晚年，庐于漆西先茔者九年，鹑衣粝食，惟一蠢仆佣日以给。每晨起哭拜母墓，手掬土培冢，植木四周。子廷瑜，中康熙癸卯举人，任全州刺史。解组归，迎养玉田，坚不允，所奉悉挥却之。后廷瑜浼郡守梁公世勋怂劝就养。因属卢令访之，见癯然老叟，问："此有庐墓崔太翁否？"公对曰："身即崔姓，念少失父母，耄年无所为，故待死故丘，欲附葬墓旁耳。庐墓之名曷敢当。"令为感动，因坐土室接谈移暑，见其语语至性，竟不能致意而归。年八十有六卒。

房星烨 字朏如，永平人。顺治五年，贡授睢州牧。兴利除害，不畏权势。升漳州知府，耆民争相肩舆，泣送数十里。其治漳设堤防，严城守，闽南倚为保障。

张钟英 号瑞峰。其先辽东义州卫人，以父玳于天启时司谕卢庠，遂家永平。公由顺治五年贡，筮定陶令。甫下车，土贼纠众围城，公率众堵剿，射中贼渠，余党悉平。于是，除荒芜，招流离，重宾兴，复乡饮，治行称最。升黄河同知，去陶日，士民镌石德之。癸巳，河溢堤决，石香炉、富家集南北一带，居民漂溺。公住守河干，多方修筑。节物力，恤夫役，民之居者、役者，胥赖安全。升福州知府，以修河积劳未任致仕。

赵映斗 迁安人。登顺治己丑进士，任吴堡令。邑残民贫，加意抚绥，不事纷扰，因挂误镌级，事白补马邑，廉能有声。

翟凤翥 字仪轩，卢龙人。少孤力学，素履端方。燕居虽盛暑必冠，以明经司训平山。见学宫倾圮，竭力倡修。年七十余，予告归，犹披览经史弗辍。子二：长俊，次任，俱庠生。任幼失恃事继母，以孝闻。父丧哀毁尽礼，生平盛德尚义，咸以长厚称，孙，正经，康熙癸酉举人。

张星煌 字斗辉，卢龙人。由拔贡以通判改授襄阳卫经历，代篆宜安及均州事。治政明决，督抚漕三院荐最，升东昌同知。冰蘖矢操，代州事诖误回里，与同志讲学问字，食贫不怨，温良之度，人乐近焉。

崔 巍 字岳生，号坦庵，卢龙人。幼孤，崇祯庚午，郡城陷，母王氏度不能免，亦自经。依兄嫂避难，兄嫂利其产，百计死之，赖母叔王如梅密收养之。王业农，弗令就学。年逾冠，里胥欲派以仓役，公耻之，遂发愤力学，入迁安庠。后益自攻苦，遍涉经史。茧足走京师，受春秋于归安尹平之先生。领顺治丁酉乡荐，就武邑谕。修学舍，课生徒，铎声丕振。公留心理学，议论一宗紫阳。时讲学者，多排诋阳明，公曰："致知之学，孔孟真宗，且阳明先生直谏勤王，功在社稷，真以身讲学者。若随俗，以异端斥之，不但得罪阳明，亦紫阳所不许也。"壬子夏，遇容城孙夫子高第弟子魏莲陆，相与议论。知孙夫子之学，欲用朱以救王学之虚，用王以疏朱学之实，总期于深造自得，遂遥为纳贽。期秋尽，率门弟子游百泉，面相质证。忽遭疾，卒年四十八。子三：长璠，拔贡；次玙，庠廪生；季璨，翰林院庶吉士。

房星焕 字皓如，永平人。由筹海功，顺治十五年授南康通判。壤接湖山，萑苻时发。公下车，即捐俸修理城濠，设炮炮，立旗帜，盗迹远遁。以才能，调兖州泇河通判。修举废坠，百姓勒石纪德。寻升武德道副使，卒于官。

张师圣 迁安人。读书善骑射，以将才任金吾守备。升靖海参将。简练军士，整饬防汛，数年海上肃清。顺治中，升山东登州副总兵，未离任，海寇旋发，督抚令将兵进讨，没于阵，诏荫恤。

汪淑问 字清公，号迈陶，东胜卫人。幼失怙恃，事祖父母，孝谨承志，尝履险曲全叔事，以妥祖心。登顺治己亥进士，筮犍为令。邑当草创，居民仅六七家，公竭虑抚绥，增井安民，著有实效。未几以挂误解组，士民拥马首，号哭失声。生平笃交谊，宦蜀时，贫苦不能自存，犹解俸以急友难。客武昌幕，力赞开死罪存留养亲之例，迄今永著。为令山左，郡县感公默全之德，多尸祝之。居乡谦厚古道，为一郡典型者垂五十年。数举乡宾，所著诗文集若干卷藏于家。寿八十有五卒。子三：长，与临；次，与贲，俱庠廪生。季，与恒，康熙庚辰科进士。

王　简 字咸一，号莘云，抚宁人，由恩贡任庄浪令。服官清正，绰有能声。退归林下，澹泊安常，志期超卓，时皆钦重之。

冯泰运 字羲轩，抚宁人。由贡士任溧水令。吏治精敏。尝捐赀二百余金，助修抚宁学宫及制铜冶祭器二百余件，以光春秋祀典。

朱尔怡 字昆和，明己丑进士，文运公曾孙。父鼎，尝举德行。怡府庠生，改奉天，中顺治庚子举人。三任广文，铎声丕振。升沂水令，任事百日，缓征恤民，欢呼载道。值水灾，致仕，时年八十有六，一堂四世，宽和任恤，宗党以古君子称焉。

李炜然 字含醇，卢龙人。由贡生以州同改授江川知县。邑数罹兵燹，百姓流亡，公发粟招徕，多方安辑，以土司变。解任，士民镌石德之。

宋国宾 迁安人。由恩贡筮隆德令。刚方果断，卓有政声，家居读书山庄，人重其品。

冯隆运 字明轩，抚宁人。由贡士筮长山令，慷爽明断，士民钦服，及还里，笃友爱，崇信义，解纷周急，乡党称之。

蔡毓荣 号仁庵，襄敏公仲子。诞有异征，弱冠授佐领，选刑部河南司正郎。顺治十七年，随征楚寇，又调征郑国信。海氛既靖，绅士多罗伪籍，公矜释甚众。还部，会科场吏议下西曹，牵引者赖公得白。有兄弟争玉斝待质，公动其天性，气俱平，即以玉斝寿，弗受，二人感泣，以玉斝碎讼庭石。遇宦者横于市，公执而挞之。宦者诉世祖前，问状，公俯对曰："臣何敢挞宦者，挞虐民犯法人耳。"世祖颜顿霁，仍以宦者令公加责，声振长安，晋京畿道御史。襄敏公居总宪，峙树风节，公继之。行避骢马，时称为大小绣衣。晋内秘书院学士，历刑部左右侍郎。康熙六年，覃恩封光禄大夫。七年，晋吏部左侍郎，澄清铨政，多所建白。向举人下第，祗授教职，公辟正途，上谏选知县之议，迄今垂为令典。九年，总督川湖，上亲解袍赐，著体犹温。不匝月，莅荆渡汉，巡蜀振纲，肃纪荐贤，抨墨措两省事，如在眉睫。十二年，吴逆逼荆江，公悉力守御，一夜须发尽白，兼摄提抚两印务。十七年四月，出洞庭湖。十八年正月开岳阳。诏命为绥远将军，统率各省官兵，相度地势，惟辰龙一关踞立巉岩，飞鸟难越。获贼间谍四，给札赏金，分用为响，四面夹击，公直冲正关，扪萝攀壁，奋登破贼，乘势入黔，师次贵阳。贼焚铁索桥，公即飞渡仰击。二十年二月，师次安南，且剿且抚，诸郡归顺，直抵滇海，出奇疾击，贼几尽。贼鼠窜孤城，倚滇池汩活澎濞，师难猝渡，公占要密围，作橛射城，令擒逆首图自新。城中感激，门洞开，斩渠魁谋主，余党溃散。众议欲屠之，公不可，遂不血刃。云南平，即命总督云贵军务。先是，襄敏公卒于京，上恐伤公心，诫勿讣，逾年始知，痛哭几绝。请守制，不许。未几，元配闵夫人亦卒，公总不以私事分杀敌心。及恢复，上疏辞印。上以岩疆甫定，留抚绥。二十五年，移总督仓场，寻转兵部左侍郎。平南之役，公赖庙算如神，兼诸王大臣同心戮力，以致奏凯。功小罪大，难答高厚，遣黑龙江。亲串悲行路，公曰："炎风朔雪，同在光天化日之下，我躬擐甲胄，出万死中，甘之如饴，岂以道路忧。"至迁所十年，身亲戍役。稍暇阅经史，讲忠孝大义。时罗刹跳梁，两次随征。三十五年赐环归里，犹在军前效力，驰驱两载。三十七年十一月，圣驾东巡回，跪迎道左，蒙圣恩，垂问年齿。三十八年正月，偶得疾，呼家人嘱曰："我生多愧汝辈，上念世泽，倘有寸进，必捐糜踵顶，以报国恩。"捻须端坐而卒。

孟熊臣 字辅昌，永平人，忠毅公犹子。由荫生，初知保德州。治政明恕，不事敲朴。尝称贷二千余金，代民偿道。秩满，升汀州郡守。时海氛未靖，军务繁兴，汀属不困于粟米力役者，咸公申请有方力也。顺治十八年，摄漳南巡道篆，奉令安插海兵，星驰诣杭，请于东郊，造营房以居之。又具详家口粮额，俾不病民。至今，杭民德之。家居谦和谨厚，缙绅家称由礼者，以公为最云。

王可就 字问明，滦州人。以将材任山东抚标游击。剿巨盗王进、周拨宣等，又抚贼张正等数万人，以功升延安府参将。值逆贼谢化奇等作乱，设计剿平，升庆阳府东协副将。阁部洪经略题调恢复云贵，镇守偏桥。其地有诸葛洞者，江中多怪石，舟楫不能通，军需皆民丁负运。因召父老叩状，金曰："中有巨石高数丈，石下有洞，谶云：'若要此洞开，除非诸葛来。'"自昔畏难辄止。公慨然力任，募石工勇慧者，亲为经理。巨石下得一碣，有"丁口京边九十公"之语，乃武侯笔，隐公姓名于中。众皆踊跃，数旬成功，土人勒石纪之。以功升杭州城守副将。先是，杭多猾贼，素赂当道，不肖者复左祖贼。公与贼唐起凡战，败之。兵道某反谓误入平民为盗，因与抗论，事白，督抚遂专任公。起凡密遣贿说公不出战，愿代为夤缘得总戎，公怒曰："逆贼视我为何如人哉，誓必灭此朝食。"于是，元旦会兵，围其岩，亲登，手刃之。余党降，起凡兵称百万，为杭害者几二十年，至是始平。上嘉其功，加升荣禄大夫，署都督同知，赐蟒玉，封三代。任杭时，总督被江贼劫所佩刀，急召与议。公献策，阻塞沿江便路，置塘戍守，率兵严捕，江贼遂平。寻升福建总兵，以都督同知，署总督标下中营事。诣阙陛见，上亲临试射，授云南临元、澄江等处总兵官。时吴逆变作，复召见，赐采缎二表里，且谕曰："可速回闽，密察耿藩，恐效尤吴逆也。"遂星驰，逾仙霞岭，尚不知耿逆之变。逆密遣四伪官要于途，日夜严防，不容死。既至，图乘间诛逆，谋泄，迫趋都尉府，度不能免，仰天叹曰："大丈夫不能为国除贼，夫复何言。举家号泣，随之不顾，遂遇害，年六十二。上悯其忠，赐祭荫二子：长应麟，任荣昌令；次，应鹰，性至孝，以母老不仕，居乡任义周恤，于公殁后四年卒。鹰妻赵氏甫二十二岁，事姑甚谨，泣语家人曰："吾上有七十岁老姑，下有不更人事幼子，虑不能承欢。"忧劳成疾，不数月亦亡。

喻成龙 字武功。其祖父从龙定鼎，入籍滦州。公弱冠，以恩荫任江南建德令。廉明仁爱，膺卓荐值。吴耿叛时，公虽离任，抚军壮公才略，分兵协剿，亲冒矢石，所向披靡。获从逆姓氏簿，即付祖龙，保全实多。士民不忘遗爱，勒碑塑像，迄今兰台山犹尸祝焉。题授池州郡丞，督军需，赴荆岳，劳绩茂著，即题授本郡守。当军兴旁午，督造战船，刻无宁晷，公犹加意民食，所属各建义仓积谷，民乐输至数十万石。不报上司，无掣肘，遇歉分给，民不苦饥。创建书院，礼请学博，置学田，积藏书。暇则与生童讨论，俾从事经济实学。池于江南为小郡，一时彬彬，称极盛焉。丁内艰去池。补江右临江府。地瘠民贫，公抚字噢咻，循声大振。擢山东艖运转枲藩，连任山左，俱有治绩。适辽东歉收，议令抚军，由海运粟济荒，诏特委公载粮百艘星发，海若效灵，不扬波者数月，活辽民万亿。一岁之内晋月卿、廷尉、少司空，三迁显秩，人皆以为荣。公悚惕益甚。乙亥岁，北鄙跳梁，复诏公运粮。两经大漠，直穷西海，军食未尝稍缺。叙功转少司马。奉命看河，敷陈无不报可，因发帑修筑，同事九人，凡所建竖，多出公裁，漕运赖之。覆命，顾问谆谆，条对悉当。简总督湖广，随驾南巡。恩赐华衮、扁对、诗章、字帖等宝甚伙。甫莅任，会征红苗，剿除十余塞，抚绥五百余塞，恩威互施，楚地以宁。解组归滦，阖门养望，以读书吟咏自娱。有诗集行世，尝见许于王阮亭诸辞伯，君子以行藏无愧称公云。

穆廷栻 字符公，山海卫人。康熙丁未科武进士。初任蔚州守备，升四川提标游击。整饬营伍，爱恤士卒。川陕提抚，咸以才勇保举，膺卓荐擢威茂营参将，永宁协副将，特授苏松水师总兵。屡觏天颜，备邀圣眷，扁书衣食，宠赐甚多。公性情谦和，操持谨慎，自始仕迄今，令闻远播，绰有古儒将风。

韩坤业 字子厚，府庠生，父原洁，崇祯庚午殁于兵燹。母王氏，苦节四十年，抚坤成立。自幼事母尽孝，内外无间言。母殁庐墓三年，哀感行路，日手抔土，迄今高冢巍然。康熙九年，题旌建坊。

徐从新 抚宁庠生。母性严，从新凛遵承顺。生平任侠急公，人服其义，本县扁旌其门。

徐进孝 抚宁人。父患心疾，贫不能延医，祷神许愿疾愈。愿莫偿，疾复作，进孝割胸前肉如掌，祷还神愿，疾竟瘳。以肉挂庙树上，经数月不腐，鹰鸟亦不忍食，咸谓至孝所感，有司表其间。

陈柱国 卢龙人，康熙十一年，任乐亭驻防把总。盗伺县尹公出，诈为行客，入城肆劫。柱国挺身与斗，中流矢被获。缚令导引，柱国裂眦厉骂，遂遇害。事闻，诏赐银百两，襄葬事。

蔡　珍 字左才，襄敏公孙。遵义守毓华公长子。康熙壬子举人，授中书舍人，升典籍转宁武关同知。勤慎练达，治绩著闻。秩满，迁督部员外郎，补礼部，升工部郎中，剔历曹署，守正不阿，擢监察御史。风裁謇谔，直声丕振。

张翰宸 昌黎人。以明经任翁源令。多惠政，擢长沙郡守。洁己率属，治政廉明，听断活无辜九人，狱无冤滞。致政归，捐资课迪后进。值岁歉，煮粥赈贷，待举火者不下千百家。邑人感之，请祀乡贤。

刘　伟 字远公，滦州人。幼嗜学，性倜傥不羁。父冒泰，以明经司谕定兴。公省侍克承庭训，为文博雅坚劲。康熙乙卯，韩慕庐先生主顺天乡试，闱中得公卷，大加欣赏，定第一。行稿出，传诵遍天下，数困公车，益自奋励。乙丑捷南宫，选庶吉士。丁卯，授监察御史，巡视东城，风裁高峻，声著台班。卒于官，遗橐萧然，足征操履之洁清矣。

张　宏 字宥涵，昌黎人。由选拔初任肃宁教谕。课士励行，丕振铎声。迁知新昌县，洁己爱民，实心敷政，革除日用米烛及里长更役陋规，修学课士，劝农垦荒，征收不取耗余。弭盗力行保甲，剖决疑狱，咸服如神。莅新五载，兼摄嵊篆，清正慈祥，始终一致，已列荐举。忽疾卒。士民哀慕，崇祀新邑名宦。子四：赟、夑、著俱庠廪生，蔚，康熙乙酉举人。

刘从性 抚宁人。性至孝，母年八十二，卧病不起。性刲股祷神，病遂愈。草野愚民，可谓终身孺慕者矣。

高　培 昌黎岁贡。纯功邃养，屡试冠军。教诲生徒，不干世务。子二：长天晓，恩贡；仲天挺，康熙甲戌科进士，初任临淮令，克著循声。赠父文林郎，今补隆昌。

赵名元 抚宁庠生。母卒，庐于墓侧，晨昏哭奠，三年始归。康熙二十年奉旌。

高　翔 昌黎岁贡。操行耿介，教子义方。子三：棠蒂、棠萼、棠荫，伯季庠廪生，仲登康熙己丑科进士。

王　盐 字于隰，滦州人。性严重，不苟频笑，生平重然诺，乐奖后进，而尤敦族谊。凡婚丧药饵、棺物，及急难事，施济难更仆数。于孝义节烈，更加意曲成。与人交，不以生死变易。年八十卒。进士汪公淑问为著《考终录》，事甚悉。子四：伯、仲早世，次代出继，季遂功府庠生。

伦可大 字子受，滦州人。髫年为诸生，随父品卓之南康任。适滇黔逆警左右，其父于军前屡建劳绩。寇平，父为大吏诬劾，公奔走斡旋，事遂白。初任西蜀新津令，当蹂躏后，邑无城郭，祇穴处二十余家。公斩荆棘，招流亡，垦荒除赋。五年生聚，转疮痍于衽席。荐升粤东化州牧，其被兵与津等，积十三年未完逋课，绅衿咸遭系辱，公概与宽释，致镌十五级，甘之如饴，而逋亦竟苏。丁内艰，服阕补山右泽州，社绝苞苴，革除陋弊。时有鹾商以白金三千贿，即白上司，奉有加级优旨。在泽十年，手著《濩泽政纪》可垂治谱。会私盐被巡役杀死，枭民愤激构祸，公与参戎率兵往视，枭民疑商人买嘱兵弁，聚众对垒，参戎即欲屠戮，公以蚩蚩愚顽，不忍血刃，力为抗阻。因单骑亲入，痛哭陈谕，枭民感泣罗拜，旋即解散。无知得免，罗织遂于挂误。去泽之日，民扶老携幼，攀辕号泣，建立生祠。公归里后，州人届公诞辰，必聚会称祝，至今弗衰。后闻公殁于家，远近老稚，匍匐赴祠，号奠者旬日，其德泽深入人心如此。大学士泽州陈公廷敬，亲悉善政，志其墓。

张应宿 昌黎贡生，长沙郡守翰宸公子。性慷慨，重然诺，恤贫周急，毫无德色，举乡饮宾。

崔璨 字淡余，号茗菊，武邑学博巍季子。五岁孤，九岁五经成诵。康熙癸酉，中副车贡，入成均。己卯乡举第四魁。麟经己丑成进士，选庶吉士。性恬静，笃孝友。事母色养备至。严事两兄，长兄性刚，怒责即长跽以请，非怒解不敢起。自童子至庶常皆然。生平无疾言遽色，虽贵益自谦抑。善诗古文词，著有《式好堂集》藏于家，年四十三，忽遘疾，卒于官。

徐进礼 字天一，山海卫人，赋性淳朴，少贫。以勤俭，力自振兴。与人交，忠信和易，尤笃友爱。两弟早世，遗孤稚龄，抚翼教诲，迄今二十余年，同居无间。今年及七旬，列名国学，未尝一至公庭，有古君子风。

谢丕智 字若愚，山海卫人。府庠生。事亲诚孝，母病，汤药亲尝，衣不解带者两月。病转剧，乃焚香虔祷，刲股投药，母遂痊。康熙三十二年，学校乡邻公举孝行，郡守梁公世勋旌其门。

李毓元 字储英，滦州人。慷慨尚义，一诺千金。家设义塾，以训族子。岁解私橐，以周亲知，急公排难之举，不可胜纪。康熙四十二年，出粟一千石赈济，复捐助义仓五百石。大学士安溪、李公光地抚直时，匾旌曰"社储倡义"。子祯，绰有父风。

吴元臣 山海卫人。性至孝，母病危笃，医药罔效，乃焚香叩天，刲股投药，母遂痊。康熙四十二年，公举孝行，有司旌之。

夏曰瑚 滦州庠生。父辅明，于崇祯九年随叔建中之扶风县佐任，死于流寇。家人负骸骨归，瑚甫五岁，赖母聂氏苦节，抚训游庠。自幼事母，曲尽孝道，母病，密为尝粪。及殁，哀毁逾常，七日不食，竭蹶殡葬，庐于母侧，日夜哭泣，哀感行路。及三年归，犹日三至墓，呼母不应，号泣而反。至老病，必扶策往，虽风雨无间。

穆维乾 字介公，号圭炎。天性孝友，学问渊博，领顺治乙酉乡荐，司谕滑庠，及迁保定左卫教授。整饬学规，精勤课士，尝摄满城邑篆。值早荒，设法赈济，全活甚众。抚台金公疏荐云："行同濂、洛、关闽，才类韩、柳、欧、苏。"真实录也。升翰林院典籍。时修四书满汉讲意，至"羔裘元冠不以吊"，掌院叶公方蔼为犯圣讳，商于同僚，俱不能对，公曰："大字仍原字以尊经，小注改元字以避讳。"掌院询何所本，公曰："中庸，慎独乃原字，小注改谨字。"掌院大悟云："余自幼疑此，今始知朱子为避讳也。"深加敬礼。归休林下，讲学论道，诱迪后辈，殷殷不倦。生平廉节自持，不慕权势。自筮仕及卒五十余年，乡望特隆。

张宗仕 滦州人。幼失怙，事母尽孝。及长，喜读孙吴书，任侠好施。明崇祯时，从兵备张公春军中，屡战有奇功，授明威将军。顺治壬辰癸巳间，岁频饥，两次输粟一千八百石有奇赈济，赖全活者无算。郡守旌其门曰："惠溥一方。"举乡宾。又尝捐渡船二只，水手四人，置青沱河口，以济行人。远近咸感其德。子起鳞，任河防州同知。孙，瑛食饩州庠。孝慈接武，咸谓积德之遗云。

田毓琦 字瑞生，昌黎人。性孝友，具才干。家贫，力勤贸易，生计渐饶。事父母养生送死，及兄弟子侄衣食婚嫁，咸身任之。尝商于蓟之上仓，时河水氾溢，堤将溃，公出资募夫塞堤，得免水患，所保全者不下数千家，居恒尚义周恤，延师课读。子，永乾，康熙戊子举人。

张朝臣 字鼎望，山海卫武进士。任浙江处州协都司。康熙四十七年，遂昌县土贼作乱，公率兵赴剿，至大拓地方，山路左系树林，右磡下尽属山田，崖高路窄，仅容一骑，公不避危险，奋勇身先杀贼，被戳死。事闻，诏赠都司金事加一级，赐祭葬，荫一子卫千总。

卷之二十一

莱　阳　宋　琬撰次
府学训导　徐　香参订
萧　山　张朝琮续纂
卢龙教谕　胡仁济校辑

列　女

　　闺门为治化之原，故二南必首《关睢》。主持世教者，体宜尼删诗之意，大移易风俗之权，则列女之不可不传也审矣。顾女有四德，断取诸贞，其中冰霜励节，金玉守身，多有能为男子之所不能为。观于斯，而世之号为伟丈夫者，反宜对之而增恧焉，又不止为闺门训已。北平为京畿东辅，化行自近代，堪纪者实不乏人。余承乏是郡，责在表彰，宁忍僻壤幽贞，穷檐苦节，竟与草木同腐？爰极意采访，分属而胪列之。见圣世化行俗美，德被帷房，彤管所垂，婆耀千古。嗟乎！夷光生于苎萝，王嫱出自秭归，未尝不足为其地夸艳。奚如黄绢之碑，永著曹江；绿珠之井，遗丽合浦耶。

卢　龙

[元]

　　宋　氏　王宗仁妻，进士宋襞之女也。宗仁家永平，兵乱偕氏避于铧子山，夫妇为军所掳，行至玉田，有窥氏色美欲害宗仁者，氏顾谓夫曰："我不幸至此，必不以身累君。"遂携一女投井死。时年二十九。

［明］

崔　氏　永平卫赠镇抚杨成妻。年二十六夫亡，二子兴旺在抱，纺绩自活。宣德三年旌表。

李　氏　吕文秀妻。年二十二夫亡，遗孤在哺亦殇，氏以针工自给，天顺八年旌表。

杜　氏　庠生李达妻，侍郎谦之姊也。年二十五夫亡，遗孤二岁，氏守而抚成。天顺八年旌表。

孙　氏　刘俭妻。年二十六夫亡，养舅姑，抚孤，克尽慈孝。成化二十年旌表。

周　氏　李泽妻。年二十五夫亡，剪发自誓。姑安氏，九十余患风痹，不能步履。候起居，侍汤药，经年殁，葬以礼。成化二十年旌表。

叶　氏　王铭妻。年二十三夫亡，守孤苦节四十余年，以纺绩自给，教子有成。成化二十年旌表。

李　氏　杨江妻，燕河营人。夫死，无子。嘉靖九年，敌自黄崖入犯，被获，拥之上马，不从，大骂见杀。

戴　氏　郡庠生陈表妻。年二十九夫亡，抚遗孤，以女工自给，四十余年无异。万历元年旌表。

茹　氏　庠生朱廷芳妻。年二十一夫亡，抚孤克俭，甘贫守节。抚按旌其门。

钱　氏　翟堂妻，燕河营人。年十九夫亡。子，守忠尚在襁褓，奉姑守节。姑八十余终，子亦寻卒。门无五尺童，家无升斗储，氏与子妇相依为命，人称双节。

程　氏　郡庠生李鹗荐妻。年二十七夫亡，子学孟在抱，奉舅姑，尽礼抚孤为诸生，守节四十余年。

胡　氏　郡庠生李梦妻。年二十夫亡，抚孤守节。

张　氏　进士郭经妻，家贫，事姑杨氏尽孝。夫卒无嗣，守节终身。

霍　氏　青山驻操艾绣妻。年二十夫亡，长斋守志。年至八十余。

张　氏　东胜左卫知州唐福继室。年二十四夫亡，遗腹子骝，例宜袭世爵，族人争之。氏吁天曰："得存此息以奉烝足矣！"让之。教骝成明经，任学正，子孙绵绵仕宦。

罗　氏　顺天大兴县世家女。青州守朱鉴之族孙昌期赘居焉。昌期亡，遗孤明时幼，氏依母家守节课子。明时占籍大兴，登万历庚戌进士，历任河南兵备道副使。

刘　氏　故家女，御史韩应庚五十无子，知其贞静，求为侧室，父有难色，氏晓书史，翻晋络秀传，父解其意，乃嫁之。年二十八应庚卒，生子原浚，方十余岁。氏扶嫡郝氏坐堂上，呼家僮抱原浚于前，慨然谕以抚孤大义，内外帖然。崇祯庚午，郡城垂危，氏尽生平耕织所贮括万金，上军门犒师，命原浚避难以存韩祀，而身与城为存亡。城陷，复以智免。

杨　氏　韩御史侧室。庚午被执，大骂而死。

宋　氏　金宪韩原善继妻，封孺人，赋性贞静。年三十而寡，力持家政，遇前子广业慈爱，佐膏火，成名士。次弘业，己出也，甫数岁，金宪卒，教之独严，仕知县。

王　氏　华阴令韩应奎仲子原洁妻，乐亭王大司徒孙女也。庚午，夫遇害，氏不惮凶秽，泣寻夫尸于积骸中，即欲枕尸而死。姑徐氏，携孤坤业，百端劝慰，乃忍恸勉从。逾两月，生遗腹子泰业，苦节守志，教子游泮。乡称大慈。

李　氏　布政充浊之女。适卢龙卫指挥焦承勋，勋居官廉，有父润风，早卒。氏年二十余，哀毁绝粒，誓欲殉夫。姑谕以遗孕在腹，当念焦氏后，氏乃勉从姑命。生子效良，抚孤奉姑，靡不周至。终身非至亲不面。诏旌。

韩　氏　光禄监事李浣妻。封御史廷义女也。夫卒无嗣，哀毁庐墓，复肖夫像，并夫之父方伯公、祖郡守公之像，筑万柳庄别业祀之。自制诗文书于壁。给事白瑜勒石记之。

陈　氏　太仆卿王庭长女。适庠生韩景昌。庚午，景昌死于兵。氏扶八旬祖姑，携三岁孤遇春，皆得保全。教子为诸生。

陈　氏　名静英，太仆卿王庭次女。字滦州高尚书孙士凤。年十四，庚午乱中，乡绅白某妻罗氏知女美而慧，欲为侄娶之。给太仆夫人云令将选民女，迎英避其家。英往，罗伪言高阖门被杀，强之议婚，女不可，夜簪高聘钗自缢。诏旌。

秦　氏　两当知县李可培妻。庚午不屈，投井死。子生员正藻被杀。妇田氏，年十九，子端生，六日投井救免。养祖姑至九十，抚端为庠生。守节三十年。

彭　氏　陆纯妻。夫故守节，抚子松成立，年至八十五。松死庚午之难，妻梁氏抚孤完节，年至七十五。人称双节。

韩　氏　卢龙卫指挥同知焦庆延妻。庚午，夫战死陴间，氏即求死，家人力止之，出城远匿山庄，守节二十余年。及卒，与夫木主合葬之。

王　氏　庠生韩原相妻，庚午率子妇吕氏俱缢死。

李　氏　南户部主事朱文运继妻。年二十六，夫亡，子济美方九岁，遗橐萧然。氏事姑尽孝，内治中外，课子务农，家业不坠。建坊旌表。

王　氏　东胜卫程玉妻。夫亡，里媪欲夺其志。啖姑以厚利，氏窃知之，泣曰："妾即窭家儿，顾可以利失身乎！"投缳而死。总兵罗希韩葬之城西芦冈，总理戚继光为之立碑。

谢　氏　永平卫杨太芳妻。夫亡，绝粒九日而死。与夫同棺以殡。

王　氏　汤世功妻。夫亡守节，抚子思道成立。任参将。

王　氏　卢龙卫指挥金事孙铉妻。年二十二夫亡，甘贫守节，抚孤光普承袭世职。

牛　氏　卢龙卫百户马逢时妻。夫故守节。训子玉聪列郡廪生。庚午城陷，自缢完节。

陈　氏　举人廖从周子承训妻。庚午，承训与叔师周俱被害。师周妻刘氏病，遗孤雅尚未周龄。氏恐廖门无后，舍己女，以乳叔，教入泮，雅亦以母事之。人称节孝。

王　氏　庠生侯王臣妻。夫死，不食，七日而死。

陈　氏　王自省妻。年二十余，夫亡，矢志守。教子耀祖、显祖诸生。

杨　氏　永平卫监生张世昌妻。夫亡无子守节。诏旌。

张　氏　东胜左卫白镛妻。夫亡，养姑守节，人无间言。诏旌。

刘　氏　东胜左卫总旗卢尚钦妻。年二十一夫亡，遗孤彦忠，甫三月，欲死以殉，姑与父母谓之曰："死矣，奈孤何？"乃强从，抚孤有成。

石　氏　千总朱镇胡妻。镇胡从军殁。氏年二十余，或怜其少艾无子，劝之嫁。氏悲号欲绝，茹辛忍苦，纺绩资赡，几四十年，始终一节。

蔡　氏　郡庠生韩修业妻。夫亡，氏年少无子，矢志苦守四十余年，始终一节。

尚　氏　庠生李思敬妻。姑年衰暮，夫患痼疾。氏奉养服劳，克尽其道。姑与夫相继而殁。子科甫八岁，含冰茹茶，教之游泮。守志五十余年。

东胜左卫指挥张国韩妻韩氏，及邑民高应矶妻侯氏，刘声远妻杨氏，刘承教妻贾氏，王惠民妻沙氏，俱以庚午城陷死节。

岂　氏　燕河营宋成禄妻，年十九，夫亡。遗子鸿儒，方三月。教成食饩县庠。寿至七十余。崇祯十四年旌表。

[国朝]

邢　氏　田国祥妻。崇祯庚午，祥殁于难。氏携三月孤，缒城避兵。甘贫苦守，教子三杰为郡庠生。

李　氏　庠生薛文龙妻。崇祯庚午，龙殁于兵，氏抚育两孤，茹茶训诲。长子国佐，中顺治辛卯将材武举。

李　氏　陈靖策妻。夫亡，上事耄姑，下抚幼子。食贫守志三十余年。三子俱成立。

王　氏　周士昌妻。婚百日，夫亡。孝事舅姑，生遗腹子恩勤，苦守未几子又亡，氏矢节终身不渝。

刘　氏　杨体亨妻。夫亡，事姑尽孝，抚孤成立。

王　氏　马大德妻。夫亡，遗孤甫八岁。食贫守节，训诲有成。

沈　氏　王辅妻。事舅与继姑维谨。夫亡，抚孤成立。孝慈可风。

管　氏　庠生刘亮辅妻。年二十九夫亡，辛勤抚孤成立，子又亡，氏慰媳抚孙，守节三十余年。今六十余岁。

张　氏　庠生毛俊岐妻。年二十五夫亡，抚孤成立，守节三十六年，今六十一岁。

郭　氏　庠生张宏妻。年二十九夫亡，两孤幼，氏矢节苦守，抚教成立。

杨　氏　庠生丁维楫妻。年二十夫亡，遗孤蕙方二岁，氏矢志苦守，孝事孀姑，教子游泮。历今三十五年。

张　氏　武进士赤城守备赵跻妻。夫亡守节，奉亲抚孤，内外无间。教子统国，中康熙庚午武举。

张　氏　庠生沈蕴秀妻。年二十七，夫亡。奉姑苦守，教子应昌及孙游泮。今八十三岁。

蔡　氏　绥远将军毓荣公女也，赋性端贞，适候补主事金墩生。年十八夫亡，遗一子一女，子旋亡，氏矢节弥贞。继侄启复为嗣，恩勤抚教，今任内阁撰文中书。康熙四十二年，覃恩诰封太孺人。

韩　氏　蔡将军仲子海盐令珣妻，原任贵州按察使阿琳妹也。性贞，淑娴礼训。夫亡守节，家政肃然。遵夫命，抚幼叔，瓒，教诲成立。

张　氏　八家寨民李自玙妻。年十九夫亡。孝事翁姑，抚遗腹子成立，守节三十余年。

李　氏　燕河营民武宏昭妻。夫死他乡，氏矢节，事姑教子，苦守四十年，今七十岁。

王　氏　二十三岁。适周家庄民周阿京。甫婚三月夫亡，即欲殉节，因有遗孕，勉事舅姑。生子起麟，抚成忽溺死。氏矢志益贞，翁耆年纳妾生子，氏备极恩勤，抚叔成立，旋为婚娶。生二子继其一为嗣。苦守节五十四年，今七十七岁。郡守张公朝琼旌曰："纯节功高。"

沈　氏　侯各庄民胡兆麟妻，年二十七夫亡。抚孤成立。守节三十五年，今六十二岁。

周　氏　观音堂庄民张弘义妻。年二十五夫亡。抚三岁孤成立，矢节三十余年。

张　氏　户北寨民王从聘妻。从聘病笃与诀，氏誓以相殉。及卒，氏不哭夫，而哭父母。谓翁曰："翁虽爱子，奈家贫，买棺宁薄勿厚。毋谓妇身可偿棺资。"翁哭而应之。及买棺回，已闭户引剪自尽矣，卒年二十岁。郡守张公朝琼旌曰："慷慨从终。"

高　氏　石家沟民冯瑄妻。年二十七夫亡。矢志苦守，抚子瑞云入泮。

傅　氏　烂石山庄民张弘士妻。性至孝。年二十六夫亡，家贫亲老，矢志代供子职。舅殁拮据，殡葬如礼。耄姑在堂，朝夕侍奉弥谨。守节三十六年，今六十二岁。

张　氏　燕河营民穆廷召妻。年三十夫亡，家徒壁立，力勤女红，以事姑，抚侄承嗣。守节四十年，今六十九岁。

段　氏　燕河营民鲍联捷妻。年二十九夫亡。孝事舅姑，抚孤成立。守节四十二年，今七十岁。

管　氏　陈官屯民陈美杰妻。年二十五夫亡，孝事媾姑，抚孤成立，守节四十七年，备尝艰苦，今七十一岁。

徐　氏　蒋瑞秀妻。年十九夫亡。子女俱无，苦守四十三年，今六十一岁。

易　氏　候选经历赵正贵妻。年二十三夫亡，矢志甘贫，抚孤成立，守节五十三年，今七十五岁。

刘　氏　赵世英妻。夫亡矢节抚孤。子又亡，抚嗣孙成立。守节三十余年，今六十四岁。

王　氏　宋天禄妻。年三十夫亡，矢志甘贫，抚三岁孤成立。守节三十四年，今六十三岁。

郭　氏　白石营游击李重美子若宾妻。年二十九夫亡，侧室潘氏年二十六，氏与矢节同守，抚遗孤浩游庠，考入内阁明史馆。在廷钜公多题赠扬其双节，郡守张公朝琮旌曰："松筠双劲。"

李　氏　王臣妻，夫亡矢志靡他，孝事舅姑，抚成弱子。守节三十余年今六十四岁。

李　氏　朱之琦妻。夫亡，矢志抚孤，持家勤俭，五子俱成立，仲为诸生。守垂五十年，今八十一岁。

何　氏　刘建基妻。基山西汾阳县人，康熙十九年迁居永平。未一年，基亡，并无宗党。氏年十九，持三岁孤，矢节靡他，苦守成立。历今三十余年。

高　氏　榛子镇民李茂阳妻。年二十夫亡，遗孤维化甫三岁，家贫无倚，氏矢志苦守，孝事孀姑，抚子游泮。历今三十余年。

迁　安

[明]

许　氏　进士魏琮孙樟妻。年二十夫亡，时太姑刘氏在堂，年八旬，两孤幼。氏安贫矢节，绩纺以事太姑，教子有成。孀居五十余年，闺门不出。有司奖之。

吴　氏　杨彪妻。年二十五夫亡，欲以死殉，念姑老家贫无倚，矢志守节，纺织以奉。教子孙并为弟子员。年八十余卒。

丁　氏　王龠妻。年二十夫亡，坚贞苦节，子之义、之孚、之砥，乡称孝友。孙士选，任蓟州训导。抚按旌曰："母节子贤。"

郭　氏　任佑妻。年十七，夫亡，艰辛守节六十余年。抚孤成立。抚按旌其门曰："贞节。"

谭　氏　建昌营舍人李堂妻。年二十夫亡，抚遗腹子，坚志守节。年八十余卒。有司旌之。

沈　氏　建昌营李伋妻。年二十二夫亡，抚遗腹子几为诸生。年七十余卒。

李　氏　建昌营军余周维屏妻。年二十，夫亡。遗孤周岁，或怜其少，劝之他适，氏以死拒。守节终身不易。

徐　氏　三屯营马杰妻。年二十八夫亡，守节抚两孤。仲子玉授锦衣百户。

陈　氏　兴州卫百户李承恩妻。婚三年，生子国栋，夫亡守节，事舅姑，生养死葬如礼。为两叔择配成家。教子以义，比长服官，有过必挞，虽至亲终身不出见。

纪　氏　兴州卫指挥魏一清妻。屡孕不育，劝夫纳妾，清不许。氏强纳三，各生子。清亡，子俱襁褓。氏与三妾，誓同抚孤，保爱如己出。长子如枢袭世职，次如楹庠生，季如桐举人。自二十七孀居，守节三十余年，勤俭慈睦，人无间言。抚按旌曰："节义双全。"

石　氏　兴州卫张腾妻。少寡无子，孀居七十年，始终一节，寿九十卒。邑宰马仁旌曰："天寿贞节。"

李　氏　三屯营忠义卫军余王天禄继室。禄先娶马氏，不育，乃纳徐氏，生子阶。马亡，禄不欲更娶。徐劝曰："中馈妾可任之，萍藻非嫡奚主乎？"因娶李氏，年二十，夫亡，生遗腹子墀。舅姑怜之，命再适。氏曰："予妻也，有死靡他。"徐曰："吾虽妾，岂适二夫哉！"携手悲恸，同励守节，训育二子，勤职纴以供朝夕。氏年六十三卒。徐年八十卒。子孙昌炽，儒服者三人。咸谓节义之报。

彭　氏　兴州卫百户滕汝捷妻。年十九夫亡。家贫无子，继侄承嗣，绩纺度日，不出户庭。殡葬舅姑，哀痛逾礼。尝曰：丈夫托我，何敢忘之。事闻按院，题请诏旌。年八十余卒。

吴　氏　兴州卫武状元陆万钟妻。年二十夫亡，无子，孝事舅姑。守节五十余年。

周　氏　三屯营军韩金妻。金随征古北口阵亡，无子，氏年三十守节，以女红自养终身。有司旌之。

杜　氏　建昌营军余张源妻。夫亡无子，坚贞矢节，至六十卒。

周　氏　庠生马玺妻。玺疾革与诀，氏许以身殉。及卒，屡欲自尽，家人解救，百方劝谕，氏佯诺，理丧事如常，乘间投缳死。年二十二，诏旌。

张　氏　榆木岭军孙忠妻。年二十一归忠，甫三月，夫贫甚病，竭力汤药，昼夜不息。及亡，潜缢以殉。

仇　氏　兴州卫百户沈凤妻。凤守铲车岭寨。兵乱，氏被掳，将污之，不从，遂支解。

马　氏　庠生何秉善妻。冷口兵乱，被执上马，至清龙河，跃入水中死。县建贞烈坊。

陈　氏　三屯营高贵妻。赋性坚贞，邻有逼而污之者，势迫赴井死。总理戚继光立石井旁，题曰："全节井。"

杨　氏　贡生韩范继室。年二十余适范。居数载夫亡，氏号泣几绝，欲自尽。家人守之，乘间缢柩前，家人觉而救之。既葬归，饮鸩而死。

徐　氏　杨茂华妻。崇祯庚午，夫殁于兵。氏闻夫死，即自缢，邻妇救之。至次晚，以柴草塞门牖，放火自焚。诏旌县建节烈坊。

石　氏　兵部左侍郎郭巩侧室。崇祯庚午城陷，自缢死。建坊旌表。

〔国朝〕

毛　氏　明光禄寺卿徐云达侧室。生子元修，甫八岁，光禄逝世。矢志抚孤，勤俭持家，苦节四十余年，寿至八旬。顺治中，邑宰王永命旌曰："大节维风。"

耿　氏　庠生徐元修妻。年二十夫亡，遗孤权甫二岁，氏矢节事姑，四十年如一日。抚权为诸生。

李　氏　庠生刘文举妻。年二十八夫亡，室如悬磬，绩纺汲炊，孝事孀姑，抚遗腹子升为诸生，苦节五十余年。

燕　氏　杨烟滨妻。年二十九夫亡，守节安贫，躬事纺绩，抚子其盛为诸生，寿至九旬卒。

程　氏　郡庠生罗之鼐妻，明山东兵备参议大猷女也。夫亡无子，继侄为嗣，抚爱如己出，甘贫坚守，节操凛然。

刘　氏　庠生魏燇妻。年二十夫亡，家贫无子，坚志守节。事孀姑，抚三女，苦节五十余年。寿七十余卒。

余　氏　魏高登妻。年十九夫亡，事继姑，抚幼子，甘贫苦节，垂四十年。

侯　氏　庠生王弼妻。年二十夫亡，遗孤昌绪生甫数月，氏坚志守节，孝事舅姑，抚昌绪游泮。苦节三十余年。

朱　氏　庠生刘光珂继妻。婚数月夫亡，事衰老舅姑，抚前室幼子，备极孝慈。坚志守节，不归宁者二十年。子聚星为诸生。

阳　氏　杨国奇妻。年三十夫亡，绩纺度日，孝事舅姑。训子育和为诸生。坚节苦守四十余年。

米　氏　庠生王鼎新妻。

刘　氏　庠生王恒新妻。

徐　氏　王履新妻。兄弟相继早亡，一门三孀，各抚幼孤。共励守节，有司旌之。

张　氏　沙河驿民马空群妻。年二十余夫亡，遗两孤俱幼，矢节甘贫，女红自给。抚二子成立。苦节四十余年。

孙　氏　王继卫妻。年二十八夫亡，抚二幼孤，矢志靡他。有司旌之。

李　氏　庠生韩儒妻。年二十夫亡，抚二幼孤，矢节甘贫。有司旌之。

徐　氏　翁照民妻。夫亡，孝事舅姑。苦节三十余年。

丁　氏　张一本妻。年二十四夫亡，遗孤所养未周岁，氏孝事衰老舅姑，抚子及孙游泮。守节五十余年，今寿七十五岁。

魏　氏　庠生杨敏学妻。年二十夫亡，孝舅姑，和妯娌。抚数月遗孤，教诲成立，恪恭矢节，始终不渝。今五十一岁。

蔡　氏　庠生王瑞妻。年十九夫亡，孝事孀姑，抚继子成立。守节三十六年，备尝艰苦。今五十四岁。

李 氏 方沛妻。年二十七夫亡，遗三幼孤。家贫无倚，氏矢节茹荼，抚育成立。苦守三十五年，今六十一岁。

杨 氏 武天锡妻。孝事舅姑。夫亡矢节，勤俭持家，训子两为诸生。守节三十余年，今六十五岁。

汤 氏 庠生张璠妻。年二十夫亡，矢节孝事舅姑，抚遗腹子崇一游庠。苦节四十余年，至六十七岁卒。

蔡 氏 庠生徐宴妻。年二十九夫亡，矢节孝事孀姑，抚周岁孤佩荃游庠。苦节三十余年，今五十九岁。

抚 宁

［明］

高 氏 金禧妻。年二十五夫亡，子镛方二岁，矢志抚孤。舅姑怜其少，欲夺其志，不从。人有慕其姿者，争求之。氏知，夜闭户窗，以艾灼面。及觉，毁窗入救，而灼成疮矣。勤女红，课镛读书，官光禄寺署正，封氏太孺人。年九十终。诏旌。

王 氏 乔润妻。年二十六夫亡。子嵩在抱。氏以节持，抚子为明经，官山东长山知县。完节诏旌。

李 氏 姚斌妻。年二十七夫亡。子政襁褓，誓不他适。纺绩供政读书，领永乐丁酉乡荐，累官两浙盐运史。诏旌。以子贵赠太宜人。

王 氏 翟昊妻。年二十五夫亡，子鹏方三岁。矢节自守，闭门绩纺，课鹏读书，虽至亲不面。鹏登正德戊辰进士，授户部主事。诏旌。以子贵，赠太宜人。翰林院修撰李廷相叙之。

刘 氏 庠生许俊妻。年二十四夫亡，遗孤幼弱，勤女红，抚子成立。年八十卒。人无间言。诏旌。

李 氏 金鼐妻。年二十八夫亡。无子，贞节自励，誓不他适。感舅妾张氏、刘氏同守，衣食屡乏，节操愈坚。诏旌一门三节。

袁 氏 庠生贾真儒妻。年二十八夫亡。绝粒，勺水不入口，欲从夫地下。亲属劝之曰：姑老子幼，汝死何赖？强起食。亲女红，敦俭朴，孝事嫡姑，抚二子游泮。年逾七十，节坚发白，妇道母仪克尽。

　　华　氏　抚宁卫军余华寿女。母潘氏，年二十五，寿告回原籍，取军装去，无消息。时女方五岁，母曰："夫去不回，女幼无靠，我将何之。"誓守此女，贫苦不恤。及女稍长，母欲议婚，女曰："母为我守，我安忍离母哉。"亦誓与共甘苦，如是者几四十年。母故，遂柩母于床侧。其节益励，破屋半间，风雨不蔽，衣食常缺，惟闭户念佛而已。至万历七年病卒，年六十余矣。邻里怜之，为助棺举葬焉。知县徐汝孝上其事，诏旌其门为贞孝之门。

　　王　氏　庠生王尧相妻。年二十一，夫亡。昼夜号泣，勺水不入口。姑以姑老子幼谕之，乃毁容截发，勉事鞠育。姑病痿，饮食扶掖，曲尽孝道。及卒，祭葬如礼。纺绩训子，三十九年如一日。万历戊午，子调元，领乡荐。直指刘公思诲，以铮铮一具铁心，凛凛满腔血性，姑无缺养九泉。子职犹供。子赖成名，半世书香不泯。具题建坊旌表。

　　朱　氏　李鹤年妻。年二十六夫亡。守节抚孤天培成名。寿八十六卒。

　　范　氏　任子孝妻。年二十七夫亡。茹荼饮蘖，矢节七十年。寿九十七卒。

　　惠　氏　州同郭朝元妻，年二十九夫亡。守节抚孤游庠。

　　贾　氏　杨枝盛妻。年二十四夫亡。守节抚孤游庠。

　　周　氏　温应学妻。年二十四夫亡。守节抚孤成立。

　　祝　氏　都司陈复先妻。夫亡，守节抚孤成立。

　　惠　氏　茹英妻。年十九夫亡。无子，抚继侄，苦守四十九年。

　　傅　氏　庠生王有庆妻。年二十七夫亡。守节抚孤游庠。寿九十卒。

　　徐　氏　庠生傅大成妻。年二十七夫亡。守节抚三子俱游庠。

　　张　氏　庠生萧春育妻。夫亡，守节抚孤成立。

　　单　氏　庠生萧奇干妻。夫亡，守节抚孤游庠。

杨　氏　庠生钟朝杰妻。年二十七夫亡。守节抚孤游庠。

董　氏　王隆明妻。年二十七夫亡。守节抚孤游庠。

杨　氏　李守敬妻。年二十四夫亡。守节抚孤成立。

鲁　氏　刘天学妻。夫亡，孝事舅姑，守节终身。

史　氏　赵中正妻。夫亡，守节抚孤成立。寿八十卒。

［国朝］

高　氏　进士田国足妻。年二十七夫亡，守节孝事舅姑，抚孤游庠。

栾　氏　马承爵妻。年二十一夫亡。遗孤在抱，孝事孀姑，抚子成立。

张　氏　庠生如梁妻，年十九夫亡，守节抚孤游庠。

张　氏　罗士俭妻。夫亡，守节抚孤成立。

王　氏　杨会妻。年二十二夫亡。遗孤在哺，苦守成立。

杨　氏　张国仕妻。年二十二夫亡。遗孤三岁，矢节抚教成立。

刘　氏　杨凤翼妻。年二十四夫亡。守节抚孤，备尝艰苦。

田　氏　庠生陈斯文妻。年二十五夫亡。矢节抚子成立。苦守六十余年。

党　氏　惠应征妻。夫亡，抚孤守节终身。

夏　氏　庠生丘行三妻。夫亡，子女俱无，守枢四十余年卒。亲族为之合葬。

惠　氏　庠生茹良翰妻。年二十七夫亡。守节至八十岁卒。

黄　氏　焦朝卿妻。年十七夫亡。抚孤守节终身。

杨　氏　朱廷佐妻。年二十四夫亡。守节抚孤五十余年。

贺　氏　孙承宗妻。年二十夫亡。守节抚孤成立。

郭　氏　郑起鸥妻。年二十七夫亡。守节抚孤成立。

惠　氏　钟之彦妻。年二十四夫亡。守节抚孤成立。

董　氏　齐步瀛妻。年二十二夫亡。守节抚孤成立。

赵　氏　齐应聘妻。年二十四夫亡。守节抚孤成立。

惠　氏　傅禀成妻。年二十八夫亡。无子，苦节至八十余岁卒。

张　氏　总旗田芳显妻。年二十夫亡。无子。守节六十余年。

傅　氏　贾一麟妻。年二十夫亡。子女俱无。守节四十余年。

任　氏　庠生唐之魁妻。年二十夫亡。守节四十余年。

翟　氏　庠生王辅妻。年三十夫亡。守节三十余年。

孙　氏　陈天禄妻。夫亡。舅姑怜其少而无子，命改适，不从。自缢死。

陈　氏　单勉行妻。年二十三夫亡。抚孤守节至八十余岁。

杨　氏　庠生陈鸿策侧室。夫与嫡俱亡。己无子女，守枢十余年，穷饿不悔，苦节终身。

陈　氏　庠生冯永清妻。年二十八夫亡。守节抚孤成立。

邹　氏　杨克礼妻。年二十夫亡。无子，坚志守节至八十余岁。

马　氏　庠生金启成妻。年二十七夫亡。无子，守节孝事舅姑，族人怜之，继侄为嗣。

王　氏　署渭南令萧苇妻。年二十四夫亡。守节抚孤成立。

张　氏　王一元。年十九夫亡。家贫，姑老子未周岁。苦守五十余年。

张　氏　王晏妻。夫亡，遗孤振祖甫周岁。矢节抚成，娶祖氏，生子周岁。振祖又亡。氏与子妇励节苦守，抚孙成立。

陈　氏　庠生高科妻。年二十四夫亡。子方在抱，抚教游庠。苦节五十余年。

赵　氏　王址妻。年二十五夫亡。矢节苦守三十六年。

赵　氏　庠生杨毓英妻。年二十七夫亡。守节抚孤成立。

刘　氏　高廷桂妻。夫亡，守节抚孤成立。

陈　氏　庠生茹春芳妻。年二十七夫亡。三孤幼，抚训成立，仲良翰游庠食饩。守节垂六十年，至八十六岁卒。诏旌。

陈　氏　校尉杨风鸣妻。年二十五夫亡。励节苦守，抚孤成立。至七十岁卒，诏旌。

陆　氏　庠生王绍先妻。年二十一夫亡。无子，决志殉夫，家人防之甚密，后稍疏自缢杏树下。康熙二十年，督学吴公珂鸣具题诏旌。

杨　氏　回安社民刘忠妻。年二十五夫亡。守节抚孤成立，教孙游庠。苦节五十年。

王　氏　庠生刘振兴妻。年十九夫亡。遗孤甫三十六日，姑与祖姑皆寡，三世仅恃一线，氏仰事俯育，备尝艰苦。姑与祖姑继殁，竭蹶殡葬如礼。苦节三十余年，教子廷瑚游庠，生四孙，今五十三岁，郡守张公朝琮旌曰：节孝无双。

王　氏　庠生翟琪妻。年二十四夫亡。遗孤三岁，几欲身殉。舅姑勉以抚孤大义乃止。家贫纺绩以供菽水，身受饥寒。苦节五十余年，教子游庠食饩。孙曾绕膝，七十六岁。

高　氏　武举萧箕妻。年十八夫亡。遗孤周岁，甘贫励节，孝事继姑，抚子成家，孙游泮。今八十一岁。

鲁　氏　万家庄社民李九龄妻。年二十三夫亡。遗孤周岁，舅姑早世，祖姑怜其少，命改适，誓死不从，甘贫励节。炊尝断，曾绝食六日，戚党怜而周之，得活。苦节四十余年，抚孤成立，今六十六岁。

齐　氏　万家庄社民赵文炳妻。年二十一夫亡。无子，孝事孀姑，以礼自饬。守节三十余年，今五十三岁。

王　氏　侯印祥妻。年十九夫亡，遗孤甫数月，舅姑衰老，慨然以事亲抚孤为己任。日操井臼，夜勤绩纺，五十年如一日。亲殁，丧如礼，抚子成家。孙曾绕膝。今六十八岁。

金　氏　庠生张庆彩妻。年二十，夫被盗伤，两孤幼，氏艰辛抚育，比长，两子又亡，守遗孙纺绩以给。劲节自持。今五十七岁。

齐　氏　海上社民王筠妻。年二十夫亡。两孤在抱，氏矢节事姑，衣食弗充，辛勤织纺，抚子力穑，成家苦守。完节至五十五岁卒。

韩　氏　山西社民傅迪妻。年二十五夫亡。家贫子幼，矢节不渝，苦守四十余年。今七十一岁。

李 氏 张自春妻。年二十九夫亡。守节三十余年。今六十二岁。

张 氏 国学生王煌妻。煌随父之任庄浪病故。氏闻讣号哭，几不欲生。姑劝之曰：死节何若守节。继侄基丰为嗣，力勤尽孝，教子游庠食饩。自二十二岁守节至今六十一岁，皓首苍颜，凛然劲节。

王 氏 庠生张希闵妻，年二十四夫亡。遗孤周岁，氏矢节孝事舅姑，养生送死，妇道克尽，抚孤至五岁殇。继族孙为嗣，又亡。贫苦茕茕，皎然劲节。历今五十余年。

王 氏 庠生董悉悦妻。年二十一夫亡。遗两孤幼，氏矢节事姑，克娴礼让，教子游庠。苦守三十余年。

迟 氏 海洋社民张廷棋妻。年二十一夫亡。矢节不移，力勤织纺。今六十一岁。

平 氏 海洋社民平自得女，年十八，待字。邻人赵某窥其姿，强暴横加。继母与女志趋不和，每为赵地，女度不免，潜以线缝衣，上下如织，投缳赵门首。时康熙三十六年五月二十二日事也。赵惧罪移尸庄前井中，人言藉藉，自得迫众论鸣官，赵供和奸已久，并非强逼。当事受重贿，剖腹验孕，仵作以肚为胎衣，诬女早已失节，竟宽赵罪。士论冤之，葬秦皇岛，墓前立石勒诗。郡守张公朝琮旌曰："光耀日星。"

郭三姐 龙腰庄民郭大福季女，年十八未字。一日，父母与兄他出，惟嫂与女居。日晡女往田间取菜，邻恶王德成窥无人，尾至田，复勒女于北山万松中，强逼不从，颠仆所致，草偃数亩，石欧脚踢，鳞伤眦裂，犹虑复苏，缢树上。凶遁迹。是夕，风雷大作，学博宋公琰署邑篆，廉凶置重典，大快人心。郡守张公朝琮旌曰："坤元正气。"

戴 氏 庠生诸大益妻。年二十六夫亡。守节三十余年。今六十二岁。

李 氏 薛璠妻。年二十九夫亡，矢志抚孤，勤俭持家。守节三十八年，今六十六岁。

傅　氏　江南寿春营副总兵尚谦女也，适国学生罗国珍。姑宋氏自二十九岁守节在堂，氏孝事维谨。年二十五，国珍亡，二子幼。氏与姑相依为命，矢志抚孤，力勤机杼，教子为诸生。郡守张公朝琼旌曰：一门双节。

刘　氏　张家庄社民石朝佐妻，年二十夫亡。守节四十余年。

孙　氏　良仁社民李璇妻。年二十三夫亡。守节四十余年。

赵　氏　回安社民李元成妻。赋性端严，不苟言笑。夫亡，遗子女各三，俱幼稚。土屋半间，瘠地数亩，不足供饘粥。氏矢节勤苦，昼亲农事，夜纺绩，并日而食，毫无戚容，从不屑乞假。邻有恤之者，辞弗受。教子习农樵，完婚嫁，课孙读书。苦节四十余年，不乐表扬。今七十余岁。

高　氏　万家庄社民温吉翰妻。年十九夫亡。遗孤襁褓，抚教成立。守节垂五十年。

杨　氏　庠生张之忠妻。年二十二夫亡。守节抚孤成立。今七十四岁。

郭　氏　庠生马襄妻。年二十二夫亡，遗两孤幼，矢节苦守，教子成立。仲游庠。今七十岁。

朱　氏　王果妻。年二十六夫亡。遗两孤幼，矢节不渝，孝事舅姑，力勤机杼，教子义方。今五十五岁。

张　氏　刘从新妻。年二十四夫亡，遗孤三岁，甘贫守节，孝事孀姑，抚子成立。今六十四岁。

王　氏　罗名世妻。罗两世同居，舅姑、叔婶在堂。家素寒，名世谋食他乡，数载一归。氏罄妆资以供甘旨。姑病，竭奉汤药。及殁，舅娶继姑。婶又殁，叔娶继婶。氏历事四姑，恪执妇道，年二十八，夫故他乡，遗三孤幼。舅年已老而家愈贫。氏慨然以仰事俯育为己任。身受饥寒，力勤纺绩，抚三子成立。仲瑄为庠生。守节三十年，今五十七岁，犹事两姑惟谨。

昌　黎

[元]

陈　氏　父隆，累官司徒。氏通诗经，年二十，归应州邢简。孝舅姑，闺门和睦。生六子，亲教以经学，后二子抱朴、抱质皆仕辽，位宰相，卒赠鲁国夫人。

王　氏　李贤卿妻。年十八夫故，誓不他适，纺绩以养舅姑。始终人无间言。至正十五年旌表。

[明]

刘　氏　白瑛继室。年二十夫亡，抚前室二岁子聪，视如己出。奉姑纺绩，始终无二。诏旌。

汪　氏　教谕大绅女也。适张湖，湖殁，氏方二十一，自知子婺难以存立，将己产尽遗张族，就养于母家五十余年。清节著闻。

李　氏　郭宗愚妻。年二十五夫亡，守节抚孤子镇，纺绩以资衣食。至九十卒。

李　氏　庠生郭然妻。年二十五夫亡，守节抚一子一女，历尽艰难。至九十卒。

王　氏　齐逍妻。年二十一夫亡，誓不再嫁。纺绩孝姑嫜，藐孤宗尧，甫一岁，抚而教之仕宦。若子、若孙、若曾，簪缨世济，其美皆节所留。

赵　氏　庠生王尚宾妻。年二十五夫亡，抚二女，清苦守，始终如一。

王　氏　上元主簿张昴妾。昴卒于任，氏甫十九，遗有嫡齐氏孤子国祥，氏痛夫亡，携孤扶榇还里守节。族人欲夺其志，自缢至再，七日不饮食，知不可夺乃止。抚祥成立且仕。氏年七十卒，侍妾以节闻者难之，矧子非其出也，县官为之请表。

李　氏　王欣妻。年二十六夫亡，守节至八十七岁卒。

李　氏　省祭官苏学颜妻。年二十九，夫亡。守节至五十七卒。

王　氏　谷钟妻。年二十夫亡，誓以死从。亲属劝不能解，防少疏，遂缢死。诏旌。

  齐　氏　庠生张至临妻。少寡，守节敬事舅姑，以寿终。

  朱　氏　张莹然继妻。夫亡，氏幼无所出，抚前妻子，备尝艰辛，终无二志。长子入仕籍，季游庠。有司旌之。

  刘　氏　庠生赵斐然妻。年二十九夫亡，守节纺绩茹荼，孝养舅姑，教子有成。寿九十六终。

  张　氏　高世俊妻。

  李　氏　高世龙妻。兄弟偕亡，无子，二氏共誓守节，俱至六十余岁卒。

  张　氏　庠生宋文耀妻。不育纳侧室尤氏生二子，尤年二十一夫亡，两孤在抱，与嫡矢志同守，家业赖以不坠。抚子景光、景瑗，俱游庠，继嗣两门。县旌曰："双节冠世。"

  [**国朝**]

  张　氏　吉安郡丞齐士斌继妻。年二十四夫亡，无所出，抚前妻子亲爱弥笃，内外无间。道府旌之。

  汪　氏　齐士良妻。幼寡，砥节苦守，抚孤游庠。有司旌之。

  李　氏　庠生高齐斗妻。年三十夫亡，奉耄姑，抚幼子，不坠家声。

  朱　氏　庠生张我见妻。夫亡，守节抚孤游痒。

  齐　氏　国学生魏业懋妻。明林县令鸣雷女也。夫亡无子，委其业于族，依母家以守。值客兵移驻昌邑，与民杂处。氏惧辱，闭户自缢。有司旌之。

  白　氏　进士李云起妻。云起任黎城令，死于寇。氏年二十，无子，矢节事舅姑，生养死葬，纺绩自给，人无间言。

  郭　氏　苟鹤程妻。夫避兵遇盗死。氏年少无子，矢志靡他，有司旌之。

  曹　氏　庠生张是达妻。夫亡无子，砥志守节，勤俭自给，有司旌之。

杨　氏　庠生张敬宸妻。年二十二夫亡，遗孤甫三月，矢节靡他。历三十年，始终如一。

田　氏　齐士敏妻。年少夫亡，家贫子幼，矢节苦守，纺绩以给。抚长子游庠，余俱成立。

党　氏　国学生齐士望继妻。婚四载夫亡，矢节抚孤成立。县旌云：劲节自矢，令德有终。

刘　氏　夫名弗传，舅赵万忠。氏年十九，夫亡无子。父母劝改适，氏不从，备楮帛奠夫墓，昼夜哭，潜缢死。其家讼舅于官，司理某公得其情，杖其父而旌之。

黄　氏　张鸣凤妻。夫亡，遗孤甫三岁，矢节贫苦自甘。至八十岁卒。

田　氏　年十七，夫幼，姑早孀。强暴乘姑外出，诱之，氏拒骂触怒，击碎其首而死。阖邑为立烈女坟。

冯　氏　庠生田生瑞妻。年二十余夫亡，遗孤甫三岁，矢志靡他。舅姑耄老，孝敬弗衰。苦节三十余年，人无间言。

曹　氏　举人赵天锡妻，年三十夫亡，矢节孝舅姑，勤纺绩，教子琅为明经。郡守张公朝琮旌曰："坤贞懿范。"寿九十一终。

张　氏　田鹍妻。年二十七夫亡，遗两孤，长甫三岁，次生二月。甘贫矢世，织纴奉姑。教长子克昌游泮。苦节三十六年，今六十三岁。

常　氏　庠生李位妻。年二十二夫亡，矢节抚孤，辛勤纺绩，教子绍祖游泮。苦节三十余年。今五十三岁。

曹　氏　庠生齐如琦妻。年二十六夫亡，清贞自矢，勤俭抚孤，教次子泽需食饩郡庠。守节四十余年，至六十九岁卒。

高　氏　庠生齐如云妻。年二十余夫亡，矢节不移，纺绩课子成立。

孙　氏　庠生齐泽遍妻。年二十八夫亡，持继孤，勤纺绩。伯兄泽永早世，氏为择继抚之，一如己子。青年矢节，皓首全贞。至六十岁卒。

孟　氏　马用德妻。年十八夫亡，遗孤甫二岁。矢节事舅姑，勤纺绩，苦守三十余年。

侯　氏　庠生高浚妻。年二十九夫亡，遗孤甫三岁。矢节茹荼，教子天权游泮。

马　氏　团一社民宋梯云妻。年十六，归宋。逾年，舅往秦，绝耗。姑旋殁。又一年，夫亡。惟祖翁景时在堂，曾任青阳令，宦橐萧然。一门之内上止颓祖，下仅弱媳，形影相吊，孤苦倍常。今祖翁年九十，病不能动履，氏力供甘旨，曲为护持。无子，继侄夭，又继承嗣。矢节三十九年，今五十六岁。孝慈愈笃，铁石弥坚。郡守张公朝琮详请旌表。

才　氏　赤崖社民刘朝宗妻。年二十九夫亡，遗孤未周岁，矢志靡他，孝事媪姑，抚子成立。守节四十六年，今七十四岁。郡守张公朝琮详请旌表。

刘　氏　延昌屯民盛治妻。年十九夫亡。坚贞自矢，孝事舅姑，送死养生。尽礼无憾，勤俭持家，时出纺绩。余资以周亲族。继侄大经为嗣，抚育教诲，慈爱倍至。守节三十七年，今五十五岁。郡守张公朝琮详请旌表。

赵　氏　贡生张以忠妻。年十八夫亡。矢志坚贞，继侄为嗣，竭心抚教。守节垂三十年。

李　氏　张化龙妻。年二十夫亡，遗孤旋夭，舅亦逝。氏矢节孝事媪姑，抚数岁幼叔成立。四十年苦节自甘，毫无爽德。今六十岁。

李　氏　桥头社民周延助妻。年二十三夫亡，家贫子幼，矢节不渝，力勤绩纺，抚孤成立。苦守三十四年，今五十六岁。

丁　氏　桥头社民周文广妻。年二十夫亡，家贫子幼，矢节抚孤，薪米屡空，从无异志。苦守三十四年，今五十三岁。

刘　氏　曹文质妻。年十九夫亡，并无子女，乡邻怜其贫苦特甚，劝之改适，氏矢节自誓，继三岁子为嗣，辛勤抚育，教以务农，娶妇生孙，皆氏苦节所致。今五十五岁。

刘　氏　静安社民田种玉妻。年三十夫亡，矢节甘贫，抚遗腹子成立。苦守四十余年，今七十四岁。

龙　氏　文公裔韩法祖妻。夫亡，家贫日甚，力勤纺织，孝事庶姑。教二子有成，长珣中康熙戊子举人，次琇袭世荫儒士。

滦　州

［金］

义丰县令李宝信妻**王　氏**　值平州军乱，陷于贼。贼逼室之，氏骂不从，贼怒支解之。大定十二年赠贞烈县君。

李伯通妻**周　氏**　年十六，父母许聘。李邻豪觊氏姿，欲贿夺之。氏以死拒，卒归李。后伯通为丰润令，挈妻子之任。金末，元兵攻丰润，伯通不知所往，氏与子易被执，氏不屈自投深堑，兵以为死去之。氏得不死，携易至汴，托居婿李，织纴自给，教易有成。

［元］

任椿妻**董　氏**　幼适椿，曲尽妇道。未三十，而椿亡。氏励冰霜之操，慕共姜之风，抚育诸孤俱成立。元贞三年，旌表椿为南麓先生五世孙。

［明］

吴　氏　王弘妻。年未二十，夫亡。矢志靡他，奉嫜尽孝，训子有成。守节数十年，敬勤中礼，远近称之。寿七十余。成化四年诏旌。

谢　氏　进士高璁妻。璁为临邑令，卒于官。氏年仅三十，教子谦成进士，为巩昌守，孙擢登嘉靖己丑第，官至大中丞。氏年九十余，累封太淑人，旌节寿。

许　氏　名毓英，王侃妻。年未二十夫亡，遗子蕃在抱。稍长，氏训以春秋，成进士，为御史，受封太孺人。弘治十四年，诏旌。

佘　氏　户部员外郎璘女。年十七，归陈瑛。二载，瑛暴卒。氏守志。足不履阈。事舅姑尽道，及殁，殡祭中矩。或曰："汝年未艾，且无遗婴，盍求青年富贵郎，以终老乎？"氏怒，号哭成疾，不肯服药死。弘治十四年诏旌。

　　尚　氏　李恕妻。年二十七夫亡，存遗孤，姑怜其少，欲夺志，使人屡迫之。氏持刀断发，誓必死。众骇愕始止。抚子成立，里号闺贞。

　　李　氏　王珏妻。守节。嘉靖二十六，郡守张公批，来省阡陌，匾旌其门。

　　赵　氏　国学生欧阳玳妻。守节。万历十四年诏旌。

　　吴　氏　庠生郝邠妻。守节。万历十八年诏旌。

　　厉　氏　王思文妻。守节。万历十九年诏旌。

　　陈　氏　李发妻。守节。万历二十二年诏旌。

　　谢　氏　国学生高朝妻，守节。万历三十年奉旌。

　　邸　氏　左太妻，守节。万历三十一年，奉按院旌。

　　王　氏　庠生李东妻，守节。万历三十年诏旌。

　　刘　氏　庠生李柱国妻，苦节。万历三十七的奉旌。

　　张　氏　庠生王许妻，守节。万历四十年诏旌。

　　郝　氏　庠生高陛妻，守节。万历四十五年，奉学按两院旌。

　　李　氏　国学生韩友苏妻，守节。天启五年诏旌。

　　杨　氏　庠生王之英妻。年未二十夫亡，遗孤方数岁，氏矢志训子胤昌，游太学。守节四十年，道府旌之。

　　宋　氏　庠生陈蒙吉妻。崇祯三年，城破殉节。诏旌。

　　冯　氏　庠生高鋐妻，苦节，崇祯七年奉旌。

　　宁春姐　贫家女。年十四，生有淑姿，独与母居。邻恶窥其母他出，带刀逼，且力持之。女大呼，四邻至，恶始奔。女哭，誓曰：吾女子被男子手近衣领而语无状，何以生为。竟缢死后园树下。狱具兵宪，刘公景耀置恶重典，自为文祭之。值暑月启棺改椟，女尸如生，目不瞑，既灌乃瞑。时崇祯十年事。

　　〔国朝〕

　　李　氏　省祭官田国祚妻。夫亡，守节数十年，勤慎自持。时脱珥以周亲族婚葬。顺治八年，郡守朱公衣助，旌之。

冯　氏　庠生孟臣极妻。崇祯庚午，夫死于难，氏伏尸饮血，欲与同尽。舅姑力劝抚孤，氏长斋奉竺终养二亲，殡葬尽礼。守节四十余年，康熙十年督学胡公简敬题旌。

聂　氏　庠生夏辅明妻。辅明于崇祯九年随叔建中之扶风县佐任，死流寇。家人负骸骨归。氏甫二十岁，痛哭欲绝，五日不食，誓以身殉。时上有六旬孀姑，下有五岁孤子，亲族责以孝养大义，氏方起任葬夫之事。家贫竭力供甘，含血教子。姑卧病九载，昼夜奉侍，未尝少懈，及殁，殡葬如礼。苦节四十余年，冰霜凛肃。子，曰瑚为诸生，事母以孝闻。郡守张公朝琼旌曰：节孝辉映。

李　氏　杨德斌妻。居海陬，幼丧夫，冰蘗自励，抚二子暨孙有成，苦节六十余年，寿九十，无疾卒。道府旌其门。

石　氏　庠生伦品著妻。夫为翁妾刘氏魇死，氏决志殉夫。小祥后，自备唅襚之属，哭别嫡姑，入室自缢。远近奔视，颜色如生，州士大夫争为诗文，以传其烈。

伦　氏　国学生张抡英妻。年二十五夫亡，矢节抚孤，事舅尽孝，躬纺绩，教子成名。至七十余岁卒，有司旌之。

王　氏　庠生伦品观妻。夫亡，遗孤可宗甫四十二日，矢节孝事舅姑，及殁，典鬻衣钏，殡葬如礼，教子游庠食饩。苦节纯孝，人无间言。康熙三十五年，诏旌。

伦　氏　李先期妻。夫亡，遗孤本立未周岁，家贫亲老，力勤纺绩以供菽水。教子游庠。守节四十七年。康熙三十五年诏旌。

孟　氏　举人白培极再继妻。夫亡，矢节抚前妻子景易，视同己出，教次子章以贡，仕海丰令。康熙三十六年，覃恩封太孺人。年七十余，两子皆亡，犹率两孀媳勤纺织，以课诸孙，昼夜弗息。

焦　氏　庠生赵琮妻。年二十夫亡，遗孤谦襁褓，家无斗筲储，贞操自励，教子游庠。子旋亡，遗孙文蒸幼，辛勤抚课游庠。守节五十余年，备尝艰苦。

孙　氏　庠生赵玘妻。夫亡，子业全无。苦节四十余年，今七十余岁。族人重其贞操，为立嗣。

王　氏　李雅妻。年二十七夫亡，遗孤甚幼。矢贞操，孝舅姑，勤俭持家，义方教子。守节四十余年，今六十九岁。

刘　氏　庠生陈玮妻。玮遭危疾，自知不起，谓氏曰：家贫尔无子可守，我死即他适以图存。氏曰：君勿虑，我不负君也。玮死，氏吞卤亦死。玮复苏，知妻死乃瞑目。氏年二十七，郡守华公黄挽以诗，张公朝琮旌曰：真情大义。

王　氏　赵应泰妻。年十七夫亡，有劝之嫁者，不从。以无子恐之，氏曰："姑吾母也，吾善事而依之复何忧？"后二十年继一子，视如己出。又有劝与伯兄异产，氏笑曰："兄弟分家，吾素鄙之，吾虽妇人，不为是也。"墙外有空舍数间，后徙之。有狐告同里人曰："吾常栖赵氏空宅，今彼移置，吾无家矣。"闻者曰："彼尚有余房，盍改栖。"狐曰："所居外舍也，若内宅，彼孀妇持节甚严，正气可畏，吾不敢入。"闻者异之。

蒋　氏　谢昆妻。年十八夫亡。无子，矢志靡他，甘贫励节。兄嫜有疾，不能持家，氏力任勤劳，悉索典质，毫无吝色。苦节三十余年，同居雍睦，内外无间。

杨　氏　普利屯民袁侑妻。年三十夫亡。无子，矢志守节，继侄学仲为嗣。上事舅姑，下抚幼子，茹荼集蓼，曲尽孝养。亲殁，殡葬如礼。娶妇钱氏，学仲亡，生遗腹夭。两孀相依，袁祀几绝。又继族侄学商为子，以商子为孙。四十年来，备尝艰苦。今两世绝而复续，皆氏劲节所延，而子妇之节实相辉映云。

乐　亭

［金］

张　氏　信武将军齐某妻。锦州故工部尚书九思后也。适齐封汝南县君。能抚其前子。将军观史，氏从旁问，将军重之。后将军卒。贞祐初，蒙古兵入平滦，大掠，乃携家之燕。乱平归，业已焚荡无余。氏甘辛苦，拮据治家，竟能保有宗祀。孀守三十年卒。及殡，执绋送者千人。乡贡守素，其子也。

［元］

石　氏　太守石某女。适丰润县尹王伯川，生子守兴。伯川早卒，其子亦夭。氏抚其妾子，无异己出。又丐文立碑祖茔，纪先世功德，翁璞恶之，为磨其文而削妾子名。氏抚成立，比翁卒，犹为立石纪。璞不仕，高蹈之志，可谓妇人中之慈孝两全者。

［明］

孙　氏　在城社民宋升妻。年二十七夫亡，家贫，二孤襁褓。氏旦织夜纺，以给衣食。抚之成立后，二子相继亡。又抚遗孙成立。年八十余卒。天顺五年旌表。

王　氏　时登屯民刘敬妻。年二十二夫亡，家贫遗一女，誓不再适，纴刺自给。年六十五卒。嘉靖七年旌表。

李　氏　火烧佛社民宫富妻。年十九夫亡，一子襁褓，守节四十年，无毫忽玷。嘉靖八年旌表。

葛　氏　富有屯民党文明妻。年十八，归党，五月而夫亡。号痛不辍。其母止之，氏曰："夫死再嫁岂良妇耶？"因自缢，人觉而救苏。夫殡，防少弛，氏竟缢死。

商　氏　庠生刘孟弦妻，子珠甫三月而孤，饘粥不给。氏奉姑尽欢，抚孤成立，人无间言。年七十卒。

杨　氏　庠生卢继伯妻。年十六于归，未再岁，夫殁，恸欲俱亡。时有娠五月，姑李恭人亦孀居，谕曰：倘得一子，亦可承祀，奈何死为。果生子，闺范甚肃，奉姑极孝。姑病月余，昼夜扶掖尝药。及卒，哀毁尽礼。又善奉庶姑，宗族多强悍欺孤。氏诫子勤学为诸生。

王　氏　庠生汪必相妻。年十九夫亡，遗孤襁褓，哀毁骨立，自缢枢前，赖救获免。纺绩事姑，姑暑月患痈，氏昼夜洗濯敷药，吁天身代，果愈，逾数岁姑殁，虽贫殡葬如礼。历艰四十余年如一日。万历三十一年，诏旌。

［**国朝**］

刘　氏　杨甲第妻。年十八夫亡，矢节抚遗腹孤钟秀成立，食饩于庠。寿八十九终。孙曾繁衍，实氏苦节所贻。院道旌之。

齐　氏　庠生宁君锡妻。年二十五夫亡，抚四岁孤，守志不夺。纺绩以事姑，食贫无怨。至八十余卒。

史　氏　庠生魏化淳妻。年二十四夫亡，遗孤三岁，甘贫守节，抚训游庠。至八十余卒。

赵　氏　张应赟妻。年二十一夫亡，遗孤二岁。有富家豪慕其姿，求聘，氏誓死不从。孝事孀姑，抚子成立。子又亡，抚三岁孙成立。艰苦食贫，终身无间。至八十一卒。

刘　氏　庠生王时衡妻。年十九夫亡，矢节抚孤暨孙成立。相继而亡，又抚曾孙，宗祧不绝，皆氏力也。寿九十卒。

刘　氏　黑崖子社民康朝选妻。年十九，遭侄赛各求奸不遂，用斧钉死。康熙三十九年诏旌。

高　氏　贾槃妻。年十九夫亡。无子，或劝之嫁，氏自誓守节，足不逾阃，并不归宁。姑患疽，氏吮脓秽，奉汤药数年不怠。苦守四十年。至五十九卒。

姚　氏　王三晋妻。年二十四夫亡，无子，贫寒彻骨，誓以死守。继未周岁之子含珠为嗣，嚼汁喂哺，抚育成立为庠生。苦守四十余年，至六十九卒。

冯　氏　庠生萧济妻。年二十三夫亡，遗孤柱甫弥月，翁亦旋亡。欲夺其志者甚众，氏唯抱其子，矢节甚坚。及子长，氏始安。苦守五十年，寿七十三卒。郡守张公朝琼旌曰：劲节存孤。

高　氏　庠生王积蔚妻。年十八夫亡，舅姑早殁，遗腹子全斌幼多病。氏百计护持，含血抚训，得为庠生，以继书香。苦守六十余年，今八十一岁。

姚　氏　张永康妻。年二十三夫亡，遗二子烆楷俱幼。舅姑旋殁，氏竭蹶殡葬，家贫纺绩度日，训子读书，教之曰：尔父读书未成，吾不令尔改业者，为尔家书香计也。虽辛苦难堪，不令子代。二

子俱为庠生。苦守垂四十年，今六十二岁。郡守张公朝琮旌曰：茹蘗
丸熊。

叶　氏　宁璲妻。年十八，夫亡，遗孤佳嗣幼。氏甘贫苦守，训
子游庠。坚节四十余年，至六十三卒。

赵　氏　冯家稍社民贾思福妻。年二十三夫亡，无子，继侄尔印
为嗣。娶媳景氏，甫三年，尔印又亡。遗孙在襁褓，二孀一孤，形影
相吊，贞操并坚，抚孤成立。氏守节五十三年，今七十六岁。景氏守
节三十九年，今五十八岁。郡守张公朝琮旌曰：松柏双贞。

朱　氏　江有余妻。年二十七夫亡。遗孤永幼，氏劲节自持，辛
勤抚育，教子游庠。守节五十余年，今七十八岁。

牛　氏　齐自先妻。年二十八夫亡。力勤纺织，孝养舅姑，生事
死葬，无不如礼。抚育二子成立，孙曾游泮。矢节坚贞，五代绕膝，
今九十一岁。

刘　氏　葛万里妻。年二十四夫亡。遗孤四岁，藉纺织延生，并
日而食。或劝之嫁，氏曰：夫亡而吾不死者，以有葛氏一点骨血未绝
耳，岂贪生人世乎，何再嫁？为会大雪，房压氏与子，埋雪中二日，
幸氏弟救得复苏。子长，娶媳生孙璁，子、媳相继亡。孙无乳食，氏
一壁纺织，一壁哺喂。及孙长，令就读义塾。氏自甘饥馁，遗食于
孙，诸艰备尝，教孙游泮。苦节四十三年，至六十六卒。郡守张公朝
琮旌曰：劲节贻谋。

刘　氏　王君相妻。年二十一夫亡。矢节甘贫，敬事舅姑，辛勤
训子。苦守三十年，今五十一岁。

李　氏　庠生阚相宸妻。年二十七夫亡。耄姑在堂，三子幼，仰
事俯育，孝慈兼至。长子嘉猷，次徽猷，入国学。季绥猷，为庠生。
守节六十余年，寿九十三卒。阖邑绅士交称其贤。郡守张公朝琮旌
曰：纯贞壸范。

张　氏　吴宗圣妻。年二十三夫亡。舅姑早殁，遗孤三岁。赤贫
无依，藜藿自甘。抚孤成立。苦节四十余年，今六十六岁。

张　氏　王调元妻。年二十七夫亡。家徒四壁，矢志弥坚，纺绩

度日，抚孤成立。苦节五十余年，今八十岁。

陈　氏　庠生商云生妻。年二十五夫亡。孤幼，或劝改节，氏心如铁石。日勤纺绩以事舅姑，及殁，殡葬如礼。抚子成立，乡里称贤。苦节垂四十年，今六十四岁。

白　氏　高甲妻。年二十二夫亡。孤幼家贫，绩纺抚育。苦节四十年，今六十二岁。

任　氏　贾升妻。年十九夫亡。遗孤未周岁，矢志完贞，辛勤抚育。守节三十余年，至五十三卒。

杨　氏　石崇玉妻。年十八夫亡。耄姑在堂，遗孤二岁。氏坚贞自矢，孝慈兼尽。苦守三十六年，今六十五岁。

王　氏　杨甫望妻。年二十六夫亡。冰霜自励，纺绩抚子。苦节三十余年，今五十七岁。

王　氏　国学生贾朝聘妻。年二十三夫亡。矢志靡他，孝事舅姑，辛勤教子。守节三十年，今五十二岁。

邹　氏　庠生贾士英妻。年二十七夫亡。姑老子幼，家贫岁饥。氏矢节力勤织纺，仰事俯育，备极孝慈。教子游庠。苦节垂五十年，今七十四岁。

郭　氏　酱家河社民贾士祥妻。年二十二夫亡。遗两孤幼。矢节孝事舅姑，及殁，殡葬尽礼。抚子成立，长为诸生。守节三十年，今五十二岁。

山　海　卫

[明]

黄　氏　女，名妙宣，年十七，许字龙升，届十九未婚，而升亡。女闻讣哀恸不食。久之，有求聘者，女不可，父母强之，则以死誓，知不可夺乃止。侍亲极孝，饮食衣浣皆出其手。族叔婶俱亡，遗三尺孤，特为抚养，教之成立。年逾七旬，颜发如童，其天植之节乎。

赵烈女　一片石军人赵来住女，年十六未字。其母过邻家，有同戍军窥母不在，假借针挑女。女怒手批军面，军惊去。母归，哭诉曰：我为女子，尚未适人，贼军辄敢淫语谑，我安用生为。求自尽，母防之。既三日，给其母曰：盍往理煤。母出，遂阖户自缢死。郡守张公世烈勘明，置军于法。为之营葬树碑，以旌其烈焉。

张　氏　千户女，为李百户长男升之妇。升之病死，无子，晨夕哀恸，见者感动。舅姑强之嫁，七日自缢死。

郭　氏　庠生何志道妻。年二十四夫亡。舅姑子女俱无，父母怜其孑处，取归养之，讽以别醮，誓不可，屡强，乃佯许曰：即改嫁，须还顾何门。及至何，痛哭竟日，中夜自缢死。部使商公诰旌之。

田　氏　千户刘世隆妻。国学生田路女也。世隆守界岭口阵亡。时氏年二十九，孑处矢死靡他，至八十七卒。孀居五十八年，备尝艰苦，部使商公诰旌之。

郭　氏　都督张世忠妻。寿官郭茂女也。忠死事，氏年二十九，几欲捐生，戚属以抚孤劝，矢志二十余年卒。御史温公如璋疏称：夫为国而死，忠妻为夫而苦节，昭哉双义，允矣可嘉，特竖旌坊。

萧　氏　庠生张云鹗妻。父萧大壮亦庠生。鹗卒，氏年二十六，遗子重立，甫五岁。室如悬磬，苦心抚训，领万历癸酉乡荐。重立又卒，遗妻王氏及幼子三人。氏与子妇艰苦共守，抚诸孙长，并攻儒业，年七十五卒。部使孟公秋旌之。

林　氏　卫卒罗荣妻。年二十七夫亡，家贫子幼，苦志自守。孀居六十九年，寿九十六卒。

郭　氏　朱澄之妻。年二十二夫亡。无子，甘守孤贫。苦节垂六十年，寿八十卒。

倪　氏　国学生栾养义妻。年二十四夫亡。矢节抚持二子，苦心训育成立。寿八十卒。巡抚李公顾题旌。

张　氏　刘复初妻。年二十七夫亡。仅遗一女，语及改适，辄惭愤。孝养其姑，终身无敢违礼。

王　氏　庠生施允宸妻。年二十六夫亡。舅姑子嗣俱无，穷苦励节三十余年，至五十九卒。

韩　氏　千户高世勋妻。年二十六夫亡。遗孤尚忠方怀抱，抚育苦守，当子袭职时，氏正七十岁。

刘　氏　千户洪大金妻。年二十夫亡。家徒壁立，抚孤成人。苦节六十余年。

刘　氏　国学生肖被远妻。太仆卿复礼女。二十八夫亡。子女俱无，孤守四十余年，闺门不出，笑言必谨。代巡吴公阿衡旌之。

林　氏　庠生程继中妻。年二十六夫亡。引刀欲殉，家人力劝，不得死，乃毁容断发，矢节终身。代巡吴公阿衡旌之。至七十二卒。

罗　氏　庠生郑廷献妻。年二十二夫亡。守节不渝，抚子允升游庠食饩，而氏已老。代巡吴公阿衡旌之。

詹　氏　庠生冯九鼎妻。年十九夫亡。遗孤甫六月，艰苦自守，誓不他适。至四十七卒，乡人哀之。

魏　氏　指挥李宗尧妻。年二十五，夫亡无嗣，守节六十年。院道屡旌。

王　氏　庠生萧裕远妻。莱阳知县从政女也。年三十夫亡。遗一女，孤守无他志，动循礼法，耄年而终。代巡吴公阿衡旌之。

鲁　氏　儒士穆齐仑妻。年十六，夫亡。遗一子，氏即欲殉，为子而留，剪发营葬。孤苦四十余年，内外无间。

郭　氏　庠生李养士妻。年二十六夫亡。遗孤六岁，贫苦励节，以针工自给，至六十九卒。

周　氏　韩祯妻，少鳌幼孤，断火绝粒，日攻针指，抚子有成。

郭　氏　徐承恩妻。年二十一夫亡。遗孤甫周岁。及葬临穴欲殉。舅姑亲属力劝乃止。守节三十余年，至五十二卒。

张　氏　儒士辛栋隆妻。年二十一夫亡。家甚贫，遗孤幼，侍养舅姑，女红课子游泮。代巡吴公阿衡旌之。

杨　氏　庠生张翺妻。翺孝廉，重立季子也。孝廉早世，孀姑王氏在堂，翺亡，氏年二十，守孤子四岁，不辞贫窭，孝姑教子，祖姑孙妇三世，俱以节闻。

孙　氏　庠生萧行远继妻。年二十，归行远。克执妇道，虑夫无嗣，脱珥置媵，未育夫亡。伶仃靡倚，孤守四十年。临终几无殁者。

郭 氏 庠生谭有临妻。年二十夫亡。誓死殉夫，慈姑多方劝慰，鞠养周岁呱儿，苦节四十余年，抚子成立。

范 氏 千户张守诚妻。夫亡，几欲捐生，笃志孤守，针工自给，允称苦节。

陈 氏 标兵马如麒妻。麒从镇将追剿叛兵，卸甲中风死。氏闻变，誓以身殉。时年二十五，有子甫四岁。麒枢停北门外，赴枢侧，哭三昼夜，目不睫，食不进。姑劝以抚孤，乃谓姑曰："若非尔子耶，二十六岁尚不能事姑以终天年，此茕茕者又何恃焉。"遂弃不复顾，乘间自缢死。关内道范公志完，请于巡抚宋公国栋允令配享贞女祠。

按： 关外贞女祠，乃祀孟姜女也。明末范公志完崇其祀典春秋，致享合关门已故诸节妇，设位配享。其间颂祚于各节妇之家。

[国朝]

穆 氏 李天祚妻。住盛水庄。顺治元年，闯贼寇关，天祚送妹入城，贼忽至庄，欲强逼，氏怒骂不从，抱女投井死。年二十六岁。

王 氏 庠生郭声远妻。年十九夫亡。遗孤未周岁，矢志靡他，事舅姑以孝闻。守节四十余年，至六十卒。

郭 氏 萧之高妻。年二十九夫亡。冰节自矢，抚遗腹子成立游庠。苦守四十余年，至七十二卒。

徐 氏 庠生郭重发妻。年二十六夫亡，止遗一女，矢节苦守。几五十年，至七十五卒。

李 氏 庠生郭重美妻。年二十八夫亡。遗两孤幼，矢节抚训，长子游庠又亡，家贫以针工自给，艰苦四十余年，至七十一卒。

潘 氏 王尔勤妻。年二十一夫亡。遗孤未周岁，艰苦抚育，立志不移，子长游庠食饩。守节垂六十年。

穆 氏 庠生刘廷巩妻。年二十九夫亡。无子，矢节，勤织纴，孝孀姑。苦守垂五十年。

王 氏 谭有章妻。年二十三夫亡。遗孤三岁，舅姑旋殁。家业中落，藉女红课子弘道为诸生。苦节五十余年。

曹　氏　刘世名妻。年二十七夫亡。遗孤四岁。矢志靡他，抚子游泮。守节垂五十年。

郭　氏　庠生刘秉乾妻。年十九夫亡。止遗一女，家贫织纴养亲，抚女曲尽孝慈，女甫及笄又亡。孤苦茹荼，历五十余年，初终无间。

穆　氏　赵梦辐妻。年二十九夫亡。遗孤二岁，矢节孝事媚姑，亲操井臼，勤俭持家，训子为诸生。苦守三十余年。

林　氏　魏士翰妻。年二十七夫亡。甘贫矢节，抚孤成立。贞守五十余年。

冯　氏　庠生任嘉彦妻。年二十九夫亡。遗两孤幼，抚养维艰，矢志苦守，终身不渝。

穆　氏　庠生王钦明妻。年二十七夫亡。舅姑子嗣俱无，矢节茹荼，亲睦妯娌。苦守三十余年，贞操弥坚。

董　氏　庠生程体观妻。年二十九夫亡。遗孤幼，励志苦守，教子游庠，始终一节。

何　氏　萧升妻。年二十七夫亡。子幼，矢志靡他，孝事媚姑，终身劲节。

蔡　氏　国学生吕焕如妻。年二十一夫亡。遗孤甫周岁，家徒四壁，艰苦备尝，孝奉姑嫜，抚子成立。

董　氏　国学生郭进妻。年二十七夫亡。无子，矢节坚守，历三十余年，人无间言。

朱　氏　庠生冯腾蛟妻。年二十七夫亡。子幼，与姑詹氏同守媚节，贫苦自甘，历久弥劲。

杨　氏　于应祥妻。夫亡子幼，矢节靡他，孝姑弥谨。其母怜其少，与姑议，令改适，坚志不从。及服阕归宁，母强之益力，遂痛哭返。氏揣事迫，向夫灵大恸，比暮，自刎死。郡守张公朝琮旌曰：巾帼完人。

解　氏　冯九征妻。年十七夫亡。遗孤甫五月。坚贞自励，抚子游庠。守节四十年，至五十七卒。

常　氏　壬子武举郭垣妻。年二十一夫亡。遗孤鳞甫三岁。矢志苦守，力勤纺绩。教子中癸酉武举。守节三十七年，今五十八岁。郡守张公朝琮旌曰：封发丸熊。

刘　氏　王慎修妻。夫亡。抚子成立，娶媳张氏。子又亡，姑媳同抚一孙，苦守数十年。郡守张公朝琮旌曰：松柏辉映。

吕　氏　庠生程启元妻。光禄卿鸣夏孙女。年二十二，夫亡。遗孤先登，甫三岁。矢节孝事媪姑，抚子游庠。历今五十年，贞操皎然。

邢　氏　庠生杨兆生妻。年二十九夫亡。矢节甚坚，勤俭持家，始终无间，抚三子成立，仲进增广生。

唐　氏　庠生刘天德妻。年二十八夫亡。已无所出，妾聂氏年二十二，生子甫三月。氏与聂矢志抚孤，女红以资薪水。历艰苦十八年，孤又亡。乃告族人，乞继堂侄为嗣。及氏卒聂哀痛尽礼，与夫合葬。其守贞之志，迄今弥劲。

张　氏　庠生穆维颐妻。年二十二夫亡。遗孤宗璠，甫三岁。矢志苦守，辛勤织纴，教子游庠。守节三十七年，今五十八岁。

穆　氏　庠生赵娱妻。年十七夫亡。遗孤汝楫，甫二岁。劲节自励，始终无间，课子游庠。贞守三十三年，今四十九岁。

吕　氏　穆宗孟妻。年十九夫亡，遗孤开诚，甫二岁，矢志不渝，自甘勤苦，教子游庠。守节三十三年，今五十一岁。

夏　氏　庠生穆维节妻。年二十夫亡。遗孤幼，矢志靡他，抚子成立。守节三十四年，今五十三岁。

穆　氏　吕时名妻。年二十二夫亡。遗孤承祖甫三岁，清贞砥节，辛勤织纺，教子游庠。苦守五十年，今七十二岁。

乔　氏　詹宽妻。年二十二夫亡。遗子三岁，女襁褓。贫苦无依，衣食常缺。氏矢节弥坚，惟凭女红，拮据存活。及女适人，子习艺尚不能娶。氏竟饥寒死。毕生苦节卒年四十九岁。

房　氏　庠生王成基妻。年二十二夫亡。家甚贫，两孤幼，冰蘗自励。誓死靡他。资针工抚子成立，苦守三十六年，今五十七岁。郡守张公朝琮旌曰：节懋功高。

刘 氏 郑遇时妻。年二十七夫亡。三孤幼，矢节，孝事舅姑，力供菽水，及殁，殡葬如礼。辛勤抚子成立。苦守四十余年。

郭 氏 赵正功妻。年二十一夫亡，遗孤甫八月，上无舅姑，终鲜伯叔，氏矢志坚守，铁石不移。贞节垂三十年，教子文焕为郡庠生。郡守张公朝琮旌曰：冰霜壶范。

陈 氏 国学生任中杰妻。年二十九夫亡，五子俱幼，矢志坚贞，劬劳纺绩，抚课诸子成立，四列胶庠。守节三十六年，今六十四岁。郡守张公朝琮旌曰：坚贞式谷。

魏 氏 薛邦兴妻。年二十四夫亡。家贫无依，矢节甚坚，诚孝事姑，义方教子，苦守三十余年，今五十五岁。

李 氏 儒士计可成妻。年二十二夫亡。家贫子幼。劲节自持，纺织精勤，动循礼法。抚孤成立。苦守三十余年，今五十三岁。郡守张公朝琮旌曰：金石贞操。

刘 氏 牛文龙妻。年二十八夫亡。矢志靡他，孝事孀姑，勤操家计，抚子良佐游庠。守节五十余年，至八十卒。

张 氏 傅尚卿妻。年二十四夫亡，子幼。矢节抚孤，及长又亡。遗两孙，复抚课游庠，曾孙亦泮。甘贫完节，三世赖其劬劳。守节五十余年，至七十六卒。郡守张公朝琮旌曰：纯节贻谋。

房 氏 儒士赵敏妻。年十六，归赵。甫三月，夫亡。誓死靡他。生遗腹女，抚训备至，择婿字之。苦节垂三十年，今四十四岁。郡守张公朝琮旌曰：节比松筠。

刘 氏 蒋元辅妻。年二十二夫亡。家徒壁立，矢志守贞。生遗腹子怀荩，日资纺织，抚孤成立。苦节三十三年，今五十四岁。郡守张公朝琮旌曰：冰霜劲节。

董 氏 程云起妻。年二十二夫亡。矢节孝事舅姑，力勤纺织。教子法，为郡庠生。守节三十七年，今五十八岁。

王 氏 杜朝盛妻。年二十五夫亡。止遗二女，孤苦伶仃。织纴自给。矢节三十四年，今五十八岁。

张　氏　常进文妻。夫亡，遗两孤幼，氏矢节，抚成，俱授室。次子时兴亡，媳徐氏年二十三，遗孙仅两月。长子时泰候选经历，又亡，媳王氏年二十九。三孀相依，抚两孙成立，秉信为郡庠生。氏今八十四岁，王氏、徐氏俱六十余。郡守张公朝琮旌曰：一门贞节。

侯　氏　庠生赵登云妻。年二十六夫亡。遗孤丹未周岁，内外无倚。氏矢节，力勤针工，抚子游庠。苦节四十余年，今六十八岁。

赵　氏　林枝宗妻。年二十三夫亡。几欲捐生，舅姑曲谕抚孤大义，乃矢节尽孝。抚三岁子毓琦贡入太学。守贞五十余年，今七十四岁。

张　氏　王应新妻。年二十七夫亡。遗两孤幼，抚育成立。仲子加士，娶妇郭氏，年二十三，加士亡。遗孙三岁，氏与媳相依苦守，始终无间。今氏八十二岁，郭氏五十六岁。郡守张公朝琮旌曰：一门双节。

刘　氏　潘天柱妻。年二十六夫亡。家贫子幼。或劝之嫁，氏誓死坚守，抚孤成立。苦节三十五年，今六十岁。

张　氏　庠生马应运妻。年二十七夫亡。子幼孤苦伶仃，饔飧不给。氏辛勤抚孤，绩纺度日。守节三十余年，今五十九岁。

傅　氏　刘文登妻。年二十七夫亡。子幼家业日窘。氏矢志抚孤，食贫无怨。教子有成。守节垂四十年，今六十五岁。

侯　氏　高琳妻。年二十二夫亡。遗孤文绣，甫四十日。矢节事舅姑，养生送死，备尽孝道。殷勤抚育，教子游庠。苦节四十年，今六十一岁。郡守张公朝琮旌曰：励节全慈。

计　氏　郡庠生王象贤妻。年二十一夫亡。无子。冰操自励，孝事孀姑，朝夕靡懈。苦守二十余年，四十三岁卒。家人哀其贤节，继侄璋嗣之。

王　氏　周琏妻。年二十二夫亡。遗孤三岁。矢志靡他，抚子成立。守节三十年，今五十二岁。

朱　氏　赵德芳妻。年二十五夫亡。遗三孤幼，矢志靡他，纺织自给，抚子成立，教孙游庠。苦节五十年。

柴　氏　李起凤妻。年二十九夫亡。两孤幼，矢节持家，义方教子。长联芳，次联捷，俱入太学。贞守五十余年，至八十三卒。

李　氏　何尔通妻。年二十九夫亡。守节，教子昌运游庠。今六十岁。

何　氏　郭万里妻。年二十二夫亡。矢节苦守，抚子成立。始终不渝。

田　氏　王云鸣妻。年二十七夫亡。遗孤二岁。矢志坚贞，抚子成立。守节三十六年，今六十二岁。

流　寓

天地逆旅，何莫非寓。然唯贤人君子足迹所至，则其地随在得名。逸少之于山阴，康乐之于永嘉，固矣。而苏东坡亦于黄州有雪堂，远历惠儋，卒买宅阳羡，营楚颂亭，留笔扎其眉山故武，反不必问。人顾贵自立耳。弧矢四方亦安，必骑款段马，第使乡党称善人为！但萍踪湮没尘壤者亦多矣。高贤托足其间，览胜悠游，因时播越，亦自有幸不幸，而深为斯地之幸。山川增色，可不借以并传。

［晋］

赵　至　字景真，代郡人。寓居洛阳。幼时诣师受业。闻父耕叱牛声，投书而泣。师怪问之，至曰："我小未能荣养，使老父不免勤苦。"师甚异之。年十四，游太学，遇嵇康于学写石经。徘徊视之，不能去。请问姓名，康曰："年少何以问耶？"曰："观君风器非常，所以问耳。"康异而告之。后乃亡到山阳，求康不得而还。又将远学，母禁之。至遂佯狂走，三五里辄追得之。年十六，游邺，复与康相遇，随康还山阳，改名浚，字允元。康每曰："卿头小而锐，童子白黑分明，有白起之风矣。"及康卒，至诣魏兴，见太守张嗣宗，甚被优遇。嗣迁江夏，相随到滑州。欲因入吴，而嗣宗卒，乃向辽西而占户焉。初至，与康兄子蕃友善。及将远适，乃与蕃书叙离，并陈其志。至身长七尺四寸，论议精辩，有纵横才气，辽西举郡计吏。到洛与父相遇，时母已亡，父欲令其宦立，弗之告，仍戒以不归。至乃还辽西。幽州三辟部从事，断九狱，见称精审。太康中，以良吏赴洛，方知母亡。初，至自耻士伍，欲以官学立名，期于荣养，既而其志不就，号愤恸哭，流血而卒。时年三十七。

公孙凤　字子鸾。上谷人也。隐于昌黎之九城山谷。冬衣单布寝土床，夏则并食于器停，令腐败然后食。弹琴吟咏，陶然自得。

［元］

张　升　字伯高。其先定州人，徙卢龙。幼警敏过人，既长，力学工文辞。至元二十九年，荐授将仕郎、翰林国史院编修官，预修《世祖实录》。升应奉翰林文字。寻升修撰历兴文署令，迁太常博士。成宗崩，大臣承中旨，议奉徽号飨宗庙。升曰："在典故，凡有事于宗庙，必书嗣皇帝名，今将何书？"议遂寝。武宗即位，议躬祀礼，升据经引古，参酌时宜以对。帝嘉纳之。至大初，改太常寺为太常礼仪院郎，除升为判官。久之外补，知汝宁府。民有告寄束书于其家者，逾三年，取阅有禁书一编，且记里中大家姓名于上。升亟呼吏焚其书，曰："妄言诬民，且再更赦矣，勿论。"同列惧，皆引起。既而事闻，廷议，谓升脱奸轨，遣使穷问，卒无迹可指。乃坐夺俸二月，历江西行省左右司郎中，除绍兴路总管。大德至大间，越大饥，疫民死者殆半，赋税盐课责吏胥代纳，吏并缘为奸。升为证于簿籍，白行省蠲之。前守有为江浙行省参知政事者，争代者禄米有隙，欲内之罪，移平江。岁输海运粮布囊三万，俾绍兴制如数。民苦之，更数守，谓岁例如此，置弗问。升言："麻非越土所生，海漕实吴郡事，于越无与。"章上卒罢之。历湖北道廉访使，江南行台治书侍御史，召为参议中书省事，改枢密院判官。寻复中书参议。至治二年，又出为河东道廉访使。未行，拜治书侍御史。明年，出为淮西道廉访使。泰定二年，拜陕西行省参知政事，加中奉大夫。寻迁辽东道廉访使，属永平大水，民多捐瘠，升请发海道粮十八万石，钞五万缗，以赈饥民，且蠲其岁赋。朝廷从之，民得全活者众。明年，召拜侍御史。天历初，出为山东道廉访使。逾年，召为太禧院副使，兼奉赞神御殿事，除河南省左丞。复迁淮西道廉访使，上书乞致仕。至顺二年，复起为集贤侍讲学士，文宗眷待甚隆。元统元年，顺帝即位，首诏在廷耆艾访问治道。升条上时所宜先者十事，寻兼经筵官、廷试进士，特命升读卷。事已，告省先墓。明年，以奎章阁大学士、资善大夫知经筵事。召赐上尊，趣就职，升以疾辞。命郡月给禄半，以终其身。至正元年卒，年八十一。赠资德大夫，河南等处行中书省左丞，谥文宪。

黄 赟 江西临江人。父均道，延佑间求仕京师，留赟江南，时赟幼，及长闻父再娶，居永平，乃往省之。至，父已殁，其妇挟赀更嫁，居乐亭。赟求见，拒不纳。赟曰："吾来省父，不幸父殁，幸示墓所，得奉骸骨归足矣，忍利遗财耶。"后母竟不见，其母弟怜之，与偕求墓所，又弗得。赟日夜悲苦，祷于神。一夕，梦一老以杖指葬处曰："见片砖即可得。"明日即其地求之，果得。启棺携父骨归。

[明]

管 珍 字席之。江南长洲人。家世理学，品行高迈。邑人韩金宪原善令吴时物色之，延归教授子弟。郡人师事之者甚众。珍之教，先大节而后文艺。目击时事，亟谋南归，至沙流河，寄诗与其徒云："沙流河口笛声哀，插羽飞尘匹马来。东望遥怜二三子，几人安坐读书台。"后庚午城陷，人服其先见云。

王元辅 字玉铉。江南兴化人。随父宦游永平，爱风土淳厚，遂家焉。元辅姿性过人，补郡庠弟子员，每试冠军。家贫，授徒养亲，曲尽诚孝。郡人韩令尹应奎，负人伦鉴识，妻以女。元辅不爱美饰，韩女即练衣，躬行俭素，夫妻相敬如宾，有鲍宣桓少君之风。庚午殁于兵，志业未遂，士论惜之。

徐 硕 字留侯。江南嘉定人。父工岐黄术，迁永平。硕师事管珍。善摛词，兼精书法，为滦诸生。父殁，复入京游公卿间，诗文益进，以疾逝。硕有死友王复一，竭力营殡，且厚赡其妻子，硕可谓善于取友者矣。

曹玕 字公粹。江南上海人。曾祖宗闵，武宗时名御史，以建言被谪，直声著闻。玕幼孤，祖汉翘任永平简校，携之官。甫弱冠，补郡庠。与会稽刘宪孟为师友，每试辄高等，名藉甚。汉翘解银赴京师，为藏吏盗七百金，贫无偿，惶怖归里。有司追责甚急，玕身任之。时同乡董羽宸为冢宰，德玕先世，厚赠始得完负。宪孟连不第，谋入太学，玕举所余数百金为赠无吝色。陈王金嘉其孝义，以女妻之。

鲁绍芳 浙江余姚人。性恬澹，积学有蕴藉。万历初，因祖戍山海，就而相依。乃设教关门，以戴礼专业，榆庠之有礼经自此始。穆太守以此成进士，后治礼者多出其门。

朱国梓 字邓林。辽东前屯人。父梅尝为总戎。国梓以部使司关务，继升永平道佥事。值寇陷京师，赴关与总戎举兵复仇。比事成，奉身而退，侨寓关北石门寨山中，菽水养母，以琴书自误，甘为隐君子焉。

［国朝］

赵廷臣 字君邻。奉天铁岭人。明末寄居山海，性至孝。父殁三年，独居不入帷室。为人持正，有经济才。国朝以明经入仕，历官兵部尚书，总督浙江军务。

陈培基 字心田，辽阳人。由选贡知山西辽州，致政归。崇祯中，寄居永平二十余年，礼节自持。国初，特起顺天府尹。时故明积习，豪强肆横，以执法忤当事，谪知海州。寻转刑部郎，迁延安知府，以循良称，升江南海防副使。卒于官。犹子永吉为江宁令，有声于时。

王御世 字开泰。山西泽州人。为诸生，每试冠军。数困棘闱，肄业太学。值畿东更定盐法，台臣高公榷盐，冯公疏请设纲增引。顺治庚子，认商永平。性敦厚尚义，凡急公排难之举，毕力为之，无矜吝色。长子业宏，国学生；仲业伟，庚戌武进士；季业隆，乙卯武举。孙谦吉，以明经筮太谷，训绰有祖风。曾孙基由泽庠贡，端重嗜学，能以和厚处时，盘错，累世侨寓北平，无忝先德。

傅以德 字克昭。浙江仁和人。任侠好游，足迹几遍九州，所历多题咏。探亲卢龙，遂家焉。负才不群，数为钜公延聘参赞幕府。入手千金立尽。尝因知交急难，挺身辩雪。遇事不惮解纷，亦不容人过，故常取嫉于人，当事皆重其品。

姚士圭 字时六。江南桐城人。博识长诗文。泽州守伦可大延归永平训子侄。及病，托以孤。伦与配相继殁，徒俱幼冲。圭竭诚课读，且力御外侮，不避凶横，曲为排护，赖以宁。可大长子觉，今仕大理府判。

林时亮 字元寅。福建福清人。幼失怙，母杨氏抚育之。值兵乱，母与叔母各抱孤儿，避难相失。时亮为山海张某所得，赖以存养。长，善贸易，娶秦氏，生计颇蕃。日以寻母为念，祷神感关圣，降笔命人都访。丙辰鼎元，彭翰林以彭，能化笔知未来事。至都，诚谒彭，以无因坚拒之。值韩慕庐先生他出，舆前哀恳，韩扣其始末，引见彭得示，遂南行寻母。时有族叔任山东游府，意或有同乡人可探母信，往见述幼时事，座中一客潸然，诘之，则从弟某，其母即昔时同避难之叔母也。趋见叔母叩其详。向兵逼时，母惧辱，已从途中尽节矣，因大恸，迎叔母及弟归山海，然终以不得见母为恨。以关圣昔曾许之，时诣庙怼圣，忽发狂疾，膂力异常，掷几空中，趋圣庙取百二十斤大刀，轮动如飞，高坐据案，掀髯执书，若世所图读春秋像，历声曰："林某，吾以尔一念之孝，示知母耗，尔母死已久，奈何怨我。"观者大骇，伏地哀祷遂偃仆，弗药而愈。至孝所感，上格神明，迄今乡里习为美谈。卒年六十六，子二：长琪、次瑛，俱入府庠贡。

方　技

艺成而下亦足以见道。伯乐相马，庖丁解牛，以及卢扁之医，秋之奕，僚之丸，擅名厥世，皆号国能。唯兹为故，塞地荒略弗及，事淫巧则罕所见称。然多能鄙事由不试。故尔尘埃中，固不无小智绝伦者。

［明］

颜　钦　昌黎人，善医。洪武初年，诏选入院，授医官，以院属掌之。相传八世，孙颜有孚犹世厥官。

赵　楷　乐亭人，邑诸生。少聪敏，得麻衣诀，然不欲以术售。抚宁翟中丞鹏林居，楷望见辄语人曰："翟当起重用，第不终耳。"亡何，起至大司马，总督六镇，遭厄。王司徒好问不偶，意郁然，楷曰："君当清贵，可上卿，无忧不第。"后果然。又能自知休咎，俱言如左券。

刘　冠　河南仪封人。祖浩从太祖取张士诚有侦功，授都指挥。不受，愿就医，随徐武宁调理军士，遂家山海。冠世其业，为医不轻试药饵，预知吉凶。时主政邬公艰嗣，宠姬多人，内有娠者，尝以疾求诊脉。冠曰："请以面盘印手讫。"出盘，冠曰："此非病，乃喜兆也，主生男。"后果验。詹大司马家居病痰，一医自京来，邀冠相陪。冠一见即告司马曰："亟送回此医，公疾无恙。"司马然而送之，至潞河驿，医为马轶蹦死。预断诸如此颣，号为神医。

黄象奎　江西赣州人。原姓李名逢月，领天启辛酉乡荐，筮仕两当令。以土寇破城避迹至滦，祝发萧寺。有蔡生见而异之，劝勉蓄发与共笔砚，开馆授徒。抚宁名士，多出其门。奎邃于易，精岐黄之术，施药济人，全活甚众。卒，葬紫荆山下。

仙　释

秦皇汉武皆求仙海上，今犹近岛有其驻跸，而仙终不可致。况竺乾述苦空后，其徒引事浮屠，号为善知识者，类习贪嗔世法，升座谈空。求其实行修证，竟万不得一。流弊忘源，自欺欺人，深为四民蠹。持世者，固不可无韩愈之卓议也。二者似不应矜奇长惑。然苟遇其人，而不撢实以著质焉，愈滋惑矣，故用循次及之。至如韩湘子、张果老，原载昌志。其言果老，世传在仙台山后修炼，至今呼为张果老院，石碾石房遗址尚存。按果老遗迹在在多有，若此无明证，第目为仙迹可矣，莫必其为果老也。韩湘，昔文公勉之学曰：吾所学者非公所知。传湘为愈侄，及韩滂墓志乃退之自作，自称叔祖愈，滂兄湘，湘又为其侄孙。今昌邑西山石上影想像指为湘子影，是又因文公而附会之，大率好事者为之也，俱不可以传信。兹不复载。

［金］

玉川子　姓王氏，失其名。在滦州长宁店西建庵，尸解莫知所在。后有人岭南见焉。

［元］

白云子　姓王氏，失其名。初居滦州五山，因鲜卑金吾元帅请，住持长宁观阐玄教。至元二年，赐号广德真人。

净　聪　乃东溟宋氏。幼削发为僧，游清水兴国寺，师蔼公，颇多解悟。于是，遍历丛林，探华严金刚奥旨。后于云峰得诀，始归构庵不出。至元乙卯入定。诸沙门为造浮屠。有月泉老衲访道清溪，为聪作铭。后至明成化初，塔裂启之，止舍利二三存焉。

［明］

杨不语　滦西人。性淳实，甘澹泊，寡言笑，幼出为僧。明初时栖祥云岛古刹，在海岸寥寥无村落。杨益苦戒，尝寂然竟日，初不哆口讲谈，人呼为杨不语，亦特信其淳实，未之奇。后往往见有二虎来卧寺门，不语汲水饮之，虎驯不加害，始知有行。至宣德间百岁余化。

马真一　自称河南人。年一百八十余岁。昔在华山学道，崇祯初年，来入广宁，居北镇庙，采蘑菇，拾野菜为食。时大旱，经略袁公崇焕曾使人致至祈雨，次日果雨。但语言颠狂，举止疏放，袁怪之，目为妖妄。羁迟山海，遇关宪梁公廷栋，尤加亲洽。与谈休咎，皆应讲经论艺，剖抉如流。饮食不拘荤素，取足而止。诙谐之中，往往皆成谶兆。踪迹无常，人不能测，后不知所之。

祥　迈　别号如意野老，住持昌黎道者山。性警敏，洞悉禅机。

尝著莲花经叙及注释。叙成，佛前祝曰：甘愚昧，恐不能阐发大道，如文可传，碎而复合。乃剪撒之，须臾，微风鼓凑如故，一字不乱。众皆异之，遂刊传。

卦和尚 居府东阳山庵。娶八妻皆死，其寿百六十岁。人以为采补延年，能前知言祸福如神。凡访者，或城，或庄，方出户，即知之。呼妻曰：老伴，快作饭，有几人来访。未几，大呼曰：再添米，又有二人来访。少顷，果然。八月十五日有劫盗至，先期呼山下庄客伏庵侧，闻磬声，各敲铜铁器惊之，遂解散。又一日，知盗来，自避庵后高处静坐，盗盈担归至庵下百步许，迷失道，尽一夜力周庵四围，日出，若有人拘者，齐至卦前。视之，各盗如梦醒，遂叩头流血。卦慰以善言，陈利害，各还物于故处而去。以上二条未详世次。

沈 环 抚宁深河堡人。幼得仙术，言祸福多奇中。相传于嘉靖年元宵日，与妻弟某骑木凳腾空，跨海往蓬莱县看灯，环半夜即回，遗妻弟彼处，丐食而归。呼吸导引，后不知所终。

‖ 卷之二十二 ‖

莱　阳　　宋　琬撰次

府学训导　徐　香参订

萧　山　　张朝琮续纂

卢龙教谕　胡仁济校辑

艺　文　上

永平文最古者，莫如秦皇之铭，汉武之书。魏晋以还，简册无征，若境内诸山谷残碑断碣，仅有金、元一二存。墟墓寺刹，非关世教，而其卓然垂之千古者，仅韩吏部二作，他无可称矣。惟是近代诸公序记，或志庙学，或纪城池。次则扬扢山川，流连景物。并郡乘所不可缺者，不揆芜陋，辄以鄙作附焉。亦以郡事收之，非敢自衒也。其他重复靡冗之作，咸所不取。

铭

秦始皇帝碣石铭

遂兴师旅，诛戮无道，为逆灭息。武殄暴逆，文复无罪，庶心咸服。惠论功劳，赏及牛马，恩肥土域。皇帝奋威，德并诸侯，初一泰平。堕坏城郭，决通川防，夷去险阻。地势既定，黎庶无繇，天下咸抚。男乐其畴，女脩其业，事各有序。惠被诸产，久并来田，莫不安所。群臣诵烈，请刻此石，垂著仪矩。

玺 书

汉武帝报右北平太守李广书

将军者，国之爪牙也。司马法曰：登车不式，遭丧不服，振旅抚师，以征不服。率三军之心，同战士之力，故怒形则千里竦，威振则万物伏。是以名声暴于夷貉，威棱憺乎邻国。夫报忿除害，捐残去杀，朕之所图丁将军也。若乃免冠徒跣，稽颡请罪，岂朕之指哉！将军其率师东辕，弥节白檀，以临右北平盛敌。

诏

元至元十八年十二月戊申封伯夷叔齐诏

盖闻古者伯夷、叔齐，逃孤竹之封，甘首阳之饿，辞爵以明长幼之序，谏伐以严君臣之分，可谓行义以达道，杀身以成仁者也。昔居北海之滨，遗庙东山之上，休光垂于千古，余泽被于一方。永怀孤峻之风，庸示褒崇之典。於戏！去宗国而辞周粟，曾是列爵之可縻；扬义烈以激清尘，期于世教之有补。可追封伯夷为昭义清惠公，叔齐为崇让仁惠公。

祭 文

明成化九年钦降清节庙祭文

惟神逊国全仁，谏伐存义。为圣之清，千古无二。怀仰高风，日笃不忘。庸修岁事，永范纲常。尚飨。

景泰四年钦降显功庙祝文

惟王开国辅运，为时元勋，缮治边疆，万世允赖。军民怀仰，祠祝以陈，神其鉴兹，荫佑无斁。尚飨。

颂

伯 夷 颂

士之特立独行，适于义而已。不顾人之是非，皆豪杰之士，信道笃而自知明者也。一家非之，力行而不惑者，寡矣。至于一国一州非之，力行而不惑者，盖天下一人而已矣。若至于举世非之，力行而不惑者，则千百年乃一人而已耳。若伯夷者，穷天地，亘万世，而不顾者也，昭乎日月，不足为明；崒乎泰山，不足为高；巍乎！天地，不足为容也。当殷之亡，周之兴，微子贤也，抱祭器而去之。武王、周公圣也，从天下之贤士，与天下之诸侯，而往攻之，未尝闻有非之者也。彼伯夷、叔齐者，乃独以为不可。殷既灭矣，天下宗周。彼二子者，乃独耻食其粟，饿死而不顾。由是而言，夫岂有求而为哉，信道笃而自知明也。今世之所谓士者，一凡人誉之，则自以为有余；一凡人沮之，则自以为不足。彼独非圣人，而自是如此，夫圣人乃万世之标准也。余故曰：若伯夷者，特立独行，穷天地，亘万世，而不顾者也。虽然，微二子，乱臣贼子接迹于后世矣。

碑　铭

魏博节度观察使沂国公先庙碑铭

唐　韩愈

元和八年十一月壬子，上命丞相元衡、丞相吉甫、丞相绛，召太史尚书、比部郎中韩愈，至政事堂，传诏曰："田弘正始有庙京师，朕惟弘正先祖父，厥心靡不向帝室，讫不得施，乃以教付厥子；维弘正衔训事嗣，朝夕不怠，以能迎天之休，显有丕功。维父子继忠孝，予维宠嘉之，是以命汝愈铭。钦哉！惟时臣愈承命悸恐，明日诣东上阁门拜疏辞谢，不报。退，伏念昔者鲁僖公能遵其祖伯禽之烈，周天子实命其史臣克作为《駉駜泮閟》之诗，使声于其庙，以假鲁陵。今天子嘉田侯服父训不违，用康靖我国家，盖宠铭之。所以休宁田氏之祖考，而臣适执笔隶太史，奉明命，其可以辞？谨案魏博节度使、银青光禄大夫、检校工部尚书兼魏州大都督府长史、御史大夫、沂国公田弘正，北平卢龙人。故为魏博诸将，忠孝畏慎。田季安卒，其子幼弱，用故事代父，人吏不附，迎弘正于其家，使领军事。弘正籍其军之众，与六州之人，还之朝廷，悉除河北故事，比诸州，故得用为帅。已而，复赠其父，故沧州刺史、兵部尚书，母夫人郑氏梁国太夫人，得立庙祭三代：曾祖都水使者府君祭初室；祖安东司马赠襄州刺史府君，祭二室；兵部府君，祭东室。其铭曰：唐继古帝，海外受制。狎于大宁，燕盗以惊。群党相维，河北失平。号登元和，大圣载营。风挥日舒，咸顺指令。嶪嶪魏土，婴儿戏兵，吏戎愁毒，莫保腰颈。人曰：田侯，其德可倚。叫噪奔趋，乘门请起。田侯摄事，奉我天明，束缚弓戈，考校度程，提疆籍户，来复邦经。帝钦良臣，曰：维锡予，嗟我六州，始复故初；告庆于宗，以降命书，旌节有韬。豹尾神旗，櫜兜戟蠹，以长魏师。田侯稽首：臣愚不肖，迨兹有成，祖考之教。帝曰：俞哉，维汝忠孝。予思乃父，追秩夏卿，媲德娣贤，梁国是荣。田侯作庙，相方视址，见于蓍龟，祖考咸喜。暨暨田侯，两有文武，讫其外庸，可作承辅。咨汝田侯，勿亟勿迟，观飨式时，尔祖尔思。

王公先茔碑

明　王翱

翱以不肖之质，获蒙祖考余庆，以有禄位。缪膺奖擢，践更要职。国有常典，命及其先。非惟优异台宪之臣，盖以彰积善垂庆。其来有自。而欲昭潜德，发幽光。俾为臣子者，退得伸孝于家，而进得尽忠于国，是谓一施而两得。此朝廷所以推仁而广恩，而为臣子者至幸也。翱自永乐乙未第进士，历官监察御史、行人司正、佥都御史，进副都以至左右都御史，今加升太子太保，仍兼本职。累朝恩典，随官迁转，皆受诰敕藏之于家。而此二通乃翱为左都御史，镇辽东时，今上皇帝所赐，追赠翱之祖考、祖妣者也。翱之先世，家滦州刘家庄，自吾祖太公而上，至讳进昌者，凡十七世，俱葬滦州。元季兵乱，吾父及吾伯叔携家，徙沧州之盐山，卒葬其地。子孙遂为盐山人。今翱自辽阳还，乃得命工砻石勒祖考妣受诰文树于滦之先茔，余皆以次当勒石于盐山也。吾所以为此举者，非在夸耀于闾里乡党，侈君上之恩，彰先世之德，尔后之子子孙孙，观感而兴起者，登斯坡，睹斯文，忠孝之心，得不油然而兴乎。景泰三年月日，荣禄大夫、太子太保兼都察院左都御史孝孙翱谨识。

记

清圣庙记

元 马祖常

大元建国全燕，以御华夏。永平为甸服股肱郡。至元十有八年，世祖皇帝甫平江南。五岁矣，即襄干戈，放马牛而不用，大召名儒，修礼乐之事，敕有司咸秩无文。于是，永平郡臣以其邦为孤竹旧壤，伯夷、叔齐兄弟让国之所也，列闻以请，大臣以闻。上曰：其令代言为书命以褒之，谥曰："清惠、仁惠。"于今又五十年矣。郡臣前后凡不计几人，漫不兹者某年某官等，乃状上书曰：郡境庙像"清惠、仁惠"之神，岁无牲牢，祭品不备，领祀无官，尚书秩宗，有礼有义，谨以告。其日，会太常议，制白丞相府，符下永平曰：夷齐求仁得仁，庙食固宜，岁春秋蠲吉具仪有司行事，符且署矣。乃重白丞相府，以孟轲称伯夷"圣之清"，孤竹其宗国也，今既像设而庙食之，宜以"清圣"额庙。丞相府金曰："允哉。"呜呼！大道之郁也，则民乌得而知古焉，士盖有一二世不知其传者，大道之彰也，则民不识金革战斗之暴。内则有父子夫妇相与，饬于礼节，外则有官师之教，朋友之交，相与讲于古，岂独知已之所传，又知当时之名世者而传之。是则永平之人，遭逢国家之隆，而沐浴大道之彰也。吾将见行者让途，耕者让畔，学士相让于俎豆，工商相货以器，货而市价不二矣。推本我世祖皇帝教化之意，顾不由此与邦之人，尚砺其志而施于行哉，毋徒神之而已也。

清节庙记

明 商辂

成化九年癸巳，前监察御史、知永平府事臣玺上言：是郡实孤竹旧壤，伯夷、叔齐所生之地也。夷齐兄弟逊国而逃，节义凛凛，虽百世犹一日，故孔子称其"仁贤"，孟子称为"圣之清"。迨夫宋元，加以封爵。至我朝洪武初，再饬祠祀。岁久祠圮，祀亦寻废。事载大明《一统志》可考见已。窃惟表章前贤，风励邦人，臣之职也。因谋诸同官，捐俸倡义，鸠工敛材，重建正堂三间，翼以两庑，门二重，神库、厨斋房为间各三。肇役初是岁春三月，至秋八月落成。庙有余地数百亩，以付居民侯、王等种之，岁收其租之人供祀事。伏惟皇上追念二贤生平节义，赐以庙额，庶几永终弗坠。臣玺昧死以请。制曰：可赐额"清节"，并降祝册，命守臣春秋行事如仪。恩典涣颁，军民胥悦。于是守具事状加书，介郡人通政司掌司事、兵部左侍郎张文质属辂为记。谨按孤竹有国，封自殷汤，传至夷之父墨胎氏，将死遗命立叔齐，叔齐逊伯夷，伯夷曰："父命也。"遂逃去。叔齐亦不立而逃之。盖伯夷以父命为尊，叔齐以天伦为重。其逊国也，皆求所以合乎天理之正，而即乎人心之安，诚有功于世教。如孔孟之所称道是已。夫有功世教，虽天下犹将祀之，况宗国乎？太守此举，可谓知所重矣。是宜朝命允俞，礼秩有加，自今二贤节义，益以表白于世。殆见逊让成风，民德归厚，由近以达远，举一以劝百，夫岂小补云乎哉。噫！邦人士毋徒以祠祀视之则善焉。用书以为之记。

滦州修城记

明　高谷

滦州去京师五百里，其地旧属冀州，再隶幽州，晋唐以来属辽西及北平，五代阿保机筑城以居之。州之有城，盖昉于此。我朝混一南北，四海为家。州隶永平为郡，文皇帝靖内难实为邦畿。内地民安物阜，熙然太和。士习于家，农耕于野，地之蕃牧、贡赋，较夫前代有加。奈何承平日久，官怠其职，吏隳其事。关门无抱击之虞，城郭无捍修之备，因循废弛，匪一朝夕矣。戊辰之秋，戎狄犯顺边城，老稚惊散，室家或不能相保，故滦民惴惴焉，未尝安乎枕席。金都御史邹公来学阅视，滦城土疏址平，非居守之长策，乃谋于总戎都督佥事宗胜、参将都指挥佥事胡庸、马荣，府守张茂，州同知杨雄。因旧为新，高若干丈，周若干里，叠砖石以固基本，扃门钥以严开闭，楼橹器械，无一不具，肇功于景泰辛未七月十有九日，毕力于是年之十月一日。民暂劳而收久逸之利，物暂费而获永宁之益，诚边方保障，中国喉襟也。功既就，宗胜书来，乞文请书其事。辞曰：冀门千里皆尧封，滦州迥接榆关东，南临瀚海北控戎，山环水绕地势雄。形胜不异崤函中，前人城此徒劳功。遗基数尺为高墉，年深岂免颓雨风。崇者咸堙卑者空，城狐社鼠无所容。百年遗事如转蓬，兴废举坠今古同。美哉贤达心忡忡，既竭目力肤奏功。伐石垒甓鸠众工，晨夕举杵声相春。筑城言言知几重，视旧不啻丘与峰。围如铁瓮坚如锋，壁立万雉难磨砻。戍楼远望遐迩通，绝彼警急清尘烽。四民乐业声㶚㶚，兴起礼让还租庸。舆情但愿年岁丰，寒则有衣饥有饔，百年万祀歌时雍。

抚宁县新城记

明　彭时

距京师之东五百余里有府曰永平，又东七十里有县曰抚宁，是为永平属邑。盖其地在汉隶右北平郡，汉以后率多荒废。至金大定末，升新安镇为抚宁县，抚宁之名始于此。元无抚宁，与昌黎邻地，或并或析，最后乃并置焉，国朝因之。洪武十一年，知县娄大方以避寇故，请迁治于兔耳山之阳。永乐中复即旧治，置抚宁卫。而卫与县相去十里许，皆未有城，居者凛焉。惟外患是惧，名虽曰抚宁，而实有不能自宁者矣。时提督左都御史李公秉、巡抚右金督御史阎公本，询察民情利病，乃具疏请城卫并复县治、学校于一城。制曰：可。于是镇守右少监龚公荣、总兵官东宁伯焦公寿，相与赋材鸠工。命永平府同知刘遂、抚宁卫百户郝铭，督率军民，分工筑砌。始成化三年三月一日，越明年五月告成。周围一千一百五十六丈，高一丈有九尺，其上为垛口一千八百七十，其东西南北辟门以通往来。县治、学校并列于内。自外观之，城垣崇固，濠堑深阔，森严壮观，隐然为一邑之保障矣。同知刘遂、指挥毛绶具事本末，致书兵部左侍郎昌黎张公文质，托以求予记。予惟天下郡邑，有僻有要，恒因时势为轻重。抚宁之地，在唐宋以前僻居东北，概视为荒远，未之重也。迨永乐肇建北京以来，是为畿内要地。盖其北密迩边徼，东控扼山海，为辽阳襟喉，其要且重如此，故军卫置焉。置卫，所以安民也，而县与卫异治，非因循之过，与兹当承平百年之久，所宜思患而预防，不合于一，何以相守，以安生民；不固以城池，亦何所凭藉以相守也。易曰："王公设险以守国，斯其时矣。"阎公有见于此，于是首倡请城之举，而龚、焦二公乃能谐谋经营，以成厥事。府卫诸隽，亦殚心劳力，以佐其成。非皆有忠爱上下之心，宁及此欤！可谓得大易设险守国之义矣。虽然，险可设也，不可恃也。继今军凭城以为固，民资军以为安，拱翼京师，将有赖焉。司军民之政者，尚思和辑其心，使居有以乐，患有以捍，而奸宄不敢作，庶几抚宁名与实相称，长治久安，永为京师之巨防也。倘恃城而怠政，不恤其人，则人心嗟怨离叛，虽有金城汤池之险，奚益哉？此又来者所当知也。昔圣人修《春秋》凡城必书，说者以为重民力，兹所为书者，不独重民力，且将使民德诸公不忘，并告来者，是修是葺，益善其政，保民于不怠矣。

重修昌黎县学城池记

明　王鏊

昌黎为永平属邑，北背碣石，南临沧海，左控榆关，右带滦水，即古营州之域，辽西之胜地也。前之令是邑者，率多因陋就简，其于学校城池，多弗留意。弘治癸丑，兖郡寿张殷侯佩玉，受命来尹兹土。下车之日，见学宫倾圮，城池废弛，乃集父老而谕之曰："学校以敷教化，所以作养乎贤才；城池以御外侮，所以保障乎生灵。二者皆为治之急务。今昌黎学宫虽设，榱桷朽腐，瓦木将坠，檐不蔽影，户不留风，不有以新之，将何以敷教。城池虽有，高不逾仞，深不满尺，车马往来用之成路，不有以修之，将何以保障。吾将欲理而新之，何如？"众喜曰："诺。"所恨者，公帑所积，不足以供砖瓦木植之费。乃劝邑民好义而羡于财者，或出木植，或出砖瓦，不强其所无，故民皆咸愿致助。不数日间，砖有五十万有奇，灰有八千斛有奇，木植之类，悉皆具备。遂谋诸同寅杨公清、杨公显而董其役。于学宫也，坚者仍之，蠹者易之，倾者植之，邪者正之。侈弗过奢，俭弗致陋，则学宫焕然而一新矣。于城池也，隘者宽之，缺者完之，卑者垲之，高者平之。宽其基址，鲜其涂塈，则城池确然而完固矣。经始于弘治八年七月十三日，落成于次月初三。无何，殷侯丁内艰去任，邑中耆旧同知李凤等相率来告于予，既而勒诸石，以示不忘之意。予甚嘉之。孟子曰："以佚道，使民虽劳不怨；以生道，杀民虽死不怨杀者。"岂不信哉！予之言曷足为轻重，但颂前人之美者，将以为后人之式。侯有善政，使人有去后之思，有古循吏之风焉。后之来官斯土者，果能奋发兴起，亦能如殷侯之善其政，则后人亦必为之立石矣。

抚宁县重修庙学记

明　李东阳

抚宁县学教谕袁溥，训导刘瑁、沈钰具书。因县丞张俭上京师，以达于余曰：抚宁庙学久不修，惟一殿一堂，亦就倾圮。修武姜侯镐来知县事：乃会官赢财，复劝富室为义举，图新厥制。葺大成殿五间，建东西庑为十间，饰先师及四配十哲为龛各一，为贤士二十有三。龛及主，皆用木而鬃，以朱其外。为宰牲之厨，为簠簋笾豆与凡祭物咸备。为棂星门，为戟门，皆一而三；为持敬致洁门，左右皆一。为碑六，覆以亭；增明伦堂三间，为重檐。翼室其旁为二斋，后为馔堂，前为仪门。又前为大门，为二楼曰"兴贤育才之楼"。凿地为泮池，有亭曰："泮亭"，为井曰："桂井。"为亭以习射，曰"观德之亭"，皆揆地势、简物财，规度宏丽，制周详密。盖曰：侯莅政以来，再阅寒暑，而命工举役，仅及其半。于是献荐有所，教学有地，章缝衿佩之士有所瞻法，闾井之民有所观化，按州部而察吏治者，有所据而称为才。侯虽不敢自以为功，而兹事也，不可以不识也。敢以是请于太史氏。予尝观之《易》曰："盥而不荐有孚颙，"若其传曰："圣人以神道设教，而天下咸服。"盖诚积会神以示仪表，莫若于祭而设教垂训。成天下之治者，于道则甚重焉。必其为祭，不徒笾豆钥羽之仪而所谓教者，不独以词章句读、条格号令为事，然后足以观于天下，此易之道，孔子之意也。今天下郡县必有学，学必有庙，庙必为孔子设者，盖道学之传彝伦为著，而其著于经者，待孔子而后明，则仪刑所在非极崇奉以为报，祀有不可者，故其名学先而后庙。彼斋居禀食者，不过习口耳。为身家计，彝伦之重，漫不省为何物，是自弃于孔子之教也。则所谓崇奉报祀之典，蔑为末节细务，而不举也，奚惑哉！然苟祭焉，而诚不至、礼不备，徇文而遗实，其视学之末者，殆无以异也。夫学者，士之所，有事而倡导训厉之政，则有司存。圣天子尝视国学躬释奠，戒饬师生俾进学业，以为天下倡。抚宁畿内地，风化所先，承宣之功，于是乎在，而凡有事乎庙与学者，虽欲不自致于文明之治，其亦有不容已者。姜侯本宦裔，初命今官，廉勤而惠，殚修仓库，举凡废事多可书者，而无与乎庙学之事，故不复及云。

乐亭县重修庙学记

明　冯琦

乐亭有学，创自金大定之末年。迨我太祖定天下，诏郡县饬新学宫。唯时稍稍拓旧基。成化、嘉靖间，再一缮葺，迄今五十余年。蚀于蠹蠹，颓于风雨，不修且日就圮坏。邑侯潘君为令之明年，百废具举。岂弟作人，建议鼎新，又以学宫西鄙闭塞，棂星门外仅数武，卑隘荒芜。夫圣道若宫墙数仞，而士贵进广大高明，奈何卑塞若是。乃出赎锾佐役，构旁舍地为圣域环桥街。鸠工计赀，庀材辇石。克日始事，再稔而竣。殿庑门墙，瓦墁棼橑，金碧丹垩，莹耀参错。以镛虡管弦、笾簋云雷之属，靡不修饰。凡为敬，一亭三楹，就中亭三楹为斋，若厨者八楹。起正月十五日，落成于七月二十四日。诸博士弟子谓不可无籍。不佞按隋《地理志》载，邑本卢龙故郡，据险乘塞，实北上游而清潴一带，绵亘湷潳。其人率豪杰任气，习于戎马击刺，而间不雅驯。已又读元《庙学碑》，乃谓士多朴茂，彬彬礼让之遗，何两者所载刺谬甚也？岂其豪杰戎马尚未讲于俎豆，而朴茂礼让则兴诗立礼之后乎！议者谓国家二百余年，弓矢在橐，干旌在巷。畿之地，童子舞勺，成人秉籥，道且大明，而比者东西告警，所乏不在诗书，而在韬略。然则邑之故习，固今之所急，而后乃秕稗也。是又不然，诗曰："既作泮宫，淮夷攸服。"古者璧宫桥门之内，藏焉、修焉、游焉、习焉。出以受成，入以献馘，有文事，有武备，则学之所为学也。夫子不答军旅之问，而自命曰：我战则克。至其论人材，则喟然三叹于狂狷忠信之徒。夫豪杰近狂狷，而朴茂近忠信。乐邑之风气人心，吾夫子所愿见也。孚而翼之，道心弘矣；鼓而用之，德心广矣。然则昔之所谓戎马击刺，宁无说礼乐敦诗书？而今之彬彬礼让也，天下无事则不争不党，天下有事则不吴不扬。倡率化道，是在有司耳。夫子修《春秋》宣树桓楹，皆谨书之而《泮宫》之作无讥焉，录其诗以彰鲁之美。今之政者簿书日不暇给，何暇问两楹？潘侯广励学官，兴贤育才，不费公帑，不程民力。今且以治行高等征，而乐邑文物日浸月长，将相文武之选，云蒸龙变，则无忘侯之教也。因为志。其岁月于泮宫之左。

山海关义田记

明　王应期　主事

山海奠畿东北，称雄海隅。惟不附于有司，是故制度纬婳，典礼繁多未备。予抱关之暇，每询事采物，考制协轨，图肇举焉。而以财用为磁访之先。职方氏黄公以关东了望地给为学田，至今居聚日繁，而垦辟益广，以租而输官者，仅得其半。乃与诸生议曰："遗利以藏下，遗典以陋上，非所以成民，取彼益此，何为而不可哉！"遂命官度之，得地一万三百四十四亩，岁征租百七十二石。兹不惟供饩有余，而大事犹可以肇举也。乃虑事以授守备龚子，相与量功略趾，筮日分司计财，称畚平干，旬日告竣。建祭五：曰社稷、曰风云雷雨山川城隍、曰八蜡、曰无祀鬼神、曰东镇义勇。武安王举农政，一曰鞭春。咸修有坛宇，植有树木，祭有品物，办有粟米。计春秋粟米之费共六十三石有奇。呜呼！是举也，庶工底绩，百度咸贞，嘉彝攸宣，礼文咸秩。均灵剹剹，蒸民惼惼，若将共恃之。夫先王之成民也，而后致力于神，是神导之趋也。委之典秩，示之从也；设之象魏，协之同也；律之禁令，故民乐于福，而惕于祸。是以时和年登，而神降之福，将或恃之，以为不恐焉。故曰：神以幽之，君以明之，幽之故缓福，明之故训化。匪缓奚惧，匪训胡成，斯治之大防也。山海于是乎有赖矣。于是殚心综理，则守备龚廉；翊力赞相，则掌印指挥石美中；度亩计征，则指挥赵伦、林洪；鸠工效力，则指挥戴臣、符英，百户潘洪、王銮；嘉乐盛典，适观逓成，则教授官善、生员李承恩等也。因并书以垂永云。

重修文公祠堂记

明　翟銮

昌黎县治之东北隅，故有文公祠宇在焉。我太祖高皇帝龙飞四年建也。兹百六十载，楹桷摧毁，丹青漫漶，且规制卑隘，享祀弗称，无以上慰圣祖崇重咸秩之典。嘉靖丁酉，山西柱史景君溱按历其地。瞻拜慨然，谓观风首事，景行莫先焉，遂属永守刘君隅、郡宪柯君乔，拓地易材，鼎新其制。越数月而告成。乃走伻京师，征予为文，以纪岁月。余读《唐史》，考公世系，南阳邓州人，昌黎本源地也。高祖以上，实葬于斯。其在邓七世祖茂，后魏以功封安定王，盖以功名显。其在唐诸父云卿铭志，擅声大历，择木书法，媲美阳水，滂湘辈文学及第，相望于时，盖以文章显。植本发源，兹地之灵，信不可诬。国初肇建祠宇不于南阳，而于昌黎，圣祖真有见哉！顾岁久则敝，敝斯忘。方今浮屠淫祠遍天下，金碧装严，四方士女争致金钱，日夕奔走。顾名贤之区，视若庞赘，或存或敝，恬若不闻。然则侍御君景仰尚友之沁，端不可及。宋儒论公“文起八代之衰”，此纪体裁之华实耳。若辟邪辅正，左右六经，羽翼圣轨，与孟轲氏相表里。岂托诸空言无益理道者同日语哉！又公忠勋，法应祀典，唐穆之世，藩服不庭，攻围制师。公奉命往谕，君臣上下莫不危公。公开谕忠梗，卒折其逆将，而出我王人。是公一时之功贤于四节度之师，劳勋甚焉。夫以公经世之文，定乱之勇，崇德报功，万世血食可也。兹庙貌一新，梓里对峙，九泉之下，公必神游其处矣。侍御君望重山岳，百废俱兴，崇植风教，急先务矣。太守君幼笃心学，与郡宪君，皆以前柱史，来莅是邦，是故相与以有成也。未几，皆迁秩去。嗣守郡宪钱君橐方以柱史征，乃诸君用心之勤，遂怂恿襄其事，乐善之心，咸可嘉尚也。已并书以记。

显功庙记

明　商辂

中山武宁王，早以雄材大略首从太祖高皇帝举义，平定天下，混一海宇。已而率师漠北，收其余民。比还留镇于燕，慎固封守，为长治久安，计以平滦榆关土地旷衍，无险可据，去东八十里，得古迁安镇。其地大山北峙，巨海南浸，高岭东环，石河西绕，形势险要，诚天造地设，遂筑城移关，置卫守之，更名曰山海关。内外截然，隐然一重镇也。自山海以西若喜峰、若古北，大关小隘，无虑数百，茸垒筑塞，既壮且固，所以屏蔽东北，卫安军民，厥功甚伟。景泰甲戌，今右都御史李宾，奉命巡抚。卫人萧汝得等，合词告言：昔中山武宁王镇此城池，关隘皆其创建，边陲宁谧，殆将百余年矣。愿立庙祀以报王功。为请诸朝，许之。属岁屡歉，事未克就。成化辛卯，李进握院章，追惟前诏，因谋诸总戎，募义敛材，卜日葳事。乃即山海卫治之西，建王正殿三间，翼以两庑，树以重门，缭以周垣。兴造聿始，适巡抚左佥都御史张纲下车，锐意倡率。时镇守太监龚荣、总兵右都督冯宗、参将刘辅、李铭，悉以俸赏来助，用底完美，实癸巳春三月也。纲告成于上，赐额"显功"，仍降祝辞，命有司春秋致祭，岁以为常。山海军民闻命，欢呼踊跃称快，有以见王之功德及于人者深且远矣。李以事之始末，属守关兵部主事尚綗述状，征予以记。谨按祭法有云：能捍大患则祀之，若王之设险守国，使百年之间，敌国莫能窥其隙，室家得以奠其居，其功不亦大乎。祠而祀之，岂不宜哉！

虽然，王为开国元勋，当时南取吴越，北定中原，东平齐鲁，西入关陕，王之功居多，独山海之人思慕之深者，盖王镇抚燕蓟十有七年，丰功盛烈，宜非他处比，庙祀聿严，有以也。夫王姓徐氏，讳达，凤阳人，累官太傅中书、右丞相，进爵魏国公，追封中山王，谥武宁。其履历备载国史，兹不重述。姑述立庙之意，俾刻之坚珉，庶来者有考焉。

重建永平府城楼记

明　陈循

京师之东有永平府，盖孤竹国也。虽为《禹贡》冀州之地，然舜分十有二州，已隶于幽矣。至秦为辽西郡，汉属右北平，魏为卢龙郡，元为永平路。国朝始改路为府，置永平卫戍守。府故有城，筑土而已，卑隘不称。洪武四年，指挥费愚，廓其东而大之，周围至九里十三步。其形势则东表碣石，西界滦河；大海在其南，群山限其北，山之外为朔漠之地。城有四门，东曰高明、南曰得胜、西曰镇平、北曰拱辰。门上有楼，傍有雉堞相属，已壮伟宏丽矣。而于城之东南暨北三最高处，又各为楼，以望烽火，名之曰"望高楼"。太宗文皇帝建北京，以其畿内东藩，且为重镇襟喉之地，朝鲜诸番朝贡必由之路，乃增置龙卢、东胜左卫卫所以控制，守御乎一方者严矣。近岁朝廷虑典兵者久则或生懈惰，往往简命大臣之刚廉者俾总其事，且典其机焉。圣天子践祚之初，都察院右佥都御史麻城邹公来学，实以提督军务巡抚是邦。而至，公既遍阅关隘，悉设险固戍守，以防外患于不测矣。顾视永平城楼，颓毁俱尽，无以壮观内服，威视远方。会岁屡登，人用咸给，乃聚工材，悉仍其旧，而重建之。赞襄之者，则总兵官都督佥事宗胜、左参将都指挥佥事胡镛，暨都指挥佥事罗政、永平府知府张茂，亦皆协力助成其事。盖经始于景泰二年秋七月十六日，而落成于是年之十月十五日。文武勤于奉公，故用虽费而不以为侈。军民乐于趋事，故成虽速，而不以为劳。其视致力于释老无益之祠庙，若其他所为者，何可同日而语也哉。既成，宗公以为不可以不记其成之岁月，乃介翰林庶吉士刘宣来请文书于石，且以彰邹公之美焉。宣予同郡人，尝自永平戊举进士，固予所爱重者，而邹、宗二公又都宪总戎之贤者也，故不辞而书以归之。

山海罗城记

明　张佳胤

开国统一，既逐故元，于燕，故五郡封大藩有四，取五方间左适戍，连衡犄角而为卫。燕首膺茅土，绣错州县间，徐太傅所经营于捶院备矣。故其幕南为我王庭，宁出于松亭，谷出于居庸，辽出于山海，而各域以重关。岂胡马敢闯三藩，窥燕而为之设哉？盖候徼支缭，遏初戍逃亡，居重以驭之，不独燕计也。乃帝念功锡祠，惟镇于山海者，彼二区之为劳，古有而缮之耳，非若临榆久废，经始为之。再卜于山后之虏，及海上之夷，枕流藉阻，壮哉！关乎咽喉于一隅，吐吞乎万里。迨燕王龙飞建都，藩封胥以南徙，大宁都司亦移其地，弃于兀良哈。辽谷之故壤中断，而松亭以外为属国，始视此若内边。羁縻之以犬羊，鲸鲵亦遁于望海，承平久而变生焉。嘉靖初，辽暴客戕主，关事胡马如故。中季以后，乃四五至瓮城外，此间亦为海盗资，防之斯无宁日，遂视为外边矣。岁癸未之春，参将王守道筑土墙未讫，秋而部刺史长垣成君巡边，虑而将为之图。未几，虏犯前屯，郊原血战为墟，惟拒墙者完，是土功固足恃也。若甃而石之，其图不亦有永哉。爰咨群笑，初议雇役，用帑金四万两，佐以班军一部，期之雨防，毕役力诎而费不赀，当诘奸之严关，尤不便于讥察，弗若悉用主客便，时有大工未报，命何敢全用其力乎。况虏睥睨有日，秋而戒严，且筑且御，能不愆于素哉！不谷合而调剂之，会抚台邯郸张公以二万金请，司农不忍予为，再四于当路司马，乃复于上。圣明洞见边画，破格取太仆藏，佐以军力之半，不待毕于秋防；兹伐谋之全图也。属成君栽而巡功，文武各效厥劳。甲申仲春爰作，而告成于仲夏。日不及百，其功则倍。周五百四十七丈余，高三丈三尺，广丈四寸半。表里石址，垒以瓴甋，顶则防堞之面，势秩如也。西接故关为

敌楼二，附墙候台七，便门二，以楼东门丽谯有闉出入。新旧间，重
关而复矣。夫城以盛民，故众心成城。古今石画者，筹利害两端，较
多少以从事不无一彼一此，而名为俱利者。惟秦赵东西于会遇则然，
非为民保障也。兹关法有期，多顿舍于外，藉馆谷之利者。土人受廛
日众，耕种亦取自便，相与聚族于斯，倚之安于巢幕，岂虞今有虏灾
哉，自辽阳如线，背瓯脱襟，渤澥而戒为畏涂。离关以厮留，及关以
宿留，而苛留于抱关，夜不能安枕，昼不敢解鞍。躯尝虑其不保，商
贾所以垂橐而东之。惮人告哀，西亦未尝席厚利，且不免震剥之虞
焉。居者既晏堵，则远至如归，百利万全而无一害。秋防届期，岂不
燕胥为奏乐府。碣石有云："天气肃清，繁霜霏霏。鹖鸡震鸣，鸿雁
南飞。鸷鸟潜藏，熊罴窟栖。钱镈停置，农牧积场。逆旅整设。以通
贾商。"岂不幸甚至哉，歌以咏志之秋乎！他日富庶，必倍于关内。
虑始虽为御房，乐成其究安宅矣。若但为守圉计，掌固自有司存，罗
以重关而复之，非所以贵攻取也。彼陈仓连筑者，虽诸葛不能攻，而
受降之退忸，不以瓮城失邪。岂不谷与诸大夫所以蜂厉戏下士，横海
伏波万里外，及绝幕犁于天山之庭乎！试廷宾僚，暇日登之，南秦
岛、北汉塞，扶桑日出，医闾在望。朝鲜女直，叩关而贡，雉连翚
飞，夺目摄志。令奏侏离之乐，而佐之以碣石，鼓舞斯民于大平，不
谷愿望不浅也。今者之劳而岂徒哉！爰附记其姓名以旌之于左方。

重修三屯营城楼记

明　伦文叙

都城东迤可五里许，为三屯营，乃总戎大师所居。凡沿边将卒皆
隶焉，诚边场一雄镇也。宣德初，建于峪子谷，景泰间，改城今地。
以忠义三屯，环列于外，而得名，其实一大营而已。城既完固，而楼
橹率亦壮豁闳丽，诚镇域之伟观也。夫何阅岁既久，傈税欹挠，寝用
费烦。正德己巳，前军都督府同知马公澄，用忠勇谋略受知今上，命
镇兹土。至则拊循战士，士皆可用，殊思奋效力。逾年仲春，登楼阅
习，深用慨叹。乃度群力，善陶者瓦，善匠者斲，善葺者茨，善垚者

涂墍，仍命偏校之有工思者董焉。迄冬十月，南城楼洎四隅城楼，咸就轮奂。于是，部下都指挥使单聚、李兰辈，谓公临戍未几，而边城规式为之鼎新，宜营文刻石，以永后祀。爰因刑科都给事中王君汝温介而谒余。夫边防之记，记其可书者耳。《春秋》之义，常事不书。修葺楼橹，守圉职耳，恶用屑屑为耶！虽然，尝闻之矣，小者大之影，缓者急之图，末者本之昭。小者不张，则大者必弛，缓不为，则急无据；末不理，其本从可知。是以古之谋臣良将，知周万众，必治察乎一粒一旃之微；图惟警急，心绸缪乎纤缓无事之际。力严守备，以为攻战之本，而其末节，亦罔弗饬焉。不如是，则无以蓄威伐谋，而专阃康扞之寄荒矣。诸君事举，无亦以公，于凡大者、急者、本者，思已过半，故假是以表见其余耶，抑犹有一之或遗行将举，以相明，一心戮力，务求其至，而俾公之勋业，益永彰耶。不尔，犁庭扫穴，取祁连、登燕然，顾又若何而为刻哉，夫然则亦可嘉也矣。于是乎书之。

重修三屯营城记

明　戚继光

国初捐大宁藩封界，兀良哈为属夷。赖障辅郡，莫重蓟镇。未几，匪茹廛我宣庙，出喜峰贡路征之，而尚引外虏为梗。故初镇桃林口，移于狮子谷。天顺又移三屯营，去喜峰二舍矣。营曰三屯忠义卫，三百户屯地也，属迁安县西百二十里，左山海，右居庸，而缩毂其中。以要贡路示重，非拥武卫北城，何以张形势而抗威棱哉。旧城庳薄而隘，南有堁垣为奸杀营，即移镇府所茇也。二营间有阛阓，每以无城戒暴客而屯戍，非土著两防空营以行，虽名重镇，虚亦甚矣。遵化县去此五十里，忠义三卫一所附之，而此惟三百户，势轻不足以犄角。镇府麾下移兵饷，顾抱橛印于卫，非所以尊统驭而急御侮之完筴也。自嘉靖来虏震京国，隆庆之元入蓟东陲，而是镇益重。次年，乃以余总理之边垣孔亟，经营六年，次第就绪，内地赖以安堵。二营阛阓日壮，恐益诲盗为虏资，虽增司守备，非若军卫可永赖。而全镇之众常练于此，弗足以容成者，病之矣。乃谋辟城于制府刘公、抚台杨公，当上即位，诏增饬边城。二公因得所请。适少司马汪公阅师，而以移卫谋之。公于元年条其便宜，制以忠义中卫移之三屯城内。其掌印佐贰、巡捕、指挥及千户、经历各一佩印赴之。旗军春秋践更，而有警悉至，遂置卫增营及缮建公署，百废具举，旧城益不足以居之矣，乃于二年秋，规外地而善其址。三年，杨公为制府、王公为抚台、辛公为兵备，胥襄工于三月，撤南垣而环南营以围之，凡五百五十七丈，高二丈五尺，加五尺为雉堞，而广半于高址，广四丈有余。门三：南曰景忠、东曰宾日、西曰巩京。其谯甚丽而闉次之。徂暑外完，秋髯其里。上下有埤，以为之防。次年春二月，乃缮旧城，凡六百一十六丈，表里高厚悉如新制，冬而毕役。正北为重阁，祀玄武，尤雄于丽谯。角楼凡五，丽视于闉。旧东西重门于上为楼台、神祠，下旁各有开便门，周城水洞有二，敌台有九，环以牛马墙，列孔以备睥睨。东辟场以积艾藁，从衡五十丈。其北有聚星堂，为东路诸将所属，西则阅武之场。旁隍辟十丈，长二百丈，以益之。其堂台，昔庳陋，余新建而高敞焉。诸将之厅事有五，兼之路西来者盖亦可寓矣。前为车营四百二十间，凡制甚具，所费公帑仅六千余金，它皆操奇以佐之。而城内外所创营房八百余间，若保河、河南、南兵、辎重诸署及守备司、滦阳驿、督府行台，城心抚松西南诸馆旗纛，马祖、汉寿、忠烈诸祠不出三年，一切告成。贡夷过者，罔不惊异。三军呼曰：壮哉！城也，足以卫众矣。或有疑其制多异，而因军正以请，业已乐成，则谂之曰：凡堞战格利用御远，若钩援薄其下，而俯视出击为艰。乃于堞址亦创睥睨，如悬半溜，可藏身而俯击，水且从之下，以外杀孔多势，分而注，坚瀑落内，则迤丽鳞次如级，视彼内势直，而水专注，其土善崩，外因以倾者殊矣。凡池有隍，高而涸也，其库者为濠堑，故隍多复而险以夷，乃因其势浅七尺，而深三丈，其广六七尺不等。又以北川东走，势不环抱完固，而于东门外，下高就卑，引以十丈。湖其长三百五十余丈，深仅七尺，以所出土为堤，名曰："孟堤"者，孟诸余别号也。蒔以桃柳，上下二梁以跨之，堤之，亭

曰："同春"。留土中为亭，名曰："宛在，"取诸《蒹葭》。环流植荷，
而为将士休沐地，或击楫以游焉。湖曰"震湖"，以在东方以取镇胡，
其音同也。凡边障无北户，旧为门三而已。直北经涂有岑楼，居钟
鼓。金木相克多水火灾，乃于北台旁级左右，共制四室，如城门状及
所塞旧门，各虚其内。如北制皆为武库以藏戎器、简书、伍符，避水
火也。又留旧南谯悬贡鼓，岑楼独悬景钟，跨通衢重关金革和鸣，达
于四境。登而眺之，楼台署庙，联以阛阓，绣错而翚飞，谓之"锦
城"可也。嗟夫！城制本鲧以防水，后用蓄众乃藏。窃闻之古人矣，
城者盛也，所以盛众也。众则益之不展，曷以盛诸城者。成也，一成
而不可毁也。制未曲尽，而孰保其毁乎。故余九年于兹，东控辽左，
西护陵寝，为台一千二百有余里，凡五五标，十五营，皆为保障计，
于以重封疆而卫社稷也。兹奉制抚诸道之昼幸有余日及此，敢不毕心
力藉将校百执之劳，而遹观厥成于重镇乎。凡我同事既保我围，而无
罹于锋镝则此亦可以忘劳矣。军正敬诸镌之而示三军，且次执事于碑
左，俾来许之毋忘是劳者。

开平中屯卫新城记

明　姚夔

　　永平，《禹贡》冀州之域，秦汉为右北平郡，唐为平州，元置平
滦路。我太宗文皇帝入正大统，迁都北京，而永平去京师五百里，遂
为畿甸重地。又以滦负山带河，尤为要害。乃于义丰旧县置开平中屯
卫。卫自大宁沙岭徙来，今去州九十里。旧有土城颓圮，成化改元之
明年，都察院右都御史李公以其地密迩边境，是宜有城，以备非常。
奏准，下有司讲修筑之政。于是，巡抚右佥都御史阎公、镇守印绶
监、右监丞龚公、总兵官东宁伯焦公，相与协谋经画，而府卫咸听约
束，择廉济官得永平府通判段玑、忠义中卫副千户陈昶董领厥事。计
货食之出入，量工程之多寡，陶甓于山，畚土于池，因旧增新。百堵
既完，雉堞翼翼，乃作南门以正面势，作东西门以通往来。浚沟隍、
布桥梁、疏水道。是故，甲兵有宿，室家有获，晨昏警严，钟鼓分

明，民居帖安，诚可谓一劳永逸者也。周计尺九千二百七十有八，高为尺二十有三。始事于成化三年十月一日，讫工于明年五月十二日。通判以是役巨而不费，重而不劳，上卫乎国，下庇乎民。巡抚镇守总戎之功，不可无记述以示后，乃次其颠末，属郡人仪制司郎中杜君谦来请余文。余惟城郭沟池，有国者所当设也。然设必有时，南仲以四夷之故而城，朔方仲山甫以诸侯之故而城。东方诗人歌颂之，盖美其得守备之要也。我国家承平百年，于兹四方无夷狄诸侯之患，而必惓惓以城郭沟池责之军卫有司，惟恐其不完固者，诚安不忘危之意也。况京东保障之地，而可后乎？虽然民非兵无以卫，兵非民无以守，城具矣而守之，非其人与无城同人得矣。而治之非其人，与无人同。有南仲山甫，而后能极守备之善。故曰：地利不如人和。长斯卫者，盍思有以和其人，而善所守哉。庸书此，俾刻之城隅，以告诸执事。

乐亭县建新仓记

明　焦竑

我国家稽古立法，以积贮为大计。岁俭有助，军储有供，程其盈缩，以殿最有司者。故自畿辅郡邑而下，廪庾相望。然恬熙久远矣，令甲虽具，有司或阳以名应之。往秦晋、吴越岁一告祲，辄输内藏以给，甚且议支转漕之粟，而竟无疗于龟肠蝉腹之氓，此仅一方一岁之非时，而中外俱困矣，矧望以佐军兴之急乎！盖卑者不府于官府于橐，高者征会簿书，稿心拮力，庶几岁满得代可幸无罪，顾安有深思遗力及此者哉！乐亭为三辅奥区，地有遗秉，民无敛穧，旧帑庀败为尤，积粟雅不甚饶而多露积。自潘君之令也，出牛百八十蹄，谷种三百余，而民始知缘南亩种粟以钟计。若预备、若社仓、若义仓、若常平仓三万二千有七百，而官始知有赢粮。请帑金五十拓仓而新之，环者为廒五十五楹，北者为祠三楹，中蹲者为亭一，东西峙者为门二，而粟始知有盖藏。余因数成绩，而慨叹于君之能任事也。食为民天，积贮为民大命。姑无暇远引，即迩者扶风冯翊告荐饥矣，岛艘塞马告交木閧矣，有如万分一，转徙之民枵腹而待哺，不逞之徒瞋目而语难。长孺发淮南之粟，而降人仰塞下之供，人所腐心莫厝者，君不宽然应之有余哉。呜呼！自干进之风炽，任事之效微，当官者往往有不屑之心，视其官如传舍，前者既以遗之后，后者复以委之前，展转相仍，坐待其事之自坏。君既奋身倡首，而继是任者，不能缵其成，或又从而隳坠之，此岂复有人理也乎。君名敦复，余乡夏津人，癸未进士。三为令，所至有能声而未调，犹勤其官若此，其德量未有涯也。余故因其请而乐书之。

乐亭县创建察院记

明　邹德溥

乐亭故巨邑，以弗当孔道交，公署率圮隘弗称。间者岛夷跞朝鲜，天子捄然，遣大臣提兵往捍之。凡有事海防者，悉道出乐亭。于是，乐亭遂为冲邑。邑侯潘计之曰："司理不授馆，单襄子所为识陈亡也，吾敢忽诸！"乃请于兵宪白公，购囷寺废址于县治西营焉。微北而堂，堂五筵，颜曰："运筹决胜，"志防也。左乃为寝所，右记室。步出南四筵象舫而屋穴牖焉。两厢其傍翼而属于寝。又步出南五筵为大堂，颜曰："振扬风纪，"志职也。堂之南为台翼，台左右而室，各三筵。步自台而南门焉，盖仪门也。仪门之外为大门，则张左右翼，以示观于构、于饰、于陶、于冶。悉廪自公，不烦民给已。岛夷大创去，邑解严，乃间问记于邹子。邹子曰：察院故主贞度观风者也，然兹署为兵防始设，姑以兵论。夫兵以豫振，以果克者也，易是必败。即东征一举以存世世贡献之朝鲜，于义得先，其未我犯，而协朝鲜并御之，于计便顾众犹或然或否，赖天子与诸大臣决笑，督帅致果，乃始折夷而殿属疆。曩令驻兵辽左，回翔而不敢渡，是示敌弱且益之气也。夫恶谓东蔽彻而任自完，顾今诚胜矣。然始而悸，终而不无骚者，无亦承平久而玩愒素也。不然，蠢兹小丑真操厌之耳，何至烦天子与大臣鳃鳃动色，四征戎伍，而后攘却乎！昔周盛时，寓兵于农，寓武于文，盖比闾皆劲卒，比闾之藏皆军储兔罝。野夫犹足任干城托腹心，及至受命陈师，则有壮猷之。老虓虎之臣，如雷霆飞翰，不测不克，兹乃所称必胜之具。与潘侯轸虑于馆舍之，弗肃以箴王使豫矣，起而立营焉。果矣。余故因是以推论于兵笑，俾嗣是舍斯者务先于计，而奋于勇，以无负圣天子长城之托。且余所称豫与果者，微独兵谋。即贞度观风，法亦如是。盖纠吏于其既隳者，不若格之于其未聩，彼方观指于我，我导之善而开使自新，能无祓志乎。吏诚良，即我拂，拂诸贵也；必扬诚弗良，即我比，比诸贵也。必激籲斯以言，夫振纪者，乃所以决胜者，与兹所为两志也。潘侯名敦复，字彦恒，起家癸未进士，山东夏津人。

重修永丰仓记

明　黎　芳

镇仓以永丰名，由来远矣。我朝初航海以饷北平，于时建在城外，规制闳钜。后徙城内，制半之。及罢海运，而仓始废。先是，营路饷务咸隶于蓟。笑虽长，难及马腹，率病之。世宗朝，岁纪阙逢下部臣议，分置饷司，一如蓟密。是时，计君程复葺之。仓之沿革具载郡乘者，可考镜已。嗣是议者谓营路业置仓，而永丰如故，不已虚乎，遂议裁，而仓遂倾圮过半。嗟乎！此盖计睫前者耳。岁丁酉，余衔命来计是镇，值岛酋猖獗，需饷孔棘。前部永春李公视篆东曹，议开芦浙引凡二万以佐军兴。故事召商中纳，余上檄。制府邢公、抚台李公，佥俞缮永丰。贮之木石、砖瓦，藉资官帑，工匠量鸠。州县创造者凡十二楹，补葺者凡十五楹，新盖碑亭二所，大门一座，神祠官厅类皆修饬之。经始于丁酉之冬，落成于戊戌之夏，甫及一周，而废坠焕然聿新。是事也，主裁则兵宪蒲城樊公，经制则管郡事副宪新城徐公，而奉行之者则卢龙叶君洎诸贤令也，饷厅随君新莅，与有力焉。顾土运商，夙习长芦，不习浙引，巧脱者观望掉臂，几于苦窳。余数数请大司徒杨公，方得允改，而诸商始翕然乐就。后有继此而开者，其尚殷监浙焉。役既竣，卢龙尹请记其事。余惟永镇，神京左辅也，顾不重耶！乃阻塞限海，边关禁制，延袤可四百里许。且土瘠民贫，夫以弹丸之区，而襟喉三韩，拥卫都会，其郑重若此。主客旧额数几十万，而岁征民粟米仅四万有奇，止足支两月士饷。若遇海塞交讧，征调四集，旱涝岁俭，民多转徙。当是时，召买则室空如悬，折给则腹枵以待，是不可深长思乎！古称未雨而彻桑土，未济而谨衣袽，言贵预也。昔荆川唐公，尝请复海运。斯说盖自天津出洋，以达滦河海口，滦达郡最为省，旋以台议惊涛而寝。太守孙公亦尝议通运河，自王家闸引滦导青，以入交流，进黑洋，出大沽，入运河，以通于天津。乃所勘议凿凿，可举试一仿而行之，则岁可省太仓十余万缗，而水旱师旅始无可虞矣。无已，则广积贮，平东警底定，请将新开盐引留贮永丰，勿拘年例，时其敛散，易其陈新，期以恤卒济边，是又常平之遗意也。不然，庚癸以呼，而后谋及于爨，必不几矣。然则盖藏之计，顾独可忽乎哉。余黜谫代匮一稔将半谬竿西秦惭，无裨益行矣。乃若为镇计久远图永利，则以俟后之君子。董是役者，例得次之碑阴，是为记。

偏凉汀记

明　丘浚

太行西来数千里，环帝畿而东又数百里，散一支南出，为平滦诸山。滦河自边塞迤逦东南，行入平滦境，始益大。去滦州城北五里许，横渡山下，是为偏凉汀。汀出众山间，据川流之汇。山之列其旁者有五，若龙、若榆、若洞、若紫金瓦陇之属，参错联亘，狻貌踞而龙蛇走。其间林壑幽胜，草木葱茜。水之经其下者，若漆、若澈、若沮、若横、若肥如、青龙之类，下流胥会，膏黛渟而绮縠张。其间凫雁翔集，鳞族潜泳，是诚一郡之奇观也。昔人凿崖通道，因山建亭，岁久而圮。近时中贵人重为修筑，然未弹厥美也。及天顺庚辰，御马少监韩公将命道兹，因旧加高，下为阛门，上为新亭，规制宏侈，丹碧照映，登临眺望，一目千里。山若增而高，水若增而深，与夫风景云物之美，咸若踊跃奋迅而突出也。知永平府事古相周侯晟按属至斯慨曰："是不可无记。"乃以书走京师，征予记。予复之曰："山川信美矣，景物亦奇矣，瞩目之顷可以尽得之，奚用记为哉。"然有不可不知者，盖兹地在古为孤竹国，汉唐时皆属内地，不幸五代初始，辱于□□始终四百五十余年。当其时，山川如故，而其人则贸贸焉，忘其为华也久矣。人伦日用之常，尚不可得而有，况有所谓山水登临之乐者哉。幸而我高皇帝再造天地，大正疆界，兹地始复于古职方氏。今日二三君子得以于此，因胜游以恣奇观，可不知所自哉。登兹亭也，见行旅往来于此，以车以舟，而无水陆之虞；居民环处于此，或佃或渔，而遂生育之乐。近而瞰乎城市、官寺、屋宇、衣冠文物，如此其盛；远而望乎边徼、城堞、楼橹、烽堠，关隘如此其固。若是者，孰使之然欤？要不可不知也。后之人有事过此，而登斯亭者，其尚悠然而长思，恻然而深虑矣乎。于是乎记。

北山神祠记

明　朱鉴

罗山之阳，众脉皆南走，其一支起伏而东南约二里许，又蜿蜒而西南，仅一里许，结为陵，状如覆釜，厥土青黎，厥草畅茂，乃其钟灵毓秀于此而结焉者也。自是而南，地皆平衍，漆水绕乎其东，滦江经乎其西，阳山环抱乎其前，东阡南陌之参错，远村近疃之联络，鸡犬相闻，牛羊被野，乃卢龙第一乐土也。先是有祠，瓦木脱朽，古杏一株，疏干少花，罹兵燹而禁风雨者，不知其经几变。故乡人旦夕往来其下，雉者、猎者、负者、戴者，远而凝望，心皆怅然，至而顾瞻，罔不兴怀。余髫年时，犹及见之，今莫考其年代，为某姓名。意者昔在先民为春祈秋报而建焉，则断乎无疑矣。逮余侥幸，弘治己未科莅官中外殆二十年。正德丁丑岁，致政归田。有时杖履散步，徘徊故墟，但见瓦砾半见于沙碛，石峰岧然于山巅，祠之旧物惟此而已。曩之朽林老杏，无复余屑。俯仰今昔，未尝不迟迟吾行也。嘉靖癸未秋，北乡舍余王宜辈谒余于桑梓下而言曰："北山有祠，岁久则颓，势使然也。我辈欲重建，复敢丐一言以纪岁月。"余即欣然而诺。盖以敬神而有合焉，不可以不文辞。是岁孟冬，工落成。祠宇一间，深一丈，广九尺有奇，高如广之。数中题木主四：五十五稷之神一、风云雷雨之神一、山川之神一、八蜡之神一。祠之前有抱厦四楹，栋如之，为贮炉香火朔望展拜之地。祠之内东西两壁加以黝垩，绘以丹青。象春生、夏长、秋收、冬藏，除五谷草木、山川、风云之外不画焉。山灵亦知余文不流于俗也，噫！人敬神而知礼，神福民而血食。感登梁兴思之怀，遵春祈秋报之典，是岂创淫祠徼非望之福者之比哉！生于斯者览余文，而知其重修岁月、乡人姓名，且因以知祠之创建不肇于今日，而祠之修废不能不望于后日也。

山海关天妃庙记

明　祁顺　主事

天地间海为最巨，海之神天妃为最灵。凡薄海之邦，无不祀天妃者，由其能驱变怪、息风涛，有大功于人也。直隶山海卫去城南十里许，为渤海，汪洋万顷，不见涯涘。海旁旧有天妃祠，相传为国初时海运之人有遭急变而赖神以济者，因建祠以答神贶。历岁滋久，故址为浪冲击，几不可支，而堂宇隘陋，亦渐颓毁。天顺癸未，太监裴公玙以王事驻节山海，谂神之灵，就谒祠下，顾瞻咨嗟，语守臣及其属曰："天妃显应，功利闻天下，而庙貌若兹，非所以崇明祀也，盍撤其旧而新是图。"遂施白金三十两以倡于众。时镇关兵部主事杨君琚暨参将吴侯得，各捐资为助，而凡好义者亦皆致财效力，以后为愧。于是市材傃工，择时兴役，崇旧基而加广焉。为祠前后各三间，坚致华敞，足历永久。其像惟天妃因旧以加整饬，余则皆新塑者。复绘众神于壁间，威仪跄跄，森列左右。远近来观，莫不肃然起敬，以为前所未有也。肇工于甲申年秋七月，落成于是年冬十月。众以丽牲之石未有刻辞，征予纪其始末，用传诸后。夫能御大灾，能捍大患，以安生人者，征诸祭法于祠为称。我国家明制度，尊祠祀，岂无意哉，亦为民生计耳。尝闻东南人航海中者，咸寄命于天妃。或遇风涛险恶变怪将覆舟，即疾呼来救。见桅樯上火光灿然，舟立定。是其捍患御灾，功罕与比，故在人尤加敬事。而天妃名号，居百神之上，亦莫与京焉。渤海之广，无远不通，神之流行，无往不在。人赖神以安，神依人以立。然则斯祠之建，庸可后乎？当祠成之岁，居其旁者，厄于回禄势焰，赫然及祠。土人远望之，见烟光中人影上下，意其护祠者，既而旁居荡为灰烬，而祠一无所损，向所望烟中人影皆无之，乃知其神也。噫！神之显赫，不可掩如此，所以惠福予是邦，岂浅鲜乎哉！顺既叙其事，复作迎享送神之辞，俾邦人歌以祀云。其辞曰：荪壁兮药房，辛夷楣兮兰橑桂梁。杂芬菲兮成堂，神之奠兮海旁。吉日兮将事，女巫纷兮至止。惠肴蒸兮荐芳醴，衣采兮传葩。吹参差兮舞婆娑，神不来兮奈何。轻风飕飕兮水扬波，神之来兮容与。载云旗兮驾风驭霆，成再拜兮传神语。旋焱不流兮使我心苦，神庙食兮无穷。神降福兮曷其有终，海波恬兮偃蛟龙。弭怪雨兮驱暴风，灾沴弗作兮时和岁丰。人有寿兮无瘵痌，永世不磨兮神之功。

钓 台 记

明　伦澳

平郡山水陬区，西南二十里为钓台山，初不载郡志。中而筑台以栖，自侍御韩公始。公素好山水，虽身历宦途，常愿得一丘一壑，栖息其间，即微天幸而佚我也，何必策骢马日游长安市耶！于是，请告以归，而卜幽胜之处，乃得钓台山。兹山形，从郡城东平山逶迤而南，为南台，又南为虎头石，连亘数里，为安乐峪，曲折而西则为钓台山。东西横峙，面北下临河。河固漆滦二流，交会于虎头石下，南流夹雪峰，直抵安乐峪之崖，折而西流二百步许，其上为台，台阯有石矶，右旁突起孤峰，观者当碣石云。由石矶东上丈余有小岩，盖舟子停泊之地。稍西上二丈余，有复领可置杖屦，即公所号为台者。因而广除，东西阔十余丈，南北半是，凿石层垒之以为基，高三丈余。由基东横筑一壁，壁间设门，入门有巨石蹲踞，可当屏。由石右转，西向又一门，入门北转则履台之端平处。北面直承而上，构七楹小轩，其檐宇飞覆台之外，中三楹向北牖启扉，下瞰河，西二楹为庖福；东二楹贮器用，各分壁界门窦，轩内敞豁。南距数武架楼三楹，楼东西各翼一小阁楼，下中半为堂，东西各一室，为寝榻。堂中设屏，由屏后蹑梯东上，则为楼上层。北面周以栏槛，凭眺则连郡山川与夫烟云、林树一览在目。楼后基址渐高，即山为壁，东西阔数丈，南北丈许，西面复缭以垣，上接山阿，下接轩之西檐。循南崖而东上，峻岭十余丈，有一洞悬壁。自洞还东出，有石阶下，出门即所升入之门，盖周围曲达如此。连山上下，树松千余章，苍翠可爱。然自河下升台，路皆崎峭不易扳跻。于是，为砌磴，凡三转折共得九十阶，以白石为之。拾级而上，英英若白云梯，梯下尽即渡河。北岸有护沙围绕。又北上二百余步，有团峦与台对峙，蟠踞如龙。堪舆家言，此地脉灵秀，亦自西北而来。临河结聚，东则安乐峪，西则灰山，相向拱抱，最为吉壤。公修为玄宅，树松数百，郁郁葱葱，如列画屏。向后北转则此山之拖尾也，多五色石，绚若错绣。逶迤而北三里许，则为雪峰。峰之对面高岭处，又筑一台，与钓台南北相望，曰钓雪台。岭东西原有樵迳，崎岖不可置足，自卜筑钓台，因辟为驰道。北面临渊，栏以石壁，舆马往来经行，宛在云路中。由驰道西下，转北雪峰之西岸，为张家村，有腴田，置庐治稼事，以赡家之食。指雪峰之东南下渡河，林皋郁然，为宜家村别墅，田二百亩，计岁入以资钓台缮修之用。是皆缘建置后所增设者。盖台之经始，在万历丁亥，阅几稔而后告成。其诸次第修补，不悉记，姑记其略如此。韩公名应庚，字希白，别号西轩。万历丁丑成进士，初授彰德府司理，擢福建道监察御史，历巡甘肃、山东。自归隐七征不起，称钓台山人云。

殷训导先生名宦记

明　王世贞

　　盖猗兰困于谷风，虽死不改香。亡何，而马渤陵之，在下难振哉。有质柽榉，鸥鹀上托，狐鼠下族，然得谥为昂霄之雄，仁义附于高位，余窃甚卑焉。乃若在下而振，弥久而闻，此非特其所寄殊也，厥亦有至质矣。余日者察狱燕赵间，间则以祠考循良吏故实，其祠类多二千石，不则千石，亡下者。退而见其父老诸儒生难之，雅未有以举也。是亡论其甚往绵邈，即能及其身耳目睹，记亡称焉。於乎！非名实相左，谬戾然耶！又东游永平，永平为古辽西地，不佞盖徘徊于离支孤竹之封，揽先民之遗致，庶几哉，有所值而不果。乃其父老诸儒生稍稍有能言其宦之良者，不言二千石铜艾，仅言殷先生，殷先生为训导，秩百石，至卑小也，又天顺成化间人，非及父老诸儒生耳目，胡以称哉？父老诸儒生更起难言，使者胡难之易也？吾非能识殷先生貌作何状，与官所至，第吾之大王父行，及事殷先生者家说辈臆以故略得之。而先生行于养母，事尤著。始母来就先生养也，天大雨，道泥，先生徒跣泥道中扶板舆，诸门人人人徒跣泥道中从矣。母性喜食鱼，会滦河鱼美，而河水旱无鱼，先生旦必衣冠河傍拜且祷也，亡何水聚溢，得鱼取以食母。迨而今乡之人阙供者，辄诧谓儿曰："暗，女不习殷先生拜祷耶？"而先生故以三礼取高第。诸亡能为三礼言者，先生晨夕诱诲之。至捐俸为油楮费，束修以上未尝不谆谆也。永平家挟三礼青紫比比，三礼之传永平，自殷先生始。余起谢父老诸儒生："审如公等言，是不当祠殷先生耶！"蜀之有文翁，盖天壤相蔽焉，大要前用殷先生法也。夫殷先生不及身后必有显者。及余卒卒罢察狱，还治兵山东，从今国史检讨正甫游。因得闻正甫之先仕尝至德审理，相德庄王有声，不知其为殷先生也，以姓故语及之，正甫大惊曰："吾不足以辱先审理，后待罪太史，则不知先审理之教永平若是。"岁余，而永平守纪君使来，言其前守李君为殷先生入祠状良悉，且谓余记之。夫二君子其犹行古之道也，夫征众公也，逮卑义也，追远仁也。假令殷先生娄起为九卿，生赫然祠矣，乌能殁而脂父老诸儒生口至今。二君子其犹行古之道也，然则不难正甫乎，诚不欲令以正甫故扬先人名，又诅宜以殷先生后故掩贤者，二君子之为永平而已矣。殷先生讳衡，武定人，后迁济南。李君名逊，今为广提学副使。纪君名公巡，由给事中迁。

忠烈祠碑记

明　刘景曜　兵备道

古有祠，今无祠。古之祠，有功于民者祀惟谨。否则，必其有关于教化风俗，而其人虽死犹生者也。故其祠常少而皆足垂不朽。今则大都取媚生前已耳，时之不古若也。即一祠已不胜升降之感者矣。永之有忠烈祠也，科正李江为唐、程、焦三公而建者也。三公当□入内地，能从容就义，视死如饴，忠烈凛然，如出一辙。夫名城失守，人方肉袒迎降，贪旦夕生，而愤不顾身如三公者，何可多得也哉。唐则先令举家自焚，因谓左右曰："吾死之后亦焚尸，勿中□毒。"遂更衣西向再拜，自缢。程则拔所佩刀自刎不死，令家丁断颈，众皆涕泣劝慰，程竖发裂眦，复起自杀。焦则持长矛血战，死锋镝下，骸竟无人收。噫！亦烈矣哉。李子捐金四十，募三十，为之立祠于武学戟门之右隙地，而又还赡田四分之一，以永厥祀，谁谓今无祠哉。唐公之靖，古越山阴籍，以会举第二人，官武学科正。程公应琦，与唐同邑，以武闱三捷，任道标中军。焦公庆延，卢龙世胄，历营路参军。不佞感三公之忠节，多李子之义举，辑其事实姓名，勒之于石，以识不朽，因为之辞：人之有生，百岁为期。其何不树，以止于斯。三公临戎，名城报破。琬琰俱碎，声名并大。万祀传，流芬芳远播。有尽者形，不灭者心。今之视昔，后之视今。落落祠宇，以轩以豁。孤竹之墟，高风可掇。

国　朝　文

奏　议

请颁赋制裁衙蠹疏

刘鸿儒　兵科给事中　迁安人

题为速颁赋制，以慰民情，严裁衙蠹，以除民害事。窃惟盛朝创兴之治，惟安百姓为第一急务。安百姓，惟轻赋徭，革积害，为第一急务。我皇上定鼎伊初，即颁诏赋徭经制，照万历初年。爱民之心可谓切矣；治国之急务，可谓晰矣。天下无论老幼贤愚，闻纶音而欢欣鼓舞，以手加额曰：今而后始得出水火，登衽席矣。其望经制之定也，唯恐迟一日不获受一日之福。及观顺治二年征纳之数，较明末之分数不减且增。呜呼！赋徭之重，追比之惨，至明末极矣，无以复加矣，而今复加焉。兵火余生，其堪此耶！向之欢欣鼓舞者，仍变为惨泣愁呼矣。即今清核赋役，圣旨业已申明。第念元年之诏至三年未见施行，而三年之清核，又不知何年何日可施行也。臣请一面清核，一面申饬有司，务要照万历初年催征，不得仍前模糊，视为故事也。然衙蠹不革，弊孔百出，即赋轻而私索之害无穷。州县六房书吏之设，其初每房一书一吏，而今增至八人十人不等。朘民膏以供已，窃官银以肥家；或新任官质朴慈善，事体未经历练者，鲜不为彼所欺。甚至书吏挥指，有司唯唯。加以如狼似虎之皂快肆行民间，所以良有司不多见，而民情汹汹也。臣请严敕该部申行州县，一切书吏、皂快，止照旧数简选备用，余皆即行裁革，是大为民间去一毒害也。斯二者，乃安百姓不可缓之事。百姓安，则人心固，人心固，则盗贼自息，太平立致，久安长治之道，端不外此。臣蒙恩拔耳目之司，民间利病，敢不披肝沥胆绘情以陈乎！仰乞敕部施行。

明白回奏疏

刘鸿儒　兵科给事中

奏为遵旨明白具奏事：臣于六月初十日，具有《速颁赋制以慰民情，严裁衙蠹以除民害》一疏。奉圣旨："明季加派钱粮，恩诏内已尽行蠲免。这本说顺治二年征纳之数较明末不减且增，是何地、何官，系何钱粮？或本地私征？或部文多派？通著刘鸿儒明白具奏，毋得含糊。有司衙门吏胥人等，额外多增的，尽行革汰，违者重处，该部知道。钦此。"臣跪捧庄诵之余，仰见我皇上暨皇叔父摄政王惓念百姓，精心赋制，弊必详其实，言必采其真也。臣系迁安籍，而迁安催征之事，臣知之，切见之真，敢不具实为皇上陈之。迁安自明末之时，每丁起银下下则二钱，下中则四钱。每上地一亩起银七分有奇，百姓莫不称苦，而逋欠甚多。至我皇上恩诏下颁蠲免之条，班班可指，宜乎钱粮之减半也。乃所征之数，每丁二钱者加至三钱六分，四钱者加至七钱二分，每亩上地加至八分二厘有奇。如此可谓照万历初年乎？不照万历初年乎。臣草茅中见此增加之数，不胜惊惶骇愕，茫然不解何故。且本县县驿已裁，民壮已裁，扛夫已裁，只此三项，便当减许多钱粮，又何为如此加多也？臣愈不解也。况恩诏初颁，昭若星日，赫如雷霆，尚不能行之近京之郡县。如沿而至于数十年之久，或千万里之遥，其所为增加科派，又不知几何矣。臣见迁安一县如此，则一府可知，一府如此，则天下可知。所以痛愤激切，而有速颁赋制之请也。仰祈敕下该部，详究增加原故，系奉何文。仍敕巡抚监司，彻底清查，应蠲免者，毅然蠲免。庶不致上有轻赋薄徭之名，而下无轻赋薄徭之实也。谨具实奏闻。

请更定盐法疏

刘鸿儒　户科都给事

题为畿东行盐之法未善，请旨厘正，以资民用，以无损国课事：臣窃惟盐政之设，因民生日用之需，取天地自然之利，必使上能裕国，下不厉民，始堪为经久不易之策也。如江淮诸处，水陆四达，产多食广，商人资本富厚，招中销引，自属成法。惟臣乡永平所属州县地方无几，食盐止取给滦、昌、乐濒海诸处，产亦无几。惟产与食一隅，亦自相准。自明季清初以来，行贩流通郡邑，悉地方有司给票收其正税，禁遏私贩，名为包课，而课亦不至失额，民颇便之。忽于顺治四五年，有等无籍棍徒规时射利，亦借纳银销引之名，投认盐商，力承课税，所司自易信从。一自纳银之后，遂于每州县居要地方各张盐店，一区行贩悉行禁绝。小民居止不齐，即有买自邻近店中者，亦坐以私盐首告胥。远近而惟一区是资，已属艰苦，况其以扼吭自恣，价凭自定，数倍于昔。至于升斗抑勒，尤难悉状，以致民间咸称不便，怨讟丛生。至有宁甘食淡而不肯一窥盐店者矣。如此专利病民，即使国课足额，已非善计，乃诸人本属赤手贫棍，实无蓄贮多盐可售，不过初由借债以支撑，意图取偿于重价，然价即腾踊，买者自少，所谓贪贾三倍势所必至也。及于年例，应输额课，依然拖欠，封纳不前，竟至公私交受其困矣。平时有司以承课有人，不复管理，及至销引不及，纳课失期，复以干己考成，从而为之代纳，则其累及于有司者又如此。昔人云："塞人之养，而隘其途。"犹云："将以取利也。"今此一事，而上下咸属不便乃尔，则将安用此坐店之盐商为哉？臣请敕部察其积弊，将畿东盐店商人尽行裁革，所有当发额引，仍责令有司支领，给票通商，禁止私贩。务俾正课足额，而民间亦不致苦窳，庶公私两便之道也。此事止一隅，似属细故，以臣乡见闻最真，不敢不以上闻，如果臣言不谬，祈敕部议施行。

请复教职疏

胡三祝　御史　郡人

题为教职请归岁贡，改授概宜停止，伏祈睿鉴采择，以培士气事：窃惟教职一途，其官虽小，然而师儒之席，风化攸关，非得明经学古之儒，未易胜任。在昔教职惟选岁贡，而恩拔不与焉。何者？以其白首穷经，阅历风雨，晦明二三十年之久，不过困于时命，而不获一第。于是朝廷怜其才，而悲其志，授此寒毡，一以轸念苦功，一以风示来学，原系培植人材至意。初授之日，止选训导，后有荐举者，始升有司，其他至于教授而止。不意数年以来，举人之考教者成风，进士之就教者接踵。夫进士高捷南宫，各有应选之官。县职乃其本等，因其不胜民社，故愿就闲局耳。今进士就教者，俸满又转有司，不如不改之为愈也。况进士多得一缺，则岁贡少得一官矣。自今以后，进士改教，永行停止可也。至于举人登贤书而宴鹿鸣，国家抡才大典何等郑重，无非欲拔录真才以济时用。今九卿之中，济济班行未尝无人。请查世祖皇帝拣选成例，速为举行，考教之说，并行停止可也。又有说者，各省教官各选本省，人地相近，与州县有司背离乡井，千里间关，而身陷瘴疠之域者，原自不同，又何必分别边俸、腹俸，请照俸次一例升转。且进士举人除授教职，其衔俱有署字，顾名思义，其非应得之官可知。今见皇上酌复旧章，直省岁贡，已遵世祖皇帝之例，准其照旧。自应留教职一途，以为岁贡之路。彼进士举人，似不必与区区岁贡，争此鸡肋一官。俾明经学古之儒，早邀一命之荣，以酬其屹屹穷年之志。一举而三途皆通，其以培人材而励风化，非浅鲜矣。臣刍荛末议，有当与否，伏祈睿鉴采择，敕部议覆施行。

记

重修清节祠记

彭士圣　郡守

祭有十伦，非求福也。先王神道，设教立学，礼先圣先师。虞夏殷周，则以舜禹汤文为先圣，各取当时左右四圣者为先师。汉高虽祀孔子大牢，先圣先师号尚未正。至安帝，始隆阙里。唐武德中，释奠太学，犹以周公为先圣。太宗用房玄龄议，乃停周公升孔子，以颜渊配，而先圣先师始定。其后天下学校并祀名宦乡贤，诸凡古圣先贤、忠臣、义士、节妇、烈女，亦得专祠于里。蜡祭报神汉仪犹曰报诸鬼神，及古圣贤之有功于民也。迨二氏教兴，倡以祸福动民，愚夫愚妇，惑资冥福，绀宇琳宫，侈极金碧，反将胶庠古祀茂草荒烟，希福阇正，俗使然矣。永平属古孤竹，采薇二子起商季，逊国叩马，清节万古为昭，上而孔孟亦称曰贤、曰圣，且推为百世师。是夷齐已在先圣先师列，虽不能如孔子崇祀天下学校，而祀诸宗国。今清节祠留洞山之阴，俯临滦水，当与孔子阙里等，固不仅若他贤尸祝于乡而已。予壬寅来守，春秋例得率属致祭。是夏，相国范公承祀祖陵东旋，追陪清风台上，纪之以诗。目击祠圮，实维有司咎，祀不祀，固无与于二子。而稽自汉熹平五年已有祠，唐天宝七载祀义士八人于郡县，崇祭则自此始。宋大中祥符四年，曾访庙遣官致祭，"清惠""仁惠"谥号则封于政和三年。进侯加公，则更于元至元十有八年。至顺元年，颁庙额曰"圣清"。古庙久废，曾移于郡城内东北隅，为明洪武九年郡丞梅圭所建。未几复废。景泰五年，郡守张茂乃重建于孤竹故城。成化九年，郡守王玺请于朝，赐今额，御定祭文，详载元中丞马祖常、明学士商辂两记，甚著。弘治十年，郡守吴杰重修，有行人张廷纲记之。嘉靖二十六年，郡守张玭重修，规制大备，有侍讲袁炜记之。四十二年，备兵使者温景葵始于庙北隅，隔河建孤竹君庙。隆庆六年郡守辛应乾，万历十一年兵备雷以仁、郡守任恺，二十七年郡守徐准、曹代萧等，皆经重修。代萧且复同给谏白瑜辑《夷齐志》。嗟夫！首阳一饿民，到今称台城。同此一饿，尚肯舍身同泰，未闻顶礼先世，饿夫乞衣钵，斯民之不遑从事于兹又奚足怪。礼曰："有其举之莫敢废也。"非其所祭而祭之，名曰淫祀，淫祀无福。狄仁杰奏废天下淫祠。吴中止存泰伯季扎四祠，如泰伯季扎者，议废所不废。夷齐有功世教，恶可听置俎豆不光。爰谋诸寮属，咨于士民，积黍为铢，延至甲辰夏尚未及千金。待鸠工庀材，卜吉启土，不期大雨，滦涨平城，道没弗克往。又越月余水退，口外冲入木植集庙下，有如夙购伐至，计获命工度之已赢，止需砖瓦灰钉并匠作食用，因以所募金雇济。俾卢龙李令守掌择乡耆，督工经营。论庙制，规模弘钜，非数千金不可，用力少而程工易，所赖浮木居多，时会相值，似亦有神助云。是役也，工肇于康熙三年甲辰夏闰六月，至十月终粗完，沍寒暂缀。越明年乙巳春融，加以丹腰。四月既望，迄用告竣。门楼、殿堂、台庑、库厨、斋房咸撤易，焕然一新。其孤竹君庙就毁，恐墨台父子异视未安，且于孔庙启圣祠意有戾，矧兹土实此君旧服，是应相继修复。往虽有庙户恒别处，朝夕不之顾，尚或利其木石而反侵损之。旧存地籍固可考，多被隐占，清出择僧居守。本不宜用浮屠藉司香火，岁以租供祀事并食之，庶不致斯庙无守，而仍为旷废也。予乃进邦人而告之曰："尔思享福，曷若远祸，祸几实兆于争，止争莫善于让尔。"邦人噓被其清风已久，今新其庙，岁时伏腊，瞻拜其前，仰而思尔邦之前人为子如是，为臣如是，为兄与弟又如是，即当自审尔宜何如为子、为臣、为兄、为弟。纵不能比节致谨而试先师其让，始而雍容于门内，继充此操于乡党朋友之间，无不以逊让相期，廉隅

共砥，自然讼狱衰息，室家和平，内侮不生，外患不作。于此鼓腹康
衢，优游盛世，以载扬神休，谁谓祭不获福！

重修中心台真武庙记

通永道　钱世清　钱塘人

郡国之有钟鼓，必建丽谯以居。虽按时考击，其用止于晨昏，而
援古出作入息之义，抑亦治道所由关也。国家发祥辽左，定鼎燕山，
北平介在孔道。龙沙曲抱，滦水回环，南台拱其前，紫塞护其后，实
东西二京一大都会也。使无飞楼杰阁，崇祀神灵于其表，何以仰迓
天麻俯控地势，以作镇一方哉！郡故有钟台与鼓楼相迤，名曰：中
心。岩峣百尺，俯临巷市。每至甲夜，其声噌吰镗鞳，与灵鼍互响，
启聋俗以警旦明焉。中规为庙，以奉真武。历考前代或降玺书，或
赐玉册，谕有司春秋肃拜坛下。而此邦为尾星分野，上应斗极，例
得祀之。右有文昌阁，瑞霭飘遥，令人作天际三台想。余乙巳莅任
后，朔望瞻拜，眺望城郭，山河参差，在襟带间，喟然叹曰："有是
哉，台之胜也！"无何，有窃饮于台者遗烬，庙为之墟。余惧胜迹之
湮废，无以光前而照后，谋鼎新之。顾工料赀费，逡巡未果。会有空
屋数楹，捐一年俸购之。僚属慕义，一时金钱略集。爰撤故就新，广
两楹而四之。自戊申秋迄小春，不烦公帑、民力，凡三阅月落成。其
指挥董率，则卫守御卢化凤力也。所可异者，北平地苦旱寒，至秋土
辄凝冱，手龟水冻于以绘塑实难，而是岁风恬日融，筑场之月，盎如
春温。金碧五彩，维所涂饰。于是。帝容睟然玉座之表，岂非是凭是
依，用福兹土之明验欤！余固服习文教，而家世奉真武，厘其灵迹，
莫著于武当，遂额为"武当别院"，从所专也。夫阎伯屿领洪都聿标
滕阁，庾亮镇江夏并建南楼，昔人丽瞩江山，类多名构，矧望海台
遥，卢龙塞迥，增筑胜地，以巩神皋，俾闾阎之众，安其出作入息，
跻风俗于康衢，固治道所观成乎。后之君子保障此邦，毋使狂客荒兹
净域，以时缮完，罔或失坠。巍乎此台，永镇北平，是尤余之所祷祝
而求者，是为记。

重修永平府文庙记

顺天督学　吴国对

　　北平负山带海，称燕冀神皋，屹然一大都会也。考古为用兵之地。汉太守李广以神勇著，下此兵兴之事，史不绝书。今天下中外一统，人民乐业，圣天子右文崇道，弘奖儒术，多士蒸蒸，向风渐摩，于道德仁义、陶淑于礼乐诗书，盖三十余年于兹矣。比年以来，水旱频仍，稍稍失所。太守三韩常公甫下车，即遍访利弊，问民疾苦。闾阎疮痍，引为己疚。其间厘剔振兴，有关民生者，善政不一而足。乃先则谒文庙，而慨然曰：“今天子岂弟作人，惟此为兴贤育才之地，士子朝于斯，夕于斯，诵法景行。而顾令庙貌之颓圮，暗汶弗章，其何以遵圣教，而励儒修也！然当此十室九空之际，下竭民力，浚民财，以伤吾休养百姓之意则大不忍。”爰是，捐俸庀材，给赀鸠工，经始于康熙十六年正月望日，落成于十一月朔日，殿庭巍巍，廊庑峨峨，辉煌璀璨，焕然一新。于前另建书院其中，大庭三楹，左右环以号房十二间。庭后正房五间，东西厢房四间，为诸生休息之所。庭前设照壁坊表以界内外，大门与周匝墙垣及厨灶等室，以供诸生月课肄业，又前此未有。余以试事至谒拜毕，进诸生而勖之曰：“尔知二千石葺庙意乎？尔俗刚武雄悍，思以柔之；狙诈剽黠，思以诚之；其或轻浮躁浅，董之而进于庄；鄙朴固陋，饰之而泽于雅，非圣道不为功，是故他务未遑，而汲汲于此。”吾于此而知太守之能重文也，能敷教也，能体圣天子岂弟作人之意，而以兴贤育才为首务也。能以先师之道德、仁义、礼乐、诗书，渐摩陶淑于斯民，而令父兄之教必先，子弟之率必谨，其用心厚而嘉惠于尔多士与斯民，甚深且至也。异日考多士之蔚兴，大则栋梁舟楫，为邦家光；次亦孝弟忠信，笃尊君亲亲之谊，化行俗美比户可风，自贤郡守始之而成之矣。推此以治一郡而一郡理，以治天下而天下理，而犹虑文教不敷，太平不可坐致也，又谁信其然哉！余顾而乐之，遂援笔而为之记。始其事者即太守常君文魁，因其事而共勷则郡司马郑君四国、州守滦州马如龙、县尹卢龙吕宪武、迁安张一谔、抚宁刘馨，昌黎陈邦齐、乐亭于成龙、永平卫守备杜进梅、山海卫守备王天福，至督修生员杨新鼎，例得并书。

重修永平府学宫碑记

刘鸿儒　左都御史

教化者，制治之本也。学校者，教化之原也。苟使在位者由学校起教化，由教化得制治，能令人文蔚起，喁喁向风即龚渤海、赵京兆当俯而逊谢之。况学宫严地，先圣先贤巍示之所，博士弟子员讲肄之区，郡守邑宰诸公瞻侍之域，而顾与荒烟丛草、败址朽楹日相寻，而莫为革整，当亦升平之世所最感也。北平为畿东名盛之处，山水潆带，先贤墨胎氏焜耀千古，其间文人粹士接踵历代。而建学于城西北隅，规宏而制伟。数十年以来兵燹洊加，榛莽之所蒙塞，荆棘于焉蕴崇，遂至殿庑堂奥之间，椽毁而瓦迁。守令诸公若与我绝不相属者，会我公祖常公守兹邦，绾绶之始即汲汲以整理泽宫为己任。进属吏、乡士大夫而谂之，咸乐输恐后。鸠庀工材，度越前人，拆正殿而新之，辍彝堂而构焉。一椽一础变腐为灿，栋宇节棁，丽若妍明。门之外有两坊，芟其朽而更奠之，易柱以示别。坊之内有木栅，改以石垂，为可久。铲碛蕃秽，环以松翠，森蔚周匝，望之巍然，犵狑盛哉。余于是服公祖之知治要而崇先务也。夫梵宇道院，所在多居名胜地，郡邑大者百余所，小者亦数十所。商贾妇子，愿施而不倦。莫不涂朱垩碧，照耀瞻视。独至于学宫，每郡邑仅处其一。兵兴以来，大半鞠为茂草，颓垣破壁，先圣先贤栖于烈风霆雨之下。而莫之或恤。问师儒而师儒无其权，问友宗而友宗无其意。是正学彝统，反不若二氏足炫愚罔也。惟我公祖常公，以文章理学，表为经济，能使墨吏解绶豪氏怵息，而敦崇大体，首力学宫。上以承朝廷右文崇儒之至意，下以鼓士子读古明道之深心，前以接昔圣昔贤茫茫未绝之统绪，后以启十数百年十数百处遥遥无尽之人材。虽华缛而不以为侈，虽烦重而民不告劳。致泮林閟宫之盛，再见于今日，再见于此邦，虽古名公卿，孰能絜隆于公祖也哉！夫天下者郡国之积也，郡国者州邑之积也，使抚兹六属晓然知公意指之所在，则先其教化，后其刑罚者，击蔀廓蒙学者归向，率乡曲之原悫者，群而敦诗书，明正谊，力田孝悌之风，争自濯磨。民有不畏桁杨而畏清议，不矜智勇而矜名检者矣。昔文翁为蜀太守置学宫数十区，以教养士子，而蜀文彬彬始盛。何武为刺史，行部必先至学宫，而后至传舍。古今贤太守其识同、力同、而经纬亦同也。余游学宫睇观焉，既有慨于昔，因有快于今，故记之。记之以风天下之凡为郡守如我公祖者。

新建北平书院志

刘伟　御史　滦州人

稽古致治之本，首重于人才，风俗以之而肇、教化藉之而兴，天下待之而理，岂不重欤！虽然，作养无术则人才终莫能振也。丙辰岁暮，幸我常公来守斯邦。斯邦本一疲郡也，民苦瘠土，赋重役劳，且当东西冲繁，簿书鞅掌，即有非常之才，恒虞调济之不遑，安望余力以作养人才耶！若我公者，甫下车未几，而政事毕奏，即观风课士，修举废坠，重修文武两学，深有作养人才之意矣。于谒庙之日，见非农非士，环列于前，即诘之曰："吾青青子衿也欤？"咸应之曰："唯唯。"嗟乎！青青子衿，何乃衣冠狼狈至斯哉。夫衣冠狼狈至斯，遑问其诗书乎，诗书不兴，人才何由而作！爰是，经营学宫前隙地，堪为弦诵之所。苦于狭隘，买近居民房四间，空地一段，方称斯院。不扰民力，不动公帑，大捐已资。公每省试几费心裁，命生员杨新鼎督监。不月余，构成讲堂三，东西书斋十二，后肄业正房五、厢房四、厨房二，中门、大门共四，内外墙壁莫弗严密。又建木坊，设以廪饩，延乃师儒，无所不至。即菁莪朴棫之化，不过是矣。吾往而观焉，奇哉斯院耶！外瞻之，高耸层叠，严然壮观，进视之，曲折周匝，幽若仙景。不觉喟然曰："幸乎北平之书院，可于江西之白鹿比隆。"俾吾永士子入斯院者，必致其知，必力其行，学成孝子，学成忠臣。异日掇科甲，纡青紫，龙见豹变，蔚然汇起，万古千秋孰不相传曰："非我公之作养人才而然者哉。"若后之君子，继公以行，则永之人才，有盛而无衰也。不然，燕朋昵师，虚糜岁月，即当幡然而逝，不可一日污此地。公三韩世家也，名文魁，号独占，字月生，戊子贡士并书，以志不朽云。

重修武庙碑记

程观颐　淄川令　山海人

北平古多豪雄激烈之士，产斯土者，类皆智勇自命，气习使然也。苟建学而训练之，均足备干城之选。故自明隆庆间，刘公应节视师蓟门，上书请立三镇武成王庙，振武功以储将材。永平其一也，则武学之建，历多年所矣。第天下事有创之者，必有继之者，然后其事可大可久，而不至于废坠。自鼎建以来，前人力而兴之，后人习而安之，悠悠忽忽，视为故事。官如传舍，民如遽庐，不复有问创学之深心者。以是自万历二年重新之后，迄今百载，修葺罕闻，竟使殿宇就倾，庑廊告圮，鸟鼠虫蠹居其室，荆榛芜莽鞠其庭，败壁颓垣，风雨勿蔽，木主散失，神怨神恫，何以崇享祀而作士气乎！矧我朝廷定鼎燕京，震威殊俗，文武并重，讲阅独勤，所谓振武功以储将材，诚不可一日废也。顾欲储其材，必先谋其本，武学储材之本也，有其学而后简阅者于斯，讲读者于斯，由鹰扬而秉钺者于斯，则后此之运筹帷幄，决胜千里者无不于斯也。武学所系大矣，庸可听其废坠邪，是望于新之者甚急。幸而三韩常公来守是郡，甫下车，自问疾苦，察利弊，而外即以振兴教化为己任。爰捐资首新文庙，建书院，以崇文化。方告成，而复有再新武学之命，力有弗逮，则进都人士及新补博士弟子员，力劝而输之。爰是鸠工庀材，择人任事。为大殿者九间，两庑者十间，戟门之为间者三，忠祠之为间者六，仪门之为间者亦三。以及明伦有堂，读书有院，各三檐焉。棂星有门，储将、毓英，有坊，凡三座焉。至于围墙四周，石碑一具，无不次第修举。越百日而竣厥事，倾者植，圮者立，缺者补，废者兴，焕然一新，规模弘整。猗欤盛哉！由是而多士简阅有其地，讲读有其资，鹰扬而秉钺有其兆，运筹而决胜有其养矣。甚哉！公政之善也，能储材也，能谋本也。殆上体圣天子崇文右武之盛化，而为此可久可大之业也。公为政之深心类如此。以视昔之人，以官如传舍，民如蘧庐者，不径庭若耶！尔多士能承公志而励厥功，精厥艺，繇是而秉节钺，勒旂常，报朝廷，以垂竹帛，为斯学光，始不负我公修学之深心云尔。是为记。

新建八蜡庙记

常文魁　郡守

按《礼经》云：蜡祭者有八，一曰先啬、二曰司啬、三曰农、四曰邮表畷、五曰猫虎、六曰坊、七曰水庸、八曰昆虫，斯皆苗之神，国家之丰亨关焉，生民之忧乐系焉。故昔天子岁十二月合聚万物，而索飨之缘仁之至，义之尽，祭之以报神功乎。余丙辰岁暮来莅兹土，越明年，丁巳岁旱，秋七月有报蝗虫西至丰润县者，蔽天东飞，黔黎惊悸，茕茕感伤。遭此虫食，国赋无出，饥馁难当。余闻而叹曰："天降斯蝗，实我不德。"即用刚鬣柔毛，率阖属官生商民，迎祭于八蜡庙之神前，祝曰："惟神最灵，祈护群生，五谷嘉禾，万物性命，惜斯性命，风逐雨进，倏而北飞，沿边远腾。"遂不成灾。永属丰登，岂非神灵之默佑、维护而然耶！观其庙宇狭隘，余与官生商民共议广袤，故经营斯地。斯地原文昌移建遗基，山环水旋。精秀难摹，宜可建焉。余先捐资，觅匠鸠工。每亲省试，官生商民咸为乐输。不逾月，构成正殿三间，两廊六间，茶房四间，戏楼墙垣，绘事丹漆，灿然一新，甚胜观也。庶可以报丰功厚德于万一耳。兹庙既竣，妥侑神明，恒格享祀，斯郡维康，千亿万年，勿遭蟓蝗。勒石以铭，用志不忘。

重修龙王庙记

常文魁　郡守

余丙辰岁，来守永郡。明年丁巳春旱，祈雨获应。越戊午，春旱，祈雨又应。连年丰稔，固朝廷之福，实亦龙神之力所致也。讵己未夏初，旱虐异常，草枯地赤。我皇上爱民如子，焦思亢旱，谕礼部府尹祷雨郊坛，又躬率大小臣工步祷，真尧舜复见于今矣。余仰承君命，俯鹰民社，敢视为膜外乎。即设坛于八蜡庙，率属员、绅士日祝神前，夜宿斋坛。至三日竟不雨，转而思之，易云："云行雨施"，盖于龙神是求。询之耆老，咸曰："龙王原有专祠在南山之麓。"余即跣足趋谒，见败殿孤存，神像颓圮。考其残碑，庙建于明季弘治十一年，卢龙善士李纲创正殿三楹，谷冕添建一厦。后正德元年，孙让增一香亭。至万历乙卯，重修而扩大之。缘岁久坍塌。于是，跽而祝曰："天地好生，苗关民命。惟神有灵，来朝降雨，余当聿新厥祠，永祀香火。"及暮，阴云四布，大雨滂沱。噫嘻！龙神之灵，一至于此，是神之无爽于余，余何敢爽于神乎。爰不惜罄囊，鸠工备物。不募一文，不派一役。旧向西北，卜改向，构正殿三、两廊六，以及大门、戏楼、斋室、茶房，焕然一新。又中立牌坊，以肃威仪，旁列碑亭，以志岁月。庙外西北隙地，围以垣缭，仍筑舍三十余间，招集乡民居住以充庙户。又置近庙民田八十余亩，印契存庙，以供神前香火之赀费，且资庙户焚修之廪糈。内而神像庄严，上而殿宇巍焕，外而庐舍鳞集，云山环拱，滦水纡洄，斯庙之悠久可期万祀矣。余勒石以志，非示功也，愿后之君子，景此灵应，接踵以修，庶几垂之弗替云。

重修榛子镇公署记

高辅辰　范县令　滦州人

北平之西一百一十里，至榛子镇堡。系蓟辽孔道。旧有公廨，备冠盖使者行台。自经兵燹，鞠为瓦砾，四壁仅存。暂售民居数楹，为星轺停骖之所。而行址浅隘，庖湢弗备，庭中仅容旋马。一遇邻薛重臣，衔命乘传，留犁径路之旅；骈骎骏骑，动以千百噉计，势须乌秣于市衢，不足壮皇华四牡之行色也。太守常公以医闻异材，麟符竹郡，行部镇城。思惟卜缮旧基，建署庙舍，敛塞墉堵，以肃门阑。计其费，匪土不尧，匪木弗植，匪工弗傛匪粟弗给也。谋之州大夫马公，不藉一民，不牒一物，出其俸缣，规度前后，作屋三间，用栖纪纲围人之地。自雨刋以及台门，鳞次栉立，涂茨维新。构居停以避风雨，崇户垣以代楗柝。俾使星鸾轵之临憩邮亭而安信宿，磬控骈骦之役获居处而谨藩篱。非太守大夫减膳垂橐之经营，旧馆茂草之区，不几废为瓯脱哉。倘继来州绶，但慎葺宫墉，无忘补饬，则今日太守大夫缔造之劳，嗟予勤其有念哉。是不可以不纪岁月也，敬珥管而勒诸石云。

重修启圣宫记

高辅辰　滦州

治统开于唐虞，地平天成，璇玑七政，而天事已毕。道统惟成汤始肇，圣敬日跻，一时伊训咄诰，启万古性道之学，以人文化成天下也。神明之胄，衍玉筐瑶台之瑞，传锡姓三命之裔。至郰大夫叔梁纥，始诞生至圣，为百世师。明初，封启圣公，配以颜曾思孟，从以程朱等之父，祔祀明禋。前守刘公体元，择宫东巽方，创建专祠，以隆蠲饎。岁月遂遐，继经兵燹，鞠为茂草矣。春秋有事于俎豆，仅绵蕞蓬圉，粗了几筵。闻之子虽齐圣，不先父食，况崇宫绮殿，既奠先师，而顾瞻圣父露栖不幕，非所以宴嬉冥孝，妥侑严灵也。大夫马公拜而兴叹，念时诎难以劳民，首捐俸缣以倡，绅士而身任其费十之七。聚棼栌拱桷之材，坚甓蛎灰之具，咸罗于公庑，目综心计焉，梓匠佣直，垩塈应时，丹髹从质。旬月而厥工报成。博士弟子员于落成之日，尊酒劳大夫曰："百年卤圮之宫楹，鸠偎鼎建，实创始，非因旧也，圣父寝成，新庙奕奕，先师陟降，在其左右，惠于宗公，神罔时恫。大夫之功，作之屏之，当与奚斯閟宫之什，并声之管弦，而寿之金石，是不可以不纪也。"时岁次戊午，知州事马公如龙，绥德州人，由壬子科举人。

重修卢龙县学记

吕宪武　山东人　邑宰

卢龙为北平附郭，另设学宫，专祀先圣。所以仰法古帝王之盛典，储育此一邑之人才也。考诸碑记，创立于元末，盛建于明初，规模制度与郡国学宫无异。其历代增修已载他碑，兹不备列。迨明季崇祯壬子岁夏月，巽二肆威，圣殿彝堂，随风飘没，岂非地运逢屯，宫墙一厄也哉。然而圣碑高拱，大风雷雨弗移，泥沙瓦砾弗污，金珠俨然，观者咸肃然起敬。说者谓圣贤有灵，厌故宫之污莱，假此天风扫荡数十百年之尘垢，以俟后起者之再为维新者耶。以礼陶乐淑之地，倏而为荒烟瓦砾之场，一时官师弟子员瞻仰无地，乃捐募售买民房，重修殿庑门祠。制称粗备，仅蔽风雨而已。适会皇清定鼎燕都，首崇文教。顺治丙戌重修于梁公应元，戊子岁再修于锦州赵公汲。斯时明伦堂以及门壁方始就焉。康熙戊申，又重修于乌程闵公峻，而闵公旋行取入都矣。余于甲寅岁，签得卢龙令，将佩符东行，适闵公会余于京邸。注意卢庠，悉言卢庠兴废之故，以历代创造之宏规，忽为天风之飘没，虽经草创以重修，终不若古制之周备。向曾捐俸重修，奈规模宏厂，无能遍及。欲立石以记岁月，且劝同志于将来，嘱余代为立石以志之。余于是岁之仲秋抵卢莅事。谒庙间，见学制宏阔。虽经数次重修，阙者犹然未备。以万乘崇祀之香火，而一邑小吏经营，何异蚊负泰山乎。余家东海之滨，去圣人之居不远，遥忆尼山秀气，阙里鸿模，值此景象，岂可以祀先圣耶！余亦景仰前哲，乘时修葺，恐费繁之莫继，付托之无人。时拳拳于念，切切于心。戊午春，大兴朱君持正来谕卢庠，谒圣时，首以修学为请，余与之谋画颠末志同道合，与有同心焉。余即为捐资首创，设以簿籍，示其专也，钤以印信，示其公也。仍令该房乡耆劝助于阖邑绅士商民之尚义者。一时，金钱集济，朱君先劳无倦，慨然自任，李生廷蕃协赞劝董。即觅匠鸠工，经营指点。易其颓朽，整其剥落，缮补其窦漏，再造其倾圮。增添圣位、中龛，以肃威仪。更制配哲、台阁，以顺位次。补全先贤、先儒之木主，重葺泮桥壁水之曲栏。棂星坊前，新筑品墙，以期坚久。设以栅栏，以严内外。经始仲春，毕工仲夏，凡三阅月。宫墙改色，殿庑增新。虽非彻地重新之修造，即此补修补造之工程，殿庑祠坊、堂厦门墙，可期经久而不坏也。余进朱君、李生而劳之曰："此番修造，既无虚糜之费，修葺又得实济，成始成终，无旷无冒，余与共事诸君，俱有厚幸焉。"何者，余有修学之盛怀，弗遇朱君可托之人，则何由谋其初。朱君有修学之美意，倘余有闵公之转迁，则何由善其后。今新庙奕奕，圣灵妥矣。徐观厥成，遇合奇矣。于是知圣贤之灵爽，原有默属。圣宫之兴废，亦有定候。同心之遇合，亦有迟早。今值告成，余拳拳念伸，切切意释，敬珥笔直书其事，以志不忘云。

修迁安县城记

王永命　临淄人　邑宰

迁安距永平府四十五里，为属邑。本汉令支故城，辽以所俘安喜民置焉，因名安喜。金大定七年更今名。左环分水，右据尖山，滦河经南，塞城倚北，山川四固，邑为攸聚矣。皇清混一区宇，建极京师，兹邑相距四百七十余里，实为左辅要地。余以康熙九年庚戌之秋七月终旬，承乏兹土。城垣摧圮，雉堞崩颓，门无锁钥之防，民鲜安枕之乐。不胜殷然，念曰："王公设险，古志之矣，城池所藉，以相守者也。今若此，非惟无以壮观内服，威视远方，其谓吾民之保障何？"会院道批详，倒塌城垣，该地方官设法捐输修理，刻日告竣。蒙府票，自八月初七至九月二十八日，不两月催修完者凡五行。余乃集阖邑绅衿、耆庶、商贾人等，诣学公议。虽士民乐言捐助，咸有费大赀绌不易告竣之虑。余则毅然以为己任。时当盛冬，庀材候举间，寻六飞东幸，奔走于搭桥迎接而未遑也。越明年春，将有事城垣，不谓又有督修冷口边城之役。余思修理县城，令专责也，过此不修，恐有不及修者矣。遂发猛力，详报各宪，众心齐驱，并力合作。开工于仲春下浣之期，告竣仲夏上浣之日。其间鼓众劝徒，殚财竭力，为时仅三阅月，而报大成者，无一工之不举不坚，无一处之或漏或瑕也。噫！此非吾民之乐于趋事，而能遹观厥成乎。因呼父老而抚之曰："城郭坚固，内奸不作，外患可不生。尚其各和尔家，各睦尔乡里，敦乐土而勤本业，庶几实符迁安之名，而久安以拱翼我神京于无疆哉。"计修倒城垣并垛墙二十一处，共一百四十五庹四尺，造册申送在案。又未入报册而修者，系前令已报修而未完，则西面垛口二处，计五十九垛一尺，南面垛口一十二处，计三十四垛二尺。外此，则建城角窝铺、立瓮城内房、设锁钥谨防御，以与民共休息焉。其捐输姓名勒列左方，以垂永久。夫修葺城垣固邑令分内事，何谓是屑屑哉，余于此殆有深虑焉。念我国家当承平之日，而令有司完固城池，古圣王安不忘危之意也。倘政之不修，人将怨嗟，城非民而吾谁与守哉！余又不禁念是役而兢兢云。后之贤者，侯兹土而莅之，以捍我城，以抚我民，相继有加，国之庆也，民之福也，则又何可以无言。是为记。

重修迁安县儒学记

王永命

粤惟贤关辟峻，文箕飏黄岫之章；圣序昭明，颣采缀滦流之藻。故褒修昔丛，名诏岂谓一邑而；不列金庭，乃纪绩旧多遗文。敢谢扆毫，以远封石鼓。藏龙在望，杰笔谁倩张超；射虎当前，云阵漫追孙楚。缮立寝庙，亭亭复翼翼，若陈思之洪声。登遐缔修，斋庑实实亦枚枚，类孝建之圣义。永旦睹黉宫之陡焉遹焕，信文教之廓尔重新。迁安县庠，久罹圮废，岿然一殿一壁之孑立，荡矣十颓十墟之同倾。径由牧马，以寝兴场，供饭牛之蹀躞，圣灵俯而攸叹久矣。付之湮消，绅士过焉咨嗟，畴复收其零落。岁在壬子，冯司训毅力堪矜；月维季秋，四博士掌披殊切。暨诸官衿之辐辏既广，奈予司土之赞成独微。值少司农刘公力捐清橐，用资隆模，大厦岬嵘，尽道法，而遥为指导，先声传播，逐次第而争效观成。惨淡经营于庀材鸠工之余，谘诹展布于审形面势之后。补修明伦堂，已从亥夏栋宇先复旧规；重建贤宦祠，首在子秋名贤始安新位。两庑平列，丹膴流七十二座辉煌，二斋对楹，橼采昭亿万千年弘构。重垣映带红云，俄灿日一围；四隅分扉粉署，惊铺雪六出。前棂门而后壁水，腾蛟已汲禹浪三；南奎斗而东文昌，起凤才瞻圣尺五。规恢既厂，启圣祠前，看二龙五老之翱翔；文明弥多，敬一亭上，缮九丘八索之烂熳，爽垲不矜，齐梁制度；洪规一秉，唐宋休明。既苞既坚，苍松迥倚五星阁，有伦有脊，圣桧斜炜万卷楼猗欤盛哉！诚斯文之叠步云霄；而吾儒之联飞溟汉者也。开工于壬子季秋吉日，告成于癸丑孟夏良辰。新庙奕奕，多士劳之；厥功离离爰石纪之。

重修宣觉寺记

刘鸿儒　左都御史

余迁邑有古刹，名宣觉寺者。创建自唐，后千有余年，其间兴废无可考据。按碑记一重建于元至正之十五年，再重建于明弘治之二年，其寺基可三十亩许，规模宏远，有殿有堂，有藏经阁，有天王殿，有两庑配阁，有斋厨管库之属。殿后则老松盘纡若龙，殿外古槐参天，灵禽堆栖。朗月松风，疏钟鸟语，瑞霭烟笼，允矣迁邑佳胜地也。自明弘治至国朝隆兴百五十年，其间罹兵火者又不知凡几，鹫岭之遗风日替，虎溪之胜韵谁扬。法熄僧残，庭鞠茂草；画栋雕梁，竟归空幻。余宦游京邸三十年，未尝目击其状。癸丑冬，魏生高拱者偕比丘性灯至京邸，谋重建而鼎新之。余曰："此固盛事，恐非此时所可及。"余尝游畿辅西山一带，见绀宇梵宫，飞阁联云，金碧其堂，文绣其阙，土木之盛，莫甲于此。窃叹其赀费浩巨，非出以宫掖之重，则出之大珰巨贾耳。迁邑弹丸穷黎，其何能以一篑而望为山之举乎！魏生曰："不然，乡里之愚夫愚妇，与之谈法律赫赫则罔知忌畏；与之言瞿昙娓娓则莫不提策。俾阐提之众，振怠为警，破吝为施间左之金钱粟帛，不去而之，狭斜，改陆博游治斗讼之业而皈善地者，谓非末治之一助哉！"余善其说，随草一募引付之。无几时，而余归里矣，同诸亲友步游其地，果尔四壁不存，荒芜满目，独老松之盘屈，绿槐之清荫如故也。丈六金身不免风雨之凄厄，藏经万卷难保贝叶之零星。余不觉喟然曰："离乡几何时眼底顿成沧桑。"欲创众一新，又不禁望洋之叹。魏生曰："见今有善信韩文秀，发愿出金二百两，可为经始之资。徐听四方捐输之来，可不日成之。"时有性灯弟子海滨者，精勤自励，一钵不私，慨然请任托钵之役。择丙辰冬鸠庀工材，拮据经营。继而捐输者辐辏。二三年间，凡前此之所有者，整葺以复其故。前此之所无者变易以增其新。千榍万拱，俄惊丹艧之辉。龙发螺文，复见庄严之妙。余甚嘉其志，而庆其成，曰："有是哉，一念之勇猛，而遂成万象之森然。一篑为山，吾夫子岂欺我哉。"凡天下事，真能具勇猛念，而奇绩异功克塞宇宙者，皆可作如是观。魏生复请曰："是皆众信善之乐输以成厥功，于我何与焉。是不可以无记，为众信善劝。"余曰："是诚不可无记也。"余闻达摩有云，一切有为迹属有漏小果。余以为佛法无为，其道精微，不有有为之迹，何以感百千亿万心。盍象教之易入人也，自六朝而后渐靡久矣。从兹瞻依在望，晒慧日以耀昏衢，洒法云而清火宅。合百千亿万心，入无诤三昧，登清凉界，则有为之功德，宁有量耶！余故识其颠末，昭示来兹，勒之坚珉云。

抚宁县重修学宫记

王简　昆山令　抚宁人

抚宁县学立于明洪武之十有一年，事因创起不过一殿一堂，浅陋褊迫。成化间，邑侯姜公目击心感曰："学宫之设，所以育养人材，求进于广大高明之域。卑塞若此，何以励后学而扬休誉也"。遂创建大殿五间，东西庑十间，启圣祠三间，以及名宦乡贤、戟门、棂星，莫不备举。可谓规模宏远，制度周密矣。嗣后，弘治间，刘侯再一缮葺。迟至数十载，蚀于蠹蠹，颓于风雨，不无残缺荒芜之虞。即有改而重新者，或力屈于钱谷而不暇顾，或心惮于虑始而不敢为。虽修补时廑，不过因陋就简，一时权宜之计，而非经久不拔之业也。金陵季平王公下车以来，百废俱兴，慨然以学宫为己任。上不费公帑，下不劳民力，自捐俸，而使相劝以有成。与学博刘公，鸠工庀材，克日计事。自春徂冬，寒暑不辍。凡一木一石之微，咸经日睹，而手任之者。又择诸生老成练达徐廷瑮、萧来凤、赵联璧三人共襄此举。未期年，而殿宇炏宠，门庑坚固。昔之泥沙相半者，今皆易以砖石，昔之朽蠹相兼者，今皆改以松桧，泮池狭隘无深蓄之义，浚而通之冲潭，演著星泓四照。先师龛龕饰加以髹彩，聚之以绨幕，朱栏绿树，金碧交辉，从来制作之精，工程之速，无逾此者。后之人文蔚起，蒸变风俗，皆公倡导训励之功，有以启之也哉。在公之心，修理学校、兴贤育才，有司职分应尔，固无望于人之记述也。然秦汉以降，生而有功德政事者，则碑之。季平贤父母之治绩累累，实不能泯，刻之于石，志不忘也。后之莅兹土者，读是记而奋兴焉，则善善相承于无穷矣。

新建抚宁县谯楼记

佘一元　礼部郎中　山海人

读北平志，而胜迹莫备于骊邑，邑有大兴筑靡不载。而鼓楼旧阙其文，邑之改也，于明成化间，历几二百稔，不闻经始者何与，无以为斯邑肇造城廓楼橹，一时毕兴，复烦吾民不可迟之，非数十百年未易谋也。康熙六年，秣陵王侯来牧兹邑。政平时丰，与民休息。即而，环顾四邑，见其蜿蜒飞舞之概，屏列拱立之仪，倘非峛乎其中、矗然直上者，不足挹取全胜，称岩邑也。屡欲面势审材，而卒止之。乃曰："中立者头颅也，四峙者四肢也，苟肢体不举，而头颅是崇者，何为乎邑？"城夙有四楼及二角楼，经兵燹之余，皆颓废不可收拾，而西南二楼久废无迹，仅存闉阇焉。侯曰："是皆不可不先为之，以作斯楼之权舆。"由是鸠工发废，烧甊构材出俸，余以作之倡给饩值以召之役。未匝月，而群楼毕起。侯顾而笑曰："四肢举矣，兹不可不安头颅。"复于邑之中逵，揆日平砥，穿窿其覆，而四辟其途，其下足以通车马，而上建谯楼三楹，矗然中峙，直可近窥星汉，俯瞰川原而骊邑之观，于是乎大备矣。数役，爰始于丁未六月，落成于戊申三月，计其赀费不下巨千，而侯用才数百有余裕焉。侯慈明饶干才，凡其甃石瓦壒之需，槾角丹垩之用，匠石工役之数，皆能豫计不失铢两，故能刻石而成，挥斤而就也。百废俱兴，民不知役。邑广文刘三德暨诸衿士索余言以记斯楼传曰：古今人不相及，余观前人重斯楼之举不得与城郭楼橹并谋于全力之时，而侯起既废之城郭楼橹竟与斯楼并兴于凋残之日，古今人之才相去不大迳庭乎。侯才足以振举摄坠，兹略睹一班耳。后之君子慨兴废之迹，而今昔之殊其观也。按志披图，将见斯楼得与群楼并载于不泯者，则自秫陵王侯始。

乐亭县重修文庙记

陈廷敬　大学士　泽州人

国制守令以学事为重，其间创修有时，或一人起之，不自一人成之，或众人成之，众人不克全之。无忘其始，贵有其终，斯为吏治之光。乐邑有学，前不具述，自天启丁卯而后，经四十年未闻缮理。语云："苔侵鲁壁，烟障尼山，"殆不妄也。叶侯前来，慨然有志，捐金五十两，琉璃圣殿，无何而去旌揭矣。高生启祚肩其任，姚生延嗣厚其施，协力同心作庙翼翼，时康熙三年春也。嗣而学训王君之造、吴生缵圣，因两庑之垣墉而涂塈茨焉，其余戟门、棂星，日见崩坠，乡贤名宦基址仅存。于侯至，谓司训王公曰："殿庑修而余皆吾事矣。虽然，无欲速，德惠未敷而竞事，土木其谁与我，且功易成者亦易毁，补葺之谋曾先我而图之，不旋踵而复坠，况二祠破瓦颓垣，无复存乎。计此者，必养全力而后可。"越明年，政治既平，百废皆举。丁巳夏六月诹日而从事焉。计其经费之需为集鸠义簿，捐俸百二为创于先，而司教孙君、司训王君，并阖邑之绅衿仕宦，及四方之向义者，共捐有差，乃聚尔工，工出于募，不征调于夫家，庀尔材，材出于措，不支给于公帑。既躬亲以省之，又嘱王谦、韩孙昌、齐曰霁、侯宝训四斋长以督之。凡今之宜修而未修者，即因为创而悉出之以心裁，并前之已修而未臻厥美者，踵事增华，而勿仍其阙陋，视彼聊且苟完之政，则大相天壤矣。且由内及外，细大不遗。壮屏翰则崇饰其垣缭，谨出入则增设其栅栏，肃外望则易制其天衢，以逮圣域、贤关三坊，凡四阅月而观厥成。先是，侯有闻于人曰："公治留心在文，文不振，风为之也。东南城头建文昌之阁，而祀魁宿于上，则文治可兴。"侯重其说而为之，嗟乎。谈吏治者惟簿书是急，侯则略而不讲。以为学宫一事，司宪者所不纠，司衡者又不以之课殿最，自非循吏洞瞩治源未足语此，此而有成信吾道兴废在人，而不关之气运。而其心犹未已也，若明伦堂、斋房、门垣皆循次及之，又以考来春之工作云尔。

重修乐亭县魁星阁记

于成龙　邑宰

魁宿主文章，灿然丽天。现则人文蔚起，而治登彬雅。凡郡邑建学，必祀魁星，所以遵古帝王兴贤育才遗意也。乐邑有魁星阁，由来久矣。曩者英隽杰出，树骏流鸿，鳞鳞济济，号称极盛，迩来风雨飘遥，仅存基址。举向之巍然焕然者，竟付之丘墟而已。士之策贤书登天府者，三十年中二三见焉。虽然士之奋发登庸，亦不专依夫天象。但既缺此阁，值人文之否，世俗之见，未必以此阁有无，而生怨尤焉。余于士民吁留之明年，岁在壬子，正值宾兴之际，人皆谓此阁兴废关人文盛衰，乐邑古称彬彬礼让之遗，带河滨海，必有负如河如海之奇。而云岛月坨，又具月露风云之秀。余忝司牧，何弗因天地之灵秀，而一为助发耶。爰捐俸金，谋诸绅士共为协赞而重构兹阁。鸠工庀材，营始于本年仲春之下旬，落成于孟秋之中旬。是役也，诸生姚子延嗣实董厥事。复将文昌帝君重塑于阁下，并妥而祀之。制称粗备，阁在文庙之东南城上，于方为巽，巽主文明，与魁宿同阶，与北斗同临。兹者魁光灿灿于上，帝君穆穆于下，一堂喜起，四座生辉。新庙奕奕，高阁巍巍，瑞霭缤纷，云汉徘徊。彩笔高挥于七曲，绿袍近映夫三台。自兹已往，兴起斯文，鸿飞凤举，科甲连云，为名世辅，为王国桢。愿我邦人勿惮苦辛，益励厥修，无负此心，有光斯阁，再造一新，庶于乐亭有小补云。后之君子，鉴余微忱，因时补葺，任勿沉沦。爰志风岁月，勒之贞珉，以告同心，垂不朽云。

重修考院碑记

顺天督学　梅之珩　江西人

圣天子兴学右文，三年，简儒臣，按试诸郡。厥有公廨，为考校地。顾京畿首善，人文所系尤重。永平为京东名区，廨踞平山巅，规模极伟。以历久风雨鸟鼠，渐患倾颓。岁丁亥，余校士兹土，适太守张君甫下车。余闻其牧蓟州时，前学使按部将调考，君悯诸生童往返维艰，捐赀创立考场，俾无忧跋涉，都人士咸啧啧称道。因卜其材猷精敏，治剧有余。乃于临行时，进诸生而告以栋宇之朽坏，盍请诸新守吁以修葺，而又惧斯役之不易也。及科试，予入署环视，则坏者新矣，邪者正矣，坚致周好，焕然改观。而生童之入院应试者，风雨不侵，燥湿无患，含毫濡墨，得尽所长。昔少陵诗云："安得广厦千万间，大庇天下寒士咸欢颜，风雨不动安如山。"此不过悬拟虚愿之词耳，而今乃见诸实事。因叹道路口碑之不谬，而太守之留心人文者，随在皆托骈襷也。夫永平形胜之地，襟山带海，实产异材。自孤竹"清惠"、"仁惠"而后，韩退之以文高北斗起衰八代。后之继起者，绳绳不乏。特以辽左咽喉，历代为用武地，未免文事稍弛。自我皇清奠鼎以来，中外一家，士皆得鼓箧逊业，科岁两试，遴选无虚。今君又从诸生请，为一劳永逸计，经营不日告成，则凡所为兴贤育才，崇奖风教者，亦概见于斯矣。不诚多士之厚幸，与将来日浸月盛，俊彦蒸蒸蔚起，以应圣朝文武将相之选者，其毋忘贤太守之嘉赐，是为记。太守张讳朝琮，浙江萧山人。

新修鼓楼记

张朝琮　郡守　萧山人

予至永平之三年，岁则大熟，嘉谷盈野，自两穗至于四五穗者踵而献。盖尝陟鸣远之楼，以临郊牧而望西成时，则有若宾客寮友列坐，而语岁丰。客有告予者曰："公前来摄是邦，曾指斯楼谓吾侪曰："此屋不修且坏，我若久于是，必新之。黄山濡水与闻斯言。今公为政亦即三年矣，犹未可以云久乎？公所至喜修废坠，岂独无情于是邦乎。"予应曰："然是吾心也，微子命予，几食言。"于是，栋梁、椽柱槛栏之欲朽者，甍甓瓴之残破不完者，丹艧粉饰之，殷者修之治之，复其旧观。工既毕，又会同人，命酒以落之。抑且私念其故，以告于客："昔者鲁为长府，楚建章华，君子讥其改作，而病其速成，意者剿民兴筑之事，得已而不已，非为政者所宜有也。而予今之所以不食其言者，无乃自贰其过也欤！"客曰："不然，我闻三代之际，天子之庭，鸡人呼旦，诸侯则掌漏告时，凡所以谨夙夜，示警守也。今郡国守臣，实惟古者大国之诸侯。而斯楼之制，则周官掌固夜三鼕以号戒之意也。夫固可以一鼓而作勤政之气，再鼓而宜从欲之风，三鼓而鸣天地之朗也。不然，而昔之作者谓何而岂得已也哉！"予深喜客之有以启我也，于是乎记。若其云山之胜，风物之美，游览者宜自得焉。至于资材之所出，工力之所费，其不足书者，皆不复云也。

山海卫镇城立义杠碑记

盖谓事之可传于不朽者，必有以厘积弊，协舆情，俾闻之人人而称快，斯垂之历久而弥新也。山海一城，地狭人稠，居民不下万户，丧葬之事，或一日而见数家，或一月而见数十家。既乏车牛之资，复艰绳杠之费，无论贫富，无不拮据，顾虑于此事之繁难也，盖四十余年矣。合卫绅衿士庶，目睹其横，亦且身受其害。思立义扛，共敦友助之风，期免揹勒之苦，乃公呈府宪。蒙张太公祖，严惩革弊，听立义杠，复张示晓谕："凡有地方之责者，务以除害安民为心。嗣后凡有婚葬之事，听民自便，不许仍前扰害。"告诫谆切，真剔奸若神、爱民如子。阖城四民无不感激涕泣，幸旧弊之除，乐公义之举。由是家无停柩，俗敦睦姻。积数十年匍匐艰难之状，一旦慰其情而靖其扰，非我张太公祖奋雷霆之威，普天地之德，一时并至，而互用之，何以有此！我山城之民固宜家焚户祝，累百世以不忘，岂仅一二日之颂祷已哉！用镌于石，以垂我太公祖恩威之曲当。且喜阖城。公祖父母之与有同心也。若夫此举之规画尽善，斟酌得宜，是在我卫之人，审量而区处之，又何必以琐务细节烦渎官长之听闻也哉。是为记。

山海卫东罗城立义杠碑记

政治必先兴利，然弊不除，则利不兴。故除弊之小者，则利兴于一时，除弊之大者，则利及于百世。事无钜细，俗困于习，而相与安之忍之愈极矣。为之上者，又以习俗相仍，恬不为怪，遂令弊日益滋，以致民气抑郁，无可控告。痛在死丧惨怛之际，真有悲号莫诉之隐，讵非地方之大弊欤！山海扛夫为丧殡之役，名甚微而业甚卑，无何至今日而弊不可言矣。结党纵暴，呼类引济。伺人之年高为奇货，任己之口号为定符。尊以上宾，而横肱恣肆；陪以嘉客，而旁若无人。任意苛索，虽叩首顿颡，而终不能挽其桀骜。呜呼！彼何人斯，而幸人之丧，扼人之急，风俗之弊，尚可言哉！幸逢府宪张太公祖，来莅永郡，剔弊除害，戢奸禁暴，政日益饬，民日益宁。我卫之绅衿士庶，咸跃然曰："吾俗之弊，莫大于扛夫，值我郡宪而不吁陈，将无日矣。"爰举义呈，沥陈其害，蒙郡宪雷厉风行，严惩禁革，谕从民便，而山海义扛始立。义扛立，而土役积久，盘结之弊始除。于是，卫之人举相庆曰："今而后，如某某之青钱若干贯者免矣，如某某之白锒若干金者免矣，如某某之肆筵设席而挥手不顾者免矣，如某某之兄弟、青衿，而屈膝告哀者免矣。且如某某之祖父亡，而子孙不敢殡，某某之额数缺而门塾不能保，且如某某之家庭无恙，而佣值不敢不预支者，皆可免矣。"呜呼！毒不至于伤心，其怨不甚；泽不及于枯骨，其感不深。卫人受土役之害，已四十余年。谁无父母，谁无骨肉，逞其凶横，长此安穷。乃值郡宪公明刚断，毅然革除，实令九泉戴德，百世蒙恩，吾卫之被利宁有涯哉！特是郡宪仁声仁闻，洋溢畿东，即此枯骨之泽，上天鉴眷，必将膺特宠而抚封疆，我永郡何能久留宪驾！所虑大利方兴，孽潜弊伏，不得不勒石志之，非谀祠颂郡宪也，愿郡宪之良法美政永著不朽云。公姓张讳朝琮，号式玉，浙江萧山人。

山海卫西罗城立义扛碑记

传曰：善人在上，国无幸民，信哉斯言也。士会为晋太傅，而盗奔于秦；卓茂为汉太守，而蝗不入境，岂偶然哉！我郡宪张太公祖，福星高悬，照临七属，于兹四年矣。观风拔萃，取士广额，启人文也。禁除火耗，劳瘁捕蝗，重农事也。既廪无亏，工有歌也。税务无苛，商有庆也。而且表节旌义，存殁蒙恩，剪霸锄奸。强悍畏法，善政善教，难更仆数。而今，所尤感者，山海地居边关，民贫俗朴，自独霸之扛兴，而丧葬之典废，垄断之桥起，而婚姻之礼失。富者畏其贪噬，贫者惧其凶焰，伤心惨目，垂四十余年，幸遇太公祖，恩威远播，是以绅衿百姓，合辞公吁太公祖，痛惩严革，积久之弊立除。设扛便民，将来之惠无尽。法不移日，恩可同天。其爱民之深，待民之厚，与士会、卓茂，后先媲美。阖卫之被其泽者，咏父母，乐岂弟。爰镌石以垂不朽。使后之观者畏威怀德，而太公祖之休声，可与山海同其久长矣。是为志。

传

韩隐君传

宋琬　兵备副使　莱阳人

隐君姓韩氏，讳原浚，字发之，别号发西。父应庚，明万历丁丑进士，历官监察御史，按部河西、山左有惠政，丰采著于朝廷。中岁家居，屡荐不起。学者称西轩先生。今郡城南，有峰突起，滦水汇于其下；朱楼石磴，掩映如画，盖先生垂钓处也。里人思慕先生高谊，名其地"曰钓台。"西轩公年逾商瞿，未举丈夫子，元配郝孺人忧之，聘于刘为亚室，是生隐。君幼而早慧，西轩公最爱之。年十七，西轩公捐馆舍，郝孺人年已耄矣。刘母佐持家秉，御僮奴，严而有则，择良师以传隐。方是时，海内无事，缙绅之子，席温饱之余荫，虑亡不呼鹰蹴鞠，追亟于狭邪之场，甚且有傲其诸父伯舅者。刘母躬自督责，一动止不少假。以故隐君折节读书，循循如寒士。甫弱冠，为邑庠生，后选入太学。庚午之变，孺人度城不能守，以五千金诣监军犒师。已而遍召族党，纵其所取，仅以千金贻隐君，俾出亡于外。隐君泣不行，孺人叱之曰："若不念韩氏绝祀耶？且母子俱死，何益！若行矣吾以死守门户。"事平，而母子无恙也。隐君性至孝，伤西轩公早世，每馈必奠而后食。与人交，坦坦无町畦，见人之有机事，及谈说人过失者面为之赤，曰："天壤间吾不信有此事。"甲申，神京陆沉。谓其子鼎业曰："吾闻林虑可以避兵，古之隐者多居之。"于是，携孥以行，所亲者力劝之，不为沮。或有问其故者，笑而不应。久之，迁鄢陵，继乃买田密县。结庐大騩山之麓而居焉。丙申冬，卒于密县，享年六十，子鼎业，奉骸骨还葬于西轩公墓侧。事讫，归耕于密，从遗命也。隐君之葬容城，孙征君，尝志其墓，家世子孙具载志中。征君名奇逢，隐于苏门。世人罕识其面。其铭隐君曰：不雕不琢，终身慕亲，谋不在食，忧不在贫。乡人以为定论云。

祭　文

祭伯夷叔齐文

蒋超　顺天督学

维阳山之鸠毓，肆濡水之涟漪。郁贞操之皎洁，秉大义之崔巍。配扶舆而并立，夹日月以同飞。鹜冕轻其敝屣，朱户视如蓬扉。虽裴（徘）徊于岩穴，实寤寐于京畿。回周原之六辔，挽商日之余晖。天纲凛其撑柱，地极奠其倾欹。武周闻而心折，孔孟仰为师资。怅飘遥于冠剑，空灭没于音仪。揣神游而莫定，访埋照其焉依。想子臧之恋宗国，悲钟离之操南徽。魂遥遥而返驾，身兀兀以扶犁。抚中子之弱存，喜宗佑之留遗。料云旗与风马，必暮漆而晨湑。义感均于顽矿，瑞液浃于芳菲。鸿哀鸣而死节，麦挺秀而连岐。酿容城之让爵，激碣石之穷螯。缘三伦而表烛，留万古于几希。关人禽而下键，揭仁义以为旗。痛彼妇之呶蹢，谢薇蕨之纷披。白鹿跪而献乳，清泉溅以投饴。终逍遥于桐柏，证仙籍于紫薇。超忝学校之纲领，乏礼义以提携。羡此乡之浑朴，秉诚信而不移。贩夫耻竞于二价，儒者躬学于耘菑。望松楸而投涕，抚桊椭而凝悲。喧檐楞之鸟雀，胃庭户之蚰蜒。闻圭田之远拨，拟镌俸以留祠。知达人之窃笑，真竖妇之庸词，曾圭组以弃捐，何莘豆之从违。方缠绵于禁火，欲亲荐于芎芪。徒爇檀而作供，亦夺锦以陈词。虽物微而诚结，愧鬼是而人非。斩颠毛而布褥，剖心血以餔饥。夫子谅有明鉴，庶援匕著一尝之。

祈雨文牒

初致告文

唐敬一　郡守　四川人

康熙十一年六月至七月，大旱不雨，田苗枯槁，井泽涸竭。万姓皇皇，呼天莫应。公念切民艰，恭诣城隍庙。设坛，每日三次步祷，率僚属免冠路拜。仍三致告文，以达神听。至十三日子夜，大沛甘霖，三日方止。遍野欢呼，草木回青，山川增色，复为文以谢之，记告庙文四通。

维康熙十一年壬子七月甲辰朔，祷日辛亥，直隶永平府知府唐敬一等，谨蠲白乃心，敢昭告于本府城隍感应之神曰：呜呼！旱魃之灾，帝天非无因而降。凡我僚属，奉天子命，牧养斯民。未能实心抚字，致此失业，遗黎类多饥寒失所。其或溢怒淫威，刑罚失中，再或吮民膏血，寄我饱温。有一于此，皆足以上干天和，下积人怨。太守顽冥不察，诸司估过不悛，灾及己身，固其宜也，民何罪之，与有而罹兹凶谰耶！惟神血食北平，职司幽赞与太守表里斯民，若太守无德，不能格天尊神，犹将显震英威，谴太守以回天怒。若太守苟可告无罪于百姓，则今兹不雨，万灶立见烟寒，当亦非神之所安坐而默默也，神其度之。谨告。

再致告文

唐敬一

敢再告于本府城隍之神曰："呜呼！惟神以帝天喉舌之司，造下土一方之命。今此下民，所为岁时伏腊，熏蒿凄怆，而奔走恐后者，凡以为今日也。北平财尽民穷，所恃以延如线之生者，惟有秋是赖。目今禾黍垂成，而骄阳不雨，万姓携妻挈子，头抢地，声震天。太守惴惴悔过，是用率兹僚属匍伏祷求告庙前言，尊神亦既闻之矣。朔九午刻，仰见阴云满布，霢霂氛霏，意微尊神响应之灵，不至此其如敷泽。未几屯膏如昨，岂太守之呼吁有胸无心，神不我格乎？抑亦神将吐我，而帝天之视听，果高远而不见不闻乎？非是，则天道好生，当必不忍纵旱魃之播虐此一方民若是其甚也！太守父母此一方者也，尊神御灾悍患血食此一方者也。百姓不敢呼天，而呼父母，太守不能问天，而问尊神。若三日不雨，则土膏竭。十日不雨，千里其赪矣。嗟此孑遗，弱者转壑，强者揭竿，铤走流离，将不旋踵，则太守与尊神，必有分任其咎者矣。神其鉴而裁之。谨告。

三致告文

唐敬一

直隶永平府知府唐敬一等，谨免冠匍伏大声疾呼，三致告于本府城隍感应之神曰：嗟乎！此方之民何不幸而罹此旱虐耶？北平古称瘠国，其民刀耕火种，其地水立沙飞，产无百亩之遗，家无担石之储。所恃上天降祥，时和岁稔。顾此遗黎，尚得与畿辅七郡之民承丁负版，以上报天子者，饥馑不臻，而不忍轻去其乡也。嗟乎！今何不幸，而罹此旱虐耶？下官敬一，奉天子命，来守兹土，未敢登堂受事，先入庙而谒尊神，循朔望跪拜之仪，尽人神祈格之礼，岂有他哉。良以地方久遭兵燹，小民鹄面鸠形，兼之弱肉无几，不堪强食，是用简刑息讼，驯暴惩刁，片纸蠲供，一钱不罚，期与二三赤子休息相安，以尽太守心所欲，为力所能为之事，庶几假此可以告无罪于天子也。至于悍大灾，御大患，人谋所诎，则太守有所不能者，而神实能之。此有皇上帝，所以特简聪明正直之仙班，敕为保障城隍之显爵。俾尊神理幽赞阳，莫丽此一方民，以辅祐天子，于以享此一方之血食而无愧也。此其义与下官之奉天子命，而抚摩兹土者，将无同。今下民罹兹旱虐，虽或天运使然，在尊神亦有不能自主。然而天子者，天之子也，所以代天而子民也。尊神则天之吏，而太守又天子之吏也，无非为此民也。譬如父母不慈，孝子未有听其违道而不迎几以谏者。人主有失，忠臣未有徒畏膏斧，而不折槛以诤者，况乎帝天仁爱，养育万物，是其本心，而大兵大荒，不过数十年而一见。古之人主，六事自责，舍腹吞蝗，要亦一言之善，遂可回天，此又人事之彰彰者矣。若必欲尽此一方，民而饥之馑之，使之流离转徙，而不恻然念者，斯又必无之理矣。今者阳日以骄，禾日以槁，万姓呼天抢地，声彻重霄。太守匍伏悔过，叩头流血，一告不已，至于再，再告不已，至于三。凡若此者，非敢为渎也，诚欲尊神大彰捍御之能，以兹下情上告天帝，亦如孝子之谏其亲，忠臣之诤其君挽回天怒，为民请命而已。若三告而神不应，是必尊神之刍狗生灵，而虚拥天爵也，尚不能与人世之敦伦闻道者比，其亦何神之与有。语云：虽有恶人，斋戒沐浴，则可以祀上帝，诚为之通也。今太守之夙兴跪祷，而咄咄不休，可谓至矣。而神不我听，则旱其不可药矣，民其无如何矣。眼见千里如焚，穷檐息爨，析骸易子，盗贼繁兴，且震惊城社，绝灭烝尝，势所必至。太守既无面目见此北平父老。即尊神亦岂能腼焉血食，对万姓而无愐乎。此太守之死不择音，泣尽而继之血也。谓神不听，当不其然，神如有灵，其疾告帝天，立驱旱魃，以造万民之命。再三日不雨，则太守不职，尊神不灵，不职不灵，法当黜。太守其囚服縆颈，迁尊神之行主于日中，共受天罚，必大雨乃止。谨告。

谢 雨 文

唐敬一

谨以牲牢鲁酒致祭于本府城隍感应之神，曰："于赫惟神，至正至灵。有祷必应，理幽赞明。降此时雨，粒我烝民。捍灾御患，振古英名。回天有力，记过无心。于容懿服，其量于麾，魃敬其能，民其苏矣。永奠北平，太守暗昧。陈词失伦，譬彼盲子，罔测高深。今日之奠，悔罪负荆。神不我吐，惠然来歆，尚飨。"

昌黎祷雨文

王曰翼　邑宰　阳城人

盖闻上帝以生万物为心，则寄其权于神，朝廷以爱万民为心，而分其责于吏。是神与吏，共有守土之任。吏当体朝廷之心，以爱万民。神亦宜体上帝之心，以生万物也。使民之失所，惟吏之愆，序之失调，亦惟神之咎。今者冬既无雪，春复亢旸。二麦未布，谷种及期。杳杳出日，密云不雨。嗷嗷万姓，赤地堪忧，夫一年之计在于春，春时未种，秋何所获。终岁之需在于食，民食艰矣，民命何存，神其忍之乎？或者吏之不谨，民之暴殄，以干神怒欤！此其咎在吏，于民何尤。抑或旱魃之虐，蟄龙之祟神不及制，江海之封神不得专以重困此一方欤！此其害在民，惟神是赖。吏既为民请命于神，而神亦当为民请命于天，旱需甘霖，大苏民困，一雨三日，四野沾渥。惟愿应于桴鼓，庶几渎不再三。此固大造之美，惟神之力也。万民之利，社稷之福也，吏何功焉，敢用披沥，神其听之。

告龙神文

己丑六月十五日，大水围郡，城西隍上墙九尺。

张朝琮　郡守

麦既熟矣而雨，是不能刈以获也。禾既兴矣而雨，是不能秀且实也。无麦无禾，民无食也。江水涨流，逼此郛郭。蔀屋穷檐，泛滥溃溢。视此下民，扶老携幼，而无所归，是守令之忧也。守令不足恤，百姓何辜，俾至此也。御患弭灾，神之职也，及今不雨，则丰年犹可望也，引狂澜而远去，百姓颂神明也。神其听我，降以福也，无使斯民无食无归，以勤我天子忧也，敢告。

祈雨牒　己丑

张朝琮

伏以水旱荐臻，虽属天行之数；斋明精祷，冀回上帝之心。官吏忧惶，闾阎愁叹。知府张朝琮等顿首稽首，具言：窃惟此邦为上国之东藩，厥田类冀州之中等，盖山畲卤壤，地力既匪比神皋，而恒雨愆旸，天时又每违人愿。念夫深村穷谷，豆屑杂糠，遇丰年而犹见，际此铄石流金，木饥火旱，度凶岁以何堪。矧自春夏以还，叠被灾祲之至，螽斯未灭，海若旋来，今旱魃又见告矣，何苍生罹此极欤！凡皆人事之废荒，以致天灾之示儆。予诚有罪，其又何辞。然上帝以好生为心，而神明得体天行道，官之失职，可以降殃，民则无辜，还期锡福。若五日不雨，十日不雨，是使壮散四方，老填沟壑。讵五日一风，十日一雨，不在平平之世，荡荡之天！伏望神人协德，视听同心，大雨时行。即俾四郊沾足，甘霖早需。更祈顷刻飞来，则田畯野叟，不赓云汉之诗，而鼓蜡歔邻，共享太平之乐矣。谨牒。

祈雨第二牒

张朝琮

伏以精诚通冥漠，不逾呼吸之间，大旱望云霓，未慰闾阎之望。谨申悃愊，犯渎神威。知府张朝琮等，顿首稽首，具言：窃惟上帝之覆庇苍生，过于慈母之保全赤子，有求必得，无感不通。今乃弥月不雨，殆将遍境成灾，呼天抢地之徒然，纵阴闭阳而罔效。念此终年之勤动，与夫稼穑之艰难。而饔飧不给，既无以养其父母，又不能宁其妇子，亦情景堪怜。虽则天心仁爱，偶寓儆于砾石流金；然而民口怨咨，常不离乎祁寒暑雨。朝琮等变食迁居，凡以敬求民福，断屠禁酒，未能感格神祇，罔不夙兴夜寐，倍切忧思。因之尚德缓刑，载深修省，所望天流霈泽，不致海国如焦。俾引领有丰穰之象，则抚心无饥饿之忧，庶几百蜡一娱，各安田里。抑且庶鲜艰食，幸免嗟来，纵未能若尧舜之世，比户可封，亦可以见天地之大，于人无憾。伏乞鉴此馨香，赐民珠玉。云腾致雨，勿徒江上空雷；蛇化为龙，伫见黑风吹海。公私之庆，早暮以需。谨牒。

‖ 卷之二十三 ‖

莱　阳　　宋　琬撰次
府学训导　徐　香参订
萧　山　　张朝琮续纂
卢龙教谕　胡仁济校辑

艺　文　下

登高作赋，揽胜题诗，备纪山川，追踪风雅。地恒因人重，人不因地传。故滕王、黄鹤，犹之乎楼阁耳，得勃、颢句，遂尔永传。世之攀巍陟峻，唐突山灵者多矣。极其磨崖刻竹，不知几泯灭于苔藓风雨间。而剩水顽山，乃经芳躅，一游一咏，以垂千古，本不存乎其地可知已。矧陈迹已灰，名言不朽，青山依旧，断碣徒新，今昔盛衰足感。地接渔阳，声多塞曲，若能已于无闻乎。

赋

吊夷齐赋

明　王世贞

卢龙故孤竹也，城西有伯夷、叔齐祠。吴人王世贞奉使过此，酹水酹焉，而为之辞。

日予奉辖以东逝兮，策马放乎令支。山巑岏而嵬垒兮，众草赞藿而条纬。俞儿道余于卑耳兮，武夫磷磷其参差。曰青帝之握枢兮，颜改煦沈寥而僭凄。元宫承云而黮霭兮，金告余二子之所都。羌回虑以返照兮，澳涩踯靡而内疑。足次且欲却兮，又雀跃

而前趋。段含光刌余之素兮，脱清冷使濯余之。崴巢。招沆瀣以
酳醴兮，裹朝霞以为帐幔。嘘元冥之窍机兮，噫噫拊歌之憭恰。
受哀弦于太娥兮，涓延和之以清商。灵萧萧而若睹兮，冀回襥烛
乎微躬。又惝恍其不可即兮，掌梦疏帝以奚从，眺孤竹之亶曼
兮，台要灵以故访。生剽举而脱屣兮，宁郁郁处彼幽方，溟波委
输濊貉兮，箕蒙难而延宗。灵庶偕以翱游兮，语侏离而不可通。
北海泱漭灵所辟兮，受涳潗使不得宁。将岐丰沃以愉兮，灵又薄
周德而莫官。诸毗绵延具区兮，太虞夷犹于其旁。羌德配而耦娱
兮，灵谓狎附乎周盟。陂陀首阳忽嵬崿兮，益薇以荃之芬芳。灵
闒闿而下临兮，将絏驾以憩息。掌梦申申以表诚兮，丰隆奂而来
假霓。车殷殷以翩缤兮，皎双鸿之次翼。匪宝璐而陆离兮，舍蓠
芷以弥馥。介九宾而见予兮，祝史要予以靡。忒伯从父以成命
兮，叔违亲以成德。傚舍君以明志兮，既殉主以明极。昔巢许之
让皇兮，托勋华而稍佚。尹五就而拯涂兮，愀然面故主以惶怩。
谓题政以死名兮，庄任诞而废节，迁哓哓于骥尾兮，嗜微声之有
托。彼纍修辞而求白兮，卒牢骚沉乎湘泽。绎邹人之无怨兮，乃
从容于天则。世滔滔而毖涌兮，战伐莽其相仍。顾薨目以挨挡
兮，竞含沙而蛊光。骀虞草以伏食兮，于菟夸咀夫衡主。阳鳞之
啮纤鳞兮，偃蜓神龙以自矜。灵既悼农虞之忽没兮，氓踯躅而殷
慕。愧突梯之苟容兮，将捐足乎灵御。胡司命之不晰微兮，抑餔
糟以昏骜。盼媌娥之要渺兮，捐浊躯而不及顾。

辞

古碣石辞

古碣石者，本《禹贡》冀州之域。盖今东南海运，自海而北，达
漳河，实出乎此。予喜其上符唐虞之旧制也，勒之以辞。

惟圣建国，实曰冀都。北极之运，万邦作乎。宫廷彤赫，时
彼中居。士女和会，溢廛塞郭。江檣白粲，淮秔黄淤。聿官有

漕，竟海其舻。伟哉碣石，枕我海隅。表此水道，长为委输。上蟠乾奥，下结坤区。割流獒养，披秀医间。三月播荡，星辰盘盂。怪神罔象，鼍鳄龙鱼。帆扶缆守，翼奋鳞驱。悉莘国用，来通帝家。自国有贡，或河而渠。或砥斯凿，或绝或逾。茧丝纨帛，金宝象珠。搜毫竭缕，满稆压车。矧兹米粟，诚系藏储。得一圭祚，悬万命躯。汉垂转挽，唐厄征需。于穆我后，仰唐承虞。按之图籍，实以德符。普天率土，瞻戴囷渝。伟哉碣石，厥状屹如。若柱斯植，若用斯涂。溟涨如席，浊滓以趋。削巉勒辞，永代是模。

诗

碣石篇

魏武帝

云行雨步，超越九江之皋。临观异同，心意怀犹豫不知，当复何从经过？至我碣石，心惆怅我东海。

东临碣石，以观沧海。水何澹澹，山岛竦峙。树木丛生，百草丰茂。秋风萧瑟，洪波涌起。日月之行，若出其中。星汉灿烂，若出其里。幸甚至哉，歌以咏志。

孟冬十月，北风徘徊。天气肃清，繁霜霏霏。鹍鸡晨鸣，鸿雁南飞。鸷鸟潜藏，熊罴窟栖。钱镈停置，农收积场。逆旅整设，以通贾商。幸甚至哉。歌以咏志。

乡土不同，河朔隆寒。流澌浮漂，舟船行难。锥不入地，丰籁深奥。水竭不流，冰坚可蹈。士隐者贫，勇侠轻非。心常叹怨，戚戚多悲。幸甚至哉，歌以咏志。

神龟虽寿，犹有竟时。腾蛇乘雾，终为土灰。老骥伏枥，志在千里。烈士暮年，壮心不已。盈缩之期，不但在天。养怡之福，可得永年。幸甚至哉，歌以咏志。

观 沧 海

六神诸山，沦涟大壑。北风勃来，簸荡不息。帝命巨鳌，更负危揭。冠簪东出，以为碣石。烛龙双眸，以为日月。下苞苍苍，浩荡靡极。幸甚至哉，歌以咏志。

屠 柳 城

缪 袭

屠柳城，功难成，越度陇塞路漫漫，北逾平冈，但闻悲风正酸。蹋顿授首，遂登白狼山。神武慹海外，永无北顾患。

望 首 阳

晋 阮籍

步出上东门，北望首阳岑。
下有采薇士，上有嘉树林。

望 海

隋炀帝

碧海虽欣瞩，金台空有闻。
远水翻如岸，遥山倒似云。
断涛还共合，连浪或时分。
驯鸥旧可狎，卉木足为群。
方知小姑射，谁复语临汾。

奉和望海

虞 茂

清晔临溟涨，巨海望滔滔。
十洲云雾远，三山波浪高。

长澜疑浴日，连岛类奔涛。
神游藐姑射，睿藻冠风骚。
徒然虽观海，何以效涓毫。

于北平作

唐太宗

翠野驻戎轩，卢龙转征旆。
遥山丽如绮，长流萦似带。
海气百重楼，岩松千丈盖。
兹焉可游赏，何必襄城外。

春日望海

披襟眺沧海，凭轼玩春芳。
积流横地轴，疏派引天潢。
仙气凝三岭，和风扇八荒。
拂潮云布色，穿浪日舒光。
照岸花分彩，述云雁断行。
怀卑运深广，持满守灵长。
有形非易测，无源讵可量。
洪涛经变野，翠岛屡成桑。
之罘思汉帝，碣石想秦皇。
霓裳非本意，端拱且图王。

奉和春日望海

唐　杨师道

春山临渤海，征旅辍晨装。
迥瞰卢龙塞，斜瞻肃慎乡。
洪波回地轴，孤屿映云光。

落日惊涛上，浮天骇浪长。
仙台隐螭驾，水府泛鼋梁。
碣石朝烟灭，之罘归雁翔。
北巡非汉后，东幸异秦皇。
搴旗羽林客，拔距少年场。
龙击驱辽水，鹏飞出带方。
将举青丘檄，安访白霓裳。

观　　海

唐　独孤及

北登渤海岛，回首秦东门。
谁尸造物功，凿此天地源。
澒洞吞百谷，周流无四垠。
朗然混茫际，望见天地根。
白日自中吐，扶桑如可扪。
迢迢蓬莱峰，想像金台存。
秦帝曾经此，登临异飞翻。
扬旌百神会，望目群仙奔。
徐福竟何成，羡门徒空言。
惟见石桥足，千里潮水痕。

送郑少府入辽，共赋侠客远从戎

初唐　骆宾王

边烽警榆塞，侠客度桑干。
柳叶开银镝，桃花照玉鞍。
满月临弓影，连星入剑端。
不学燕丹客，空歌易水寒。

送著作佐郎崔融等从梁王东征

初唐　陈子昂

金天方肃杀，白露始专征。
王师非乐战，之子慎佳兵。
海气侵南部，边风扫北平。
莫卖卢龙塞，归邀麟阁名。

前　　题

初唐　杜审言

君王行出将，书记远从征。
祖帐连河阙，军麾动洛城。
旌旗朝朔气，笳吹夜边声。
坐觉烟尘扫，秋风古北平。

古游侠呈军中诸将

盛唐　崔颢

少年负胆气，好勇复知机。
仗剑出门去，孤城逢合围。
杀人辽水上，走马渔阳归。
错落金锁甲，蒙茸貂鼠衣。
还家行且猎，矢去速如飞。
地迥鹰犬疾，草深狐兔肥。
腰间带两绶，转眄生光辉。
顾谓今日战，何如随建威。

辽　西　作

燕郊芳岁晚，残雪冻边城。
四月青草合，辽阳春水生。

胡人正牧马，汉将日征兵。

露重宝刀湿，沙虚金鼓鸣。

寒衣著已尽，春服与谁成。

寄语洛阳使，为传边塞情。

燕 歌 行

盛唐　高适

开元三十六年，客有从元戎出塞而还者，作燕歌行以示适。感征戍之事，因而和焉。

汉家烟尘在东北，汉将辞家破残贼。

男儿本自重横行，天子非常赐颜色。

摐金伐鼓下榆关，旌旗逶迤碣石间。

校尉羽书飞瀚海，单于猎火照狼山。

山川萧条极边土，胡骑凭陵杂风雨。

战士军前半死生，美人帐下犹歌舞。

大汉穷秋塞草腓，孤城落日斗兵稀。

身当恩遇常轻敌，力尽关山未解围。

铁衣远戍辛勤久，玉箸应啼别离后。

少妇城南欲断肠，征人蓟北空回首。

边庭飘摇那可度，绝域苍茫无所有。

杀气三时作阵云，寒声一夜传刁斗。

相看白刃血纷纷，死节从来岂顾勋。

君不见沙场征战苦，至今犹忆李将军。

塞　　上

东出卢龙塞，浩然客思孤。

亭堠列万里，汉兵犹避□。

边尘满北溟，□骑正南驱。

转斗岂长策，和亲非远图。
惟昔李将军，按节临此都。
总戎扫大漠，一战擒单于。
常怀感激心，愿效纵横谟。
倚剑欲谁语，关河空郁纡。

别冯判官

碣石辽西地，渔阳蓟北天。
关出唯一道，雨雪尽三边。
才子方为客，将军正渴贤。
遥知幕府下，书记日翩翩。

出自蓟北门

唐　李希仲

旄头有精芒，□骑猎秋草。
羽檄南度河，边庭用兵早。
汉家爱征战，宿将今已老。
辛苦羽林儿，从我榆关道。

题虚池驿屏风

唐　宜芬公主

女史公主本豆卢氏女，有才色。天宝四载，奚酋无主，安禄山请立其质子，而以公主配之。上遣中使护送至虚池驿。公主悲愤作诗题屏风云云。至番，其国立君矣，质子见杀，公主亦遇害。

出嫁辞乡国，由来此别难。圣恩愁远道，行路泣相看。沙塞容颜尽，边隅粉黛残。妾心何处断，他日望长安。

郭造卿曰：宜芬公主题虚池驿屏风，女史与唐书不同。《北狄列传》以宗室所出女慕容为燕郡公主，妻契丹郁于，郁于死，弟土于嗣携公主来奔豆卢，虽出于慕容而燕郡则非宜芬也。奚王延宠降复拜饶乐都督，怀信王以宗室出女，杨为宜芬公主，妻之。延宠杀公主复叛。是宜芬，非氏豆卢。延宠杀公主以叛，非质子见杀而害及公主也。盖公主遇害可伤，而女史未详其实矣。

出自蓟北门行

盛唐　李白

虏阵横北荒，胡星耀精芒。
羽书速惊电，烽火昼连光。
虎竹救边急，戎车森已行。
明主不安席，按剑心飞扬。
推毂出猛将，连旗登战场。
兵威冲绝幕，杀气凌穹苍。
列兵赤山下，开营紫塞傍。
孟冬风沙紧，旌旗飒雕伤。
画角悲海月，征衣卷天霜。
挥刃斩楼兰，弯弓射贤王。
单于一平荡，种落自奔亡。
收功报天子，行歌归咸阳。

《地志集略》平州在赤山之东。

后出塞　　五首之一

盛唐　杜甫

献凯日继踵，两蕃静无虞。
渔阳豪侠地，击鼓吹笙竽。
云帆转辽海，粳稻来东吴。
越罗与楚练，照耀舆台躯。
主将位益崇，气骄凌上都。
边人不敢议，议者死路衢。

赠裴将军旻时守北平

唐　颜真卿

大君制六合，猛将清九垓。
战马若龙虎，腾陵何壮哉。
将军临八荒，煊赫耀英材。
剑舞若游电，随风萦且回。
登高望天山，白云正崔嵬。
入阵破骄虏，威名雄震雷。
一射百马倒，再射万夫开。
匈奴不敢敌，相呼归去来。
功成报天子，可以画麟台。

同孙构免官后登蓟楼

盛唐　张谓

昔在五陵时，年少心亦壮。
尝惊有奇骨，必是封侯相。
东走到营州，投身事边将。
一朝去乡国，十载履亭障。
部曲皆武夫，功成不相让。
犹喜虏尘动，更取林胡帐。
去年大将军，忽负乐生谤。
北别伤士卒，南迁死炎瘴。
濩落悲无成，行登蓟丘上。
长安三千里，日夕西南望。
寒沙榆塞没，秋水滦河涨。
策马从此辞，云山保闲放。

边庭怨 四首之二

盛唐 卢弼

春衣昨夜到榆关，故国烟花想已残。
小妇不知归未得，朝朝应上望夫山。
卢龙塞外草初肥，燕乳平芜晓不飞。
乡国近来音信断，至今犹自著寒衣。

卢龙塞行送韦掌记

中唐 钱起

雨雪纷纷黑山外，行人共指卢龙塞。
万里飞沙咽鼓鼙，三军杀气凝旌旆。
陈琳书记本翩翩，料敌张兵夺酒泉。
圣主好文兼好武，封侯莫比汉皇年。

送李中丞归本道

中唐 皇甫曾

上将宜分阃，双旌复去秦。
关河三晋路，宾从五原人。
碣石山通海，滹池雪度春。
酬恩看玉剑，何处有烟尘。

塞 下 曲

中唐 戎昱

北风凋白草，胡马日骎骎。
夜后戍楼月，秋来边将心。
铁衣霜雪重，战马岁年深。
自有卢龙塞，烟尘飞至今。

伤温德彝

晚唐 温庭筠

昔年戎虏犯榆关，一破龙城匹马还。
侯印不闻封李广，他人丘垅似天山。

首 阳 山

唐 胡曾

孤竹夷齐耻战争，望尘遮道请休兵。
首阳山倒为平地，应始无人说姓名。

送友人出塞

薛 能

榆关不可到，何况出榆关。
春草临岐断，边楼带日闲。
人归穹帐外，马发废营间。
此地秋堪想，霜前作意还。

题夷齐庙

宋 司马光

夷齐双骨已成尘，独有清名日日新。
饿死沟中人不识，可怜今古几多人。

咏史怀夷齐

宋 王十朋

避纣穷途北海滨，归来端为有仁人。
武王不听车前谏，饿死西山志亦伸。

题道者山

元　宋纲

兹山介平营，时与太古存。
碣石拱其侧，水岩何足论。
东北医无间，罗列为弟昆。

滦河吟

元　宋本

滦河上游狭，涓涓仅如带。
偏岭下横渡，复绕行都外。
颇闻会众潦，既远势滂沛。
虽为禹贡遗，独与东海会。
乃知能自致，天壤无广大。

首阳望雪

元　陈赓

天风吹琼瑶，白冒首阳顶。
欲知采薇歌，千山冻云冷。

前　　题

元　段成己

薇歌一曲对青山，万古千秋老翠峦。
望断空岩人不见，光摇银海玉峰寒。

采　薇　图

元　卢挚

服药求长生，孰与采薇子。

一食西山薇，万古犹不死。

喜 峰 口

许有壬

俗为父求子而逢之于此，犹望夫之有石也。虽莫究其年代名氏，而其言有足感人者。故作是以记之。

儿寒解衣重抚摩，儿饮与食孰忍诃。
长成与国远负戈，一去不返当如何。
去时云戍东北鄙，直出榆关度辽水。
白头郎罢与影俱，岂惮山川千万里。
天教此地适相逢，父曰从天坠吾子。
笑疲乐极俱殒身，谁谓情钟遽如此。
官家开边方未已，同生又别宁同死。
山云漠漠风飕飕，山头双冢知几秋。
当时不忍一朝别，今日翻为千古愁。
犹胜贞女化为石，终古孤身双不得。
清江寒影日悠悠，行人一去无消息。

碣 石 篇

明　按察副使　李攀龙　济南人

碣石中怒，沧海北倚。元气吐欱，若偃若起。长风相薄，跳波千里。悬流冒颠，天汉外纪。地轴高标，毂转白日。与齐俱入，与泊俱出。

凉秋九月，塞外草衰。白日萧条，北风苦悲。边声四起，胡马成群。爝火如星，列障如云。钱鎛即置，修我戈矛。裹粮坐甲，惟敌是求。

委蛇者河，千里一曲。方之舟之，匪乌伊粟。太行诘屈，西北是经。车辙马迹，日不遑宁。于铄圣人，依其在京。差次更功，郡国以成。

　　羽翼未就，鸿鹄徘徊。神龙失水，蝼蚁所裁。珠不暗投，剑不倒持。能弗用利，勿处于疑。高才者妒，匪但其人。逃名避世，以保其身。

永平道中

王世贞　　刑部尚书　　苏州人

卢龙左冯翊，白马旧安西。
浴日沧溟小，摧天碣石低。
虎沉飞将羽，龙出慕容题。
驱传令支塞，问津卑耳溪。
荒祠孤竹并，让国大名齐。
引首哀兵镞，沾膺愧马蹄。
榆关秋一带，慎莫动征鼙。

卢龙暑中偶成

朱帘翠箔过杨花，睡起中庭日未斜。
却似深闺娇小妇，楼头痴坐怨天涯。

卢龙署中有寄

山城小雨鹧鸪啼，杨柳辞寒绿正齐。
我梦春闺独不见，怕乘云雨过辽西。

塞上曲送王元美

李攀龙

燕山寒影落高秋，北折榆关大海流。
马上白云随汉使，不知何处不堪愁。

卢龙道中

谷继宗　进士

白雪卢龙道，青毡使客车。
日瞻沧海近，云带碧山斜。
烽火宵传警，材官晓建牙。
降王能款塞，归及报重华。

孤竹怀古

王好问　户部尚书太子少保　乐亭人

镐京商邑总蒿莱，千载何人吊墨胎。
啼鸟似伤人世改，野花还向故园开。
荒城隐隐水声去，古殿峭峭山势来。
一望凄然成旷感，尘车欲发更徘徊。

读伯夷传

韩应庚　御史　卢龙人

纲常万古同天久，功利须臾过眼无。
请看渭水鹰扬者，不薄西山二饿夫。

谒夷齐庙

韩应庚　御史　卢龙人

清圣非苦节，乃见纲常先。
君父固攸重。子臣情堪怜。
此情不有已，奚恤后誉延。
邈矣采薇事，市朝已数迁。
谁招饿夫魂，庙食首阳巅。
寒松覆碧瓦，古殿生黄烟。

遗像俨生存，咫尺手足连。
拱拜瞻容色，恭逊蔼周旋。
盘无周室粟，陇有洞山田。
粢盛戒清酤，伏腊击肥鲜。
光烁北海滨，历历三千年。
高风自长久，污世空颠沿。
所以嗟贪夫，身没名弗传。

前　题

高第　经略　兵部尚书　滦人

树压荒城古庙幽，千年遗像意悠悠。
采薇高节首阳在，孤竹清风滦水流。
香火山翁频伏腊，沧桑世代几商周。
我来瞻拜增伤感，不为登临览胜游。

清节祠

徐琼　礼部尚书

国统人推中子承，首阳甘饿有余清。
两逃兄弟彝伦重，一谏君臣大义明。
殷地既非薇自老，周邦虽有粟无生。
故墟古庙昭旌额，篡逆相过愧岂胜。

九日登清风台

韩应庚

台枕滦涛秋气清，冥冥征雁暮云横。
龙沙断岸疑无路，鸟道通天忽有城。
庙飨历朝伏腊火，神留千古子臣情。
首阳多少登临者，谁步西山第二程。

虎 头 石

陈所立 郡守 长乐人

寝石于莵未易寻，弯弧宁致镞痕深。
将军不必皆猿臂，要使人持射虎心。

偏 凉 汀

汤鼐 御史

亭上晴岚翠欲流，亭前流水镜光浮。
四檐峦嶂围屏小，两岸山家树木稠。
乘兴偶来纤远望，探奇独上最高楼。
醉中更爱溪鱼美，合作东巡第一州。

前 题

吴杰 郡守 江都人

偏凉亭何奇，纷纷聚野马。
冰壶一片清，六月不知夏。
天地若许人，劳逸不相假。
何如均此凉，遍及挥汗者。

前 题

高擢 都御史 滦人

凿石通周道，临流构短楹。
层云霾岭翠，落日映沙明。
野寺山腰迥，长江槛外横。
凭阑遥对月，万古有余清。

其 二

危阁回风入，崇台返照悬。

江鱼随意逝，林鸟倦知还。
垂钓沧浪水，行吟薜荔篇。
避喧惟藉此，坚卧可长年。

前　题

高　第

佳丽偏凉景，山环水曲流。
乾坤开胜地，今古侈奇游。
人倚空中阁，渔观岸下舟。
沿溪通棹处，别有洞天幽。

夕阳泛舟

扁舟乘夕照，万顷欲凌之。
水映天如动，波回岸自移。
探奇常载酒，蹑险更题诗。
逸兴归犹剧，江空觉月随。

东水岩寺

王翱　吏部尚书加太子太傅　滦人

未到仙人顶，先登道者山。
兴随流水远，意共野云闲。
鹤唳空置外，钟声叠嶂间。
追游赖朋友，杯酒话禅关。

昌黎石门

杜谦　工部左侍郎　昌黎人

鳌驾山来碣石间，两崖雄峙作重关。
地桥水自龙津出，仙馆人从鸟道还。

围春庄杂感

萧显　金宪　山海人

三十年来走宦途，乞归白发半头颅。
依山结屋尘偏净，临水观鱼兴不孤。
野老踦跰寻橡实，林僧谈笑断松腴。
离家复作还家梦，一夜团栾骨肉俱。

其　　二

买断山庄景最奇，也堪临水静垂丝。
畏途自庆归来早，安枕何妨睡起迟。
适兴聊沽陶令酒，感怀频咏杜陵诗。
插头柱杖堂前坐，绕膝儿孙嬉戏时。

双　　雁

成化十二年事，今名坨

伦渶　文学　滦人

飞鸿有匹偶，饮啄滦水阿。
但知谋稻粱，不解离网罗。
弋人获其雄，絷之以为囚。
哀彼雌也孤，悲鸣意无他。
终日自回翔，一夕忽来过。
相呼不肯释，纠颈死沙沱。
吁嗟彼羽毛，处世曷么么。
矫矫著奇节，英英挽颓波。
矧伊毓灵秀，贞烈更如何。
鹑奔耻无良，狐绥志已讹。
争如纠首禽，一死良足多。
维世赖纲常，聊赋哀鸿歌。

鸿名历千秋，大义永不磨。

一片石次孙洙滨韵

翟鹏　兵部尚书　抚宁人

开国资元老，中山独壮猷。
奇勋归太史，遗像肃荒陬。
宿露迷寒戌，阴风起暮愁。
不堪惆怅处，悲角咽楼头。

望联峰山

不踏联峰麓，匆匆二十年。
山灵犹识否，兰若自依然。
勿假移文却，终当辟谷还。
多情林外鹤，来往故翩翩。

镇 东 楼

尚纲　兵部主事　睢州人

十二危楼百尺长，倚天杰构镇边疆。
海山南北环千里，城郭高低匝四旁。
入座云笼村树渺，隔帘风递野花香。
太平时节登临好，暴客重门不用防。

前 题

黄景夔　兵部主事　丰都人

城角声催独倚阑，海门斜月转云端。
清辉近水应先得，永夜中天正好看。
风露欲流平野阔，星河不动夕烽寒。
早朝待踏长安路，清影疏槐带马鞍。

前 题

陈绾 兵部主事 上虞人

楼阁晴阴向晚开，海天秋思独徘徊。

寒生绝塞砧声急，木落荒郊雁影来。

关树不迷南国望，羽书频见朔风催。

感时忽讶潘郎鬓，作赋还怜王粲才。

前 题

王一鹗 巡抚

百二金城保障哉，翩翩万雉拂天来。

楼悬日月扶桑近，帐拥春风细柳开。

三辅雄图不睥睨，五云佳气接蓬莱。

汉家新画麒麟阁，燕市谁登骏马台。

前 题

戚继光 总理 登州人

楼前风物接辽西，日暮平阑望欲迷。

禹贡万年归紫极，秦城千里静雕题。

蓬瀛只在沧波外，宫殿遥瞻北斗齐。

为问青牛能复度，愿从仙吏换刀圭。

烽 火 寺

徐汝勋

寻芳直上翠微间，梵宇潇潇出半山。

诗罢酒阑游客去，白云依旧伴僧闲。

陪唐荆川职方王岸泉监察过关

黄洪宪　编修　浙江人

长城古堞瞰苍瀛，百二山河拥上京。
银海仙槎来汉使，玉关哀草戍秦兵。
星临尾部双龙合，月照平沙万马鸣。
闻道辽阳飞羽急，书生直欲请长缨。

秋日建昌有警

徐学古

秋气何萧索，千山落木空。
黄霾吹野戍，赤羽急山戎。
碣石雕戈拥，榆关铁骑雄。
将军频授钺，一战报重瞳。

和　前　韵

戚继光

飞羽辽河上，移军滦水东。
前驱皆大将，列陈尽元戎。
夜出榆关外，朝看朔漠空。
但期常献馘，不敢望彤弓。

　　大将，炮名。元戎，车名。

题台头营演武台松树

傅光宅　巡关御史

细柳环金甲，孤高见此松。
名应留汉将，爵不受秦封。
云影来归鹤，风涛起卧龙。

清霜十月尽，苍翠照千峰。

游侠儿呈同乡陈参将郭都阃

陈第　营将

江北多侠儿，江南儿更侠。
朝向长安道，暮出阴山猎。
弦动雕鹰愁，旌飞□□怯。
十载守雄关，威名何震慑。
不数古人勋，猛树中兴业。
石画已垂成，谤书忽盈箧。
去日逢春华，归来落秋叶。
涕泣谢知交，笑谭散仆妾。
马首囊雕弓，腰间仗长铗。
仰天叹旄头，壮志犹未厌。
矫矫双龙起，定奏燕然捷。

赠郭建初

于达真　蓟州兵备

塞客衣单露始零，风高木落水天清。
鸟啼横海将军幕，人识江湖处士星。
蓟史一编存往迹，燕然万里勒新铭。
莫愁旅病无供给，波满寒塘月满庭。

宿喜峰口城楼

王　寅

万里秋风暮，华□到此分。
几年望紫塞，今日宿黄云。
片月临关见，孤军击柝闻。

燕歌争劝酒，强饮不成醺。

喜峰口观三卫贡马

唐顺之　嘉靖己丑会元　武进士

贡道走东□，关门控北都。
每逢金镜节，来献玉骢驹。
酋长花当后，山川松漠纡。
天衣沾蚪蟒，国马出駒騄。
乞赏孙随祖，专兵妇代夫。
珥珰珠错落，襁褓锦氍毹。
盘舞呈鞮鞪，侏言译象胥。
白狼回左衽，黑水作通衢。

宿黄崖营

栖栖终日旅边城，夜向黄崖问古营。
几家戍鼓渔阳掺，联骑饶歌蓟北行。
峡束雨湫高怒水，山凹树窃激秋声。
跃马壮年微志在，不缘此地客心惊。

晓发喜峰

客心流水与争驰，寒垒疏星度峡时。
未返王孙犹草色，初不戍卒是瓜期。
去乡祇觉蝉声似，出塞方知马脊危。
辛苦下情何计达，早所曾诵采薇诗。

三屯镇城成志喜

戚继光

三春气色壮三屯，灯火烟连十万村。

版锸层台秦作塞，风云大陆蓟为门。
东来直接山河固，西望遥依帝阙尊。
百二城边还质子，千秋同戴汉家恩。

三屯呈戚光保

陶允宜　别驾

蓟门往事震京华，十六年来静不哗。
路出万山通鸟道，城悬千嶂压龙沙。
空中云影连楼阁，夜半钟声动鼓笳。
老将莫怜心力破，金汤终古在皇家。

其　　二

书生跃马未为狂，孤剑床头夜有光。
自喜军容同细柳，莫辞神臂异穿杨。
吐吞忽落黄河水，叱咤横飞紫塞霜。
今古勋名谁得似，天南天北两相望。

景忠山有东岳行宫及诸葛庙，今益以岳文二公

帝城东去万山奔，忽踞中峰北极尊。
明斗在天珠可摘，闲云出岫掌堪扪。
双松可是分秦树，五丈无劳驻汉原。
仰止高山情不浅，三忠庙貌对三屯。

抚宁道中榆关驿有感

董越　学士

晚别抚宁郭，天低海气连。
苍茫初出日，惨淡未收烟。
茅屋多依树，村氓半在田。
榆关前驿近，伐鼓正渊渊。

谒武宁王庙

顾佐　都御史

云龙风虎际昌辰，铁马金戈靖虏尘。
百雉层关金尚固，千秋报祀永难沦。
乾坤疆宇恢前代，带砺山河启后人。
庙貌仰瞻生气凛，朔方长赖庇吾民。

山 海 关

马文升　尚书

曾闻山海古榆关，今日经行眼界宽。
万倾洪涛观不尽，千寻绝壁画应难。
东封辽地三韩险，西固燕京百世安。
来岁新正还斾日，拟图形胜献金銮。

前　　题

闵圭　巡抚

幽蓟东来第一关，襟澄沧海枕青山。
长城远岫分高下，明月寒潮共往还。
贡入梯航通异域，天开图画落尘寰。
老臣巡历瞻形胜，追想高皇创业艰。

前　　题

黄洪宪

关城风急飐征袍，潮落天门万籁号。
槎泛银河浮蜃气，山衔紫塞卷秋涛。
月明午夜鲛珠泣，沙白晴空雁影高。
司马风流偏爱客，桃花羌笛醉蒲萄。

山海关晚眺

茫茫沙碛古幽州，日落乌啼满戍楼。
万雉倒垂青海日，双龙高映白榆秋。
虎符千里无传箭，鱼钥重关有扦掫。
自古外宁多内治，衣詘应轸庙堂忧。

山海关魁星楼成勉诸生

李本纬　兵部主事　曲沃人

魁缠岂亦好楼居，壮尔仙才射斗墟。
槛落彩云飞翰墨，窗含奎宿映图书。
篝灯夜夜烧藜杖，荷橐人人佩玉鱼。
咫尺星门森武库，也知文战预犀渠。

观 海 亭

蔡可贤

城头望海海潮生，白浪乘风撼塞城。
汉使不来槎自转，秦皇已去石还惊。
桑田反覆千年事，云水苍茫万里情。
此日流觞须尽兴，当时采药竟何成。

前　　题

戚继光

曾经泽国鲸鲵息，更倚边城氛祲消。
春入汉关三月雨，风吹秦岛五更潮。
但从使者传封事，莫向将军问赐貂。
故里苍茫看不极，松楸何处梦魂遥。

前　题

张时显　兵部主事　南城人

沧溟极目水连云，翠色遥看已半分。
潮拥百城浮蜃气，剑横绝塞闪龙文。
晚风落日何王岛，夜月飞涛此女坟。
万里灵槎无计借，乘闲且自狎鸥群。

角 山 寺

黄景夔

爱尔栖霞胜，乘秋来寺中。
山高天气肃，萧瑟多凄风。
崖枯惊落叶，露重湿草丛。
感此四时序，代谢何匆匆。
君看盈虚理，退者在成功。
智哉张留侯，千载名无穷。
栖霞复栖霞，无以官为家。

前　题

马扬　兵部主事　上蔡人

夙抱烟霞癖，无缘脱鞍掌。
百虑荡内机，庶事劳外像。
忽忽青阳暮，遥忆山林赏。
薄言寻蹊壑，所希绝尘网。
佳气纷郁葱，宝地开虚敞。
泉声清且幽，物色何骀荡。
莓苔染阶碧，松露滴石响。
举觞临东风，悠然任来往。
长歌故徘徊，古洞恣偃仰。

归来憩空堂，芳树日初上。

其　　二

人生常怀忧，流光祇虚过。
逍遥对珠林，忘形依石坐。
鸟驮烟霞还，猿穿藤萝破。
雨霁觉景幽，衣冷耽云卧。
不求东海仙，愿访西山饿。

其　　三

元云邈且复，飘渺绀园飏。
登临一以眺，上有白玉堂。
堂中何所有，一人披霓裳。
借问何所为，诵经餐霞浆。
夙怀慕真隐，悠悠逾十霜。
相逢兴不浅，谈空殊未央。
山烟横野碧，洞林带晨光。
泉水照禅心，松日窥石床。
幸兹寡尘虑，讵复论圭璋。

前　　题

陈　绾

每日城中见角山，入山初觉远人寰。
松云细袅龙宫静，石藓斜侵鸟道斑。
殿阁影从沧海落，梵钟声渡碧空还。
关门吏隐无多事，犹羡僧斋尽日闲。

秦　皇　岛

杨琚　兵部主事　泰和人

逶迤神山峙海边，始皇曾此驻求仙。

羽翰飚驾今何在，方丈瀛洲亦杳然。
古殿远连云缥缈，荒台俯瞰水潺湲。
红尘不动沧溟阔，芳草碧桃年复年。

前　　题
陈　绾

闻说秦皇海上游，至今绝岛有名留。
不知辽海城边路，多少秦人骨未收。

姜　女　坟

妾身本在深闺里，十五嫁夫作胥靡。
赭衣就役筑长城，闻道辽东今已死。
妾身本为从夫来，夫死妾身朝露耳。
间关呕血竟何归，万里将身葬水浈。
孱躯虽死心未灰，化作望夫石嵓嵓。
江枯海竭眼犹青，望入九原何日起。

显　功　庙

太傅提兵出塞还，更因榆塞起榆关。
石驱到海南成堞，垒筑连云北倚山。
辽水至今来鞅鞈，蓟门终古镇填颜。
岁时伏腊犹祠庙，麟阁勋名孰与班。

榆　　关

汉塞秦关控海隅，长城千里为防胡。
月明满地无传箭，静听军中夜博卢。

其　　二

榆关东去是营州，门外车轮似水流。

夜半边城吹觱栗，何人不起望乡愁。

山海关赠张职方

秦夔

高城设险壮金汤，作镇平临大海旁。
筐篚每来重译贡，关门常峻外□防。
草肥深谷熊生白，渡暖春洲蛎吐黄。
天遣仙郎此持节，年来文化及殊方。

其 二

燕云百二拥皇都，万里边城入壮图。
到海有山皆设险，入关无吏不持符。
诗书已足怀殊俗，筹策还看翼庙谟。
闻说秋高戎马健，也须辛苦事防□。

出 塞

梅国祯 兵部侍郎

晓风匹马渡滦河，极目云天感慨多。
近塞虏营还历乱，弥山雉堞自嵯峨。
林间残雪经春冻，峡口孤云带雨过。
不少谋臣忧社稷，只应暂许郅支和。

出 关

崔廷槐

关吏开金锁，邮人控玉珂。
三韩辽社稷，五镇汉山河。
白草荒原合，黄云古戍多。
从今沧海上，万里不扬波。

出榆关逢征兵使人作

冯帏讷

闻道云中将，先秋戒铁衣。
虎符千里至，龙骑五营归。
夜月明雕戟，山风曳画旂。
谁怜瀚海外，杂虏驻金微。

晓发迁安

施儒　巡关御史

水落寒滩静，烟消晓嶂新。
荒城孤竹国，匹马远行人。
冠盖扪心愧，闾阎到骨贫。
采薇祠室在，犹得荐溪苹。

天 马 山

傅光宅

倚剑登天马，冷然御远风。
乾坤双眼外，今古一杯中。
怪石悬疑坠，晴涛望若空。
烽烟清万里，白日海云红。

吊赵烈女

一冢青山下，经过感慨深。
家贫依草莽，塞远对荒林。
正气来天地，芳名自古今。
崔巍一片石，千载见贞心。

海

尚 纲

当年来向海边头，蓬岛仙山何处求。
潮汐奔腾坤轴走，波涛汹涌雪花浮。
凭栏对酒看无厌，倚马题诗兴未休。
沉醉漫思张博望，乘槎共到月中游。

辽 西 歌

茅 溱

裨将分屯三十营，营营火炮震天鸣。
纵教□马如征雁，不敢衔芦过北平。

横 山 寺

薛穰　滦州守　鄞县人

数椽僧舍俯青溪，细草春香路欲迷。
野水乱流滩上下，岩山斜矗树高低。
天生石井泉通海，地接滦江柳暗堤。
抚景畅然心赏逸，半林花雨鹧鸪啼。

滦 河

萧云汉　运同　乐亭人

滦水蛇蜒来，长泓日射晔。
朔地泻灵源，孤竹声咽吭。
偏汀啮磷磷，岩山势荡荡。
落花桃浪翻，过雁秋芦荡。
下有蛟螭潜，上有云雾漲。
舟子三时篙，征人岁来往。

有客乘兴游，铁笛中流响。
从此入十州，羡门可相访。
醉来夜忘归，船头一偃仰。
清风当我怀，明月波心漾。
归与亭阁间，心神犹觉爽。

冷口温泉

李安仁　按察副使　迁安人

白云堆里碧泉开，一脉融融绕战台。
不是榆关寒气重，那知春意此中回。

佛 洞 山

冯斗华　长山令　滦人

崆珑山秀耸，登眺若穿空。
入洞幽难测，攀崖路可通。
晚江常载月，小艇任摇风。
兴剧归来晚，渔灯数点红。

长 春 宫

高吉昌　贡士　滦人

故宫鸱瓦纪遗楼，野淀斜阳水尚流。
八部国残谁有恨，十香人艳自生愁。
珮环似听松风在，奁镜虚疑槛月留。
莫叹回心空著院，玉环飞燕总荒丘。
海陵曾三幸春水。

祥 云 岛

曹司牧　苑马寺卿　乐亭人

海气涵天涌晓光，日华分彩露苍茫。

东牟应有蜃楼在，何似云车驾水傍。

半 月 坨

水中见月月初弦，天水相涵月与连。
夜半不知明月上，半呈坨影半还天。

阇 黎 洞

刘廷宣　大理寺左少卿　山海人

爱僻寻闲得不闲，更穿云窟学猿攀。
谈倾白马公孙社，气散青牛尹子关。
老树笙簧杂霡雨，石泉环珮澹潺湲。
酒阑客倦鱼歌歇，醉倚嵌岑未忍还。

云 峰 寺

梵声响落最高峰，一驾茅龙万蟄钟。
春色奚囊收不尽，剑花昨夜吐芙蓉。

钓 台

韩应庚

石壁青含雨，松台迥若悬。
碧潭鱼上下，斜洞鸟飞还。
波漾桐江月，云连渭水天。
倚楼频骋望，长啸欲携仙。

其 二

结榭青山里，栖迟得自由。
困来眠小榻，兴到驾轻舟。
事业惭鸣凤，生涯叹拙鸠。

尘缨何处濯，台下有清流。

其 三

不缘投白简，那得遂初衣。
无复鸣驺入，惟余携鹤归。
摄生求药饵，托兴问渔矶。
避远红尘路，栖庐向翠微。

台 上 吟

华阳陶隐君，仍号山中宰。
我已出世缘，询谋岂堪采。

其 二

孤竹城边水，阳山顶上薇。
并作渔台供，水香薇亦肥。

其 三

卸却惠文冠，裁成薜荔服。
闲来理钓丝，时复寻樵牧。

其 四

辞别京华路，归来三十霜。
山居耽习静，身世两相忘。

钓台月白楼

韩应奎　华阴令　卢龙人

载酒过滦江，登歌兴欲狂。
台朝天北极，人在水中央。
月白芦烟淡，楼高海气凉。
一竿垂钓罢，清梦到羲皇。

秋日登钓台暮宿沙渚

白瑜　刑部尚书　卢龙人

仙槎遥望斗牛边，袅袅商风荐带牵。
水浴矶头时隐见，云横雁字任蹁跹。
数敲棋韵杂歌扇，几点渔灯起暮烟。
榻下主人能款客，疏星犹挂子陵川。

九日游钓台

管珍　典籍　长洲人

露桡舡涌客星来，朱鹭飞飞点碧苔。
万壑争鸣孤竹水，夹溪环抱富春台。
问天渔父何年钓，到日花源几树开。
重九风光容易得，白云黄叶正相催。

都山雪霁

朱吉

同云冻合天一色，鸟不高飞苔石裂。
朔风卷海声如雷，一夜都山满头雪。
千岩万壑光玲珑，琼台瑶室开仙官。
是中可望不可到，安得一访浮丘翁。

紫荆山石婆

谢鹏南　抚宁教谕　顺天人

面对荆山列翠屏，石岩巧立似姬形。
娥眉不扫一弯月，蓬发犹堆两鬓星。
脂粉年深风雨淡，衣衫岁久藓苔青。
凝然翘首频西望，只影寥寥伴野汀。

碣　石

陈所立

砥柱东溟碣石开，黄河万里直西来。
天鸡解唤扶桑日，起舞何人是异才。

都山望雪

祈连绝处总燕支，到此回看北斗低。
六月山头犹戴雪，罡风吹落蓟门西。

钓　台

一著羊裘动客星，非熊感遇亦无情。
临流莫学任公子，月白江空负钓名。

界　岭

刘景耀　兵备参议　登封人

界岭连云际，阳河入海流。
山川胡地近，风雨汉官秋。
处处严烽火，朝朝逐马牛。
谁怜汉飞将，白首不封侯。

秦总镇邀饮界岭正关楼得才字

城头碣石郁崔嵬，倚槛春风塞外来。
三辅河山时对酒，九边烽火共登台。
秦皇岛上仙云散，姜女祠边新月回。
莫道书生无侠骨，毛锥元负佩刀才。

桃　林

野水年年去不还，荒林面面出高山。

小舟晚泊鸳鸯渚，画角秋生虎豹关。
出塞将军谁侠骨，中原赤子正愁颜。
悲笳遥对啼猿急，暮日争如归鸟闲。

望仙人顶

遥望仙人顶，佳气满蓬莱。
丹炉灰未灭，白鹤安在哉。
秦皇与汉武，辇路生青苔。

仙 人 台

猿啸峰高一径通，鹤鸣丹灶火初红。
扶桑早挂三竿日，碣石常来万里风。
采药何年离海上，吹箫昨夜坐云中。
勒铭应抵黄龙府，徐问仙人白兔翁。

漆 溠

汉水悠悠塞外来，蓝田佳气接河魁。
虎头近见双龙合，罗洞还惊匹练开。
鼓枻能无浮海意，洗兵合待济川才。
勒盟不假黄河水，自有清流绕郭回。

偏 凉 汀

插天危阁倚晴岚，横海长川漾碧潭。
鸟道斜穿云外树，龙宫幽缀雨中昙。
坐来山水都成僻，占尽烟霞不是贪。
欲把渔翁移酷暑，可人风景一江南。

客卢龙代诸将寄京洛相知

阮自华　进士　桐城人

朔气厉高秋，将军洗髑髅。

劳云出家暗，疲马傍人愁。

风色侵重铠，霜威折大矛。

贵人能作赋，何不自封侯。

过汀流河

方经　训导　黄陂人

滦水朝宗一派流，寒烟萧索古津头。

鸡鸣远浦家家月，渔老空矶处处鸥。

将伴沙边人待渡，忽呼江上客同舟。

西风回首中流楫，桐叶芦花两岸秋。

碣　石

韩原善　兵备佥事　卢龙人

凿石凭谁问巨灵，摩空古壁摘寒星。

岩深仙客时留驭，树老僧人不记龄。

松覆鹤巢山点翠，瀑翻龙洞涧流腥。

红尘永谢清凉境，招得闲云锁薜扃。

游昌黎翠屏山亭

领略烟霞太古人，呼名山鸟解留宾。

莲塘引水通云窦，书屋编茅与石邻。

君子风流浑是晋，大夫封事尚仍秦。

坐来下瞰诸峰尽，海气岚光共笑颦。

澄海楼为王海若司马赋

蓬莱咫尺望中移，员峤风来吹鬓丝。
烟净玉门间虎豹，浪翻银屋隐蛟螭。
琼沙雪霁冰初泮，绣陌春回柳未窥。
不信边头多气色，雄关新简丈人师。

其　　二

习习天风动客衣，登楼把酒送斜晖。
眸随雪浪翻青海，梦逐春风入紫微。
十载浮沉肝胆是，半生潦倒鬓毛非。
樽前幸预鲈鱼会，不到秋风已赋归。

钓　　台

窥山一窦引樵青，石径渔矶傍水亭。
风磴松敲苍玉珮，云巢天绘郁金屏。
丈人舸艇迷前渚，孺子沧浪过别汀。
钓罢月明江欲晓，纶竿收尽满天星。

北平春郊

韩原浚　应庚长子　文学

探奇劳杖履，一上翠微亭。
晴槛云生白，虚楼梦入青。
柳深怜绰约，华落惜飘零。
莫厌连朝醉，春风不可停。

银 杏 树

韩原洞　应庚次子　文学

郡城西郭家庄有古树二株，大可数围，相传东汉时物。

老干扶疏竟插霄，万山俯视自逍遥。
月来影欲移千亩，风过声如奏九韶。
众口漫传东汉迹，双贞齐捧大明朝。
精灵俱可留今古，莫用攀枝叹寂寥。

夷 齐 里

张星炳

谒选入都，兵后无归，缚茆居此授经自给，江西明经。

摇落江湖此结庐，何期得傍古人居。
粟知难与西周比，薇幸犹餐北海余。
荷戴一方新制笠，携持几卷旧残书。
儿今授室余将老，归思多年已渐除。

登钓台吊韩开之烈士

高辅辰　范县令　滦人

立马松原下，遥江过鹜轻。
暗楸连雨黛，高嶂罨人声。
威斗麟栖冷，颔珠骊卧腥。
水仙空谷意，徒有碎琴情。

永平道中

孙廷铨　抚宁宰　益都人

烟开林下路，帘出水边家。
山市秋多枣，荒溪雨落瓜。
近边无广岫，列戍尚高牙。
树尽看城阙，危旌有暮鸦。

山海道中

高柳荒亭下，残碑古戍前。
秋光晴到水，山色净于天。
气变虫音急，水沉月影偏。
鸡鸣催候吏，争渡古溪船。

衙斋望兔峰

高馆扬清徽，澄阴淡将夕。
好峰林外明，肃肃荫床席。
日入引村烟，纵横交阡陌。
倏忽半岩际，风雨送行役。
松杂名药香，鹤遗幽人迹。
霁景疏夜明，况复沉秋碧。
菊忆渊明篱，书成杨子宅。
谁当堪共语，一片寒山石。

前　　题

人静怀幽眺，芒鞋又漫来。
山禽鸣独树，石壁渍荒苔。
水构波光乱，天低雁影回。
春风吹白发，有酒且衔杯。

钓　　台

韩广业

原善子，庚午避地会稽辞征不出，自号鹤寙道人，文学。

柔烟染黛列春屏，光隐玻璃夜不扃。
云缀天空狃乱碧，峰涵江静印双青。
晴沙向暖鸥分席，晓月余寒雁过汀。

百尺渔矶清梦好，欣逢杖履近元亭。

其 二

危石留云径未封，奇看万仞玉芙蓉。
天开鼠户延惊雀，舟小鲸田蹴睡龙。
卜筑百年初见月，衣冠隔座近闻松。
桃源极目人烟里，槐柳春迟叶几浓。

其 三

钓罢纶竿石气舒，巨灵为凿水云居。
驯僧已老还驯鸽，种树多方更种鱼。
古雪喜曾呼白也，新碑惜未见黄初。
天涯兄弟俱头白，辋水何年共结庐。

其 四

山云无计挽征车，寄卧渔洲志在鱼。
不信梅花开绝塞，却愁风雨有来书。
中原榛棘双眸尽，两地松楸十载余。
孺子沧浪歌有意，月明归棹理徐徐。

夷 齐 庙

柳梦寅 朝鲜使臣

首阳苍翠郁嵯峨，滦水悠悠也自波。
土俗尚闻孤竹庙，邦人能唱采薇歌。
一时贤士知俱出，万古高名问孰多。
此地清风吹不尽，荒台只是旧山河。

万 柳 庄

巾我河车指玉京，诸天无际是三清。
朝来失路青霞迥，物外沾衣白露生。

怪石当溪蹲老虎，晴钟殷郭吼长鲸。

茅龙展尾纤清涧，辽鹤舒翎抗画甍。

翳羽凉阴藏小店，拂天高柳满平坰。

临风袅袅齐垂线，匝地森森乱擢茎。

径掺白毡飘落絮，门张翠幄掷流莺。

清尊系马寻芳兴，玉手攀条惜别情。

嫩叶正浓红女织，新枝初畅葆雅倾。

凋霜啄木秋声急，残绿寒蜩夕吹轻。

万里三游人不识，天高地迥我何征。

神仙缥缈吾身是，山海微茫上界行。

绣闼朱门清昼掩，寒林衰草暮鸦鸣。

风烟淡淡愁山色，歌笑悠悠送水声。

鹤背明朝参北极，鳌头归路踏东瀛。

烟波梦断卢龙塞，乡客应寻旧姓名。

谒夷齐庙

尤侗　国朝郡司理　长洲人

孤城郁岞晓，临河激寒响。

清风缭绕之，白云翔其上。

中有古贤人，端然肃遗像。

社稷已丘墟，精神自天壤。

金石永令名，俎豆芬将享。

劲飚回颓波，顽薄兴慨慷。

我来北海滨，欣对西山爽。

驻马俯平畴，陟阶扫荆莽。

百年乔木坚，三春芳草长。

高台闻鸟啼，远水明渔网。

抚景迥幽瑟，披襟顿超朗。

薄宦亦苦饥，怀古用自广。
行行歌采薇，瘝寐伫遐想。

前　　题

东荫商　举人　华阴人

秣马西周客，维舟北海滨。
关河犹此地，今古有斯人。
松老荒祠月，山间故国春。
自怜藜藿士，终愧采薇民。

前　　题

刘鸿儒　左都御史　迁安人

碧殿风生白日寒，愁云漠漠绕山峦。
几言曲尽当年事，一饿常留万古丹。
天地为心悬皓月，乾坤不老砥狂澜。
偶来仰止勤瞻礼，惨澹癯容泪尚潸。

前　　题

祖泽溶　郡丞　宁远人

空山台殿郁森森，叩马犹传此日心。
薇蕨岂知新伏腊，沧桑不易旧冠簪。
清风独立垂天壤，至德堪师自古今。
吁咈弟兄遗迹在，商周社稷久销沉。

前　　题

宋元伯　贡士　莱阳人

孤城烟雨中，长河绕百折。
驱马越陌阡，巍巍庙貌设。

阴森郁乔松，斑驳敧石碣。

二子饿首阳，孤竹尊高节。

嗟彼黄与农，滦水常澄澈。

波光潜不流，山色远还灭。

阴晴崇朝移，烟霭众鸟悦。

夕阳满中流，发棹闻幽咽。

萧鼓夜未央，归舟月如雪。

前　　题

李士模　卢龙令　高密人

让国虽绝德，能受乃独良。

所以歌农夏，中不及黄唐。

轩固摧炎烬，尧亦克让王。

重器难久虚，异代维其常。

孟津即无渡，商辛讵不亡。

纣惟弗克靖，大介乃张皇。

先生为殷惜，实切为武伤。

一死存千古，岂曰谓存商。

其　　二

许由三皇资，遇帝则洗耳。

夷齐帝者师，遇王轻一死。

器识故有恒，各视其相取。

使其在勋华，定当不尔尔。

虞夏何风规，孤亭俯寒水。

前　　题

张一谔　迁安令　山阴人

高台遥峙彩云边，碧水苍松曙色连。

一饿首阳清节在，空山寂寂鸟啼烟。

再游清圣祠感赋

高士麟　贡士　滦人

白鱼舟渡孟津寒，八百三千愧二难。
肯学渭滨忘北海，生憎殷敏著南冠。
但存孤竹谁非嗣，除却雷阳岂有峦。
何事宗臣悲麦黍，强吞囚泣自含酸。

清 风 台

白培极　举人　滦人

阡原禾黍自犹犹，何处风来六月秋。
脱屣顿思王子去，于人俱羡谢公游。
樽前鹅鹳铺平泽，潭底鱼龙浮晚湫。
我与月明潜有约，离骚清酒一渔舟。

碣　　石

谭允谦　文学　丹徒人

万里行边且未回，高登碣石望燕台。
但看沧海新尘起，不见黄河故道来。
明德永怀神禹迹，壮游深愧史迁才。
春阳杲杲扶桑晓，溟渤浟浟烟浪开。

前　　题

李斐章　文学　乐安人

凭高极目奈愁何，大海回风溅白波。
一柱插空标碣石，千年无处认黄河。
汉皇御道生秋草，魏武丰碑没女萝。

俯仰当时形胜地，乱山吹角牧鸣驼。

前　题

王曰翼　昌黎令　阳城人

一柱孤悬霄汉傍，千秋禹迹旧茫茫。
峰回雁塞关云紫，日射鲸门海气苍。
汗漫残碑埋径草，崔巍宫阙照扶桑。
朝宗不有中流砥，谁障洪涛万里狂。

秦 皇 岛

邵　逵

徐福楼船去不回，銮舆曾此驻丛台。
千寻浪泊纷如雪，万叠潮来吼似雷。
草树尚然笼碧嶂，烟霞依旧锁苍苔。
追思漫忆长生药，回首沙丘事可哀。

虎 头 石

尤　侗

将军射虎阳山下，视之石也虎所化。
至今石虎尚狰狞，当日将军何叱咤。
数奇不遇高皇封，时去反遭醉尉骂。
世上谁无万户侯，过此张弓不敢射。

前　题

姚士圭　文学　桐城人

闻说将军气概雄，石边驻马想英风。
峰盘紫塞秋横气，河带黄沙地接虹。
勋业至今称射虎，文章自古笑雕虫。

黔娄苦被诗书误，校猎南山技未工。

登五峰山谒韩文公祠

尤　侗

五峰青不断，引入白云中。
春后山崖雪，朝来海上风。
三钩菩萨井，一尺大夫松。
怪石排如笔，森严拱巨公。
先生高坐处，北斗逼星寒。
松柏疑元冢，芙蓉捧绛坛。
塞云浮雉堞，海日照栏干。
把酒空置外，茫茫起百端。

过昌黎谒韩文公祠

白引谦　刑部尚书　阳城人

碣石当海隅，下有昔贤祠。
栋宇蔼云光，阶藓幸未滋。
斯文邹鲁后，斯人实续之。
荡辟障狂澜，功足并禹垂。
焉知乾坤秀，钟蓄乃在兹。
我来肃洒扫，瞻顾发叹容。
微言尚不隔，努力崇令规。

前　题

东荫商

双柏祠堂碣石间，高皇曾此礼名贤。
文开大雅蓁芜日，道峻元和谏诤年。
俎豆岁时严伏腊，枌榆南北渺风烟。

只今精爽依栖地，多在苍山碧海边。

前　　题

杨本深　御史

庙古风云驻，台荒岁月长。

蛛丝罗缋殿，蜗篆上颓墙。

封国名尊重，升仙事渺茫。

重来追古迹，感慨兴多狂。

前　　题

宋琬　兵备副宪　莱阳人

先生海岳姿，实践圣贤奥。

介立贞元朝，正气何浩浩。

著论续微言，传薪在原道。

微公表章力，孰障狂澜倒。

兹邦乃故里，庙貌俨圭瑁。

乡人困豺虎，生齿嗟凋耗。

安得奋云旗，再息鳄鱼暴。

泰山不可跻，俯仰余深悼。

明禋展奉笾，余生愿执扫。

九原风雨中，英爽冀不告。

前　　题

姚士圭

京兆遗墟碣石旁，五峰山下旧祠堂。

参天黛色青松老，漾日波光碧海长。

八代已能恢汉魏，一封何事谪潮阳。

心源未绝存《原道》，赖有卢陵续瓣香。

巡行过北平，登孤竹堂，望伯夷叔齐庙有感

魏象枢　刑部尚书　山西人

孤竹何崔嵬，两圣高千古。
仰止梦魂间，有怀常欲吐。
安得陟山巅，办香头一俯。
告我希圣心，艰济苍生苦。
凛凛对简书，汗下浑如雨。
此行负朝廷，愆尤何日补。
遥望乞神灵，相助驱豺虎。
滦水自无波，澄清在畿辅。

永　平

陈荫商

肥子城高北斗悬，燕关东去路依然。
谁知戎骑挥戈地，翻见边疆撤堠年。
春转渔阳霜压碛，云开碣石水连天。
墨胎社稷今何处，独有西山二子传。

秦皇岛望海歌

宋荦　通永佥宪　商丘人

渤海之岸耸断山，横截巨浪排云烟。
人言此是秦皇岛，回冈辇道留依然。
白头山僧茸古屋，晨炊远汲荒村泉。
危矶荦确带沙石，荡胸万里开长川。
天吴出没老蛟舞，百灵彷佛惊涛前。
我来榆塞正秋晚，苍鹰叫侣摩青天。
靴纹波细风忽止，白鸥容与殊清妍。
俄倾变幻不可测，归墟岂必非桑田。

秦皇已去汉帝至，孤台野岸空千年。
蓬莱方丈在何许，一眉新月来娟娟。
解鞍脱帽便此住，斫松煮藪容高眠。
移情爱鼓水仙曲，无须真到三神山。
秦碑磨灭薛花绣，谁能与结翰墨缘。
欲鞭蛰龙作海市，良惭玉局登州篇。

滦河泛月

东荫商

双舸凌风散郁蒸，飞觞度曲兴堪乘。
自怜去国同王粲，却得同舟是李膺。
云影微茫遥岸月，林端明灭远村灯。
沧溟只在帆幪外，莫道三山未可登。

滦 水 歌

李士模

滦水一何清，喧豗日不止。
回风喷雪过大荒，渡壑穿岩数千里。
入关几处抱严城，形势如弓复如矢。
岸边荒沙高接云，波底惊石纷若齿。
黯黮能令白日寒，天阴时有蛟龙起。
忆昔榆关正用兵，旌旗白羽乱纵横。
万舸平冲波上月，清笳吹彻鼋鼍惊。
物换星移仍此水，不改涛声改战垒。
两两沙鸥弄夕阳，落叶秋风伤游子。

偏凉汀登眺是故高大司马别墅

尤 侗

此地风尘埋断碣，当年歌舞醉芳茵。

荒丘剩有松楸在，废屋行于鸟雀亲。
秋水觉多濠濮意，田家时侣武陵人。
岘山魂魄应相忆，俯仰兴衰一怆神。

偏 凉 汀

谭允谦

岩阴日气少，此地是偏凉。
石穴鱼多美，溪田稻更香。
村深秋刈获，水阔夜鸣榔。
绝与江南似，令人忆故乡。

前 题

方文 文学 桐城人

滦河东去海天空，白草黄云一望同。
惟有偏凉汀数里，两边山色似吴中。

同韩子新宿其先侍御公钓台墓下

谭允谦

兵戈无恙有村春，三十年前马鬣封。
同踏此中山岭月，来听今夜墓堂松。
先生早隐曾如凤，烈士虽亡终是龙。
雨过垄头多落叶，文孙往扫许游从。

游韩御史钓台

方 文

绣斧文孙老布衣，风标栖遁继前徽。
三公不易青山乐，一艇长随白鸟飞。
瀚海愁闻新战伐，滦河久别旧渔矶。

故园丘壑今如此，胡不携家自雒归。

公之孙鼎业避地中州。

前 题

顾绛 文学

我登钓台山，喟焉念先民。
韩公昔盛年，隐此甘垂纶。
九原不可作，山水留清真。
于今有哲孙，逸韵追芳尘。
独抱文献怀，愧我非其人。
徒坚狷士节，与公映千春。
鸿爪虽暂留，龙性终难驯。
结交尽四海，落落星向晨。
江湖倘相忘，一笑情弥亲。

前 题

赵瑾 进士 太原人

绣衣人作后，空却钓鱼台。
远翠疑将滴，孤峰骇欲摧。
严陵君伴去，谢朓我携来。
一自佳城闭，山河满目哀。

前 题

宋琬

先生早岁返丘园，选胜垂纶此结轩。
到海遥看千派入，倚云高见一峰尊。
月明华表松杉影，雨洗丹梯杖履痕。
谁谓风流难再嗣，客星今已属诸孙。

秋日泛舟钓台

赵 缵

秋洁滦如镜，孤帆向日开。
衣沾云入座，酒泛翠浮杯。
滩送樯风急，山迎人面来。
遥瞻峰突兀，疑是子陵台。

南台寺

李斐章

野寺高台上，登临感慨生。
河流经绝塞，山势抱孤城。
破灶残僧去，长廊落日明。
空阶余老树，时有怪鸦鸣。

夏居水岩寺

东荫商

石萝盘磴幽，石髓溅云流。
不历诸天境，焉知六月秋。
山蔬邻叟采，崖果野僧收。
一榻堪容我，浮生何所求。

其 二

郁葱藏一径，崴嵬俨双扉。
得树堪消暑，逢山可当归。
行看孤石立，坐待片云飞。
枯寂人谁解，吾将杜德机。

云 峰 寺

遥岫乱云黑，古林残月明。
台荒多鸟迹，楼圮断钟声。
山鬼披萝出，村僧夹涧耕。
前峰问何许，碣石少人行。

隆 教 寺

谭允谦

雪晴山寺趁朝登，老衲相迎拄一藤。
鸿附尺书临玉塞，予携秣陵名衲书至。
马驮梵册自金陵。请南藏归。
来同陕右栖禅客，还问江南结社僧。
邻庙尚存飞将在，几谁敢恃射雕能。

散 米 谣

尤侗

一叟扶杖拄，一妪倚门伫。一夫趋檐楹，一妇隐庭柱。手中提一男，怀中襁一女。一农又一工，一商又一旅。一渔又一樵，一衲又一羽。跛者步盘跚，驼者立伛偻。喑者呼呜呜，瞽者行踽踽。尪者貌元黄，裸者身蓝缕。寡妻逐鳏夫，孤儿随独父。或操箪与瓢，或携筐与筥。或以破帽盛，或以敝衣取。或挈瓶托钵，或将双手举。左去右复来，前推后还阻。数一以至十，至不可胜数。丁男四千余，丁女三千许。谁为算博士，分明点鬼簿。小吏在旁立，往往识尔汝。某也田舍翁，某也市门贾。某也弓之子，某也褐之父。某裙而某钗，萧娘及吕姥。畴昔大有年，各能立门户。饥则食肉糜，寒亦被纨绔。一旦遭凶荒，死亡十去五。壮者走四方，弱者守此土。闻有发粟令，百里争趋府。可怜良家子，乃与乞丐伍。性命且不保，廉耻何足语。朝幸有米炊，暮尚无薪煮。今日更明日，却愁空廪庾。予顾太守叹，大无岂小补。甲哺不及乙，辰饱不待午。穷官千日粮，穷民一日肚。欲竭升斗储，衙内鱼生釜。虽蠲尚方租，难嘘寒谷黍。愿绘饥民图，献之上帝所。大发万千仓，散为天下雨。

春日白云楼

尤侗

独凭虚阁俯滦河，萧瑟凉风襟带过。
不断青山趋雉堞，忽来白浪出渔蓑。
夕阳背陇牛羊下，秋草平沙鸿雁多。
四野荒芜村舍少，十年回首几干戈。

雪峰寺回舟即事

李士模

薄暮垂山霭，中流落照红。
舟行蓼影上，人语水声中。
卢酒堪迟月，絺衣不耐风。
隔林灯火近，归路响秋虫。

客有道卢龙风景者因赋

綦汝楫　翰林侍讲　高密人

渤海初归客，幽燕绕梦思。
秋风李广石，暮雨伯夷祠。
官舍征鸿过，女墙画角悲。
川原连大漠，冰雪带春澌。

秋杪游白塔寺

李成性　新城令　迁安人

三十年前向此游，今来重见梵宫修。
山峰红映扶桑日，池水清分孤竹流。
柿叶可书笼旧塔，菊英堪泛对深秋。
吁嗟陶令无知己，空忆东林社里俦。

午日游黄台山

瑞草新悬艾，娇花已绽榴。
渔家三里近，僧舍十分幽。
仰陟黄台巅，俯看滦水流。
渡头人似蚁，山脚石如牛。
酒任醉翁意，诗寻骚客酬。
谁期重午日，还似暮春游。

重游龙泉寺

刘鸿儒

溽暑郁我怀，携朋寻高爽。
出城见南山，幽况夙所赏。
龙泉久神异，风雨灵泽广。
别来二十年，老健喜重往。
密树结层阴，峭壁当沆漭。
崱屴窈窕入，薜萝分披上。
蹑翠陟其巅，大千指诸掌。
法王宝地尊，霞光罗万象。
景趣犹如昔，理会顿殊曩。
探无悟无极，阅有谢有攘。
临兹诸缘空，耳目余清响。

留连恣遐瞩，浩浩神气朗。
桃源勿劳思，舍此将焉访。

谒景忠山

尤 侗

蹬道盘盘七十二，板车宛转似猿扪。
群峰皆作儿孙立，绝顶应知天姥尊。
夜月灵旗招五岳，春风社鼓走千村。
迎神拟赋离骚曲，欲荐湘君乏蕙荪。

恭纪三屯营驻跸

王永命 迁安令 临汾人

望里龙旗制海云，晴光瑞霭竞缤纷。
六师济济从神武，万姓欣欣祝圣君。
自是虞廷昭典礼，非同汉帝乐河汾。
升平事业今欢遘，朱鹭铙歌次第闻。

圣水寺看红叶

赵端 抚宁令 钱塘人

秋色明郊甸，招游古寺隈。
禅关寒日满，林叶晓霜催。
作籁参仙梵，如花照客杯。
御沟非圣水，传语莫飞来。

温 泉

余淮 沔阳人

平山东北赤龙眠，吐出炎涛洗俗缘。
冷眼何堪对热海，痴肠空自浴汤泉。

冰高绝塞波长暖，雪满荒坡水亦煎。
客里尘怀涤不去，一声长啸白云边。

花洞冰帘

诸元寿　山阴人

泉飞来兮出山崦，流为瀑兮凝为帘。
望之玲珑兮日光遏，洞中有人兮披素缣。
凿而饮兮何其廉，日坐冰壶兮绝尘纤。

春日游紫霞洞

马惕然　沔阳人

东南一带清心目，有此千峰插翠微。
人在下方冲日上，鹤从高处破烟飞。
水深岩落寒侵骨，门静花开色照衣。
欲识蓬莱今便是，更于何地学忘机。

游栖霞寺

沈荃　宫詹　华亭人

陟磴循松迳，携樽坐石矶。
野花晴落帽，山翠冷沾衣。
地僻留僧话，亭虚待鹤归。
我来倦鞅掌，到此已忘机。

前　题

夏驷　征君　湖州人

觉路元花柳，空山忽管弦。
众香生白社，独鹤下苍烟。
洗耳从听曲，缠头不费钱。

异时风土记，可共虎溪传。

柳亭楼远眺

北风萧瑟雁声阑，十月边城草木残。
息足乍忘关塞远，登临陡觉地天宽。
云开兔耳双峰峻，日落牛头大海寒。
几欲振衣临碣石，不知蜃气共谁看。

前　　题

赵　端

萧萧冰署未全荒，留得飞楼傍古墙。
山入画图偏著雨，树如围带半迎霜。
尔年宦迹家何处，千里羁怀塞正长。
却爱公余多啸咏，茗炉新煮石泉香。

莲蓬山观海歌

赵景徕　贡士　抚宁人

骊城形势临卢龙，塞垣千里当要冲。
两京拱峙咽喉通，背枕溟渤开鸿蒙。
滨海有岭号莲蓬，悬崖削就金芙蓉。
海光山势相争雄，怒涛隐隐凌太空。
我来登时秋正浓，澎湃上下吹天风。
双螭初起驭祝融，元气磅礴涵苍穹。
咫尺蜃楼变化中，早潮欲上雷隆隆。
登莱城郭烟雾胧，三山何处求秦童。
祖龙鞭石杳无踪，征辽遗迹推唐宗。
张骞无复乘槎功，采芝徒羡安期翁。
俯仰今古谁复同，八荒吞吐归心胸。

酒酣拔剑喷长虹，光芒倒射鲛人宫。
安得骑鲸直向烟波冲，倏忽已抵扶桑东。

榆　关

王模　无锡人

绝壁开天险，千寻控塞垣。
荒沙寒白骨，新鬼啸黄昏。
水急蛟龙怒，山深虎豹屯。
当年百战地，遗恨至今存。

雨后西五峰

宋琬

襆被星河近，人同野鸟栖。
片云孤嶂起，一雨万松迷。
城郭微微见，峰峦漠漠低。
不辞苔径滑，更欲杖青藜。

东五峰

已谓西峰好，东峰更不群。
悬崖疑削刃，古木善藏云。
海色朝来变，泉声雨后分。
何年此高卧，自剪薜萝裙。

登五峰山

王曰翼

青旻丹嶂合，攀陟最高头。
海气朝成雨，松阴曙欲秋。
石幢迎露洗，云窦泛泉流。

吏况同僧拙，登临足胜游。

新秋登龙潭

张庄临　贡士　昌黎人

积雨秋初霁，新凉已透裳。
泉嘶夜疑雨，沙皎月如霜。
极听穷边静，愁看野塞长。
登崖时一啸，终老此僧房。

东五峰中秋看月

张元复　靖江令　昌黎人

玉虬初驾冰轮上，一片清光发岭东。
素魄传来松际影，幽香时送桂边风。
乘凉身在瑶台畔，踏影人行水荇中。
坐久不知霜露冷，褰裳拟入广寒宫。

登五峰山望海

彭延礼　国学　杏山人

北平山水称五峰，五峰屹立摩苍穹。
秋来绝顶试登眺，林壑如画烟蒙蒙。
地尽忽惊天水合，怒潮千丈腾蛟龙。
山僧指点为东海，沐日浴月波涛红。
昔我鼓棹江湖内，茫茫已叹排长空。
谷王真与凡水别，百川巨细皆朝东。
吁嗟乎！秦皇汉武意无穷，渡海欲寻蓬莱宫。
只今三岛杳何处，秋日遥射玻璃中。

祥 云 岛

曹尔俊　文学　乐亭人

海岳宠岕一抹斜，冯夷曾此驻云车。
登临每羡三春浪，眺望遥期八月槎。
蜃气朝腾疑舞鹤，鲸鲵夜吼惨悲笳。
何当一假乘风翼，为访三山问玉华。

关门秋夜

韩雄胤　翰林降官卫庠教授　高阳人

静夜蟏蛸响，新凉蟋蟀吟。
三山归远梦，一叶助悲心。
月色凄团扇，霜华冷素襟。
幽人寥落意，不待九秋深。

登澄海楼观海

尤　侗

茫乎望洋向若叹，大哉归虚渺无岸。
近视争看白马奔，远观不辨青霓断。
似雷非雷声殷殷，鱼鳖颠倒腾千军。
骇浪乍浮出地日，惊潮翻射垂天云。
方丈逢瀛疑尺咫，汉武秦皇心欲死。
鲛室蜃楼有若无，瑶台琼阙非耶是。
飘飘我亦凌云游，海风吹摇城上楼。
援琴为奏水仙操，鼓棹不见鱼翁舟。
东望独存姜女墓，精卫填成血泪注。
纵使银涛万丈高，不到坟头草青处。
西行更上海神祠，罗袜凌波来几时。
雾鬓烟鬟光窈窕，夜深鼍鼓舞冯夷。

土人指点先朝事，十年以前风景异。
关上皆屯细柳营，墙边乱蹴桃花骑。
水犀之师蔽艅艎，木牛之粮衔舳舻。
铁甲将军吹觱栗，胭脂小妇醉酡酥。
只今眼中一事无，寒沙萧萧雁飞疾。
仰头屹峙长城孤，惟有沧海依依在。
沧海尚变桑田枯，而我感叹何为乎。

登澄海楼

周体观　翰林

祖龙鞭石神蛟怒，喝族横洋倾北注。
九点烟州天尽头，丸泥封隘不封愁。
踏断秦城回雁影，戍楼直取沧溟枕。
冯夷起舞阆风寒，谁伐鼍鼓沸狂澜。
折芦欲凌碧波去，自恨凡骨沉于石。
桧可楫兮松可舟，元峤如何不可游。
邈邈余怀望仙子，东拜贞娘能不死。
借问陇西李细眉，一泓水泻幽梦时。
而今白玉楼中看，俯身下视见不见。

前　题

陈天植　郡判　永嘉人

天风日夜吼，万里雄涛漾。
元气接青冥，夕阳归岛上。
蓬莱弱水隔，倚槛遥相望。
何处觅神仙，孤怀独惆怅。
爱此百尺楼，涤我尘中况。
徘徊未能去，薄醉松花酿。

观南海口

刘鸿儒

汪洋一派碧天低，何事潮龙不稳栖。
喧吼波中横紫塞，风云静里对青齐。
晓光浩瀚俗襟洗，暮景依稀彼岸迷。
久拟仙艖从性适，餐霞高友愿相携。

贞 女 祠

陈天植

迢迢长城路，纤纤弱女身。
不惮万余里，寻夫辽海滨。
夫婿从征役，劳劳多苦辛。
耐此霜雪威，白骨委黄尘。
寒衣刚送到，不见陇廖人。
对兹筑愁者，翻令蛾眉颦。
登高遥怅望，水石空粼粼。
可怜妾薄命，哀怨难具陈。
夫魂不可招，泪血倾城闉。
妇心金石坚，此生聊以殉。
长城役方罢，二世已亡秦。
至今千载下，贞女祠犹新。
东海有沧桑，斯坟无沉沦。
偶来凭吊生，悲歌当蘩苹。

重九登角山遇雨

刘鸿儒

振腕登高菊正馡，翠微深处绀宫依。
岁荒山寂游人少，秋老边寒过雁稀。

开代战场眼底阔，旧时烽塞岭头巍。
欢酬萸盏情何极，妒雨催归恨落晖。

登首山亭

陈丹　郡守　山阳人

重阳过半又登高，大将开筵拥节旄。
山领群峰排翠嶂，海当停午涌银涛。
采花共泛杯中菊，剖蟹争持醉后螯。
传道荒陬多虎豹，暮归共欲控弓刀。

前　　题

佘一元　礼部郎中　山海人

揽胜玩高亭，重峦绕翠屏。
闲云挂远岫，涧水漾寒汀。
平眺海波碧，环观峰色青。
衔杯逸兴发，长啸动山灵。

重九登首山

佳节宜登高，杖履首山隅。
冠盖集僚友，绅儒接欢娱。
大海亘苍茫，层峦积崎岖。
一水纤曲流，怪石蟠覆盂。
樵采互来往，烟云乍有无。
古庙罗盘餐，亭趾飞浓醹。
樵竖向我言，猛虎初负嵎。
醉后厉声呼，我辈叱咤驱。
薄暮联镳散，山空秋月孤。

角山寺
彭延㧑

已登望海楼，更游角山寺。
石磴盘山阿，回环阅佳致。
力倦席草坐，息定还颠顿。
精舍忽在眼，布置存古意。
烹茶品名泉，俯仰穷天地。
云水河渺茫，城市灿若织。
伊余丘壑性，未遂栖隐志。
徒羡山中僧，日看海潮至。

晚登古长城戍楼
陈天植

薄暮登高古戍楼，长城雄峙海东头。
燕山冷照秦时月，榆岭遥传白帝秋。
浪说终军能款塞，独怜李广不封侯。
当年谁设安边计，万里云寒似筑愁。

别郡丞杨玺卿讳奕绾，河内人
华黄 郡守 无锡人

谒选相同郡亦同，同辰策马赴畿东。
两年自矢皆冰雪，一壁相依共雨风。
慈爱颂声盈道左，贤劳佳节半途中。
北平赖有关西在，可许林泉憩此翁。

别同城驻防固山阿君

铁券承恩受世纶，分防边郡净风尘。
能持丰沛军兴法，善抚南阳亲旧人。

城市止须严锁钥，村庄不用遍逻巡。
临岐执手为君语，巩固金汤在卫民。

寄永平张使君讳朝琮，萧山人

毛奇龄 检讨 萧山人

车前八队引鸣驺，家有司空旧列侯。
李勉未经怀北阙，张华早已守平州。
阳山对酒宫花曙，卢水褰帷锦浪秋。
退食稍闲能啸咏，令支城外即丹丘。

春游夷齐祠四首用陶靖节时运原韵

张文瑞 国学 萧山人

迟迟春日，卜兹芳朝。
言策我马，于彼雪郊。
清风有台，上彻云霄。
我游其下，采薇之苗。

岂无清流，我缨斯浊。
岂无高山，供我遐瞩。
古人有言，惟日不足。
迨此良辰，云何不乐。
言有春衣，岂必浴沂。
亦有童冠，可以咏归。
虽无丝竹，清风发挥。
西山夷叔，邈焉莫追。

瞻鸟爱止，伯夷之庐。
我行其野，舍此焉如。
青山在眼，名酒在壶。

有风自东，飘飘吹余。

谒清节祠

傅以德　国学　仁和人

俗子拜清光，清风冷俗肠。
求仁双去国，取义独存商。
马首词何壮，山中蕨更香。
周畿今已矣，孤竹不沧桑。

前　　题 代府幕朱凛延

金堂　国学　山阴人

惟二士兮高风，超终古兮夐绝。
绥故土兮立庙，承天子兮褒锡。
奉烝尝兮荔蕉，馨彷佛兮薇蕨。
厂两庑兮会鼓，响繁音兮促节。
羌偃蹇兮云旗，爰缥缈兮灵魄。
在天上兮乘箕尾，归祠像兮栖松柏。
松与柏兮乃负灵，傍西山兮挺高节。
后世无此义兮深太息，予登台重为题曰：
日见官民廉，蹈兹孤竹里。
清风激台上，台下得兴起。

送徐学博之任永平

余隆征　贡士　山阴人

书带翩翩羡郑虔，一官最好是青毡。
何当纵饮挥毫处，俸薄难支买酒钱。

其　　二

官冷须知事事忙，于思古貌气飞扬。

整襟绛帐谈经后，又著莱衣舞一场。

其　　三

息耕手泽迹犹新，十五年来读几巡。
牛背秋风书满载，知君必不厌官贫。

其　　四

阳山景色到秋奇，不让江东枫落时。
客梦还因乡梦起，霜林迟我谱新祠。

出西门观滦河漫兴

徐香　郡庠司训　宛平

水带城门轨，城外滦河水。
水饮城中民，民日汲于是。
吾为穷其源，塞北来千里。
上都会诸水，漆澈注其里。
霪雨七八月，秋涨势莫已。
百川争归海，洪涛各自起。
皋陆为之翻，鱼龙窟宅徙。
滦不遵其河，泛滥吞居止。
不见己丑夏，贼水急如矢。
势作万马奔，直欲倾百雉。
荡然浸树杪，湍悍犹如此。
年来遇水平，登眺窃自喜。
河流循故道，长如一幅纸。
泯泯东南泻，远近资生理。
田家得灌溉，春耕见举趾。
圣德及中外，熙熙及边鄙。
寒毡尘可濯，清游浴沂比。

扁舟溯上流，还去谒义士。

送卢龙宰晏鹿庵归黔并序

徐麟生　贡士　卢龙人

晏侯黔中翘楚，畿辅甘棠。学贯天人，绿挺郄林之桂；誉隆贤宰红稠潘县之花，甄沉莱芜之鱼。门庭简寂，垅习中牟之雊，民物熙和，固已卑耳溪边。人安耕凿，肥如国内户有弦歌。然而捧檄为欢，不啻庐江之毛义，回车知警，深惟蜀道之王阳。得遗君羡，反悲风木公则勉为孝子民曰：夺我神君，怀杜母以五年，黎庶那堪卧辙。冀冠君于兹日，麟辈聊颂口碑。

盛朝咨有道，昭代见真儒。经术魁多士，文章辟万夫。乡闱夸入彀，卢邑幸分符。抚字恩沦髓，催科痛切肤。直教歌五裤，已免叹无襦。庭际闲生草，鞭来或示蒲。中牟看集雊，叶县好飞凫。忽讶神郡去，因悲太母徂。手中惊有凤，枝上遇啼乌。借寇情如缕，攀辕泪似珠。宦归堪载土，客滞类穷途。奚啻朋皆散，还兼鹤亦无。一钱临去掷，二水与清俱。自荷屏书异，竻膺牍荐殊。柏梧看擢用，霖雨被寰区。青史芳名永，循声达帝都。

卷之二十四

莱　阳　　宋　琬撰次

府学训导　徐　香参订

萧　山　　张朝琮续纂

卢龙教谕　胡仁济校辑

杂　志

子所不语者，怪力、乱、神。而世之为书者，往往搜宣室之谭，续齐谐之志，以侈颐而炫奇。吁，亦惑矣！六合之外，存而不论，冥昭瞢暗谁能极之。夫子尝与宰我言，鬼神必依乎类而大。易广八卦，皆本乎情夫。然则俞儿之篇，异兽之记，浮棺之述，吾犹病其诡而不经也。览僻说于稗官，采多闻于副墨，固不若考经断史者之有益矣。兹所取皆先民之辞，凡无稽者不录焉。

桓公北伐孤竹，未至卑耳之溪十里，闚然止，瞠然视，援弓将射，引而未敢发也。谓左右曰："见是前人乎？"左右对曰："不见也。"公曰："事其不济乎，寡人大惑。寡人见人长尺，而人物具焉。冠右祛衣，走马前疾，事其不济乎？寡人大惑，岂有人若此者乎。"管仲对曰："臣闻登山之神，有俞儿者，长尺而人物具焉。霸王之君兴而登山，神见且走马前疾道也。祛衣示前，有水也。右祛衣，示从右方涉也。"至卑耳之溪，有赞之者曰："从左方涉，其深及冠，从右方涉，其深至膝。若右涉其大济。"桓公立拜管仲于马前曰："仲父子圣至若此，寡人之抵罪也久矣。"管仲对曰："夷吾闻之圣人。先知无形，今已有形，而后知之。臣非圣也，善承教也。"《管子·小问杂篇》。

汉哀帝即位数月，司隶校尉解光，奏孝成赵皇后杀皇子状。哀帝于是免后弟新成侯赵钦、钦兄子成阳侯欣，皆为庶人。将家属徙辽西郡。《汉书·外戚传》

王莽立三恪，封夏后氏之后，辽西姒丰为章功侯。《汉书·王莽传》

《三齐略记》曰：始皇于海中作石桥，海神为之竖柱。始皇求为相见，神云："我形丑，莫图我形当与帝相见。"乃入海四十里，见海神。左右莫动手，工人潜以脚画其状。神怒曰："帝负约速去。"始皇转马还，前脚犹立，后脚随崩，仅得登岸。画者溺死于海。众山之石皆倾注，今犹岌岌东趣，疑即是也。

汉灵帝时，辽西太子廉翻，梦人谓己曰："余孤竹君之子，伯夷之弟。辽海漂吾棺椁，闻君仁善，愿见藏覆。"明日视之，水上有浮棺矣。蚩笑者皆无疾而死。于是改葬之。《晋书·地理志》曰：辽西人见辽水有浮棺欲破之。语曰："我孤竹君也，汝破我何为？因为立祠焉。"

《博物志》曰："魏武于马上逢狮子，使格之，杀伤甚众。王乃统率常从健儿数百人击之，狮子哮呼奋越，左右咸惊。王忽见一物从林中出，如狸，超上王车轭上，狮子将至，此兽便跳上狮子头上，狮子即伏不敢起。于是，遂杀之，得狮子而还。未至洛阳四十里，洛阳鸡狗皆无鸣吠者也。并《水经注》

唐裴旻尝与幽州都督孙佺北伐，为奚所围。旻舞刀立马上，矢四集皆迎刃而断，奚大惊引去。后以龙华军使守北平，北平多虎，旻善射，一日得虎三十一。休山下有老父曰："此彪也，稍北有真虎，使将军遇之且败。"旻不信，怒骂趋之。有虎出丛薄中小而猛，据地大吼。旻马辟易去，弓矢皆坠，自是不复射。《唐书》

金完颜鼎寿为河间尹，有宗室居河间，侵削居民。鼎寿奏，徙其族于平州。《金史》

山川之经虽稍条之，其名古今殊，而多从俗为便。《水经》诸书，如难濡滦夷语相近而转，其亦以世益殊耳。若滦之为泸，隋为泸河镇，本水经卢水合滦，泸河即滦河。若渝之为榆，临渝至为临间也。或以为洋河城，则其音义非矣。今朵颜谓商都水者，乃元之上都水耳。皆音相近，夷语通焉。其有名异而实同者。箭笴岭者，奚四离保所据，而《金史》为卢龙岭。如《晋书》密云山，则卢龙塞在此矣，乃段辽之所奔。而《魏书》为平冈山，是违卢龙不远耳。密云为郡县，自魏始，名同而山异，志县引之误矣。辽据乎辽西，是之谓平冈。今石门碣石一带，其以云名山多矣。辽为石虎所攻，而避之东徙耳。今密云未郡县，乃赵之蓟北，辽岂避此就擒。况乌得入而避哉，此名虽彼此同，事则今古别也。以下郭造卿《碣石丛谭》

《北魏书》：纥那三年，为石勒攻于陉北，不利，迁大宁以避之。在广宁大北，注为大宁也。五年，奔于宇文部。后二年，石虎纳翳槐于大宁。纥那出，居慕容部。建国三十九年，拓跋国为秦破，大乱，世子圭依舅贺讷，讷时摄东部，为大人，迁居大宁，行其恩信，众多归之。太宗永兴五年七月，破越勤倍泥部落，徙二万余家于大宁川。神瑞二年五月丁亥，上次于参合，东如大宁。泰常元年闰十二月壬申，幸大宁。世祖始光元年四月甲辰，东巡如大宁。书称宁者三，曰大宁、曰广宁、曰宁川。广宁，汉上谷属县也，上谷郡诸县，后多称宁为宁，故广宁，今隆庆州之永宁县古迹，有小宁城在州城西。则大宁在东北可知。未暇详考，姑存之。

元许有壬《圭塘集》载喜逢口事。今关名喜峰，似失厥义矣。其与丁文苑同科，为哀辞曰：文苑移官山北，山北置大宁。古白霤地，去京师东北尚八百里，陆不可以挈家，水萦纡五千里。扶病拥幼，殆不能为谋，即斯辞也，岂舟可通乎。按史将由滦通漕，于上都造船，视为不可而止矣。今滦河之浒，尚有系缆铁椿，或以为系浮梁，或以为系行舟。正德初年，渔人获一铁缆矛，重三百余斤，则昔滦或深于今矣。岂亦以系浮梁者哉。元通漕舰，或不可至上都，岂其不容刀以达于大宁乎。若召闽中清流之舟水手，今必可达小喜峰而至大宁，亦未可知也。

《方览表谱》列大宁故州县者，非专为大宁存塞上事也，今永平北境莫非大宁州县。余尝游滦阳兴教寺，有元至顺二年碑题，颇及记云：燕之东北路曰大宁，惠州西南乡分滦阳林河社，界山之阳，平泉之侧，麓野之间，有古招提，上下二区同名兴教。林峦秀异，山水嘉奇，川原宽博，而资产丰饶，境物繁兴，而云游悉至四望，东至大峪流水渠，南至二郎坨，西至三十二岭，西边鹰愁涧，北至大峪北白石头。向阳岭界，则凡林河社，皆惠州地也，今迁安肆林河社，里有三：其一在县西百二十里，东至太平寨营南至夹河社，西至遵化县，北至喜峰口，三屯营在内；其二在县西北百八十里，东至太平寨社，西至汉儿庄营，南至三屯营，北至喜峰口，滦阳营在内；其三在县西北百六十里，东至潘家口，西至龙井关，南至洪鸦寨，北至三台山，汉儿庄在内，皆惠州地。若抚宁、山海关及石门，则瑞州等地。回安、洋河二社，见之古寺碑记尤多，且洪武初年始入山海志。古迹虽未详，而大略可考，倘尽采其碑记，则亦如惠州矣。且古山川名，多具残碣，塞外尤多，后之纂而好古，当博采之有益。

《密云志》有鸦鹘安、卢家安。志者刘大夫云："余时见安字，以为庵字，或传写之误，乃后问易州高兵宪云：土人谓安字为高平处。及考《说文》云，止也。益知非误。永平古迹称七安：北安山、南安山、宜安村、新安镇、乐安镇、迁安县、永安。录事司皆以山村镇县司为名，若五重者，则安其名，后乃以为营其名本曰安耳。且静安之社不大乎，宜安哉，昔亦偶举。其七境内，称安多矣，慕容朝多称固，在载记及《北魏书》盖取义犹安，为固守也，后为堌，亦史文，犹成之为城保为堡耳。

郡境边方营寨称谷、称庄。请命设官者，李家谷提调、汉儿庄游击也。然谷有两音，南人呼谷，切以古禄，北人呼育切以余六，此原有两音，故欲俗字并从谷，而不妨两音也。其土人书加山为峪，而音义无异焉。若庄无异音，六达路为康庄，亦舍也。从土监，本从土，误。南北音同，但书有作庄，或以为俗书，其实庄音平而为别音别字矣。

南北呼山川，音义有同异。北凡山顶曰梁，故兵乘高了望曰："架梁"，不必如《论语》山梁。邢氏解，亦非韩愈答张籍诗注，石绝水为梁也。梁凉同音，而义不相通。郡城小景偏凉为第一，许庄赋序云："辽乾统初年，柳城张子记偏梁亭，梁字异今者。彼时水在榆南横北，舟楫留难，故作偏梁、偏桥，以通纤路，因以名亭。至今四百三十余年，水不西去，旧踪无存，盖因山势危高，水涛汹涌，故作此亭，以为关隘，保障一方。起自宣德初年，镇守阮公与金姓居士，斩石盖寺，始有石路可通肩舆及马、商贾、荷任之属。天顺庚辰，都宪邹镇守韦因亭记，乃于极隘甓门，置亭其上，一则讥察非常，一则迎送来往。余以意测之，凉即梁之讹，偏梁即偏山之义也。山以半削为偏，此处如山梁而偏，其下虽临水，此亭则石绝水矣。辽前或为偏梁，今亭架门如梁，但于梁无取，因讹而生意耳。"

滦志：别故河入箓豆湾。许庄云：别故俗传别沟，声之讹也。绿豆湾，一为绿头湾，谓泉内有绿头物，故云；一为龙斗湾，谓昔龙斗于此。俗谓篆豆多故，从焉。凡此类者不能枚举。若岐路，南人书岔呼差，为其交错或易差也。盆为尘壒，亦作坌、坋，房吻切者。《唐书》坌集京师，从轸韵也，步闷切者。《相如赋》坌入会宫，从震韵也。北人书三坌乃三分岐路，或取分土，义可通也。但音与咤同，则从祃韵矣。其以姓名、庄名，社宜曰家多为，各州县志皆然。或谓原登黄籍如此。今七家岭，史为七个岭，则"个""各"声近，本转音讹，书而然，此类今末如之何矣。

　　旧志：抚宁县东九十里有秦皇井，甘洌异常。世传始皇过饮此，与扶苏泉类。《府志》在府城北。《滦州志》在州城西北十五里。以《辽史》为信，则滦州是矣。孰知扶苏乃狐苏讹乎。

　　边塞士大夫鲜习堪舆家，故其山川原委，顺知而逆则否。永平来自口外都山，凡水三岔，则其过龙南而逆北，单提以结。堪舆家言：龙来自左，无右亦可，故左山右河相配而成耳。至滦而近海，则形气舒衍。陈知州所称不为过矣。许庄云："滦境山川虽多，行龙止有三，脉不见其所结穴，砂不见有正形，水不见有正情，乌得钟灵贤俊，以补朝廷。不过生长草木，树艺五谷，少补程税力役而已。"乃为地方谦损词也。凡志地理者，多具山川名色，不考究其原委。如旧志皆然。庄则颇有条理，词未典雅何伤，但其目款多，则原委离矣。若叙里社，各具去州县若干里，举其四至。内分山林川流、土壤肥瘠，居齿利病，及出产、生业、比邻，为等则然。品地力，尤重人事，为勤而薄可厚，惰而厚者薄也。以告民牧者，或省耕敛，或劝社学，视而振作之。及科分赋徭、催征钱谷，勾摄词讼，缉捕盗贼，缓急轻重，酌量为限期，而上下皆通，远近良便矣。社四十七，屯二十六，既条具之，大略可知。又于村疃凡六百八，各具其名，某社若干，某屯若干，虽若烦琐，实益政理。但郡属多者，不能如所识。若州县式之，乃治平之书也。

旧志古迹双雁坨。成化乙卯，滦州城南有李氏子，弋获雄铩其羽，雌随飞，悲鸣三日而去。雄畜久而驯，纵野以媒它雁。及春，其雌复来，飞鸣如昔累日。其家异之，出雄于隙地伺之，雌哀鸣而下，周旋俯仰，鼓翅招呼，若与之偕飞。雄竟不能去，纠颈弗释，并死之。乡人云集而叹，瘗之于高坨，名曰双雁坨。处士朱昶有诗。按金元好问赴府试，行道中见一捕雁者云：捕得二雁，内一雁死，一雁脱网去，空中上下盘旋，哀鸣良久，投地亦死。好问以金赎得二雁瘗于汾水边，垒土为丘，因为雁丘词，昶偶同此意，惜词不足步之耳。余闻迁安县城北门券有雌雄紫燕巢之，忽雄为乌鹊击死，其雌不寻配，亦不食，飞鸣数日死。嗟夫！雁不再配，其性然也。燕性喜淫而独然，尤所罕闻者。若居唐燕子楼，则为所感而然矣。

元白湛渊《续演雅十诗》，发挥其一："滦人薪巨松，童山八百里。世无奚超男，惆怅度易水"者，取松煤于滦阳，即今上都。去上都二百里，即古松林千里，其大十围，居人薪之，将八百里也。盖在松亭关与境外地同。关内有滦阳营及驿，而皆上都之委。此诗则为上都作，云将八百里，今为胡守中所伐。又自隆庆来蓟北修边台、桥馆万役，今千里古松尽矣。凡元臣咏滦江、滦阳诗，皆上都，非此也。当辨。

明初法严禁不私亲，防不忽微，于地方二条，今视若缓，实切焉。洪武三十年七月，以郭驸马使辽回，私带榛子三扛，沿途擅用驿夫递送。事觉，令自备钞贯给还役人工食，仍敕兵部，于山海、松亭等关，古北、旅顺口，悬挂榜文，凡公差人员，不许稍带松榛等物进口、渡海。违者一二斤三五两，俱分尸号令。所过官司纵容，一体治罪。时欧阳伦，以私茶于陕西赐死。其严如此。山海关禁，今大弛矣。此法所当申明者，永乐六年，军民子弟、僮奴，自削发为僧者，并其父兄送京师，发五台山做工，毕日就北京为民种田，及卢龙牧马。寺主僧擅容留者，亦发北京为民种田。今京东犯者，不如京西多。卢龙马政既废，其自削发则各屯社与寺院往来者贺之，而以酒食相劳矣。

明初洪武二年，命郡县立学。三年，开科。八年，立社学选国子，分教北方。十一年，选武臣读书国子监。十四年颁五经四书于北方学校，为久陷于夷而广同文治也。至十五年正月丙戌，命汇编华夷译语，上以前元素无文字号令，但借高昌书制为蒙古字，以通天下言。至是乃命翰林侍讲火原洁与编修马沙亦黑等，以华言译其语。凡天文地理、人事物类、服食器用，靡不具载。复取元秘史，纽切其字，以谐其声。既咸诏刊行之。自是，使臣往复朔漠，皆能通达其语矣。

《洪武录》：大宁有新城、木榆等卫，此非定名也。其云滦阳口外富民、宽河、柏山、会州、新城、大宁寺等处，宜置七驿。今考滦阳驿五十里为富民，而宽河、而柏山、而会州、而季庄、而富谷，皆六十里，而七十里乃大宁都司。今滦阳驿移于三屯，则多四十里矣。古城在喜峰，或自口外移入也。

《宪章诸录》皆列开平东西八驿名。今考元大都六十里至顺义，七十里至密云，六十里至石匣，六十里至古北口，而出五十六里为青松，东北六十里为兴州中屯，西五十里为古城，六十里为灰岭，五十里为滦河，又五十里为黄崖，又六十里为哈八，又五十里为沈河，又四十里为东凉，五十里为开平。大都至此七百五十里，地高、井深、星大。北去庆州多古松，号曰千里松林。宣德五年，徙卫于独石，弃地三百里，失龙冈。滦河险而独石非通塗（途），原无驿也。

洪武二十一年，颍国公编军，金山归附马驹等编为小旗等军。达莫儿金山人也，编后所军，在卢龙白佛庄住，遂依庄名起姓，赐为白成。又同所有白卯海或本同庄同赐，买驴之赐吴成，皆此类也。买驴后封侯，白卯海后为副千户，达莫儿为百户。

旧志公孙冢在卢龙县。赤峰岭及道南烽火山，有公孙神康墓。汉末玄菟公孙度据平州，传子康，岂其所葬欤。是不知汉魏平州在辽东襄平，而此为辽西郡，度不得而有也。至康子渊为司马懿所征，经孤竹，度碣石，以次于辽水，彼乌得而葬此哉。滦旧志从之，且引康为神康。史传康无二名，新志则有辨矣。以为公孙瓒杀刘虞，而据幽州。盖本令支人赤峰岭、烽火山，汉皆令支地也。或瓒之先后族属，而瓒则焚易京，子缵亦杀于屠各，未闻故吏为收葬。神康虽不知其故，为令支人明矣，何必以援玄菟耶。许庄云：父老相传城西有谢丞相坟、孟宰相冢，因无显迹不敢强附。则公孙之显迹，玄菟何如令支哉！均之为僭伪，何舍近而之远乎。

辽金元国俗以游猎为乐，且以习武事，故《辽史》有《游幸表》，余并金元作《燕幸编》，于年月日纪之，亦可因行期而知地里所在。但多今口外，如千里松林之类。其在境内者，如滦河、石岭诸区。而《滦志》有长春废淀，在州西百二十里，旧石城废县地，即今稻地集西，旧有长春行宫，乃辽萧太后所建。凿渠通唐溪，以游观，昔有月榭风亭，莲池柳岸，今剥落飘零久矣。又名大定淀，金世宗时改名，至今居民犹以宫上名云。余考辽长春宫在南京之郊，其有长春河，则在辽水之川，而此者乃金行宫也。《新州志编年》辽幸者三，金幸者四。如果辽之宫则幸，不惟三。金改大淀为长春，非改长春为大定也。其幸三乎已哉！

辽景宗乾亨二年三月，如南京赏牡丹，遂西幸。圣宗统和五年三月癸亥朔，幸长春宫，赏花钓鱼，以牡丹遍赐近臣，欢宴毕日。则牡丹在长春宫，宫在南京矣。七年二月乙卯，幸长春宫，十二年三月壬申如长春宫观牡丹，十三年正月庚午如长春宫，十五年二月丙申朔如长春宫，十七年正月乙卯朔如长春宫，其驻平地松林，松亭山关外也。太宗天显七年十二月丁巳、十二年四月甲申、会同八年七月乙卯，景宗保宁三年八月辛卯、六年七月庚申，圣宗统和五年七月、十五年八月丁酉、十六年六月戊子、二十年八月、二十九年秋，开泰三年七月乙酉朔，太平四年七月，五年七月，八年七月、十年八月，兴宗重熙元年七月、五年正月。

金世宗大定十八年正月壬戌如春水，二月丙寅朔次管庄，丙子次华港，己丑还宫。丁未以春水诘石城县令不称职，石城春水者，幸长春淀也。二十年正月己巳如春水，丙子幸石城县行宫，丁丑以玉田县行宫地偏林，为御林大淀添为长春淀，而有长春宫，其殿曰"芳明"，二月丁未还都。二十一年正月甲子如春水，戊子元妃李氏卒于长春宫。二十四年正月戊戌如长春宫春水，二月壬申还都。三月壬寅如上京。二十六年正月甲辰如长春宫春水，二月癸酉还都。二十七年正月庚戌如长春宫春水，二月乙亥还都。越二年，主殂。金之春水沿辽捺钵，盖必地坦夷，四方二三十里木多榆柳。时出校猎讲武兼受南宋及诸国礼贡。国主牙帐以枪为硬寨，用毛绳连系，每枪下黑毡伞一，以芘卫士风雪。枪外小毡帐一层，每帐五人，各执兵仗为禁围。南有省方殿，北约二里曰寿宁殿，皆木柱竹樸，毡为盖。彩绘韬柱，锦为壁衣，加绯绣额，黄布绣龙，为地障。窗隔皆毡，传以黄油绢，基高尺余。两厢廊庑亦毡盖，无门户。省方殿北有鹿皮帐，帐次北有八方公用殿。寿宁殿北有长春帐，卫以硬寨。宫用契丹兵四千人，每日轮番。千人祇直禁围，外卓枪为砦，夜则拔枪，移卓御寝帐周围。拒马外设铺，传铃宿卫。春而捺钵，正月上旬起牙帐，约六旬，国主方至。天鹅未至，设毡帐河上，密掩其门，凿冰窍举火，鱼尽凑之，即垂纶，罕失也。冰泮刳木为舟，长可八尺，如梭曰梭船，施一浆以扑渡，广则方舟或二三焉。冰泮乃从鹰鹘扑鹅雁，必择鹅鹜聚处，晨出暮归，从事弋猎。其侍御卫士，皆服黑绿衣，备连锤鹰食器、刺鹅锥各一，具于泺周，相去各五七步排立。主冠巾衣时服，系玉束带于上风，望有鹅处举旗，探骑驰报，远泊鸣鼓，鹅惊稍腾水面，左右围骑举帜麾之。五坊擎进海东青鹘拜授于主，放之，鹘擒鹅坠，势力不加。排立近者举锥刺鹅，急取脑饲鹘，救鹘人例赏银绢。主得头鹅荐庙，群臣各献酒果，举乐更酬酢致贺语，皆插鹅毛于首以为乐。赐从人酒遍散其毛。弋猎网钓，春尽乃还。世宗既殂，后主如春水，改都南行宫为建春，又改遂城行宫为光春，而长春不书矣。至宣宗南迁，而都入于元焉。按世宗贤主将幸金莲川，薛王掾梁襄上疏极谏。其论燕都、居庸、古北、松亭、榆林等关，东西千里，山峻相连，近在皇畿，易于据守，皇天本以限中外，开大金万世基而设也。太康畋于洛汭；后羿拒河而失邦；魏帝拜陵近郊，司马懿窃权而篡国；隋炀、海陵虽恶德贯盈，人谁敢议。止以离弃宫阙，远事巡征，其祸遂速，此皆可为殷鉴也。上为罢行，而竟常幸。盖绳祖武而从国俗尔。长春则无谏者，非若金莲之远耳。元改燕京太极宫为长春宫，以居丘处机修道术。其幸上下两都，而主未尝东游。明之成祖以征伐至，若宣宗以省方至，若武宗以游观至。正德十三年四月朔，以大行梓宫将祔葬，诣天寿山祭告六陵，遂往黄花镇、密云等处游猎，五月末旬还京，余居喜峰，传有父老手记。四月二十七日乙未，驾幸关过滦河，见溪流沙回绕，意有宝物，命中宫侍从取之，得异珠不计。及驾过，土人往取，并无之。临关命家将六十员名护出口外。酉到浓津岭止，回宿验马厅九日。五月五日癸卯，总兵马永具筵，太监张永、佛宝等侍，乐工孙白毛供唱，问："头上白，不知下头白否。"即令屠户阉之。驾遂起往建昌。滦州旧志：十二日辰时驾自建昌至偏凉汀打鱼，乘舟顺风三里许，至北释院口手打扑，竟日而还。十三日到大溯河佛住山下观鱼，人遂号为龙泊。新志：五月东巡狩，辛亥观鱼于偏凉汀，驻跸于滦城。癸丑，观海于溯河。如旧志当书庚戌于偏凉汀，辛亥溯河，癸丑其望日也。然虽漫游，而行在从便。如辽、金故无土木供帐之侈，民不至为烦乱焉。

蓟镇忠烈庙，边路多废。总理乃合祀于三屯，以都督死者孙膑未尝为立庙，但搏像于景忠山三忠祠后寝。新庙成，舁入居中独坐，以副总兵而下旁列配之。夫膑敕予祠，一死故也，然死不论轻重，迹其生平，审其事势而概祀之，曷劝哉？况行无可取，罪不足赎乎！明制待阵亡最隆，必核其所死，宜祠乃赠谥，未尝于丧师辱国者而概予之祠也。自正统土木之难，尚有区别，是后边臣讳败，多以捷闻，不论俘死、逃死、降死死则以阵亡闻，其滥如江河，势不可挽矣。如近日苑宗儒死，而亦予之祀也。然死赠官则在国制。膑赠光禄大夫矣，副总兵承勋、参将倾葵赠都督同知矣。以国制考之，功臣忠臣庙制，不以生前爵而以死后赠者，为重其死也。故都指挥使冯国用赠郢国公，为东序第一，佥都督耿再成，泗国武庄公次之。参政胡大海赠越国武庄公为西序第一，都督同知赵德胜梁国公次之，此国初事也。及宸濠之变，孙燧都御史、许逵副使，俱赠礼部尚书并列不以生前爵，而重死后赠也。今承勋、倾葵所赠都督同其魏祥、王瑄、陈乾，皆参将有常典，大抵都督衔也。死事在膑前而赠官同，则于制当尊，于礼当顺矣。惟数君子犹然在旁配享之列，殊违典制。不过但知生前事，而不知死后礼矣。当别孰当孰否，乃为知礼知义。祀礼座题主官衔地方、名姓，填写错乱，亦当为之一厘。

嘉靖甲寅，滦州知州王维川刻《本草权度》于乐亭，乃浙余姚黄孝子著辑也。通州知州董汉儒刻之，海陵乐亭又刻之，给事中厉汝进序之。

《三元通天照水经》二卷，不著作者名氏，遵化牛东阳，号了义，尝游易水上，受之异人。既归，为人相宅，百无一失。诸名公巨卿延致之无虚日，其言休咎如指掌。于是，迁安黄崖梅如玉不远数百里扣之，忻然出示。嘉靖中，如玉为河内尹，遇邑人张九一，命受其业，抄藏笥中，其讹谬字画不敢辄易，而仍旧刻之。凡二卷卢龙韩西玄详之厘四卷。

《六甲军机赋》许庄刻于滦州志也。庄纂志而自列传，为府同知张守撰。称庄经书外，天文、地理、阴阳、战阵、律吕、医卜、纳甲、星平、象演莫不究极造妙。然观是赋，可知盖其言之易矣。

女伎马氏蓬瀛，昌黎人也。东光贡士刘公直，历礼部主事、户部郎中。元季兵火宦游，遇昌黎，娶之。蓬瀛幼聪慧，随父读书，精通历数天文。洪武壬申，差内臣陈二仔捧宝二百锭、四表里，召授尚宫司宫正，授冠佩，县岁给俸米六十石。戊寅，差内臣穆和赐一女使，送还宁家。永乐即位，召二次，屡赐宝楮表里，官其子政为本县儒学训导终身。

凡志古不考史，其年与传多不合。如裴骞《仙人台记》，太康三年为北平郡五车王所据，则晋之太康，非辽之太康也。时辽西为段氏所据。二年，慕容涉归寇昌黎，平州刺史鲜于安破之矣，又为安北将军严询败归，慕容连败。段氏为平州属国所服，何以言据也。盖咸康三、四、五年辽为石赵攻而走保密云山事也。抚宁卢岭峰有七王山，亦称辽王者，皆段辽事。《魏史》卢龙岭，盖与密云山连亘不远耳。令支界崆垅山有淮安王避难洞，石上有大安五年字可辨。历称大安者，秦苻丕元年。慕容垂建元不称之矣。是年，燕余岩以建节将军叛，为慕容农所平。且丕即亡，无五年也。惟北魏大安四年，则高宗至辽西黄山宫，筑坛记行，或五年有刻也。辽道宗太康太安凡十年无事，且未尝东游也。淮安王不知谁，其避难无考，或伪乱僭称耳。

凡碑记题名于庙宇中，嘉靖年间初尚古风，文虽不足观，而实则有足重。如生员或儒士某撰，或吏或民书，而不假官衔，及代笔者质犹存也。今则以官为重，百真一二矣。竟内乃有虚名之记，虚文之碑，为叹息焉。而原其故，以解众疑。

《景忠祠记》嘉靖癸未兵备熊相撰。称祀四君子：诸葛、岳、文、武宁也。镇守马永所创，未搏像而调去。代者口西人，至任拜元君祠与元君邻，因至祠像未成，有木主，问武侯何人？以亮告知之。武穆何人？以飞告知之。至文文山及名告不知矣，问南人北人乎？曰南人，固我不知矣。问何时？曰前朝人。至武宁王，告者不敢名，曰此今定国公祖也。曰徐某有子孙奉祀，不宜亦分三人食去之。或以记四人告而不知何为记者。永归金，吾先告定国遣纪纲校尉辈进香元君，因谒祠观像急矣，乃画像于宸壁为将特祀抵之。今壁剥落，有遗迹，盖虽椎可鄙不为佞，可恕焉。但徐冒虚名，马若虚举，而熊为虚言，皆本真而成假矣。

忠义庙碑，嘉靖丙申修撰屠应峻撰，各路有之。文同今太平碑尚存。巡按金灿与同郡且座主命各路以币请文，而且谢盖千金，以此名耳。文不言某何以死，通言是庙隶某寨为某帅立，以祀官军某等。空其名令填之。如太平路碑，填是寨为参将周璇所守之庙，祀官军周明而下，不知明某年何以死。璇乃时帅，非死者。有路竟不填不知何以立。盖公则名报忠义，私则实报恩义也。

燕出长人，东北古为多矣。如慕容皝七尺八寸，垂七尺四寸，德八尺二寸。时逢陵长王鸾，长九尺，腰带十围，贯甲跨马不由磴，德见而奇之，赐食立尽一斛。至元魏南明太守慕容叱，身长一丈，腰围九尺矣。则辽卢龙节度卢文进于无定河见人脑骨一条，大如柱，长可七尺有之矣。

明大汉将军三屯营马玉，侍卫三朝，语在母节妇《徐氏传》。时有与同选口西人尤长尺余。凡选侍卫必两相配，是独举班无对。腹余十围，重五六百斤，为天下第一，以无对不用。访玉家为具餐十人至二十，不得其一饱。城中或十户二十户合为具，不能供五日。语总府留之，以饷之难而去。至冬，无能施之衣，而冻馁死于燕南矣。是后大将军有江南客，不满三尺，侈宠异常。时屯城台，有僧躯如之，客以类己善视焉，未尝失温饱，乃追怜巨人之莘死，而不如侏儒易为生也。嗟夫！无论世间，但燕前如安禄山，其重三百五十斤，宠任至为伪帝；孟业至于千斤，而为幽州督矣。是人徒食粟，必才无可用，倘出与对者，则不论才否，玉为锦衣百户，而彼且指挥之耳。故历举燕长人种，姑以慕容家告之。若契丹阿保机，其靴可纳城台僧没顶，至为伪天帝，传国二百余载，长人富贵者，世岂少乎哉。是人至饿死，非长之罪也。

旧志引二仙及县志无传，昌黎仙台山后有石洞、古井，张果老院在焉。石碾、石槽遗迹尚存。抚宁县东十五里，以氏河为其骑驴曾陷焉，其饲驴石槽蹄迹宛然，在府城五里大石盘礴上，低陷如之。其墓在抚宁县东南七十里。韩湘与果老栖仙台山常对奕，今有仙人奕石，脚迹、石盘文甚古。又观音洞石壁上，有韩仙真影，世传《修仙辞》。乡遗状云：墓在昌黎城西南八里，果老弗问矣。迩者县令刻《蓝关记》，瑶华帝君韩若云自撰，云文公集其弟潆墓志铭，支系甚明。其诗左迁至蓝关示侄孙湘，是记以公为叔，而父其伯祖会，会无子而有子，湘有父而无父矣。竟篇言吕洞宾七度之成道及诸与游拾得辈，未尝与张果老游。北至五台山未尝言入燕也。则昌黎县之仙迹视斯记自辨矣。

《染庄社记》：契丹时辽兴军风猋者行货，路收一卵于箧，归置锦囊，系脐不月余出蛇如簪，饲之以肉，每出箧之便饲。渐长盈丈，围将尺许猋虽倾箧居之，而力不能任矣。乃纵之野，任其自食。尝命以名曰"于雅，"抚首示不忍别，雅如人恋恋然，但不能言而去。后数岁益大，始食野禽，继而噬人。有司制之无策，乃闻于契丹，榜募能捕者。猋知其必雅，乃应募而抵放处，呼其名而至。叙故旧而数其罪，蛇俯首伏诛，其血流及近材土石悉染红，而庄以名。庄老以猋能施恩除害而祀之，雅能知恩服罪而配焉。是岁，里人修祠落之，记其岁月。金至宁元年仲秋辛卯，兴平路猛安蒲察孟里记或以雅知罪伏辜，猋怜而葬之，而以昌黎古迹。城西北三十里，蛇皮王墓是雅之葬处也，殊谬。今李遇甫以记示余，余谓或人寓言也。猋养患而除之，尚不足以赎罪，雅肆害而诛焉。可与其知过哉，孟里之记谬矣。遇甫则曰猋虽失之始，而能问罪以正厥终，雅虽失之终而能悔过，以报其始，视养虎而反噬，不亦大有间乎。且今庄人岁赛而牢不可破矣。请齐谐为存之。

石门子关天仙庙有神灯二盏，正德年间盗去其一，今更深入百步，外望有灯，近前并不见之。

嘉靖壬子，路军马文章往玉王峪，日未没，忽见白发翁尾之，疑为怪，石击之，不见，而见群鸡数百，遍山逐之皆入地，而山皆银矣。章以为铅锡，携数片而去。至峪，投郭银家辨之银，以铅锡给之。因追所自出，章具以实对。银遂密运数夜，闭户炼为锭。家婢密持小锭与邻家婢曰："吾家多多。"邻知亦盗取之，久而土人报路将。抚按以上闻。癸丑，遣锦衣卫千户取年有半，而抚按往临，公私取用益多。民不胜困，恐为地方患，因报绝产而罢。遂塞之上，立庙镇压，至今毋敢盗。

汉儿庄南山矿洞奉禁矣。而土人传，庄北有谶云："东一箭，西一箭，万两黄金没人见。有人见，普救九州十八县。"陈游击解云：一箭者，地百步外也。东西常谷间南山一箭地，人常言有宝气，乃以取煤为名，役兵二百余人，凿洞年余，黑石不成煤。或告，宜一祭，取其馁犒兵，再三告不忍予，第务必得之。而庄西南隔河里许盗矿者露，为三屯营守备魏文举，密获十二驮。又搜南觉寺盗首孙南华，掘地得百余斤，以数十斤报官。盗首前建昌胡总兵幕客，尝为领六宝峪矿。徒习矣，乃荐之总理府，不得意而领旧徒为此。文举贪鄙，既赢，而宝复益之。南华书生乃为徒劳，谪戍于密云。游击亦徒劳人力，因无以解人口罢官，巨万人益疑之。中路协守羁留之，索矿百斤，乃出囊金五百奉之。皆为此谶误也。

迁安县西十五里官寨庄北，先银杏二株可七八抱。成化间，庄民韦氏锯其一，以为笾具，流汁似血，鸣数夜乃止。其家遂灭。一存，十数抱，荫蔽二亩余。七家岭驿西南郭家庄西有树连抱，乃银杏也。

慎侍御蒙云：予将至永平，有七家岭驿，一夕雾气凝聚，起视田野，山川皆如霜霰，著草木枝叶，坚厚纠结，比雪特重，俗呼为树挂。自丰润至此，凡两见焉。或曰树挂必有其应，不徒然也。

仙台山半绝壁间有龙潭洞，潭在洞中，去地九丈余，下临绝壑。洞中可容三百人。旧有石梯栏杆共一百一级，可以达洞。级甚窄，但容半足，缘附而登不可转视。隆庆二年，为龙所毁，雷霆风雨逼水齐山，巨石如剥，扒去中间数十级压覆岩下，寺宇十余间，僧皆走避无伤者。后移置寺于下数百步。今之登者，则以巨绳上系洞门大树援之而登，然而得至者少矣。以下二条昌黎张庄临记。

龙潭下百步，曰山心洞。之下有巨石大如夏屋，石底有穴可容百人。石南面有字大如杯，其文曰："大定乙未岁，北平牧高侯贰车王公同游道者山。明日登圣居岩，已而穷幽绝胜，啸歌磅礴，不减唐晋名流。宾从请磨崖以记，顾谓下客王密书之，时四月初吉也。其西面有大字如斗，曰"独立不惧"。

金明昌间，乐邑有裴宗智善篆书。贞祐末，有张守谦善属文，皆见碑刻。似有学者裴称秀岩居士，张号天倪老人。略不见有名位，殆逸民者流欤！

《洪武录》载：旌表乐亭韩孝子，而竟逸其名。惜哉。

乐亭县治往有怪，居者惮之。成化间，家宰尹公闻其事，会缺尹，乃于辛丑进士中择才望有福德者知县事。得沁水李瀚，仍择钦天监官善术者偕往。及至，监官视之曰：是在谯楼，时谯楼建置久矣，撤之果得一巨蛇，围可尺许。监官咒之，设大坛于前，蛇即俯首入内，曰：未可歼也。乃密封，令人舁于海。又壁间掘一女尸，不知何时，颜色如生，出而瘗之，怪遂息。李任满，擢御史，官至尚书，寿几九秩，果符福德之相。尹公信知人哉。监官之术亦奇矣。惜逸其名。

张住，石碑场人。其先有积恶者及住父益不为善。住好左道，举家从之，聚众邪说。有游僧明果等尝至其家，诳以妖术。住信之，一日住令家属咸饮药，跪于地，手刃之，以为升天也。计父母、妻子及姊妹辈共十七人。止一佺获免。时嘉靖甲子事，闻当道，立杖毙之。

隆庆己巳，海渔人捕一巨鱼，约十余斤，曰此骨鳞鱼也。是时，无岁不有边警，说者谓鱼负鳞甲，兵象也。不常有者而捕之，鲸鲵其顿息乎。自此，□不犯边者十余年。万历癸巳，渔人又捕一骨鳞，长六尺余，约重六七十斤，巨口尖尾，皮类鲨鱼，状类鲛鳓，有骨鳞五行，鳞如酒杯，脊如剑。渔人曰：此垂白之老所未睹者，较之隆庆年所获直小介耳。

张佃，乐亭城西人。素不孝，视父母如仇，骂詈无不至。一日持镢击其父，父趋避获免。后外出至玉田两家店，日暮投馆，阴云四合，雷电厉甚。佃亦恐，同行四人避入舍，佃藏于窔间。忽黑云如盖，若有神拉佃户外击死。同行及馆人无一伤者。时万历初年事也。

崇祯壬申三月，有大鱼长九丈，浮于县南海滨，气蒸如雾，三日而死。近海居人乘舟桴取其骨肉煮油，家数百斤，旬日方尽。其脊骨如栋，其肋骨如椽，至今犹有存者。然不知其为何鱼也。后又有一大鱼，复至其处，土人争取之，鱼扬鬐鼓鬣两目如双日，喷沫如雨，吐气若云，翻波卷浪，舟几为覆，而已不知何往矣。今近海之人，犹有亲睹而能详之者。张庄临记。

顺治丁酉，滦州偌城民获雁，色赤如朱，双目俱绛。项系金牌，有元狩年号。惊以为神，释之。

戊戌冬十二月六日午，仙台山右肩崩坠，大石如巨屋，千仞而下，凡所冲击无论大小，万石齐落，声如轰雷，砂土冲霄，损树万株。至次年己亥三月六日，自山半名吊砂口，复陨巨石如前，损中庵屋垣，入前层屋，复自屋破窗而出，盖其冲之小石也犹大于斗，凡合抱之木当之者，无不靡碎。坠石固山之常，但连坠巨石，则亦异矣。张庄临记。